Literarischer Anzeiger

zu den

Entscheidungen des Reichsgerichts.

Verlag von Veit & Comp. in Leipzig.

№ | Der „Literarische Anzeiger" erscheint in zwanglosen Nummern und bildet eine unentgeltliche Beilage der Entscheidungen des Reichsgerichts in Zivilsachen und in Strafsachen. Für seinen Inhalt ist ausschließlich die Verlagsbuchhandlung verantwortlich. Preis der einmal gespaltenen Petitzeile 60 ₰. | 62.

Metzger & Wittig, Leipzig.

Entscheidungen

des

Reichsgerichts.

Herausgegeben

von

den Mitgliedern des Gerichtshofes
und der Reichsanwaltschaft.

Entscheidungen in Zivilsachen.

Neue Folge.

Zwölfter Band.

Der ganzen Reihe zweiundsechzigster Band.

Leipzig,
Verlag von Veit & Comp.
1906

Entscheidungen

des

Reichsgerichts

in

Zivilsachen.

Neue Folge.

Zwölfter Band.

Der ganzen Reihe zweiundsechzigster Band.

Leipzig,
Verlag von Veit & Comp.
1906

Druck von Metzger & Wittig in Leipzig.

Inhalt.

I. Reichsrecht.

Nr. Seite

1. Betrifft das im § 177 Abs. 1 Satz 2 Fr.G.G. vorgeschriebene Erfordernis eines gerichtlichen oder notariellen Protokolls, durch welches ein Rechtsgeschäft beurkundet wird 1
2. Eintragung von Rechten in das Grundbuch für die Zweigniederlassung einer Aktiengesellschaft, die eine andere Firma führt, als die Aktiengesellschaft? 7
4. Tragweite der Anfechtung nach § 2079 B.G.B. gegenüber einem unter dem älteren Recht errichteten gegenseitigen Testament. Bindung des Erblassers 13
6. Verletzung eines Wortzeichens durch ein Bildzeichen, das den Sinn des Wortes darstellt? 18
8. Schadensersatz wegen nach Erhebung der Patentverletzungsklage weder wissentlich noch grob fahrlässig begangener Patentverletzungen? . . . 25
10. Über Schadensersatzansprüche des Aktionärs gegen die Aktiengesellschaft . 29
11. Begriff des „verfassungsmäßig berufenen Vertreters" einer Körperschaft des öffentlichen Rechts im Sinne der §§ 31, 89 B.G.B. (Kreisbaumeister) 31
12. Wird durch ein von den Erben abgegebenes Schuldanerkenntnis eine Nachlaßverbindlichkeit begründet, die von dem Gläubiger im Nachlaßkonkurse geltend gemacht werden kann? Beweislast bei Anfechtung eines solchen Anerkenntnisses als einer unentgeltlichen Verfügung 38
13. Ist die Umwandlung eines zunächst schlechthin zugunsten der Erben des Versicherungsnehmers geschlossenen Lebensversicherungsvertrags in einen Vertrag zugunsten bestimmter Dritter im Konkurs über den Nachlaß des Versicherungsnehmers anfechtbar? 46
14. Auslegungsbeweis, oder Einwand des anders als verabredet niedergeschriebenen Vertrages? 49

Nr.		Seite
15.	Fragen, betr. das Darlehn nach § 607 Abs. 2 B.G.B. und die Stellung des Bürgen gegenüber dem Gläubiger	51
16.	Liquidation der Aktiengesellschaft; Naturalverteilung; was ist unter gleichmäßiger Verteilung des Vermögens nach dem Verhältnis der Aktienbeträge zu verstehen?	56
18.	Rechtliche Bedeutung einer nach § 326 Abs. 1 B.G.B. gestellten, zu kurz bemessenen Nachfrist	66
20.	Voraussetzung für die Anwendung des § 154 Abs. 2 B.G.B.	78
21.	Zum Begriff des Tierhalters im Sinne § 833 B.G.B.	79
22.	Wird die Stadt als Straßeneigentümerin durch das Recht der Straßenanlieger an jeder privatwirtschaftlichen Ausnutzung der Straße gehindert?	87
25.	Zur Anwendung des § 3 Ziff. 2 des Gesetzes, betr. die Gesellschaften mit beschränkter Haftung, vom 20. Mai 1898	96
26.	Zu Unrecht bewirkte Löschung einer Grunddienstbarkeit. Erlischt eine Grunddienstbarkeit dadurch, daß sie in dem das belastete Grundstück zuschlagenden Beschlusse als mitübernommen nicht aufgeführt ist?	99
27.	Entsprechende Anwendung des § 278 B.G.B. auf den Fall des § 254 Abs. 1 B.G.B.?	106
28.	Pflichtteil der Eltern des Erblassers und Voraus des Ehegatten; Auskunftspflicht. Aufnahme eines amtlichen Verzeichnisses nach Veräußerung von Nachlaßgegenständen	109
29.	Rechtswirksamkeit der Bestimmung eines Knappschaftsstatuts, betr. Kürzung der bewilligten Invalidenrente um die reichsgesetzliche Rente?	111
30.	Transportvertrag; Verjährung aus § 638 Abs. 1 B.G.B.	119
31.	Nichtigkeit des Gewährleistungsausschlusses nach § 476 B.G.B.?	122
32.	Sicherheitskauf, oder verschleierte Verpfändung?	126
34.	Bestellung eines Pflegers für das Kind im Falle des § 1685 Abs. 1 Satz 2 B.G.B.?	132
36.	Anwendung des § 826 B.G.B. auf den Fall, daß bei Auflassung eines Grundstücks der Erwerber Kenntnis von dem älteren persönlichen Rechte eines Dritten auf Auflassung desselben Grundstücks gehabt hat?	137
37.	Stellung des Grundbuchrichters zu Eintragungsanträgen des Erstehers eines Grundstücks in der Zwangsversteigerung	140
38.	Zur Haftpflicht der Eisenbahn. Ersatzanspruch der Berufsgenossenschaft (§ 151 Satz 2 des Unfallversicherungsgesetzes für Land- und Forstwirtschaft, § 254 B.G.B.)	145
39.	Umfang der Verpflichtung des Verkäufers zur Mitteilung von Umständen an den Käufer beim Kaufabschlusse, die nach seiner Auffassung von Erheblichkeit für die Willensentschließung des Käufers sein können	149
40.	Entschädigung der im Wiederaufnahmeverfahren freigesprochenen Personen	152

Nr. Seite

42. Wird der im Zwangsversteigerungsverfahren nicht angemeldete Teil einer Höchstbetragshypothek zur Eigentümergrundschuld? Ist es von Einfluß, daß der Eigentümer keinen Widerspruch gegen die Nichtberücksichtigung seiner Grundschuld im Teilungsplan erhoben hat? . . . 168
43. Zum Begriff der Bürgschaftserklärung im Sinne des § 766 B.G.B. 172
44. Haftung des Schiedsmannes bei nicht zuverlässiger Zustellung einer Parteiladung? 176
45. Wann beginnt die Verjährung der Ansprüche der Kaufleute (§ 196 Ziff. 1 B.G.B.)? 178
46. Tragweite des § 139 B.G.B. 184
48. Versicherungsrecht: Auslegung von Verwirkungsklauseln auf Grund des B.G.B. Entsprechende Anwendung von § 278 B.G.B. bei Versicherungsbedingungen? 190
50. Zur Auslegung des § 41 Abs. 2 K.O. 197
51. Anfechtung wegen Irrtums von seiten des Konkursverwalters, der auf Grund des § 17 K.O. Erfüllung verlangt hatte. 201
53. Schleppvertrag. Einrede der Verjährung aus §§ 638, 646 B.G.B. . 210
54. Enthält der bergrechtliche Enteignungsbeschluß (§ 142 preuß. Allg. Berggeſ.) eine Verfügungsbeschränkung im Sinne des § 892 Abs. 1 Satz 2 B.G.B.? 215
56. Fragen aus dem Mietrecht 225
57. Vorrecht des Handlungsagenten im Konkurse für seine Provisionsforderung? 229
58. Rechtswirkung einer vom Konkursverwalter selbst vorgenommenen Versteigerung gegenüber dem Pfandberechtigten? 232
59. Rückforderung von Ruhegehalt nach §§ 812 flg. B.G.B. 233
60. Zum Begriff des „wesentlichen Bestandteils" im Sinne der §§ 93. 94 B.G.B. 248
62. Handelskauf. Rechtzeitigkeit der Mängelanzeige, wenn die Untersuchung der Ware zum Teil nicht sofort erfolgen kann 255
63. Gehört bei einer Lebensversicherung „zugunsten meiner Erben" die Versicherungssumme zum Nachlaß? 259
64. Ausschließung der Haftung des Staates für Schäden bei Benutzung einer diesem gehörigen, öffentlichen Wasserstraße? 264
65. Rechtliche Bedeutung der einer Willenserklärung beigefügten Voraussetzung 267
67. Wann unterliegt ein Ausstattungsversprechen der Formvorschrift des § 518 Abs. 1 B.G.B.? — Verstößt ein solches gegen die guten Sitten, wenn es darauf ausgeht, daß eine außer der Ehe Geschwängerte vor der Entbindung von einem anderen Manne als dem Schwängerer geheiratet wird? 273
68. Begriff der „Schule" im Sinne des § 27 Gew.O. 278

Nr. Seite

69. Zum Begriff der Eigenschaften der Person im Sinne des § 119 Abs. 2 B.G.B. — Anfechtung wegen Irrtums über solche Eigenschaften nach erfolgter Bewirkung der geschuldeten Leistung? 282
70. Erziehungsrecht. Tragweite des Art. 206 E.G. zum B.G.B. . . . 286
71. Üblichkeit des Erwerbes durch Arbeit der Frau im Sinne des § 1578 Abs. 1 B.G.B. 294
72. Arglistiges Verschweigen des Fehlens einer zugesicherten Eigenschaft . 300
73. Zum § 73 Gen.-Ges. Zulässigkeit der Auferlegung besonderer Geldleistungen, Beitrittsgeld, Milchabgabe? Verpflichtung zur Übernahme mehrerer Geschäftsanteile? Erhöhung des Geschäftsanteils 303
74. Ist der Generalagent einer Feuerversicherungsgesellschaft Beauftragter des Versicherungsnehmers für die Erledigung des an ihn gelangten Versicherungsantrages? — Von der culpa in contrahendo nach B.G.B. 315
75. Selbständige Ansprüche wegen Patentverletzung auf Rechnungslegung und Herausgabe von Nutzungen, wenn eine Entschädigungspflicht nicht besteht? 320
76. Übertragung des Anspruchs auf Berichtigung des Grundbuchs (§ 894 B.G.B.) durch Auflassung? 322
77. Nach dem Rechte welcher Zeit sind die Voraussetzungen des Widerrufs einer Schenkung wegen Undanks zu beurteilen?. 328
78. Ergreift die Verjährung nach § 558 B.G.B. auch die auf Vertrag beruhenden Ersatzansprüche des Vermieters? 329
79. Zum Begriff und Umfang des Schadensersatzes im Vertragsrechte . 331
80. Bedarf die Vollmacht zum Abschließen des Vertrages über die Veräußerung oder den Erwerb des Eigentums an einem Grundstück der in § 313 Satz 1 B.G.B. vorgeschriebenen Form? 335
81. Rechtskraft eines nach § 304 Z.P.O. erlassenen Zwischenurteils mit Beziehung auf die Frage, ob ein Schadensersatzanspruch zum Teil auf eine Krankenkasse, Versicherungsanstalt oder Berufsgenossenschaft übergegangen ist? 337
82. Zur Auslegung des § 136 des Gewerbe-Unfallversicherungsgesetzes . 340
83. Zur Anwendung der §§ 254 und 278 B.G.B. 346
84. Verletzt der Richter, der dem verhafteten Schuldner den Offenbarungseid abnimmt, ohne daß derselbe ein ordnungsmäßiges Vermögensverzeichnis vorgelegt hat, die ihm einem Dritten gegenüber obliegende Amtspflicht? 351
87. Besteuerung einer infolge Zuzahlung nachträglich als Vorzugsaktie bezeichneten Aktie nach Tarifst. 1a des Reichsstempelgesetzes vom 14. Juni 1900? 362
88. Sind die Haftbefehle des Strafprozesses Urteile im Sinne des § 839 Abs. 2 B.G.B.? — „Fahrlässige Verletzung der Amtspflicht" bei ihrer Erlassung 367

Nr. Seite

89. Zur Anwendung des § 909 B.G.B. 370
90. Schiffseigner im Sinne des § 2 B.Sch.G. Tragweite des § 2 Abs. 2. 373
91. Zur Anwendung des § 892 Abs. 2 B.G.B. Verfahren, betr. endgültige Eintragung einer auf Grund des § 18 Abs. 2 G.B.O. vorgemerkten Rechts. Voraussetzungen der Eintragung eines Rechts 375
92. Örtliches Recht für Vertragsobligationen nach dem Bürgerlichen Gesetzbuche. Zu Art. 11 Abs. 1 Einf.-Ges. zum B.G.B.: Vertrag unter Abwesenden. Wieweit muß nach § 766 B.G.B. in der Urkunde der Gläubiger bezeichnet sein? 379
93. Schadensberechnung des Käufers, der bei dem Vertrage stehen bleibt, wegen arglistiger Täuschung 384
94. Das Erfordernis der Bereicherung bei der Schenkung. Begriff des fiduziarischen Eigentums 386
95. Grundsätze für die Pensionierung einer aus dem Heere zur Schutztruppe übergetretenen und bei dieser zum Deckoffizier beförderten deutschen Militärperson 392
96. Welches Recht ist maßgebend für die Unterhaltspflicht demselben ausländischen Staate angehörender Ehegatten, die ihren Wohnsitz in Deutschland haben? 400
97. Wann ist eine Maschine wesentlicher Bestandteil einer Fabrik? . . . 406
98. Zu § 95 B.G.B.: Bedeutung eines Eigentumsvorbehalts an einer „verbundenen" oder „eingefügten" Sache für die Bestandteilseigenschaft dieser Sache? 410
99. Unterliegt das Geldversprechen dafür, daß sich der andere auf bestimmte Zeit an ein Verkaufsangebot von Grundstücken bindet, der Formvorschrift des § 313 B.G.B.? 411
101. Anwendung des Art. 169 Abs. 1 Satz 2 Einf.-Ges. zum B.G.B. . . 417
102. Zur Auslegung des § 702 H.G.B. und des § 254 B.G.B. 420
103. Zulässigkeit der Aufrechnung bei Erhöhung des Stammkapitals einer Gesellschaft m. b. H. 425
104. Zur Anwendung der §§ 136 und 137 des Gewerbe-Unfallversicherungsgesetzes 428
105. Stillschweigende Vereinbarung der Verlängerung der Verjährungsfrist des § 477 B.G.B.? 431

II. Gemeines Recht.

55. Verlust des Patronatrechts zur Strafe 220
101. Umfang der Unterbrechung der Verjährung durch die Erhebung einer Feststellungsklage 417

III. Preußisches Recht.

Nr. Seite

19. Auflassungsstempel. Zeitpunkt des Beginns der in Abs. 3 der Tarifst. 8 des Stempelsteuergesetzes vom 31. Juli 1895 bestimmten Frist . . . 70

23. Begriff der „Herstellung von Sachmengen im Betriebe eines der Vertragschließenden" im Sinne der Tarifst. 32 Ziff. 3 des Stempelsteuergesetzes vom 31. Juli 1895 90

33. Ist gegenüber einer auf Grund des Gesetzes vom 28. Juli 1892 konzessionierten Kleinbahn eine Klage auf Herstellung von Einrichtungen an einer dem Betriebe der Bahn dienenden Anlage im Rechtswege unzulässig? 131

35. Gegenstand des Verkaufes von Häusern zum Abbruch; Stempelsteuer 135

49. Fluchtliniengesetz betreffend 193

54. Enthält der bergrechtliche Enteignungsbeschluß (§ 142 Allg. Berggef.) eine Verfügungsbeschränkung im Sinne des § 892 Abs. 1 Satz 2 B.G.B.? 215

59. Rechtsnatur der nach § 23 des Pensionsgesetzes vom 27. März 1872 getroffenen Entscheidung. — Rechtsstellung der Bureaubeamten der Spezialkommissare bis zur Einrichtung etatsmäßiger Stellen für Spezialkommissionssekretäre? — Voraussetzungen der Eigenschaft eines mittelbaren Staatsbeamten 233

61. Zulässigkeit des Rechtsweges über die Frage der Entziehung von Bruderschafts-Mitgliedsrechten? 252

66. Teilenteignung von Bauland: Berücksichtigung eines für das Restgrundstück erteilten Dispenses von einer baupolizeilichen Vorschrift? Bestimmung der Entschädigung 268

86. Anspruch von Baptistengemeinden auf Benutzung der Kirchhöfe anderer Kirchengemeinden (§ 189 A.L.R. II. 11)? 355

IV. Rheinisches Recht.

22. Wird die Stadt als Straßeneigentümerin durch das Recht der Straßenanlieger an jeder privatwirtschaftlichen Ausnutzung der Straße gehindert? 87

V. Prozeßrecht.

Nr. Seite

3. Weitere Beschwerde gegen eine gemäß § 571 Z.P.O. erlassene Entscheidung eines Oberlandesgerichts? 10
5. Umfang des Begründungszwangs, wenn in dem mit der Revision angefochtenen Urteile über mehrere selbständige Ansprüche zuungunsten des Revisionsklägers erkannt ist. Berechnung der Revisionssumme . . . 15
7. Schiedsrichterliches Verfahren: Unterbrechung durch Konkurs? . . . 24
9. Wirksamkeit einer während des Laufes einer Rechtsmittelfrist angeordneten Aussetzung des Verfahrens, wenn der Beschluß erst nach Ablauf der Frist zugestellt ist? 26
17. Zu § 926 Z.P.O.: Welche Klage ist als Hauptklage zu erheben, wenn eine Bauforderung (§ 648 B.G.B.) im Wege einstweiliger Verfügung durch Vormerkung gesichert ist? Hat über den Antrag aus Abs. 2 der Berufungsrichter zu befinden, wenn die Frist erst nach Erlassung des ersten Urteils (§ 925 oder § 927) ablief? 62
24. Statthaftigkeit eines Einwandes im Nachverfahren des Wechselprozesses? 93
41. Ist ein ausländischer Staat der inländischen Gerichtsbarkeit unterworfen? 165
44. § 37 Abs 1 der preußischen Schiedsmannsordnung vom 29. März 1879 176
47. Entscheidung über Einwendungen in betreff der Streitkosten im Urteil oder im Kostenfestsetzungsverfahren? 188
49. Zulässigkeit des Rechtsweges in betreff Bestehens des Enteignungsrechts? 193
52. Beschwerde gegen Ablehnung der Vertagung der mündlichen Verhandlung? 207
58. Rechtswirkung einer vom Konkursverwalter selbst vorgenommenen Versteigerung gegenüber dem Pfandberechtigten? 232
61. Zulässigkeit des Rechtsweges über die Frage der Entziehung von Bruderschafts-Mitgliedsrechten? 252
68. Maßgeblichkeit von Feststellungen der Verwaltungsbehörde für das Gericht? 278
81. Rechtskraft eines nach § 304 Z.P.O. erlassenen Zwischenurteils mit Beziehung auf die Frage, ob ein Schadensersatzanspruch zum Teil auf eine Krankenkasse, Versicherungsanstalt oder Berufsgenossenschaft übergegangen ist? 337
84. Verletzt der Richter, der dem verhafteten Schuldner den Offenbarungseid abnimmt, ohne daß derselbe ein ordnungsmäßiges Vermögensverzeichnis

Nr. Seite

vorgelegt hat, die ihm einem Dritten gegenüber obliegende Amtspflicht? Zum Begriff der Ordnungsmäßigkeit des Verzeichnisses. Niederschlagung von Gerichtsvollziehergebühren? 351

85. Gültigkeit eines nur eine Teilentscheidung enthaltenden Schiedsspruchs? 353

90. Rechtskraftwirkung eines auf Grund eines Schiffsgläubigeranspruchs gegen einen gewesenen Ausrüster erstrittenen Urteils 378

100. Eideszuschiebung über hypothetische innere Tatsachen des Delaten? . 415

Sachregister 434

Gesetzesregister 451

Chronologische Zusammenstellung 460

Zusammenstellung nach Oberlandesgerichtsbezirken 467

Berichtigungen 468

1. Darf bei der gerichtlichen und der notariellen Beurkundung von Rechtsgeschäften die durch § 177 Abs. 1 Satz 2 Fr.G.G. vorgeschriebene Feststellung, daß das Protokoll vorgelesen, von den Beteiligten genehmigt und von ihnen unterschrieben sei, den Unterschriften der Beteiligten nachfolgen?

IV. Zivilsenat. Beschl. v. 15. Februar 1906 in der Grundbuchsache von Pieschen. Beschw.-Rep. IV. 14/06.

I. Amtsgericht Dresden.
II. Landgericht daselbst.

Das Amtsgericht in Dresden lehnte die beantragte Eintragung einer Hypothek u. a. mit der Begründung ab, daß bei der notariellen Beurkundung des Eintragungsantrags die Vorschriften des § 177 Abs. 1 Sätze 1 u. 2 Fr.G.G. nicht befolgt worden seien. Das notarielle Protokoll enthielt den Schlußvermerk:

„Hierauf ist dieses Protokoll den Beteiligten vorgelesen, von ihnen genehmigt und mit"
(folgen die Namen der Beteiligten)
„eigenhändig unterschrieben worden."

Das Amtsgericht beanstandete als der Anforderung des Gesetzes nicht entsprechend, daß die Feststellung der unterschriftlichen Vollziehung des Protokolls den Unterschriften der Beteiligten nachfolge. Die Beschwerde des Grundstückseigentümers blieb ohne Erfolg.

Die von ihm erhobene weitere Beschwerde wurde vom Oberlandesgerichte für begründet gehalten. Das Oberlandesgericht konnte ihr jedoch nicht selbst abhelfen, weil eine Abänderung des landgerichtlichen Beschlusses im Widerspruch gestanden hätte mit der reichsgerichtlichen Entscheidung, die in dem Urteile vom 11. Juli 1905 (Jurist. Wochenschr. S. 541 Nr. 38) zur Frage der Auslegung des

§ 177 Fr.G.G. erlassen ist. Mit Rücksicht hierauf wurde die weitere Beschwerde unter Befolgung des § 28 Abs. 2 desselben Gesetzes dem Reichsgerichte vorgelegt. Das Reichsgericht hat ihr stattgegeben aus folgenden

Gründen:

... „Der entscheidende Senat des Reichsgerichts hat bei wiederholter Prüfung seine in dem erwähnten Urteile vom 11. Juli 1905 entwickelte Rechtsansicht aufgegeben und ist dadurch zur Abänderung des angefochtenen landgerichtlichen Beschlusses gelangt.

Die bei der Auslegung des § 177 a. a. O. in der Rechtswissenschaft und in der Rechtsprechung entstandenen Meinungsverschiedenheiten haben darin ihren Grund, daß die Gesetzesvorschriften über die gerichtliche und die notarielle Beurkundung von Rechtsgeschäften (§§ 168 flg. a. a. O.) eine mit voller Schärfe durchgeführte Scheidung der urkundlichen Feststellungen, die den „bei der Beurkundung mitwirkenden Personen" obliegen, von den zu beurkundenden Handlungen der rechtsgeschäftlich beteiligten Personen nicht enthalten. Durch das in § 177 Abs. 1 Satz 1 des Gesetzes aufgestellte Erfordernis, daß das vorzulesende Protokoll von den Beteiligten genehmigt und unterschrieben werden muß, wird das Zustandekommen der öffentlichen Beurkundung von einem Zusammenwirken der „mitwirkenden Personen" und der „Beteiligten", und zwar nicht nur bei der Abfassung der rechtsgeschäftlichen Erklärungen (§ 176 Abs. 1 Nr. 3), sondern ebenso bei der Feststellung äußerer Umstände und Vorgänge des Beurkundungsverfahrens, mithin mit bezug auf solche Tatsachen abhängig gemacht, deren Beurkundung dem Wesen der Sache nach dem Urkundsbeamten und den etwa mitwirkenden „Urkundspersonen" (§ 198 Abs. 1) obliegt. Das gilt sowohl von der Angabe des Ortes und des Tages der Verhandlung (§ 176 Abs. 1 Nr. 1, vgl. Entsch. des R.G.'s in Zivils. Bd. 50 S. 215 flg.), als auch von der Bezeichnung der Beteiligten selbst und der bei der Verhandlung mitwirkenden Personen (§ 176 Abs. 1 Nr. 2, vgl. Entsch. des R.G.'s in Zivils. Bd. 50 S. 16 flg., insbesondere S. 20); es tritt aber in seiner praktischen Bedeutungslosigkeit ganz besonders bei den Feststellungen hervor, die von dem Urkundsbeamten zu der Frage getroffen werden, ob die Beteiligten die nämlichen sind, für die sie sich ausgeben (§ 176 Abs. 3), da auch insoweit die Beteiligten nicht nur durch Vorlesung von dem Protokolle Kenntnis zu erhalten, sondern wörtlich genommen das Protokoll zu genehmigen haben. Das Gesetz nötigt jedoch durch seine Fassung nicht dazu, die Anforderung einer Bestätigung amtlicher Feststellungen durch die Beteiligten weiter auszudehnen, als das nach dem Zusammenhange der §§ 176 und 177 unabweisbar geboten erscheint.

Wenn nun § 177 neben dem Verhandlungsakte der Vorlesung und Genehmigung des Protokolls und dem Beurkundungsakte der Unterzeichnung durch die Beteiligten ein urkundliches Zeugnis über diesen dreiteiligen Vorgang, also einen weiteren Beurkundungsakt, vorschreibt, so ist das gleichfalls dem Wesen nach eine amtliche, und zwar vorzugsweise eine das Verhalten der Beteiligten mit öffentlichem Glauben bestätigende Feststellung. Daß sie aber nach der Absicht des Gesetzes im umgekehrten Verhältnis wiederum ihrerseits einer Bestätigung durch die Privatbeteiligten bedürfen, und diese Bestätigung denselben Formerfordernissen der Verhandlung und Beurkundung unterliegen sollte, erscheint schon aus dem Grunde nicht annehmbar, weil ein Abschluß der gerichtlichen oder notariellen Beurkundung sich streng genommen alsdann überhaupt nicht erreichen ließe. Das Schriftstück, welches gemäß § 177 Abs. 1 Satz 1 als „Protokoll" den Gegenstand der Vorlesung, Genehmigung und Unterzeichnung hier zunächst durch die Beteiligten, und nicht auch schon durch die mitwirkenden Personen (vgl. § 174) zu bilden hat, braucht beim Beginn dieser Akte mit seinem Inhalt über die im § 176 vorgeschriebenen Bestandteile noch nicht hinauszugehen. Erst im Verlaufe des durch § 177 geregelten Protokollabschlußverfahrens treten ihm weitere Bestandteile hinzu, deren erste Stelle bei genauer Einhaltung der Verfahrensvorschriften die Unterschriften der Beteiligten einnehmen werden, während die durch § 177 Abs. 1 Satz 2 verlangte Feststellung, daß die Vorlesung, Genehmigung und Unterzeichnung geschehen sei, bei ungezwungener Gesetzesauslegung einen Rückblick auf der Vergangenheit angehörige Vorgänge enthält und darum keineswegs an falscher Stelle steht, wenn sie der Zeitfolge entsprechend auch räumlich jenen Unterschriften nachfolgt. In seiner früheren Entscheidung ist nun freilich der Senat davon ausgegangen, daß der Ausdruck „Protokoll" in § 177 Abs. 1 Satz 2 ganz dieselbe Bedeutung habe wie im Satz 1, woraus gefolgert wurde, daß der durch Satz 2 vorgeschriebene Feststellungsvermerk als Teil des Protokolls nach geschehener Vorlesung von den Beteiligten gleichfalls zu genehmigen und zu unterschreiben sei. Dies läßt sich jedoch im Ausgangspunkt und darum auch in der Schlußfolgerung nicht aufrecht erhalten. Nach der Verordnungsweise des Gesetzes, das im § 177 den Verhandlungs- und Beurkundungsvorgang und damit die Entstehung des Protokollabschlusses regelt, ist allenthalben, so oft an dieser Gesetzesstelle der Ausdruck „Protokoll" vorkommt, nicht von der fertigen, sondern von der in der fortschreitenden Vollendung begriffenen Urkunde die Rede. Der Ausdruck weist also im Unterschiede von seiner Anwendung im § 182 und in § 184 Abs. 2 des Gesetzes hier auf ein seine Beschaffenheit veränderndes Schriftstück hin. Aus der Wortfassung des Gesetzes läßt sich daher nichts herleiten, was auf die Annahme hinführen würde, das Gesetz habe mit der in § 177 Abs. 1 Satz 2 vorgeschriebenen Feststellung nicht die mitwirkenden Personen allein betrauen, vielmehr die Vollwirksamkeit ihres Zeugnisses auch in dieser Beziehung von einer Bestätigung durch die Beteiligten abhängig machen wollen. Nur so viel ist richtig, daß die mitwirkenden Personen mit ihren nach § 177 Abs. 3 an das äußerste Ende der Urkunde zu setzenden Unterschriften den Gesamtinhalt aller den Verhandlungs- und Beurkundungsvorgang betreffenden Protokollangaben als richtig bekräftigen, und daß daher von dem in Abs. 1 Satz 2 vorgeschriebenen Feststellungsvermerk dies auch in dem Falle gilt, wenn er den Unterschriften der Beteiligten vorangestellt ist. Die rechtlich unwesentliche Mitunterzeichnung des Feststellungsvermerks durch die Beteiligten ist deshalb zwar zulässig; sie ist jedoch nicht notwendig.

Aus denselben Gründen wurde im gegebenen Falle die Rechtswirksamkeit der notariellen Beurkundung dadurch nicht in Frage gestellt, daß vermöge der Einflechtung der Unterschriften zwar nicht die sämtlichen drei Teile des Feststellungsvermerks, wohl aber das Zeugnis über die geschehene Vorlesung und Genehmigung des Protokolls räumlich den Unterschriften vorangestellt, das Zeugnis über den Ursprung dieser Unterschriften dagegen ihnen nachgestellt wurde.

Die Richtigkeit dieser Annahme und der vorstehenden, zu ihrer Begründung dienenden Darlegungen läßt sich aus der Entstehungsgeschichte des Gesetzes gleichfalls herleiten. Der § 177 Fr.G.G.

wiederholt im wesentlichen die für die Testamentserrichtung geltenden Vorschriften des § 2242 B.G.B.

Vgl. die Begründung zu dem Entwurfe des Fr.G.G., Drucksachen des Reichstags von 1897/98 Nr. 21 S. 89, Stenographische Berichte Anl. Bd. 1 S. 321.

Im Bürgerlichen Gesetzbuche schließt sich die Vorschrift des § 2242 Abs. 1 Satz 1, daß das Protokoll vorgelesen, von dem Erblasser genehmigt und von ihm eigenhändig unterschrieben werden muß, unmittelbar an die den wesentlichen Inhalt des Protokolls bestimmende Vorschrift des § 2241 an. Dieser Zusammenhang legt ohne weiteres die Auffassung nahe, daß jene Vorschrift auf den in der unmittelbar vorangehenden Vorschrift des § 2241 bezeichneten Inhalt des Protokolls zu beziehen ist. Das gleiche trifft für das Verhältnis des § 177 Abs. 1 Satz 1 Fr.G.G. zum § 176 zu. Allerdings wird hier der Zusammenhang der Vorschriften durch die Vorschrift des § 176 Abs. 3 unterbrochen. Diese Vorschrift war in den im Reichsjustizamt aufgestellten Grundzügen eines Gesetzes über die Angelegenheiten der freiwilligen Gerichtsbarkeit noch nicht enthalten. Der Zusatz ist erst auf Anregung der Regierungen von Bayern, Baden und Hessen in den dem Bundesrate vorgelegten Entwurf aufgenommen (vgl. die gedruckte Zusammenstellung der Äußerungen der Bundesregierungen § 147 S. 78). Sinn und Tragweite des § 177 Abs. 1 haben aber dadurch nicht in der Weise geändert werden sollen, daß die im ersten Satze enthaltenen Vorschriften auf den Inhalt des Protokolls nunmehr in einem Umfange ausgedehnt wären, der über die im § 176 angegebenen Bestandteile mit Einschluß dessen, was durch den eingefügten Abs. 3 hinzukam, sogar noch hinausginge.

Aber nicht nur der Wortlaut und der äußere Zusammenhang, sondern auch der Zweck der Vorschriften unterstützt die Auffassung, daß der Feststellungsvermerk nicht einen Teil des nach § 2242 Abs. 1 Satz 1 B.G.B. und § 177 Abs. 1 Satz 1 Fr.G.G. zu verlesenden sowie von den Beteiligten zu genehmigenden und zu unterzeichnenden Protokolls bildet. Durch diese Vorschriften soll den Beteiligten die Möglichkeit gegeben werden, zu überwachen und nachzuprüfen, ob das, was Gegenstand der Beurkundung sein soll, auch richtig ihrem Willen entsprechend beurkundet ist. Dagegen liegt die im Satz 2 vorgesehene Feststellung außerhalb des eigentlichen Gegenstandes der Beurkundung.

Hier ist eine Genehmigung und Unterzeichnung durch die Beteiligten und deshalb auch eine Vorlesung zwecklos. Dem gegenüber kann darauf, daß das Reichsrecht nicht, wie das preußische Gesetz über das Verfahren bei Aufnahme von Notariatsinstrumenten vom 11. Juli 1845, eine äußere Scheidung des Protokolls nach seinen verschiedenartigen Bestandteilen vorschreibt, entscheidendes Gewicht nicht gelegt werden, umsoweniger, als die Entstehungsgeschichte der reichsgesetzlichen Vorschriften keinerlei Anhaltspunkte dafür bietet, daß eine in ihren Folgen so weittragende sachliche Abweichung von dem preußischen Rechte beabsichtigt worden sei. Eine Bestätigung dessen kann darin erblickt werden, daß die Auffassung, wonach die in § 177 Abs. 1 Satz 2 vorgeschriebene Feststellung einer Genehmigung und Unterzeichnung durch die Beteiligten nicht bedarf, mehrfach bei den Landesjustizverwaltungen zur Anerkennung gelangt ist.

Sie wird ausdrücklich vertreten in dem Ausschreiben des Großherzoglich hessischen Ministeriums der Justiz vom 3. Juli 1901 (Amtsblatt Nr. 13 unter 16), und zwar mit dem Hinweise darauf, daß sie vom Reichsjustizamte geteilt werde. Die gleiche Auffassung liegt dem § 165 Abs. 1 der Geschäfsordnung für die bayerischen Notariate (Bekanntmachung des Königlich bayerischen Staatsministeriums der Justiz vom 24. Dezember 1899, Justizministerialblatt S. 591) zugrunde; denn es heißt daselbst: „Die Feststellung über die Genehmigung und Unterzeichnung kann wie bisher an den Schluß des Textes und vor die Unterschriften der Beteiligten gesetzt werden.“ Ferner wird in dem auf amtliche Veranlassung des Königlich preußischen Justizministeriums von Weizsäcker und Lorenz herausgegebenen Formularbuche für die freiwillige Gerichtsbarkeit zum Gebrauche der preußischen Gerichte (1. Aufl. — 1900 — S. 3 Anm. 4, 2. Aufl. — 1904 — S. 2 Anm. 4) ausdrücklich hervorgehoben, daß der Feststellungsvermerk des § 177 Abs. 1 Fr.G.G. den Unterschriften der Beteiligten vorangehen oder ihnen nachfolgen könne.

In der Literatur wird die gleiche Auffassung vertreten von: Dorner, Kommentar zum Gesetz über die Angelegenheiten der freiwilligen Gerichtsbarkeit (1899) S. 585 Bem. 1b zu § 177; Kloß, Notariat in Sachsen (1900) S. 36 Bem. 3; Frese, im Zentralblatt für freiwillige Gerichtsbarkeit 1900 S. 305; Güthe, Drei Streitfragen über die Bedeutung des § 177 Abs. 1 Satz 1 u. 2 Fr.G.G.,

Zentralblatt für freiwillige Gerichtsbarkeit Jahrgang 2 (1902) S. 606. 612 flg.; Josef, Lehrb. des Verfahrens der freiwilligen Gerichtsbarkeit (1902) S. 414; Landsberg, An welche Stelle des Protokolls gehört nach § 177 Fr.G.G. und § 2242 B.G.B. der Feststellungsvermerk über die geschehene Vorlesung, Genehmigung und Unterschrift? Juristische Monatsschrift für Posen 1905 S. 141 flg. Von derselben Auffassung gehen aus: Keidel, Handbuch des Verfahrens der Gerichte in Angelegenheiten der freiwilligen Gerichtsbarkeit für Bayern (1903) S. 384 unter o; Wellstein, Fr.G.G. 2. Aufl. (1906) S. 369 Bem. 3 zu § 177.

Ferner bemerkt Weißler, Kommentar zum Fr.G.G. (1900) Bem. 4 zu § 177, daß ein der preußischen Notariatsordnung sich anschließendes Verfahren, wenigstens bezüglich der Unterschrift, auch jetzt nicht für unzulässig erachtet werden könne.

Die entgegengesetzte Auffassung wird hiernach gegenwärtig kaum noch als die unter den Schriftstellern vorherrschende gelten können.

Schließlich spricht auch der in der Rechtsprechung des Reichsgerichts wiederholt hervorgehobene Umstand, daß den Gesetzesvorschriften über die Testamentserrichtung, ebenso wie den ihnen nachgebildeten Vorschriften der §§ 176 und 177 Fr.G.G., die Tendenz zugrunde liegt, nach Möglichkeit eine Formungültigkeit abzuwenden (Entsch. des R.G.'s in Zivils. Bd. 50 S. 17. 18. 21 und Urteil des III. Zivilsenats in Sachen E. w. C. vom 28. November 1905, Jurist. Wochenschr. 1906 S. 53 Nr. 3) gegen eine Gesetzesauslegung, die bei der vorhandenen ungenauen Gesetzesfassung sich für die Häufung sachlich wertloser Formanforderungen entscheidet.

Aus allen diesen Gründen konnte das von dem Amtsgericht und von dem Beschwerdegerichte gegen die Formgültigkeit der notariellen Urkunde vom 16. Oktober 1905 erhobene ... Bedenken nicht für zutreffend gehalten werden." ...

2. Können für die Zweigniederlassung einer Anstalt oder einer Aktiengesellschaft, die eine andere Firma führt, als diese, Rechte in das Grundbuch eingetragen werden?

V. Zivilsenat. Beschl. v. 1. November 1905 in der Grundbuchsache von Aibling Bd. V Bl. 537. Beschw.-Rep. V. 287/05.

I. Amtsgericht Aibling.
II. Landgericht Traunstein.

Gründe:

„Die Königlich Bayerische Bank ist eine Staatsanstalt mit kaufmännischer Geschäftsführung. Sie hat ihren Sitz in Nürnberg. Ihre Geschäfte werden unter Leitung eines Bankdirektors durch die Hauptbank und Filialbanken besorgt. Sie hat u. a. eine Zweigniederlassung in Rosenheim, die unter der Firma „Königliche Filialbank Rosenheim" im Handelsregister eingetragen ist. Auf dem Grundstücke Aibling Bd. V Bl. 537 (Haus Nr. 174) steht für den Privatmann Sebastian B. eine Hypothek von 21000 ℳ nebst 2100 ℳ Nebenleistungen eingetragen. Diese Hypothek hat B. der Königlichen Filialbank Rosenheim in Höhe von 13000 ℳ und 1300 ℳ Nebenleistungen zur Sicherung aller Ansprüche, die ihr aus dem ihm bis zum Betrage von 10000 ℳ eröffneten Kredite oder der Königlichen Bank auf Grund seines Verkehrs mit einer ihrer Zweigniederlassungen aus irgend welchem Rechtsgrunde bereits erwachsen sind und noch erwachsen werden, verpfändet und die Eintragung der Verpfändung in das Grundbuch beantragt. Das Grundbuchamt hat als Pfandgläubigerin „die Königlich Bayerische Bank in Nürnberg, Filiale Rösenheim" eingetragen und dies damit begründet, daß die Filialbank nicht als Gläubigerin eingetragen werden könne, weil ihr selbstständige Persönlichkeit nicht zukomme. Die Bankdirektion in Nürnberg beantragte, die „Königliche Filialbank Rosenheim" als Pfandgläubigerin im Wege der Berichtigung des Grundbuchs einzutragen. Das Grundbuchamt lehnte den Antrag ab. Die beim Landgericht eingelegte Beschwerde hatte keinen Erfolg. Das bayerische Oberste Landesgericht möchte die bei ihm eingelegte weitere Beschwerde zurückweisen, sieht sich darin aber durch zwei Beschlüsse des Oberlandesgerichts in Dresden behindert und hat daher die weitere Beschwerde dem Reichsgericht vorgelegt.

Die weitere Beschwerde ist begründet.

Das Oberlandesgericht in Dresden führt in den beiden Beschlüssen vom 7. April 1903 (abgedruckt in Rechtspr. d. O.L.G. Bd. 9 S. 351) und vom 27. September 1904 aus, die Zweigniederlassung einer Aktiengesellschaft sei keine selbständige juristische Person, sondern bilde gleich der Hauptniederlassung selbst einen Bestandteil des von der

Gesellschaft betriebenen Geschäfts; ihre Firma sei daher die Firma der Aktiengesellschaft selbst, und wenn sie von der Firma der Hauptniederlassung abweiche, so führe die Gesellschaft zwei verschiedene Firmen, von denen die eine ebenso rechtmäßig und zulässig sei, wie die andere. Das bayerische Oberste Landesgericht geht davon aus, daß für einen Einzelkaufmann Rechte in das Grundbuch nur unter seinem bürgerlichen Namen, nicht unter seiner Firma einzutragen seien, und daß dies auch für den Fall gelte, daß der Einzelkaufmann mehrere Niederlassungen mit verschiedenen Firmen hat, und meint, daß dasselbe gelten müsse, wenn es sich um die Eintragung für die Firma der Zweigniederlassung einer Aktiengesellschaft oder einer staatlichen Anstalt handelt; denn auch deren Vermögen sei ein ebenso einheitliches wie das des Einzelkaufmanns; Rechtsgeschäfte zwischen den verschiedenen Niederlassungen seien bei ihnen ebensowenig möglich, wie beim Einzelkaufmann, und auch bei ihnen sei das Grundbuch nicht zu einer auf den Umfang einer Prokura oder sonstigen Vollmacht bezüglichen Eintragung bestimmt.

Der Ansicht der Vorinstanzen und des bayerischen Obersten Landesgerichts konnte nicht beigetreten werden. Bei einer Aktiengesellschaft, einer juristischen Person und einem gewerblichen Unternehmen des Reichs, eines Bundesstaats oder eines Kommunalverbandes hat die Firma eine wesentlich andere Bedeutung als beim Einzelkaufmann; denn bei ihnen ist die Firma nicht nur der Name, unter dem sie gewerbliche Geschäfte betreiben, sondern sie ist ihr alleiniger Name. Es kann also bei ihnen gar nicht die Frage auftauchen, auf welchen Namen Rechte für sie ins Grundbuch einzutragen sind. Zweifel können nur entstehen, wenn sie Zweigniederlassungen unter Firmen gegründet haben, die von denen der Hauptniederlassung abweichen, und von der Hauptniederlassung oder von einer Zweigniederlassung die Eintragung auf ihre, die besondere Firma der Zweigniederlassung beantragt wird. Indes muß der Gedanke, daß solchenfalls die Aktiengesellschaft oder die staatliche Anstalt unter einer von ihrem bürgerlichen Namen abweichenden Firma am Orte der Zweigniederlassung gewerbliche Geschäfte treibe, von der Hand gewiesen werden. Solche Gesellschaften und Anstalten haben keinen bürgerlichen Namen; sie führen einen Namen nur vermittels ihrer Firma (Entsch. des R.G.'s in Zivils. Bd. 1 S. 26. 28 Bd. 3 S. 68).

Errichten sie eine Zweigniederlassung mit abweichender Firma, so bildet diese Firma wiederum für den Geschäftskreis der Zweigniederlassung ihren einzigen Namen. Erwirbt also die Zweigniederlassung eine Hypothek unter ihrer Firma, so macht sie, da sie keine selbstständige Rechtspersönlichkeit hat, den Erwerb für die Aktiengesellschaft oder die staatliche Anstalt unter deren für ihre durch die Zweigniederlassung betriebenen Geschäfte allein maßgebendem Namen. Daraus ergibt sich, daß die Eintragung in das Grundbuch auf die Firma der Zweigniederlassung lauten muß, wenn der Erwerbstitel auf sie ausgestellt ist. So allein wird der Gläubiger im Sinne des § 1115 B.G.B. richtig bezeichnet. Mit diesen Ausführungen steht das in der Jurist. Wochenschr. 1904 S. 297 Nr. 27 mitgeteilte Urteil des Reichsgerichts nicht im Widerspruche, in dem im wesentlichen nur ausgeführt wird, daß eine von einer Filiale unter ihrer Firma erworbene Hypothek nicht ihr als einer besonderen Person, sondern der Aktiengesellschaft zusteht.

Demgemäß waren die beiden Vorentscheidungen aufzuheben und war das Grundbuchamt anzuweisen, die Königliche Filialbank Rosenheim als Pfandgläubigerin einzutragen."

3. 1. Findet gegen eine gemäß § 571 Z.P.O. erlassene Entscheidung eines Oberlandesgerichts eine weitere Beschwerde statt?

2. Ist behufs Entscheidung über die Zulässigkeit einer solchen weiteren Beschwerde zu prüfen, ob der mittels derselben angefochtene Beschluß des Oberlandesgerichts in gesetzmäßiger Weise ergangen ist?

Z.P.O. in der Fassung des Gesetzes vom 5. Juni 1905 § 568 Abs. 4.

II. Zivilsenat. Beschl. v. 3. November 1905 i. S. B. & Co. (Kl.) w. L. (Bekl.). Beschw.-Rep. II. 101/05.

I. Amtsgericht Krefeld, Kammer für Handelssachen.
II. Oberlandesgericht Köln.

Aus den Gründen:

„Auf die in dem Verfahren behufs Sicherung des Beweises von der Beklagten gegen die Beschlüsse der Kammer für Handelssachen bei dem Amtsgerichte zu Kr. vom 12. und 29. Mai 1905 eingelegten Beschwerden hat das Oberlandesgericht zuerst durch Beschluß vom 15. August 1905 unter Abänderung des Beschlusses von 12. Mai 1905 die Ablehnung des Sachverständigen Dr. K. für gerechtfertigt erklärt und den Beschluß vom 29. Mai 1905 insoweit aufgehoben, als er die von der Beklagten benannten Sachverständigen von der Ernennnng ausschloß. Auf die von der Klägerin hiergegen eingelegte weitere Beschwerde hat das Oberlandesgericht nunmehr durch Beschluß vom 9. September 1905 gemäß § 571 Z.P.O. unter der Annahme, daß ein Fall der sofortigen Beschwerde (§ 577 Z.P.O.) nicht vorliege, den erwähnten Beschluß vom 15. August 1905 insoweit abgeändert, als unter Zurückweisung der Beschwerde der Beklagten gegen den Beschluß vom 12. Mai 1905 die Vernehmung des Dr. K. als Sachverständigen angeordnet wurde. Die von der Beklagten gegen diesen Beschluß vom 9. September 1905 eingelegte Beschwerde hat das Oberlandesgericht durch Beschluß vom 9. Oktober 1905 gemäß § 568 Abs. 4 und § 574 Abs. 2 Z.P.O. in der Fassung des Gesetzes vom 5. Juni 1905 als unzulässig kostenfällig verworfen, ohne dabei in die Prüfung der Frage einzutreten, ob die angegriffene Entscheidung vom 9. September 1905 in gesetzmäßiger Weise ergangen sei. Gegenüber diesem Beschlusse vom 9. Oktober 1905 hat die Beklagte gemäß § 574 Abs. 2 a. a. O. innerhalb der gesetzlichen Frist die Entscheidung des Beschwerdegerichts beantragt, indem sie die Zulässigkeit der erhobenen Beschwerde im wesentlichen damit begründete, 1. daß die durch den Beschluß vom 9. September 1905 erfolgte Aufhebung des Beschlusses vom 15. August 1905 deshalb unzulässig gewesen sei, weil die gegen den letzteren Beschluß eingelegte Beschwerde eine sofortige sei, und weil die Abänderungsbefugnis sich nicht auf einen Beschluß beziehe, der auf Beschwerde ergehe, 2. daß jedenfalls der in dieser Weise zustande gekommene Beschluß seinem Wesen nach nicht als ein auf Beschwerde erlassener, sondern als ein erstinstanzlicher Beschluß anzusehen sei.

Behufs Entscheidung über den bei dem Reichsgerichte als Beschwerdegericht gestellten, eine Aufhebung des Beschlusses des Oberlandesgerichts vom 9. Oktober 1905 bezweckenden Antrag ist zunächst lediglich die Frage zu prüfen, ob durch diesen Beschluß die Beschwerde der Beklagten mit Recht als unzulässig verworfen worden ist. Diese Frage ist zu bejahen. Es ist nämlich anzunehmen, daß die Vorschrift des § 568 Abs. 4 Z.P.O. n. F., wonach gegen die Entscheidungen der Oberlandesgerichte (in Beschwerdesachen) eine weitere Beschwerde nicht stattfindet, auch auf eine gemäß § 571 Z.P.O. erlassene Entscheidung eines Oberlandesgerichts Anwendung findet, wodurch einer weiteren Beschwerde gegen einen in der Beschwerdeinstanz erlassenen Beschluß desselben Oberlandesgerichts ganz oder teilweise abgeholfen wird. Hierfür spricht nicht nur die allgemeine, auch Fälle der vorliegenden Art in sich begreifende Fassung des § 568 Abs. 4, sondern auch die keinerlei Beschränkung hinsichtlich der Anwendung dieser Vorschrift vorsehende Begründung derselben (II S. 7) und der hiermit übereinstimmende Bericht der Reichstagskommission (S. 43), worin diese Vorschrift dahin erläutert ist, daß hiernach gegen Entscheidungen, welche die Oberlandesgerichte in der Beschwerdeinstanz erlassen, eine Beschwerde nicht stattfinden soll. Der hier in Frage stehende Beschluß vom 9. September 1905 ist aber als eine solche von dem Oberlandesgerichte in der Beschwerdeinstanz erlassene, und nicht als eine erstinstanzliche Entscheidung anzusehen; denn durch diesen Beschluß, der bezüglich des darin entschiedenen Punktes nunmehr allein maßgebend ist, ist der Sache nach über die von der Beklagten gegen den Beschluß vom 12. Mai 1905 eingelegte ursprüngliche Beschwerde, — also jedenfalls nicht über einen erstinstanzlichen Antrag der Klägerin, mag auch die von dieser gegen den Beschluß vom 15. August 1905 eingelegte Beschwerde den Anlaß zu der neuen Entscheidung des ursprünglichen Beschwerdegerichts gegeben haben — unter Abänderung des oberlandesgerichtlichen Beschlusses vom 15. August 1905 von neuem so entschieden worden, wie nach der nunmehrigen Ansicht des Oberlandesgerichts sofort von ihm über diese Beschwerde hätte entschieden werden sollen. Die Sache liegt daher nach Erlassung des Beschlusses vom 9. September 1905 rechtlich ebenso, wie wenn das Oberlandesgericht die in diesem Beschlusse enthaltene Entscheidung schon mittels seines ersten Beschlusses vom 15. August 1905 erlassen hätte. Diese Auffassung der hierbei hauptsächlich in Betracht kommenden Bestimmung des § 571 Z.P.O. (§ 534 a. F.) liegt auch dem Beschlusse des erkennenden Senats vom 23. November 1894 (Jurist. Zeitschr. für Elsaß-Lothringen Bd. 20 S. 271) zugrunde.

Hiernach unterliegt die Anfechtbarkeit des Beschlusses vom 9. September 1905 denselben Grundsätzen, wie die Anfechtbarkeit des Beschlusses vom 15. August 1905, da beide als in der Beschwerdeinstanz erlassen anzusehen sind. Somit ist auch die gegen den Beschluß vom 9. September 1905 eingelegte Beschwerde als eine weitere Beschwerde aufzufassen, auf welche die Vorschrift des § 568 Abs. 4 a. a. O. in gleicher Weise Anwendung findet, wie auf eine gegen den Beschluß vom 15. August 1905 eingelegte Beschwerde. Es erscheint daher als gerechtfertigt, daß das Oberlandesgericht die gegen den Beschluß vom 9. September 1905 eingelegte Beschwerde gemäß § 568 Abs. 4 als unzulässig verworfen hat, ohne dabei in die Prüfung der Frage einzutreten, ob dieser Beschluß in gesetzmäßiger Weise ergangen ist. In gleicher Weise steht auch dem Reichsgerichte eine Prüfung der letzteren Frage und insbesondere der von der Beklagten gegen diesen Beschluß selbst zu 1 erhobenen Angriffe nicht zu, da dieselben für die hier zunächst zu entscheidende Frage der Zulässigkeit der Beschwerde nicht in Betracht kommen, nach der Verneinung dieser Frage aber von dem Beschwerdegerichte nicht weiter zu prüfen ist, ob die Beschwerde begründet ist." ...

---

4. Tragweite der Anfechtung gemäß § 2079 B.G.B. gegenüber einem unter dem älteren Recht errichteten gegenseitigen Testament. Bindung des Erblassers.

Einf.-Ges. zum B.G.B. Artt. 213. 214.

IV. Zivilsenat. Urt. v. 6. November 1905 i. S. verw. N. u. Gen. (Bekl.) w. M. Ehel. (Kl.). Rep. IV. 228/05.

I. Landgericht Elbing.
II. Oberlandesgericht Marienwerder.

Die Justizrat N.'schen Eheleute hatten im Jahre 1872 ein gemeinschaftliches Testament errichtet, worin jeder Ehegatte den anderen und die Tochter Liesbeth, die jetzige Klägerin, als Erben, die Tochter zugleich als Nach- und Ersatzerbin einsetzte. Die Mutter der Klägerin verstarb 1873. Justizrat N. nahm die Erbschaft an. Im Jahre

1880 verheiratete er sich von neuem. Als er im Jahre 1901 starb, hinterließ er aus der zweiten Ehe seine Witwe und eine Tochter Berta, die Beklagten. In einem Testamente vom Dezember 1899 hatte er nur die beiden Beklagten als Erben berufen. Diese fochten im Juli 1902 dem Nachlaß gegenüber die in dem gegenseitigen Testamente von 1872 enthaltene letztwillige Verfügung des Justizrats N. an, nahmen auf Grund des späteren Testamentes seinen Nachlaß als alleinige Erben in Anspruch und wollten hieran der Tochter erster Ehe, der Klägerin, nur den Pflichtteil zugestehen. Klägerin beanspruchte dagegen den gesetzlichen Erbteil am väterlichen Nachlaß. Nach ihrem Antrag stellte das Oberlandesgericht fest, daß der Nachlaß des Justizrats N. zu $^3/_8$ auf die Klägerin Liesbeth N., zu $^2/_8$ auf die Beklagte Witwe N. und zu $^3/_8$ auf die Mitbeklagte Berta N. vererbt sei. Die Revision der Beklagten ist zurückgewiesen.

Aus den Gründen:

... „Mit dem Berufungsrichter ist davon auszugehen, daß zu den erbrechtlichen Verhältnissen, für die im Streitfalle gemäß Art. 213 Einf.-Ges. zum B.G.B. das neue Recht maßgebend ist, auch die Frage gehört, welche Rechtsmittel dem Erben offenstehen, um sich von der ihm nachteiligen Wirkung letztwilliger Verfügungen des Erblassers zu befreien. Hierzu gehört grundsätzlich auch die Anfechtung durch den Pflichtteilsberechtigten gemäß § 2079 B.G.B. Allein materiell findet diese Anfechtung zugleich ihre Grenze in der Vorschrift des Art. 214 des Einführungsgesetzes, wonach die Bindung des Erblassers bei einem vor dem Inkrafttreten des Bürgerlichen Gesetzbuches errichteten gemeinschaftlichen Testamente, auch wenn der Erblasser nach diesem Zeitpunkte stirbt, immer nach den bisherigen Gesetzen zu beurteilen ist. Zur Frage der Bindung gehört begriffsmäßig auch die Frage der Lösbarkeit dieser Bindung. Derjenige Rest von Bindung also, welcher nach den Vorschriften des bisherigen Rechts sich in keinem Falle hinwegräumen ließ, kann auch mit Hilfe der vom neuen Gesetz gewährten Rechtsbehelfe nicht beseitigt werden. Das Gegenteil annehmen, hieße Inhalt und Tragweite der Bindung in Wahrheit nach den neueren, statt nach den allein maßgebenden älteren Gesetzen beurteilen. Hieraus ergibt sich für den Streitfall, daß Justizrat N. trotz des älteren, mit seiner ersten Ehefrau errichteten wechselseitigen Testamentes infolge seiner Wiederverheiratung und der

Geburt einer Tochter zweiter Ehe zwar nicht mehr gebunden war, der Klägerin seinen ganzen Nachlaß zuzuwenden. Allein diese Gebundenheit hatte sich auch nur insoweit erledigt, als für die Beklagten gemäß §§ 454. 451 A.L.R. II. 1 und § 631 A.L.R. II. 2 nunmehr eigene Erbansprüche erwachsen waren. Darüber hinaus blieb die Bindung in Kraft. Sie sicherte mithin der Klägerin sowohl gegenüber dem späteren einseitigen Testament ihres Vaters, als auch gegenüber dem von den Beklagten ausgeübten Anfechtungsrechte diejenigen $^3/_8$ des väterlichen Nachlasses, die sie, und zwar als ihr gesetzliches Erbteil, in Anspruch nimmt." ...

---

5. 1. Umfang des Begründungszwangs, wenn in dem mit Revision angefochtenen Urteile über mehrere selbständige Ansprüche zuungunsten des Revisionsklägers erkannt ist.

2. Berechnung der Revisionssumme.

Z.P.O. in der Fassung des Gesetzes vom 5. Juni 1905 §§ 554. 554a. 546.

II. Zivilsenat. Beschl. v. 7. November 1905 i. S. R. sen. (Kl.) w. L. (Bekl.). Rep. II. 478/05.

I. Landgericht Bonn.
II. Oberlandesgericht Köln.

Aus den Gründen:

„Gemäß Schlußschein vom 10. Januar 1900 verpflichtete sich der Beklagte, der Firma Gebrüder R. 54 Doppelwagen Brikett Gruhl zum Preise von 100 ℳ für den Doppelwagen zu liefern, die zu $^1/_3$ in der Zeit vom 1. April bis zum 30. September 1900 und zu $^2/_3$ vom 1. Oktober bis zum 31. März 1901 abzunehmen waren. Die Zahlung sollte am 15. des auf die Lieferung folgenden Monats bar geleistet werden. Durch schriftliche Zession vom 19. April 1900 übertrug die Firma Gebrüder R. ihre Rechte und Verpflichtungen aus diesem Vertrage an die Firma R. sen. Letztere wurde indessen von dem Beklagten nicht als Schuldnerin angenommen. Wie der Berufungsrichter als bewiesen erachtete, war in den Vermögensverhältnissen von

Gebrüder R. nach dem Abschlusse des Vertrags eine wesentliche Verschlechterung eingetreten. Die Frage, ob der an sich zur Vorleistung verpflichtete Beklagte daraus die Einrede des § 321 B.G.B. auch gegen die Klägerin als Zessionarin der Rechte von Gebrüder R. ableiten könne, sowie die rechtlichen Folgen des damit zusammenhängenden Verhaltens der Parteien waren neben den vom Beklagten angeregten Bedenken gegen die rechtliche Wirksamkeit einer solchen Zession überhaupt Gegenstand des Streites in den Instanzen. Nachdem durch Urteil des erkennenden Senats vom 15. Januar 1905 das Berufungsurteil aufgehoben, und die Sache zum zweitenmal an das Berufungsgericht zurückverwiesen worden war, stellte die Klägerin in der erneuten Verhandlung die Anträge: 1. die Verpflichtung des Beklagten festzustellen, der Klägerin 54 Doppelwagen Brikett Gruhl zu je 100 ℳ zu liefern, und zwar 1/3 auf Abruf in der Zeit vom 1. April bis zum 30. September 1900 und 2/3 auf Abruf in der Zeit vom 1. Oktober 1900 bis zum 31. März 1901, fürsorglich 2. diese Verpflichtung festzustellen mit dem Zusatze „bei gleichzeitiger Zahlung oder Sicherstellung des Kaufpreises", ganz fürsorglich 3. den Beklagten zu verurteilen, an die Klägerin 54 Doppelwagen Brikett Gruhl zu je 100 ℳ gegen Zahlung des Kaufpreises oder nach Sicherheitsleistung für diesen zu liefern und den Schaden zu ersetzen, der dadurch entstanden sei, daß er die vertraglichen Leistungen nicht wenigstens vom 6. Juni 1900 — Tag der mündlichen Verhandlung in erster Instanz — oder spätestens vom 29. September 1902 — Tag des Feststellungsbegehrens auf Zug-um-Zug-Leistung — bewirkt habe.

Das mit der Revision angefochtene Urteil des Oberlandesgerichts zu Köln vom 12. Juli 1905 hat die Anträge 1 und 2 wegen fehlenden Feststellungsinteresses, den Antrag 1 auch als sachlich unbegründet, zurückgewiesen, nach dem Antrage 3 — dem Anerkenntnisse des Beklagten entsprechend — erkannt, soweit er die Verurteilung zur Leistung der Ware gegen Zahlung des Preises oder Sicherheitsleistung verlangt, dagegen den in Ziff. 3 weiter gestellten Antrag auf Ersatz des Schadens aus dem angeblichen Schuldnerverzuge als unbegründet zurückgewiesen.

Gegen das am 26. August 1905 zugestellte Berufungsurteil hat die Klägerin durch den am 25. September 1905 beim Reichsgericht eingereichten Schriftsatz Revision eingelegt, und in der am

26. Oktober 1905 eingereichten Revisionsbegründung beantragt, das oberlandesgerichtliche Urteil aufzuheben und die Sache an das Berufungsgericht zurückzuverweisen. Danach verlangen die Revisionsanträge, das ganze Berufungsurteil aufzuheben; sie erstrecken sich somit auf die Zurückweisung der Anträge 1 und 2 in dem angefochtenen Urteile, sowie auf dessen ganze Entscheidung zu dem Antrage 3. Als Revisionsgrund ist in der Begründungsschrift nur Verletzung der Rechtsgrundsätze über die Lehre vom Schuldnerverzug angegeben. Der angegebene Revisionsgrund bezieht sich also nur auf den Antrag 3, soweit der dort aus Schuldnerverzug beanspruchte Schadensersatz abgewiesen ist.

Zur Abweisung der Anträge 1 und 2, mit denen nach der dargelegten Sach- und Rechtslage selbständige Ansprüche geltend gemacht wurden, sind nach den obigen Feststellungen Revisionsanträge, aber keine Revisionsgründe angegeben. Die Mußvorschriften des § 554 Z.P.O. über den Begründungszwang sind indessen dahin auszulegen, daß, um ihnen zu genügen, bis zum Ablauf der Begründungsfrist zu jedem der mehreren selbständigen Ansprüche Revisionsantrag und Revisionsgrund angegeben sein muß, und daß, soweit das nicht geschehen, die Revision als unzulässig zu verwerfen ist. Aus diesem Grunde ist sonach die Revision als unzulässig zu verwerfen, soweit sie die Entscheidung über die Anträge 1 und 2 betrifft.

Mit der Revision ist zwar weiter beantragt, die Entscheidung in dem Berufungsurteil zu dem Antrage 3 ganz aufzuheben. Über den Antrag 3 ist indessen insoweit zugunsten der Klägerin und Revisionsklägerin erkannt, als der Beklagte zur Lieferung der verkauften Ware gegen Zahlung des Preises oder Sicherheitsleistung verurteilt ist. In diesem Umfange ist die Revision unzulässig; denn das Rechtsmittel der Revision setzt begriffsmäßig voraus, daß der Revisionskläger durch den mit ihr angegriffenen Teil der Entscheidung verletzt sei. Weil die Revision, soweit sie die Entscheidung über die Anträge 1 und 2 betrifft, unzulässig ist, kann auch das Eventualverhältnis des Antrages 3 zu jenen Anträgen nicht aus dem Gesichtspunkte verwertet werden, daß wegen jenes Eventualverhältnisses sich aus der Anfechtung der Entscheidung zu den Anträgen 1 und 2 folgerichtig der Antrag auf Aufhebung der ganzen Entscheidung über den Antrag 3 ergebe.

Sonach bleibt nur übrig die Anfechtung des Teiles der Entscheidung über den Antrag 3, durch den der Anspruch aus dem Schuldnerverzug auf Ersatz des durch verspätete Leistung verursachten Schadens abgewiesen ist. Hier sind zwar Revisionsantrag und Revisionsgrund angegeben, und damit ist die Vorschrift des § 554 Z.P.O. erfüllt. Dagegen fehlt es an einem 2500 *M* übersteigenden Beschwerdegegenstand. Denn es ist nach der Sachlage ausgeschlossen, daß in der hier in Betracht kommenden Zeit der Preis der Briketts zunächst so hoch gestiegen, dann aber wieder so tief gesunken war, daß der Unterschied zwischen dem vereinbarten Kaufpreise, dem Höchstpreise der Zwischenzeit und dem Marktpreise bei Erlassung des Berufungsurteils für 54 Doppelwagen 2500 *M* überstieg. Weiterhin kann bei Berechnung des Wertes der Beschwerde nicht der Wert des Beschwerdegegenstandes der Revisionsanträge eingerechnet werden, in bezug auf welche die Revision formell unzulässig ist, sei es, daß der Vorschrift des § 554 Z.P.O. nicht genügt wurde, oder das Rechtsmittel der Revision überhaupt nicht zulässig war. Für die Berechnung der Revisionssumme liegt in einem solchen Falle die Sache ebenso, wie wenn es sich von vornherein nur um den oder die Anträge gehandelt hätte, wegen deren das Rechtsmittel der Revision überhaupt zulässig war, und der Vorschrift des § 554 a. a. O. genügt ist.

Aus diesen Gründen war in Anwendung der §§ 554, 546, 554a Z.P.O. die Revision durch Beschluß als unzulässig zu verwerfen." . . .

---

6. Verletzt die Bezeichnung von Waren mit einem Bildnisse von Rembrandt das für die gleichen Waren eingetragene Wortzeichen „Rembrandt"?

II. Zivilsenat. Urt. v. 7. November 1905 i. S. H. (Bekl.) w. W. (Kl.). Rep. II. 159/05.

I. Landgericht Aachen.
II. Oberlandesgericht Köln.

Zugunsten der Beklagten war seit dem 18. Juli 1899 das Wortzeichen „Rembrandt" insbesondere auch für Briefpapier in der Zeichenrolle des Patentamtes eingetragen. Im Jahre 1903 verkaufte die Klägerin Briefbogen, auf deren Vorderseite sich eine Abbildung Rembrandtscher Gemälde befand. Je zehn Stück solcher Briefbogen waren in Schachteln verpackt, auf denen die Nachbildung eines bekannten Selbstbildnisses von Rembrandt und die Unterschrift „Rembrandt“ angebracht war. Die Beklagte fand darin eine Verletzung ihres Zeichenrechts und forderte die Klägerin auf, den Verkauf derartiger Waren einzustellen. Diese erhob darauf Klage mit dem Antrag, festzustellen, daß die Beklagte nicht berechtigt sei, der Klägerin die Führung des Wortzeichens oder des Bildzeichens Rembrandt auf Schachteln zu verbieten, in denen sich Briefbogen mit Abbildungen Rembrandtscher Bilder befänden. Der erste Richter wies die Klage ab. Der Berufungsrichter änderte ab und erkannte nach dem Klagantrag. Auf Revision der Beklagten wurde unter Aufhebung beider Vorderurteile erkannt: „Es wird festgestellt, daß die Beklagte nicht berechtigt ist, der Klägerin das Anbringen des Bildnisses von Rembrandt allein auf Schachteln, in denen sich Briefbogen mit Abbildungen Rembrandtscher Bilder befinden, zu verbieten; im übrigen wird die Klage abgewiesen.“

Aus den Gründen:

1. (Hier wird ausgeführt, daß die Revisionssumme vorliegt.)

„2. Die Klägerin vertritt den Standpunkt, die Beklagte beanspruche für ihr Wortzeichen „Rembrandt“ eine diesem nicht zukommende Tragweite; sie macht geltend, die Beklagte habe in ihrem Schreiben an Klägerin vom 3. Dezember 1903 das Verhalten letzterer als Verletzung ihres Warenzeichenrechts bezeichnet und sie aufgefordert, den Verkauf des bezeichneten Briefpapiers sofort einzustellen. Danach unterliegt es keinem rechtlichen Bedenken, ein negatives Feststellungsbegehren der Klägerin dahin zuzulassen, daß jenes Verbot, weil das Verhalten der Klägerin das Zeichenrecht der Beklagten nicht verletze, unberechtigt sei. Das entspricht der ständigen Rechtsprechung des erkennenden Senats. Der I. Zivilsenat, der aus Anlaß der besonderen Gestaltung eines zu seiner Entscheidung gebrachten Falles diese Frage auch geprüft hat, ist in dem in dieser Sammlung Bd. 61 S. 214 ff. abgedruckten Urteile zum gleichen Ergebnisse gelangt.

3. In der Sache selbst scheint der Berufungsrichter nach dem Zusammenhange seiner . . . Erwägungen aus zwei Gründen zu

verneinen, daß die Beklagte aus ihrem Schutzrecht für das Wortzeichen „Rembrandt" der Klägerin das Anbringen des Wortes „Rembrandt" oder des Bildnisses von Rembrandt auf Schachteln verbieten könne, in denen sich Briefbogen mit Abbildungen Rembrandtscher Bilder befinden.

Der eine Grund geht anscheinend darauf hinaus, daß die Ware der Klägerin, auf deren Verpackung sie jene Wort- und Bildzeichen angebracht hat, — Briefpapier mit Abbildungen Rembrandtscher Bilder — wegen ihres künstlerischen Wertes und wegen ihres dadurch bedingten hohen Preises nach der Verkehrsauffassung eine Ware ganz anderer Art sei, als Briefpapier schlechthin, das durch das Wortzeichen „Rembrandt" geschützt ist. Diese Erwägung verletzt das Gesetz. Zunächst brauchen die Waren, um eine Verwechselungsgefahr annehmen zu können, nicht identisch zu sein; es genügt Gleichartigkeit. Bei der Frage der Identität oder Gleichartigkeit entscheidet auch nach der Verkehrsauffassung in erster Reihe der Gebrauchszweck der Ware. Die Ware der Klägerin, mag sie mit Abbildungen Rembrandtscher Bilder versehen sein, hat immer den Gebrauchszweck als Briefpapier; sie mag sich als Luxusbriefpapier, vielleicht auch als Künstlerbriefpapier darstellen, deshalb bleibt sie immer noch Briefpapier und ist sonach zum mindesten gleichartig mit der Ware „Briefpapier," für die das Wortzeichen der Beklagten eingetragen ist.

Der Berufungsrichter billigt ferner der Klägerin den Rechtsschutz aus § 13 des Warenzeichengesetzes zu. Auch diese Erwägung ist fehlsam. Eine Beschreibung des von der Klägerin in Verkehr gebrachten Briefpapiers, die als Beschaffenheitsangabe gelten und danach gegen das Wortzeichen der Beklagten den Schutz des § 13 a. a. O. beanspruchen könnte, wäre etwa die Bezeichnung „Briefpapier mit Rembrandtbildern". Die Klägerin beruft sich indessen auf die Bestimmung in § 13, wonach solche Angaben auch in abgekürzter Gestalt den Schutz jener Gesetzesvorschrift beanspruchen können. Sie findet eine solche Abkürzung jener Beschaffenheitsangabe in dem Gebrauche des Wortes „Rembrandt" oder des Bildnisses von Rembrandt, und darin folgt ihr der Berufungsrichter. Diese Erwägung verletzt das Gesetz. Es fehlt an jedem Anhalte, daß das Wort „Rembrandt" oder das Bildnis von Rembrandt, angebracht auf der Verpackung von Briefpapier mit Abbildungen

Rembrandtscher Bilder, im Verkehr mit Briefpapier als sprachlich und nach allgemeiner Verkehrssitte für jedermann verständliche Abkürzungen der Beschaffenheitsangabe „Briefpapier mit Rembrandtbildern" zum Gemeingut geworden seien. Die Klägerin kann sich auch nicht darauf berufen, der erkennende Senat habe für Abkürzungen von Firmen, die zur Warenbezeichnung verwendet werden, in dem Urteile vom 29. Dezember 1903 (Entsch. des R.G.'s Bd. 56 S. 417) auch gewillkürten Abkürzungen den Schutz des § 13 zugebilligt, wenn sie in den beteiligten Abnehmerkreisen als Abkürzungen der Firma bekannt seien. Denn in der Begründung jener Entscheidung ist — S. 421 — ausdrücklich hervorgehoben, nur der Gebrauch einer zum Gemeingut gewordenen Abkürzung sei dann zuzulassen, wenn eine Firma erst nach der Eintragung eines Warenzeichens entstanden oder erst nach einer solchen Eintragung zur Warenbezeichnung verwendet worden sei. Im gegebenen Falle handelt es sich ebenfalls darum, daß die Klägerin erst nach der Eintragung des Wortzeichens „Rembrandt" ihre angebliche gewillkürte Abkürzung „Rembrandt", für die sie den Schutz des § 13 beansprucht, zur Bezeichnung von Briefpapier mit Abbildungen Rembrandtscher Bilder verwendet hat.

Danach sind die beiden Gründe, aus denen der Berufungsrichter das Schutzrecht der Beklagten aus ihrem Wortzeichen gegenüber dem Verhalten der Klägerin verneint hat, und aus denen er zur Zuerkennung des negativen Feststellungsbegehrens gelangt ist, rechtlich nicht haltbar.

4. Die Anwendung des Gesetzes auf das festgestellte Sachverhältnis gestattet indessen aus einem anderen rechtlichen Gesichtspunkte, dem negativen Feststellungsbegehren der Klägerin wenigstens zum Teil stattzugeben. Zwar liegen nach dem festgestellten Sachverhältnisse besondere Umstände nicht vor, die ein Verbot der Beklagten gegen das von ihr beanstandete geschäftliche Verhalten der Klägerin aus den Vorschriften des Wettbewerbsgesetzes oder des § 826 B.G.B. zu rechtfertigen vermöchten. Der Unterlassungsanspruch, dessen sich die Beklagte berühmt hat, kann sich daher allein auf ihren Zeichenschutz aus dem Wortzeichen „Rembrandt" stützen. Diesem Wortzeichen legt sie die Tragweite bei, daß die Klägerin auf der Verpackung von Briefpapier zunächst nicht das Wort „Rembrandt", dann

aber auch nicht das Bildnis von Rembrandt allein oder in Verbindung mit dem Worte „Rembrandt" anbringen dürfe. Ihr Berühmen geht daher von der rechtlichen Auffassung aus, das den Sinn des für sie geschützten Wortes „Rembrandt" im Bilde wiedergebende Bildnis von Rembrandt stimme mit ihrem Wortzeichen überein, das Anbringen jenes Bildnisses verletze ihr Wortzeichen. Der Senat vermag dieser Auffassung nicht beizutreten.

Das reine Wortzeichen ist in Deutschland erst durch das Gesetz zum Schutz der Warenbezeichnungen vom 12. Mai 1894 zeichenrechtlich geschützt worden. Über die hier maßgebende Frage, ob ein Bildzeichen mit einem Wortzeichen übereinstimme, das den Gegenstand des Bildes ausdrückt, besteht bei Auslegung dieses Gesetzes Meinungsverschiedenheit.

Nach der einen Auffassung, die das Patentamt in ständiger Übung festhält, ist bei dem Wortzeichen auch der Wortsinn, nicht bloß der Wortklang, wesentlich. Daraus wird abgeleitet, daß auch ein den Sinn des Wortes darstellendes Bild mit dem Wort grundsätzlich übereinstimme, es sei denn, daß das Bild eigenartig dargestellt oder mit anderen Elementen kombiniert, oder das Wortzeichen nicht die ungezwungene Benennung des Bildes ist. Diese Auffassung glaubt von der Erfahrungstatsache ausgehen zu dürfen, daß im Verkehre keine scharfe Grenze zwischen Wort- und Bildzeichen bestehe; im Gedächtnisse bleibe vor allem die begriffliche Bedeutung haften, nicht bloß die äußere Erscheinung. Daraus erkläre sich auch die Neigung der Abnehmer, Bildzeichen wörtlich zu bezeichnen. Sie glaubt ferner (vgl. „die Geschäftstätigkeit des Kaiserlichen Patentamts in den Jahren 1891—1900" S. 272) vielfach geäußerten Wünschen der Beteiligten zu entsprechen und einen gerechten Ausgleich zwischen den Interessen des freien Verkehrs und der Zeicheninhaber zu gewähren. Sie kann sich auch auf die gleichartige Behandlung dieser Frage im Ausland, namentlich in der nordamerikanischen Praxis, berufen.

Nach einer zweiten Auffassung, die bisher von den ordentlichen Gerichten in ständiger Rechtsprechung festgehalten wurde, ist nur die äußere Erscheinung, das anzubringende „Zeichen" in Betracht zu ziehen, nicht der Sinn, der mit dem Zeichen verbunden wird. Sie will grundsätzlich nur Bild mit Bild, Klanglaut mit Klanglaut vergleichen und meint, bei der entgegengesetzten Auffassung werde die

Grenze zwischen Bild- und Wortzeichen bis zur Unkenntlichkeit verwischt. Für die zweite Auffassung hat sich der erkennende Senat in einem Urteil vom 28. April 1899, Rep. II. 455/98 (Jur. Wochenschr. 1899 S. 374 Nr. 31) ausgesprochen; sie hat auch der I. Strafsenat in zwei Urteilen vom 16. November 1899 (Entsch. Bd. 32 S. 368) und vom 25. April 1900 (Patent-Kunst-Zeichenbl. 6 [1900] S. 255) mit eingehender Begründung vertreten.

Nach nochmaliger Prüfung hält der erkennende Senat an dieser von ihm bisher vertretenen Auffassung fest. Den sicherlich sehr beachtenswerten Erwägungen des Patentamts mag zugegeben werden, daß das Publikum im Verkehre nicht immer die Bedeutung der beiden Zeichenarten auseinander hält. In vollem Maße wird ferner die Bedeutung berücksichtigt, die in der Materie des über die Grenzen des Heimatlandes hinausdrängenden Zeichenrechts bei Fragen des Verkehrsbedürfnisses der Praxis des Auslandes mit ähnlicher Gesetzgebung beizulegen ist.

Indessen nach dem geltenden deutschen Zeichenrechte (§§ 1 und 12 des Gesetzes vom 12. Mai 1894) erstreckt sich der Zeichenschutz nur auf die Verbindung der eingetragenen Zeichenformen, seien es Bildformen (bei Bildzeichen), oder Klangformen (bei Wortzeichen), mit der Ware oder den dem Warenverkehr dienenden geschäftlichen Äußerungen. Deshalb ist auch die bloße Benennung der Ware mit dem Wortzeichen oder mit dem dem Bildzeichen entsprechenden Worte keine Verletzung des Zeichenrechts; aus dem gleichen Grunde kann sich der im deutschen Zeichenrechte gegebene Zeichenschutz nicht erstrecken auf den mit der eingetragenen Zeichenform verbundenen Sinn. Überdies führt die gegenteilige Auffassung, wie bereits in den bezogenen Urteilen des I. Strafsenats hervorgehoben wurde, zu dem praktisch unannehmbaren Ergebnisse, daß die Grenze zwischen Wort- und Bildzeichen bis zur Unkenntlichkeit verwischt, und zugleich die Grenze des durch die Eintragung des Wortzeichens begründeten Schutzrechts ganz unsicher gemacht wird.

Danach ist grundsätzlich die Verwechselungsgefahr zwischen dem Wortzeichen „Rembrandt" und der Bezeichnung gleicher Ware mit dem Bildnisse von Rembrandt allein zu verneinen; besondere Umstände, die zur Annahme einer solchen dennoch führen könnten, liegen nach dem festgestellten Sachverhältnisse nicht vor. Deshalb ist in diesem

Umfange das negative Feststellungsbegehren gerechtfertigt. Soweit aber die Klägerin auf der Verpackung ihres Briefpapiers das Wort „Rembrandt“ allein anbringt, verletzt sie jedenfalls das Zeichenrecht der Klägerin. Sie verletzt letzteres aber auch durch das Anbringen des Wortes „Rembrandt“ in Verbindung mit dem Bildnisse von Rembrandt. Letztere Verbindung ist nicht stark genug, die Verwechselungsgefahr mit dem Wortzeichen „Rembrandt“ auszuschließen. Aus diesen Erwägungen war, wie in der Urteilsformel ausgesprochen, zu erkennen.“ ...

---

7. Wird das schiedsrichterliche Verfahren durch die Eröffnung des Konkurses über das Vermögen eines der Vertragschließenden gemäß den Vorschriften der Zivilprozeßordnung unterbrochen?

VII. Zivilsenat. Urt. v. 7. November 1905 i. S. A. Konkursverw. (Kl.) w. M. (Bekl.). Rep. VII. 62/05.

I. Landgericht II Berlin.
II. Kammergericht daselbst.

Der Beklagte setzte der auf Erlassung des Vollstreckungsurteils in Ansehung eines Schiedsspruchs gerichteten Klage u. a. den Einwand entgegen, daß das Verfahren unterbrochen worden sei. Über das Vermögen des Architekten A., der den in Betracht kommenden Bauvertrag mit dem Beklagten geschlossen hatte, war am 2. Mai 1904 der Konkurs eröffnet worden. Der Schiedsspruch vom 7. April 1904 war dem Gemeinschuldner am 20. April, dem Beklagten dagegen erst am 7. Mai 1904 zugestellt. Der Berufungsrichter erachtete den Einwand für begründet; das Reichsgericht hat ihn verworfen.

Aus den Gründen:

... „Zunächst kann der Annahme des Berufungsrichters, daß das Verfahren vor dem Schiedsgericht infolge der Eröffnung des Konkurses über das Vermögen des Architekten A. unterbrochen worden sei, ... nicht beigetreten werden. Eine Vereinbarung der Kontrahenten des Schiedsvertrages dahin, daß hinsichtlich des Verfahrens und insbesondere hinsichtlich der Unterbrechung die Vorschriften der Zivilprozeßordnung gelten sollten, liegt nicht vor. Die Frage ist also, ob diese Vorschriften ohne eine solche Vereinbarung kraft Gesetzes auf das schiedsrichterliche Verfahren anzuwenden sind. Sie muß verneint werden. Eine ihre Bejahung erheischende Bestimmung findet sich in der Zivilprozeßordnung nicht, und für ihre Verneinung spricht entscheidend, daß die prozessualen Normen über die Unterbrechung des Verfahrens auf die an die prozeßrechtlichen Vorschriften nicht gebundene Erledigung des Rechtsstreits vor dem Schiedsgerichte nicht passen. Es fehlt für diese an der Möglichkeit, dem Verfahren durch Aufnahme nach Maßgabe der Zivilprozeßordnung bzw. der Konkursordnung Fortgang zu verschaffen. Ebensowenig gibt es bei der schiedsgerichtlichen Prozedur Fristen und Prozeßhandlungen, die durch die Unterbrechung beeinflußt werden könnten. Die §§ 239 flg. Z.P.O. sind deshalb von der Anwendbarkeit auf das formfreie schiedsgerichtliche Verfahren, dessen Gestaltung in den Händen der Schiedsrichter ruht und vom Parteibetrieb unabhängig ist, ausgeschlossen, und dieser Meinung sind auch die vom Berufungsrichter für seine Ansicht angeführten Schriftsteller (Gaupp-Stein, Bem. III zu § 1033 Z.P.O., Kohler, bei Gruchot Bd. 31 S. 524, Levy, daselbst Bd. 37 S. 187). Die Schiedsrichter waren hiernach nicht gehindert, den bereits vor der Konkurseröffnung gefällten und dem Gemeinschuldner zugestellten Schiedsspruch auch nach diesem Zeitpunkte dem Beklagten rechtsgültig zustellen zu lassen. Materiellrechtliche Bedenken gegen die Wirksamkeit der Zustellung sind von keiner Seite erhoben und auch nicht zu erheben; jedenfalls dann nicht, wenn der Konkursverwalter das Kompromiß als für die Konkursmasse bindend anerkennt und die Erlassung des Vollstreckungsurteils in Ansehung des Schiedsspruchs begehrt." ...

---

8. Kann wegen nach Erhebung der Patentverletzungsklage vom Beklagten begangener Patentverletzungen Schadensersatz auch dann beansprucht werden, wenn der Beklagte diese Verletzungen weder wissentlich noch aus grober Fahrlässigkeit begangen hat?

I. Zivilsenat. Urt. v. 8. November 1905 i. S. Maschinenfabrik D. (Kl.) w. C. & E. (Bekl.). Rep. I. 189/05.

I. Landgericht Darmstadt.
II. Oberlandesgericht daselbst.

Aus den Gründen:

... „Was ... die von der Revision angeregte Frage anlangt, ob nicht der Klägerin der ihr durch nach der Klagerhebung stattgehabte Patentverletzungen verursachte Schaden ohne Rücksicht auf grobe Fahrlässigkeit der Beklagten zuzusprechen sei, so hat sich der Senat nach eingehender Erörterung der hierüber in der Literatur vertretenen Ansichten,

vgl. Kohler, Handbuch des Deutschen Patentrechts S. 561; Bolze im Archiv für zivilist. Praxis 1902 S. 319 flg.; Jeß, in der Deutschen Juristenzeitung 1905 S. 725 flg.,

für ihre Verneinung entschieden. Nach § 35 des Patentgesetzes findet ein Entschädigungsanspruch des Patentinhabers nur gegen denjenigen statt, der wissentlich oder aus grober Fahrlässigkeit die Erfindung den §§ 4 und 5 zuwider in Benutzung nimmt, ohne daß dabei zwischen der Zeit vor und der Zeit nach der Klagerhebung unterschieden würde. Dies würde freilich die Anwendung besonderer Bestimmungen des Bürgerlichen Rechts über die Wirkung der Rechtshängigkeit nicht ausschließen. Es fehlt aber an solchen Bestimmungen, aus denen sich ein weitergehender Schadensersatzanspruch herleiten ließe. Insbesondere versagt hier auch die Analogie des dem Eigentümer einer Sache nach § 1004 B.G.B. zustehenden negatorischen Anspruchs. Bei Beeinträchtigung des Eigentums ohne Vorenthaltung oder Entziehung des Besitzes kann der Eigentümer nach § 823 B.G.B. schon bei bloßer Fahrlässigkeit des Täters Schadensersatz verlangen; indessen findet eine Steigerung seiner Rechte als Wirkung der Rechtshängigkeit nicht statt. Daraus folgt, daß auch eine Steigerung der Rechte des Patentinhabers gegen den Verletzer als Wirkung der Rechtshängigkeit aus dem bürgerlichen Rechte nicht abzuleiten ist, und daß die allgemein bestimmten Voraussetzungen seines Entschädigungsanspruchs auch für die Zeit nach der Klagerhebung maßgebend bleiben." ...

---

9. Tritt die während des Laufes einer Rechtsmittelfrist beantragte und beschlossene Aussetzung des Verfahrens auch dann in Wirksamkeit, wenn der Aussetzungsbeschluß den Parteien erst nach Ablauf der Rechtsmittelfrist zugestellt ist?

Z.P.O. §§ 223 Abs. 2. 246. 249.

V. Zivilsenat. Beschl. v. 8. November 1905 i. S. H. Erben (Kl.) w. L. u. Gen. (Bekl.). Beschw.-Rep. V. 558/05.

I. Landgericht II Berlin.
II. Kammergericht daselbst.

Die obige Frage ist vom Reichsgerichte verneint aus folgenden, den Sachverhalt ergebenden

Gründen:

„Noch bevor das die Klage gegen den Mitbeklagten A. abweisende, am 29. Juni 1905 verkündete Berufungsurteil zugestellt worden war, ist der Kläger am 11. Juli 1905 verstorben. Demnächst erfolgte am 14. Juli 1905 die Zustellung des Berufungsurteils. Mittels Eingabe vom 12. August beantragte der inzwischen für die Revisionsinstanz zum Prozeßbevollmächtigten der klägerischen Erbinnen bestellte Justizrat H. in Leipzig die Aussetzung des Verfahrens nach §§ 246, 248 Z.P.O. Dem Antrage wurde durch Beschluß des Feriensenats des Reichsgerichts vom 14. August 1905 ohne mündliche Verhandlung stattgegeben. Zugestellt ist der Beschluß dem Justizrat H. am 15. August, dem zweitinstanzlichen Prozeßbevollmächtigten des Mitbeklagten A., Justizrat C. in B., am 16. August 1905. In einer späteren, als Revisionsschrift bezeichneten Eingabe vom 30. Oktober 1905, eingegangen bei dem Reichsgericht an demselben Tage, erklärte Justizrat H., daß er namens der klägerischen Erbinnen und ihrer Ehemänner das bisher ausgesetzte Verfahren aufnehme und gegen das Berufungsurteil Revision einlege.

Nach § 250 Z.P.O. erfolgt die Aufnahme eines unterbrochenen oder ausgesetzten Verfahrens, sofern sie nicht etwa in der mündlichen Verhandlung erklärt wird, durch Zustellung eines Schriftsatzes an die Gegenpartei; Einreichung einer die Aufnahmeerklärung enthaltenden Eingabe bei Gericht genügt nicht, wie das Reichsgericht dies bereits für den Fall der Verbindung der Verfahrensaufnahme mit der Einlegung einer Beschwerde ausgesprochen hat.

Vgl. Entsch. des R.G.'s in Zivils. Bd. 30 S. 409.

Es fragt sich deshalb, ob, nachdem durch die Zivilprozeßnovelle vom 5. Juni 1905 für das Rechtsmittel der Revision die Form der Einlegung durch Schriftsatzzustellung an die Gegenpartei beseitigt, und an ihre Stelle die dem Beschwerdeverfahren nachgebildete Form der Einreichung der Revisionsschrift bei Gericht gesetzt worden ist, nunmehr noch eine gleichzeitige Vornahme beider Akte — Aufnahme des Verfahrens und Einlegung der Revision — in einer Schrift möglich und wirksam ist. Der Entscheidung dieser Frage bedarf es indessen im vorliegenden Falle nicht, da die Revision jedenfalls deshalb, weil sie nicht innerhalb der Notfrist eingelegt ist, als unzulässig verworfen werden muß.

Nach § 223 Abs. 2 Z.P.O. sind die Gerichtsferien auf den Lauf einer Notfrist ohne Einfluß, und nach § 246 ebenda wird, wenn eine Partei durch einen Prozeßbevollmächtigten vertreten ist, im Falle ihres Todes das Verfahren nicht unterbrochen. Eine solche Vertretung der Klagepartei bestand in der vorliegenden Sache, da der Tod des Klägers in der Zeit zwischen der Verkündung und der Zustellung des Berufungsurteils eingetreten ist, mithin damals die Berufungsinstanz und die in ihr zu entfaltende Tätigkeit des zweitinstanzlichen Prozeßbevollmächtigten noch nicht beendigt war.

Vgl. den Beschluß des entscheidenden Senats vom 17. Mai 1899, Entsch. Bd. 44 S. 358.

Danach mußte, um eine Aussetzung des Verfahrens und die damit nach § 249 Abs. 1 Z.P.O. verbundene Unterbrechung des Laufes der am 14. August 1905 endigenden Revisionsfrist herbeizuführen, noch, vor dem letzten Zeitpunkte der Aussetzungsbeschluß nicht bloß erlassen, sondern auch zugestellt sein. Denn die Zustellung hat für Beschlüsse die nicht auf Grund einer mündlichen Verhandlung ergangen und daher nicht verkündet sind, dieselbe Bedeutung, wie im letzteren Fall die Verkündung; sie macht erst dadurch, daß sie den Willensentschluß des Gerichts nach außen hin kundgibt, ihn zu einer perfekten, der ferneren Einwirkung durch Abänderung oder Widerruf entzogenen richterlichen Entscheidung. Da im vorliegenden Falle der Aussetzungsbeschluß erst nach Ablauf der Revisionsfrist zugestellt ist, konnte er nicht mehr die Kraft haben, den am Tage der Zustellung bereits erfolgten Eintritt der Rechtskraft des Berufungsurteils aufzuhalten." ...

10. Kann der Aktionär einen vertraglichen oder außervertraglichen Schadensersatzanspruch gegen die Aktiengesellschaft darauf gründen, daß er infolge eines bewußt rechtswidrigen oder eines gegen Vertragspflichten verstoßenden Verhaltens von Mitgliedern des Vorstandes der Gesellschaft seine Aktien zu veräußern unterlassen und weitere Aktien der Gesellschaft erworben habe?

I. Zivilsenat. Urt. v. 8. November 1905 i. S. B. (Kl.) w. Aktiengesellschaft K. F. J. & H. in Liquidation (Bekl.). Rep. I. 154/05.

I. Landgericht Dresden.
II. Oberlandesgericht daselbst.

Mit der Klage wurde Verurteilung der Beklagten zur Zahlung von 120847,75 *M* nebst Zinsen beantragt, weil der Kläger durch wissentlich falsche Angaben von Vorstandsmitgliedern der Beklagten bestimmt worden sei, Aktien der Beklagten, die er besaß, nicht zu verkaufen und weitere Aktien der Beklagten zu erwerben, und er hierdurch einen der Klagesumme entsprechenden Schaden erlitten habe. Bei der Erwerbung von 52 der in Rede stehenden neu erworbenen 68 Aktien war die Beklagte selbst als Kommissionärin tätig gewesen.

Die Klage wurde in den Vorinstanzen abgewiesen. Die Revision des Klägers ist zurückgewiesen aus folgenden

Gründen:

„Die Revision konnte keinen Erfolg haben.

Was diejenigen Aktien anbetrifft, die Kläger in M. gekauft, oder die er bereits im Dezember 1900 besessen hat, so kann die Klage nur darauf gestützt werden, daß Kläger infolge einer der Beklagten zur Last fallenden unerlaubten Handlung Aktionär geworden, bzw. geblieben ist. Eine solche gegen die Aktiengesellschaft gerichtete Schadensersatzklage ist aber nach den in dem Urteil Entsch. des R.G.'s in Zivils. Bd. 54 S. 128 entwickelten Grundsätzen unzulässig. Die Einwendungen Lehmann's gegen diese Rechtsprechung (s. Holdheim's Monatsschrift 12. 159) können nicht als zutreffend erachtet werden. Freilich unterliegt es keinem Zweifel, daß die Klage nach den Bestimmungen des Bürgerlichen Gesetzbuchs begründet wäre; sie ist aber dem Gegenstande nach unvereinbar mit dem Wesen der Aktiengesellschaft und den daraus herzuleitenden handelsrechtlichen Grundsätzen, denen jene weichen müssen. Die Kapitalbeteiligung des Aktionärs besteht wesentlich darin, daß das angelegte Kapital den Gläubigern der Gesellschaft als ein verantwortliches haftet, und daß Ansprüche des Aktionärs, die sich auf diese Beteiligung gründen oder sie zur Voraussetzung haben, den Gläubigern gegenüber zurücktreten. Dieses Prinzip kommt zum Ausdruck in den §§ 213 und 215 H.G.B., laut deren die Aktionäre ihre Einlagen nicht zurückfordern können, sich Zinsen von bestimmter Höhe nicht ausbedingen oder auszahlen lassen dürfen und nur Anspruch auf Verteilung desjenigen haben, was sich nach der jährlichen Bilanz als Reingewinn ergibt. Daß die gegenwärtige Klage auf Rückzahlung der der Kapitalbeteiligung des Klägers entsprechenden Einlage gerichtet ist, wird dadurch noch besonders klar gestellt, daß Zahlung gegen Abtretung der klägerischen Aktienrechte verlangt wird. Wie schon in dem erwähnten Urteile des Reichsgerichts im Einklange mit Sievers, Deutsche Juristenzeitung 1903 S. 88, ausgeführt ist, macht es keinen Unterschied, ob der Aktionär durch Betrug der Gesellschaftsorgane zu einer Aktienzeichnung, oder ob er dadurch zu einem nachträglichen Kaufe von Aktien von dritten Aktionären bestimmt worden ist. Im letzteren Falle ist die zu Recht bestehende Beteiligung eines Dritten in legaler Weise auf ihn übergegangen, und er kann sie nicht mittels einer gegen die Gesellschaft gerichteten Klage, die eben diese Beteiligung zur Voraussetzung hat, zunichte machen. Es ist nicht richtig, wenn Lehmann sagt, der Aktionär mache in einem derartigen Falle nicht als solcher, sondern als geschädigter Dritter seine Ansprüche geltend. Vielmehr ist Gegenstand der Klage die Abwälzung des durch die Beteiligung des Aktionärs als solchen entstandenen Risikos und Verlustes auf die Aktiengesellschaft zum Nachteile der Gläubiger.

Nicht anders aber ist die Sache zu beurteilen bei denjenigen Aktien, welche die Beklagte als Kommissionärin des Klägers für ihn angeschafft hat. Denn auch hier handelt es sich um einen Schadensersatzanspruch, und vertragliche Schadensersatzansprüche stehen in dieser Hinsicht den auf unerlaubten Handlungen beruhenden gleich. Der Auftrag zum Ankaufe der Aktien, die Anschaffung dem Auftrage gemäß und die vertragsmäßige Ablieferung an den Kläger, der hierdurch Aktionär geworden ist, sind nicht in Frage gestellt. Es wird nur geltend gemacht, daß Beklagte ihren Vertragspflichten zuwider dem Kläger den wahren Stand ihres Unternehmens, über den er infolge der vorhergehenden Korrespondenz im Irrtum gewesen sei, verschwiegen habe. Für den hierdurch verursachten Schaden soll Beklagte verantwortlich gemacht werden, d. h. es soll, wie bei einem analogen Anspruche aus unerlaubter Handlung, der durch seine Beteiligung entstandene Schaden zum Nachteil der Gläubiger auf die Gesellschaft abgewälzt werden. Auch ein solcher Anspruch ist seinem Gegenstande nach unvereinbar mit den Grundsätzen des Aktienrechts. Ebensowenig wie die Aktiengesellschaft dem Aktionär direkt bindend versprechen könnte, für den Schaden einzustehen, der ihm etwa aus einer Beteiligung als Aktionär erwachsen würde, weil dadurch die volle und freie Inanspruchnahme des Aktienkapitals von seiten der Gläubiger in Frage gestellt wäre, ebensowenig kann ein solcher Anspruch indirekt darauf gegründet werden, daß die Gesellschaft gegen Vertragspflichten verstoßen habe und aus diesem Grunde für den durch die Beteiligung des Aktionärs entstandenen Schaden haftbar sei. Dem Aktionär ist unter keinen Umständen gestattet, seine zu Recht bestehende Aktienbeteiligung in ein Gläubigerrecht umzuwandeln und so den Gesellschaftsgläubigern Konkurrenz zu machen." ...

---

11. 1. Unter welchen Voraussetzungen ist der Beamte einer Körperschaft des öffentlichen Rechts verfassungsmäßig berufener Vertreter der Körperschaft im Sinne der §§ 31. 89 B.G.B.?

2. Ist der vom Kreisausschuß gemäß §§ 116 Ziff. 7 u. 134 Ziff. 3 der Kreisordnung für die Provinzen Ost- und Westpreußen rc. angestellte Kreisbaumeister ein verfassungsmäßig berufener Vertreter des Kreises?

VI. Zivilsenat. Urt. v. 9. November 1905 i. S. L. (Kl.) w. Kreis Strasburg (Bekl.). Rep. VI. 53/05.

I. Landgericht Thorn.
II. Oberlandesgericht Marienwerder.

Am 11. Mai 1902 fuhr der Kläger mit seinem Wagen auf der von Str. nach L. führenden Chaussee über eine unweit der Stadt L. über den W.'fluß führende Brücke. Chaussee und Brücke stehen im Eigentum des Beklagten. Nach der Behauptung des Klägers trat das rechte Wagenpferd mit dem rechten Hinterbein in eine morsche Stelle des Bodenbelags und fiel zu Boden, während der Kläger infolge des plötzlichen Stoßes, den der Wagen erhalten, mit voller Wucht aus dem Wagen stürzte und erhebliche Verletzungen erlitt. Er machte für den durch den Sturz ihm zugegangenen Schaden den Kreis als Eigentümer der Chausseebrücke verantwortlich.

Auf die vom Kläger gegen den Kreis erhobene Schadensersatzklage wurde durch Urteil des Landgerichts der Klaganspruch dem Grunde nach für gerechtfertigt erklärt, durch Urteil des Oberlandesgerichts auf die Berufung des Beklagten aber der Kläger mit der Klage abgewiesen.

Auf die Revision des Klägers wurde das Berufungsurteil aufgehoben, und die Sache zur anderweiten Verhandlung und Entscheidung an das Berufungsgericht zurückverwiesen, aus folgenden

Gründen:

„Das Berufungsgericht hält im Gegensatze zu der Annahme des Gerichts erster Instanz die Bestimmungen der §§ 138. 139 A.L.R. II. 15 nicht auf jeden Eigentümer einer Brücke für anwendbar, erachtet vielmehr die in diesen Bestimmungen ausgesprochene Verpflichtung zur Erhaltung der Brücken in gutem und sicherem Stande und zum Ersatz des den Reisenden aus der Unterlassung dieser Pflicht entstehenden Schadens an die Voraussetzung geknüpft, daß der Eigentümer der Brücke auch Inhaber einer Brückenzollgerechtigkeit sei. Es folgert aber die Verpflichtung des verklagten Kreises, die in seinem Eigentum stehende Chausseebrücke in verkehrssicherem Zustande zu erhalten, daraus, daß der Kreis die Brücke in den Dienst des öffentlichen Verkehrs gestellt hat.

Gemäß § 823 Abs. 1 verb. mit §§ 89. 31 B.G.B. würde aber das Berufungsgericht die Haftung des Beklagten aus § 823 B.G.B. nur dann für begründet erachten, wenn die mit der Sorge für die Brücke betrauten Personen, der Kreisbaumeister B. und der Chausseeaufseher T., als verfassungsmäßig berufene Vertreter des Kreises anzusehen wären. Das Berufungsgericht erachtet sie aber nur als Angestellte im Sinne des § 831 B.G.B. und hält diesem Haftungsgrunde gegenüber durch den Inhalt der Personalakten der beiden Beamten den Entlastungsbeweis für geliefert, daß der Kreis bei der

Auswahl der beiden Beamten die im Verkehr erforderliche Sorgfalt beobachtet habe.

Die Revision sucht unter Hinweis auf die Rechtsprechung des Reichsgerichts darzutun, daß der Kreisbaumeister als verfassungsmäßig berufener Vertreter des Kreises anzusehen sei.

Die Revision war als begründet zu erachten.

Was zunächst die Anwendung der §§ 138. 139 A.L.R. II. 15 betrifft, auf die das Gericht erster Instanz die Unterhaltungs- und Schadensersatzpflicht des verklagten Kreises stützt, so mag dahingestellt bleiben, ob diese Bestimmungen die Unterhaltungspflicht des Eigentümers einer Brücke, oder nur die des Inhabers einer Brückengerechtigkeit festsetzen. Jedenfalls kann dem § 55 des Einf.-Ges. zum B.G.B. gegenüber nur mehr der öffentlichrechtliche Inhalt der Bestimmungen des 3. Abschnitts des 15. Titels des II. Teils des A.L.R. §§ 80—190 in Betracht kommen.

Vgl. Müller-Crusius, Preußisches Ausführungsgesetz zum B.G.B. S. 774.

Demgemäß kann unter der Herrschaft des Bürgerlichen Gesetzbuchs auch auf die Bestimmungen der §§ 138. 139 A.L.R. II. 15 eine zivilrechtliche Schadensersatzpflicht nicht gegründet werden.

Das Berufungsgericht stützt aber die Verantwortlichkeit des verklagten Kreises für den verkehrssicheren Zustand der Brücke und die Ersatzpflicht desselben für aus der Vernachlässigung der Instandhaltung entstandenen Schaden auf den in der Rechtsprechung des Reichsgerichts, insbesondere auch hinsichtlich öffentlichrechtlicher Körperschaften, in vielfacher Anwendung ausgesprochenen Grundsatz, daß die Eröffnung eines öffentlichen Verkehrs die Pflicht zur Anwendung der im Verkehr erforderlichen Sorgfalt in der Unterhaltung des Weges und der Verbindung, und die Vernachlässigung der Unterhaltungspflicht auch die Verpflichtung zum Ersatz des hierdurch verursachten Schadens begründe.

Vgl. Entsch. des R.G.'s in Zivils. Bd. 54 S. 53, Bd. 53 S. 53, Bd. 55 S. 24.

So ist insbesondere in der Entscheidung des erkennenden Senats vom 18. Mai 1903, Rep. VI. 29/03, (a. a. O. Bd. 55 S. 24) die Haftung einer Landgemeinde wegen Nichtverwahrung einer Brücke ausgesprochen.

Die Haftung des Beklagten, als juristischer Person, setzt nun, sofern ein ihm als eigenes anzurechnendes Verschulden in Frage kommt, voraus, daß der Schade von einem verfassungsmäßig berufenen Vertreter durch eine in Ausführung der ihm zustehenden Verrichtungen begangene zum Schadensersatz verpflichtende Handlung zugefügt ist (§§ 31 u. 89 B.G.B.). Das Berufungsgericht erachtet jedoch keinen der in Frage kommenden Beamten, weder den Kreisbaumeister B. noch den Chausseeaufseher T., als verfassungsmäßig berufenen Vertreter des Kreises. Es beruft sich zunächst auf eine Mitteilung der Königlichen Regierung und stellt sodann im Anschlusse an Entscheidungen des erkennenden Senats als Kriterium für die Beurteilung der Frage auf: es komme darauf an, ob die betreffenden Beamten ihre Berufung zur Tätigkeit innerhalb eines Geschäftsbereichs durch die die Verwaltungsorganisation des Kreises regelnden Bestimmungen erhalten haben, oder ob sie Beamte und Angestellte seien, die ihren dienstlichen Auftrag auf einen verfassungsmäßig berufenen Vertreter des Kreises zurückzuführen hätten. In der die Verwaltungsorganisation des Kreises bestimmenden Kreisordnung finde sich kein Anhalt dafür, daß der Kreisbaumeister — der Chausseeaufseher komme in dieser Richtung nicht in Frage — als verfassungsmäßig berufener Vertreter des Kreises im Sinne des § 31 B.G.B. zu gelten habe. An sich wäre es nicht ausgeschlossen, daß der verklagte Kreis gemäß § 20 der Kreisordnung statutarisch die Stellung seines Kreisbaumeisters geregelt hätte, und daß die Stellung des Kreisbaumeisters als eines verfassungsmäßig berufenen Vertreters aus solchem etwaigen Statut (Reglement) zu folgern wäre. Nach der von der Königlichen Regierung erteilten Auskunft sei nicht anzunehmen, daß eine solches Statut bestehe. Der Kreisbaumeister B. sei vielmehr lediglich ein vom Kreisausschuß gemäß § 134 Ziff. 3 der Kreisordnung ernannter technischer Beamter.

Das Berufungsgericht hat hierbei zunächst übersehen, daß, wie § 30 B.G.B. hinsichtlich der Vereine es ausdrücklich normiert, auch bei juristischen Personen, neben dem die Gesamtheit der in der Rechtspersönlichkeit vereinigten Rechte und Pflichten in sich zusammenfassenden Vertreter, für gewisse aus diesem Inbegriff ausgeschiedene Geschäfte besondere Vertreter bestellt werden können und müssen, und daß diese dann im Umfange dieses Geschäftskreises die juristische Person vertreten.

Vgl. Entscheidung des erkennenden Senats vom 24. März 1904 i. S. Deutsch=Wilmersdorf w. A., Rep. VI. 287/03; Jur. Wochenschr. 1903 Beil. 14 Nr. 261; Jur. Wochenschr. 1904 S. 232 Nr. 2.

In mehrfachen Entscheidungen des erkennenden Senats, insbesondere der vom 15. Januar 1903, Rep. VI. 301/02 (Entsch. des R.G.'s in Zivils. Bd. 53 S. 276 flg.), ist nun allerdings ausgeführt, weder die Selbständigkeit des Handelns an sich, noch die rechtsgeschäftliche Vertretung als solche seien die entscheidenden Merkmale der Personen, für deren Handlungen nach dem neuen Rechte die juristische Person und der Staat als privatrechtliches Vermögenssubjekt die Haftung zu übernehmen hätten. Das rechtliche Merkmal, das die besonderen Vertreter, denen eine mehr oder weniger umfangreiche Tätigkeit auf einem größeren sachlichen oder örtlichen Geschäftsgebiet übertragen sei, von den sonstigen Angestellten unterscheide, für welche die Körperschaft nicht nach Maßgabe des § 31, sondern nach § 831 B.G.B. hafte, sei hiernach ihre Berufung zur Tätigkeit innerhalb eines Geschäftsbereichs durch die Satzung der Körperschaft, bei dem Staat und anderen öffentlichrechtlichen Körperschaften durch die ihre Verwaltungsorganisation regelnden Bestimmungen. Diejenigen Personen und Angestellten dagegen, die nicht durch die Satzung oder die organisatorischen Verwaltungsbestimmungen zu ihrer dienstlichen Tätigkeit berufen seien, sondern ihren dienstlichen Auftrag wiederum auf diese Personen zurückführten, seien nicht Vertreter der Körperschaft und des Staates nach § 31 B.G.B.; sie seien zu Verrichtungen im Sinne des § 831 B.G.B. bestellt, möchten diese Verrichtungen im übrigen mehr oder weniger, oder gar nicht selbständig sein, möchten sie den Charakter rechtsgeschäftlicher Vertretung tragen, oder nicht, und möchten sie aus einzelnen, oder aus einer Mehrheit von Verrichtungen, zeitlich vorübergehenden, oder dauernden, bestehen.

In einer weiteren Entscheidung des erkennenden Senats vom 12. Oktober 1903, Rep. VI. 130/03, ist unter Bezugnahme auf die angeführte Entscheidung in Bd. 53 S. 276 ausgeführt, Beamte, die nicht verfassungsmäßig berufen, sondern nur von dem Vorstande der Korporation oder einem anderen Vertreter derselben angestellt seien, machten die Gemeinde nur nach § 831 B.G.B. verbindlich, auch wenn sie selbständig zu handeln hätten und durch ihr Amt ermächtigt seien, Rechtsgeschäfte für die Korporation abzuschließen.

Auch in dieser Fassung ist dieser Grundsatz dahin zu verstehen, daß nicht die Tatsache der Anstellung durch einen Vertreter, sondern der Umstand, daß der Dienstauftrag und damit die Geschäftsaufgabe, der Kreis von Befugnissen und Pflichten, nur auf den Auftrag eines Vertreters zurückzuführen ist, dem Beauftragten nur die Eigenschaft eines Bestellten im Sinne des § 831, und nicht die eines Vertreters im Sinne des § 31 B.G.B. verleiht.

Was bei Vereinen die Satzung, ist bei juristischen Personen, insbesondere den Körperschaften des öffentlichen Rechts, die Verwaltungsorganisation. Die Dienstaufgabe des Beamten, der als besonderer Vertreter im Sinne des § 31 B.G.B. gelten soll, muß also auf die Organisation der Körperschaft, hier also auf die Kreisordnung, zurückgeführt werden können. Je größer die Körperschaft ist, und je weniger die Verschiedenartigkeit und der Umfang der Geschäfte durch die Arbeitskraft eines Einzelnen bewältigt werden kann, um so mehr tritt das Bedürfnis der Teilung der Geschäfte nach Geschäftszweigen und der Bildung von Abteilungen mit mehr oder minder selbstständigen Leitern derselben ein. Dadurch entstehen Ämter mit besonderen Geschäftsaufgaben. Ist das Amt gemäß der der Körperschaft durch ihre Organisationsbestimmungen in der Kreisordnung eingeräumten Befugnis gebildet, so tritt der hierzu Berufene in eine organisatorisch geregelte Dienstaufgabe ein, wenn er auch auf Grund der organisatorischen Bestimmungen von einem Vertreter zu dem Amte berufen, also angestellt wird. Dann fragt es sich aber immerhin noch, ob die Geschäftsaufgabe eine solche ist, durch die der Körperschaft obliegende Aufgaben erledigt und ihre Rechte und Pflichten ausgeübt werden, und ob dem Beamten die selbständige Vertretung zukommt, oder ob er selbst nur Hilfsbeamter eines anderen ist.

Vgl. Entscheidung des VI. Zivilsenats vom 24. März 1904 i. S. Deutsch-Wilmersdorf w. A., Rep. VI. 287/03.

Gemäß der Kreisordnung für die Provinzen Ost- und Westpreußen, Brandenburg, Pommern, Schlesien und Sachsen vom $\frac{\text{13. Dezember 1872}}{\text{19. März 1881}}$ vertritt sowohl der Kreistag, als auch der Kreisausschuß, letzterer zum Zwecke der Verwaltung der Angelegenheiten des Kreises als kommunales Verwaltungsorgan des Kreisverbandes, den Kreis (§§ 115. 130. 134 der Kreisordnung).

Vgl. v. Brauchitsch, Die neuen Preußischen Verwaltungsgesetze 15. Aufl. Bd. 2 S. 6. 167 Bem. 445.

Gemäß § 116 Ziff. 7 der Kreisordnung ist der Kreistag befugt, die Einrichtung von Kreisämtern zu beschließen, die Zahl und Besoldung der Kreisbeamten zu bestimmen. Nach § 134 Ziff. 3 das. hat der Kreisausschuß die Beamten des Kreises zu ernennen und deren Geschäftsführung zu leiten und zu beaufsichtigen.

Die Ernennung eines Kreisbeamten durch den Kreisausschuß setzt hiernach voraus, daß der Kreistag das Amt oder die Stelle, zu der der Beamte berufen wird, durch einen Beschluß eingerichtet hat. Der Kreisbaumeister B. hat sonach seine Bestallung als solcher durch den Kreisausschuß auf Grund der Errichtung der ihm übertragenen Stelle durch den Kreistag erhalten. Die Geschäftsaufgabe des Kreisbaumeisters, also des Amtes, zu dessen Leitung der Kreisbaumeister B. durch seine Anstellung berufen wurde, ergibt sich aus dem Ausschreiben der Stelle und dem Inhalte seiner Bestallung. Hiernach ist „die Stelle des Kreisbaumeisters des Kreises Str. in Westpr., dem zugleich die Veranschlagung, Leitung, Beaufsichtigung und Abnahme aller Wege- und Brückenbauten, die mit Beihilfe des Kreises von Gemeinden, Gutsbezirken und sonstigen Verbänden desselben ausgeführt werden, obliegt", ausgeschrieben. Gemäß § 11 der Bestallungsurkunde hat Kreisbaumeister B. die vom Kreise zu unterhaltenden Chaussee- und sonstigen Kunststraßen möglichst oft zu bereisen, den baulichen Zustand derselben sowie der dem Kreise gehörenden Gebäude dauernd zu überwachen und für die rechtzeitige Beseitigung der vorgefundenen Mängel Sorge zu tragen. Er hat ferner die Chausseeaufseher und Chausseearbeiter als deren nächster Dienstvorgesetzter zu beaufsichtigen, die Baumaterialien abzunehmen und den Bestand derselben auf seinen Reisen zu kontrolieren. Aus dem hiernach dem Kreisbaumeister B. übertragenen Geschäftskreise und dem Umfange seiner Befugnisse ergibt sich einerseits, daß derselbe als ein besonderer verfassungsmäßiger Vertreter des Beklagten im Sinne der §§ 30. 31. 89 B.G.B. zu erachten ist, andererseits, daß dem Chausseeaufseher T. nur die Stellung einer unselbständigen Hilfsperson zukommt.

Da also der Kreisbaumeister B. als verfassungsmäßig berufener Vertreter des verklagten Kreises zu erachten, und von diesem Gesichtspunkte aus die Frage der Haftung des Beklagten von neuem zu prüfen ist, so war das Berufungsurteil aufzuheben, und die in keiner Weise zur Entscheidung reife Sache an das Berufungsgericht zurückzuverweisen." ...

---

12. 1. Wird durch ein von den Erben abgegebenes Schuldanerkenntnis eine Nachlaßverbindlichkeit begründet, die von dem Gläubiger im Nachlaßkonkurse geltend gemacht werden kann?

2. Wie stellt sich die Beweislast bei Anfechtung eines solchen Anerkenntnisses als einer unentgeltlichen Verfügung?

B.G.B. § 1967.

K.O. §§ 226 Abs. 1. 32 Ziff. 1.

VI. Zivilsenat. Urt. v. 9. November 1905 i. S. M. Nachl. Konkursverw. (Bekl.) w. E. Wwe. (Kl.). Rep. VI. 49/05.

I. Landgericht Lüneburg.
II. Oberlandesgericht Celle.

Am 7. November 1903 wurde über den Nachlaß des am 22. Juli 1903 verstorbenen Hofbesitzers M. Konkurs eröffnet. In diesem Konkursverfahren meldete die Klägerin eine Forderung von 4500 ℳ an, welche insbesondere auch auf ein von den Erben des M. erteiltes Schuldanerkenntnis gestützt, aber im Prüfungstermine von dem Konkursverwalter und zwei Gläubigern bestritten wurde. Der demnächst von der Klägerin erhobenen Feststellungsklage entsprechend wurde die angemeldete Forderung in dem landgerichtlichen Urteile festgestellt. Die Berufung des Konkursverwalters hatte keinen Erfolg. Auch seine Revision ist zurückgewiesen worden.

Aus den Gründen:

... „Zweifellos richtig ist ..., daß das von den M.'schen Erben zu dem gerichtlichen Protokoll vom 28. Juli 1903 abgegebene Schuldanerkenntnis der in § 781 B.G.B. vorgeschriebenen Form entspricht. Um eine selbständige Verpflichtung zu begründen, mußte das Anerkenntnis auch inhaltlich in dem Sinne abgegeben sein, daß eine solche von dem Schuldgrunde abgelöste (abstrakte) Verbindlichkeit geschaffen sein sollte. Eine darauf gerichtete Intention der Vertragsteile ist vom ersten Richter ausdrücklich festgestellt, und das Berufungsgericht billigt unzweideutig diese Auffassung. Es ist an anderer Stelle des Berufungsurteils auch ausgeführt, daß die Erben beabsichtigten, durch das Anerkenntnis für die Zukunft etwaige Zweifel zu beseitigen, eine sichere Grundlage bezüglich des Schuldverhältnisses zu schaffen.

Anlangend nun die Frage — welche die Revision zum Ermessen des Gerichts verstellt hat —, ob die Erklärungen der M.'schen Erben zu Protokoll nach Eröffnung des Nachlaßkonkurses den verklagten Konkursverwalter verpflichteten, so geht das Berufungsgericht zutreffend davon aus, daß die Frage mit Rücksicht auf den durch das Anerkenntnis geschaffenen neuen und selbständigen Verpflichtungsgrund nicht anders zu beurteilen sei, als wenn die Erben eine andere Verbindlichkeit für den Nachlaß eingegangen wären. Die Bejahung jener Frage aber wird im Berufungsurteil folgendermaßen begründet. Der Erbe setze die Rechtspersönlichkeit des Erblassers fort. Wie er mit dem Erbfalle ohne weiteres in dessen sämtliche rechtliche Beziehungen eintrete, könne er auch in derselben Weise wie der Erblasser über Nachlaßgegenstände verfügen und Verbindlichkeiten für den Nachlaß eingehen. Wegen der letzteren könnten sich die Gläubiger nicht nur an das eigene Vermögen der Erben, sondern auch an den Nachlaß halten. Ganz zweifellos gelte das, falls Nachlaßkonkurs überhaupt nicht eröffnet werde, oder so lange das noch nicht geschehen sei. Es sei aber kein Grund ersichtlich, weshalb hierin mit der Eröffnung des Nachlaßkonkurses eine Änderung eintreten sollte. Die Verbindlichkeiten selbst blieben wirksam, ebenso wie etwa in der Zwischenzeit getroffene dingliche Verfügungen den Nachlaßgläubigern gegenüber ihre Wirksamkeit behielten; sie würden nicht etwa nach rückwärts hin wieder aufgelöst. Deshalb sei auch nicht einzusehen, weshalb aus ihnen der Nachlaß nunmehr nicht ferner haften solle. Es trete allerdings mit der Eröffnung des Nachlaßkonkurses, auf den Erbfall zurückbezogen, eine gewisse Trennung des Eigenvermögens der Erben und des Nachlasses ein — nach den Vorschriften in § 1976 und § 1977 B.G.B. —, und der Erbe werde in Ansehung des Nachlasses wie der Verwalter eines fremden Vermögens behandelt; er hafte den Nachlaßgläubigern für eine ungeschmälerte Erhaltung des Nachlasses, und zwar für die Zeit vor der Annahme der Erbschaft nach den Vorschriften über Geschäftsführung ohne Auftrag, für die Zeit nachher nach den Vorschriften über Auftrag (§ 1978 B.G.B.). Aber alles das sei kein Grund, um anzunehmen, daß eine von dem Erben wirksam eingegangene Verbindlichkeit nunmehr keine Befriedigung aus dem Nachlasse finden könne; vielmehr gehe aus den angezogenen Vorschriften hervor, daß grundsätzlich jede Verfügung des Erben über den Nachlaß als gültig anzusehen sei. Das Gegenteil ergebe sich auch nicht aus § 1979 B.G.B., da auch dieser nur das Verhältnis zwischen dem Erben und den Erbschaftsgläubigern betreffe und nicht den letzteren irgend einen Anspruch gegen den Zahlungsempfänger gebe. Mangels einer entgegenstehenden Vorschrift des Gesetzes müsse daher auch eine von dem Erben für den Nachlaß begründete Verbindlichkeit für den Nachlaßkonkurs ihre Geltung behalten. Selbstverständlich müsse feststehen, daß die Verbindlichkeit für den Nachlaß eingegangen sei. Im vorliegenden Falle könne dies nicht zweifelhaft sein.

Es mag fraglich sein, ob der Ansicht des Berufungsrichters so allgemein — hinsichtlich aller von dem Erben „für den Nachlaß" begründeten Verbindlichkeiten — beizupflichten wäre. Aber unbedenklich ist seine Auffassung für Verbindlichkeiten der hier in Betracht kommenden Art als zutreffend anzuerkennen. In dem Nachlaßkonkursverfahren kann nach § 226 Abs. 1 K.O. „jede Nachlaßverbindlichkeit" geltend gemacht werden, und in § 224 ist bestimmten Verbindlichkeiten die Eigenschaft von Masseschulden verliehen; von Nachlaßverbindlichkeiten ist auch in § 225 ebendort die Rede. Der Begriff der Nachlaßverbindlichkeiten ist hier der gleiche wie in § 1967 B.G.B., welcher bestimmt: „Der Erbe haftet für die Nachlaßverbindlichkeiten. Zu den Nachlaßverbindlichkeiten gehören außer den vom Erblasser herrührenden Schulden die den Erben als solchen treffenden Verbindlichkeiten, insbesondere die Verbindlichkeiten aus Pflichtteilsrechten, Vermächtnissen und Auflagen." Die erstere Kategorie kommt vorliegend nicht in Frage, sofern es sich nicht um die Schuld des Erblassers H. M. aus dem angeblich von ihm eingegangenen Rechtsgeschäfte, sondern um die von den Erben durch das Anerkenntnis neu begründete Schuld handelt. Für die „den Erben als solchen treffenden Verbindlichkeiten" gibt das Gesetz keine nähere Erläuterung; es hebt nur jene drei Beispiele hervor, die jedoch für Fälle der gegenwärtigen

Art keine Analogie bieten. Verbindlichkeiten, die den Erben als solchen treffen, sind aber u. a. die Verbindlichkeiten aus den von einem Nachlaßpfleger oder einem Testamentsvollstrecker vorgenommenen Rechtsgeschäften (§ 224 Nr. 5 K.O.), welche in § 2092 Abs. 2 des ersten Entwurfs zum Bürgerlichen Gesetzbuche ausdrücklich unter den dem Erben als solchem obliegenden Verbindlichkeiten aufgeführt waren; ferner die aus §§ 1968. 1969 B.G.B. begründeten Verbindlichkeiten, die Kosten der gerichtlichen Sicherung des Nachlasses, einer Nachlaßpflegschaft oder -Verwaltung.

S. hierüber Planck, B.G.B. Bd. 5 zu § 1967 Bem. 2b; Strohal, Erbrecht § 70 Ziff. I, 2.

Daß nach Umständen hierher auch solche Verbindlichkeiten gehören, welche durch Rechtsgeschäfte der Erben neu entstanden sind, ergibt sich wohl schon aus den vorangeführten Gesetzesvorschriften; es fragt sich aber, wie weit hier der Kreis zu ziehen sei. Für den auf den Gerichtsstand der Erbschaft bezüglichen § 28 Z.P.O. ist in einem Urteile des jetzt erkennenden Senats vom 6. Juni 1895 (Entsch. in Zivils. Bd. 35 S. 418 flg.) gesagt, daß Nachlaßgläubiger im Sinne des § 28 auch irgendwelche Personen seien, die allererst gegen „die Erben als solche" einen Anspruch erlangt haben, deren Gläubigerschaft mit besonderer Beziehung auf den Nachlaß als solchen entstanden sei, und daß letzteres allemal da vorliege, wo in Betätigung der Verwaltung des noch ungeteilten Nachlasses oder zum Zwecke der Regulierung desselben mit dem fraglichen Gläubiger kontrahiert worden ist, möglicherweise von den Erben selbst.

Vgl. auch Gaupp-Stein, Z.P.O. zu § 28 Bem. IIb und Anm. 3; Seuffert, Z.P.O. § 28 Bem. 3; Skonietzki u. Gelpcke, Z.P.O. zu § 28 Bem. 1.

Diese Entscheidung kann auch für das jetzt geltende materielle Recht immerhin noch als Anhalt dienen.

Die Gründe für einen Zweifel daran, ob durch Verpflichtungsgeschäfte des Erben Nachlaßverbindlichkeiten im Sinne von § 1967 B.G.B. und § 226 K.O. begründet werden können, liegen einerseits in den Grundsätzen des Obligationenrechts über Stellvertretung, bzw. Handeln in eigenem Namen, andererseits in der scharfen Separation des Nachlaßvermögens von dem Eigenvermögen des Erben, welche durch die Eröffnung des Nachlaßkonkurses oder die Anordnung der

Nachlaßverwaltung herbeigeführt wird, und welche die abgesonderte Befriedigung der Nachlaßgläubiger aus dem ersteren Vermögen bezweckt.

Vgl. hierüber Binder, Die Rechtsstellung der Erben nach dem D.B.G.B. Teil 2 § 16 S. 34 flg.

Die von dem Berufungsgericht ausgeführten Grundsätze über die Verfügungsmacht des Erben (welcher Erbe bleibt; vgl. § 1953 Abs. 1, § 1959 Abss. 2. 3 B.G.B.) sind im allgemeinen zutreffend. Doch würden dadurch allein die angedeuteten Zweifelsgründe noch nicht völlig beseitigt. Aber es gewinnt hier das, auch im Berufungsurteil hervorgehobene, Moment Bedeutung, daß der Erbe eben mit Rücksicht auf die Separation beider Vermögensmassen, obwohl er an sich Subjekt des Nachlasses ist und bleibt, vom Gesetz als Verwalter des Nachlaßvermögens behandelt wird, daß er den Nachlaß von vornherein gewissermaßen als fremdes Gut zu betrachten und zu verwalten hat.

Vgl. Planck, a. a. O. zu § 1978 Bem. 1 u. 2, zu § 1979 Bem. 1; Strohal, Erbrecht § 78 3. Aufl. Bd. 2 S. 261 flg.; Böhme, Das Erbrecht des B.G.B. § 86 2. Aufl. S. 345 flg. S. 351.

Dieser Pflicht des Erben und der daraus sich ergebenden Verantwortlichkeit desselben gegenüber den Nachlaßgläubigern entspricht aber auf der anderen Seite sein Recht, den Nachlaß zu verwalten, und daraus würde sich die Befugnis ergeben, im Bereich dieser Nachlaßverwaltung als Vertreter des Nachlasses zu handeln, für den Nachlaß, soweit dieser überhaupt zu einem Sondervermögen werden kann, in der Zeit vor der Separation Verpflichtungsgeschäfte einzugehen und insofern Nachlaßverbindlichkeiten auch für einen in der Folge eröffneten Nachlaßkonkurs zu begründen. (Daß alle Rechtsgeschäfte, zu deren Vornahme der Erbe als Erbe verpflichtet ist, nicht das Erbenvermögen, sondern den Nachlaß belasten, wird von Binder a. a. O. S. 46 flg. angenommen.) Die rechtliche Möglichkeit, daß der Erbe für den Nachlaß als solchen kontrahiert und, „wenn er bei Eingehung des Geschäftes sich die beschränktere Haftung vorbehalten hat", dadurch sich nicht persönlich, „sondern nur mit dem Nachlaß verpflichtet", ist auch schon in den Motiven zum B.G.B. zu §§ 2092 flg. S. 603 (Mugdan, Materialien Bd. 5 S. 323) anerkannt.

Vgl. ferner Böhm, a. a. O. § 83 S. 330 und Anm. 4; Weißler,

Das Deutsche Nachlaßverfahren S. 255; Urteil des Oberlandesgerichts Köln v. 24. Februar 1904, in Puchelt's Zeitschrift Bd. 35 S. 463; v. Staudinger, Kommentar zum B.G.B. Bd. 5 zu § 1967 Bem. II, 2. Aufl. S. 116 flg. und Anm. S. 117.
Im vorliegenden Falle handelt es sich indes nicht um eine von den Erben persönlich und in eigenem Namen eingegangene Verpflichtung, und es steht auch nicht in Frage, ob sie unbeschränkt haften, sondern nur, ob der im Konkurs befindliche Nachlaß, sei es allein, oder neben dem Eigenvermögen der Erben, hafte. Die M.'schen Erben haben lediglich im Namen und für Rechnung des Nachlasses kontrahiert, indem sie die fragliche „Nachlaßschuld" anerkannten, und sie haben, wie nach dem Inhalte des amtsgerichtlichen Protokolls vom 28. Juli 1903, sowie nach den Feststellungen des Berufungsurteils unbedenklich anzunehmen ist, jenes Rechtsgeschäft vorgenommen in Betätigung der Verwaltung des noch ungeteilten Nachlasses und der vorläufigen Regulierung desselben. Inhaltlich des von den Erben getroffenen, zu Protokoll des Nachlaßgerichts erklärten (auch vormundschaftsgerichtlich genehmigten) Übereinkommens sollte über den Nachlaß ein Inventar aufgenommen, und der gesamte Nachlaß zunächst bis zum 1. Dezember 1904 „für Rechnung den es angeht" unter Kontrole der Erschienenen durch die Witwe Anna M. und den Miterben O. M. gemeinschaftlich verwaltet werden. Bei diesem Anlasse ist eine Feststellung der Nachlaßschulden, soweit die Nächstbeteiligten in Betracht kamen, erfolgt, so auch derjenigen gegenüber der Klägerin. Diese hat, wie im Berufungsurteil gesagt ist, bei jener Verhandlung ihre Forderung zur Sprache gebracht und auf Befriedigung gedrungen, und die M.'schen Erben haben, um auch in dieser Hinsicht eine sichere Grundlage für die Verwaltung des Nachlasses zu haben, die Forderung anerkannt.

Hat die in solcher Weise begründete Verpflichtung als Nachlaßverbindlichkeit zu gelten, so kommt es, wie der Berufungsrichter zutreffend annimmt, für den Bestand dieser Schuld nicht darauf an, ob die Erben mit Recht die fragliche Schuld anerkannt haben, und ob sie gegenteiligenfalls den Nachlaßgläubigern nach Maßgabe von §§ 1978, 1979 verantwortlich sind und ihrerseits an den Nachlaß keinen Anspruch auf Ersatz oder Schuldbefreiung (vgl. § 224 Nr. 6. § 225 Abs. 2 K.O.) haben würden. Aber allerdings konnte die

Klägerin den Anspruch nur als Konkursforderung, nicht etwa als Masseschuld im Konkurse geltend machen.

Die Revision bezeichnet als rechtsirrtümlich die Entscheidung des Berufungsurteils in betreff der vom verklagten Konkursverwalter geltend gemachten Anfechtung der in dem Rechtsakt vom 25. Juli 1903 enthaltenen Verfügung der M.'schen Erben, soweit es die Anfechtung aus § 32 Nr. 1 K.O. angeht. Es sei, wie das auch im Berufungsurteil geschehe, davon auszugehen, daß der von der Klägerin erhobene Anspruch ursprünglich nicht gegen H. M., sondern gegen dessen Bruder Otto, und zwar aus der Hingabe von Darlehnen, begründet gewesen sei. Die Klägerin stütze nun ihren Anspruch gegen den Beklagten auf das Schuldanerkenntnis vom 28. Juli 1903, und der Beklagte würde, wie das Berufungsgericht an sich mit Recht annehme, zu erweisen haben, daß das Anerkenntnis ohne Entgelt erfolgt sei. Allein das letztere ergebe sich klar aus dem über das Anerkenntnis aufgenommenen gerichtlichen Protokoll vom 28. Juli 1903, in welchem eine Gegenleistung nicht erwähnt sei. Wenn, wie das Urteil feststelle, nicht erwiesen sei, daß H. M. die Schuld des Bruders Otto übernommen habe, und auch das Anerkenntnis eine Gegenleistung nicht enthalte, so habe die in diesem liegende Verfügung als eine unentgeltliche angesehen werden müssen. Der Rechtsirrtum des Berufungsurteils liege also darin, daß dasselbe, obwohl es als unbewiesen annehme, daß H. M. die fragliche Schuld übernommen habe, dem Beklagten außerdem noch den positiven Beweis dafür aufbürde, daß H. M. die Schuld nicht übernommen habe. Dieser Angriff ist verfehlt.

Die Unentgeltlichkeit des Rechtsgeschäfts — als Voraussetzung der Anfechtung — nachzuweisen, ist Sache des anfechtenden Konkursverwalters, was ja die Revision selbst zugibt.

Vgl. Jaeger, K.O. zu § 32 Anm. 16 S. 299; Petersen u. Kleinfeller, K.O. zu § 32 Bem. 4.

Das gilt auch für abstrakte Rechtsgeschäfte, welche den Rechtsgrund nicht ersehen lassen. Ein Schuldanerkenntnis kann, wie das Berufungsgericht zutreffend bemerkt, sowohl entgeltlich als unentgeltlich sein. Unentgeltlich im Sinne von § 32 Nr. 1 K.O. ist eine Zuwendung aus dem Vermögen des Gemeinschuldners, für welche dieser eine Gegenleistung als gleichwertig (Äquivalent) nicht erhält, was übrigens nicht sowohl nach den objektiven Wertsverhältnissen, als nach der Absicht der Parteien zu beurteilen ist.

Vgl. Jaeger, a. a. O. Anm. 1 S. 294; v. Wilmowski, K.O. 6. Aufl. zu § 32 Bem. 2; Entsch. des R.G.'s in Zivils. Bd. 10 S. 86, Bd. 30 S. 36 flg., Bd. 51 S. 415.

Es ist aber nicht erforderlich, daß eine Gegenleistung besonders festgesetzt oder ersichtlich gemacht wurde; der Gegenwert einer Zuwendung kann auch in der Rechtswirkung der Verfügung selbst liegen; so bei Erfüllung einer eigenen rechtsbeständigen Schuld in der hierdurch bewirkten Schuldbefreiung (Entsch. des R.G.'s in Zivils. Bd. 50 S. 137). Bei dem Anerkenntnisse einer eigenen, wirklich bestehenden Schuld wird in der Regel keine unentgeltliche Verfügung vorliegen. Auch wenn durch das Anerkenntnis neben dem fortbestehenden alten Schuldverhältnis formell ein weiterer Anspruch begründet wird, bedeutet das gewöhnlich nicht materiell eine doppelte Belastung und eine Minderung des Vermögens für den Anerkennenden.

Vgl. Planck, B.G.B. Bd. 2 zu § 780 Bem. 3a.

Oder auch kann der Gegenwert für die Erteilung des Anerkenntnisses in einer vom Gläubiger gewährten Stundung liegen. Der Revision ist also keineswegs zuzugeben, daß aus der Erklärung der Erben zu dem amtsgerichtlichen Protokolle der Mangel einer Gegenleistung hervorgehe. Vielmehr deuten die Worte: „als von H. M. übernommen", darauf hin, daß eine bestehende (eigene) Schuld des Erblassers anerkannt werden sollte. Und in subjektiver Beziehung ist von einer Absicht der Beteiligten, eine Zuwendung ohne Entgelt zu gewähren, bzw. zu empfangen, aus der fraglichen Vertragserklärung gleichfalls nichts ersichtlich. Die Erben wollten damit, wie im Berufungsurteil angenommen ist, weiter nichts, als eine ihrer Meinung nach zu Recht bestehende Schuld anerkennen. Man könnte höchstens sagen, daß dieselben eventuell, für den Fall, daß die Schuld in Wirklichkeit doch nicht bestehen sollte, eine Zuwendung ohne Entgelt gewollt hätten; aber dann würde doch dem Beklagten der Nachweis dafür obliegen, daß jener Fall tatsächlich zutraf. Das Berufungsgericht hat aber ganz folgerichtig den Beweis für die Unentgeltlichkeit der Verfügung um deswillen als nicht geführt angesehen, weil unbewiesen sei, daß H. M. nicht die Schuld übernommen oder sonst sich zu deren Zahlung an die Klägerin bindend verpflichtet habe." ...

13. Ist die Umwandlung eines zunächst schlechthin zugunsten der Erben des Versicherungsnehmers geschlossenen Lebensversicherungsvertrags in einen Vertrag zugunsten bestimmter Dritter im Konkurs über den Nachlaß des Versicherungsnehmers anfechtbar?
K.O. §§ 32. 37.

VII. Zivilsenat. Urt. v. 10. November 1905 i. S. Geschwister F. (Bekl.) w. F. Nachlaßkonkursverw. (Kl.). Rep. VII. 418/05.

I. Landgericht Stuttgart.
II. Oberlandesgericht daselbst.

Der Gemeinschuldner hatte mittels zweier Policen sein Leben versichert. Die erste Police datierte vom 23. August 1888; nach ihr sollte die Versicherungssumme nach dem Tode des Versicherten an seine Erben zahlbar sein. In der zweiten Police versprach die Gesellschaft Zahlung der Summe spätestens am 1. Januar 1914 an den Versicherten oder früher im Falle des Todes desselben an seine Erben. Laut der Nachträge vom 28. bzw. 29. September 1903 sollten die versicherten Beträge nicht an die Erben schlechthin, sondern an die Abkömmlinge (Kinder) des Versicherungsnehmers gezahlt werden. Dieser starb am 18. Dezember 1903. Die Versicherungssummen wurden an den Nachlaßverwalter für Rechnung der drei Töchter des Verstorbenen (der jetzigen Beklagten) gezahlt. Am 29. Juli 1904 wurde der Konkurs über den Nachlaß eröffnet. Der Verwalter focht auf Grund des § 32 Nr. 1 K.O. die Umschreibung der Police auf die Geschwister F. an. Das Landgericht erkannte auf Abweisung der Klage. Das Oberlandesgericht verurteilte dagegen die Beklagten nach dem Klagantrage. Die Revision ist zurückgewiesen worden.

Gründe:

„Der Revision mußte der Erfolg versagt werden, da die Ausführungen des Berufungsrichters im wesentlichen als zutreffend erscheinen. Zunächst ist die Annahme nicht zu beanstanden, daß die Versicherungssumme ohne die angefochtene Rechtshandlung in die Nachlaß- bzw. Konkursmasse des Erblassers der Beklagten geflossen sein würde. In der mündlichen Verhandlung ist dagegen geltend gemacht, daß die Versicherung schon von vornherein zugunsten der Erben nicht als der allgemeinen Rechtsnachfolger des Versicherungsnehmers, sondern als bestimmter, unter dieser Bezeichnung zusammengefaßter Berechtigter genommen worden sei, daß also die Versicherungssumme nicht den Erben als solchen, sondern denjenigen Personen zu eigenem Recht habe zugute kommen sollen, welche zur Zeit des Todes als Erben berufen sein würden, ohne Rücksicht auf den wirklichen Erwerb der Erbschaft, die sie ausschlagen könnten, ohne des Anspruchs aus der Versicherung verlustig zu gehen. Es ist zuzugeben, daß eine solche Auslegung des Versicherungsvertrags unter Umständen möglich ist, und daß in diesem Falle die Rechtslage die gleiche ist, wie wenn der Lebensversicherungsvertrag zugunsten eines bestimmten Dritten schlechthin, ohne Beziehung zu seiner Erbeneigenschaft, lautete (vgl. Entsch. des R.G.'s in Zivils. Bd. 51 S. 403). Allein die gegenwärtige Sachlage bot keinen Anlaß, der Frage näher zu treten, ob der Versicherungsnehmer unter seinen Erben, denen die Versicherungssumme zukommen sollte, etwas anderes verstanden habe, als die allgemeinen, seine Persönlichkeit fortsetzenden Rechtsnachfolger. Denn darüber bestand unter den Parteien kein Streit, daß diese Frage zu verneinen sei, und daß erst die Beklagten als dritte Bezugsberechtigte in den Nachträgen zu den Policen benannt worden seien. Darum gehörte aber auch der Anspruch aus dem Versicherungsvertrag ursprünglich zu dem Vermögen des Versicherungsnehmers, über dessen Nachlaß demnächst der Konkurs eröffnet wurde; es handelte sich nicht bloß um eine Aussicht oder Hoffnung, sondern um ein festes, wenn schon betagtes und durch die Zahlung der Prämien bedingtes, Recht, wobei es unerheblich ist, daß der Anspruch nicht bei Lebzeiten des Erblassers fällig wurde. Verfügte dieser nicht anderweit, so war bei seinem Tode kein Dritter vorhanden, der die Versicherungssumme fordern konnte; das Recht auf deren Bezug ging als Bestandteil des Nachlasses auf die Erben als die Gesamtrechtsnachfolger des Versicherten über. Dies ist in Rechtsprechung und Rechtslehre anerkannt.

Vgl. Entsch. des R.G.'s in Zivils. Bd. 16 S. 129, Bd. 32 S. 162; Reichsgericht bei Gruchot, Bd. 31 S. 1119; Ehrenberg, in Jhering's Jahrb. Bd. 41 S. 361. 371; Crome, Bürgerliches Recht Bd. 2 § 293 Anm. 21. 22.

Daraus folgt aber weiter, daß das Recht auf die Versicherungssumme ein dem Zugriffe der Gläubiger offenstehendes Nachlaßaktivum bildete und mithin auch zur Konkursmasse gehörte. Von diesem richtigen Ausgangspunkt aus konnte der Berufungsrichter ohne Rechtsirrtum zu der ferneren Annahme gelangen, daß die Umschreibung der Policen auf die Beklagten, welche unstreitig ohne Entgelt geschehen ist, eine nach § 32 Nr. 1 K.O. anfechtbare Zuwendung darstelle. Der rechtliche Erfolg dieser Umschreibung war jedenfalls, auch wenn man ihr nicht die Bedeutung einer Rechtsübertragung, sondern lediglich die der nachträglichen Umwandlung der Versicherungen in Verträge zugunsten Dritter beimißt, die Ausscheidung eines bisher zum Vermögen des Verfügenden gehörenden Gegenstandes, zwar nicht unwiderruflich, wie regelmäßig bei der Zession, aber doch dergestalt, daß im Falle des Nichtwiderrufs für die Beklagten unter Ausschluß der Erben und der Gläubiger mit dem Tode des Versicherungsnehmers der Anspruch auf Auszahlung der Versicherungssumme zur Entstehung gelangte. Dabei mag es richtig sein — worauf in der schriftlichen Revisionsbegründung entscheidendes Gewicht gelegt wird —, daß sie den Anspruch im Augenblick des Todes des Erblassers unmittelbar auf Grund des späteren Vertrags, nicht als Teil des Nachlasses, erwarben.

Vgl. Entsch. des R.G.'s in Zivils. Bd. 51 S. 404. 405.

Immerhin bleibt bestehen, daß der Erwerb nur durch die Rechtshandlung ihres Vaters, wie sie in der nachträglichen Umschreibung der Policen in die Erscheinung trat, ermöglicht wurde, und diese Umschreibung bewirkte, daß sich der Erblasser, wenn schon nicht endgültig, eines aktiven Bestandteils seines Vermögens entäußerte und ihn seinen Kindern zugänglich machte. Mit seinem Ableben wurde dann die Entäußerung unwiderruflich; die Beklagten erlangten, was ohne die Verfügung ihres Vaters in die Konkursmasse gefallen wäre, sind also auf Kosten der Konkursmasse bereichert, der sie die Versicherungssumme entzogen haben. Es verhält sich hier anders, als in dem mehrfach angezogenen Falle der Entsch. Bd. 51 S. 403, in welchem die Versicherung von vornherein zugunsten eines Dritten (der Ehefrau) eingegangen war, und man sagen konnte, daß der Versicherungsanspruch nicht zum Vermögen des Gemeinschuldners gehört habe. Die bisherige Rechtsprechung hat auch das Anfechtungsrecht des Konkursverwalters in einem Falle, wie er vorliegend gegeben ist, nicht bezweifelt.

Vgl. Reichsgericht bei Gruchot, Bd. 31 S. 1119, und die Anführungen bei Jaeger, 2. Aufl. Anm. 29 zu § 32 K.O. Wenn der Berufungsrichter Ehrenberg (a. a. O. S. 400) als Gegner anführt, so beruht das anscheinend auf einem Mißverständnis. Aufgegeben ist aus dem Vermögen des Erblassers der Anspruch auf die Versicherungssumme. Da diese erhoben, und die Wiederherstellung des Anspruchs, wenn überhaupt denkbar, ein nutzloser Umweg ist, so erscheint das Verlangen auf Zahlung zur Konkursmasse begründet (§ 37 K.O.)." ...

---

14. Auslegungsbeweis, oder Einwand des anders als verabredet niedergeschriebenen Vertrages?

II. Zivilsenat. Urt. v. 10. November 1905 i. S. M. (Bekl.) w. W. (Kl.). Rep. II. 116/05.

I. Landgericht Köln.
II. Oberlandesgericht daselbst.

Aus den Gründen:

... „In der vor einem Notar errichteten Urkunde über den Darlehns- und Bierlieferungsvertrag ist u. a. bestimmt: „das Kapital ist seitens des Schuldners jederzeit, auch in beliebigen Teilbeträgen abtragbar"; an anderen Stellen jener Urkunde finden sich Bestimmungen, daß während der Dauer des hier begründeten Schuldverhältnisses, mindestens aber während der Dauer von 10 Jahren, der Schuldner an den Biervertrag gebunden sei. Aus den letzteren Bestimmungen leitet der Kläger seine Berechtigung zu dem mit der Klage erhobenen Anspruche auch für die Zeit nach der am 1. Juli 1903 geschehenen Rückzahlung des Darlehns ab. Der Beklagte hatte dagegen geltend gemacht, bei Errichtung jener Urkunde habe er eine Änderung des vorgedruckten Entwurfes dahin verlangt, daß ihm das Recht zur jederzeitigen Rückzahlung des Darlehns eingeräumt werde, und dabei noch ausdrücklich gefragt, ob er auch weiter zu nichts mehr verpflichtet sei, wenn er das Kapital zurückzahle. Darauf sei in die

Urkunde die Bestimmung aufgenommen worden, das Kapital sei seitens des Schuldners jederzeit ... abtragbar, und habe der zur Vertretung des Klägers berechtigte Buchhalter B. auf jene Frage ausdrücklich bejaht, er sei auch weiter zu nichts mehr verpflichtet, wenn er das Kapital zurückzahle. Zum Beweise für dieses Vorbringen hatte sich der Beklagte auf Zeugen berufen.

Der Berufungsrichter beseitigt dieses Vorbringen und damit auch das Beweiserbieten mit der Erwägung: Nach den in einem Urteile des Reichsgerichts vom 13. Juli 1902 (Entsch. des R.G.'s in Zivils. Bd. 52 S. 25—26) niedergelegten Grundsätzen würde die angebliche dem schriftlichen Vertrage entgegenstehende mündliche Abrede gegenüber der Vermutung der Vollständigkeit und Richtigkeit der Urkunde nur dann Geltung haben, wenn Umstände dargetan würden, die erkennbar auf die Geltung der mündlichen Abrede neben der Schrift schließen ließen; solche Umstände seien aber nicht geltend gemacht.

Der Revisionskläger rügt, daß diese Erwägung das Gesetz verletze. Er führt aus: Sein erwähntes Vorbringen in der Berufungsinstanz sei dahin aufzufassen, er habe den Willen gehabt, und diesen Willen auch dem Vertreter des Klägers erklärt, daß vereinbart werde, er solle das Darlehn jederzeit zurückzahlen können und dann jeder Verpflichtung ledig sein, und daß das auch in die Vertragsurkunde aufgenommen werde. Auf seinen Zweifel, ob das auch in der Vertragsurkunde durch die Einschaltung, er könne das Darlehn jederzeit zurückzahlen, zum Ausdruck gekommen sei, habe der Vertreter des Klägers dies bejaht und damit erklärt, daß seiner Ansicht nach die Vertragsurkunde dies besage. Danach stehe die angeführte Entscheidung des Reichsgerichts ihm nicht entgegen.

Diesem Angriffe war stattzugeben. Der in der bezogenen Entscheidung vorausgesetzte Fall, daß mündliche Vereinbarungen vor und bei Abschluß des „schriftlichen Vertrags" gegen dessen Inhalt behauptet seien, steht überhaupt nicht in Frage. Denn bei dem unter Beweis gestellten Vorbringen des Beklagten handelt es sich in erster Reihe darum, daß der von den Parteien den hier streitigen Bestimmungen der Urkunde bei ihrer Errichtung übereinstimmend gegebene Sinn festgestellt wird. Steht durch Auslegungsbeweis der von den Parteien einer Bestimmung der Urkunde gegebene Sinn fest, so kommt die ... Vermutung der Vollständigkeit der Vertragsurkunde in bezug auf Inhalt und Tragweite jener Bestimmung überhaupt nicht in Frage; denn die erwähnte Vermutung setzt voraus, daß das, was die Parteien schriftlich vereinbart haben, nach dem Ergebnisse der Auslegung und folgeweise unter Würdigung der Auslegungsbeweise klar und zweifelsfrei sei. Einen solchen Auslegungsbeweis hatte der Beklagte erboten; das hat der Berufungsrichter verkannt, indem er aus den oben wiedergegebenen Erwägungen jenes Beweiserbieten beseitigt. Dieser Mangel, auf dem das Urteil beruht, muß zu dessen Aufhebung führen. ...

---

15. 1. Findet auf ein durch Umwandlung einer schon bestehenden Schuld zustande gekommenes Darlehn die Vorschrift des § 364 Abs. 2 B.G.B. Anwendung?

2. Inwiefern sind gegenüber der Klage aus einem solchen Darlehn Einwendungen aus dem früheren Schuldverhältnisse zulässig?

3. Muß der Bürge, der sich vom Hauptschuldner später Ansprüche aus irgendeinem Vertrage gegen den Gläubiger hat abtreten lassen, deshalb den ganzen Inhalt dieses Vertrages auch gegen sich gelten lassen?

4. Tragweite des § 768 und des § 767 Abs. 1 Satzes 3 B.G.B. in Ansehung der Berufung des Bürgen auf dem Hauptschuldner gegen den Gläubiger zustehende Gegenforderungen.

VI. Zivilsenat. Urt. v. 13. November 1905 i. S. H. (Bekl.) w. D. & E. (Kl.). Rep. VI. 1/05.

I. Landgericht Hannover.
II. Oberlandesgericht Celle.

Aus den Gründen:

„Der Beklagte ist aus einer selbstschuldnerischen Bürgschaft belangt, die er in der notariellen Urkunde vom 19. März 1900 für seinen Bruder, den Restaurateur E. H. zu H., der Klägerin gegenüber in Höhe von 15000 ℳ übernommen hat. Die Hauptverbindlichkeit des E. H. ist nach derselben Urkunde eine Darlehnsschuld von gleicher Höhe. Zwar steht unter den Parteien fest, daß E. H. das Darlehn von 15000 ℳ, dessen Empfang er in der Urkunde anerkennt, nicht bar ausgezahlt erhalten hatte, sondern daß zwischen ihm und der Klägerin vereinbart war, daß eine Restschuld aus einem Bauvertrage (also Werkverdingungsvertrage) vom 20. April 1899, welche in Höhe von 15000 ℳ vorausgesetzt wurde, in die Darlehnsschuld umgewandelt sein solle; aber nach § 607 Abs. 2 B.G.B. war nichtsdestoweniger das Geschäft ein Darlehn, falls nur die umgewandelte Schuld wirklich bestanden hatte. Daher hat das Berufungsgericht mit Unrecht hier den § 364 Abs. 2 B.G.B., nach welchem im Zweifel nicht anzunehmen ist, daß eine zum Zwecke der Befriedigung des Gläubigers vom Schuldner übernommene neue Verbindlichkeit an Erfüllungsstatt übernommen sei, angezogen als Grundlage für die Annahme, daß die aus der Werkverdingung abzuleitenden Einwendungen durch die Umwandlung in eine Darlehnsschuld nicht ausgeschlossen seien; denn hier hat das Geschuldete durch diese Umwandlung einen neuen Schuldgrund erhalten sollen, mit welchem die Fortdauer des alten nicht vereinbar sein würde.

Vgl. Rehbein, B.G.B. Bd. 2 zu §§ 362—371 Bem. 27 S. 293 und Bem. 28 S. 297.

Dennoch ist aber die Meinung selbst, daß Einwendungen aus der Werkverdingung hier zulässig seien, ganz richtig, jedoch einfach aus dem Grunde, weil, soweit die vorausgesetzte frühere Schuld in Wirklichkeit nicht bestand, auch das Darlehn nach § 607 Abs. 2 B.G.B. nicht zustande gekommen sein würde.

Das Berufungsgericht hat nun aber diejenigen Einwendungen des Beklagten, die sich auf solche Mängel des Baues stützten, welche schon vor dem am 10. April 1902 zwischen dem Hauptschuldner und der Klägerin geschlossenen Vergleiche hervorgetreten sein sollen, deswegen verworfen, weil der Hauptschuldner durch diesen Vergleich auf deren Geltendmachung verzichtet habe. Die Annahme dieses Verzichtes ist rechtlich unbedenklich. Nicht das gleiche gilt aber von dem Hauptgrunde, welchen das Oberlandesgericht dafür anführt, daß der Beklagte, wenn er auch als Bürge diesen Vergleich nicht genehmigt habe, doch den Verzicht des Hauptschuldners gegen sich gelten lassen müsse. Dieser Grund ist darin gefunden, daß der Beklagte sich später, am 14. August 1902, nachdem das Grundstück, auf welchem die Klägerin für E. H. den Bau ausgeführt hatte, der Zwangsversteigerung verfallen und vom Beklagten erstanden worden war, von seinem Bruder alle diesem aus dem Bauvertrage vom 20. April 1899 und aus dem Vergleiche vom 10. April 1902 gegen die Klägerin zustehenden Rechte hat abtreten lassen und auf dieser Grundlage im Prozesse mit hierher gehörigen Gegenansprüchen auch aus eignem Rechte hat aufrechnen wollen. Hierin hat das Oberlandesgericht eine nachträgliche Genehmigung des Vergleiches, also auch des fraglichen Verzichtes des Hauptschuldners, erblickt und daraus abgeleitet, daß die betreffende Replik nun auch dem Beklagten gegenüber durchgreife. Hierfür fehlt es jedoch an jedem rechtlichen Grunde. Es ist nicht abzusehen, warum sich jemand nicht bestimmte Ansprüche aus irgendeinem Vertrage, der ihn selbst bis dahin rechtlich nicht berührte, sollte abtreten lassen und geltend machen können, ohne sich selbst damit allen Bestimmungen des Vertrages zu unterwerfen.

Allerdings ist es andererseits unzweifelhaft, daß der Beklagte jetzt nicht aus eigenem Rechte als Zessionar Gegenansprüche zur Aufrechnung bringen kann, auf die sein Zedent, der Hauptschuldner, schon vor der Abtretung durch den Vergleich vom 10. April 1902 verzichtet hatte. Aber nun entsteht die weitere Frage, ob er nicht als Bürge Einwendungen aus solchen Gegenrechten hernehmen kann, die dem Hauptschuldner bis zum Vergleiche vom 10. April 1902 zustanden, und auf die dieser eben ohne seine, des Bürgen, Zustimmung verzichtet hat. Das Oberlandesgericht verneint diese Frage, soweit es sich um Aufrechnungen handelt, und zwar deshalb, weil das bloße Bestehen der Gegenforderung noch keine Einrede im Sinne des § 768 B.G.B. begründe, auf welche der Hauptschuldner allerdings zum Nachteile des Bürgen nicht würde verzichten können, sondern weil der Bürge nur nach § 770 Abs. 2 das. eine dilatorische Einrede habe, solange sich der Gläubiger durch Aufrechnung gegen eine fällige Forderung des Hauptschuldners befriedigen könne, nun aber diese Möglichkeit für den Gläubiger hier weggefallen sei, da der Hauptschuldner auf die hier fraglichen Gegenforderungen vergleichsweise verzichtet habe. Hiergegen hat nun der Revisionskläger zunächst erinnert, daß er ja nicht bloß Aufrechnungen, sondern auch das Zurückbehaltungsrecht, die sog. exceptio non rite adimpleti contractus aus dem Rechte des Hauptschuldners vorgeschützt habe, und daß es sich dabei doch gewiß um eine wahre Einrede handele. Es ist auch richtig, daß, wenn der oben besprochene Hauptgrund des Berufungsgerichts wegfällt, die Ausführung desselben über die Aufrechnung nicht ausreicht, um die Verwerfung der Einrede des Zurückbehaltungsrechts zu decken, die hier übrigens nicht auf die §§ 237. 320 B.G.B., sondern, da der Bauvertrag schon im Jahre 1899 geschlossen ist, nur auf die Normen des damals in Hannover geltenden gemeinen Rechts begründet werden könnte. Aber die Verwerfung dieser Einrede ist aus andern Gründen aufrecht zu halten. Es genügt hier, den einen Grund hervorzuheben, daß es sich dabei nur um eine dilatorische Einrede handeln würde, und daß diese dem Hauptschuldner jedenfalls dadurch verloren gegangen ist, daß er seine Verbindlichkeit zur Werklohnzahlung, ohne die Einrede geltend zu machen, in eine Darlehnsschuld hat umwandeln lassen, gerade so, wie sie durch Zahlung jener Schuld verloren gegangen sein würde; eine bloße dilatorische Einrede macht eben die Schuld nicht zu einer Nichtschuld; arg. l. 26 § 3. l. 56 Dig. de cond. ind. 12, 6 (entsprechend auch § 813 B.G.B.).

Der Revisionskläger hat aber weiter zur Erwägung verstellt, ob nicht, was die Aufrechnung mit Schadensersatzansprüchen wegen mangelhafter Ausführung des Baues anlangt, das Berufungsgericht mit Unrecht die Anwendbarkeit des § 768 B.G.B. verneint habe, und ob nicht wenigstens § 767 Abs. 1 Satz 3 das. hier eingreife, wonach durch ein nachträgliches Rechtsgeschäft des Hauptschuldners die Verpflichtung des Bürgen nicht erweitert wird. Hierzu ist zunächst zu sagen, daß die Auffassung des Oberlandesgerichts, wonach eine noch nicht vollzogene Aufrechnung nach dem Rechte des Bürgerlichen Gesetzbuchs nicht unter die im § 768 in Rede stehenden Einreden fällt, zweifellos richtig ist, und daß im allgemeinen auch keine „Erweiterung“ der Verpflichtung im Sinne des § 767 Abs. 1 Satzes 3 darin zu finden ist, daß er die ihm durch § 770 Abs. 2 beigelegte dilatorische Einrede infolge eines Rechtsgeschäftes des Hauptschuldners wieder verliert.

Vgl. wegen des letzteren Punktes Endemann, Lehrb. des Bürgerl. Rechts (8. Aufl.), Bd. 1 § 145 Anm. 6 S. 828 flg.; Crome, Deutsches Bürgerl. Recht, Bd. 2 Abt. 2 § 296 Anm. 46 S. 879; Fischer und v. Henle, B.G.B. (6. Aufl.), Bem. 3 zu § 770

S. 383; Eck-Leonhard, Vorträge über das Recht des Bürgerlichen Gesetzbuchs, Bd. 1 § 96 Anm. 4 S. 568; v. Staudinger (Engelmann), Kommentar, Bd. 2 Abt. 2 (2. Aufl.), Bem. 1 b β zu § 770 S. 715.

Jedoch entsteht die Frage, ob diejenigen Fälle der Aufrechnung, wo, wie hier, die Gegenforderung einen auf Grund desselben Vertrages erhobenen Schadensersatzanspruch zum Gegenstande hat, überhaupt notwendig unter diesen Gesichtspunkt gebracht werden müssen. Nach dem im vorliegenden Falle nach Art. 170 Einf.-Ges. zum B.G.B. zur Anwendung kommenden gemeinen Rechte könnte man ebensogut sagen, der Anspruch des Unternehmers auf den Werklohn verringere sich nach den Grundsätzen der bona fides ohne weiteres um den Schadensersatz, den der Besteller mit Recht von ihm verlangen könne (vgl. l. 4 Dig. de comp. 16, 2); was sich übrigens auch nach den §§ 157. 242 B.G.B. wohl nicht anders verhalten möchte. Indessen kommt es hierauf nicht einmal an. Denn zumal da nach dem Tatbestand erster Instanz der Bau entsprechend dem Bauvertrage vollendet, also auch bis zum Dezember 1899 fertig gestellt, folglich eventuell damals auch schon mit den fraglichen Mängeln behaftet war, so kommt weiter in Betracht, daß nach gemeinem Recht auch vom Standpunkte der Aufrechnung aus anders als nach dem Bürgerlichen Gesetzbuch zu entscheiden sein würde. Denn nach gemeinem Rechte gilt schon die Schuld, gegen welche der Schuldner aufrechnen kann, als eine Nichtschuld (vgl. l. 10 § 1 Dig. de comp. 16, 2. arg. l. 30 Dig. de cond. ind. 12, 6); es würde also, soweit die Sache zur Zeit des Vertrages vom 19. März 1900 so gelegen haben sollte, schon aus diesem Grunde die Hauptschuld, die Darlehnsschuld, gar nicht zustande gekommen sein.

Somit mußte das Berufungsurteil, soweit es gegen den Beklagten ergangen war, aufgehoben werden, und zwar, da die von ihm geltend gemachten Gegenansprüche nach seinen Behauptungen die ganze der Klägerin zuerkannte Summe deckten, und in dieser Beziehung noch keine tatsächliche Feststellung vorlag, in ganzem Umfange." . . .

16. 1. Kann die Generalversammlung der Aktiengesellschaft im Liquidationsstadium mit einfacher Stimmenmehrheit beschließen, daß Bestandteile der Liquidationsmasse nicht versilbert, sondern in Natur unter die Aktionäre verteilt werden sollen?

2. Was ist unter gleichmäßiger Verteilung des Vermögens nach dem Verhältnis der Aktienbeträge zu verstehen?

H.G.B. §§ 149. 151. 152. 298. 300. 303.
B.G.B. § 752.

I. Zivilsenat. Urt. v. 15. November 1905 i. S. O. u. Gen. (Kl.) w. Mannheim-Rheinauer Transportgesellschaft i. Liq. (Bekl.). Rep. I. 198/05.

I. Landgericht Mannheim, Kammer für Handelssachen.
II. Oberlandesgericht Karlsruhe.

Die verklagte Aktiengesellschaft war durch Beschluß der Generalversammlung im Juni 1903 aufgelöst worden und befand sich in Liquidation. Zur Liquidationsmasse gehörten 2704 Aktien der Mannheimer Lagerhausgesellschaft im Nennwerte von 2268000 ℳ (1638 Stück zu 600 ℳ und 1066 Stück zu 1200 ℳ) und 660 Aktien der Mannheimer Dampfschleppschiffahrtsgesellschaft im Nennwerte von 660000 ℳ (jedes Stück zu 1000 ℳ). In der Generalversammlung vom 13. Juli 1904 wurde mit 2592 gegen 1290 Stimmen beschlossen, die Liquidation in bezug auf diese Wertpapiere so zu bewirken, daß sie auf die Aktionäre nach Verhältnis ihres Aktienbesitzes verteilt würden. Das Aktienkapital der Beklagten betrug 4600000 ℳ und war in Aktien zu je 1000 ℳ eingeteilt. Der Beschluß besagte, daß die Aktionäre pro rata ihres Aktienbesitzes 48 Prozent in Aktien der Lagerhausgesellschaft und 14 Prozent in Aktien der Dampfschleppschiffahrtsgesellschaft erhalten sollten. Soweit hierbei einem Aktionär seine Quote nicht im Stück zugeteilt werden könne, solle der Aktionär in barem Gelde befriedigt werden, indem die nicht zur Auslieferung gelangten Wertpapiere verkauft, und der Erlös — unter Bildung zweier getrennter Massen für die beiden Gattungen — auf diese Aktionäre anteilsmäßig verteilt werde. Die Art und Weise des Verkaufs blieb dem Aufsichtsrat überlassen.

Aktionäre der Beklagten fochten — gestützt auf § 271 H.G.B. — diesen Beschluß im Wege der Klage an, weil die Verteilung der Wertpapiere in Natur nur auf Grund eines einstimmigen Beschlusses der Aktionäre erfolgen dürfe, jedenfalls aber die ungleiche Behandlung der Aktionäre durch Stücklieferung einerseits und Geldzahlung andererseits gegen das Gesetz verstoße.

Die erste Instanz hatte den Beschluß der Generalversammlung für nichtig erklärt, die zweite aber die Klage abgewiesen.

Das Reichsgericht hat die Revision der Kläger zurückgewiesen aus folgenden

Gründen:

„Die Entscheidung des Rechtsstreits hängt von der Beantwortung folgender beiden Fragen ab:

1. Kann die Generalversammlung im Liquidationsstadium mit einfacher Stimmenmehrheit beschließen, daß Bestandteile der Liquidationsmasse nicht versilbert, sondern in Natur unter die Aktionäre verteilt werden sollen?

2. Verstößt — wenn dies zu bejahen ist — der vorliegende Beschluß, insbesondere mit Rücksicht auf die Behandlung der sog. Spitzen, doch deswegen gegen das Gesetz, weil der Anspruch der Aktionäre auf eine gleichmäßige Verteilung des nach Berichtigung der Schulden verbleibenden Vermögens nach dem Verhältnis der Aktienbeträge (§ 300 H.G.B.) verletzt ist?

Die erste Frage ist von beiden Vorinstanzen mit Recht bejaht worden.

Nach § 298 Abs. 1 H.G.B. bestimmt sich der Geschäftskreis der Liquidatoren der Aktiengesellschaft nach den Bestimmungen, die in den §§ 149 und 151 für die Liquidatoren der offenen Handelsgesellschaft gegeben sind. § 149 schreibt u. a. vor, daß die Liquidatoren die Forderungen der Gesellschaft einzuziehen und „das übrige Vermögen in Geld umzusetzen haben." Wie aus dem Zusammenhange des Gesetzes erhellt, und durch die Denkschrift zum Entwurfe (S. 105) bestätigt wird, sollte durch diese Bestimmungen nicht nur der Geschäftskreis der Liquidatoren begrenzt, sondern ihnen zugleich auch eine gesetzliche Dienstanweisung gegeben, ihre Geschäftsführungspflicht festgesetzt werden. Auszugehen ist hiernach davon, daß die Umsetzung des Vermögens in Geld zu den Pflichten der Liquidatoren gehört. Damit ist aber nicht ausgeschlossen, daß die Generalversammlung eine andere Verwertung des Vermögens, insbesondere die Verteilung in Natur oder etwa statt der Einziehung der Forderungen deren öffentliche Versteigerung, beschließt. Ein solcher Beschluß könnte jedenfalls nur in einer besonderen Bestimmung des Gesellschaftsvertrags oder in dem von den Liquidatoren zu beachtenden Befriedigungsrechte der Gläubiger eine Schranke finden — was hier nicht in Frage steht —, nicht aber in den Vorschriften des Gesetzes, insbesondere nicht in der Vorschrift des § 300, wonach das nach der Berichtigung der Schulden verbleibende Vermögen der Gesellschaft unter die Aktionäre nach dem Verhältnis der Aktienbeträge verteilt werden soll. Denn diese Vorschrift kann ebensowohl durch Naturalverteilung, wie durch Versilberung und Ausschüttung des Gelderlöses erfüllt werden.

Für die offene Handelsgesellschaft ist durch § 152 ausdrücklich bestimmt, daß die Gesellschafter durch einstimmigen Beschluß den Liquidatoren Weisungen geben, also auch die Naturalverteilung anordnen können. Für die Aktiengesellschaft aber darf mit der soeben angegebenen Beschränkung dasselbe gelten. Daß aber nach der verschiedenen Struktur beider Gesellschaftsarten an die Stelle des einstimmigen Beschlusses der offenen Gesellschafter bei der Aktiengesellschaft der Mehrheitsbeschluß der in der Generalversammlung zusammengefaßten Gesamtheit der Aktionäre zu treten hat, ist vom Reichsgerichte schon auf Grund der früheren Gesetzgebung wiederholt ausgesprochen.

Vgl. Entsch. des R.G.'s in Zivils. Bd. 3 S. 54, Bd. 7 S. 108.

Hieran ist auch für das geltende Recht festzuhalten. Allerdings besteht insofern ein Unterschied, als das Handelsgesetzbuch in der Fassung von 1870 durch Art. 244 Abs. 2 und in der Fassung von 1884 durch Art. 244a für die Aktiengesellschaft allgemein auf die Vorschriften für die Liquidation der offenen Handelsgesellschaft verwies, während diese Verweisung in § 298 des geltenden Gesetzes auf bestimmte Paragraphen eingeschränkt ist, unter denen sich der § 152 nicht befindet. Hieraus darf aber ein Beweisgrund gegen die aufgestellte Ansicht nicht entnommen werden. Die abweichende Fassung wird in der Denkschrift (S. 160) damit begründet, daß eine größere Übersichtlichkeit erzielt werden solle, und daher nur auf diejenigen Bestimmungen verwiesen werde, die eine **unmittelbare** Anwendung gestatteten. Dabei hat man anscheinend die soeben angeführten Entscheidungen des Reichsgerichts im Auge gehabt.

Auch in der Literatur ist die Frage sowohl auf dem Boden der früheren[1] wie auf dem der jetzigen Gesetzgebung[2] ganz überwiegend in dem hier erörterten Sinne beantwortet worden. Die vereinzelt aufgestellte Meinung[3] aber, daß eine die Regel des § 149 beseitigende Beschlußfassung der Generalversammlung einer Mehrheit bedürfe, die mindestens drei Vierteile des bei der Beschlußfassung vertretenen Grundkapitals umfasse, verdient keine Billigung. Der dafür angezogene § 303 behandelt ausschließlich den besonderen Fall, daß eine Verwertung des Gesellschaftsvermögens durch Veräußerung des Vermögens im ganzen beschlossen werden soll. Die dafür aufgestellte Regel darf auf den vorliegenden Fall einer Naturalverteilung gewisser Bestandteile der Liquidationsmasse nicht erstreckt werden.

Die **zweite Frage** ist vom Landgerichte bejaht, vom Oberlandesgerichte aber verneint worden. Das Reichsgericht schließt sich der Ansicht des Oberlandesgerichts an.

Für die Beantwortung der Frage kann aus § 752 B.G.B. nichts abgeleitet werden. Hier ist bestimmt, daß die Aufhebung einer Gemeinschaft dann durch Teilung in Natur erfolgen soll, „wenn der gemeinschaftliche Gegenstand oder, falls mehrere Gegenstände gemeinschaftlich sind, diese sich ohne Verminderung des Wertes in gleichartige, den Anteilen der Teilhaber entsprechende Teile zerlegen lassen." Die Vorschrift ist nur für die in den §§ 741 flg. behandelte Gemeinschaft nach Bruchteilen gegeben, und wenn sie auch nach § 731 für die Gesellschaft des bürgerlichen Rechts und nach § 54 für die nicht rechtsfähigen Vereine anwendbar ist, so gilt doch nicht das gleiche für die Aktiengesellschaft, die als juristische Person aufzufassen

[1] **Behrend**, Lehrb. d. H.R. I 2 S. 924 Anm. 4; **Ring**, Akt.-Ges. 2. Aufl. S. 677; **Löwenfeld**, Akt.-Ges. S. 536; **Staub**, H.G.B. 5. Aufl. § 4 zu Art. 244a.

[2] **Staub**, H.G.B. 7. Aufl. § 300 Anm. 2; **Goldmann**, H.G.B. II. S. 1201; **Lehmann**, R. d. Akt.-Ges. II. S. 592; **Makower**, H.G.B. 12. Aufl. I. 1 S. 708. (A. M. **Esser**, Akt.-Ges. 2. Aufl. S. 220; **Pinner**, Akt.-R. S. 296 oben.)

[3] **Makower**, a. a. O. D. E.

ist, so daß für sie neben den Vorschriften des Handelsgesetzbuchs höchstens die allgemeinen Vorschriften des Bürgerlichen Gesetzbuchs über Vereine (§§ 21—53) herangezogen werden können (Einf.-Ges. zum H.G.B. Art. 2). Wollte man aber auch die Vorschrift des § 752 B.G.B. hier entsprechend anwenden, so würde damit doch nicht weiter zu kommen sein. Denn diese Vorschrift ist eine nur dispositive Norm. Sie verbietet nicht eine anderweitige Verfügung der Beteiligten, sondern gilt nur, wenn und insoweit die Beteiligten nichts anderes festsetzen. Als beteiligt aber würde bei der Aktiengesellschaft nur die in der Generalversammlung zusammengefaßte Gesamtheit der Aktionäre gelten können. Demnach braucht die Frage, ob der angefochtene Beschluß die in § 752 B.G.B. aufgestellten Erfordernisse erfülle, nicht erörtert zu werden.

Die Entscheidung kann daher nur aus den Bestimmungen des Handelsgesetzbuchs abgeleitet werden. Hieraus ergibt sich, daß der Beschluß der Generalversammlung an dem aus § 300 H.G.B. folgenden Sonderrechte des Einzelaktionärs auf die Liquidationsquote eine Schranke findet. Die Verteilung in Natur darf nur beschlossen werden, wenn sie das Recht des Aktionärs auf eine gleichmäßige, den Aktienbeträgen entsprechende Verteilung des Vermögens nicht verletzt.

Im Anschluß an die Ausführungen des Landgerichts will die Revision eine solche Verletzung in der Behandlung, die den sog. Spitzen nach dem Beschlusse zuteil werden soll, finden. Da eine gewisse Mindestzahl von Aktien der beklagten Gesellschaft in einer Hand sein muß, damit darauf nach dem aufgestellten Verteilungsmaßstabe je eines der zu verteilenden Wertpapiere geliefert werden kann, so gehen die Aktionäre, die diese Mindestzahl nicht besitzen, und die, die einen Überschuß über die Mindestzahl oder deren Vielfaches besitzen, für diesen Überschuß bei der Naturalverteilung leer aus. Der Beschluß setzt fest, daß die Wertpapiere, die auf diese „Spitzen" anteilsmäßig entfallen würden, nach näherer Vorschrift des Aufsichtsrats verkauft, und der Erlös unter die „Spitzen" gleichmäßig verteilt werden soll. In der hierdurch gegebenen Ungleichheit, wonach auf eine größere Anzahl von Aktien Wertpapiere im Stück, auf eine kleinere Anzahl aber der Verkaufserlös von Wertpapieren verteilt werden soll, erblickt die Revision die Verletzung des in § 300 gewährten Sonderrechts.

Richtig ist, daß insoweit eine Verschiedenheit des zugeteilten Gegenstandes besteht: wer Geld bekommt, erhält etwas anderes, als der, der Stücke bekommt, die ihn zum Aktionär der fremden Gesellschaften machen. Unrichtig aber ist, um dies vorwegzunehmen, wenn die Revision in dem Beschlusse eine Benachteiligung des Aktionärs mit kleinem Besitz gegenüber dem mit großem Besitze sehen will. Denn wer nur eine oder wenige Aktien hat, ist genau so gestellt, wie der Großaktionär für seine das Vielfache der Mindestzahl übersteigenden Aktien.

Was aber jene Verschiedenheit anlangt, so darf die Frage, was eine gleichmäßige Verteilung im Sinne des Gesetzes ist, nicht rein mechanisch nach dem Gesichtspunkte absolut gleicher Objekte, sondern sie muß auf Grund wirtschaftlicher Gesichtspunkte und im Hinblick auf die Verkehrssitte beantwortet werden. In dieser Beziehung kommt entscheidend in Betracht, daß die zu verteilenden Aktien, wie nicht streitig ist, eine verkaufsfähige und marktgängige Ware sind. Wertpapiere dieser Art werden im Verkehre allgemein nach ihrem Kurse gewertet, d. h. nach dem Preise, zu dem man kaufen oder verkaufen kann. Wer Stücke bekommt, kann sie verkaufen; wer Geld bekommt, kann Stücke kaufen. Die Lieferung im Stück zwingt nicht zu einer dauernden Beteiligung an den Unternehmungen, die von den beiden Aktiengesellschaften betrieben werden, und die Lieferung des Geldes schließt davon nicht aus. Die Wirkung des Beschlusses ist demnach im wirtschaftlichen Ergebnisse darin für alle Aktionäre gleich, daß jedem einzelnen überlassen bleibt, an den fremden Gesellschaften weiter beteiligt zu bleiben, oder nicht.

Aus den Parteiangaben ergibt sich, daß der Beschluß der Mehrheit der Generalversammlung auf Zweckmäßigkeitsgründen beruht. Wenn der große Bestand an Aktien beider Gesellschaften im ganzen verkauft werden muß und auf einmal an den Markt kommt, wird der Kurs nach allgemeiner Erfahrung zurückgehen. Besteht auch nur bei einem Teile der Aktionäre der Beklagten der Wunsch, die fremden Aktien zu behalten, so muß dies auf den Kurs einen günstigen Einfluß üben. Es wird also denen, die verkaufen wollen, und den Spitzen, für deren Rechnung die Liquidatoren verkaufen sollen, zugute kommen. In der Beurteilung derartiger Erwägungen der Zweckmäßigkeit und Nützlichkeit ist die Generalversammlung im Liquidationsstadium souverän. Es entscheidet die Mehrheit.

Freilich darf nicht in Sonderrechte eingegriffen, und der Grundsatz des gleichen Rechts für alle nicht verletzt werden. Dies aber ist nicht der Fall, wenn nicht eine rein formalistische Auffassung Platz greifen soll.

In verwandten Fragen ist diese bloß am Äußern klebende Auffassung der Gleichberechtigung der Aktionäre vom Gesetz ausdrücklich abgelehnt. So ist nach § 290 Abs. 1 Satz 2 H.G.B. bei der Herabsetzung des Grundkapitals durch Zusammenlegung von Aktien gestattet, Aktionäre, die nicht über die nötige Mindestzahl von Aktien verfügen, zum Verkaufe zu nötigen. Ebenso entspricht es der täglichen Übung und wird allgemein als zulässig anerkannt, daß bei einer Erhöhung des Grundkapitals durch Zeichnung junger Aktien das Bezugsrecht von Aktionären, die nicht die nötige Mindestzahl von Aktien besitzen, ohne Verletzung der Gleichheitsregel vereitelt werden kann (§§ 278. 282 H.G.B.).

Vgl. auch die Entscheidung des Senats vom 30. November 1903 i. S. J. w. Ph., Rep. I. 260/03, abgedruckt in der Monatsschrift für Handelsrecht und Bankwesen 1904 S. 11." . . .

---

17. 1. Welche Klage ist als Hauptklage zu erheben, wenn eine Bauforderung (§ 648 B.G.B.) im Wege einstweiliger Verfügung durch Vormerkung gesichert, und auf erhobenen Widerspruch die Erhebung der Klage zur Hauptsache binnen bestimmter Frist angeordnet ist?

2. Hat über den Antrag, die einstweilige Verfügung wegen Nichtinnehaltung der für die Erhebung der Hauptklage bestimmten Frist aufzuheben, wenn diese Frist erst nach Erlassung des ersten Urteils ablief, der Berufungsrichter zu befinden?

Z.P.O. § 926.

V. Zivilsenat. Urt. v. 15. November 1905 i. S. Witwe Ph. u. Gen. (Bekl.) w. Handelsgesellsch. A. (Kl.). Rep. V. 363/05.

I. Landgericht II Berlin.
II. Kammergericht daselbst.

Die Klägerin lieferte zu einem Neubau, den der im Dezember 1902 verstorbene Erblasser der Beklagten auf seinem Grundstück in Schöneberg errichtete, Tischlerarbeiten und Materialien, wofür ihr dieser 7438,20 ℳ schuldig geblieben sein sollte. Auf ihren Antrag erließ das Landgericht am 5. Oktober 1904 eine einstweilige Verfügung dahin, daß für sie in Höhe dieses Betrags eine Vormerkung zur Sicherung des Anspruchs auf Einräumung einer Sicherungshypothek von gleicher Höhe auf dem erwähnten Grundstücke eingetragen werde. Die Vormerkung wurde am 12. Oktober 1904 eingetragen. Demnächst erhoben die Beklagten gegen die einstweilige Verfügung Widerspruch und verlangten deren Aufhebung. Der erste Richter erkannte auf Aufrechterhaltung der einstweiligen Verfügung, und der zweite Richter wies die Berufung der Beklagten mit einer hier nicht interessierenden Maßgabe zurück. Das Reichsgericht hob auf Revision der Beklagten das Berufungsurteil auf und verwies die Sache an das Berufungsgericht zurück.

Aus den Gründen:

... „Der Berufungsrichter lehnt es ab, auf die Behauptung der Beklagten einzugehen, daß die einstweilige Verfügung schon deshalb aufgehoben werden müsse, weil die Klägerin der Anordnung des Arrestgerichts, die Hauptklage binnen bestimmter Frist zu erheben, nicht nachgekommen sei. Er meint, hierüber sei im gegenwärtigen Verfahren nicht zu befinden; den Beklagten müsse es vielmehr überlassen bleiben, den Antrag auf Aufhebung der einstweiligen Verfügung, wenn er auf § 926 Z.P.O. gestützt werden solle, bei dem Arrestgericht anzubringen. Der Berufungsrichter nimmt hierbei Bezug auf das in den Blättern für Rechtspfl. im Bezirke des Kammergerichts Jahrg. 1895 S. 78 mitgeteilte Urteil des Kammergerichts vom 30. März 1895, dessen Begründung er sich zu eigen macht. Der erkennende Senat des Reichsgerichts vermag diese Rechtsauffassung nicht zu teilen.

In tatsächlicher Beziehung sei vorweggeschickt, daß die Beklagten unter dem 20. Dezember 1904 beantragt haben, der Antragstellerin aufzugeben, binnen einer zu bestimmenden Frist Klage in der Hauptsache zu erheben. Das Arrestgericht (Landgericht II in Berlin) hat hierauf unter dem 21. Dezember 1904 angeordnet, daß die Antragstellerin „binnen einer Frist von 3 Wochen von heute ab gerechnet" Klage zu erheben habe. Diese Verfügung ist am 27. Dezember 1904 den Vertretern beider Parteien zugestellt. Am 7. Januar 1905, also während die Frist noch lief, wurde das Urteil erster Instanz, das die einstweilige Verfügung aufrecht erhielt, verkündet. An demselben Tage hat auch die Klägerin Klage gegen die Beklagten erhoben; die Beklagten behaupten aber, diese Klage gehe auf Zahlung der noch restierenden Bauforderung, während die Klage, deren Erhebung der Klägerin aufgegeben worden sei, auf Einräumung der Sicherungshypothek hätte erhoben werden müssen. Die Klägerin hat in dieser Beziehung eine bündige Erklärung nicht abgegeben. Sie erwidert, dem Berufungsgericht stehe „eine Nachprüfung in dieser Richtung" nicht zu, womit wohl derselbe rechtliche Standpunkt, auf dem der Berufungsrichter steht, vertreten werden soll. Eine Feststellung, welchen Inhalt die von der Klägerin erhobene Klage hat, und wohin der Klagantrag geht, ist nicht getroffen. Für die Revisionsinstanz war daher die Richtigkeit der Behauptung der Beklagten zu unterstellen. Ist aber diese Behauptung richtig, geht also die erhobene Klage in der Tat nur auf Zahlung der restierenden Bauforderung, und nicht auf Einräumung derjenigen Sicherungshypothek, zu deren Erhaltung die Vormerkung eingetragen ist, so hat mit ihrer Erhebung die Klägerin der Anordnung des Arrestgerichts allerdings nicht genügt.

Vgl. Entsch. des R.G.'s in Zivils. Bd. 30 S. 351, Bd. 55 S. 142; Jahrb. der Entsch. des Kammergerichts Bd. 21 S. A 100.

Denn eine Umschreibung der Vormerkung in die durch ihre Eintragung gesicherte Sicherungshypothek hätte auf Grund des zu erwartenden Urteils nicht erfolgen können, schon deshalb nicht, weil die Identität der zugesprochenen Baugelderforderung mit derjenigen, die der Vormerkung zugrunde liegt, nicht ohne weiteres feststehen würde. Die Hauptklage, welche die Klägerin nach der Anordnung des Arrestgerichts erheben sollte, war also, wie die Beklagten richtig geltend machen, die Klage auf Einräumung der Sicherungshypothek aus § 648 B.G.B., und deshalb würde, wenn diese Klage nicht rechtzeitig erhoben worden ist, der Antrag der Beklagten auf Aufhebung der einstweiligen Verfügung nach § 926 Abs. 2 Z.P.O. begründet sein, wofern sich die zu ihm eingenommene rechtliche Stellung des Berufungsgerichts als unhaltbar erweist.

Was nun diesen letzteren Punkt anlangt, so ist zuzugeben, daß sich der auf § 926 Z.P.O. gestützte Rechtsbehelf des Arrestbeklagten insofern von den anderen Gründen, aus denen nach §§ 925, 927 Z.P.O. die Aufhebung des Arrestes verlangt werden kann, unterscheidet, als er lediglich prozessualer Natur und erst in dem Arrestverfahren entstanden ist, während sich jene anderen Gründe auf Umstände stützen, die außerhalb des Verfahrens liegen. Aber dieser Unterschied rechtfertigt nicht die vom Berufungsrichter daraus gezogene Folge, daß über den Rechtsbehelf des § 926, wenn bereits ein Verfahren über die Aufhebung des Arrestes — sei es aus § 925, oder aus § 927 — schwebt, und dieses in die Berufungsinstanz gediehen ist, ein besonderes Prozeßverfahren stattfinden müsse. Ein innerer Grund hierfür, der etwa aus der Parteistellung oder aus der Verschiedenartigkeit des Verfahrens hergeleitet werden könnte, ist nicht zu ersehen. Das Kammergericht legt zwar in dem oben erwähnten Urteile vom 30. März 1895 Gewicht darauf, daß dem Arrestkläger eine Instanz verloren gehen würde, wenn die Aufhebung des Arrestes aus § 926 Abs. 2 Z.P.O. erstmalig in der Berufungsinstanz verlangt werden dürfte. Aber dies ist kein durchschlagender Grund; die Instanz geht überall da verloren, wo der Beklagte einen Einwand oder sonst einen Rechtsbehelf, den er schon in der ersten Instanz geltend machen konnte, erst in der Berufungsinstanz vorbringt und mit ihm ein obsiegliches Urteil erzielt. Übrigens trifft der Grund im vorliegenden Falle nicht einmal zu, weil die den Beklagten zur Klagerhebung gestellte Frist bei Verkündung des Urteils erster Instanz noch nicht abgelaufen war. Entscheidend aber spricht gegen den Berufungsrichter, daß die von ihm vertretene Meinung auf einen zwecklosen Formalismus hinausläuft; denn zwecklos wäre es, wenn der Berufungsrichter genötigt wäre, die Aufrechterhaltung eines Arrestes auszusprechen, von dem er sieht, daß ihn der Arrestbeklagte ohne weiteres durch einen Antrag aus § 926 Abs. 2 zu Falle bringen kann. Ob hieraus zu folgern ist, daß der Arrestbeklagte, wofern er in der Lage ist, den Antrag auf Aufhebung des Arrestes aus § 926 Abs. 2 zu stellen, ihn in dem anhängigen Verfahren in der Berufungsinstanz stellen muß, so daß er seiner Antragsbefugnis aus § 926 Abs. 2 verlustig ginge, wenn er dies versäumt, braucht hier nicht entschieden zu werden; denn dieser Fall liegt nicht vor: hier handelt es sich darum, ob der Berufungsrichter berechtigt und verpflichtet ist, über den Antrag aus § 926 Abs. 2, wofern er vor ihm gestellt ist, selbst zu entscheiden, und dies ist, im Gegensatz zum Berufungsgericht, unbedenklich anzunehmen. Die Gründe, aus denen das Reichsgericht bereits ausgesprochen hat, daß über die Aufhebung des Arrestes, wenn diese mit erhobenem Widerspruch aus § 925 Z.P.O. und mit dem Aufhebungsantrage aus § 927 Z.P.O. verlangt wird, in demselben Verfahren zu entscheiden ist,

vgl. Urteil des IV. Zivilsenats vom 9. Februar 1905, Gruchot's Beiträge Bd. 49 S. 1071; auch Urteil des I. Zivilsenats vom 16. März 1904, Entsch. in Zivils. Bd. 57 S. 223,

treffen auch hier zu. Daß das Gesetz, wie der Berufungsrichter anzunehmen scheint, nur das Arrestgericht ermächtigt hätte, die Aufhebung des Arrestes auszusprechen, wenn der von ihm getroffenen Anordnung nicht Folge geleistet wird, läßt sich aus § 926 Abs. 2 nicht entnehmen.

Hiernach hat der Berufungsrichter mit Unrecht eine Entscheidung darüber, ob die einstweilige Verfügung wegen Nichtinnehaltung der vom Arrestgericht aus § 926 Abs. 1 erlassenen Anordnung aufzuheben ist, abgelehnt." ...

---

18. Welche rechtliche Bedeutung hat eine nach § 326 Abs. 1 B.G.B. gestellte Nachfrist, wenn sie zu kurz bemessen ist?

V. Zivilsenat. Urt. v. 15. November 1905 i. S. D. (Bekl.) w. Sch. (Kl.). Rep. V. 163/05.

I. Landgericht Elberfeld.
II. Oberlandesgericht Köln.

Die Kläger boten den Beklagten in notarieller Verhandlung den Verkauf ihrer Wirtschaft samt Gebäuden zum Preise von 360000 *M* an, wovon 10000 *M* bei Erteilung der Wirtschaftskonzession an die Beklagten bzw. bei der Auflassung gezahlt werden sollten. In derselben Verhandlung behielten die Beklagten sich das Recht vor, von dem Angebote bis zum 1. Oktober 1903 Gebrauch zu machen, und verpflichteten sich daneben und unabhängig davon, unter den in dem Angebote gestellten Bedingungen einen Kaufvertrag abzuschließen, sobald ihnen die Konzession erteilt werde. Zur Beschaffung der Barzahlung von 10000 *M* durften sie eine Hypothek aufnehmen, der das Vorrecht vor dem Restkaufgeld von den Klägern einzuräumen war. Am 2. September 1903 wurde den Beklagten die Wirtschaftskonzession erteilt, und am 4. November 1903 bestimmten ihnen die Kläger zur Bewirkung der Leistung aus dem Vertrage eine Frist von drei Tagen, mit der Erklärung, daß sie die Annahme der Leistung nach dem Ablaufe der Frist ablehnen und Schadensersatz wegen Nichterfüllung verlangen würden. Infolge Ausbleibens der Leistung boten am 2. Dezember 1903 die Kläger ihr Grundstück in notarieller Verhandlung einem Dritten an, der es am 13. Februar 1904 für 347000 *M* kaufte und aufgelassen erhielt. Die Kläger verlangten Ersatz des Schadens. Der erste Richter wies die Klage ab, weil die gesetzte Frist zu kurz bemessen gewesen sei. Unter Verwerfung dieses Entscheidungsgrundes erklärte das Berufungsgericht den Klaganspruch dem Grunde nach für gerechtfertigt. Die Revision der Beklagten wurde zurückgewiesen.

Aus den Gründen:

... „Die von den Klägern den Beklagten gesetzte, nach seiner Ansicht zu kurz bemessene Frist hat der Berufungsrichter, im Gegensatze zum ersten Richter, nicht für wirkungslos angesehen, sondern angenommen, daß durch die Fristsetzung eine angemessene Nachfrist in Lauf gesetzt sei, und daß, da die Beklagten die für die Vertragsleistung ausreichende Frist von einigen Wochen ohne Leistung hätten verstreichen lassen, der Anspruch der Kläger auf Schadensersatz wegen Nichterfüllung gerechtfertigt sei. Die Revision rügt Verletzung des § 326 B.G.B.; sie erachtet die Fristsetzung auch deshalb für unwirksam, weil die Kläger durch den Weiterverkauf ihres Grundstücks sich ihre Gegenleistung unmöglich gemacht hätten. Es kann dahingestellt bleiben, ob nicht die Kläger jedenfalls bis zu der Auflassung ihres Grundstücks an einen Dritten ihrerseits in der Lage gewesen wären, den Vertrag zu erfüllen. Da der Berufungsrichter rechtsirrtumsfrei festgestellt hat, daß die Frist vom Tage des Empfanges der Erklärung, vom 6. oder 7. November, bis zum 2. Dezember 1903 ausreichend war, um von seiten der Beklagten den Vertrag zu erfüllen, so kann die Frage unerörtert bleiben, ob die Fristsetzung dadurch zuungunsten des Gläubigers beeinflußt wird, daß sich dieser während des Laufes einer angemessenen Frist in die Unmöglichkeit versetzt, seine Gegenleistung zu bewirken. Denn dieser Fall liegt hier nicht vor, weil der Weiterverkauf erst nach dem Ablauf einer angemessenen Nachfrist erfolgt ist. Mithin hängt die Entscheidung des Rechtsstreits von der Beantwortung der Frage ab, ob eine zu kurz bemessene Nachfrist wirkungslos, oder insoweit wirksam ist, daß die Leistung zwar nicht in der bestimmten, aber doch innerhalb einer angemessenen Frist zu erfolgen hat. In der Literatur wird unter Berufung auf den Gesetzeswortlaut die erste Auffassung vertreten, während das Reichsgericht sich aus inneren Gründen für die letzte entschieden hat.

Entsch. des R.G.'s in Zivils. Bd. 56 S. 231, Jur. Wochenschr. 1904 S. 172, 1905 S. 17.

Der vorliegende Fall gibt keinen Anlaß, der bisherigen Rechtsprechung des Reichsgerichts entgegenzutreten.

In Abweichung von dem im größten Teile des Reichs in Geltung gewesenen Landesrecht, aber im Anschluß an die weit über den Handelsverkehr hinaus wirksam gewesene Vorschrift des Art. 356 des alten H.G.B. hat mit Rücksicht auf das Gewicht, das der heutige Verkehr auf die rechtzeitige Vertragserfüllung legt, der § 326 B.G.B. bei gegenseitigen Verträgen dem nichtsäumigen Gläubiger die Befugnis gegeben, dem säumigen Schuldner zur Bewirkung der Leistung eine angemessene Frist mit der Erklärung zu bestimmen, daß die Annahme der Leistung nach dem Ablaufe der Frist abgelehnt werde. Damit ist die Frage, ob der Gläubiger, der sich eine ihm nötige Leistung für eine Gegenleistung verschaffen will, an den Vertrag gebunden bleiben und verpflichtet sein soll, sich zur Gegenleistung bereit zu halten oder die bereits bewirkte Gegenleistung dem Schuldner zu belassen, auch wenn der Schuldner seine Leistung nicht in angemessener Zeit und vielleicht erst so spät erfüllt, daß sie dem Zwecke nicht mehr dient, für den der Vertrag abgeschlossen wurde, zugunsten des Gläubigers entschieden. Nur seinem Interesse soll die Vorschrift dienen, wenn auch zur Vermeidung ungerechter Härten gegen den säumigen Schuldner dieser dem Gläubiger erst dann ein weiteres Warten auf die Leistung nicht soll zumuten dürfen, wenn er eine ihm für den Fall seines Verzugs gesetzte Nachfrist unbenutzt hat verstreichen lassen. Die Dauer der von dem Gläubiger dem Schuldner zu bestimmenden Nachfrist ist durch das Gesetz nicht bestimmt; dieses überläßt ihre Bestimmung dem Gläubiger, verlangt aber, daß eine angemessene Frist bestimmt werde. Die Frist muß daher billigem Ermessen entsprechen, woraus folgt, daß eine nach Billigkeit und Verkehrssitte zu kurz bemessene Frist den Gläubiger nicht berechtigt, die ihm vom Schuldner innerhalb einer angemessenen Nachfrist angebotene Leistung zurückzuweisen. Auch in diesem Falle ist durch die Fristſtellung der Zweck des Gläubigers erreicht, den Vertrag in angemessener Zeit zum Vollzuge zu bringen. Über die Angemessenheit der von ihm gesetzten Frist kann der Gläubiger unverschuldet irren, weil sie von den Umständen des Falles abhängig ist, die ihm vielfach unbekannt sind. Daher haben im Streitfalle die Gerichte darüber zu entscheiden, ob die vom Schuldner nach Ablauf einer zu kurz gesetzten Frist angebotene Leistung wegen ihrer Rechtzeitigkeit vom Gläubiger als Vertragserfüllung anzunehmen ist. Die in der Literatur vertretene Ansicht, daß wegen des mit dem Ablaufe der gesetzten Frist verbundenen Verlustes des Rechts, Erfüllung zu verlangen, aus der Bestimmung der Frist nach festen Zeitabschnitten zu entnehmen sei, daß der Gläubiger den Eintritt der an die Erklärung geknüpften Rechtsänderung nur dann wolle, wenn die Leistung in dem bestimmten Zeitpunkt erfolge (Planck, Kommentar 3. Aufl. Bd. 2 S. 25), entspricht den Verkehrsinteressen nicht. Da diese auf den in angemessener Zeit zu vollziehenden Austausch der gegenseitigen Vertragsleistungen gerichtet sind, so hat, wenn der Gläubiger zur Erreichung dieses Zweckes das ihm durch das Gesetz gegebene Mittel benutzt und dem Schuldner eine Nachfrist setzt, sich dabei aber in der Angemessenheit der Zeitdauer vergreift, das Gericht diesen Fehler zu verbessern, wenn durch ihn der Schuldner sich beschwert fühlt, indem es bestimmt, welche Zeitdauer die Frist hätte haben müssen, wenn sie als angemessen hätte erachtet werden sollen. Die vom Schuldner innerhalb dieser Frist angebotene Leistung wäre dann vom Gläubiger als Vertragserfüllung anzunehmen gewesen. Hat aber, wie im vorliegenden Falle, der Schuldner die Leistung überhaupt nicht angeboten, so ist nach dem Ablaufe der vom Gerichte für angemessen erachteten Frist die Erklärung des Gläubigers über die Ablehnung der Leistungsannahme in Wirksamkeit getreten. Der Zweck der Gesetzesvorschrift würde vereitelt werden, wenn der Schuldner, obwohl ihm durch die Erklärung des Gläubigers bekannt geworden war, daß der Gläubiger von seiner Befugnis der Ablehnung der Leistungsannahme nach dem Ablaufe der Nachfrist Gebrauch machen wolle, diesen beim Vertrage sollte deshalb festhalten können, weil er über die Angemessenheit der Nachfrist irrte. Dem Schuldner gereicht umgekehrt die Setzung einer zu kurzen Nachfrist nicht zum Nachteile, weil er die gerichtliche Nachprüfung über die Angemessenheit der Frist herbeiführen kann. Die Zulassung dieser Nachprüfung wäre aber, wenn die Angemessenheit der Zeitdauer der Nachfrist in gleicher Weise wie die bestimmt vorgeschriebene Erklärung der Ablehnung der Leistungsannahme und die Gewährung einer Nachfrist zum wesentlichen Inhalte des § 326 gehörte, ein Nachteil für den Gläubiger, weil bei einer zu kurz bemessenen Frist der Schuldner durch die Rechtsverfolgung die Neusetzung einer angemessenen Frist erreichen würde, wodurch die Erfüllung des Vertrags dem Vertragszwecke zuwider ins Ungemessene hinausgeschoben würde. Bei einer solchen Auffassung hätte nahegelegen, den Gläubiger ausschließlich auf den Weg des § 255 Z.P.O. zu verweisen, oder in Übereinstimmung mit der Regelung der unbilligen Bestimmung einer Leistung durch einen Vertragschließenden die Bestimmung der Frist durch Urteil treffen zu lassen. Daß nicht diese, sondern eine andere Regelung erfolgt ist, spricht auch dafür, daß die zu kurz bemessene Frist sich von selbst zur angemessenen Frist erstreckt. Aus diesen Erwägungen war dem Berufungsgerichte beizutreten." ...

---

19. 1. Auflassungsstempel bei der Auflassung von Grundstücken einer Aktiengesellschaft an eine andere Aktiengesellschaft, die sämtliche Aktien der ersteren in ihrer Hand vereinigt hat.

2. Zeitpunkt des Beginnes der im Abs. 3 der Tarifst. 8 des preußischen Stempelsteuergesetzes vom 31. Juli 1895 bestimmten Frist für die Einreichung der das Veräußerungsgeschäft enthaltenden Urkunde, wenn der Grundbuchrichter es unterlassen hat, die Beteiligten in einer der allgemeinen Verfügung des Finanzministers und des Justizministers vom 29. Februar 1896 / 17. Juli 1900 entsprechenden Weise zu belehren.

VII. Zivilsenat. Urt. v. 17. November 1905 i. S. W.'sche Papierfabriken (Kl.) w. preuß. Fiskus (Bekl.). Rep. VII. 68/05.

I. Landgericht Kassel.
II. Oberlandesgericht daselbst.

Nachdem die klagende Aktiengesellschaft schon vor längerer Zeit die sämtlichen Aktien der in H. eingesessenen Aktiengesellschaft „Papier- und Papierstofffabrik N." im Nennwerte von 600000 ℳ erworben hatte, faßte die Generalversammlung der Klägerin zu notariellem Protokoll vom 6. März 1903 einen Beschluß dahin, daß ihr Vorstand und Aufsichtsrat ermächtigt wurden, den dem Protokoll im Entwurfe beiliegenden Vertrag abzuschließen, durch den sie von der vorgenannten anderen Aktiengesellschaft deren gesamtes Gesellschaftsvermögen, gegen Überlieferung der sämtlichen 600000 ℳ Aktien dieser Gesellschaft an sie zur Vernichtung, für sich erwarb. Demnächst faßte die N.'er Gesellschaft zu notariellem Protokoll vom 5. Mai 1903 einen Generalversammlungsbeschluß dahin, diese Gesellschaft aufzulösen und den Vorstand und Aufsichtsrat zu ermächtigen, den dem Protokoll im Entwurfe beigefügten, mit dem oben bezeichneten Vertragsentwurfe gleichlautenden Vertrag mit der anderen Gesellschaft abzuschließen; gleichzeitig wurde der Kaufmann G. zum alleinigen Liquidator jener Gesellschaft ernannt und ermächtigt, das gesamte Gesellschaftsvermögen unter Empfangnahme der sämtlichen Aktien von 600000 ℳ an die Klägerin zu übertragen. G. ließ dann die Grundstücke der Gesellschaft Papier- und Papierstofffabrik N. an die Klägerin auf. Bei den Auflassungen wurde der Generalversammlungsbeschluß der auflassenden Gesellschaft vom 5. Mai 1903 vorgelegt. Für die Auflassungen liquidierten die Gerichtsschreibereien den einprozentigen Auflassungsstempel der Tarifst. Nr. 8 des preußischen Stempelsteuergesetzes vom 31. Juli 1895 zu den Gerichtskosten, und zwar die Gerichtsschreiberei in O. einen Stempel von 5873,50 ℳ entsprechend dem Werte der dort aufgelassenen Grundstücke, und die Gerichtsschreiberei in F. einen Stempel von 6000 ℳ; dieser letztere Betrag wurde als der einprozentige Wertstempel deshalb angenommen, weil von seiten der bei der Auflassung beteiligten Personen eine zu Protokoll versprochene schriftliche Mitteilung darüber, welcher Betrag von dem Preise von 600000 ℳ auf die im Bezirke F. liegenden Grundstücke entfalle, nicht eingegangen war, und aus diesem Grunde ein Prozent des Nennwertes der Aktien der aufgelösten Gesellschaft als maßgebend erachtet wurde. Die Klägerin bezahlte den Stempel von 5873,50 M. Der Stempelbetrag von 6000 M wurde von ihr beigetrieben. Sie hielt die Einforderung des Auflassungsstempels für ungerechtfertigt, da nicht eine freiwillige Veräußerung der Grundstücke, sondern eine dem Reichsstempel unterworfene Fusion der beiden Gesellschaften vorliege, der Auflassungsstempel auch durch die Vorlegung des Generalversammlungsbeschlusses vom 5. Mai 1903 ausgeschlossen gewesen sei. Die Berechnung eines Stempels von 6000 M für die im Bezirke F. belegenen Grundstücke sei unter allen Umständen zu hoch, da diese nur einen Wert von 70500 M hätten, für sie also höchstens ein Stempel von 705 M hätte in Ansatz gebracht werden dürfen. Mit dem Klagantrage verlangte die Klägerin die Verurteilung des Beklagten zur Rückzahlung von 6000 M sowie von 5873 M nebst 4 Prozent Zinsen seit dem Zahlungstage. Das Landgericht wies, entsprechend dem Antrage des Beklagten, zunächst durch Teilurteil die Klage in Höhe von 5873 M und 705 M, zusammen 6578 M nebst Zinsen, dann, nachdem inzwischen der Beklagte 4962 M zurückgezahlt, und die Klägerin deshalb den Klagantrag auf Zahlung des Betrags von 333 M nebst Zinsen ermäßigt hatte, die Klage durch Schlußurteil in Höhe dieses Restbetrages ab. Das Oberlandesgericht wies die von der Klägerin gegen beide Urteile eingelegten Berufungen zurück und änderte nur im Kostenpunkte.

Auf die Revision der Klägerin sind beide Berufungsurteile aufgehoben aus folgenden

Gründen:

„Der Stempel der Tarifst. 8 des Stempelsteuergesetzes ruht auf der Urkunde über die Auflassung, das ist: die erklärte Einigung über die Übertragung des Grundstückseigentums (§§ 925, 873 B.G.B.). Die Stempelpflichtigkeit ist hiernach nur gegeben, wenn der Auflassungserklärung eine freiwillige Veräußerung zugrunde liegt. Der Berufungsrichter nimmt an, daß diese Voraussetzung hier zutrifft. Insoweit ist ihm eine Rechtsverletzung nicht zum Vorwurf zu machen. Die Klägerin zwar vertritt die Meinung, daß sie schon vor der Auflassung das Eigentum an den deren Gegenstand bildenden

Grundstücken kraft Gesetzes erworben habe, und daß deshalb der Auflassung eine Veräußerung nicht zugrunde liege. Diese Meinung findet aber im Tatbestande keinen Boden. Dadurch, daß die sämtlichen Aktien der N.'er Aktiengesellschaft in einer Hand, nämlich der der Klägerin, vereinigt wurden, trat eine Eigentumsänderung am Ganzen oder an den einzelnen Stücken des Vermögens der erstgenannten Gesellschaft noch nicht ein. Sie standen nach wie vor im Eigentum dieser Gesellschaft, deren Rechtspersönlichkeit durch jene Vereinigung ihrer Aktien in einer anderen Rechtsperson nicht untergegangen war. Diese Vereinigung war eine äußerlich nicht hervortretende Tatsache, die in jedem Augenblicke wieder beseitigt werden konnte. Der Untergang der Rechtspersönlichkeit der N.'er Gesellschaft und der Übergang ihres Vermögens auf die Klägerin konnte nur durch einen hierauf gerichteten, äußerlich in erkennbarer Weise kundgegebenen Rechtsakt herbeigeführt werden. An einem solchen fehlt es hier. Durch die Generalversammlungsbeschlüsse vom 6. März und 5. Mai 1903 wird er nicht ersetzt. Im ersteren erteilt die Klägerin ihrem Vorstand und Aufsichtsrat die Ermächtigung, das gesamte Vermögen der N.'er Gesellschaft zu erwerben; im anderen wird von der N.'er Gesellschaft ihre Auflösung beschlossen, und ihr Vorstand und Aufsichtsrat ermächtigt, das gesamte Gesellschaftsvermögen auf die Klägerin zu übertragen. Bis zur Vollendung der gleichzeitig beschlossenen Liquidation bestand diese Gesellschaft ungeachtet des Auflösungsbeschlusses als Liquidationsaktiengesellschaft noch fort (§ 294 H.G.B.). Daß auf Grund der erteilten Ermächtigungen ein rechtsgültiger Vertrag über die Veräußerung des Gesamtvermögens (§ 311 B.G.B.) an die Klägerin geschlossen worden sei, hat diese nicht dargetan. Ein Fall der eine Gesamtrechtsnachfolge begründenden Vereinigung der N.'er Gesellschaft mit der Klägerin im Sinne des § 305 H.G.B. ist hiernach nicht vorhanden; weder hat die erstere ihr Vermögen als Ganzes an die Klägerin übertragen, noch hat sie als Gegenleistung Aktien der übernehmenden Gesellschaft, also der Klägerin, erhalten. Auch der § 303 H.G.B., der eine Verwertung des Gesellschaftsvermögens durch Veräußerung des Vermögens im ganzen als zulässig erklärt, ist nicht anwendbar, da ein solches Veräußerungsgeschäft nicht nachgewiesen ist. Eine derartige Verwertung hätte übrigens keine Gesamtrechtsnachfolge bewirkt, und es wäre deshalb zur Eigentumsübertragung an den Grundstücken der veräußernden Gesellschaft deren Auflassung erforderlich geblieben. Erst durch diese Auflassung wurde deshalb hier die Veräußerung der Grundstücke herbeigeführt. Die Auflassung war auch eine freiwillige. Ein Zwang zur Eigentumsübertragung bestand für die N.'er Gesellschaft nicht. Sie hatte als selbständige Rechtsperson ihren eigenen, selbständigen Willen und auch noch nach ihrer Auflösung ein Organ zur Ausführung ihres Willens, den Liquidator G. Ihre rechtliche Selbständigkeit und Willensfähigkeit wurde auch dadurch nicht beseitigt, daß die Klägerin als Alleinbesitzerin aller Aktien tatsächlich in der Lage war, über den Willen der anderen Gesellschaft zu verfügen. Trotz dieses Herrschaftsverhältnisses bedurfte es zur Übertragung des Grundstückseigentums auf die Klägerin eines rechtsgeschäftlichen Willensaktes des Willensorgans der N.'er Gesellschaft als des veräußernden Teils. Ein auf Gesetz beruhender Anspruch der klagenden Gesellschaft, die rechtlich nur als Erwerberin in Betracht kam, auf Eigentumsübertragung, wie er z. B. bei der auf Grund der Wandelung eines Kaufvertrags erfolgenden Rückauflassung gegeben ist, bestand im vorliegenden Falle nicht. Die Auflassungen an die Klägerin waren hiernach an sich stempelpflichtige Rechtsgeschäfte im Sinne der Tarifst. 8.

Diese Stempelpflichtigkeit wird nicht schon durch den Umstand allein beseitigt, daß nach der Tarifst. 25 Buchstabe d bei einer durch Gesellschaftsvertrag erfolgenden Übertragung von Einzelstücken des Gesellschaftsvermögens an einen Gesellschafter derjenige Teil der zum Sondereigentum überlassenen Vermögensgegenstände für die Stempelberechnung außer Betracht bleibt, welcher der Beteiligung des erwerbenden Gesellschafters an der Gesellschaft entspricht. Wäre diese für die Versteuerung der obligatorischen Gesellschaftsverträge gegebene, erst bei der Schlußberatung des Stempelsteuergesetzes (Verhandlungen des Abgeordnetenhauses 1895, Drucksachen S. 2498. 2507) der Tarifst. 25 Buchstabe d als Abs. 3 eingefügte Vorschrift auch für den Auflassungsstempel maßgebend, so würde freilich, da die Beteiligung der Klägerin an der N.'er Gesellschaft nicht eine bloß teilweise, sondern eine das gesamte Vermögen der letzteren umfassende war, der Auflassungsstempel hier vollständig in Wegfall kommen, obschon ein Gesellschaftsvertrag nicht geschlossen ist. Aber gerade der Umstand, daß eine ähnliche Einfügung bei der Tarifst. 8 nicht vorgenommen ist, ergibt, daß bei der Berechnung des Auflassungsstempels die bei den Gesellschaftsverträgen zugelassene Ermäßigung oder Befreiung nicht Platz greifen sollte. Ein Bedürfnis zu einer derartigen Ergänzung der Tarifst. 8 war auch nicht vorhanden, da die Auflassungsbeteiligten es in der Hand haben, durch den Abschluß und die Vorlegung eines obligatorischen Vertrags über die beabsichtigte Grundstücksübereignung, für dessen Versteuerung der Abs. 3 der Tarifst. 25 Buchstabe d maßgebend sein muß, gemäß Abs. 3 der Tarifst. 8 den Auflassungsstempel auszuschließen und damit die durch die erstere Vorschrift gewährte Vergünstigung für sich auszunutzen. Von diesem Mittel haben hier die Beteiligten nicht Gebrauch gemacht.

Das Berufungsurteil unterlag aber der Aufhebung, weil es eine ausreichende Prüfung vermissen läßt, ob die Auflassungen nicht bei ordnungsgemäßer Anwendung der Vorschrift des Abs. 3 der Tarifst. 8 durch den Grundbuchrichter vom Auflassungsstempel hätten freigelassen werden müssen.

Dieser Abs. 3 bestimmt, daß die Auflassungserklärung „dem Wertstempel nicht unterworfen“ ist, wenn mit ihrer Verlautbarung oder innerhalb einer mit dem Tage der Zustellung der Aufforderung zur Zahlung der Gerichtskosten beginnenden Frist von zwei Wochen die das Veräußerungsgeschäft enthaltende, in an sich stempelpflichtiger Form ausgestellte Urkunde in Urschrift, Ausfertigung oder beglaubigter Abschrift vorgelegt wird. Eine negative Voraussetzung der Stempelpflichtigkeit ist es daher, daß diese Vorlegung weder sofort, noch auch innerhalb der Frist geschieht. Daß aber die Vorlegung innerhalb dieser Frist nicht erfolgt sei, steht hier nach Lage der Sache noch nicht fest. Zu dem Abs. 3 der Tarifst. 8 sind gemäß § 36 Abs. 1 des Stempelsteuergesetzes die Ausführungsbekanntmachung des Finanzministers vom $\frac{\text{13. Februar 1896}}{\text{22. September 1900}}$ (Zentralblatt für Abgaben- zc. Verwaltung 1896 S. 53 und 1900 S. 477) und die Allgemeine Verfügung des Finanzministers und des Justizministers vom $\frac{\text{29. Februar 1896}}{\text{17. Juli 1900}}$ (Just.-Min.-Bl. 1896 S. 63 und 1900 S. 505) ergangen. In ihnen ist (unter Ziff. 30c der Ausführungsbekanntmachung und im § 16 der Allgemeinen Verfügung) bestimmt, im Falle der Nichtvorlegung der Urkunde über das Veräußerungsgeschäft habe der Grundbuchrichter die Beteiligten darüber zu vernehmen, ob sie eine Urkunde überhaupt nicht vorlegen wollen, und sie über die Folgen der Nichtvorlegung zu Protokoll zu belehren; es sei Pflicht des Grundbuchrichters, zu prüfen, ob im Falle der Beurkundung des Abkommens der Urkundenstempel niedriger sein würde als der Auflassungsstempel. Der Kostenrechnung sei eine Mitteilung nach dem amtlichen Formular I zu § 16 der Allgemeinen Verfügung beizufügen. Dieses Formular enthält die Belehrung, daß durch rechtzeitige Vorlegung der Urkunde über das Veräußerungsgeschäft in allen denjenigen Fällen eine Ersparnis an Stempelkosten herbeigeführt werde, in denen der Stempel für die Urkunde niedriger sei, als der Auflassungsstempel, daß eine solche Urkunde auch noch nach der Auflassung errichtet werden könne, daß sie aber, wenn dadurch die Nichterhebung des Auflassungsstempels erzielt werden solle, innerhalb einer zweiwöchigen Frist eingereicht werden müsse. In der Allgemeinen Verfügung vom 13. Juni 1900 (Just.-Min.-Bl. 1900 S. 501) hat ferner der Justizminister im Einverständnisse mit dem Finanzminister noch besonders angeordnet, der Grundbuchrichter solle die Beteiligten befragen, welches Rechtsgeschäft der Auflassung zugrunde liege, und darauf bedacht sein, zu ermitteln, ob einer der Fälle vorliege, in denen es dem Interesse der Parteien entspreche, das Veräußerungsgeschäft zu beurkunden; dabei habe er sorgsam allen Anzeichen nachzugehen, die sich aus den Erklärungen der Parteien, dem Akteninhalt und der ganzen Sachlage für das Vorhandensein eines nicht dem Wertstempel von 1 Prozent unterliegenden Rechtsgeschäfts ergeben. Daß diese den Abs. 3 der Tarifst. 8 ergänzenden, sich im Rahmen von Ausführungsvorschriften haltenden Bestimmungen ebenso wirken, wie wenn sie in das Gesetz selbst aufgenommen wären, ist in dem Beschlusse des jetzt erkennenden Senats vom 22. Januar 1904 (Entsch. Bd. 56 S. 374 flg.) eingehend dargelegt. Auf diesen Beschluß kann hier verwiesen werden. Bei den in Frage stehenden Auflassungen begann hiernach die Frist zur Nachbringung der Urkunde über das Veräußerungsgeschäft erst nach ordnungsmäßiger Belehrung der Beteiligten zu Protokoll und Zustellung der dem Formular I entsprechenden Mitteilung. Fehlt es auch nur an einem dieser beiden Erfordernisse, so hat die Frist noch nicht zu laufen begonnen, und die Klägerin ist noch jetzt in der Lage, durch Aufnahme einer Urkunde über das Veräußerungsgeschäft und deren Vorlegung beim Grundbuchrichter sich von der Verpflichtung zur Zahlung des Auflassungsstempels zu befreien. Der Abschluß eines Veräußerungsvertrags mit der N.'er Gesellschaft ist auch jetzt noch rechtlich möglich, da die Liquidation der letzteren noch nicht beendet ist, ihre Rechtspersönlichkeit deshalb als noch fortbestehend anzusehen ist.

Hat im Einzelfalle die Vorlegung der das Veräußerungsgeschäft enthaltenden Urkunde nicht stattgefunden, so wird zwar in dem über die Verpflichtung zur Entrichtung des Auflassungsstempels angestellten Rechtsstreite der Prozeßrichter regelmäßig keinen Anlaß zur Erörterung der Frage haben, ob jene Belehrung und Mitteilung ordnungsmäßig erfolgt sind; es wird vielmehr anzunehmen sein, daß die im Verwaltungswege erlassenen Ordnungsvorschriften vom Grundbuchrichter befolgt sind, und es wird Sache des zur Stempelentrichtung Herangezogenen sein, die Nichtbefolgung dieser Vorschriften zu rügen. Im vorliegenden Falle jedoch ist nach der unbestrittenen Behauptung der Klägerin der Generalversammlungsbeschluß vom 5. Mai 1903 nebst dem inhalts des Beschlusses ihm angehängten Vertragsentwurfe dem Grundbuchrichter vorgelegt worden. Dieser Vertragsentwurf in Verbindung mit dem Beschlusse ergab, daß die Erwerberin der Grundstücke im Eigentumsbesitze der sämtlichen Aktien der veräußernden Gesellschaft war. Es war daher die Pflicht des Grundbuchrichters, die Beteiligten zu belehren, daß bei Vollziehung des Vertragsentwurfs oder urkundlichem Abschluß eines anderweiten der Auflassung zugrunde zu legenden Veräußerungsvertrags ein Wertstempel für diesen nach der Tarifst. 25 Buchstabe d Abs. 3 nicht erhoben werden, und der Auflassungsstempel erspart werden würde. Da der im Interesse der Beteiligten liegende Vertragsabschluß nicht erfolgt ist, liegt die Annahme nahe, daß der Grundbuchrichter entweder die erforderliche Belehrung unterlassen, oder — möglicherweise in der irrigen Annahme, der Generalversammlungsbeschluß enthalte den Veräußerungsvertrag — eine irreführende Belehrung erteilt hat. Letzteres steht aber dem Fehlen der Belehrung gleich. Da der Generalversammlungsbeschluß und der angehängte Vertragsentwurf auch Gegenstand der Verhandlung vor dem Berufungsrichter gewesen sind, war es dessen Aufgabe, gemäß § 139 Z.P.O. behufs Ergänzung der ungenügenden Angaben der geltend gemachten Tatsachen zur Erörterung zu bringen, ob und in welcher Weise die erforderliche Belehrung und Mitteilung von seiten des Auflassungsrichters an die Auflassungsbeteiligten erfolgt sind, und ob hiernach die Voraussetzungen der Steuerpflicht aus der Tarifst. 8 Abs. 3 gegeben sind. Mangels einer solchen Erörterung mußten die beiden Berufungsurteile aufgehoben, und die Sache zur weiteren Verhandlung und Entscheidung an das Berufungsgericht zurückverwiesen werden."

---

20. Voraussetzung für die Anwendung der Vorschrift des § 154 Abs. 2 B.G.B.

I. Zivilsenat. Urt. v. 18. November 1905 i. S. K. (Kl.) w. R. (Bekl.). Rep. I. 207/05.

I. Landgericht I Berlin.
II. Kammergericht daselbst.

Aus den Gründen:

„Das Berufungsgericht folgert aus den Briefen des Klägers vom 11. und 18. März 1904, daß am 11. März 1904 — an welchem Tage unbestritten nach voraufgegangenen brieflichen Verhandlungen eine mündliche Willenseinigung der Parteien erzielt wurde — der Beklagte den Wunsch ausgesprochen, das Ergebnis der mündlichen Abreden schriftlich niedergelegt zu sehen, und der Kläger dem zugestimmt hat. Hierin kann nur die Feststellung gefunden werden, daß nach erzielter Willenseinigung von den Parteien die Beurkundung des Vertrags verabredet worden ist.

Wenn aber auf Grund dieser Feststellung das Berufungsgericht unter Anwendung der Bestimmung des § 154 Abs. 2 B.G.B. zu der Annahme gelangt, daß ein Vertrag nicht geschlossen sei, so zeigt es damit, daß es von einer unrichtigen Auffassung der angezogenen Gesetzesvorschrift ausgeht. Die Vermutung, die der § 154 Abs. 2 aufstellt, greift dann nicht Platz, wenn die Parteien erst nach dem Zustandegekommensein einer Willenseinigung, die, an und für sich betrachtet, nach den §§ 145—151. § 154 Abs. 1 B.G.B. einen fertigen Vertrag darstellt, dessen Beurkundung verabreden; sie hat vielmehr zur

Voraussetzung, daß die Beurkundungsabrede der vollständigen Willenseinigung vorhergegangen ist. Ist die Beurkundungsabrede erst hinterher getroffen, und von den Parteien nicht ausdrücklich festgesetzt, welche Bedeutung die aufzunehmende Urkunde haben soll, so ist hierüber nach den Umständen des Falls zu entscheiden.

Vgl. Protokolle der Kommission für die 2. Lesung zc von Achilles zc Bd. 1 S. 75. 87. 88; die Kommentare zum Bürgerl. Gesetzbuch von Planck, Bem. 2, von Hölder, Bem. 2, von v. Staudinger, Bem. 4 zu § 154, von Rehbein, Bem. V 2 zu §§ 125—129; Endemann, Lehrbuch des Bürgerlichen Rechts 8. Aufl. S. 304 bei Anm. 23, S. 308 bei Anm. 41." . . .

---

21. Erstreckt sich die Haftpflicht des bisherigen Tierhalters auf die Zeit, für welche er sich der tatsächlichen Herrschaft über das Tier vorübergehend dadurch entäußert, daß er es einem anderen ohne Entgelt zu dessen eigenem selbständigen Gebrauch übergibt, und dieser andere das Tier in seinen Wirtschaftsbetrieb einstellt?

B.G.B. § 833.

IV. Zivilsenat. Urt. v. 20. November 1905 i. S. W. (Bekl.) w. N. (Kl.). Rep. IV. 212/05.

I. Landgericht Kempten.
II. Oberlandesgericht Augsburg.

Am 26. April 1903 kam Kläger bei der Fahrt mit einem einspännigen Fuhrwerke dadurch zu Schaden, daß er von dem durchgehenden Pferde unter dem umgestürzten Wagen eine Strecke weit mitgeschleift wurde. Der Lenker des Fuhrwerks war der frühere Mitbeklagte F.; von ihm hatte Kläger, wie er angab, das Fuhrwerk „gemietet". Das Pferd war jedoch zu der Fahrt von dem Beklagten W., dem jetzigen Revisionskläger, aus Gefälligkeit und unentgeltlich hergegeben worden. In dieser Beziehung stand nach Ableistung eines dem Kläger zugeschobenen und in der Instanz abgenommenen Eides fest, daß nicht, wie die Beklagten behauptet hatten, der Kläger selbst, sondern der Mitbeklagte F. das Pferd vom Beklagten

W. geliehen hatte. Wegen des aus den erlittenen Verletzungen entstandenen Schadens nahm der Kläger den Beklagten W. auf Grund des § 833 B.G.B. in Anspruch, während er die Klage ursprünglich auch gegen F. auf Grund des § 834 B.G.B. erhoben hatte. Er verlangte Zahlung von 18436,75 ℳ nebst Zinsen, außerdem Entrichtung einer jährlichen Rente von 5000 ℳ und endlich Ersatz des weiteren, hierdurch noch nicht gedeckten Schadens. Die Klage gegen F. nahm er im Laufe des Prozesses zurück. Den Anspruch gegen W. erachteten beide Vorinstanzen dem Grunde nach für gerechtfertigt.

Auf die Revision ist unter Aufhebung des Berufungsurteils in der Sache selbst die gegen W. erhobene Klage abgewiesen worden.

Aus den Gründen:

... „Da von keiner Seite bezweifelt worden ist, daß der Beklagte W., bevor er dem F. das Pferd lieh, derjenige war, welcher das Tier gehalten hat, so hängt die Entscheidung nur noch von der Frage ab, ob im Sinne des § 833 B.G.B. die Tierhalterschaft des Beklagten W. fortbestand, während der frühere Mitbeklagte F. das von ihm entliehene Pferd in sein Gefährt eingespannt hatte. Der Berufungsrichter bejaht das, indem er auf die von dem VI. Zivilsenate des Reichsgerichts erlassenen Urteile vom 3. Juli 1902 und 2. Juli 1903 (Entsch. des R.G.'s Bd. 52 S. 117 und Bd. 55 S. 163) hinweist. Auf Grund der tatsächlich feststehenden Sachlage war jedoch die Frage zu verneinen....

Mit der Bezeichnung „derjenige, welcher das Tier hält" wird in § 833 B.G.B. auf ein Verhältnis zwischen dem Menschen und dem Tiere hingewiesen, dessen Begriffsmerkmale sich nach den erwähnten Urteilen des Reichsgerichts aus dem gewöhnlichen Sprachgebrauche ergeben. Der erkennende Senat tritt dieser Rechtsprechung insofern bei, als er die Maßgeblichkeit des Sprachgebrauchs für die Beurteilung der Frage, wer im Sinne des § 833 das Tier hält, ebenfalls für die grundsätzliche, wiewohl nicht ausnahmslos geltende Regel ansieht. Auch bei der Frage, worin nach der Anschauungs- und Ausdrucksweise des täglichen Lebens das Tierhalten besteht, schließt er sich den Ausführungen jener Urteile an. Schon vor dem Bürgerlichen Gesetzbuche haben andere deutsche Gesetzgebungen das Halten von Tieren besonderen Gesetzesvorschriften unterstellt, ohne jemals für das Anwendungsgebiet der jeweiligen Vorschrift diesen

Begriff durch eine besondere gesetzliche Bestimmung festzustellen (vgl. §§ 70 u. 72 A.L.R. I. 6 — § 1560 sächs. B.G.B. — § 367 Nr. 11 St.G.B.). So setzt auch das Bürgerliche Gesetzbuch den Begriff des Tierhaltens als etwas von vornherein Gegebenes voraus, und nicht nur das Gesetzbuch selbst, sondern auch die veröffentlichten Gesetzesmaterialien lassen ein Eingehen auf die Frage, was darunter zu verstehen sei, vollständig vermissen. Aus diesem Grunde sieht sich die Rechtsprechung allerdings darauf angewiesen, an den Sprachgebrauch des täglichen Lebens als das zunächst Maßgebende anzuknüpfen. Ihm aber entspricht die Annahme, daß die Bezeichnung, jemand halte ein Tier, allgemein auf denjenigen anwendbar ist, der — wie in dem Urteile vom 3. Juli 1902 von ihm gesagt wird — in eigenem Interesse durch Gewährung von Obdach und Unterhalt die Sorge für das Tier übernommen hat, und zwar nicht bloß zu einem ganz vorübergehenden Zwecke, sondern auf einen Zeitraum von einer gewissen Dauer. Nimmt man hinzu, was derselbe Senat in dem Urteil vom 2. Juli 1903 hervorhebt, daß es sich bei dem „Halten" des Tieres immer nur um ein tatsächliches Verhältnis handelt, so läßt sich das Wesen dieses Verhältnisses in seiner sprachgebräuchlichen Bedeutung darin erblicken, daß das Tier von demjenigen gehalten wird, der es in seinen Wirtschaftsbetrieb oder — im weitesten Sinne verstanden — in seinen Haushaltungsbetrieb eingestellt hat, um es auf diese Weise dauernd seinen Zwecken dienstbar zu machen.

Ob es aber mit den Anforderungen der Rechtstechnik und mit den erkennbaren Absichten des Gesetzes vereinbar ist, einzig und allein den Sprachgebrauch darüber entscheiden zu lassen, wer für den angerichteten Tierschaden nach § 833 als Tierhalter einzustehen hat, erweist sich in zahlreichen Fällen als zweifelhaft. Auf der einen Seite gibt die Ausdrucksweise des täglichen Lebens keinen Maßstab ab, nach dem sich der Beginn und das Ende des Tierhalterverhältnisses jedesmal mit der für die Anwendung des Gesetzes erforderlichen Bestimmtheit feststellen ließe. Auf der anderen Seite führt das dem Sprachgebrauch entnommene Begriffserfordernis der nicht nur vorübergehenden Dauer des Verhältnisses, wenn man ihm eine *ausschlaggebende* Bedeutung beimißt, zu auffallenden praktischen Ergebnissen, über deren Vereinbarkeit mit den Absichten des Gesetzes nur von Fall zu Fall unter Hinzunahme anderer Mittel der Auslegung nach der jeweiligen Sachlage entschieden werden kann. So wird beispielsweise das allgemeine Sprachempfinden zwar darin nicht schwanken, die Bezeichnung des Tierhalters demjenigen beizulegen, der seine Absicht, das Tier dauernd für sich zu verwenden, durch tatsächliche Gewährung von Obdach und Unterhalt bereits betätigt, während sich sprachliche und rechtliche Zweifel sofort bei der Frage ergeben, ob das „Halten" nicht schon in dem früheren Zeitpunkte angefangen hat, mit dem jemand das Tier an sich bringt, um es dauernd bei sich einzustellen, ob er also von der Haftung freibleibt, wenn, bevor er dem Tiere Obdach und Unterhalt gewährt hat, er nach Eintritt des Tierschadensfalles sich seiner wieder entäußert. Während ferner oftmals bei einem nur vorübergehenden Besitze die Bezeichnung, daß das Tier von jemandem „gehalten" werde, sprachlich überhaupt auf niemand paßt, entstehen hier die rechtlichen Zweifel, ob irgendein annehmbarer Grund dafür vorgelegen haben kann, in Rücksicht auf die geringe Dauer der Besitzzeit den Herrn des Tieres von der Haftung frei zu lassen. So, wenn der Händler das Tier an sich bringt, um es sofort auf dem Markte weiterzuveräußern, wenn das Schlachttier von der Ankaufsstelle zum Schlachthof geführt wird, oder wenn der Käufer eines Tieres von vornherein die Absicht hat und ausführt, es unmittelbar nach dem Empfange einem anderen als Geschenk zuzuführen. Gegenwärtig handelt es sich indessen nicht um eine über den Sprachbegriff hinausgehende erweiternde Gesetzesauslegung. Denn auch die Frage, ob zur Zeit des Unfalls der frühere Mitbeklagte F. als Tierhalter im Sinne des § 833 zu gelten hatte, ist nicht mehr unmittelbar für die Entscheidung von Bedeutung. Die Entscheidung betrifft vielmehr allein den jetzigen Revisionskläger W. Daß auf das Verhältnis zwischen ihm und seinem Pferde nach dem Sprachgebrauche des täglichen Lebens die Bezeichnung, er habe das Tier gehalten, auch für die Zeit anwendbar sein würde, in der F. am 26. April 1903 mit dem Pferde die Fahrt nach Z. ausführte, läßt sich nicht bezweifeln. Es entsteht indessen die Frage, ob nicht gleichwohl während dieser Zeit die Verbindung zwischen dem Beklagten und dem Tiere gerade in denjenigen Beziehungen gelöst war, deren Vorhandensein bei der Einführung der bedingungslosen Haftpflicht des Tierhalters in einer die gesetzgeberischen Entschließungen bestimmenden Weise vorausgesetzt worden ist, und ob, wenn das zutraf, es den Absichten der Gesetzgebung nicht geradehin widersprechen würde, die Gesetzesvorschrift des § 833 auch in einem derartigen Falle für anwendbar zu halten. Bildet bei der Anwendung des § 833 die Übereinstimmung des Rechtsbegriffs der Tierhalterschaft mit dem Wortbegriff die gesetzliche Regel, so handelt es sich hier also darum, ob es geboten ist, durch eine Einschränkung des Rechtsbegriffs im Vergleich zum Wortbegriff eine Ausnahme zu machen. Das hat im gegebenen Falle der erkennende Senat von folgenden Erwägungen aus für unabweisbar gehalten.

Aus dem Wesen der Tierhalterschaft in der gemeingewöhnlichen Bedeutung des Ausdrucks ergeben sich einzelne Beziehungen zu dem Tiere, die bei der Regelung der Tierschadenshaftung dem Gesetzgeber teils zur besonderen Rechtfertigung der eingeführten bedingungslosen Haftpflicht gedient, teils die Voraussetzung eines mit der Gesetzesvorschrift erstrebten besonderen Erfolges gebildet haben. Der Tierhalter sollte für den angerichteten Tierschaden verantwortlich sein, weil er als „Unternehmer" um seines Interesses willen andere Personen den von dem Tiere ausgehenden Gefahren aussetzt, und weil er währenddessen allein von dem Tiere den Nutzen hat. Neben diesen gesetzgeberischen Beweggründen tritt ein gesetzgeberisches Ziel in dem Bestreben hervor, vermöge der Gesetzesvorschrift auf die Anwendung der nötigen Vorsicht bei der Beaufsichtigung des Tieres hinzuwirken. Denn wenn es auch richtig ist, daß im Verlauf der Gesetzgebungsarbeiten die ursprünglich vorgeschlagene Gestaltung der Vorschrift, wonach die Haftpflicht von einer Verabsäumung der erforderlichen Vorsichtsmaßregeln abhängig gemacht werden sollte, eine allmähliche Umbildung erfuhr, und nunmehr die Nichtanwendung von Vorsichtsmaßregeln einen die Gesetzesvorschrift beherrschenden Rechtsgrund der Haftpflicht überhaupt nicht mehr bildet, so ist doch auch bei der fortschreitenden Verschärfung der Gesetzesvorschrift immer wieder darauf hingewiesen worden, es komme darauf an, den Tierhalter zur Sorgfalt bei der Beaufsichtigung des Tieres anzuhalten, und es sei die Frage, ob es genüge, ihm ausdrücklich eine entsprechende Verpflichtung aufzuerlegen.

Vgl. Protokolle II. Lesung Bd. 2 S. 647, Denkschrift des Bundesrats S. 99, Stenographische Berichte des Reichstags in Mugdan's Materialien Bd. 2 S. 1405 u. 1406.

Da es nun aber doch nicht darauf abgesehen war, dem Halten von Tieren **überhaupt** entgegenzutreten, so betrafen jene gesetzgeberischen Erwägungen nicht sowohl eine **unbestimmte** Gefahr, von der man durch das bloße Vorhandensein selbst der nützlichsten Tiere die Allgemeinheit etwa für bedroht erachtet hätte, sondern sie bezogen sich auf den Tierhalter als den unmittelbaren Urheber der **besonderen** Gefahr und setzten also in seiner Person voraus, daß von seinem Betriebe aus die Tiergefahr ihre bestimmte Richtung annimmt, daß andererseits die Herrschaft über das Tier es ihm ermöglicht, in dieser von ihm selbst geschaffenen Lage der schadenbringenden Entfesselung des tierischen Naturtriebes vorbeugend entgegenzuwirken, und daß er es schließlich ist, der in der gefahrbringenden Verwendung des Tieres seinen besonderen Nutzen sucht. Dagegen läßt sich weder aus den über die gesetzgeberischen Vorarbeiten veröffentlichten Mitteilungen noch auch aus dem Gesetzesinhalte selbst irgendein Anhalt dafür gewinnen, daß ein entscheidendes Gewicht auch darauf gelegt worden sei, in welchem Rechtsverhältnisse der Tierhalter zu dem Tiere, und in welchen Rechtsverhältnissen er mit bezug auf das Tier zu anderen Personen steht, und ebensowenig, daß es in der Gesetzesabsicht gelegen hätte, die unbedingte Verantwortlichkeit des Tierhalters für den Tierschaden davon abhängig zu machen, ob die für die Einführung dieser Haftpflicht maßgeblichen tatsächlichen Voraussetzungen in der Person des Haftpflichtigen seit längerer Zeit oder voraussehbarerweise für eine längere Zeit gegeben sind.

Bringt man nun den vorliegenden Rechtsfall unter den Gesichtspunkt der durch diese gesetzgeberischen Erwägungen für die Gesetzesauslegung gegebenen Anhaltspunkte, so zeigt es sich, daß zu der Zeit, als Kläger von dem Pferde des Beklagten verletzt wurde, keine einzige der Voraussetzungen, die zur Einführung der bedingungslosen Tierhalterhaftpflicht geführt haben, in der Person des Beklagten zutraf. Zwar war der Beklagte, wie nach Lage der Sache angenommen werden darf, der Eigentümer des Pferdes, und er hatte auch gegen F. einen Anspruch darauf, daß das Pferd ihm nach der Fahrt zurückgegeben wurde. Beides ist indessen, wie erwähnt, nicht das, was bei der Entstehung des Gesetzes von borwiegender oder gar ausschlaggebender Bedeutung war. Im übrigen war das Pferd damals zwar nicht für die Dauer, wohl aber für eine gewisse Zeit aus dem Wirtschaftsbetriebe des Beklagten W. ausgeschieden und in der Weise in den Wirtschaftsbetrieb des F. eingestellt worden, daß es nicht dem W., sondern dem F. zu dessen alleinigem Nutzen als Betriebsmittel diente, daß F., und nicht W. es war, von dessen Betriebe die dem Kläger gegenüber verwirklichte Tiergefahr ausging, und daß W., da er den F. nicht lediglich zu einem an seiner Stelle die Aufsicht führenden Tierwärter im Sinne des § 834 B.G.B. bestellt, sondern dem F. das Tier zur selbständigen Verwendung überlassen hatte, auch nicht mehr die tatsächliche Gewalt über das Pferd ausübte, die es ihm ermöglichte, durch die Art und Weise der Lenkung oder durch sonstige Maßnahmen der sich aus der Benutzung des Pferdes ergebenden besonderen Gefahr vorbeugend entgegenzuwirken. Alles, was zur Einführung der von dem Verschulden des Haftpflichtigen unabhängigen Verpflichtung aus § 833 B.G.B. die gesetzgeberische Veranlassung gegeben hat, oder doch dabei in der Person des Haftpflichtigen als vorhanden vorausgesetzt wurde, fand sich daher zur Zeit des Unfalls in der Person des F., der das Fuhrwerk lenkte und nach der eigenen Angabe des Klägers ihm damit ein Lohnfuhrwerk gestellt hatte, vereinigt vor, während es in den fortdauernden Beziehungen zwischen dem Beklagten W. und dem Tiere fehlte. Wenn also auch im Wortsinne und nach dem Buchstaben des Gesetzes der Beklagte W. als derjenige gelten könnte, der zur Zeit des Unfalls das Pferd gehalten hat, so steht es doch mit den erkennbaren Absichten der Gesetzgebung in unvereinbarem Widerspruch, den Rechtsbegriff der Tierhalterschaft zeitlich auf die Dauer des hier vorliegenden besonderen Verhältnisses zu erstrecken, auf die Zeit nämlich, während welcher der bisherige Tierhalter sich der tatsächlichen Herrschaft über das Tier entäußert hatte, indem er es einem anderen zu dessen eigenem selbständigen Gebrauch ohne jedes Entgelt übergab, und dieser das Tier, wenn auch nur vorübergehend, in seinen Betrieb einstellte.

Zur Unterstützung dieser Annahme darf übrigens auch der Umstand herangezogen werden, daß bei der Entstehung des § 833 B.G.B. von der Seite her, die für die über alle anderen Gesetzesvorschläge hinausgehende bedingungslose Haftpflicht des Tierhalters eintrat, wiederholt betont wurde, die jetzt zum Gesetz erhobene Vorschrift decke sich in ihrer Bedeutung mit dem, was das französische

Recht vorschreibe, und was sich in jenem Rechtsgebiete vollauf bewährt habe.

Vgl. Kommissionsbericht des Reichstags S. 109 und die stenographischen Berichte des Reichstags in Mugdan's Materialien Bd. 2 S. 1406 u. 1407.

Nun trifft freilich nach Art. 1385 Code civil die Haftung für Tierschaden nicht den Tierhalter, sondern den Eigentümer des Tieres oder denjenigen, der sich des Tieres bedient, solange es seinem Gebrauche unterliegt. In der Rechtslehre und in der Rechtsprechung stand jedoch für das französische Recht damals bereits der Grundsatz fest, daß die Verantwortlichkeit des Eigentümers für den Tierschaden von der Verantwortlichkeit dessen, der sich des Tieres bedient, abgelöst wird, und daß nicht etwa beide nebeneinander als Gesamtschuldner haften. Es hat daher sicher nicht im Sinne der Urheber des Gesetzestextes in seiner jetzigen Fassung gelegen, die unter den obwaltenden Verhältnissen der Eigentümerhaftung des französischen Rechts entsprechende Haftung dessen, der bisher das Tier gehalten hat, auf eine Zeit auszudehnen, für welche er das Tier einem anderen übergeben hat, damit dieser von ihm einen seinen eigenen Zwecken entsprechenden selbständigen Gebrauch mache.

Daß der Beklagte W., als er dem früheren Mitbeklagten F. das Pferd lieh, fahrlässigerweise unterlassen habe, diesen auf etwa vorhandene Untugenden des Pferdes aufmerksam zu machen, oder daß er schon allein durch das Ausleihen des Pferdes sich nach Lage der Verhältnisse einer Fahrlässigkeit schuldig gemacht habe, ist vom Kläger nicht behauptet worden. Es liegt deshalb kein Anhalt und keine Veranlassung vor, auf die Frage einzugehen, ob etwa anstatt des § 833 der § 823 B.G.B. zur Anwendung kommen könnte....

Die Einholung einer Entscheidung der vereinigten Zivilsenate gemäß § 137 G.V.G. war nicht geboten. Ein Ausspruch des Inhalts, daß für die Frage, wer im Sinne des § 833 B.G.B. als Tierhalter zu gelten habe, der gewöhnliche Sprachgebrauch nicht nur regelmäßig, sondern mit einer keine Abweichung duldenden Ausschließlichkeit maßgebend sei, ist in keiner der bisherigen reichsgerichtlichen Entscheidungen enthalten. Über die im gegenwärtigen Falle entscheidende Frage, ob das Tier von dem bisherigen Tierhalter im Rechtssinne auch dann noch gehalten wird, wenn es mit dessen Bewilligung zur selbständigen Benutzung in den Wirtschaftsbetrieb eines anderen eingestellt worden ist, liegt gleichfalls eine von einem anderen Senate erlassene Entscheidung noch nicht vor. An der Verneinung der Frage für den gegebenen Fall sieht sich der erkennende Senat insbesondere dadurch nicht verhindert, daß dem Urteile des VI. Zivilsenats vom 3. Juli 1902 (Entsch. des R.G.'s Bd. 52 S. 117) die Annahme zugrunde liegt, das Tierhalterverhältnis erstrecke sich im Rechtssinne auf die Zeit, in der ein von dem Tierhalter angestellter Verwalter mit den ihm anvertrauten Pferden eigenmächtig eine Fahrt für sich unternimmt." ...

---

22. Wird die Stadt als Straßeneigentümerin durch das Recht der Straßenanlieger an jeder privatwirtschaftlichen Ausnutzung der Straße gehindert?

V. Zivilsenat. Urt. v. 23. November 1905 i. S. Stadt Düsseldorf (Bekl.) w. B. (Kl.). Rep. V. 175/05.

I. Landgericht Düsseldorf.
II. Oberlandesgericht Köln.

Auf Grund der Erlaubnis der Beklagten errichtete die D.'er Vereinsbrauerei auf dem Bürgerstege vor ihrem an der Königsallee in Düsseldorf belegenen Grundstück, und nur vor diesem Grundstück, ein Zelt, in dem in der wärmeren Jahreszeit Wirtschaft betrieben wurde. Der Kläger war Eigentümer eines unmittelbar daneben gelegenen Grundstücks, in dem er das Juweliergeschäft betrieb. Zwischen dem Zelte und der Front des der Brauerei gehörigen Gebäudes lag ein 4,50 Meter breiter, der Benutzung der Fußgänger offen stehender Streifen des Bürgerstegs. Durch das Zelt wurde das untere Stockwerk des dem Kläger gehörigen Hauses, in dem er seine Schaufenster hatte, dem von einer Seite her kommenden Publikum verdeckt. Nach der Behauptung des Klägers verkehrte ein großer Teil des Publikums auf dem bei dem Zelte freigebliebenen Streifen des Bürgerstegs nicht, und zwar wegen der Belästigungen, die der Wirtschaftsverkehr zwischen Zelt und Haus mit sich brachte. Die Folge davon sei, so behauptete der Kläger weiter, daß in seinem Geschäfte weniger gekauft werde. Er verlangte, daß die Beklagte verurteilt werde, die Wirtschaftsvorgartenanlage zu untersagen, eventuell die Erlaubnis zur Anlage so zu beschränken, daß eine Beeinträchtigung seines Hauses ausgeschlossen sei.

Der erste Richter wies die Klage ab. Dagegen erkannte der Berufungsrichter nach dem prinzipalen Klagantrage. Auf die Revision der Beklagten wurde das erste Urteil wieder hergestellt aus folgenden

Gründen:

... „Zutreffend verneint der Berufungsrichter die Anwendbarkeit des § 907 B.G.B. Dagegen hält er die Klage für begründet aus dem Rechtsgrunde des Grunddienstbarkeitsverhältnisses, das — wie er mit der ständigen Rechtsprechung des Reichsgerichts annimmt — nach französischem Rechte durch Anbau an einer öffentlichen städtischen Straße durch stillschweigenden Vertrag zwischen den Anliegern und dem Eigentümer der Straße zustande kommt. Als Inhalt dieser Grunddienstbarkeit nimmt der Berufungsrichter an das Recht des Anliegers darauf, daß er von seinem Hause aus ungestört und ungehindert auf die Straße gelangen kann, und daß die freie Entwicklung des Verkehrs auf der Straße nicht gehemmt wird, und die Pflicht des Straßeneigentümers, keine Einrichtungen zu treffen oder solchen Einrichtungen die Genehmigung zu versagen, die das Recht des Anliegers verletzen, ohne durch ein öffentliches Interesse geboten zu sein. Wie aus dem Eingange seiner Begründung hervorgeht, nimmt der Berufungsrichter als Inhalt der Dienstbarkeit auch ein Recht des gewerbetreibenden Anliegers an, daß seine Schaufenster von allen Seiten der Straße aus gesehen werden können. Irgendwelche gesetzlichen Bestimmungen, denen die Begrenzung der Rechte und Pflichten des Straßeneigentümers gegenüber den Straßenanliegern entnommen werden könnte, gibt es nicht. Es muß auf die beiderseitigen wirtschaftlichen Beziehungen und Bedürfnisse zurückgegangen werden, wobei nicht außer acht gelassen werden darf, daß nach dem allgemeinen Grundsatze von der Freiheit des Eigentums die Auslegung des stillschweigenden Willens sich im wesentlichen im Sinne der Einengung des grunddienstbarkeitähnlichen Rechts der Anlieger zu bewegen hat. Von diesem Grundsatz ausgehend, hat das Reichsgericht in zahlreichen auf Grund des rheinisch-französischen und des preußischen Rechts gefällten Entscheidungen den Inhalt des Straßenanliegerrechts bestimmt. Danach hat der Anlieger weder ein Recht darauf, daß die freie Entwicklung des Straßenverkehrs nicht gehemmt werde, noch darauf, daß seine Ladenfenster von allen Seiten sichtbar sind, sondern er hat nur darauf ein Recht, daß ihm durch nachträgliche Änderungen der Straße der Zugang zu dieser und der Verkehr mit dem an sie sich anschließenden Straßennetze nicht dauernd wesentlich erschwert wird,

vgl. die Zusammenstellung der reichsgerichtlichen Rechtsprechung von Loebell in Gruchot's Beitr. Bd. 41 S. 33—41 und die neueren Urteile des Reichsgerichts in den Entsch. des R.G.'s in Zivils. Bd. 44 S. 282 flg., Bd. 56 S. 101 und in der Jurist. Wochenschr. 1901 S. 144 Nr. 16,

sowie darauf, daß ihm Luft und Licht durch Bauten vor seinem Grundstücke nicht dauernd entzogen werden.

Vgl. Gruchot's Beitr. Bd. 44 S. 970.

Auf das Fortbestehen weiterer Vorteile, die ihm aus dem Bestehen der Straße erwachsen, hat er keinen Anspruch (Loebell a. a. O. S. 37—39). Die Straßeneigentümerin kann z. B. die Straße unmittelbar neben seinem Hause zur Sackgasse machen, ohne daß er dies hindern oder auch nur Entschädigungsansprüche geltend machen kann,

vgl. Entsch. des R.G.'s in Zivils. Bd. 56 S. 101,

sofern ihm nur der Zugang zur Straße und dem sich anschließenden Straßennetze im übrigen verbleibt. In den meisten zur Entscheidung des Reichsgerichts gekommenen Fällen fühlten die Anlieger sich durch Änderungen beschwert, die zu Straßenzwecken vorgenommen worden waren; es ist aber niemals der Grundsatz aufgestellt worden, daß dem Straßeneigentümer die Ausnutzung der Straße zu anderen, wenn auch rein privatwirtschaftlichen, Zwecken völlig, also auch dann untersagt sei, wenn dadurch den Anliegern die Ausübung ihres Rechts nur unwesentlich erschwert werde. Das konnte auch nicht ausgesprochen werden; denn für den Inhalt des grunddienstbarkeitähnlichen Rechts ist es ohne Einfluß, zu welchem Zwecke Änderungen an oder auf der Straße vorgenommen werden. Daher kann auch ununtersucht bleiben, ob in Großstädten die Benutzung zur Aufstellung von Erfrischungszelten nicht auch einen Zweck der Straße bildet.

Im vorliegenden Falle ist dem Kläger weder Luft und Licht entzogen, noch ist ein Verkehrshemmnis vor seinem Hause geschaffen.

Er kann nach wie vor die Straße und das anliegende Straßennetz vor seinem Hause erreichen und kann auch an dem Nachbarhause, vor dem das Bierzelt errichtet ist, vorbei gehen, da der Bürgersteg zwischen dem Zelte und dem Hause noch in einer Breite von 4,50 Meter dem Verkehr frei bleibt. Der Umstand, daß die Gäste und Kellner zwischen dem Zelte und Hause hin und her gehen, bildet jedenfalls kein wesentliches Erschwernis.“ ...

---

23. Begriff der „Herstellung von Sachmengen im Betriebe eines der Vertragschließenden“ im Sinne der Befreiungsvorschrift Ziff. 3 der Tarifst. 32 des preußischen Stempelsteuergesetzes vom 31. Juli 1895.

VII. Zivilsenat. Urt. v. 24. November 1905 i. S. preuß. Fiskus (Bekl.) w. Handelsges. D. (Kl.). Rep. VII. 95/05.

I. Landgericht I Berlin.
II. Kammergericht daselbst.

Die klagende Handelsgesellschaft schloß mit der Heeresverwaltung den schriftlichen Vertrag vom 30. Juni 1903, durch den sie sich zur Lieferung von schmiedeeisernen Trägern in den vorgeschriebenen Profilen und Längen, zur Reinigung dieser Träger von Rost und Hammerschlag mit Stahlbürsten, Herstellung der erforderlichen Bohrlöcher und zum Anstrich mit Rostschutzfarbe in angegebenen Größen verpflichtete. Der Beklagte erforderte für diesen Vertrag nach der Tarifst. 32 Buchst. c des preußischen Stempelsteuergesetzes vom 31. Juli 1895 einen Stempel in Höhe von $^1/_3$ Prozent des Gesamtlieferungspreises von 49086,53 *M* mit 164 *M*, und die Klägerin bezahlte diesen Betrag. Mit der Klage verlangte sie Verurteilung des Beklagten zur Rückzahlung des Stempelbetrages nebst Zinsen. Sie beanspruchte Befreiung vom Stempel auf Grund der Befreiungsvorschrift Ziff. 3 der genannten Tarifst., nach der Lieferungsverträge über Mengen von Sachen dem Stempel nicht unterliegen, wenn sie im Inlande im Betriebe eines der Vertragschließenden hergestellt sind. Die Klage wurde vom Landgericht abgewiesen. Auf die Berufung der Klägerin verurteilte das Kammergericht den Beklagten nach dem Klagantrage.

Die Revision des Beklagten ist zurückgewiesen aus folgenden

Gründen:

„Nach der Feststellung des Berufungsrichters bestand die von der Klägerin in ihrem Betriebe vorgenommene Bearbeitung der von ihr anderweit bezogenen, der Heeresverwaltung gelieferten eisernen Träger in dem Verkürzen und Zurechtschneiden derselben zu den im Vertrage vorgeschriebenen Längen, in der Anbringung von Löchern, der Entfernung von Rost und Hammerschlag und dem Anstreichen mit Rostschutzfarbe. Der Berufungsrichter erblickt in dieser Tätigkeit, „wenigstens im ganzen", nicht eine bloße Bearbeitung fertig bezogener Träger, sondern die unter die vorbezeichnete Befreiungsvorschrift Ziff. 3 der Tarifst. 32 fallende Herstellung von neuem Gut aus vorhandenem Rohmaterial. Eine Verletzung der Befreiungsvorschrift kann in dieser Annahme des Berufungsrichters nicht gefunden werden, wenngleich nicht zu verkennen ist, daß im einzelnen Falle zuweilen die Grenze, auf der die Bearbeitung eines Verkehrsgutes in die Herstellung eines neuen Verkehrsgutes übergeht, schwer zu ziehen ist, und daß der Tatbestand des gegenwärtigen Falles an diese Grenze heranreicht. Die Frage, ob durch Verarbeitung einer körperlichen Sache die bloße Umänderung oder Verfeinerung dieser Sache, oder die Herstellung einer neuen Sache als bewirkt anzusehen ist, entscheidet sich nach der Auffassung des Verkehrs. Ob nach dieser schon stets bei der technischen Umbildung von Halbfabrikaten in Vollfabrikate, d. h. in Fabrikate von der endgültigen Art und Form, in der sie praktisch die bestimmungsgemäße Verwendung finden, die letzteren als neu hergestellte Sachen angesehen werden, braucht hier nicht entschieden zu werden; denn jedenfalls ist die Annahme nicht rechtsirrtümlich, daß durch eine solche Umbildung dann eine neue Sache zur Entstehung gebracht wird, wenn das Halbfabrikat eine vertretbare Sache darstellte, das Vollfabrikat aber nicht eine ebensolche, sondern eine Sache, der nach ihrer Form und Ausstattung ein individuelles Gepräge gegeben ist, das sie zur Verwendung für einen besonderen, genau bestimmten Zweck geeignet macht. Dieser besondere Fall ist hier gegeben. Erfahrungsmäßig werden Eisenträger aus Rohmaterial in verschiedenen, aber ein für allemal bestimmten Längen fabrikmäßig und auf Vorrat als vertretbare Sachen hergestellt, die zur Verwendung bei den verschiedenartigsten Bauten sich eignen. Die Tätigkeit der Klägerin bestand nun darin, diese Eisenträger so umzugestalten, daß sie unmittelbar für den seitens der Heeresverwaltung unternommenen Kasernenneubau zur Einbauung verwendet werden konnten. Hierzu war es erforderlich, den einzelnen Trägern die dem Bauplan entsprechenden, genau bestimmten Längen durch Abschneiden zu geben und sie zur Ermöglichung der Zusammenfügung an bestimmten Stellen mit Löchern zu versehen. Hierdurch, sowie durch die Reinigung und den Schutzanstrich sind die Träger zu gebrauchsfertigen, individuell bestimmten Sachen geworden. Der Annahme, damit seien neue Sachen hergestellt, steht nicht der Umstand entgegen, daß die Sachen auch nach ihrer Umgestaltung im Verkehr als „Eisenträger", also mit demselben Namen wie vor der Umarbeitung, zu bezeichnen waren. Denn wenn auch meistens die Umbildung einer Sache in eine andere, neue vom Verkehr durch neue Namensgebung gekennzeichnet wird, so kann doch diesem Umstand allein ausschlaggebende Bedeutung nicht beigemessen werden. Die Beibehaltung des früheren Namens erklärt sich hier dadurch, daß sowohl die von der Klägerin verwendeten Eisenträger (richtiger: das Eisenträgermaterial), als auch die fertiggestellten Träger das charakteristische Merkmal der besonderen Profilgebung zeigten, die ihnen für das Tragen schwerer Last große Widerstandsfähigkeit verlieh. Auch der Gesichtspunkt, daß die Aufwendung einer nur einfachen, bloß mechanischen, wirtschaftlich geringwertigen Tätigkeit den Begriff des Herstellens nicht erfülle, läßt sich zugunsten der Revision nicht verwerten; denn zum Zuschneiden und Lochen der Träger war die Verwendung besonderer Maschinen von starker Kraftleistung und ein geschultes Arbeiterpersonal erforderlich, und inhalts des Vertrages betrug der Lieferungswert, in dem freilich auch der Anschaffungswert des von der Klägerin zu beschaffenden Trägermaterials inbegriffen ist, die erhebliche Summe von 49086,53 *M*.

Für die Anwendbarkeit der Befreiung auf den vorliegenden Fall spricht auch der Umstand, daß die Befreiung, die sich freilich in der Regierungsvorlage noch als eine bloße Stempelermäßigung auf $^1/_{20}$ v. H. des Lieferungspreises darstellte, nach der Entstehungsgeschichte des Stempelsteuergesetzes zu dem Zwecke eingeführt worden ist, die hauptsächlich im Handel, im Gewerbe, Industrie- und landwirtschaftlichen Betriebe vorkommenden Kauf- und Lieferungsverträge steuerlich zu entlasten (Begr. zum Stempelsteuergesetz S. 45. 46). Ein gesetzgeberischer Grund, einen Lieferungsvertrag der Art des hier vorliegenden von der allgemein gewollten Vergünstigung auszuschließen, ist nicht erfindlich; vielmehr darf bei der Anwendung der Befreiungsvorschrift der Begriff der gewerblichen „Herstellung" nicht zu eng gefaßt werden, wenn der Zweck der Förderung von Gewerbe und Industrie usw. nicht vereitelt werden soll.

Der jetzt erkennende Senat ist übrigens schon in einem früher zwischen den jetzigen Parteien schwebenden Prozesse, der einen dem jetzt vorliegenden Tatbestand fast völlig entsprechenden Tatbestand aufwies, der Annahme des Berufungsrichters nicht entgegengetreten, daß auf die Lieferung der damals von der Klägerin in ähnlicher Weise bearbeiteten, für den Neubau eines Kreishauses bestimmten eisernen Träger die Befreiungsvorschrift anzuwenden sei (Urteil vom 8. Oktober 1901, Rep. VII. 242/01). Damals hatte der Fiskus den Einwand, in der Tätigkeit der Klägerin sei ein „Herstellen" im Sinne der genannten Vorschrift nicht zu erblicken, in der Berufungsinstanz ausdrücklich fallen lassen, und der Senat hatte deshalb keinen besonderen Anlaß, seine mit der des Berufungsrichters übereinstimmende Auffassung von der Tragweite der Befreiungsvorschrift näher zu begründen." ...

---

24. Kann der im Wechselprozeß aus einem auf bestimmte Zeit nach Sicht gestellten, akzeptierten und mangels Datierung des Akzepts protestierten Wechsel rechtskräftig unter Vorbehalt der Rechte zur Zahlung verurteilte Indossant im Nachverfahren in der Berufungsinstanz einwenden, daß der Protest mangels Datierung des Akzepts ungültig sei?

W.O. Art. 4 Nr. 8. Artt. 20. 91.
Z.P.O. §§ 597. 598. 599. 600.

I. Zivilsenat. Urt. v. 25. November 1905 i. S. H. (Bekl.) w. B. (Kl.).
Rep. I. 317/05.

I. Landgericht Kiel.
II. Oberlandesgericht daselbst.

Der Kläger klagte im Wechselprozeß gegen den Beklagten auf Zahlung der Wechselsumme nebst Zinsen und Wechselunkosten aus einem Wechsel, den F. L. Sch. auf Th. S. in Eckernförde, zahlbar bei F. L. Sch. in Eckernförde, an eigene Order zahlbar 30 Tage nach Sicht, gezogen, und den der Bezogene ohne Datierung des Akzepts akzeptiert hatte. Der Wechsel war in blanco vom Aussteller, dem Beklagten, und an letzter Stelle von dem Kläger indossiert, am $\frac{\text{16. April}}{\text{18. April}}$ 1904 auf Ansuchen der Holsten Bank Neumünster gegen S. zur Datierung des Akzepts in Hamburg in der Wohnung des Bezogenen ohne Erfolg protestiert und am 18. Mai 1904 auf Ansuchen derselben Bank im Geschäftslokal der Firma F. L. Sch. in Eckernförde gegen S. mangels Zahlung in den Wind protestiert, nachdem die Polizeibehörde die Auskunft erteilt hatte, daß Sch. in Eckernförde keine Wohnung habe. Der Kläger hatte den Wechsel im Regreßwege eingelöst.

Der Beklagte beantragte Abweisung der Klage, wurde aber unter Vorbehalt der Rechte nach dem Klagantrage rechtskräftig verurteilt.

Im Nachverfahren beantragte der Beklagte, unter Aufhebung des Wechselurteils die Klage abzuweisen; der erste Richter hielt aber das Wechselurteil ohne Vorbehalt aufrecht.

Der Beklagte legte Berufung ein und machte nunmehr an erster Stelle geltend, der Wechsel habe nach Art. 91 W.O. in Eckernförde, dem im Wechsel angegebenen Wohnorte des Bezogenen, nicht, wie geschehen, in Hamburg, zur Datierung des Akzepts präsentiert werden müssen; der Protest sei deshalb ungültig, und nach Artt. 19. 20 W.O. der Regreßanspruch verloren.

Der Berufungsrichter verwarf den aus dem Mangel des Protestes wegen Nichtdatierung des Akzepts erhobenen Einwand und machte die Entscheidung von der Ableistung eines dem Kläger auferlegten Eides abhängig.

Die Revision des Beklagten ist zurückgewiesen aus folgenden

Gründen:

„Die Revision rügt, ohne Angriffe gegen die Entscheidung in der Sache selbst zu erheben, nur, daß der Berufungsrichter es abgelehnt habe, auf die Prüfung des aus dem Mangel des Protestes wegen Nichtdatierung des Akzepts erhobenen Einwandes einzugehen.

Dieser Protest war nach Art. 20 W.O. zur Vermeidung des Verlustes des wechselmäßigen Anspruchs gegen den Beklagten als Indossanten des Wechsels binnen zwei Jahren nach der Ausstellung des Wechsels zu erheben. Nach Art. 4 Nr. 8 W.O. gilt der bei dem Namen des Bezogenen angegebene Ort Eckernförde als Wohnort des Bezogenen. Nach Art. 91 W.O. war der Protest grundsätzlich in der Wohuung des Bezogenen in Eckernförde zu erheben. Erhoben ist er in der Wohnung des Bezogenen in Hamburg, wohin der Bezogene, wie im Protest festgestellt, verzogen war. Es ist die Ansicht aufgestellt worden, daß mit Rücksicht auf die Natur der Handlung der Datierung des Akzepts die Protesterhebung im wirklichen Wohnorte des Bezogenen nicht unzulässig sei.[1] Ob dem beizutreten, und ob der Richter im Wechselprozeß davon ausgegangen ist, kann dahingestellt bleiben. Der Beklagte hat im Wechselprozeß die Ungültigkeit des Protestes nicht gerügt. Der Richter im Wechselprozeß hatte die Gültigkeit des Protestes von Amts wegen zu prüfen, da nach Art. 20 W.O. davon der Bestand des im Wechselprozeß geltend gemachten Wechselregreßanspruchs abhing. Es muß angenommen werden, daß der Richter diese Prüfung hat eintreten lassen. Durch das rechtskräftige Wechselurteil ist, wenn die Rechtskraft des Wechselurteils überhaupt eine Bedeutung haben soll, rechtskräftig festgestellt, daß der Wechselanspruch nach Wechsel und Protest rechtlich begründet ist, besteht und liquid ist. Der Richter im Wechselprozeß hat durch das Wechselurteil von selbst über die Gültigkeit des Protestes dadurch entschieden, daß er den Wechselanspruch zugesprochen hat. Daß er in den Gründen seines Urteils sich über die Gültigkeit des Protestes, die nicht bemängelt war, nicht ausdrücklich ausgesprochen hat, ändert daran nichts, da er die Gültigkeit des Protestes von Amts wegen zu prüfen hatte. Hätte er sich darüber ausdrücklich ausgesprochen, so würde kein Zweifel darüber aufkommen können, daß der in seinem Urteil gemäß § 599 Z.P.O. ausgesprochene Vorbehalt der Rechte sich auf den Einwand der Ungültigkeit des Protestes nicht bezog, und der Einwand, nachdem das Wechselurteil rechtskräftig ge-

---

[1] Rehbein, W.O. S. 156 unter 9a.

worden, im Nachverfahren nicht wieder vorgebracht werden konnte. Diesem ausdrücklichen Ausspruch steht der in dem Wechselurteil enthaltene stillschweigende Ausspruch gleich. Nach § 600 Z.P.O. bleibt der Rechtsstreit bei Vorbehalt der Rechte im ordentlichen Verfahren anhängig, aber doch nur insoweit, als er nicht rechtskräftig entschieden ist (§§ 597. 598. 599 Z.P.O.). In das Nachverfahren gelangt nur, was nicht rechtskräftig abgemacht ist.

Darauf beruhte für das frühere Wechselseparatum das Urteil des vormaligen Reichsoberhandelsgerichts in dessen Entsch. Bd. 15 S. 103, wo daraus abgeleitet ist, daß das rechtskräftige Wechseljudikat für das Separatum die Gültigkeit des Wechsels unanfechtbar feststelle. Auf der gleichen Auffassung beruht das Urteil des Reichsgerichts vom 13. März 1902, Rep. VI. 435/01 und im wesentlichen auch das Urteil vom 16. März 1895, Rep. I. 431/94." ...

25. Genügt es der Vorschrift des § 3 Ziff. 2 des Gesetzes, betr. die Gesellschaften mit beschränkter Haftung, vom 20. Mai 1898, wenn in dem Gesellschaftsvertrage außer einzelnen besonders genannten Zweigen kaufmännischer Tätigkeit auch der Betrieb von anderen kaufmännischen Geschäften allgemein als Gegenstand des Unternehmens angegeben ist?

I. Zivilsenat. Urt. v. 25. November 1905 i. S. K. (Bekl.) w. B. (Kl.). Rep. I. 228/05.

I. Landgericht Bremen, Kammer für Handelssachen.
II. Oberlandesgericht Hamburg.

Aus den Gründen:

... „Der Revisionskläger rügt, daß die Bezeichnung des Gegenstandes des Unternehmens nicht der zwingenden Vorschrift des § 3 Ziff. 2 des Gesetzes, betr. die Gesellschaften mit beschränkter Haftung, entspreche, wenn in dem Gesellschaftsvertrage (§ 3) gesagt ist, Gegenstand des Unternehmens sei außer den speziell bezeichneten Geschäften „auch der Betrieb anderer kaufmännischer Geschäfte". Die Notwendigkeit einer gewissen Individualisierung des Gegenstandes des Unternehmens bestehe für die Gesellschaft mit beschränkter Haftung in gleicher Weise, wie für die Aktiengesellschaft; für erstere ergebe sie sich überdies aus den Vorschriften des § 8 Ziff. 4, § 41 Abs. 4 und § 61 des Gesetzes.

Die Frage, ob und inwieweit die Bezeichnung des Gegenstandes des Unternehmens im Gesellschaftsvertrage eine bestimmte, in gewissen Beziehungen individualisierende sein muß, ist in der Literatur sowohl für die Aktiengesellschaft (vgl. § 182 Abs. 2 Ziff. 2 H.G.B.) wie für die Gesellschaft mit beschränkter Haftung eine bestrittene. Hier ist die Frage nur für die Gesellschaft mit beschränkter Haftung zu entscheiden. Es ist dem Vertreter des Revisionsklägers zuzugeben, daß die Mehrheit der Bearbeiter des Gesetzes,

vgl. Birkenbihl, § 3 Bem. 4; Esser, § 3; Förtsch, § 3 Bem. 6; Liebmann, § 3; Merzbacher, § 3 Bem. 4; Parisius u. Crüger, § 3 Bem. 4; vgl. auch Holdheim, in der Monatsschrift für Aktienrecht 1903 S. 295,

auf dem Standpunkte steht, das Gesetz erfordere eine derartige Bezeichnung des Gegenstandes des Unternehmens im Gesellschaftsvertrag, daß hiernach das Unternehmen bestimmt und individuell als solches erkannt werden könne. Und zwar wird teils eine möglichst präzise Bestimmung verlangt (Birkenbihl), teils wird es für genügend erachtet, wenn die Bezeichnung des Gegenstandes des Unternehmens wenigstens bestimmte Anhaltspunkte bietet (Esser, Liebmann).

Gegenstand des Unternehmens einer Gesellschaft mit beschränkter Haftung kann an und für sich jeder erlaubte Zweck sein. Die Gesellschaft gilt aber im Sinne des Handelsgesetzbuchs als Handelsgesellschaft selbst dann, wenn ihr Unternehmen nicht auf den Betrieb von Handelsgeschäften gerichtet ist (vgl. § 13 des Gesetzes). Hiernach finden auf sie gemäß § 6 H.G.B. die in betreff der Kaufleute gegebenen Vorschriften insoweit Anwendung, als nicht das Reichsgesetz vom 20. Mai 1898 Sonderbestimmungen enthält. Der Kaufmann ist durch das Gesetz in keiner Weise beschränkt, alle Arten von Handelsgeschäften zum Gegenstand seines Geschäftsbetriebs zu machen, und auch für die Gesellschaft mit beschränkter Haftung kann ein anderes aus dem Gesetz nicht entnommen werden. Es besteht in dieser Hinsicht keine Einschränkung der gewerblichen Freiheit, und sie ergibt sich auch nicht aus der Besonderheit des Gesellschaftsrechts. Die Anwendung der Bestimmungen der §§ 1. 8 Abs. 1 Ziff. 4. 41 Abs. 4. 61 des Gesetzes, welche nach der entgegenstehenden Ansicht zu dieser Einschränkung führen soll, bleibt von dieser Auffassung völlig unberührt. Ist als Gegenstand des Unternehmens der Betrieb von Handelsgeschäften oder kaufmännischen Geschäften aller Art angegeben, so ist ohne weiteres ersichtlich, daß die Gesellschaft zu einem „gesetzlich zulässigen Zwecke" errichtet ist. Ein Unternehmen dagegen, das besonderer staatlicher Genehmigung bedarf, ist als Ausnahme von der Regel nicht zu unterstellen. Betreibt die Gesellschaft ein solches, oder geht sie später zu ihm über, so ist selbstverständlich dem Erfordernis des § 8 Ziff. 4 zu genügen. Dabei kann es hier dahingestellt bleiben, ob im letzteren Falle eine Änderung des Gegenstandes des Unternehmens, also des Gesellschaftsvertrages, angenommen werden müßte. Betreibt die Gesellschaft gewerbsmäßig Bankgeschäfte, so muß sie der Vorschrift des § 41 Abs. 4 genügen, mag nun der Betrieb von Bankgeschäften von vornherein als Gegenstand des Unternehmens bezeichnet sein, oder mag sie tatsächlich Bankgeschäfte betreiben, ohne daß eine Spezialisierung des Gegenstandes ihres Unternehmens in dieser Hinsicht stattgefunden hat. Wenn endlich in § 61 Abs. 1 des Gesetzes unter den wichtigen Gründen, welche den Anspruch auf Auflösung der Gesellschaft rechtfertigen, die Unmöglichkeit der Erreichung des Gesellschaftszweckes hervorgehoben wird, so hat dies mit der Frage nach der Notwendigkeit einer Individualisierung des Gesellschaftsunternehmens, das von dem Gesellschaftszwecke wohl zu unterscheiden ist, überhaupt nichts zu tun. Das Unternehmen, welches das Mittel bildet, den Zweck der Gesellschaft zu verwirklichen, kann eben von vornherein weiter, oder enger in Aussicht genommen sein, und wer einer Gesellschaft beitritt, die in ihrem Gesellschaftsvertrage kaufmännische Geschäfte aller Art als Gegenstand ihres Unternehmens bezeichnet, der erklärt damit sein Einverständnis, daß der Gesellschaft zur Erreichung ihres Zweckes Bewegungsfreiheit in angegebener Weise gewährt ist.

Hiernach muß die im Gesellschaftsvertrage einer Gesellschaft mit beschränkter Haftung enthaltene Bestimmung, wonach als Gegenstand des Unternehmens schlechthin der Betrieb von Handelsgeschäften angegeben wird, oder in welcher zwar einzelne Zweige kaufmännischer

Tätigkeit ausdrücklich erwähnt sind, dann aber als Generalklausel auch der Betrieb von anderen kaufmännischen Geschäften (wie im vorliegenden Falle) vorgesehen ist, als eine gesetzlich zulässige und gültige Bestimmung angesehen werden.

Vgl. Staub, Kommentar zum Gesetz, betr. die Gesellschaften mit beschränkter Haftung, § 3 Anm. 8." ...

---

26. 1. Hat die nach dem Inkrafttreten des neuen Liegenschaftsrechts zu Unrecht bewirkte Löschung einer unter dem früheren preußischen Rechte entstandenen und eingetragenen Grunddienstbarkeit zur Folge, daß die Dienstbarkeit gutgläubigen Dritten gegenüber als erloschen gilt?

Preuß. Eig.-Erw.-Ges. § 12.

B.G.B. §§ 891. 892.

2. Erlischt eine Grunddienstbarkeit dadurch, daß sie in dem Beschlusse, durch den das belastete Grundstück zugeschlagen wird, als mitübernommen nicht aufgeführt ist?

V. Zivilsenat. Urt. v. 25. November 1905 i. S. Flora-Terrain-Aktiengesellsch. (Bekl.) w. Sch. (Kl.). Rep. V. 188 u. 199/05.

I. Landgericht II Berlin.
II. Kammergericht daselbst.

Die Parteien waren Eigentümer in Ch. belegener, aneinander grenzender Grundstücke. Sie stritten um die Benutzung eines als Promenade bezeichneten, unmittelbar an der Grenze gelegenen, zum Grundstücke der Beklagten gehörigen Landstreifens und der unmittelbar angrenzenden Grundstücksteile. Im Jahre 1872 schloß die damalige Flora-Aktiengesellschaft, die Vorbesitzerin der Beklagten, mit A. Sch., dem Vorbesitzer des Klägers, einen Vertrag, worin sich beide Vertragsteile für sich und ihre Besitznachfolger verpflichteten, mit allen Baulichkeiten mindestens 7 Meter von der nach der Seite der Beklagten zu liegenden Grenze der Promenade abzubleiben. Die Eintragung auf das später auf die Beklagte übergegangene Grundstück wurde bewilligt, beantragt und bewirkt.

Die Beklagte, die das belastete Grundstück nach dem Inkrafttreten des neuen Liegenschaftsrechts erworben hatte, errichtete an der Grenze des Klägers einen Bauzaun und warf in unmittelbarer Nähe der Promenade Baugruben aus. Der Kläger begehrte Verurteilung der Beklagten dazu, den Bauzaun zu entfernen, mit allen Bauten 7 Meter von der nach der Seite der Beklagten zu gelegenen Grenze der Promenade entfernt zu bleiben und die Baugruben zuzuschütten.

Die Beklagte wendete u. a. ein, daß die Grunddienstbarkeit durch Nichtübernahme bei zwei Subhastationen und nachfolgende Löschung im Grundbuch erloschen sei.

Der erste Richter wies die Klage ab. Der Berufungsrichter erkannte nach den mitgeteilten Klaganträgen.

Die Revision wurde zurückgewiesen.

Aus den Gründen:

... „Die Revision erhebt verschiedene selbständige Angriffe gegen das Berufungsurteil.

1. In erster Reihe wendet sie sich in der (von ihr aber nicht für richtig erachteten) Unterstellung, daß die Löschung der Grunddienstbarkeit zu Unrecht erfolgt sei, gegen die Annahme des Berufungsrichters, daß die Grundsätze über den öffentlichen Glauben des Grundbuchs nicht anwendbar seien. Dabei wird nicht verkannt, daß dingliche Rechte durch unrechtmäßige Löschung nicht untergehen, wohl aber Verletzung der beiden Hauptgrundsätze des Grundbuchrechts gerügt, daß das Grundbuch die Vollständigkeit und Richtigkeit der Eintragungen gewährleistet, insbesondere eine Vermutung für das Nichtbestehen eines gelöschten Rechts gibt, und daß gutgläubige Erwerber auf die Richtigkeit des Grundbuchs vertrauen dürfen, daß ihnen insbesondere das Bestehen eines gelöschten Rechts nicht entgegengehalten werden kann. Beide Grundsätze waren im preußischen Rechte anerkannt, und das Bürgerliche Gesetzbuch hat sie in den §§ 891. 892 ausdrücklich ausgesprochen. Der erste Grundsatz hat — auf ungerechtfertigte Löschungen angewendet — die Bedeutung, daß, wer ein gelöschtes Recht in Anspruch nimmt, dessen Bestehen, also die Unrechtmäßigkeit der Löschung, beweisen muß, der zweite, daß auch der Nachweis des Bestehens einem gutgläubigen Erwerber gegenüber nichts hilft. Mit Recht hat der Berufungsrichter die Anwendung dieser Grundsätze auf den vorliegenden Fall abgelehnt.

Das Grundbuch hat nicht die Aufgabe, den Rechtszustand des Grundstücks vollständig darzustellen. Eine Gewähr für Richtigkeit und Vollständigkeit leistet es nur hinsichtlich der Rechte, die der Eintragung bedürfen, um Dritten gegenüber Wirksamkeit zu haben. Dinglichen Belastungen, die, wie z. B. in Preußen die gemeinen Lasten (Ausf.-Ges. zum B.G.B. Art. 11) und nach dem Bürgerlichen Gesetzbuche die Überbau- und Notwegrente (§§ 914 Abs. 2. 917 Abs. 2), nicht ins Grundbuch gehören, steht der öffentliche Glaube des Grundbuchs weder zur Seite noch entgegen. Es konnten und können also aus der Löschung solcher trotzdem eingetragenen Lasten weder Vermutungen für das Nichtbestehen, noch aus dem Eingetragensein Vermutungen für das Bestehen hergeleitet werden, und der Erwerber des Grundstücks konnte und kann sich nicht auf seinen guten Glauben an das Nichtbestehen der gelöschten Last berufen. Nicht wesentlich anders ist die Rechtslage hinsichtlich der dinglichen Rechte, die zur Wirksamkeit gegen gutgläubige Dritte der Eintragung nicht bedürfen, die aber eingetragen werden können.

Vgl. Turnau u. Förster, Liegenschaftsrecht 2. Aufl. Bd. 1 S. 224 flg. und S. 200.

Zu diesen Rechten gehörten in Preußen nach § 12 Eig.-Erw.-Ges. die Grunddienstbarkeiten, und soweit sie vor dem Inkrafttreten des neuen Liegenschaftsrechts entstanden sind, gehören sie noch dazu (Einf.-Ges. zum B.G.B. Art. 187 Abs. 1), da Preußen von der im Art. 187 Abs. 2 der Landesgesetzgebung eingeräumten Befugnis keinen Gebrauch gemacht hat. Da solche Grunddienstbarkeiten außerhalb des Grundbuchs mit Wirksamkeit gegen gutgläubige Dritte entstanden, wurde und ist das Grundbuch durch Unterlassung der gestatteten Eintragung weder unvollständig noch unrichtig. Die Eintragung hat nicht die Bedeutung einer rechtlichen Vervollkommnung der auch ohne sie völlig wirksamen Grunddienstbarkeit, sondern lediglich die einer tatsächlichen Kundbarmachung. Jene Bedeutung hat die Eintragung nur bei einer anderen Klasse von Rechten, die zwar auch ohne Eintragung dinglich sind, aber zur Wirksamkeit gegen gutgläubige Dritte der Eintragung oder Wiedereintragung bedürfen. Hierher gehört z. B. der Fall, daß eine Hypothek zu Unrecht gelöscht, oder eine Eigentümerhypothek durch Zahlung entstanden ist. Wird in solchen Fällen die Wiedereintragung oder Eintragung unterlassen, so wird dadurch die Hypothek der Dinglichkeit nicht entkleidet; aber Dritten gegenüber, die im guten Glauben Rechte am Grundstück oder an der Hypothek erworben haben, kann die Hypothek nicht geltend gemacht werden. (Weitere Beispiele s. bei Turnau u. Förster, a. a. O. S. 226 Bem. 4.) Die hier vertretenen Grundsätze über die Bedeutungslosigkeit der Eintragung für Rechte, die ohnehin voll wirksam sind, ist denn auch in der höchstrichterlichen Rechtsprechung nach verschiedenen Richtungen hin anerkannt worden. So ist z. B. ausgesprochen worden, daß nicht die unrichtigen Angaben des Eintragungsvermerks, sondern die Bestimmungen des Vertrages für den Umfang einer Grunddienstbarkeit auch gutgläubigen Erwerbern des Grundstücks gegenüber entscheidend sind.

Vgl. Striethorst, Arch. Bd. 67 S. 113. 117, und Entsch. des R.G.'s in Zivils. Bd. 28 S. 326.

So ist ferner erkannt worden, daß, wenn eine Grunddienstbarkeit aufgehoben, aber nicht gelöscht ist, der gutgläubige Erwerber des herrschenden Grundstücks sich auf den öffentlichen Glauben des Grundbuchs für das Fortbestehen nicht berufen darf (Jurist. Wochenschr. 1897 S. 615 Nr. 38). Es ergibt sich daraus, daß der Erwerber einer unter der Herrschaft des früheren preußischen Rechts entstandenen eingetragenen Grunddienstbarkeit mit der Möglichkeit des Erloschenseins, und der Erwerber eines Grundstücks mit der Möglichkeit des Bestehens nicht eingetragener Grunddienstbarkeiten rechnen müssen. Es muß aber, mit dem Berufungsrichter, auch die weitere Folgerung gezogen werden, daß der Erwerber eines Grundstücks damit rechnen muß, daß eine gelöschte Grunddienstbarkeit noch besteht. Freilich liegt in einem solchen Falle für den Erwerber die Annahme nahe, daß das gelöschte Recht auch erloschen sei; aber diese Annahme gründet sich lediglich auf eine Tatsache, die weder im früheren noch im jetzigen Rechte mit dem öffentlichen Glauben des Grundbuchs umkleidet ist. Auch dies ist in der Rechtsprechung bereits anerkannt; zwar nicht für Grunddienstbarkeiten, aber für Rentenbankrenten, die ebenfalls zur Wirksamkeit gegen Dritte der Eintragung nicht bedürfen, aber eingetragen werden können und in gewissen Fällen sogar eingetragen werden sollen (vgl. Turnau u. Förster, a. a. O. S. 225).

Es ist angenommen worden, daß der gutgläubige Erwerber eines mit einer solchen eingetragen gewesenen, aber zu Unrecht gelöschten

Rente sich auf den Glauben des Grundbuchs nicht berufen dürfe, weil, wenn es zur Begründung der vollen Dinglichkeit der Rente der Eintragung nicht bedürfe, auch zum Fortbestehen des dinglichen Rechts und zu seiner Wirksamkeit gegen Dritte das Eingetragenbleiben nicht erforderlich sein könne.

Vgl. Entsch. des R.G.'s in Zivils. Bd. 6 S. 292 flg. und Johow-Ring, Jahrb. Bd. 27 S. A 115 flg.

Ausschlaggebend ist auch hier, daß der öffentliche Glaube des Grundbuchs nur für und gegen solche Rechte wirkt, die zur Wirksamkeit gegen Dritte der Eintragung bedürfen. Nach dem Bürgerlichen Gesetzbuch ist das bei dem inneren engen Zusammenhange der §§ 892. 893 mit § 873 zweifellos, und auch nach früherem Rechte war es nicht anders. Das Bürgerliche Gesetzbuch enthält überhaupt keine Bestimmungen über Rechte, die zur vollen Dinglichkeit der Eintragung nicht bedürfen, aber eingetragen werden können.

Steht hiernach der Revisionsklägerin eine Vermutung für das Erloschensein der Grunddienstbarkeit aus § 891 B.G.B. nicht zur Seite, und hat auch der nach Inkrafttreten des Liegenschaftsrechts vollzogene Erwerb der Beklagten nicht die Folge gehabt, daß der Kläger dem Beklagten weichen muß, so ist

2. zu untersuchen,[1] ob, wie die Revision behauptet, die Grunddienstbarkeit nicht zu Unrecht, sondern zu Recht gelöscht und erloschen ist. Auch diese Frage war zuungunsten der beweispflichtigen Revisionsklägerin zu entscheiden. Gelöscht ist die Grunddienstbarkeit im Jahre 1877 auf Ersuchen des Subhastationsrichters. Der Grundbuchrichter mußte diesem Ersuchen stattgeben, so daß nur ein Versehen des Subhastationsrichters in Frage kommen kann. Nach dem damals geltenden Rechte (§ 342 A.L.R. I. 11 und § 47 Eig.-Erw.-Ges. vom 5. Mai 1872) gingen dingliche Lasten aus privatrechtlichen Titeln kraft Gesetzes auf den Ersteher über, falls das Grundstück nicht ohne solche Lasten ausgeboten wurde, was nur zulässig war, wenn die Rechte vorstehender Gläubiger auf vollständige Befriedigung aus dem Kaufgelde beim Verkauf unter Übernahme der Last gefährdet waren (Entsch. des Obertrib. Bd. 72 S. 142 flg.). Ob im Bietungs-

---

[1] Die folgenden Erwägungen werden mitgeteilt, weil sie auch dem jetzigen Rechte entsprechen. D. E.

termine das Grundstück ohne die Grunddienstbarkeit ausgeboten worden ist, läßt sich nicht mehr feststellen, da von den Subhastationsakten nur noch das Zuschlagserkenntnis und die Kaufgelderbelegungsverhandlung vorhanden sind. Nach der Belegungsverhandlung in Verbindung mit dem vom Berufungsrichter festgestellten Inhalte der Grundakten betrug das Meistgebot um etwa 450000 ℳ mehr als der Gesamtbetrag der der Grunddienstbarkeit vorgehenden Hypotheken. Demnach durfte das Grundstück ohne Übernahme der Dienstbarkeit nicht ausgeboten werden. Dafür, daß dies auch nicht geschehen ist, spricht das noch vorhandene Zuschlagsurteil, das kein Wort davon enthält, daß das Grundstück ohne die Grunddienstbarkeit ausgeboten sei. Nach § 42 der Subhastationsordnung vom 15. März 1869 mußten in der Urteilsformel die etwaigen besonderen (d. h. die vom Gesetze abweichenden) Bedingungen, unter denen zugeschlagen wurde, genau und vollständig bezeichnet werden. Daß dies insbesondere auch geschehen mußte, wenn der Zuschlag ohne Übernahme einer eingetragenen Privatlast erteilt werden sollte, hat die höchstrichterliche Rechtsprechung,

vgl. Entscheidungen des Obertribunals Bd. 72 S. 142 flg., Bd. 79 S. 260; Urteile des Reichsgerichts im J.M.Bl. 1880 S. 263, 1883 S. 3,

mit Recht angenommen. Hatte der Richter eine dem Ersteher günstige, vom Gesetz abweichende Bedingung in das Zuschlagsurteil aufzunehmen aus Versehen unterlassen, so galt der Zuschlag als unter den gesetzlichen Bedingungen erteilt,

vgl. Urteil des Obertribunals in Gruchot's Beitr. Bd. 23 S. 744 flg.,

und dabei blieb es, wenn der Ersteher nicht auf Grund das § 47 der Subhastationsordnung von 1869 im Wege der Beschwerde eine Änderung des Urteils erwirkte. Daß dies geschehen sei, ist nicht behauptet. Die Grunddienstbarkeit würde daher auf den Ersteher selbst dann übergegangen sein, wenn das Grundstück ohne ihre Übernahme ausgeboten worden sein sollte. Insbesondere war, was die Revision übersieht, der Dienstbarkeitsberechtigte weder verpflichtet, die Dienstbarkeit zur Vermeidung der Präklusion anzumelden (§ 13 Nr. 7 das.), noch war dem Berechtigten sein Recht nach § 43 daselbst vorzubehalten, da es von der Subhastation überhaupt nicht berührt wurde.

Dadurch, daß der Ersteher im Kaufgelderbelegungstermin erklärte, er übernehme die Grunddienstbarkeit nicht, und daß der Subhastationsrichter sich dadurch verleiten ließ, das Grundbuchamt um die Löschung zu ersuchen, konnte der gesetzliche Zustand nicht verändert werden. Die Revision versucht nun zwar diese Erklärung des Erstehers in Verbindung mit dem Verhalten des Subhastationsrichters zur Auslegung des Zuschlagserkenntnisses zu verwerten und darzutun, daß eine Vereinbarung ohne Übernahme der Grunddienstbarkeit vorhergegangen sein müsse; allein eine etwa im Bietungstermine getroffene Vereinbarung würde bei dem geschilderten Rechtszustande dem Inhalte des Zuschlagserkenntnisses gegenüber unwirksam sein, und eine Auslegung dieses Erkenntnisses gegen seinen klaren Inhalt ist nicht angängig. Daß aber im Kaufgelderbelegungstermin eine derartige Vereinbarung mit dem Rechtsvorgänger des Klägers getroffen worden sei, ist nicht einmal behauptet worden.

Infolge der Subhastation von 1877 und der auf Grund des Ersuchens des Subhastationsrichters bewirkten Löschung ist also die Grunddienstbarkeit nicht untergegangen. Im Jahre 1886 wurde das Grundstück wiederum subhastiert. Damals dachte anscheinend niemand an die Grunddienstbarkeit. Nach dem zu jener Zeit geltenden Gesetze vom 13. Juli 1883 gingen dingliche Lasten, die der Eintragung nicht bedurften, auf den Ersteher über, soweit nicht in den Kaufbedingungen ein anderes bestimmt war (§ 22 Abs. 3). Unter Umständen konnte die Bedingung des Erlöschens gestellt werden (§ 60 Abs. 2). Nach § 83 Abs. 1 mußten besondere Bedingungen, unter denen der Zuschlag erteilt wurde, in der Urteilsformel bezeichnet werden. Nach der nicht angefochtenen Feststellung des Berufungsrichters ergibt das Urteil nicht, daß das Grundstück ohne Übernahme der Grunddienstbarkeit ausgeboten und zugeschlagen ist. Der Ersteher mußte sie daher übernehmen, wenn sie ihm auch beim Abgeben seines Gebots nicht bekannt gewesen sein sollte.

Vgl. Urteil des Reichsgerichts in Gruchot's Beitr. Bd. 34 S. 1079 flg.

Auch hier sucht die Revision vergeblich dem Berufungsurteile durch Auslegung des Zuschlagsurteils beizukommen. Daraus, daß in dem Zuschlage die Übernahme bestimmter in Abt. II eingetragener Lasten festgestellt, und dabei die streitige Grunddienstbarkeit nicht aufgeführt ist, kann nach der geschilderten Bedeutung des Zuschlagsurteils nicht gefolgert werden, daß das Grundstück ohne die Grunddienstbarkeit zugeschlagen worden sei." ...

---

27. Findet die Vorschrift im § 278 B.G.B., nach welcher der Schuldner ein Verschulden seines gesetzlichen Vertreters und der Personen, deren er sich zur Erfüllung seiner Verbindlichkeit bedient, in gleichem Umfange wie eigenes Verschulden zu vertreten hat, entsprechende Anwendung auf den Fall des § 254 Abs. 1 B.G.B.?

VII. Zivilsenat. Urt. v. 28. November 1905 i. S. R. (Bekl.) w. M. & Co. (Kl.). Rep. VII. 604/04.

I. Landgericht Cleve.
II. Oberlandesgericht Köln.

Am 30. Mai 1902 fuhr ein mit zwei Pferden bespannter Bierwagen der Witwe O. auf die den Personen- und Güterverkehr über den Rhein zwischen R. und H. vermittelnde Fähre der Beklagten, um von R. nach H. überzusetzen. Während der Überfahrt stürzte der Wagen in den Rhein; die Pferde ertranken. Die Witwe O. erhob Klage auf Schadensersatz gegen die Beklagte. Die Klägerin wurde durch Zession Rechtsnachfolgerin der Witwe O.

Das Landgericht erklärte die Klage dem Grunde nach für gerechtfertigt. Die von der Beklagten eingelegte Berufung wurde zurückgewiesen.

Auf die Revision der Beklagten ist das Berufungsurteil aufgehoben.

Aus den Gründen:

Zunächst werden Bedenken gegen die Annahme des Berufungsrichters zurückgewiesen, daß die Beklagte aus einem Werkvertrage nach §§ 276 und 278 B.G.B. für das Verschulden ihrer Fährleute, deren sie sich zur Erfüllung ihrer Verbindlichkeit bediente, hafte, und daß in einem Verschulden dieser Personen die Ursache des Unfalls zu erblicken sei. Alsdann fahren die Gründe fort: „Die Revision wendet sich dagegen mit Recht gegen die weitere Ausführung des Oberlandesgerichts, durch die die aus der Vorschrift des § 254 entnommene Verteidigung der Beklagten, daß jedenfalls auch dem Kutscher Sch. ein Verschulden zur Last falle, zurückgewiesen worden ist. Es wird gerügt, daß die zur Begründung der Einrede hervorgehobenen Umstände, daß Sch. 1. unterlassen habe, weiter auf der Ponte vorzufahren, 2. den Polizeiverordnungen vom 17. Dezember 1836 und 3. Dezember 1878 zuwider auf dem Wagen sitzen geblieben sei, vom Oberlandesgericht getrennt betrachtet wären, während sie im Zusammenhange miteinander ständen, da der Kapitän, wenn Sch. abgestiegen und die Pferde, ohne anzuhalten, weitergeführt hätte, bis der Wagen vollständig auf der Ponte gestanden haben würde, nicht hätte in den Irrtum geraten können, daß der Wagen vollständig in der Ponte sich befinde. Nun erblickt zwar das Oberlandesgericht in dem ersten Umstand überhaupt keine die Beklagte völlig oder teilweise entlastende Fahrlässigkeit des Sch., weil er nicht habe annehmen können, daß die Fähre gleich nach seiner Auffahrt, und bevor er einen sicheren Stand gewonnen habe, abfahren werde, und in dem behaupteten Verstoße gegen die Polizeiverordnungen (ohne sich darüber auszusprechen, ob ein solcher vorliege) keine Ursache des Schadens, weil nicht ersichtlich sei, inwiefern Sch. — neben den Pferden stehend — der voreiligen Abfahrt besser hätte vorbeugen können. Allein diese Begründung schließt, da das Oberlandesgericht nicht festgestellt hat, daß die Abfahrt der Ponte während der Auffahrt des Wagens erfolgte, die Möglichkeit eines bei dem Unfalle mitwirkenden Verschuldens des Sch. nicht aus. Bestand für diesen — sei es durch polizeiliche Vorschrift, sei es durch Rücksichtnahme auf die im Verkehre erforderliche Sorgfalt — der Zwang, bei der Auffahrt vom Wagen abzusteigen, so ist die Erwägung nicht abzuweisen, daß bei diesem Verhalten eine größere Sicherheit erzielt, der Wagen schneller in der Ponte untergebracht, und die Gefährdung desselben durch die voreilige Abfahrt der Ponte vermieden oder doch vermindert worden wäre. Es besteht sogar die Möglichkeit, daß alsdann der, wie das Oberlandesgericht annimmt, von dem Matrosen H. dem Kutscher Sch. gegebene Wink, vorwärts zu fahren, den der Kapitän der Ponte irrig als ein Zeichen der Abfahrtsbereitschaft aufgefaßt zu haben scheine, unterblieben sein würde. Wird aber unterstellt, daß das tatsächliche Verhalten des Sch. dem durch die Umstände des Falls gebotenen nicht entsprochen, sein Verschulden vielmehr bei der Entstehung des

Schadens mitgewirkt hat, so liegt ein grundsätzliches Bedenken gegen die Anwendung des § 254 B.G.B. nicht vor. Nach Abs. 2 Satz 2 dieses Paragraphen findet die Vorschrift des § 278 entsprechende Anwendung, und nach § 278 hat der Schuldner ein Verschulden seines gesetzlichen Vertreters und der Personen, deren er sich zur Erfüllung seiner Verbindlichkeit bedient, in gleichem Umfange zu vertreten, wie eigenes Verschulden. Da der § 254 Abs. 2 Satz 2 nicht erkennen läßt, daß die Anwendung des § 278 auf die im Abs. 2 Satz 1 hervorgehobenen Unterlassungen hat beschränkt werden sollen, auch kein Grund ersichtlich ist, weshalb der Einwand des mitwirkenden Verschuldens des Vertreters des Beschädigten nur gegenüber diesen Unterlassungen zugelassen werden dürfe, so ist, zumal da die Eingangsworte des Abs. 2 auf den engen Zusammenhang seiner Bestimmungen mit dem Abs. 1 hinweisen, davon auszugehen, daß die entsprechende Anwendung des § 278 auch für den § 254 Abs. 1 vorgeschrieben ist.

Vgl. Planck, B.G.B. 3. Aufl. § 254 Bem. 5; Leyden, Culpa-Compensation S. 80.

Erwägt man, daß auch der § 254 Abs. 1 ein bestimmtes (nicht als „Verschulden" sich darstellendes) Verhalten des Beschädigten voraussetzt, wenn anders dieser nicht Gefahr laufen will, den Anspruch auf Ersatz ganz oder teilweise zu verlieren, so führt die *entsprechende* Anwendung des § 278 zu der Annahme, daß das Gesetz, indem es dem Beschädigten mittelbar eine Verbindlichkeit zu jenem Verhalten dem Gegner gegenüber auferlegt, ihn als „Schuldner" behandelt und damit zugleich für ein Verschulden derjenigen Personen, deren er sich zur Erfüllung seiner Verbindlichkeit bedient, haftbar macht. Ein „Sichbedienen" in diesem Sinne liegt, wie in der Rechtsprechung des Reichsgerichts anerkannt ist,

vgl. Entsch. des R.G.'s in Zivils. Bd. 55 S. 332,

schon dann vor, wenn nur der Dritte vom Beschädigten mit der Wahrnehmung der Angelegenheit, in welcher der Schaden eintrat, betraut oder zur Pflege des geschädigten Gutes bestellt war. Ein solches Verhältnis bestand aber jedenfalls im vorliegenden Falle zwischen dem Kutscher Sch. und der Witwe O., der Rechtsvorgängerin der Klägerin." ...

28. Pflichtteil der Eltern des Erblassers und Voraus des Ehegatten; Auskunftspflicht. Aufnahme eines amtlichen Verzeichnisses nach Veräußerung von Nachlaßgegenständen.

B.G.B. §§ 2311. 2314.

IV. Zivilsenat. Urt. v. 30. November 1905 i. S. M. E. (Bekl.) w. J. E. (Kl.). Rep. IV. 276/05.

I. Landgericht II Berlin.
II. Kammergericht daselbst.

Der Erblasser hatte durch letztwillige Verfügung seine Ehefrau, die Beklagte, als Erbin eingesetzt, seiner Mutter, der Klägerin, den Pflichtteil hinterlassen. Die Klägerin verlangte von der Beklagten Auskunft über den Bestand des Nachlasses, Aufnahme eines amtlichen Verzeichnisses der Nachlaßgegenstände und Auszahlung des ihr zukommenden Pflichtteils. Durch Teilurteil des Landgerichts wurde die Beklagte verurteilt, ein vollständiges Verzeichnis des Nachlasses unter Ermittelung des Wertes der Nachlaßgegenstände durch die zuständige Behörde oder durch einen zuständigen Beamten oder Notar aufnehmen zu lassen und der Klägerin vorzulegen. Das Kammergericht wies die Berufung der Beklagten zurück.

Die Revision wurde zurückgewiesen.

Aus den Gründen:

„Der Berufungsrichter hat zur Begründung seiner Entscheidung ausgeführt: Die dem Erben nach § 2314 B.G.B. obliegende Auskunftspflicht erstrecke sich auf die Nachlaßgegenstände, die zum Voraus gehörten; dem Pflichtteilsberechtigten wäre es sonst unmöglich, eine Kontrole dahin auszuüben, ob die nicht verzeichneten Gegenstände überhaupt unter den Voraus fielen. Da die Beklagte sich noch in der Berufungsinstanz geweigert habe, die von ihr zum Voraus gezählten Gegenstände anzugeben, so entsprächen die Verzeichnisse jedenfalls in dieser Hinsicht nicht dem Erfordernisse des § 2314 und des § 260. Die Klägerin habe ferner ein Recht, die amtliche Aufnahme des Inventars zu verlangen, gleichviel, ob die Beklagte der Auskunftspflicht bereits durch ein privates Verzeichnis zu genügen versucht habe. Davon, daß die Ausübung dieses Rechts nur den Zweck hätte, der Beklagten Schaden zuzufügen, könne nach Lage der Sache keine Rede sein.

Die Revision macht geltend, der Inventaranspruch sei lediglich zur Durchführung des Pflichtteilsrechts gegeben; der Voraus komme aber nach § 2311 bei der Berechnung des Pflichtteils nicht in Ansatz; daher habe die Klägerin keinen Anspruch auf ein Verzeichnis der zum Voraus gehörenden Gegenstände. Der Angriff geht fehl.

Die Parteien und die Gerichte der ersten und der zweiten Instanz haben die Frage außer Betracht gelassen, ob der Pflichtteil der Klägerin nach der Vorschrift des § 2311 Abs. 1 Satz 2 zu berechnen ist, obgleich nach § 1932 dem überlebenden Ehegatten der Voraus nur dann gebührt, wenn der Ehegatte neben Verwandten der zweiten Ordnung oder neben Großeltern gesetzlicher Erbe ist, die Beklagte aber nicht gesetzliche, sondern durch letztwillige Verfügung eingesetzte Erbin ist (vgl. I. Entw. § 1987, Kommissions-Prot. 5 S. 518). Einer Entscheidung durch das Revisionsgericht bedarf diese Frage nicht, da auch unter der Annahme, daß § 2311 Abs. 1 Satz 2 zur Anwendung zu kommen hat, das Berufungsurteil aufrecht zu erhalten ist.

Mit Recht hat das Berufungsgericht angenommen, daß die dem Erben nach § 2314 obliegende Auskunftspflicht sich auf den gesamten Nachlaß erstreckt. Zu dem Nachlasse gehören auch die Gegenstände, die dem überlebenden Ehegatten nach § 1932 als Voraus gebühren. Allerdings hat unter den in § 2311 bestimmten Voraussetzungen bei Berechnung des Pflichtteils der Eltern des Erblassers der Voraus außer Ansatz zu bleiben, so daß die Aufnahme dieser Gegenstände in das Verzeichnis nicht erforderlich erscheinen möchte. Allein im einzelnen Falle kann es zweifelhaft sein, ob ein Gegenstand zum Voraus gehört. So lange unter den Beteiligten nicht feststeht, daß ein Gegenstand zum Voraus gehört und bei der Berechnung des Pflichtteils außer Ansatz zu lassen ist, bleibt der Erbe verpflichtet, ihn in das Nachlaßverzeichnis einzustellen. Nur dann, wenn das Verzeichnis alle Nachlaßgegenstände umfaßt, über deren Zugehörigkeit zum Voraus die Beteiligten nicht einig sind, ist eine sichere Grundlage zur Berechnung des Pflichtteils gegeben. Nach den Feststellungen des Berufungsgerichts besteht keine Übereinstimmung der Parteien darüber, welche Nachlaßgegenstäude als zum Voraus gehörig bei der Berechnung des Pflichtteils außer Ansatz zu lassen seien; es war daher gerechtfertigt, daß der Berufungsrichter die Beklagte verurteilte, ein vollständiges Verzeichnis des Nachlasses herstellen zu lassen.

Ohne Grund beschwert sich die Beklagte weiter darüber, daß sie verurteilt wurde, ein amtliches Verzeichnis aufnehmen zu lassen. Die Revision behauptet, es sei jetzt absolut unmöglich, daß eine Behörde das Verzeichnis des vor Jahren vorhandenen, jetzt aber zum größten Teile zerstreuten Nachlasses aufnehme. Eine tatsächliche Feststellung im Sinne dieser Behauptung ist in dem Berufungsurteile nicht enthalten. Zwar hatte die Beklagte schon in der Berufungsinstanz aufgestellt, die Fahrhabe sei in alle Winde zerstreut, deshalb sei die amtliche Aufnahme des Verzeichnisses nicht mehr möglich. Demgegenüber hatte aber die Klägerin geltend gemacht, die vorhandenen Belege über die verkauften Gegenstände könnten immer noch eine Grundlage für die Aufstellung des Verzeichnisses und die Berechnung der Werte abgeben. Das Berufungsgericht hat stillschweigend die Auffassung der Klägerin gebilligt. Das ist nicht zu beanstanden. Es ist anzunehmen, daß die Beklagte mit Unterstützung eines Beamten der Klägerin ein brauchbares Verzeichnis wird vorlegen können. Daß das Verlangen der Klägerin nach Vorlegung eines amtlichen Verzeichnisses nur den Zweck hätte, der Beklagten Schaden zuzufügen, hat der Berufungsrichter ausdrücklich verneint. Auch in dieser Hinsicht gibt die Begründung des Berufungsurteils zu rechtlichen Bedenken keinen Anlaß." ...

---

29. Konnte auch unter der Herrschaft des Reichsgesetzes vom 22. Juni 1889, betr. die Invaliditäts- und Altersversicherung, durch das Knappschaftsstatut rechtswirksam bestimmt werden, daß ein Knappschaftsverein, der durch Beschluß des Bundesrats als eine den §§ 5. 7. jenes Gesetzes entsprechende besondere Kasseneinrichtung zugelassen ist, einem Berginvaliden, dem unter der Herrschaft jenes Gesetzes und vor dem Eintritte vollständiger Erwerbsunfähigkeit auf Grund des Knappschaftsstatuts eine Invalidenrente bewilligt ist, der aber nach der Pensionierung noch in einer gesetzlich versicherungspflichtigen Beschäftigung tätig bleibt und demnächst für gänzlich erwerbsunfähig erklärt wird, die auf Grund des Knappschaftsstatuts gewährte Invalidenrente um die reichsgesetzliche Rente kürzen darf?

Reichsgesetz vom 22. Juni 1889, betr. die Invaliditäts- und Altersversicherung, §§ 36. 40; vgl. jetzt §§ 52. 173 des Reichsgesetzes vom $\frac{13.}{19.}$ Juli 1899, betr. die Invalidenversicherung.

II. Zivilsenat. Urt. v. 1. Dezember 1905 i. S. Saarbrücker Knappschaftsverein (Bekl.) w. A. (Kl.). Rep. II. 160/05.

I. Landgericht Saarbrücken.
II. Oberlandesgericht Köln.

Der Kläger arbeitete von 1861 an auf den Königlichen Gruben bei Saarbrücken und war Mitglied des beklagten Knappschaftsvereins; am 1. August 1892 wurde er als „bergfertig" mit einer monatlichen Pension von 40,90 *M* pensioniert. Er suchte dann andere Beschäftigung auf. Nachdem er im Sinne des Reichsinvalidenversicherungsgesetzes erwerbsunfähig geworden war, wurde für ihn durch Beschluß der Landesversicherungsanstalt Rheinprovinz vom 16. September 1902 vom 1. Januar 1902 ab eine jährliche Invalidenrente von 138,60 *M* festgesetzt. Der Beklagte brachte von dieser Invalidenrente auf die Knappschaftspension in Anrechnung: 1. den Reichszuschuß mit 50 *M*, 2. den Grundbetrag mit 69,68 *M*, 3. die Rentensteigerung für die beim Saarbrücker Knappschaftsverein in Lohnklasse IV verbrachten 21 Beitragswochen, zusammen 121,78 *M*. Dementsprechend setzte er die Pension des Klägers vom 1. Oktober 1902 an auf 30,75 *M* herab und verfügte die Wiedereinziehung der vom 1. Januar bis zum 30. September 1902 zuviel erhobenen Beträge.

Der Kläger wollte sich dagegen nur die Rentensteigerung von 2,10 *M* anrechnen lassen. Mit der Klage wurde beantragt, den Beklagten für nicht berechtigt zu erklären, auf die Knappschaftspension des Klägers die Invalidenrente zu einem höheren Betrage als jährlich 2,10 *M* anzurechnen, und den Beklagten zu verurteilen, die volle Knappschaftspension abzüglich von jährlich 2,10 *M* für die Zukunft, sowie die seit dem 1. Januar zurückbehaltenen Beträge zu bezahlen.

Der erste Richter wies die Klage ab. Auf die Berufung des Klägers wurde der Beklagte nach den Klaganträgen verurteilt. Auf Revision des Beklagten wurde das Berufungsurteil aufgehoben, und die Berufung des Klägers gegen das Urteil des ersten Richters zurückgewiesen aus folgenden

Gründen:

„1. Schon vor dem Invaliditäts- und Altersversicherungsgesetz vom 22. Juni 1889, das mit dem 1. Januar 1891 in Kraft trat, hatten in Betrieben des Staates, der Gemeinden und in Privatbetrieben

Einrichtungen bestanden, die dem mit der gesetzlichen Versicherung durch das genannte Gesetz verfolgten Zwecke der Invaliditäts- und Altersfürsorge gleichfalls dienten, und deren Leistungen — in bezug auf die Voraussetzungen des Anspruchs, Höhe der Rente usw. — teilweise über die Leistungen des Invaliditäts- und Altersversicherungsgesetzes hinausgingen. Die Frage, wie diese Einrichtungen dem Rahmen der neuen, vom *Reiche* unterstützten gesetzlichen Versicherung anzugliedern seien, wurde in zweifach verschiedener Weise gelöst. Einmal wurde das Institut der sog. besonderen Kasseneinrichtungen geschaffen (§§ 5—7 Inv. u. A.V.G., jetzt §§ 8—10 Inv.G. vom 13./19. Juli 1899), und damit die Möglichkeit gegeben, daß solche ältere Einrichtungen bezüglich des reichsgesetzlichen Maßes der von ihnen zu gewährenden Invaliditäts- und Altersfürsorge ganz in die Reihe der gesetzlichen Versicherungsanstalten eintraten und „Versicherungsträger" wurden. Sofern aber eine Kasse zwar ihren Mitgliedern Invaliditäts- und Altersfürsorge gewährt, aber nicht die Zulassung als besondere Kasseneinrichtung beantragt oder erreicht hat, befreit die Mitgliedschaft bei ihr nicht von dem gesetzlichen Versicherungszwange der Versicherungsanstalten. Eine solche Kasse besteht *neben* der gesetzlichen Versicherungsanstalt; ihre Mitglieder haben die statutarischen Kassenbeiträge und die gesetzlichen Versicherungsbeiträge zu zahlen; sie erwerben einen Anspruch auf die gesetzlichen Renten der Versicherungsanstalten und auf die statutengemäßen Leistungen der Kasse. Ihre technische Bezeichnung ist *Zuschußkasse*. Bei solchen Zuschußkassen liegt schon nach außen eine Doppelversicherung vor. Um den daraus hervorgehenden Unzuträglichkeiten vorzubeugen, wurde § 36 Inv. u. A.V.G. — § 52 Inv.V.G. — aufgenommen, der unter näher bezeichneten Voraussetzungen den Zuschußkassen gestattet, die Kassenleistungen um die gesetzlichen Leistungen der Versicherungsanstalten zu kürzen.

Bei dieser Regelung des Invaliditäts- und Altersversicherungsgesetzes wurde *der Fall* nicht *ausdrücklich* erwähnt, wenn eine als *besondere Kasseneinrichtung* zugelassene Kasse zugleich statutengemäß Leistungen zu machen hat, die dem Betrage nach die Rente der gesetzlichen Zwangsversicherung übersteigen, oder wenn ihre Leistungspflicht — der Versicherungsfall — an leichtere Voraussetzungen als an die Erwerbsunfähigkeit des Invaliditäts- und Altersversicherungsgesetzes geknüpft ist und somit schon vor letzterer und damit vor der gesetzlichen Rentenpflicht eingetreten war. Für das Invalidenversicherungsgesetz ist diese Frage auch formell durch § 173 gelöst. Dort ist in Abs. 1 ausdrücklich ausgesprochen, daß „§ 52 Inv.V.G. auf die ... zugelassenen Kasseneinrichtungen entsprechende Anwendung finde". Daraus, daß das Invaliditäts- und Altersversicherungsgesetz noch nicht eine solche Bestimmung enthält, leitet indessen der Berufungsrichter einen entscheidenden Grund für die Verurteilung des beklagten Vereins ab.

2. Der beklagte Knappschaftsverein war durch Beschluß des Bundesrats vom 18. Dezember 1890 als eine besondere Kasseneinrichtung zugelassen. Er hatte sich auf den 1. Januar 1891, als Tag des Inkrafttretens des Invaliditäts- und Altersversicherungsgesetzes, ein neues Statut vom 22. Dezember 1890 gegeben, dessen § 46 bestimmt: „Die auf Grund des Reichsgesetzes vom 22. Juni 1889 gewährten Renten kommen auf die vom Knappschaftsverein gewährten Pensionen in Anrechnung". Die in den Statuten festgesetzte „Invalidenpension" übersteigt den reichsgesetzlichen Rentenanspruch. Die Invalidenpension ist ferner schon zu leisten, wenn der Versicherte zur Bergarbeit unfähig, bergfertig, ist. Letztere Voraussetzung fällt nicht immer mit der Erwerbsunfähigkeit im reichsgesetzlichen Sinne zusammen. Deshalb kann der Versicherungsfall nach dem Statut des beklagten Vereins vor dem Eintritt des Versicherungsfalles nach der reichsgesetzlichen Zwangsversicherung eintreten, und damit ist die oben erwähnte Möglichkeit gegeben, daß der Empfänger einer Invalidenrente des verklagten Vereins erst später erwerbsunfähig im Sinne des Invaliditäts- und Altersversicherungsgesetzes wird und eine reichsgesetzliche Invalidenrente festgesetzt erhält, ja daß er nach seiner statutarischen Invalidierung noch eine andere, gleichfalls reichsgesetzlich versicherungspflichtige Beschäftigung ergreifen kann.

Deshalb konnte unter der Herrschaft des Invaliditäts- und Altersversicherungsgesetzes die statutarische Bestimmung des § 46, wonach die reichsgesetzlichen Invalidenrenten auf die vom verklagten Knappschaftsverein gewährten Pensionen anzurechnen seien, in drei Fällen in Betracht kommen. 1. Der statutarische Pensionsanspruch war durch Eintritt der Bergfertigkeit endgültig schon vor dem Inkrafttreten des Invaliditäts- und Altersversicherungsgesetzes erworben. Für diesen

Fall hat bei im übrigen ganz gleicher Sachlage der V. Zivilsenat in dem Urteil vom 3. Oktober 1894 (Entsch. Bd. 34 S. 8 flg.) die Zulässigkeit eines Abzugs der reichsgesetzlichen Rente auf die statutarische Pension verneint. Die Entscheidung wird durch die Erwägung getragen, daß der Anspruch auf die statutarische Pension definitiv erworben war vor dem Inkrafttreten der Zwangsversicherung. 2. Die Arbeitsunfähigkeit, auf Grund deren die statutarische Invalidenrente zu leisten ist, ist zugleich eine Erwerbsunfähigkeit nach § 9 Abs. 3 Inv. u. A.V.G. Hier kann nicht das knappschaftliche Invalidengeld und die reichsgesetzliche Rente verlangt werden, wenn die Satzungen des Vereins, wie hier, bestimmen, daß das knappschaftliche Invalidengeld um die reichsgesetzliche Rente gemindert werde, soweit in dieser nicht bei einer anderen Versicherungsanstalt zugewachsene Steigerungsbeträge enthalten sind. In dem dargelegten Sinne hat der V. Zivilsenat in dem Urteil vom 24. Oktober 1896 (Zeitschr. für Bergr. 38 (1897) S. 237) diesen zweiten Fall entschieden. 3. Das knappschaftliche Invalidengeld ist wegen Bergfertigkeit vor dem Eintritt der reichsgesetzlichen Erwerbsunfähigkeit erworben; letztere tritt dann später ein, und zwar nachdem der Rentenempfänger noch in einer anderen gesetzlich versicherungspflichtigen Beschäftigung tätig war. Ist auch diese nachher zuerkannte reichsgesetzliche Invalidenrente nach § 46 des Statuts auf das knappschaftliche Invalidengeld anzurechnen?

Die letztere Frage ist im gegebenen Falle zu entscheiden. Denn der Kläger war noch unter der Herrschaft des Invaliditäts- und Altersversicherungsgesetzes und des Statuts vom 22. Dezember 1890 Mitglied des beklagten Knappschaftsvereins und hat nach Maßgabe jenes Statuts seit dem 1. August 1892 wegen Bergfertigkeit die Invalidenpension bezogen. Nach dem 1. August 1892 war er indessen noch in einer anderen, der reichsgesetzlichen Zwangsversicherung gleichfalls unterliegenden Beschäftigung tätig und erhielt nach Eintritt der reichsgesetzlichen Erwerbsunfähigkeit von dem Versicherungsträger, dem er damals unterstand, der Landesversicherungsanstalt Rheinprovinz, vom 1. Januar 1902 an eine reichsgesetzliche Rente festgesetzt. Die Festsetzung dieser Rente fiel zwar unter die Herrschaft des Invalidenversicherungsgesetzes, und an sich könnte der verklagte Verein nach § 173 das Minderungsrecht aus § 52 Inv.V.G. anrufen, das nach

§ 55 Abs. 2 des neuen Statuts vom 1. Februar 1900 ihm gleichfalls vorbehalten ist. Der Berufungsrichter weist aber zutreffend auf § 113 dieses Statuts hin, wonach die Pensionen der am 1. Januar 1900 vorhandenen Invaliden unverändert bleiben. Daraus leitet er ab, daß, wenn das in § 46 des Statuts zugelassene Recht zur Anrechnung der reichsgesetzlichen Invalidenrenten nach dem Rechtszustande zur Zeit seiner Erlassung, also nach den Bestimmungen des Invaliditäts- und Altersversicherungsgesetzes, rechtlich nicht zulässig war, dieser Mangel weder durch das neue Gesetz noch durch das neue Statut geheilt wäre. Der Revisionskläger greift diesen Teil der Erwägungen des Berufungsrichters nicht an; ein von ihm in diesem Zusammenhange gemachter Vorbehalt hat für den gegebenen Fall keine besondere Bedeutung.

3. Der Berufungsrichter geht im übrigen von der rechtlich zutreffenden Erwägung aus, daß ein vorschriftgemäß bestätigtes Statut eines Knappschaftsvereins nach dem hier anzuwendenden preußischen Berggesetz vom 24. Juni 1865 für die Arbeiter an sich bindend sei, sofern es nicht gegen eine zwingende Bestimmung des Gesetzes verstoße, und prüft deshalb, ob der erwähnte § 46 des Status eine zwingende Bestimmung des damals geltenden Invaliditäts- und Altersversicherungsgesetzes verletze. Eine solche zwingende Bestimmung gebe, so erwägt er weiter, § 40 Inv. u. A.V.G., wonach die Invalidenrente mit rechtlicher Wirkung weder verpfändet noch übertragen, noch für andere als die in § 749 Abs. 4, jetzt § 850 Abs. 4 Z.P.O. bezeichneten Forderungen der Ehefrau usw. gepfändet werden könne. Die Bestimmung im § 46 des Statuts, daß die reichsgesetzliche Invalidenrente auf die Knappschaftsrente anzurechnen sei, enthalte eine solche nach § 40 Inv. u. A.V.G. unzulässige Verfügung über die reichsgesetzliche Invalidenrente. Das ergebe sich aus § 36 Inv. u. A.V.G., der eine solche Anrechnung, wenn die dort gesetzten Bedingungen erfüllt seien, den Zuschußkassen gestatte; denn § 36 sei eine lediglich für die Zuschußkassen geltende singuläre Bestimmung, die für das Recht des Invaliditäts- und Altersversicherungsgesetzes auf einen Knappschaftsverein, der zugelassene Kasseneinrichtung sei, nicht ausgedehnt werden dürfe.

In diesem Zusammenhange führt er noch aus: Der Ansicht des ersten Richters sei ferner darin nicht beizutreten, daß die Fürsorge des

Knappschaftsvereins die reichsgesetzliche Versicherung mitumfasse, und die reichsgesetzliche Invalidenrente in der Knappschaftspension mitumfaßt sei. Das gelte nur, wenn der Bergarbeiter mit der Pensionierung erwerbsunfähig im Sinne des Reichsgesetzes sei. Trete aber seine Pensionierung nur wegen Bergfertigkeit ein, so trete er damit aus dem aktiven Verbande des Knappschaftsvereins aus und sei jedem Arbeiter gleich, der nicht zu einer zugelassenen Kasseneinrichtung gehöre. Wenn er nach der Pensionierung eine der versicherungspflichtigen Beschäftigungen ausübe, so sei er versicherungspflichtig, die gesetzlichen Beiträge seien zu entrichten; wenn er dann erwerbsunfähig im reichsgesetzlichen Sinne werde, so erwerbe er gegen die Versicherungsanstalt einen Anspruch auf die Invalidenrente. Wäre aber die Ansicht des ersten Richters richtig, so könnte die Versicherungsanstalt die Invalidenrente mit dem Vorbringen versagen, daß er sie bereits durch die statutarische Pension erhalte. Aus diesen Erwägungen gelangt der Berufungsrichter zu dem Ergebnisse, das im § 46 des Statuts dem verklagten Verein gegebene Recht zur Anrechnung der reichsgesetzlichen Invalidenrenten auf seine Invalidenpensionen sei für eine Sachlage, wie sie hier vorliege, nach den Bestimmungen des Invaliditäts- und Altersversicherungsgesetzes nicht zulässig gewesen.

4. Die Ausführungen des Berufungsrichters sind rechtlich nicht haltbar. Eine unmittelbare Anwendung des § 40 Inv. u. A.V.G. ist schon um deswillen ausgeschlossen, weil die Bestimmung in § 46 des Statuts, daß die reichsgesetzlichen Invalidenrenten auf die statutarischen Pensionen „in Anrechnung kommen", gleich der Bestimmung in § 36 Inv. u. A.V.G., die von einem „Ermäßigen" spricht, dahin auszulegen ist, die statutarische Knappschaftspension werde um den Betrag der reichsgesetzlichen Invalidenrente gekürzt (vgl. auch die Auffassung des Reichsversicherungsamts in der Revisionsentscheidung Nr. 307 in den Amts-Nachr. des R.V.A., Inv. u. A.-Vers. 1893 S. 161; ebenda 1895 Nr. 443 S. 237). Danach wird durch jene Bestimmung nicht eine Verfügung über die reichsgesetzliche Invalidenrente, sondern eine solche über die statutarische Knappschaftspension getroffen; letztere wird, wenn die erstere fällig ist, um deren Betrag gemindert; es ist nicht etwa eine zivilrechtliche „Anrechnung" als Leistung auf die statutarische Pension oder eine „gesetzliche Zession" eines anwachsenden Vorteils statutarisch bestimmt.

Weiter hat § 36 Inv. u. A.V.G. nicht die vom Berufungsrichter angenommene exklusive Bedeutung **nur** für die Zuschußkasse, in **dem** Sinne und mit **der** Wirkung, daß aus ihm ein **zwingender** Rechtssatz des Inhaltes abzuleiten sei, bei zugelassenen Kasseneinrichtungen dürfe statutarisch eine Minderung der statutarischen Pension um die reichsgesetzliche Rente nicht bestimmt werden. In Wirklichkeit fehlt es an jedem Grunde, warum eine zugelassene Kasseneinrichtung, die zunächst Träger der reichsgesetzlichen Fürsorge ist, darüber hinaus aber eine der Zuschußkasse entsprechende Fürsorge entwickelt, nicht bezüglich der Leistungen ihrer über den Rahmen des Reichsgesetzes hinausgehenden Fürsorge statutarisch bestimmen könne, daß sie sich mit Eintritt des reichsgesetzlichen Versicherungsfalles um deren Renten mindern. Eine solche zugelassene Kasseneinrichtung vereinigt die reichsgesetzliche Versicherung mit der weitergehenden Fürsorge einer Zuschußkasse; sie erfüllt durch die Tatsache ihrer Zulassung bereits die im § 36 Inv. u. A.V.G. geforderten Voraussetzungen, um durch Statut ihre statutarischen Leistungen bei Eintritt des reichsgesetzlichen Versicherungsfalles in Höhe der reichsgesetzlichen Invalidenrente kürzen zu dürfen. Aus der Tatsache, daß das Invalidenversicherungsgesetz vom $\frac{13.}{19.}$ Juli 1899, wie oben bereits angeführt, den dem § 36 des alten Gesetzes entsprechenden § 52 ausdrücklich in § 173 auf zugelassene Kasseneinrichtungen als anwendbar erklärt, kann für das alte Gesetz nicht der vom Berufungsrichter gezogene Schluß abgeleitet werden. Das erhellt klar aus der Begründung zu § 141a, jetzt 173 (Drucksachen des Reichstags, X. Legislaturperiode 1. Session 1898/1899 Nr. 93 S. 352). Danach **sollte der bisherige Rechtszustand nur klargestellt, nicht geändert werden.**

Allerdings verkennt der Berufungsrichter die Stellung des Knappschaftsvereins als zugelassener Kasseneinrichtung, wenn er in seinen Schlußerwägungen davon auszugehen scheint, mit der Pensionierung sei die bisherige Versicherung des Arbeiters endgültig beendet; wenn letzterer nachher in einer versicherungspflichtigen Beschäftigung tätig sei, trete eine neue selbständige Versicherung ein. Das ist nicht richtig; denn der verklagte Knappschaftsverein war als zugelassene Kasseneinrichtung Träger der reichsgesetzlichen Versicherung und kommt auch nach der statutarischen Pensionierung noch als solcher in Betracht; z. B. hat er ratierlich auch zum Grundbetrage der reichsgesetzlichen Invalidenrente beizutragen. Überdies sind die Beziehungen des Arbeiters zum Knappschaftsverein durch die statutarische Pensionierung nicht endgültig gelöst. Nach dem Statute bleibt der Invalide Mitglied (§ 4 Nr. 2. § 12 letzter Abs.) und hat Pflichten gegen den Verein. Es kann daher nicht gesagt werden, durch die statutarische Pensionierung habe er den Anspruch auf die Invalidenpension endgültig erworben, und noch weniger, erst nach deren Erwerbe sei die reichsgesetzliche Invalidenrente neu erworben.

Auch der vom Berufungsrichter herangezogene Gesichtspunkt der Doppelversicherung gestattet nicht die im Berufungsurteil gezogenen Folgen. Eine Doppelversicherung liegt allerdings vor, aber zugunsten des Arbeiters. Denn der Arbeiter, der als bergfertig pensioniert ist, erhält wegen der weitergehenden Fürsorge des Knappschaftsvereins in der statutarischen Pension die gleiche Leistung und noch mehr, als er aus der reichsgesetzlichen Versicherung nur im Falle der reichsgesetzlichen Erwerbsunfähigkeit erhält. Gerade im Hinblick auf diese Doppelversicherung ist durch § 36 Inv. u. A.V.G. den Zuschußkassen und, richtig verstanden, auch den zugelassenen Kasseneinrichtungen das Recht eingeräumt, durch Statut ihre Leistungen um die reichsgesetzliche Invalidenrente zu mindern. Den reichsgesetzlichen Versicherungsanstalten ist aber allgemein das Recht entzogen, die reichsgesetzliche Invalidenrente aus dem Gesichtspunkte der Doppelversicherung zu versagen oder zu mindern." ...

---

30. 1. Verschulden der Angestellten des Unternehmers bei der Erfüllung eines Transportvertrages.

2. Findet gegenüber einem Schadensersatzanspruche wegen positiven Zuwiderhandelns gegen die durch den Abschluß eines Transportvertrages für den Unternehmer begründeten Pflichten die sechsmonatige Verjährung aus § 638 Abs. 1 B.G.B. statt?

VII. Zivilsenat. Urt. v. 1. Dezember 1905 i. S. Sp. Motorwagen-Ges. (Bekl.) w. Fr. (Kl.). Rep. VII. 41/05.

I. Landgericht Frankenthal.
II. Oberlandesgericht Zweibrücken.

Die Beklagte betrieb gewerbsmäßig die Personenbeförderung mittels Benzinmotorwagen in der Umgebung von Sp. Ein am 13. Oktober 1901 von Sp. nach O. abgefahrener Motorwagen, auf dem die Klägerin als Fahrgast sich befand, und der vom Wagenführer St. gelenkt, vom Kontroleur Pf. begleitet wurde, verunglückte unweit Sp., indem er, während der Wagenführer damit beschäftigt war, die zufällig aufgegangene Tür zum Motorkasten vom fahrenden Wagen aus zu schließen, nach rechts in den Straßengraben fuhr und umfiel. Dabei kam die Klägerin körperlich zu Schaden. Sie verlangte mit der Klage von der Beklagten Schadensersatz. Das Landgericht wies die Klage ab. Diese Entscheidung wurde aber durch das Berufungsgericht abgeändert, und der Klaganspruch dem Grunde nach für gerechtfertigt erklärt.

Die Revision der Beklagten ist zurückgewiesen aus folgenden

Gründen:

„Der Berufungsrichter läßt dahingestellt, ob der eingeklagte Entschädigungsanspruch aus dem zwischen den Parteien zustande gekommenen Transportvertrage mit Erfolg hergeleitet werden könne, und ob ein solcher Vertragsanspruch nach § 638 B.G.B. als verjährt anzusehen sei; er hält aber die gesetzliche Haftung der Beklagten aus eigener unerlaubter Handlung für begründet. Ob die gegen die letztere Annahme von der Revision gerichteten Angriffe gerechtfertigt sind, braucht nicht erörtert zu werden; denn der Klaganspruch findet schon in dem zwischen den Parteien bestandenen Vertragsverhältnis eine genügende Grundlage.

Durch den Abschluß des Transportvertrages entstand für die Beklagte die vertragsmäßige Verpflichtung, die Klägerin ohne Gefährdung ihrer Gesundheit an ihr Reiseziel zu befördern. Dieser Pflicht hat die Beklagte zuwidergehandelt, wenn sie durch ihr Verhalten bei der Ausführung ihrer Vertragsleistung, der Beförderung, Anlaß zur Gefährdung der Klägerin gab, und sie haftet nach § 276 B.G.B. für den entstandenen Schaden, wenn sie dabei fahrlässig gehandelt hat. Sie hat aber auch ein Verschulden der Personen, deren sie sich zur Erfüllung ihrer Verbindlichkeit bedient hat, nach § 278 das. in gleichem Umfange wie eigenes Verschulden zu vertreten. Die Berufung auf die Vorschrift des § 831 Abs. 1 Satz 2 das., die für den Ersatz des aus unerlaubter Handlung erwachsenen Schadens gegeben ist, bleibt ihr versagt.

Vgl. Entsch. des R.G.'s in Zivils. Bd. 55 S. 335. 337.

Ihre Haftpflicht als Vertragspartei ist eine schärfere, als sie es sein würde, wenn es sich um ein ihr außerhalb des Rahmens eines Vertrages zur Last fallendes Verschulden handelte.

Daß der Unfall der Klägerin auf die Fahrlässigkeit eines oder mehrerer der Angestellten der Beklagten zurückzuführen ist, kann nicht zweifelhaft sein. Die Beklagte selbst kann nichts dafür anführen, daß der Unfall auf einen vom Willen der Leiter des Wagens unabhängigen Zufall zurückzuführen sei. Auf Grund des Beweisergebnisses stellt der Berufungsrichter fest, daß der Unfall durch das fehlerhafte Verhalten, sei es eines der beiden Angestellten St. und Pf., sei es beider zusammen, herbeigeführt worden sei, und führt aus, das Verhalten des Wagenführers St. stelle sich als ein grober Verstoß dar, möge er nun das Lenkrad dem des Fahrens unkundigen, jedenfalls nicht zum Eingriff in die Leitung des Wagens befugten Kontroleur Pf. überlassen, oder es in der Hand behalten, ihm aber infolge des Seitwärtsbeugens eine falsche Richtung gegeben haben. Diese Ausführungen sind zu billigen. Hat der des Fahrens unkundige Pf. das Lenkrad übernommen und durch dessen Drehung das Abbiegen des Wagens vom Wege veranlaßt, so trifft ihn der Vorwurf der Fahrlässigkeit. Hat jedoch St. während des Schließens der Tür das Lenkrad sich selbst überlassen, oder es zwar in der Hand behalten, aber infolge der auf das Schließen der Tür gerichteten Aufmerksamkeit unrichtig gedreht, so hat er fahrlässig gehandelt. Andere Möglichkeiten als die vorstehend bezeichneten sind nach Lage des Falls nicht gegeben. Die pflichtmäßig zu beobachtende Sorgfalt erforderte es, wie der Berufungsrichter zutreffend hervorhebt, daß St. den Wagen anhielt und die Fahrt erst wieder fortsetzte, nachdem er die notwendig gewordene Schließung der Tür vorgenommen hatte. Wenn er sich so verhalten hätte, wäre der Unfall vermieden worden. Er hat daher den Unfall verschuldet.

Der Einwand der Verjährung greift nicht durch. Zwar bestimmt der § 638 Abs. 1 B.G.B., daß die wegen des Mangels eines bestellten Werkes dem Besteller zustehenden Ansprüche auf Schadensersatz regelmäßig, außer bei Arbeiten an einem Grundstück und bei Bauwerken, in sechs Monaten verjähren, und die Klage ist hier erst im Dezember 1902, also etwa 14 Monate nach dem Unfall, erhoben. Der Schadensersatzanspruch gründet sich aber im vorliegenden Falle nicht auf einen Mangel des gelieferten Werkes, sondern auf eine durch positives Zuwiderhandeln gegen die pflichtmäßige Sorgfalt bei der Herstellung des noch nicht vollendeten Werkes begangene Vertragsverletzung. Die Ansprüche aus derartigen Verletzungen unterliegen der im § 195 B.G.B. bestimmten regelmäßigen Verjährungsfrist von 30 Jahren.

Die Entscheidung des Berufungsrichters mußte hiernach, wenn auch aus anderen als den von ihm gegebenen Gründen, aufrecht erhalten werden."

---

31. Ist der Gewährleistungsausschluß nach § 476 B.G.B. in vollem Umfange nichtig, wenn nur ein Mangel oder einzelne von mehreren Mängeln arglistig verschwiegen worden sind?

V. Zivilsenat. Urt. v. 2. Dezember 1905 i. S. M. (Kl.) w. C. (Bekl.). Rep. V. 206/05.

I. Landgericht II Berlin.
II. Kammergericht daselbst.

Obwohl im Kaufvertrage vom 27. Februar 1900, wodurch der Kläger das Hausgrundstück H. Nr. 6 für 75000 ℳ vom Beklagten gekauft hatte, jede Gewährleistung, insbesondere auch wegen Feuchtigkeit, Schwamms ꝛc, ausdrücklich ausgeschlossen worden war, verlangte die Klage 9412,01 ℳ Schadensersatz nebst Prozeßzinsen wegen bewußt unwahrer Angaben oder doch Verschweigens des Beklagten in bezug auf Trockenheit, Schwammfreiheit, massiven und guten Bauzustand der Gebäude und auf den Umstand, daß das Haus keine eigene Giebelmauer hatte. Der Beklagte beantragte Klagabweisung, die vom ersten Richter nach gepflogener Beweiserhebung auch ausgesprochen wurde.

Das Kammergericht wies die Berufung des Klägers in Höhe von 8895,91 ℳ nebst Zinsen zurück und machte die Vorabentscheidung über 516,10 ℳ wegen Schwammschadens von Leistung oder Nichtleistung eines Eides des Beklagten darüber abhängig, daß er bei Abschluß des Kaufvertrages nicht gewußt habe, daß in dem an den Kläger verkauften Hause Schwamm vorhanden sei.

Die Revision des Klägers ist zurückgewiesen worden.

Aus den Gründen:

... „Die Revision ist der Ansicht, daß arglistige Täuschung über nur einen Mangel die Nichtigkeit des ganzen Verzichts auf Gewährleistung zu Folge haben müsse. Wäre dieser Angriff zutreffend, so könnten die vom Vorderrichter ausgesprochenen Eidesverweigerungsfolgen allerdings nicht ohne weiteres aufrecht erhalten; es müßte dann noch untersucht werden, ob und inwieweit etwa die gesetzliche Gewährleistungspflicht des Beklagten nach § 459 B.G.B. wegen der zurzeit vom Berufungsgericht zufolge seiner Rechtsansicht nicht berücksichtigten angeblichen Mängel (Feuchtigkeit, schlechten Bauzustandes, Fehlens der Giebelmauer) Platz greift. Es muß jedoch dem angegriffenen Entscheidungsgrunde des Kammergerichts beigetreten werden.

Der § 476 B.G.B. erklärt eine Vereinbarung, durch welche die Verpflichtung des Verkäufers wegen Mängel der Sache erlassen oder beschränkt wird, für nichtig, wenn der Verkäufer den Mangel arglistig verschweigt.

Aus dem Wortlaut dieser Gesetzesstelle allein, wie der Vorderrichter annimmt, vermag der von der Revision bekämpfte Rechtssatz mit Sicherheit nicht abgeleitet zu werden. Denn der Paragraph spricht von Nichtigkeit des Gewährleistungsausschlusses wegen Mängel für den Fall, daß „der Mangel“ verschwiegen worden ist. Immerhin ist dem Berufungsgericht zuzugeben, daß der Gesetzgeber, wenn er auf arglistiges Verschweigen auch nur eines Mangels die Nichtigkeit des ganzen Gewährleistungsausschlusses als Folge hätte setzen wollen, sprachlich richtiger hätte sagen müssen, daß diese Nichtigkeit eintrete, wenn ein Mangel arglistig verschwiegen werde. Gleiches gilt auch für die von § 476 ebenfalls ins Auge gefaßte vertragsmäßige Beschränkung der Mängelhaftung.

Näher gelangt man schon dem wahren Sinn der bezeichneten Gesetzesstelle, wenn man damit den Wortlaut der auf dem gleichen Grundgedanken beruhenden §§ 443 (Ausschluß der Haftung für Rechtsmängel), 540 (Haftungsausschluß bei Mängeln der vermieteten Sache) und 637 (Haftungsausschluß beim Werkvertrag) vergleicht. Während der mittlere dieser Paragraphen allerdings sich derselben, nicht vollkommen bestimmten, Ausdrucksweise, wie der § 476 selbst bedient, so wird in den §§ 443 und 637 das Wort „Mangel“ immer in der Einheit gebraucht, und lautet besonders der § 637 bestimmt, wie folgt:

> „Eine Vereinbarung, durch welche die Verpflichtung des Unternehmers, einen Mangel des Werkes zu vertreten, erlassen oder beschränkt wird, ist nichtig, wenn der Unternehmer den Mangel arglistig verschweigt.“

Dieser Wortlaut kann nicht anders aufgefaßt werden, als dahin, daß die Nichtigkeit der Vereinbarung sich nicht weiter erstrecken soll, als die Arglist reicht, und da die vier Gesetzesstellen §§ 443. 476. 540. 637, wie gesagt, auf dem nämlichen Grundgedanken beruhen, dies auch in den Gesetzgebungsvorarbeiten Ausdruck gefunden hat,

> vgl. Motive zum B.G.B. Bd. 2 S. 223. 238. 378. 485,

so muß gefolgert werden, daß alle vier, insbesondere auch der § 476, nur in diesem beschränkten Sinne zu verstehen sind. Wenn dies die bezeichnete Begründung des Gesetzes auch nicht ausdrücklich sagt, so ergibt sich doch aus ihr, insbesondere aus den Motiven Bd. 2 S. 238, daß man sich bei Vorschlag der in Rede stehenden Bestimmung den damals geltenden größeren Gesetzgebungen, insbesondere auch dem gemeinen Rechte, anschließen wollte; und überhaupt kann kein Zweifel darüber herrschen, daß, ebenso wie die älteren Gesetzgebungen, so auch das B.G.B. in diesem Stücke zuletzt auf den römischen Rechtssatz, daß sich niemand vertragsmäßigen Verzicht auf die Folgen seiner Arglist ausbedingen darf, zurückzuführen sind. Im besonderen schließen sich alle diese Vorschriften an die Digestenst. 21, 1 de aedilicio edicto l. 14 § 9 an. Hier wird zunächst von namentlichem Ausschluß eines einzelnen Fehlers von der Gewährleistung gesprochen (Si venditor nominatim exceperit de aliquo morbo), solcher Ausschluß ausdrücklich gestattet, und sodann fortgefahren:

> „remittentibus enim actiones suas non est regressus dandus, nisi sciens venditor morbum consulto reticuit; tunc enim dandam esse de dolo malo replicationem.“

Das römische Recht gab also gegen die ädilizische Klage die Einrede, daß die Haftung für einen bestimmten Fehler vertragsmäßig ausgeschlossen sei, und dieser Einrede gegenüber räumte es dem Kläger die Replik ein, daß der Beklagte diesen bestimmten Fehler arglistig verschwiegen habe.

Daran, daß, wenn die Gewährleistung für mehrere oder für alle Mängel durch Übereinkommen ausgeschlossen war, die Ungültigkeit der Vereinbarung sich über den arglistig verschwiegenen Fehler hinaus erstrecken solle, ist offenbar auch hier nicht gedacht. Eine derartige Bestimmung hätte die Bedeutung einer auf den dolus gesetzten zivilrechtlichen Strafbestimmung, wie solche wohl anderweit vorkam, angenommen und hätte daher ausdrücklich ausgesprochen werden müssen. Vgl. auch l. 39 Dig. de actionibus emti et vend. 19. 1, woselbst für Haftung wegen Servituten die beschränkte Ungültigkeit des Haftungsausschlusses im Arglistfalle noch deutlicher dahin ausgesprochen ist, daß sie sich nicht auf das beziehe, was der Verkäufer nicht wußte, und worüber er den Käufer nicht aufklären konnte.

Auch die gemeinrechtliche Rechtsprechung hat kaum jemals Zweifel an dieser eingeschränkten Wirkung obiger Digestenstelle aufgeworfen. In dem in Seuffert's Arch. Bd. 28 Nr. 21 abgedruckten Urteile ist der Sinn dieser Vorschrift z. B. als dahin gehend aufgefaßt, daß der Käufer vernünftigerweise insoweit auf Gewährleistung nicht verzichten will, als der Verkäufer arglistig handelt.

Ebensowenig, wie für das römische Recht, lag aber auch für die deutsche Reichsgesetzgebung ein Grund dafür vor, den in Rede stehenden Bestimmungen eine weitere Wirkung beizulegen, als nötig. Im Gegensatz zu dem, der den ganzen Vertrag wegen Formmangels oder dgl. für nichtig erklärt oder wegen Zwangs, Arglist ꝛc anfechten will, geht der Käufer, der Wandlungs-, Minderungs- oder Schadensansprüche nach § 459 flg. B.G.B. erhebt, geradezu von der Gültigkeit des Vertrages aus; er stützt seine Klage auf diesen Vertrag, greift ihn nur in einer einzelnen bestimmten Richtung an und gibt damit tatsächlich selbst zu, daß dieser Angriff nur innerhalb gewisser Grenzen erfolgt. Der Gesetzgeber hatte daher keinen Anlaß, auf diesen Fall die allgemeinen Bestimmungen anzuwenden, wonach die Ungültigkeit eines Teils der Vereinbarung in der Regel die ganze Vereinbarung hinfällig macht, und es ist im Ergebnisse der vom Berufungsrichter, allerdings in einem anderen Zusammenhange, gemachten Ausführung zuzustimmen, daß insbesondere die übrigens auch Ausnahmen zulassende Bestimmung des § 139 B.G.B. auf die Sondervorschrift des § 476 daselbst keine Anwendung finden kann. Es wäre ein Widerspruch im Gesetz, wenn es einerseits durch § 476 die volle Wirkung der Vertragsklage aufrecht halten, andererseits durch Anwendbarkeit des § 139 den Vertrag selbst in Frage hätte stellen wollen. Im Falle des § 476 kommt der § 139 überhaupt nicht, daher auch nicht teilweise gegenüber dem Haftungsausschluß in Betracht. Auch steht es dem sich für betrogen erachtenden Käufer ja frei, gemäß § 123 B.G.B. Anfechtungsklage gegen den ganzen Vertrag zu erheben; wählt er aber statt dessen Klagen aus dem Vertrage, und erhebt er nur den Gegeneinwand aus dem angezogenen § 476, so kann dieser nur auf die einzelnen Mängel, die arglistig verschwiegen worden sind, nicht aber auf weitere Fehler der Sache, bei denen dem Verkäufer arglistiges Verhalten nicht nachzuweisen ist, Wirkung äußern.

Ist sonach der einzige Revisionsangriff unbegründet, und der vom Vorderrichter aufgestellte Rechtssatz zu billigen, so ergibt sich daraus, daß die Revision zurückgewiesen werden muß, ohne daß noch die vom Revisionskläger verneinte, vom Revisionsbeklagten bejahte Frage untersucht zu werden braucht, ob im Berufungsurteil das Nichtvorhandensein der weiter behaupteten Mängel (der Feuchtigkeit, des schlechten Bauzustandes und des Fehlens einer eigenen Giebelmauer des Hauses) ausreichend festgestellt ist. Es genügt, daß vom Kammergericht in bedenkenfreier, vom Kläger auch nicht angegriffener Weise in bezug auf diese drei Mängel arglistiges Verschweigen des Beklagten verneint worden ist." ...

---

32. Welche Gesichtspunkte sind für die Frage, ob ein Sicherheitskauf, oder eine verschleierte Verpfändung vorliegt, von Erheblichkeit? B.G.B. § 117.

VII. Zivilsenat. Urt. v. 5. Dezember 1905 i. S. H. (Kl.) w. B. (Bekl.). Rep. VII. 424/05.

I. Landgericht Magdeburg.
II. Oberlandesgericht Naumburg a. S.

Der Beklagte ließ wegen einer ihm gegen die Frau H. und deren Ehemann, den Kaufmann H., zustehenden vollstreckbaren Forderung am 13. Oktober 1904 in der Wohnung der Schuldner eine große Anzahl beweglicher Gegenstände im taxierten Werte von 2448 ℳ pfänden. Der Kläger behauptete, die Sachen seien von den H.'schen Eheleuten durch Vertrag vom 1. November 1903 dem Kaufmann J., und von diesem im Mai/Juni 1904 ihm, dem Kläger, verkauft und übergeben. Nach § 1 des vom Kläger vorgelegten schriftlichen Vertrages vom 1. November 1903 verkaufte Frau H. an J. verschiedenartige bewegliche, unter 246 Nummern aufgeführte Gegenstände zu dem Preise von 3000 ℳ. Laut § 2 bekannte die Verkäuferin, den Kaufpreis bar von dem Käufer erhalten zu haben, und laut § 3 war die Übergabe der Sachen bereits erfolgt. Der § 4 enthielt einen Mietvertrag des Inhalts, daß J. die sämtlichen Sachen an Frau H. vom 1. November 1903 bis zum 1. November 1912 für eine jährliche in vierteljährlichen Raten pränumerando zu zahlende Miete von 250 ℳ mit der Bestimmung vermiete, daß, wenn die Mietzahlung nicht pünktlich, d. h. nicht innerhalb drei Tage nach dem jedesmaligen Ersten, erfolge, der Vermieter berechtigt sei, die vermieteten Gegenstände von der Mieterin abzuholen, und der Mietvertrag alsdann als aufgehoben gelte. In § 5 war der Verkäuferin das Recht eingeräumt, die verkauften Gegenstände bis zum 1. Januar 1912 für die Summe von 3000 ℳ zurückzukaufen, jedoch nur gegen sofortige Barzahlung. Die von J. dem Kläger ausgestellte Urkunde vom 4. Juni 1904 lautete folgendermaßen: „Indem ich den Empfang des Kaufpreises von 3000 ℳ dankend bestätige, übersende Ihnen beigehend den Kaufkontrakt und trete Ihnen selbigen als Eigentümer ab. Frau H. habe ich hiervon in Kenntnis gesetzt." Kläger stellte den Antrag, den Beklagten zu verurteilen, in die Freigebung der gepfändeten Sachen zu willigen. Der Beklagte bat um Abweisung der Klage, indem er die Behauptungen des Klägers nach mehreren Richtungen hin bestritt, auch darzulegen suchte, daß die Klage rechtlich unbegründet sei.

Nach einer Beweisaufnahme wurde durch Urteil der ersten Instanz der Klage stattgegeben. Der Beklagte legte Berufung ein. Er machte nunmehr geltend, der Vertrag vom 1. November 1903 sei nur ein Scheingeschäft. Durch Urteil des Berufungsgerichts wurde die Klage abgewiesen. Auf die Revision des Klägers ist das Berufungsurteil aufgehoben aus folgenden

Gründen:

„Der Berufungsrichter betrachtet den Vertrag vom 1. November 1903, so wie er beurkundet ist, als einen Sicherungskauf und fügt hinzu, der wirtschaftliche Zweck des Geschäfts sei danach derselbe gewesen, wie er sonst durch Verpfändung erstrebt zu werden pflege. Ferner nimmt der Berufungsrichter an, daß zur Erreichung dieses pfandrechtlichen Zwecks auch eine Eigentumsübertragung von Sachen, insbesondere also der Sicherungskauf, eine geeignete und auch unter der Herrschaft des Bürgerlichen Gesetzbuchs zulässige Rechtsform sei. Zur Abweisung der Klage aber gelangt er, indem er, abweichend vom ersten Richter, nicht nur den Beweis eines ernstlich auf Eigentumsübertragung gerichteten Parteiwillens vermißt, sondern sogar den Beweis des Gegenteils als erbracht ansieht.

Die Revision macht dem Berufungsrichter unzureichende Begründung seiner Feststellung zum Vorwurf. Der Angriff muß für berechtigt erachtet werden.

Nicht etwa davon geht der Berufungsrichter aus, daß dem Geschäfte jede reale Grundlage fehle, speziell daß die 3000 *M*, über welche die Verkäuferin, Frau H., quittierte, in Wirklichkeit nicht gezahlt seien; sein Standpunkt ist vielmehr, daß die Kontrahenten ein Sicherungsgeschäft beabsichtigten, jedoch in Wahrheit gerade nicht in Gestalt eines Sicherungskaufs, sondern vielmehr einer Verpfändung, die nur durch den beurkundeten, aber nicht gewollten Kauf verschleiert werden sollte, und die ihrerseits der rechtlichen Gültigkeit ermangelte, weil sie ohne die nach § 1205 B.G.B. erforderliche körperliche Übergabe vereinbart wurde. Geht man auf die vom Berufungsrichter für diese seine Auffassung geltend gemachten Momente ein, so sind diese zwar in der Mehrzahl erheblich, aber weder als einzelne noch in ihrem Zusammenhange geeignet, zwingende Schlüsse zu rechtfertigen.

In erster Reihe legt der Berufungsrichter darauf Gewicht, daß die Ehefrau H. sich durch den Vertrag ihrer ganzen beweglichen Habe mit Ausschluß allein der notwendigsten Kleidungsstücke, aber mit Einschluß sogar der vorhandenen Nahrungs- und Genußmittel entäußert habe. Wenn nun auch niemand zu einem so gearteten Veräußerungsgeschäfte sich leicht verstehen wird, so können doch für eine auf Krediterlangung angewiesene Persönlichkeit, insbesondere einen Gewerbetreibenden, Umstände eintreten, die eine Nötigung dazu enthalten, indem eine Gelegenheit, Kredit zu billigeren Bedingungen zu erlangen, sich nicht findet. Das Geschäft wird auch dem Veräußerer minder bedenklich erscheinen, weil dieses seinem Zwecke nach, wie derselbe zur Vereinbarung der Rückkaufsklausel führt und in ihr zur rechtlichen Anerkennung gelangt, gerade ein Sicherheitsgeschäft ist, und der Veräußerer, der zunächst im körperlichen Besitz der Sachen bleibt, sich, wenn er überhaupt Vertrauen zur weiteren Entwicklung seiner wirtschaftlichen Verhältnisse hegt, der Hoffnung hingibt, durch Zahlung des Rückkaufpreises das Eigentum der Sachen wiedererlangen, diese also sich erhalten zu können. Auffällig ist im vorliegenden Falle allerdings, daß der Kauf- wie der Mietvertrag sich sogar auf die zum Verbrauch bestimmten Sachen erstreckt; möglich bleibt aber immerhin, daß der auf Erlangung von Sicherheit im denkbar weitesten Umfange bedachte Kreditgeber auf keine der vorhandenen Sachen, wenn er auch der Verkäuferin den Verbrauch der verzehrbaren gestattete, völlig verzichten wollte. Bei einer Verpfändung, welche auch verbrauchbare Gegenstände mit ergreifen soll, und welche auch zur Eigentumsentziehung führen kann, ließen sich wesentlich gleichartige Gesichtspunkte geltend machen. Zu beachten ist ferner, daß, wenn auch hinsichtlich einzelner Gegenstände ein Scheingeschäft oder ein nichtiges Geschäft vorliegt, dies noch nicht zu einer entsprechenden Schlußfolgerung hinsichtlich der übrigen führt.

Den für die Sachen bedungenen Preis erachtet der Berufungsrichter für offenbar hinter ihrem wahren Werte erheblich zurückbleibend; allein für die Frage des Scheingeschäfts ist dies gerade bei einem Sicherungskaufe nicht von durchgreifender Bedeutung, weil dem Zwecke eines solchen gemäß der Verkäufer kraft der Rückkaufsklausel die Sachen gegen Zahlung einer dem Kaufpreise gleichen Summe zurückerwerben kann und soll. Nicht ohne Grund hebt die Revision zugleich hervor, daß die Wertannahme des Berufungsgerichts, welche sich auf die Taxate des Gerichtsvollziehers stützt, einer ausreichenden Grundlage entbehre, da nicht feststeht, ob nicht gerade die wertvolleren unter den verkauften Sachen vom Gerichtsvollzieher gepfändet, und die minderwerten unberührt geblieben sind.

Keine erhebliche Bedeutung kann dem vom Berufungsrichter betonten Umstande beigemessen werden, daß der Käufer für die verkauften Gegenstände keine Verwendung hatte. Ob der Käufer die Sachen in seinem Gewerbebetriebe oder auch für sich persönlich benutzen kann, oder nicht, ist bei einem Sicherheitskauf nicht von entscheidendem Belang; denn für ein Sicherungsgeschäft kommt es vielmehr darauf an, daß die Sachen zur Weiterveräußerung und damit zur Herbeiführung der Befriedigung des Käufers geeignet sind.

Inwiefern die in dem Vertrage für den Fall des Verzuges der Verkäuferin in der Zahlung der Mietraten getroffenen strengen Bestimmungen für die Scheinnatur des Vertrages sprechen sollen, ist den Erwägungen des Berufungsurteils nicht zu entnehmen. Es kann die Frage aufgeworfen werden, ob die Bestimmungen nicht zu der entgegengesetzten Annahme führen.

Sind aber die Gründe des Berufungsrichters nicht unbedingt schlüssig, so muß zur Aufhebung des angefochtenen Urteils der Umstand führen, daß der Berufungsrichter diejenigen Momente, welche positiv gegen die Absicht einer Verpfändung zu sprechen scheinen, völlig unberücksichtigt gelassen hat. Es hätte der Prüfung bedurft, weshalb die Kontrahenten Sicherheit gerade in Gestalt eines Kaufs zu schaffen sich entschlossen haben. Hier liegt nahe, daß die Kontrahenten den Sicherungskauf deshalb gewählt haben, weil ihnen eine andere geeignete Form sich nicht darbot, speziell die Gültigkeit einer Verpfändung durch Besitzübergabe bedingt war, und durch diese sofort die wirtschaftliche Existenz der Frau H. ihrer Grundlage beraubt sein würde. Muß angenommen werden, daß die Kontrahenten der Unwirksamkeit einer ohne körperliche Übergabe vereinbarten Verpfändung sich bewußt gewesen sind, so ist nicht erfindlich, wie dessenungeachtet ihr Wille darauf hätte gerichtet sein können, ein Pfandrecht trotz Fehlens jenes Erfordernisses, sei es verschleiert, sei es offen, zur rechtlichen Existenz zu bringen. Es blieb noch die Möglichkeit übrig, daß die Kontrahenten eine wahre Rechtswirkung überhaupt nicht wollten, sondern daß J. sich mit dem bloßen Schein eines Rechtsgeschäfts hat begnügen wollen, indem er etwa hoffte, daß Dritte, welche die Sachen anzugreifen beabsichtigten, sich durch Vorlegung der Urkunde zur Abstandnahme davon bestimmen lassen würden, ohne daß eine richterliche Entscheidung über die Ernstlichkeit des beurkundeten Geschäfts herbeigeführt würde; aber dieser Eventualität ist der Berufungsrichter bisher nicht näher getreten." ...

33. Ist gegenüber einer auf Grund des preußischen Gesetzes vom 28. Juli 1892 konzessionierten Kleinbahn eine Klage auf Herstellung von Einrichtungen an einer dem Betriebe der Bahn dienenden Anlage im Rechtswege unzulässig?

V. Zivilsenat. Urt. v. 6. Dezember 1905 i. S. Coblenzer Straßenbahngesellschaft (Bekl.) w. P. u. Gen. (Kl.). Rep. V. 209/05.

I. Landgericht Coblenz.
II. Oberlandesgericht Köln.

Die Beklagte, die in zweiter Instanz verurteilt worden war, „diejenigen Einrichtungen herzustellen, welche geeignet sind, zu verhüten, daß Rauch und Ruß in einem das übliche Maß übersteigenden Umfange sich auf die klägerischen Grundstücke niederschlägt", rügte zur Begründung der von ihr eingelegten Revision u. a. Unzulässigkeit des Rechtswegs.

Die Revision wurde zurückgewiesen.

Aus den Gründen:

„Da die Zulässigkeit des Rechtswegs von Amts wegen zu prüfen ist, so kann die Einrede der Unzulässigkeit des Rechtswegs auch noch in der Revisionsinstanz geltend gemacht werden; eine Einrede, die zugleich den Vorwurf einer Rechtsnormverletzung gegen den Vorderrichter enthält, da schon dieser die Zulässigkeit des Rechtswegs hätte von Amts wegen prüfen müssen.

Die Einrede konnte aber für begründet nicht erachtet werden. Die Frage der Zulässigkeit des Rechtswegs kann in der Revisionsinstanz nur auf Grund des Sachverhalts geprüft und entschieden werden, der dem angefochtenen Urteile zugrunde lag. Ist sonach auch davon auszugehen, daß die Coblenzer Straßenbahn eine dem preußischen Gesetz vom 28. Juli 1892 unterliegende Kleinbahn ist, die auf Grund einer landespolizeilichen Genehmigung hergestellt ist und betrieben wird, so ist doch nirgends behauptet und an sich nicht anzunehmen, daß diese Genehmigung dergestalt erteilt ist, daß darin die Einrichtung der Feuerungsanlagen, z. B. die Höhe der Essen u. dgl., auf Grund des Bauplans als Bedingung der Genehmigung speziell vorgeschrieben wäre. Solange das nicht erhellt, kann auch nicht angenommen werden, daß Einrichtungen, die geeignet sind, der übermäßigen Zuführung von Rauch und Ruß auf die Grundstücke der Kläger vorzubeugen, sich mit den Bedingungen, unter denen die landespolizeiliche Genehmigung der Coblenzer Straßenbahn erfolgt ist, in Widerspruch setzen. Die Vorschriften des Kleinbahngesetzes ergeben nichts, was den Unternehmer hindern könnte, in den Anlagen und den Betriebsmitteln der Bahn zeitgemäße Verbesserungen anzubringen, die den Bahnbetrieb fördern oder doch nicht stören, und andererseits Beeinträchtigungen der Nachbarn verhüten oder vermindern. Nur wesentliche Erweiterungen oder sonstige wesentliche Änderungen des Unternehmens der Anlage oder des Betriebs bedürfen nach § 2 Satz 2 a. a. O. der erneuten Genehmigung der Landespolizeibehörde. Was aber der Unternehmer aus eigener Entschließung und Machtvollkommenheit ohne Rückfrage bei der Landespolizeibehörde vornehmen darf, dazu kann er auch im Rechtswege angehalten werden, wenn es sich darum handelt, schädliche Einwirkungen des Betriebs auf Nachbargrundstücke auf ein erträgliches Maß zurückzuführen. Auch aus dem Aufsichtsrechte der Landespolizeibehörde (§ 22 des Gesetzes) folgt nichts, was dem Rechtswege im vorliegenden Falle entgegenstehen könnte. Denn dieses beschränkt sich darauf, zu verhüten, daß den Genehmigungsbedingungen oder den Bestimmungen dieses Gesetzes entgegengehandelt werde. Davon ist aber hier nicht die Rede. Das von der Revision in Bezug genommene Urteil des Reichsgerichts (Entsch. in Zivils. Bd. 59 S. 70 flg.) beruht auf einem anderen Sachverhalt, da es sich dort um Änderung des Betriebs der Bahn handelte." ...

---

34. Muß in dem Verfahren, welches eine Anordnung gemäß § 1635 Abs. 1 Satz 2 B.G.B. zum Gegenstande hat, vor der Entscheidung ein Pfleger für das Kind bestellt werden?

B.G.B. §§ 1635. 1909.

IV. Zivilsenat. Beschl. v. 7. Dezember 1905 i. S. St. Beschw.-Rep. IV. 418/05.

I. Vormundschaftsbehörde Hamburg.
II. Landgericht daselbst.

Zwischen den geschiedenen Eheleuten St. in Hamburg bestand ein Streit über die Sorge für die Person des aus ihrer Ehe stammenden Knaben Walter St. Die Ehe war durch rechtskräftig gewordenes Urteil des Landgerichts Hamburg vom 17. April 1904 geschieden, und es waren beide Ehegatten für schuldig erklärt worden; der Knabe, der am 23. April 1892 geboren war, hatte sich während des Scheidungsprozesses bei der Mutter befunden; seit der Beendigung jenes Rechtsstreits wurde die Sorge für seine Person von dem Vater in Anspruch genommen. Die Mutter stellte dagegen bei der Vormundschaftsbehörde den Antrag, auf Grund des § 1635 B.G.B. anzuordnen, daß das Kind dauernd bei der Mutter in Pflege zu verbleiben habe. Zur Begründung dieses Antrags behauptete sie, daß die Persönlichkeit des Vaters keine genügende Gewähr für die Erziehung des Knaben biete, und daß dieser besonders zart, kränklich und pflegebedürftig sei, die Pflege aber, welche die Mutter ihm angedeihen lasse, nicht ersetzt werden könne. Nach vorgängiger Verhandlung und Beweiserhebung wurde dieser Antrag von der Vormundschaftsbehörde durch Beschluß vom 20. Mai 1905 abgelehnt, weil zufolge § 1635 B.G.B. die Sorge für die Person des Knaben dem Vater zustehe, und besondere Gründe, die im Interesse des Kindes eine abweichende Anordnung erforderten, nicht vorhanden seien.

Hiergegen wurde von der Mutter Beschwerde eingelegt, mit dem Antrage, unter Aufhebung des Beschlusses ihrem Antrage zu entsprechen. Das Landgericht ging auf die Sache selbst nicht ein, sondern hob den angefochtenen Beschluß auf und verwies die Sache zur anderweiten Verhandlung und Entscheidung an die Vormundschaftsbehörde zurück, weil in einem Verfahren der vorliegenden Art vor der Entscheidung ein Pfleger für das Kind bestellt werden müsse, und dies bisher nicht geschehen sei.

Nunmehr legte der Vater weitere Beschwerde ein und beantragte, den Beschluß des Landgerichts aufzuheben und die Beschwerde der Ehefrau St. zu verwerfen. Das Oberlandesgericht Hamburg war des Erachtens, daß der Beschluß des Landgerichts auf einer Verletzung des Gesetzes beruhe, da aus den Gründen, die in dem Beschlusse des Reichsgerichts zu der Sache des Beschwerde-Registers IV. 53/05 vom 9. Februar 1905 (Entsch. in Zivils. Bd. 60 S. 134) dargelegt seien, die Bestellung eines Pflegers für das Kind in einem Verfahren gemäß § 1635 B.G.B. nicht geboten sei. An der Entscheidung sah sich indes das Oberlandesgericht gehindert, da von dem Kammergericht in Berlin, sowie von dem Oberlandesgericht in Dresden abweichend entschieden sei, und der erwähnte Beschluß des Reichsgerichts das Verfahren gemäß § 1666 B.G.B. zum Gegenstande habe, während gegenwärtig die Anwendung des § 1635 B.G.B. in Frage stehe. Gemäß § 28 Abs. 2 Fr.G.G. legte es daher die Sache dem Reichsgericht zur Entscheidung vor.

Der Ansicht des Hanseatischen Oberlandesgerichts wurde beigetreten, demgemäß der angefochtene Beschluß aufgehoben, und die Sache an das Landgericht zurückverwiesen aus folgenden

Gründen:

„Allerdings hat das Kammergericht in Berlin wiederholt ausgesprochen, daß in jedem Erziehungsstreit, auch wenn es sich um Anordnungen auf Grund des § 1635 B.G.B. handele, ein Pfleger für das Kind bestellt werden müsse (vgl. Rechtspr. der O.L.G. Bd. 1 S. 475, anscheinend auch Bd. 10 S. 21), und das Oberlandesgericht in Dresden ist ihm beigetreten (ebendas. Bd. 2 S. 515). Allein die Bestellung eines Pflegers ist nicht schlechthin gesetzlich geboten, da § 1909 B.G.B., aus dessen Vorschriften die Notwendigkeit einer solchen Bestellung hergeleitet wird, in Fällen der vorliegenden Art nicht zutrifft, und zwar deshalb nicht, weil die Herbeiführung einer Entscheidung darüber, ob eine nach § 1635 B.G.B. zulässige Anordnung zu treffen sei, nicht eine Angelegenheit ist, zu deren Besorgung der gesetzliche Vertreter des Kindes berufen wäre. Es folgt das aus den nämlichen Gründen, aus denen vom Reichsgericht in dem oben erwähnten Beschluß vom 9. Februar 1905 die Notwendigkeit der Bestellung eines Pflegers in einem auf Grund des § 1666 B.G.B. eingeleiteten Verfahren verneint worden ist. Bemerkt werden mag nur noch, daß hierdurch, wie auch in jenem Beschlusse hervorgehoben wird, die Möglichkeit einer sachgemäßen Entscheidung nicht beeinträchtigt wird. Durch die Bestimmungen in §§ 1675. 1673 B.G.B. und in §§ 12—15. 57 Abs. 1 Nr. 9. §§ 59. 63 Fr.G.G. ist Vorsorge dafür getroffen, daß auch die in § 1635 Abs. 1 Satz 2 B.G.B. zum Schutze der Kinder gegebene Vorschrift verwirklicht wird, und das Verfahren vor dem Vormundschaftsgericht ist so gestaltet, daß eine erschöpfende Ermittlung des Sachverhalts tunlich erscheint, ohne daß es regelmäßig der Bestellung eines Pflegers für das Kind bedarf, namentlich da die Beteiligten — was im vorliegenden Falle geschehen ist — im Beistande von Rechtsanwälten erscheinen dürfen, und dem Vormundschaftsgericht in dem Waisenrat eine Behörde zur Seite steht, durch die es — was im vorliegenden Falle auch geschehen ist — Ermittlungen anstellen lassen kann (vgl. § 1850 Abs. 1 B.G.B.). Anzuerkennen ist allerdings, daß das Gericht, wenn es in einem einzelnen Falle eines Pflegers zu bedürfen glaubt, einen solchen bestellen darf, da § 12 Fr.G.G. es hierzu ermächtigen würde. Allein hierüber hat das Ermessen des Gerichts zu entscheiden.

Im vorliegenden Falle kann deshalb das Verfahren der Vormundschaftsbehörde nicht beanstandet werden, weil diese einen Pfleger nicht bestellt hat; das Landgericht muß sich vielmehr der Entscheidung in der Sache selbst unterziehen." ...

---

35. Bilden bei einem Verkaufe von Häusern zum Abbruch die Gebäude, oder die zukünftigen Abbruchsmaterialien den Gegenstand des Vertrages? Anwendung der Tarifst. 32 zum preußischen Stempelsteuergesetz vom 31. Juli 1895 auf derartige Verträge.

VII. Zivilsenat. Urt. v. 8. Dezember 1905 i. S. K. (Kl.) w. preuß. Fiskus (Bekl.). Rep. VII. 119/05.

I. Landgericht I Berlin.
II. Kammergericht daselbst.

Gründe:

„Die Klägerin kaufte laut Vertrages vom $\frac{5.\text{ April}}{14.\text{ Mai}}$ 1904 von der Stadt Ch. 26 Häuser gegen Zahlung einer Entschädigung von 100000 *M* zum Abbruch, wobei die Besorgung des Abbruchs als Abnahmepflicht der Käuferin vereinbart wurde. Von seiten des verklagten Fiskus wurde zu diesem Vertrage ein Stempel in Höhe von $^1/_3$ Prozent der Kaufsumme von 100000 *M* beansprucht. Der sich danach ergebende Betrag ist von der Klägerin eingezahlt, wird aber mit der gegenwärtigen Klage zurückverlangt. In dieser Beziehung ist geltend gemacht, es handele sich bei dem Kaufgeschäft um eine Menge von beweglichen Sachen, nämlich Abbruchsmaterialien, welche nach vorgängiger Bearbeitung weiterveräußert werden sollten. Danach treffe die Befreiungsvorschrift 3 zu Stelle 32 des Tarifs zum Stempelsteuergesetz vom 31. Juli 1895 zu. Der Beklagte hat dagegen eingewandt, daß die Klägerin die Häuser als Ganzes gekauft habe, wenn es ihr dabei auch auf die zu gewinnenden Materialien angekommen sei. Die fragliche Befreiungsvorschrift könne daher keine Anwendung finden. Beide Vorinstanzen haben den Standpunkt des Beklagten gebilligt und die Klage für hinfällig erachtet mit der Begründung, daß es sich zwar bei dem vorliegenden Vertrage nicht um den Verkauf von unbeweglichen Sachen handele, da der Zweck, für welchen die Verbindung der Häuser mit dem Grund und Boden bestehe, ein dauernder zu sein aufhöre, wenn die Baulichkeiten zum Abbruch bestimmt seien, sonach aber die Gebäude die Eigenschaft als Bestandteile des Grundes und Bodens verloren hätten, daß aber nach dem Wortlaut der Vertragsurkunde, welcher nach § 3 des angeführten Gesetzes entscheidend sei, die *Häuser*, nicht aber die aus denselben zu gewinnenden Materialien, auf welche allerdings die Klägerin es abgesehen habe, den Gegenstand des Kaufgeschäfts bildeten.

Dieser Standpunkt kann vom Revisionsgericht nicht geteilt werden. Es ist davon auszugehen, daß hier vereinbartermaßen der Verkauf von Gebäuden auf Abbruch in Frage steht, zu dessen Vornahme die Käuferin sich gleichzeitig verpflichtet hat. Danach handelte es sich, und zwar nicht bloß nach der Absicht der Vertragschließenden, sondern auch unter Erwägung der in dem Kontrakte gewählten Ausdrucksweise, um den *Verkauf zukünftiger Abbruchsmaterialien*. Es ist auch rechtlich ausgeschlossen, etwas anderes als diese für den Gegenstand des Kaufgeschäfts anzusehen.

Vgl. *Endemann*, Einl. zum B.G.B. 3. u. 4. Aufl. Bd. 8 S. 233 Anm. 5; *Hummel* u. *Specht*, Stempelsteuergesetz S. 769.

Danach hätten die Vorinstanzen prüfen müssen, ob auf die veräußerten beweglichen Sachen, und zwar nicht die Häuser, sondern die erwähnten Materialien, die fragliche Befreiungsvorschrift nach der Sachlage Anwendung erleide." ...

36. Unter welchen Voraussetzungen ist § 826 B.G.B. auf den Fall anwendbar, daß bei der Auflassung eines Grundstücks der Erwerber Kenntnis von dem älteren persönlichen Rechte eines Dritten auf Auflassung desselben Grundstücks gehabt hat?

V. Zivilsenat. Urt. v. 9. Dezember 1905 i. S. Sch. (Kl. u. Widerbekl.) w. Ehel. L. u. Gen. (Bekl. u. Widerkl.). Rep. V. 216/05.

I. Landgericht Tilsit.
II. Oberlandesgericht Königsberg.

Die mitbeklagten Eheleute P. verkauften durch Vertrag vom Juli 1899 ihr Bauerngut in P., das die Ehefrau P. vor ihrer Verheiratung von den Beklagten L., ihren Eltern, gegen Gewährung eines Altenteils erworben hatte, an die unverehelichte L., eine Schwester der Ehefrau P. und spätere gütergemeinschaftliche Ehefrau des Klägers. Als letzterer im April 1900 nach dem Weggange seiner Ehefrau, von der er demnächst geschieden wurde, Klage gegen die Eheleute P. auf Erfüllung dieses Vertrages erhob, verkauften die Eheleute P. durch Vertrag vom 25. April 1900 das Grundstück an die Beklagten L. zurück und ließen es ihnen auch auf. Der Kläger, der in jenem Prozeß ein die Eheleute P. zur Auflassung verurteilendes rechtskräftiges Urteil erstritten hatte, klagte nunmehr gegen die Eheleute L. und die Eheleute P. auf Nichtigkeitserklärung des Vertrages vom 25. April 1900, indem er behauptete, der Rückverkauf des Grundstücks sei von den sämtlichen Beklagten in bewußtem gemeinsamen Handeln zu dem Zwecke vorgenommen, seine kraft der Gütergemeinschaft ihm aus dem Vertrage vom Juli 1899 zustehenden Rechte zu vereiteln und ihm dadurch Schaden zuzufügen. Zugleich erwirkte er eine die Eintragung einer Vormerkung zur Sicherung seines Rechts auf Auflassung anordnende einstweilige Verfügung. Die Beklagten L. erhoben Widerklage auf Löschung der Vormerkung und Räumung des Grundstücks. Der erste Richter erkannte nach dem Klagantrage und wies die Widerklage ab. Der zweite Richter verurteilte umgekehrt unter Abweisung der Klage den Kläger nach den Anträgen der Widerklage. Auf die Revision des Klägers ist das Berufungsurteil aufgehoben worden aus folgenden

Gründen:

„Der Berufungsrichter führt aus, als rechtlicher Grund für die Klage könne nur § 826 B.G.B. in Betracht kommen. Die Anwendung dieses Paragraphen aber versage aus einem doppelten Grunde: einmal weil der im § 4 des früheren preußischen Eigentumserwerbsgesetzes vom 5. Mai 1872 ausgesprochene Grundsatz, wonach die Kenntnis des Erwerbers eines Grundstücks von einem älteren für einen anderen ein Recht auf Auflassung begründenden Rechtsgeschäfte dem Eigentumserwerb nicht entgegenstand, auch gegenwärtig noch in Geltung sei, und insoweit selbst Arglist eine Schadensersatzpflicht nicht zu begründen vermöge; sodann weil es im vorliegenden Falle jedenfalls an den tatsächlichen Voraussetzungen für die Anwendung des § 826 B.G.B. fehle. Denn es sei nicht erwiesen, daß die Beklagten zu 1 den Vertrag vom 25. April 1900 ausschließlich in der Absicht, dem Kläger Schaden zuzufügen, abgeschlossen hätten. Vielmehr hätten sie dabei in eigenem Interesse, nämlich im Interesse ihres Altenteils, gehandelt. Da sie nicht lediglich auf Schädigung des Klägers ausgegangen seien, liege auch ein Verstoß gegen die guten Sitten nicht vor.

Mit Recht werden diese Ausführungen von der Revision als rechtsirrtümlich angegriffen. Allerdings ist, soweit § 4 preuß. Eig.-Erw.-Ges. in Betracht kommt, an den Grundsätzen des früheren preußischen Rechts durch das Bürgerliche Gesetzbuch insofern nichts geändert worden, als dieses im § 892 nur der Kenntnis eines nicht eingetragenen dinglichen Rechts an einem Grundstücke die Bedeutung beimißt, daß sie einen dieses Recht beeinträchtigenden Rechtserwerb durch denjenigen, der die Kenntnis hat, ausschließt. Damit ist zum Ausdrucke gebracht, daß bloß persönliche Rechte den Erwerb eines ihnen entgegenstehenden Rechts am Grundstücke niemals zu hindern vermögen, auch dann nicht, wenn der Erwerbende beim Erwerbe sie gekannt hat. Eine andere Frage aber ist, inwieweit dieser Grundsatz durch die ganz allgemein lautende Vorschrift des § 826 eine Einschränkung erleidet. Das Reichsgericht hat bereits wiederholt ausgesprochen, daß der § 826 illoyalen Schädigungen im Verkehrsleben wirksam entgegenzutreten bestimmt ist und daher auch auf eine in Ausübung eines formalen Rechts vorgenommene Handlung, falls diese dem anderen in einer gegen die guten Sitten verstoßenden Weise Schaden zufügt, Anwendung finden muß.

Vgl. Entsch. des R.G.'s in Zivils. Bd. 48 S. 124, Bd. 55 S. 372, Bd. 58 S. 219.

Hiervon eine Ausnahme für den Fall zu machen, daß das mißbrauchte formale Recht ein die bloß persönlichen Ansprüche überwindendes dingliches Recht an einem Grundstück ist, liegt kein Anlaß vor. Das Berufungsgericht nimmt in dieser Hinsicht zwar auf ältere reichsgerichtliche Rechtssprüche Bezug, in denen für das frühere preußische Recht ein abweichender Standpunkt dahin vertreten sein soll, daß gegenüber dem dinglichen Rechtserwerb auch Geltendmachung der Arglist ausgeschlossen sei. Indessen ist ein solcher Satz als allgemein gültig in den dafür angezogenen Urteilen nicht enthalten, namentlich nicht in dem Urteile vom 3. Juni 1891 in Gruchot's Beitr. Bd. 35 S. 1101, wo nur von der Arglist des Erwerbers, nicht aber von einem komplottmäßigen Zusammenwirken beider Teile die Rede ist.

Auch die weitere Annahme des Berufungsrichters, daß selbst, wenn die Anwendbarkeit des § 826 B.G.B. an sich bejaht werden sollte, es doch an den tatsächlichen Voraussetzungen für seine Anwendung im vorliegenden Falle fehle, verstößt gegen die bisherige Rechtsprechung des Reichsgerichts auf diesem Gebiete. Das Berufungsgericht faßt den Begriff der im angeführten Paragraphen erwähnten „Vorsätzlichkeit" zu eng auf, wenn es darunter diejenige Willensrichtung versteht, bei der es lediglich darauf abgesehen sei, einem anderen Schaden zuzufügen. Vielmehr genügt schon das Bewußtsein, daß die Handlung den schädlichen Erfolg haben werde.

Vgl. Entsch. des R.G.'s in Zivils. Bd. 57 S. 241, Bd. 58 S. 214.

Im vorliegenden Falle wurden also die Beklagten zu 1 von ihrer Haftung aus § 826 B.G.B. nicht dadurch frei, daß sie beim Rückerwerbe des Grundstücks ihre eigenen, auf Sicherung ihres Altenteils abzielenden Interessen im Auge behielten. Sahen sie dabei voraus, daß durch ihren Rückerwerb des Grundstücks der Kläger um sein Recht gebracht werden würde, und nahmen sie im Bewußtsein dieser Folge ihrer Handlung die Auflassung des Grundstücks entgegen, so begründete ein solches Verhalten beim Vorliegen der sonstigen Voraussetzungen des § 826 eine wider die guten Sitten verstoßende vorsätzliche Schadenszufügung, wie sie dieser Paragraph erfordert." . . .

37. Stellung des Grundbuchrichters zu Eintragungsanträgen eines Erstehers, der als Eigentümer des ihm zugeschlagenen Grundstücks im Grundbuche noch nicht eingetragen ist. Darf aus diesem Grunde die beantragte Eintragung zurückgewiesen, und die eingereichte Urkunde dem Ersteher zurückgegeben werden?

G.B.O. § 18 Abs. 1.
Zw.V.G. § 130 Abs. 3.

V. Zivilsenat. Beschl. v. 9. Dezember 1905 in der Grundbuchsache von Essen Bd. 51 Art. 14. Beschw.-Rep. V. 326/05.

I. Amtsgericht Essen.
II. Landgericht daselbst.

Gründe:

„Die Beschwerdeführerin, Frau Sp., jetzt Eigentümerin des im Grundbuche von Essen Bd. 51 Art. 14 verzeichneten Grundstücks, hat, bevor sie als Eigentümerin eingetragen war, in einer vom Notar A. beglaubigten Urkunde mit der Erklärung, daß sie das erwähnte Grundstück im Zwangsversteigerungsverfahren erstanden habe, die Eintragung einer Sicherungshypothek für den Kaufmann Pf. bewilligt und beantragt, und zwar für Vorschüsse, die er ihr für den noch bevorstehenden Kaufgelderbelegungstermin gegeben habe, bzw. in diesem Termin geben werde. Diese Urkunde wurde dem Grundbuchamte vom Notar A. mit dem Antrage überreicht, sie zu präsentieren und die Eintragung nach Berichtigung des Grundbuchs auf den Namen der Frau Sp. zu bewirken. Demnächst, aber ebenfalls noch vor der Eintragung der Frau Sp. als Eigentümerin des Grundstücks, ist vom Notar A. noch ein weiterer von ihm beglaubigter Antrag auf Eintragung einer Hypothek bei dem Grundbuchamt eingegangen. Dieses hat beide Anträge kostenpflichtig zurückgewiesen und die Urkunden zurückgereicht mit der Begründung, daß die beantragten Eintragungen vor der Umschreibung des Grundstücks auf Frau Sp. nicht erfolgen könnten; Anträge aber, auf welche nicht sofort entschieden werden könne, habe der Richter nicht entgegenzunehmen. Außerdem enthalte der erste Antrag, so wie er vom Notar gestellt sei, eine Einschränkung der Willenserklärung der Beteiligten, und zu einer solchen sei der Notar nicht befugt. Die Anträge sind später, nachdem Frau Sp. als Eigentümerin des Grundstücks eingetragen war, wiederholt, und nunmehr sind die Eintragungen bewirkt worden. Die Grundstückseigentümerin hat aber gegen den amtsgerichtlichen Beschluß wegen der Kosten Beschwerde erhoben. Diese wurde vom Landgerichte zurückgewiesen. Das Landgericht nahm an, daß der Grundbuchrichter von der ihm nach § 18 G.B.O. zustehenden Befugnis, eine beantragte Eintragung, der ein Hindernis entgegenstehe, sofort zurückzuweisen, in zulässiger Weise Gebrauch gemacht habe. Denn er habe nicht wissen können, ob in absehbarer Zeit die Grundbuchberichtigung erfolgen werde; sei dies aber der Fall, so könne ihm mit Rücksicht auf seine Verantwortlichkeit für Irrtümer auch nicht zugemutet werden, unerledigte Anträge lange bei den Akten liegen zu lassen.

Das Kammergericht ist geneigt, der gegen diesen Beschluß eingelegten weiteren Beschwerde stattzugeben, sieht sich hieran aber durch einen Beschluß des Ferienzivilsenats des bayerischen Obersten Landesgerichts vom 10. August 1903 (mitgeteilt in der Samml. der Entsch. dieses Gerichtshofes Bd. 4 S. 608, auch in der Rechtsprech. der Oberlandesgerichte Bd. 8 S. 10 und Bd. 9 S. 382) behindert, in welchem der Grundsatz aufgestellt ist, daß, wenn der Ersteher im Zwangsversteigerungsverfahren vor der Berichtigung des Grundbuchs einen Antrag auf Eintragung einer Hypothek stellt, der Grundbuchrichter berechtigt ist, den zurzeit noch nicht ausführbaren Antrag zurückzuweisen. Das Kammergericht hat daher die weitere Beschwerde unter Begründung seiner Rechtsauffassung gemäß § 79 Abs. 2 G.B.O. dem Reichsgerichte vorgelegt. Es bezieht sich zunächst für die Zulässigkeit des nur die Kostenentscheidung betreffenden Beschwerdeverfahrens auf seinen in dem Jahrbuch für Entsch. des Kammergerichts Bd. 22 S. A 3 veröffentlichten Beschluß vom 3. Juni 1901, hebt hervor, daß von einer Einschränkung der von den Beteiligten abgegebenen Willenserklärung in dem ersten Eintragungsantrage nicht die Rede sein könne, und legt dann ausführlich dar, daß der im erwähnten Beschlusse des Obersten Landesgerichts aufgestellte Grundsatz mit § 130 Abs. 3 Zw.V.G. unvereinbar sei. Dies wird unter Bezugnahme auf die Entstehungsgeschichte dieser Gesetzesvorschrift des weiteren ausgeführt, und dabei darauf hingewiesen, daß es sich hier nicht um einen Antrag handle, der zur Zeit seiner Anbringung in sich unbegründet oder mangelhaft gewesen sei, und daß für Fälle der letzteren Art auch das Kammergericht, wie sein in einer Grundbuchsache des Amtsgerichts zu Wiesbaden, Rep. I. 982/05 unter dem 28. September 1905 ergangener Beschluß ergebe, die Befugnis des Grundbuchrichters, derartige Anträge sofort zurückzuweisen, anerkenne.

Das Reichsgericht trägt kein Bedenken, sich der Rechtsauffassung und den Ausführungen des Kammergerichts anzuschließen.

Zwar könnte in Frage kommen, ob hier der in § 79 Abs. 2 G.B.O. vorausgesetzte Fall überhaupt vorliegt; denn die weitere Beschwerde betrifft die Entscheidung des Kostenpunktes, während der Beschluß vom 10. August 1903, durch den sich das Kammergericht an einer seiner Rechtsauffassung entsprechenden Entscheidung für behindert ansieht, in der Sache selbst ergangen ist. Mit Rücksicht hierauf könnte man meinen, daß die Abweichung nur in der Begründung, nicht in der Entscheidung hervortreten werde, und man könnte dies zur Anwendung des § 79 Abs. 2, da dieser nach seinem Wortlaut voraussetzt, daß ein Oberlandesgericht „von der auf weitere Beschwerde ergangenen Entscheidung eines anderen Oberlandesgerichts" abweichen wolle, nicht für genügend erachten. Aber dem Sinne des Gesetzes würde man damit nicht gerecht werden. Denn über den Kostenpunkt allein ist die Entscheidung nur deshalb ergangen, weil die Hauptsache erledigt war; in Wahrheit trifft die Entscheidung die streitige Frage selbst und schließt die Auslegung einer das Grundbuchrecht betreffenden reichsgesetzlichen Vorschrift in sich. Dadurch, daß sie auf den Kostenpunkt beschränkt bleiben muß, wird weder die Anwendbarkeit des § 79 Abs. 2 ausgeschlossen, noch andererseits die Anwendbarkeit des § 28 des preußischen Kostengesetzes vom 25. Juni 1895 begründet. Auch darin war dem Kammergerichte beizutreten, daß die erhobene weitere Beschwerde, obwohl sie nur den Kostenpunkt betrifft, für zulässig zu erachten ist. Es genügt, hierüber auf die ausführliche Begründung in dem erwähnten Beschlusse des Kammergerichts vom 3. Juni 1901 Bezug zu nehmen. Endlich hat das Kammergericht auch bereits zutreffend hervorgehoben, daß in dem ersten Eintragungsantrage des Notars keineswegs, wie das Amtsgericht angenommen hat, eine Einschränkung der in der Urkunde abgegebenen Willenserklärung liegt. Denn wenn in der Urkunde vom 25. März 1905 die Witwe Sp. als Ersteherin des Grundstücks die

Eintragung einer Sicherungshypothek bewilligt und beantragt, diesem Antrage aber nach § 130 Abs. 3 Zw.V.G. erst nach Berichtigung des Grundbuchs stattgegeben werden kann, so ist mit dem Kammergerichte, da nichts dafür spricht, daß die Ersteherin schon eine frühere Eintragung gewollt habe, davon auszugehen, daß die Eintragung so erfolgen sollte, wie sie das Gesetz gestattet. Dem entspricht der vom Notar dem Gericht überreichte Antrag auf Eintragung. Dieser befindet sich daher mit der von der Witwe Sp. abgegebenen Willenserklärung durchaus in Übereinstimmung.

Was nun nach Erledigung dieser Nebenpunkte die zu entscheidende grundbuchrechtliche Frage selbst anlangt, so hat das Kammergericht richtig hervorgehoben, daß die für sie maßgebende Norm nicht sowohl aus den Vorschriften der Grundbuchordnung zu entnehmen, als vielmehr im § 130 Abs. 3 Zw.V.G. zu finden ist. Denn soweit neben den allgemeinen Vorschriften der Grundbuchordnung für besondere Fälle noch reichsgesetzliche Bestimmungen bestehen, müssen diese mit jenen zusammengehalten werden, um die gesetzlich festgesetzte Norm zu erkennen. Der § 130 Abs. 3 Zw.V.G. beruht auf einem Beschlusse der Reichstagskommission. Er ergab sich als notwendig, weil die Kommission den § 90 Abs. 1 Satz 2 des II. Entw. des Zw.V.G., wonach dem Ersteher das Recht, Eintragungen in das Grundbuch zu beantragen, erst zustehen sollte, nachdem er selbst als Eigentümer eingetragen worden sei, gestrichen und damit dem Ersteher, der durch den Zuschlag bereits Eigentümer geworden war, die Möglichkeit eröffnet hatte, schon vor seiner Eintragung mit dem ihm zugeschlagenen Grundstück wirksam Hypothek zu bestellen. Diese Möglichkeit, die ihm nach dem preußischen Zwangsversteigerungsgesetz vom 13. Juli 1883 § 124 Abs. 5 wenigstens für die im Kaufgelderbelegungstermin bestellten Hypotheken gewährleistet war, sollte ihm, wie in der Kommission als Grund für die Abänderung des Entwurfs hervorgehoben wurde (vgl. Hahn-Mugdan, Mat. S. 128, und den Kommissionsbericht S. 32), deshalb eröffnet werden, um ihm nicht gerade für den Zeitpunkt, in welchem er des Kredits am meisten bedürfe, nämlich in der Zeit zwischen dem Zuschlag und seiner Eintragung als Eigentümer des ihm zugeschlagenen Grundstücks, die Bestellung einer Hypothek für die von ihm zu beschaffenden und im Verteilungstermin zu erlegenden Kaufgelder unmöglich zu machen.

Mit dieser Möglichkeit war aber zugleich die Gefahr gegeben, daß die Subhastationsinteressenten, die nach dem Ergebnisse des Verteilungstermins ein Recht auf Eintragung erlangt hatten, in diesem Rechte durch die vom Ersteher vorher bewilligten Eintragungen beeinträchtigt werden könnten, und zu ihrem Schutze fügte daher die Kommission dem § 130 des Entwurfs dessen jetzigen Abs. 3 hinzu. Hieraus ergibt sich zur vollen Gewißheit, daß der Ersteher nach der Absicht der gesetzgebenden Faktoren schon zwischen dem Zuschlage und der Grundbuchberichtigung befugt sein soll, Hypotheken an dem ihm zugeschlagenen Grundstücke zu bestellen. Diese Absicht aber kann, wie das Kammergericht richtig erkannt hat, nur dann verwirklicht werden, wenn der Grundbuchrichter verpflichtet ist, den Eintragungsantrag bei den Akten anzunehmen und zu behalten. Nur so kann der vom Ersteher bewilligten Hypothek nach den Vorschriften der Grundbuchordnung (§§ 17. 46) der Rang vor späteren Einträgen gesichert werden. Wollte man den Grundbuchrichter für befugt erachten, den Eintragungsantrag des Erstehers als verfrüht zurückzuweisen, so hätte es der Hinzufügung des dritten Absatzes des § 130 überhaupt nicht bedurft, und es würde sich dann als Rechtslage für den Ersteher ergeben, daß er Eintragungen in das Grundbuch erst dann beantragen darf, wenn er selbst als Eigentümer eingetragen worden ist. Gerade dies aber ist die Rechtslage, in die er nicht kommen, und aus der er nach der ausgesprochenen Absicht der Kommission, die demnächst durch Billigung ihres Vorschlags auch die der gesetzgebenden Faktoren geworden ist, dadurch befreit werden sollte, daß man den § 90 Abs. 1 Satz 2 des Entwurfs gestrichen hat. Daraus muß mit dem Kammergerichte der Schluß gezogen werden, daß der Ersteher auch berechtigt sein muß, schon vor der Grundbuchberichtigung Eintragungsanträge dem Grundbuchamt einzureichen, damit dieses sie durch Eintragung erledige, sobald dies gesetzlich (§ 130 Abs. 3 Zw.V.G.) zulässig sein wird, oder — um diesen Satz mehr den Vorschriften der Grundbuchordnung anzupassen — daß die noch nicht erfolgte Berichtigung des Grundbuchs einer vom Ersteher beantragten Eintragung gegenüber nicht als ein dieser Eintragung entgegenstehendes Hindernis im Sinne des § 18 G.B.O. angesehen werden darf. An diesem Ergebnis würde die in dem Beschlusse des bayerischen Obersten Landesgerichts vom 10. August 1903 angestellte Erwägung nichts ändern können, daß die Zulassung des Antrags des Erstehers dem Zwecke der Grundbucheinrichtung insofern widerspreche, als dann die Einsichtnahme des Grundbuchs keine Sicherheit mehr dafür geben würde, daß dessen Inhalt richtig und vollständig sei. Dieses Argument versagt aber überhaupt, weil das Grundbuch eine Sicherheit dafür, daß nicht nach der letzten Eintragung noch weitere Eintragungen beantragt sind, welche der richterlichen Erledigung harren, weder geben soll, noch geben kann.

Einer Stellungnahme zu dem vom Kammergericht erwähnten, in der Grundbuchsache von Wiesbaden ergangenen Beschlusse vom 28. September 1905 bedarf es hiernach nicht.

War, wie sich aus dem Vorstehenden ergibt, der Beschluß des Grundbuchamts vom 1. April 1905, durch den der für die Ersteherin gestellte Eintragungsantrag des Notars zurückgewiesen worden ist, unbegründet, so hätten die für diesen Beschluß in Ansatz gebrachten Kosten schon auf die Beschwerde der Grundstückseigentümerin vom 16. Mai 1905, wie sie dies in der Beschwerde beantragt hatte, niedergeschlagen werden müssen. Der die Beschwerde zurückweisende Beschluß des Landgerichts war daher nunmehr auf die weitere Beschwerde aufzuheben, und dementsprechend unter Aufhebung der amtsgerichtlichen Kostenentscheidung die Niederschlagung oder Zurückerstattung jener Kosten anzuordnen."

---

38. 1. Inwiefern haftet die Eisenbahn für den Schaden, welchen ein durch den Bahnbetrieb scheu gemachtes Pferd angerichtet hat?

2. Wie ist bei einer Quotenteilung des Schadensersatzes gemäß § 254 B.G.B. der von der Berufsgenossenschaft auf Grund von § 151 Satz 2 des Unfallversicherungsgesetzes für Land- und Forstwirtschaft vom 5. Juli 1900 geltend gemachte Schadensersatzanspruch zu bemessen?

VI. Zivilsenat. Urt. v. 11. Dezember 1905 i. S. Pommersche land- und forstwirtschaftl. Berufsgenossenschaft (Kl.) w. preuß. Eisenbahnfiskus (Bekl.). Rep. VI. 73/05.

I. Landgericht Stettin.
II. Oberlandesgericht daselbst.

Der Landwirt Sch. erlitt am 10. Mai 1902 auf der Landstraße von Wollin nach Tessin dadurch einen Unfall, daß das Pferd an seinem Wagen, durch einen in gleicher Richtung vorbeifahrenden Eisenbahnzug scheu gemacht, den Wagen gegen einen Steinhaufen zog, wobei Sch. herausgeschleudert und verletzt wurde. Die Berufsgenossenschaft, welche dem Verletzten eine Rente von 140 ℳ jährlich zu entrichten hatte, nahm gemäß § 151 Satzes 2 des Unfallversicherungsgesetzes für Land- und Forstwirtschaft den verklagten Fiskus auf Ersatz der von ihr bezahlten und ferner zu bezahlenden Renten in Anspruch. Der erste Richter wies die Klage ab. Die Berufung der Klägerin wurde zurückgewiesen. Das Reichsgericht hat das Berufungsurteil aufgehoben und die Sache zur anderweiten Verhandlung und Entscheidung an das Berufungsgericht zurückverwiesen.

Aus den Gründen:

... „Den Einwendungen der Revision ist zu einem Teile die Berechtigung nicht abzusprechen. Allerdings ist der Verletzte Sch. nicht frei von Schuld; allein das Verhältnis dieses Verschuldens zu der von der verklagten Eisenbahn zu vertretenden Betriebsgefahr hat in dem Berufungsurteil eine der Sachlage entsprechende Beurteilung mit Rücksicht auf die §§ 254. 276 B.G.B. nicht gefunden. Die Eisenbahn haftet nach dem Grundsatze des § 1 des Haftpflichtgesetzes für alle durch den Betrieb verursachten Verletzungen, also auch für diejenigen, welche von einem durch die Einwirkung des Bahnbetriebes scheu gewordenen Tiere zugefügt sind, sofern der Eisenbahnunternehmer nicht nachweist, daß der Unfall durch höhere Gewalt oder durch eigenes Verschulden des Verletzten herbeigeführt ist. Es ist ein mit dem Eisenbahnbetriebe an sich verknüpftes und bei diesem mit einer gewissen Häufigkeit vorkommendes Ereignis, wenn Pferde infolge der von dem Bahnbetriebe auf sie einwirkenden plötzlichen oder heftigen Sinneseindrücke scheu oder doch unruhig werden.

Vgl. Entsch. des R.G.'s in Zivils. Bd. 53 S. 115; Urteil des Reichsgerichts vom 12. Mai 1902, Rep. VI. 71/02.

Und diese Betriebsgefahr ist naturgemäß um so größer, je näher die dem Bahnbetriebe einerseits und dem Fuhrwerksverkehr andererseits angewiesenen Wege sich berühren. Im gegenwärtigen Falle führt die Eisenbahn durch mehrere Kilometer dicht an der Chaussee entlang; nach dem landgerichtlichen Tatbestand beträgt die Entfernung an der Unfallstelle nur etwa 3 Meter. Die hieraus für den gewöhnlichen Fuhrverkehr etwa erwachsende oder hierdurch erhöhte Gefahr des Bahnbetriebes hat in erster Linie der Eisenbahnunternehmer zu vertreten. Die Eisenbahn kann sich nicht auf den Standpunkt stellen, daß Besitzer oder Lenker von Pferden, welche zum Scheuen geneigt oder dem Bahnbetriebe gegenüber besonders empfindlich sind, es deshalb überhaupt unterlassen müßten, mit derartigen Tieren die Chaussee zu befahren. Die Landstraße ist für den Fuhrverkehr bestimmt, und die Eisenbahn darf nicht beanspruchen, daß jener Straßenverkehr sich überall nach der Bahn zu richten habe. Auf der anderen Seite ist freilich von dem Pferdebesitzer oder Kutscher zu verlangen, daß er nicht unnötigerweise ein „bahnscheues" Pferd den Einwirkungen des Bahnbetriebes aussetze, und daß, wenn er einmal veranlaßt ist, mit einem solchen Tiere in unmittelbarer Nähe der Bahn zu fahren, von ihm auf entsprechende Sicherungsmaßregeln Bedacht genommen werde, in eigenem Interesse, wie in dem des öffentlichen Verkehrs. Von diesen Gesichtspunkten aus kann dem Verletzten Sch. daraus allein, daß er mit einem, wie ihm bekannt, bahnscheuen Pferde auf der fraglichen Straße gefahren ist, noch nicht der Vorwurf einer Fahrlässigkeit gemacht werden. Es fragt sich nur, ob er im übrigen zur Vermeidung der Gefahr, deren er sich selbst sehr wohl bewußt war, das Seinige getan, die im Verkehr erforderliche Sorgfalt beobachtet habe. Dies ist nach den tatsächlichen Feststellungen des Berufungsurteils nicht der Fall." (Wird näher ausgeführt.) „Das ihm zur Last fallende Verschulden ist jedoch nach seiner kausalen wie subjektiven Bedeutung nicht als so schwer wiegend anzusehen, daß es bei Anwendung des § 254 B.G.B. gerechtfertigt erschiene, jeglichen Schadensersatzanspruch auszuschließen. Bei Abwägung gegenüber der, vorliegend sehr erheblich gesteigerten, Betriebsgefahr kommen mehrfache Umstände zugunsten des Verletzten in Betracht. . . .

Bei Würdigung aller dieser Umstände würde es als angemessen erscheinen, den Schaden zwischen dem Verletzten und der haftpflichtigen Eisenbahn hälftig zu teilen. Das Revisionsgericht ist jedoch bei dem gegenwärtigen Streitstand nicht in der Lage, in diesem Sinne sofort nach §§ 300, 301 oder 304 und § 565 Abs. 3 Nr. 1 Z.P.O. in der Sache selbst zu erkennen. Der Klagantrag ist (in der Berufungsinstanz) dahin gestellt worden, den Beklagten zu verurteilen: 1. an die Klägerin 137 ℳ nebst Zinsen zu zahlen; 2. der Klägerin vom 1. August 1903 ab die Rente von monatlich 11,70 ℳ zu erstatten, die sie an den Landwirt Sch. wegen seines Unfalls vom 10. Mai 1902 zu zahlen hat. Nun ist nach § 151 Satz 2 des Unfallversicherungsgesetzes für Land- und Forstwirtschaft der Anspruch des entschädigungsberechtigten Verletzten aus dem Haftpflichtgesetze nur eben insoweit auf die Berufsgenossenschaft (im Umfange ihrer durch jenes Gesetz begründeten Entschädigungspflicht) übergegangen, als im gegebenen Falle jener Anspruch dem Verletzten wirklich erwachsen ist. Wird also der Ersatzanspruch des Sch. gegen den verklagten Eisenbahnfiskus nur zur Hälfte für begründet erklärt, so bildet das die Grenze auch für den auf den gesetzlichen Rechtsübergang gestützten Anspruch der klagenden Berufsgenossenschaft. Ob sich das Klagebegehren innerhalb dieser Grenze bewegt, weiß man bis jetzt nicht sicher. Der Schaden, welchen der Verletzte gemäß § 3a des Haftpflichtgesetzes ersetzt verlangen kann, deckt sich nicht mit der von der Berufsgenossenschaft nach dem Unfallversicherungsgesetze zu leistenden Entschädigung. Das Unfallversicherungsgesetz für Land- und Forstwirtschaft legt der Berechnung der Rente für die Dauer der Erwerbsunfähigkeit zumeist einen durchschnittlichen Jahresarbeitsverdienst zugrunde (§§ 10. 11. 12 vgl. mit § 9) und gewährt hiervon als Vollrente, bzw. Teilrente nur $66^2/_3$ Prozent oder den entsprechenden Teil dieses Satzes (§ 8 Abs. 2). Bei einer Quotenteilung des Schadens gemäß § 254 B.G.B. müßte für das Gericht, um dem Klagantrage entsprechen oder eine Vorabentscheidung nach § 304 Z.P.O. und zugleich eine Endentscheidung hinsichtlich des etwa nicht begründeten Teiles des Klaganspruchs treffen zu können, zunächst feststehen, ob der von der Klägerin geforderte Betrag die dem Verletzten zugebilligte Quote (hier also die Hälfte) des nach Maßgabe des Haftpflichtgesetzes zu ersetzenden Schadens übersteigt, oder nicht; denn letzterenfalls wäre der Klaganspruch voll begründet, während ersterenfalls die Klägerin mit der Mehrforderung abzuweisen sein würde. In diesem Punkte, der mithin auch den Grund des Klaganspruchs mit berührt, fehlt es für eine Entscheidung bis jetzt noch an der erforderlichen tatsächlichen Grundlage, welche in der Revisionsinstanz nicht ergänzt werden kann." ...

39. Arglistiges Verschweigen beim Kaufabschlusse. In welchem Umfange hat der Verkäufer ihm bekannte, dem Käufer aber nicht bekannte Umstände, die nach seiner Auffassung für die Willensentschließung des Käufers von Erheblichkeit sein können, dem Käufer beim Kaufgeschäfte mitzuteilen?

II. Zivilsenat. Urt. v. 27. März 1906 i. S. L. (Kl.) w. J. (Bekl.). Rep. II. 374/05.

I. Landgericht II Berlin.
II. Kammergericht daselbst.

Aus den Gründen:

... „Nach der über den Kaufvertrag errichteten Urkunde waren als zusammengehörende Teile einer elektrischen Anlage ein alter Gasmotor und andere gleichfalls als „alt" bezeichnete Apparate verkauft. Nach einer weiteren Bestimmung der Vertragsurkunde hatte sich der Verkäufer von jeder Garantie für irgendeinen der Apparate freigezeichnet. Die auf Zahlung des Kaufpreises gerichtete Klage beantragte der Beklagte abzuweisen, einmal weil der gekaufte Gasmotor wegen seines überaus hohen Alters zu dem bestimmungsgemäßen Gebrauche überhaupt nicht mehr oder doch nur für kurze Zeit tauglich sei, und der Kläger sich gegenüber der Wandelungseinrede auf die in der Urkunde erwähnte, übrigens bestrittene Ausschließung der Mängelhaftung nicht berufen könne, da er den erwähnten Mangel arglistig verschwiegen habe, sodann weil der Kläger dem Beklagten bei dem Kaufabschlusse das ihm bekannte hohe Alter des Gasmotors arglistig verschwiegen und durch die damit begangene arglistige Täuschung den Beklagten zum Abschlusse des Kaufvertrages bestimmt, Beklagter auch seine nach § 123 B.G.B. anfechtbare Willenserklärung rechtzeitig angefochten habe. Der Berufungsrichter nimmt entsprechend dem letzteren Vorbringen an, der Beklagte sei zu seiner den Kaufvertrag zustande bringenden Willenserklärung durch arglistige Täuschung des Klägers bestimmt worden; er habe auch die Anfechtung dieser nach § 123 B.G.B. anfechtbaren Willenserklärung rechtzeitig erklärt, und es sei danach der Kaufvertrag als nichtig anzusehen.

Der Revisionskläger bekämpft die Annahme einer arglistigen Täuschung; er macht geltend, diese Annahme beruhe auf der in den

Entscheidungsgründen vorangestellten Erwägung: „Nach den Grundsätzen von Treu und Glauben ist der Verkäufer verpflichtet, dem Käufer alle ihm bekannten Umstände mitzuteilen, die nach vernünftigem Ermessen für die Willensentschließung des Käufers erheblich sein können.“ Diese Ausführungen seien aber — wenigstens in dieser Allgemeinheit — unrichtig.

Dem Revisionskläger mag darin beigetreten werden, daß die erwähnten Ausführungen in solcher unbeschränkten Allgemeinheit zu rechtlichen Bedenken Anlaß geben können. Zwar braucht das Verschweigen, um arglistig zu sein und die Grundlage einer arglistigen Täuschung im Sinne des § 123 B.G.B. abzugeben, kein Unterdrücken zu sein; es ist nicht notwendig, daß der Verschweigende einen Umstand verdeckt oder durch täuschende Mittel unkenntlich macht. Es reicht zu, ist aber auch notwendig, daß der Verschweigende etwas nicht sagt, dessen Mitteilung der andere Teil unter den gegebenen Umständen nach der Verkehrsauffassung erwarten darf. Nach der Verkehrsauffassung darf aber der Käufer von dem Verkäufer kein Offenbaren aller Umstände, die für seine — des Käufers — Entscheidung erheblich sein können, erwarten; vielmehr ist nach den Verhältnissen des einzelnen Falles zu beurteilen, ob nach der Verkehrsauffassung der Käufer von dem Verkäufer das Offenbaren eines dem Verkäufer bekannten, dem Käufer unbekannten Umstandes, der für die Entscheidung des Käufers von Erheblichkeit sein konnte, erwarten durfte.

In den Gründen zum Urteil des V. Zivilsenats vom 16. Mai 1903, Rep. V. 12/03 (Jurist. Wochenschr. 1903 Beibl. S. 99 Nr. 223), bei dem als maßgebendes Sachverhältnis zu unterstellen war, daß der Verkäufer den durch äußere Vorgänge begründeten Verdacht hatte, die Fundamentierung des verkauften Hauses, das infolge seiner schlechten Fundamentierung von dem Verkäufer übermalte Risse erhalten hatte, sei mangelhaft, findet sich unter Hinweis auf die frühere Rechtsprechung desselben Senats im Gebiete des preußischen Allgemeinen Landrechts, Urteile vom 2. Januar 1895, Rep. V. 247/94 (Gruchot's Beitr. Bd. 39 S. 941), vom 25. Februar 1899, Rep. V. 306/98 (Jurist. Wochenschr. 1899 S. 247 Nr. 67) und vom 29. April 1899, Rep. V. 409/98 (Jurist. Wochenschr. 1899 S. 378 Nr. 37), die gleichlautende Stelle: „Nach den Grundsätzen von Treu und Glauben ist der Verkäufer verpflichtet, dem Käufer alle ihm bekannten Umstände mitzuteilen, die nach vernünftigem Ermessen für die Willensbestimmung des Käufers erheblich sein können." In dem Urteile desselben Senats vom 2. November 1904, Rep. V. 171/04 (Jurist. Wochenschr. 1905 S. 13 Nr. 4), wo es sich darum handelte, daß der Verkäufer die Kündigung einer Hypothek, die der Käufer in Anrechnung auf den Kaufpreis übernehmen sollte, und weiter verschwiegen hatte, daß das mitverkaufte Inventar durch Sicherungskauf Eigentum eines Gläubigers sei, wird ausgeführt: „Der Verkäufer hat die Pflicht, dem Käufer alle für seine Entschließung wesentlichen Umstände mitzuteilen. Er handelt auch dann arglistig, wenn er nach einem solchen Umstand nicht gefragt ist, sofern er sich nur bewußt ist, daß der Käufer auf den verschwiegenen Umstand Wert legen könnte." Hier könnte noch ein Urteil des V. Zivilsenats vom 13. Januar 1904, Rep. V. 296/03 (Jurist. Wochenschr. 1904 S. 113 Nr. 9), erwähnt werden; dort handelte es sich darum, daß der Verkäufer nicht mitgeteilt hatte, das Bewohnen einiger Kammern und der Gebrauch des Schweinestalles seien polizeilich verboten. Der V. Zivilsenat hat indessen durch die bezogenen Ausführungen nach dem Zusammenhange seiner Urteilsgründe keine allgemeine Offenbarungspflicht des Verkäufers anerkannt, sondern lediglich ausgesprochen, daß unter den für den gegebenen Fall einzeln erörterten Verhältnissen eine solche Pflicht des Verkäufers zum Offenbaren des konkreten im einzelnen Falle erheblichen Umstandes bestanden habe. Auf dem gleichen Standpunkte steht auch der I. Zivilsenat in dem Urteile vom 3. Februar 1904, Rep. I. 404/03 (Jurist. Wochenschr. 1904 S. 167 Nr. 6); dort wird eine allgemeine Offenbarungspflicht verneint, und ausdrücklich anerkannt, daß die Frage, ob ein arglistiges Verschweigen vorliege, nach den Verhältnissen des einzelnen Falls zu beantworten sei.

Mit Unrecht nimmt indessen der Revisionskläger an, das Berufungsurteil beruhe auf den bezogenen, in ihrer unbeschränkten Allgemeinheit nicht zu billigenden Ausführungen. Das Berufungsgericht führt nämlich weiter aus, der Beklagte — Käufer — habe den Kläger — Verkäufer — bei den Kaufunterhandlungen ausdrücklich gefragt, ob die Anlage noch gut sei, und der Verkäufer habe sich auf diese Frage eingelassen. Es unterstellt sodann zugunsten des Verkäufers, dieser habe in diesem Zusammenhange gesagt, der Motor sei älter als 3 Jahre, und erwägt weiter, dem Verkäufer sei jedenfalls bekannt gewesen, daß der Motor über 12 Jahre alt war. In dem dargelegten Verhalten desselben müsse ein arglistiges Verschweigen des ihm bekannten, 3 Jahre bei weitem übersteigenden Alters des Motors erblickt werden. Er habe aus der Frage des Käufers erkannt, daß dieser die Brauchbarkeit der Anlage erfahren wollte, und habe auch gewußt, daß der Motor ein Alter hatte, das außer allem Verhältnis zu der übrigen Anlage stand, und das die Brauchbarkeit höchstens noch für ganz kurze Zeit ermöglichte. Er sei sich auch bewußt gewesen, daß der Käufer für eine nur noch kurze Zeit brauchbare Anlage nicht den verhältnismäßig hohen Preis von 6200 ℳ bezahlen würde. Bei solcher Sachlage sei anzunehmen, daß der Verkäufer das ihm bekannte hohe Alter des Motors verschwiegen habe in dem Bewußtsein, der Käufer würde bei Mitteilung desselben vom Kaufe abstehen, oder wenigstens einen wesentlich geringeren Preis bewilligen. Dieses Verhalten stelle eine arglistige Täuschung dar, die den Käufer zum Abschlusse des Kaufvertrages bestimmt habe. Die Anfechtung nach § 123 B.G.B. sei daher gerechtfertigt.

Nach dem Zusammenhange dieser Ausführungen ist das Berufungsgericht durch Prüfung der Verhältnisse des gegebenen Falls, und nicht auf der Grundlage jener einleitenden Erwägungen zur Annahme einer arglistigen Täuschung gelangt. Dabei fällt sein Ausgang, daß der Verkäufer auf die Frage, ob die Anlage noch gut sei, wenn er sich einmal auf deren Beantwortung einließ, nach der Verkehrsauffassung das ihm bekannte hohe Alter des Motors anzugeben und sich nicht auf die übrigens den rechtlichen Begriff des Unterdrückens erfüllende Erklärung, der Motor sei mehr als 3 Jahre alt, beschränken durfte, durchaus in den Rahmen der oben entwickelten Rechtsgrundsätze." ...

---

40. **Zum Gesetz, betr. die Entschädigung der im Wiederaufnahmeverfahren freigesprochenen Personen, vom 20. Mai 1898 §§ 1. 2. Schadloshaltung wegen Nebenstrafen, insbesondere solcher, die mit der Rechtskraft des Strafurteils von selbst in Wirksamkeit treten. Berücksichtigung der Art der Straftat, wegen deren die Strafe er-**

kannt und vollstreckt worden ist; Entschädigung wegen Erschwerung des Fortkommens für den Verurteilten in der Zeit nach der Freisprechung.

VI. Zivilsenat. Urt. v. 11. Dezember 1905 i. S. Reichsmilitärfiskus (Bekl.) w. Freih. v. M. (Kl.). Rep. VI. 106/05.

I. Landgericht I Berlin.
II. Kammergericht daselbst.

Der Kläger, der als Leutnant in einem preußischen Kavallerieregiment diente, wurde im Jahre 1900 durch kriegsgerichtliches Urteil wegen Urkundenfälschung in Zusammentreffen mit versuchtem Betruge zu einer mehrmonatigen Gefängnisstrafe verurteilt; auch wurde auf Dienstentlassung erkannt. Die Strafe wurde, soweit sie nicht als durch die Untersuchungshaft verbüßt erachtet war, vollstreckt. Später wurde das Verfahren wieder aufgenommen mit dem Erfolge, daß der Kläger durch oberkriegsgerichtliches Urteil freigesprochen, und bestimmt wurde, daß die preußische Militärkontingentsverwaltung zur Entschädigung des Klägers verpflichtet sei. In der Allerhöchsten Bestätigungsorder vom 6. Januar 1903 wurde der Kläger in die Kategorie der auf eigenes Ansuchen aus dem Dienste ausgeschiedenen Offiziere versetzt. Da die ihm auf sein Verlangen vom preußischen Kriegsministerium zugesprochene Entschädigung seinen Anforderungen nicht genügte, klagte er gegen den Reichsmilitärfiskus; es wurde ihm auch von dem Berufungsgericht eine wesentlich höhere, als die vom Kriegsministerium ausgeworfene Entschädigung zugesprochen, und zwar 1260,38 *M* für die Zeit bis zur Bekanntmachung der erwähnten Kabinettsorder, darunter 1147,85 *M* als Ersatz für das dienstliche Einkommen, das er, sofern nicht auf seine Dienstentlastung erkannt worden wäre, in der Zeit bis zu jener Bekanntmachung bezogen haben würde, und eine größere Abfindungssumme für die spätere Zeit.

Die Revision des Fiskus blieb bezüglich der 1260,38 *M* ohne Erfolg; im übrigen wurde die Sache an das Berufungsgericht zurückverwiesen.

Aus den Gründen:

... „1. Die Revision greift, was zunächst die 1147,85 *M* betrifft, die angefochtene Entscheidung unter der Behauptung an, daß sie auf einer rechtsirrtümlichen Auslegung der Vorschriften in §§ 1. 2 des Reichsgesetzes vom 20. Mai 1898, betr. die Entschädigung der im Wiederaufnahmeverfahren freigesprochenen Personen, in Verbindung mit §§ 465 flg. der Militärstrafgerichtsordnung beruhe, insofern die Vorinstanz zu Unrecht angenommen habe, daß bei der Festsetzung der dem Kläger zu gewährenden Entschädigung auch der Nachteil zu berücksichtigen sei, der ihm durch die in dem Strafurteil ausgesprochene Dienstentlassung erwachsen ist. Das Gesetz vom 20. Mai 1898 beschränke den Ersatzanspruch ausdrücklich auf den durch die Strafvollstreckung verursachten Schaden. Eine solche finde aber bei der Dienstentlassung überhaupt nicht statt, da der Verlust der Dienststelle ohne weiteres mit der Rechtskraft des Strafurteils eintrete. Eine ausdehnende Anwendung der Bestimmungen in §§ 1. 2 dieses Gesetzes auf Strafen, die einer Vollstreckung nicht zugänglich seien, vielmehr kraft Gesetzes ohne weiteres gewisse dem Verurteilten nachteilige Folgen nach sich zögen, müsse bei der Natur der angezogenen Vorschriften als ausgeschlossen angesehen werden; es handle sich dabei um Ausnahmen von allgemeinen Rechtsregeln, zu denen sich die verbündeten Regierungen nur widerstrebend durch den Hinweis auf die besondere Härte einer unverdienten Strafvollstreckung hätten drängen lassen. Das Berufungsgericht nehme selbst an, die gesetzgebenden Faktoren hätten bei der Schaffung des Gesetzes vom 20. Mai 1898 an die Vermögensnachteile, die durch Nebenstrafen, wie die Aberkennung der Fähigkeit zur Bekleidung öffentlicher Ämter und die bei Verurteilung zur Zuchthausstrafe von Rechts wegen eintretende dauernde Unfähigkeit zur Bekleidung öffentlicher Ämter, entständen, überhaupt nicht gedacht; sei dies richtig, so könne daraus nur die Folgerung abgeleitet werden, daß auf Nebenstrafen solcher Art ein Entschädigungsanspruch nicht gestützt werden könne, da der Gesetzgeber für sie einen solchen Anspruch zu begründen nicht beabsichtigt habe.

Diese Angriffe sind nicht begründet.

Zu bemerken ist zunächst, daß es sich im vorliegenden Falle bei der Dienstentlassung des Klägers nicht um eine Folge handelt, die mit der über ihn verhängten Freiheitsstrafe ohne weiteres kraft Gesetzes verknüpft war. Diese Dienstentlassung war vielmehr eine Ehrenstrafe (§ 30 des Militärstrafgesetzbuchs), für die es eines besonderen Ausspruchs des Kriegsgerichts bedurfte; sie war auch bei der Art und Höhe der Hauptstrafe nicht eine notwendige in dem Sinne, daß auf sie erkannt werden mußte (§ 34 Ziff. 1. 2 des Militärstrafgesetzbuchs verbunden mit § 40 Ziff. 1. 2. 3). Für die jetzige Entscheidung kommt somit die Frage nicht in Betracht, ob, wie von mehreren Schriftstellern behauptet wird, für die nach dem Gesetze vom 20. Mai 1898 zu gewährende Entschädigung alle diejenigen Nachteile unberücksichtigt bleiben müssen, welche rechtlich sich als unmittelbare und notwendige Folgen der erkannten Hauptstrafe darstellen.

Anlangend die danach allein in Frage kommenden selbständigen, durch die Verhängung der Hauptstrafe nicht von selbst gegebenen Nebenstrafen, so wird von den Bearbeitern des Gesetzes von 1898 allgemein angenommen, daß grundsätzlich für vollstreckte Nebenstrafen, sofern sonst die gesetzlichen Voraussetzungen vorliegen, Entschädigung zu gewähren ist (vgl. in den Bearbeitungen von Romen und Burlage die Anmerkungen zu §§ 1. 2 des Gesetzes, sowie Kähler, Die Entschädigung für Strafe und Untersuchungshaft S. 19 flg. 52), und es liegt in der Tat kein Grund vor, daran zu zweifeln. Wenn die Vorinstanz darauf hingewiesen hat, daß in der dem Gesetze beigegebenen Begründung und bei den Kommissions- und Plenarberatungen des Reichstags die Nebenstrafen überhaupt keine Erwähnung gefunden haben, so rechtfertigt dies nicht die Annahme, daß man an sie überhaupt nicht gedacht habe. Bei der Häufigkeit und Bedeutung verschiedener Nebenstrafen liegt dies an sich gewiß fern; man wird deshalb mit größerer Berechtigung unterstellen dürfen, daß die besondere Erwähnung der Nebenstrafen unterblieben ist, weil man keinen Anlaß gefunden hat, für die Regelung der Entschädigungsfrage einen Unterschied zwischen Haupt- und Nebenstrafen zu machen. Jedenfalls muß, da das Gesetz nach seinem Wortlaute die Nebenstrafen mit umfaßt, die Entschädigungspflicht auf sie mit bezogen werden, weil ein Anhalt für eine einschränkende Auslegung weder aus der Natur der Sache, noch in irgend zureichender Weise aus der Entstehungsgeschichte des Gesetzes entnommen werden kann.

Auch die Revision will anscheinend die Zulässigkeit von Entschädigungsansprüchen nicht grundsätzlich für alle Nebenstrafen verneint wissen; sie meint nur, daß solche Ansprüche bei der Dienstentlassung und ähnlichen Nebenstrafen deshalb als ausgeschlossen anzusehen seien, weil bei ihnen die Wirkung der Strafe ohne weiteres mit der Rechtskraft des Strafurteils eintrete, also von einer Vollstreckung solcher Strafen nicht gesprochen werden könne.

Die Vorinstanz hat bemerkt, dieser Auffassung stehe der Wortlaut des Gesetzes zur Seite, insofern in § 2 ausdrücklich als Gegenstand des dem Verurteilten zu leistenden Ersatzes der für ihn durch die Strafvollstreckung entstandene Vermögensschaden bezeichnet sei; sie meint indes, daß die mit der Rechtskraft des Urteils von selbst eintretenden Wirkungen der Nebenstrafen dem Akte der Strafvollstreckung rechtlich gleichzustellen seien.

Eines solchen Umwegs bedarf es indes gar nicht, da nicht zugegeben werden kann, daß der Wortlaut des Gesetzes für die von dem Beklagten vertretene Auslegung spreche. Eine Strafe wird dadurch vollstreckt, daß das ihren Inhalt bildende Übel durch die dazu berufene Behörde nach Maßgabe des Gesetzes gegenüber dem Verurteilten verwirklicht wird; die Strafvollstreckung ist erfolgt, sobald diese Verwirklichung stattgefunden hat. Eine engere Bestimmung des Begriffs „Strafvollstreckung" ist weder aus dem Sinne, der den beiden Worten „Strafe" und „vollstrecken" nach dem allgemeinen Sprachgebrauche zukommt, noch aus der besonderen im Rechtsleben üblichen Ausdrucksweise herzuleiten. Gewiß wird, wenn berichtet wird, eine Strafe sei gegen den Verurteilten vollstreckt worden, darunter zunächst immer verstanden werden, es sei nach eingetretener Rechtskraft des Urteils durch einen besonderen Akt der Staatsgewalt das Strafübel gegen den Verurteilten vollzogen worden. Dies findet indes naturgemäße Erklärung darin, daß der Regel nach und insbesondere bei allen Hauptstrafen die Verwirklichung des Strafübels besondere, der rechtskräftigen Verurteilung nachfolgende Akte der Strafvollstreckungsbehörde erfordert; deshalb, und weil man zunächst den Regelfall im Auge hat, wird der Ausdruck „Strafvollstreckung" für gewöhnlich in der Weise gebraucht und aufgefaßt, daß darunter jene besonderen der Verurteilung nachfolgenden Akte verstanden werden. Keineswegs aber läßt sich mit Grund behaupten, es habe sich der allgemeine Sprachgebrauch dahin entwickelt, daß man den Ausdruck, eine Strafe sei vollstreckt worden, ausschließlich nur dann anwende, wenn solche besondere Vollstreckungsakte vorgenommen worden sind. So wird kaum jemand bezweifeln, daß eine dem Angeklagten auferlegte Freiheitsstrafe vollstreckt ist, wenn sie im Urteil als durch die Untersuchungshaft vollständig verbüßt erachtet worden ist. Es wird aber auch, wenn z. B. einem öffentlichen Beamten die Fähigkeit zur Bekleidung öffentlicher Ämter rechtskräftig abgesprochen worden, und damit auch der Verlust des von ihm bisher bekleideten Amtes eingetreten ist (§ 35 St.G.B.), und infolgedessen der Verurteilte von der Ausübung des Amtes ausgeschlossen, die Gehaltszahlung eingestellt worden ist, ihm die Sachen, die sich etwa vermöge seines Amtes in seiner Inhabung befanden, abgenommen sind, weder der Laie noch der Jurist Bedenken tragen, zu sagen, es sei die den Amtsverlust in sich begreifende Nebenstrafe vollstreckt worden, obwohl der Jurist sich bewußt ist, daß die ebenerwähnten Maßnahmen, die dem Laien als die eigentlichen Vollstreckungsakte erscheinen mögen, im Rechtssinne nicht dies, sondern nur Folgen der mit der Rechtskraft des Urteils eingetretenen Amtsentsetzung sind.

Ebensowenig läßt sich mit Grund behaupten, daß in der Sprachweise unserer Gesetzgebung eine Urteilsvollstreckung notwendig einen Akt, der nach der Rechtskraft des Urteils gegen den Verurteilten vorgenommen wird, erfordere. Es sei in dieser Beziehung auf eine Analogie aus dem Gebiete des Zivilrechtsstreits verwiesen. Dort wird, wenn von der Zwangsvollstreckung gegen einen Schuldner die Rede ist, jedermann zunächst ebenfalls an Akte denken, die nach der Erlassung des Urteils, um dessen Realisierung es sich handelt, zur Erzwingung der darin dem Schuldner auferlegten Leistung gegen diesen vorgenommen werden. Es gibt jedoch Fälle, wo der Urteilsspruch zur zwangsweisen Durchführung gelangt, ohne daß nach der Erlassung des Urteils besondere Zwangsakte stattfänden, nämlich bei der Verurteilung des Schuldners zur Abgabe einer Willenserklärung, wo die Erklärung mit dem Eintritte der Rechtskraft des Urteils als abgegeben gilt. Die dies anordnende Bestimmung (§ 894 Z.P.O.) aber ist in den die Zwangsvollstreckung behandelnden Teil des Gesetzes aufgenommen worden; hiermit ist positiv zum Ausdrucke gekommen, daß eine Zwangsvollstreckung im Sinne des Gesetzes auch möglich ist, ohne daß neben der rechtskräftigen Verurteilung ein weiterer Zwang gegen den Schuldner ausgeübt wird.

So wie in solchem Falle das Zivilurteil, so vollstreckt sich, um einen in der Revisionsverhandlung von dem Vertreter des Klägers gebrauchten zutreffenden Ausdruck anzuwenden, das Strafurteil selbst, soweit darin auf Dienstentlassung erkannt ist.

Dafür aber, daß der Gesetzgeber in den §§ 1. 2 des Gesetzes vom 20. Mai 1898 unter dem Ausdruck „Vollstreckung der Strafe" etwas anderes, als was der Wortsinn ergibt, gemeint habe, liegt kein Anhalt vor. Gerade bei einem Gesetze, das, wie das erwähnte, im wesentlichen auf Billigkeitserwägungen beruht, muß der Gedanke fernliegen, daß der Gesetzgeber bezüglich der Frage, ob dem im Wiederaufnahmeverfahren Freigesprochenen Entschädigung zu gewähren sei, oder nicht, einen Unterschied habe machen wollen zwischen den Fällen, wo es, um das Strafübel zu verwirklichen, noch besonderer Maßnahmen der mit der Strafvollstreckung betrauten Behörden bedarf, und auf der anderen Seite denjenigen Fällen, in welchen nach der vom Gesetz gewählten Regelung das Strafübel in voller Schärfe schon mit der Rechtskraft des Urteils in Wirksamkeit tritt, und die zu dessen weiterer Ausführung dienenden Akte im Rechtssinne nicht mehr zur Strafvollstreckung gehören und von anderen, nicht mit dieser betrauten Behörden vorgenommen werden. Was aber die von der Revision erwähnten Bedenken betrifft, die von den verbündeten Regierungen längere Zeit hindurch gegen die Anerkennung einer Rechtspflicht des Staates zur Entschädigung der im Wiederaufnahmeverfahren freigesprochenen Personen und gegen die Art, in welcher von verschiedenen Mitgliedern des Reichstags eine gesetzliche Regelung dieser Entschädigungspflicht verlangt wurde, erhoben worden sind, so hat es sich hierbei um Erwägungen gehandelt, die mit der hier vorliegenden Frage nichts zu tun haben und in keiner Weise für deren Beantwortung einen Schluß im Sinne der Revision gestatten (vgl. die Rede des Staatssekretärs Dr. Nieberding in der Reichstagssitzung vom 3. Dezember 1897)."

(Es folgt die Zurückweisung eines die konkrete Beurteilung des Falles betreffenden Angriffs).

„Hiernach, und da gegen die Bemessung der für die in Rede stehenden Zeit ausgeworfenen Entschädigung Bedenken nicht erhoben worden sind, auch nicht vorliegen, mußte insoweit die Revision zurückgewiesen werden.

2. Über die dem Kläger weiter zugesprochene Entschädigung hat das Berufungsgericht folgendes ausgeführt: Der Kläger sei von

der Meinung ausgegangen, er könne auch für die Zeit nach der Veröffentlichung der Kabinettsorder vom 6. Januar 1903 als Entschädigung die Beträge fordern, die er, wenn er aktiver Offizier geblieben wäre, als dienstliches Einkommen bezogen haben würde. Das sei nicht zutreffend, da diese Kabinettsorder, in der die Verabschiedung des Klägers verfügt sei, nicht auf Grund des den Kläger verurteilenden, sondern auf Grund des ihn freisprechenden, im Wiederaufnahmeverfahren ergangenen Urteils erlassen sei. Wohl aber sei der Kläger berechtigt, Entschädigung für die Vermögensnachteile zu verlangen, die ihm als mittelbare Folgen der Strafvollstreckung in bezug auf sein weiteres Fortkommen erwachsen seien. Es könne nicht bezweifelt werden, daß ihm durch die Verbüßung der Gefängnisstrafe sein Fortkommen erschwert sei. Es möge richtig sein, daß ein derartiger Schade auch bereits durch die Einleitung der Untersuchung entstehen könne; im vorliegenden Falle sei es aber hierbei nicht geblieben, der Kläger sei vielmehr verurteilt, und die Strafe an ihm vollstreckt worden, und dadurch sei der auf ihn gefallene Makel erheblich verstärkt, und sein Fortkommen in viel weitergehender Weise, als durch die bloße Einleitung der Untersuchung erschwert worden. Wegen dieses Schadens könne er Entschädigung verlangen. Es ließen sich nun die Nachteile, welche durch die einzelnen Stadien des Strafverfahrens veranlaßt seien, nicht ermitteln; es könne deshalb nur die schädigende Wirkung, die das Strafverfahren in seiner Gesamtheit, also mit Einschluß der Vollstreckung der Freiheitsstrafe, gehabt habe, in Betracht gezogen werden.

Im Anschluß hieran hat die Vorinstanz ausgeführt: Es sei als erwiesen anzusehen, daß der Kläger sich wirklich bemüht habe, eine seinem Stande und seiner Vorbildung entsprechende Stellung, durch welche er sich seinen Unterhalt erwerben könnte, zu erlangen, und daß seine Bewerbungen um solche Stellungen fehlgeschlagen seien, weil er bei der Auskunftserteilung über seine Person nicht habe verschweigen können, daß er eine Gefängnisstrafe erlitten habe. Es sei auch ohne weiteren besonderen Nachweis anzunehmen, daß es dem Kläger sobald nicht gelingen werde, in einem bürgerlichen Berufe festen Fuß zu fassen, daß es vielmehr für einen solchen längerer Vorbereitungen bedürfen werde, die zu einem gewissen Abschluß gebracht werden müßten, damit er bei erneuten Bewerbungen auf seine frühere

Offizierslaufbahn nicht mehr zurückzukommen brauche. Der hierzu erforderliche Aufwand sei ihm insoweit zu vergüten, als er den Betrag übersteige, den er bei Fortsetzung der Offizierskarriere zur Bestreitung seines Unterhalts aus eigenen Mitteln hätte machen müssen. Eine ziffermäßige Berechnung sei insoweit unmöglich; bei freier Schätzung, die danach stattzufinden habe, erscheine aber die dem Kläger von der ersten Instanz zugebilligte Entschädigung ... angemessen.

Die Revision bezeichnet es zunächst als mindestens zweifelhaft, ob die nach dem Gesetz vom 20. Mai 1898 zu gewährende Entschädigung auch auf Nachteile der hier in Frage stehenden Art zu erstrecken sei; das Berufungsgericht stütze sich auf § 842 B.G.B.; diese Vorschrift könne aber keine Anwendung finden, da sie nicht unter die allgemeinen Vorschriften über Schadensersatz (§ 249 B.G.B.) aufgenommen, sondern allein für die Entschädigung wegen unerlaubter Handlungen getroffen sei, eine solche aber nicht vorliege.

Rechtsirrtümlich sei es aber jedenfalls, wenn die Vorinstanz bei Bemessung der Entschädigung den ganzen Schaden berücksichtige, der dem Kläger durch das wider ihn eingeleitete Strafverfahren in seiner Gesamtheit erwachsen sei; denn nach dem Gesetze solle eben nur der durch die Strafvollstreckung verursachte Schaden vergütet werden.

Der erste dieser Angriffe ist unbegründet. In § 2 des angezogenen Gesetzes ist als Gegenstand des dem Verurteilten zu leistenden Ersatzes allgemein der durch die Strafvollstreckung entstandene Vermögensschaden bezeichnet, und hiermit übereinstimmend ist in der Begründung zum § 2 des Entwurfs bemerkt, der zu ersetzende Schaden umfasse jede Verschlechterung der wirtschaftlichen Lage des Verurteilten, die sich in Geldwert ausdrücken lasse. Danach ist, ohne daß es einer Heranziehung der Bestimmung in § 842 B.G.B. bedürfte, Entschädigung auch für denjenigen Vermögensnachteil zu leisten, welcher dem Verurteilten nach Vollstreckung der Strafe bezüglich seines Fortkommens und Erwerbes erwächst, sofern nur dieser Nachteil auf die Strafvollstreckung als Ursache zurückzuführen ist.

Was den zweiten Angriff anlangt, so ist der Revision nicht beizustimmen, wenn sie meint, aus der Bestimmung, wonach dem Verurteilten „der durch die Strafvollstreckung entstandene Vermögensschaden“ ersetzt werden soll, ergebe sich, daß bei der Feststellung der

Entschädigung alle Vermögensnachteile unberücksichtigt bleiben müßten, die dem Verurteilten auch dann erwachsen sein würden, wenn er zwar rechtskräftig verurteilt, die Strafe aber nicht vollzogen worden wäre. Hierbei wird dem Gesetz eine Deutung gegeben, die mit dem Wortlaute nicht unvereinbar sein mag, durch ihn aber nicht geboten und aus inneren Gründen nicht als Sinn des Gesetzes anzusehen ist.

Für die Vermögensnachteile, die dem Verurteilten durch eine zur Ausführung gebrachte Bestrafung erwachsen, ist keineswegs allein die Höhe und Art der vollstreckten Strafe maßgebend; vielmehr ist, wenigstens hinsichtlich der Gestaltung seines ferneren Fortkommens und Erwerbs, die Art der Handlung, deren er für überführt erachtet, und wegen deren ihm die Strafe auferlegt worden ist, von entscheidender Bedeutung. Es sei nur an den Unterschied erinnert, der erfahrungsmäßig in weiten Kreisen, gleichviel ob mit Recht, oder Unrecht, in der Beurteilung und Behandlung eines Mannes gemacht wird, je nachdem er etwa wegen Beleidigung oder Ehebruchs, oder andererseits wegen Diebstahls oder Betrugs bestraft worden ist, mag auch die Strafe nach Art und Höhe ganz die gleiche gewesen sein. Es liegt kein Grund vor, anzunehmen, daß der Gesetzgeber der großen Verschiedenheit der Folgen, die eine Strafe je nach der Art des Deliktes für den Verurteilten in vermögensrechtlicher Hinsicht nach sich zieht, keine Rechnung habe tragen wollen; die ganze Tendenz des Gesetzes aber, das aus Billigkeitsgründen dem Verurteilten, nachmals aber Freigesprochenen wegen des ihm durch die unschuldig erlittene Bestrafung erwachsenen Vermögensschadens Entschädigung gewähren will, spricht gegen eine solche Auffassung, da bei ihrer Befolgung in vielen Fällen ein für die Höhe des Schadens tatsächlich höchst bedeutsamer Faktor nicht in Rechnung gestellt, und dadurch eine der Billigkeit entsprechende Entschädigung unmöglich gemacht würde.

Es erscheint deshalb berechtigt und geboten, die Bestimmung in § 2 des Gesetzes dahin zu verstehen, es sei beim Vorliegen der in § 1 bezeichneten Voraussetzungen dem Verurteilten derjenige Vermögensschaden zu ersetzen, welcher ihm dadurch verursacht ist, daß die in dem Strafurteile bestimmte Strafe *wegen der in diesem für festgestellt erachteten strafbaren Handlung* ganz oder teilweise wider ihn vollstreckt worden ist.

Während insoweit dem Berufungsgericht, das von einer mindestens zu dem gleichen Ergebnisse führenden Auffassung ausgegangen ist, beizustimmen war, mußten die Erwägungen, von denen es bei der Bemessung der dem Kläger zugesprochenen Entschädigung ... ausgegangen ist, nach anderer Richtung beanstandet werden.

Die Vorinstanz hat nach ihren Ausführungen in Vergleich gestellt einmal den Aufwand, den der Kläger hat machen müssen und noch machen muß, um eine seinem Stande und seiner Bildung entsprechende Stellung im bürgerlichen Leben zu gewinnen, durch die er sich ernähren kann, auf der anderen Seite den Aufwand, den er in seiner früheren Offizierslaufbahn zur Bestreitung seines Unterhalts aus eigenen Mitteln hätte aufwenden müssen. Das ist unrichtig und entspricht auch demjenigen nicht, was die Vorinstanz in anderer Beziehung selbst angenommen hat.

Vorauszuschicken ist, daß für die jetzt in Frage stehende Entschädigung nur die Zeit nach dem 27. Januar 1903 in Betracht gezogen werden kann. Denn für die Zeit bis dahin ist von ihm gefordert und ihm zugesprochen worden der Betrag, den er in der militärischen Laufbahn für seine Offiziersdienste erhalten haben würde, wenn er überhaupt nicht verurteilt und auch nicht verabschiedet worden, sondern nach wie vor aktiver Offizier geblieben wäre. Für die Zeit, für die ihm Vergütung für die Folgen seiner Bestrafung in dieser Weise geleistet wird, kann er, wie auf der Hand liegt, irgendeine weitere Entschädigung überhaupt nicht beanspruchen, da er eben — in vermögensrechtlicher Beziehung — alles erhält, was er gehabt haben würde, wenn der ganze Vorgang vom 20./21. Mai 1901 nicht stattgefunden hätte. Für die danach allein zu berücksichtigende Zeit nach dem 27. Januar 1903 aber kommt bei der Bemessung der Entschädigung überhaupt nicht in Betracht, wie sich das, was der Kläger bei Fortsetzung der Offizierslaufbahn für sich gebraucht hätte, zu dem verhält, was er zur Gewinnung eines bürgerlichen Berufs aufwenden muß. Wie das Berufungsgericht selbst an anderer Stelle mit Recht hervorgehoben hat, ist der Kläger durch die Kabinettsorder vom 6. Januar 1903 nicht auf Grund der gerichtlichen Entscheidung, durch die er verurteilt worden war, sondern auf Grund des ihn freisprechenden, im Wiederaufnahmeverfahren ergangenen Urteils verabschiedet worden, und das Berufungsurteil hat als zwar möglich, aber als nicht festgestellt bezeichnet, daß diese Verabschiedung mit Rücksicht auf die Vollziehung der über den Kläger verhängt gewesenen Freiheitsstrafe erfolgt sei. Danach ist davon auszugehen, daß der Kläger in der Zeit vom 27. Januar 1903 ab nicht infolge seiner Bestrafung, sondern vermöge „der höheren Orts beliebten Verabschiedung, der er in seiner Stellung als Offizier auch sonst ausgesetzt war", nicht mehr Offizier war. Daraus folgt auf der einen Seite, daß er von dieser Zeit an überhaupt einen Aufwand als aktiver Offizier nicht mehr gehabt hätte, aber andererseits sich auch um eine Stellung im bürgerlichen Leben hätte bemühen und die zu deren Erlangung erforderlichen Beträge hätte aufwenden müssen. Bei der Entscheidung darüber, ob und welche Entschädigung dem Kläger für die Zeit vom 27. Januar 1903 ab zuzubilligen sei, ist also nicht eine Vergleichung der in dem Berufungsurteil bezeichneten Art vorzunehmen, die Frage vielmehr dahin zu stellen: wie würde sich die Vermögenslage des Klägers bezüglich der Erlangung einer auf Erwerb gerichteten Stellung im bürgerlichen Leben in der angegebenen Zeit dann gestaltet haben, wenn er zwar vor diesem Tage mit der Maßgabe verabschiedet worden wäre, daß er in die Kategorie der auf ihr eigenes Ansuchen aus dem Dienste ausgeschiedenen Offiziere versetzt wurde, wenn er aber vor dieser Verabschiedung nicht wegen schwerer Urkundenfälschung in Verbindung mit Betrugsversuch zu einer Gefängnisstrafe sowie zur Dienstentlassung verurteilt, und diese Strafe an ihm vollstreckt gewesen wäre.

Bei der Beurteilung dieser Frage muß selbstverständlich der Umstand in Betracht gezogen werden, daß vor der Zeit, um die es sich handelt, das gegen den Kläger ergangene Strafurteil im Wiederaufnahmeverfahren aufgehoben, seine Freisprechung wegen der erwähnten Delikte erfolgt, und dabei von dem Oberkriegsgericht positiv ausgesprochen worden war, es sei festgestellt, daß der jetzige Kläger, sofern er die Handlungen, durch die er die Urkundenfälschung und den Betrugsversuch begangen zu haben beschuldigt worden sei, überhaupt vorgenommen haben sollte, dies nicht in rechtswidriger Absicht getan habe.... Hiermit war ausgesprochen, daß sich nachträglich die Unschuld des Klägers bezüglich der ihm zur Last gelegten Tat ergeben habe, also der Makel, der durch die Verurteilung auf ihm lastete, für die Zukunft dergestalt beseitigt, daß gegen ihn nicht einmal mehr ein Verdacht, sich der in Frage stehenden ehrlosen Handlungsweise schuldig gemacht zu haben, bestand. Kähler hat in seiner oben angezogenen Monographie (S. 47. 48) die Frage aufgeworfen, ob nicht der Verurteilte, soweit die zu Unrecht vollzogene Strafe durch den ihr anhängenden Makel sein Fortkommen erschwert hat, Ersatz nur für die Zeit bis zur Freisprechung verlangen könne, und ist geneigt, die Frage zu bejahen, da mit diesem Augenblicke die dem Leumund zugefügte Unbill und das staatliche Unrecht beseitigt erscheine. Dem ist nicht beizustimmen; es handelt sich bei der Entschädigung aus dem Gesetze vom 20. Mai 1898 um einen aus Billigkeitsgründen zu gewährenden Ersatz für denjenigen Vermögensschaden, der dem Verurteilten durch die unschuldig erlittene Bestrafung tatsächlich entstanden ist, und dieser Ersatz ist ihm auch für die Zeit nach der Freisprechung zu leisten, soweit trotz dieser ein Vermögensschaden fortbesteht. Nun wird es freilich an sich für einen verständigen und billig denkenden Menschen fern liegen, soweit es auf ihn ankommt, einem Manne in seinem Fortkommen deshalb hinderlich zu sein, weil dieser wegen einer nach der allgemeinen Anschauung als entehrend angesehenen Handlung bestraft worden ist, obwohl er weiß, daß in einem späteren Verfahren die Unschuld des Mannes durch ausdrücklichen Richterspruch festgestellt ist; bei vielen wird vielmehr der Wunsch bestehen, gerade einem solchen Manne nach Kräften zur Gewinnung einer für ihn geeigneten Existenz behilflich zu sein. Aber nicht das ist entscheidend, was vernünftigerweise geschehen sollte, sondern was tatsächlich geschieht. Ist bei Würdigung der tatsächlich bestehenden Zustände anzunehmen, daß der Kläger in der Zeit vom 27. Januar 1903 ab trotz seiner Freisprechung im Wiederaufnahmeverfahren wegen seiner früheren Verurteilung und der Vollziehung der Strafe in seinem Fortkommen Vermögensnachteile erlitten hat und noch erleidet, die ihn nicht getroffen hätten, wenn er zwar im Januar 1903 in der oben bezeichneten Weise verabschiedet worden wäre, aber nicht vorher die Bestrafung erlitten hätte, so ist er hierfür zu entschädigen, aber auch nur hierfür, nicht auch für die Schwierigkeiten, die auch für einen anderen verabschiedeten Offizier seiner Herkunft bezüglich der Gewinnung einer anderweiten Existenz bestehen würden." ...

41. Inwieweit können gegen einen ausländischen Staat Klagen aus einem lediglich privatrechtlichen Verhältnis vor den deutschen Gerichten erhoben werden?

II. Zivilsenat. Urt. v. 12. Dezember 1905 i. S. B. (Kl.) w. belgischen Staats- u. Eisenbahnfiskus (Bekl.). Rep. II. 193/05.

I. Landgericht Aachen.
II. Oberlandesgericht Köln.

Im März 1902 schloß der verklagte belgische Eisenbahnfiskus mit dem Kaufmann K. in Antwerpen einen Vertrag ab, der die Lieferung von Eisenbahnschwellen von seiten des K. an den Beklagten zum Gegenstand hatte. Wegen der Ausführung des Vertrages entstanden zwischen beiden Streitigkeiten. Der Kläger, der in Düsseldorf wohnte, behauptete, K. habe ihm seine Rechte und Ansprüche aus dem Vertrage gegen den Beklagten übertragen. Gestützt hierauf, und indem er die Zuständigkeit des angerufenen Gerichts aus § 23 Z.P.O. herleitete, erhob er gegen den Beklagten Klage bei dem Landgerichte in Aachen auf Auflösung des Vertrages, soweit die Schwellen nicht abgenommen seien, und im übrigen auf Zahlung, auf Rückgabe der gestellten Kaution und auf Schadensersatz. Der Beklagte beantragte die Abweisung der Klage, da er der Gerichtsbarkeit eines deutschen Gerichts nicht unterworfen sei; er verweigerte jede sachliche Einlassung. Die beiden Vorinstanzen wiesen die Klage wegen Unzuständigkeit ab; die Revision des Klägers wurde zurückgewiesen aus folgenden

Gründen:

„Bei der gegenwärtigen Streitlage steht allein in Frage, ob das Oberlandesgericht mit Recht angenommen hat, daß der verklagte belgische Staats- und Eisenbahnfiskus, gegen den aus einem rein privatrechtlichen Anspruch Klage erhoben ist, der Gerichtsbarkeit des angerufenen deutschen — preußischen — Gerichts nicht unterworfen sei. Das Oberlandesgericht ist zutreffend davon ausgegangen, daß diese Frage weder durch § 18 G.V.G. noch durch § 23 Z.P.O. entschieden wird, daß vielmehr, da in dieser Beziehung vertragliche Abmachungen zwischen Deutschland, Preußen und Belgien nicht bestehen, auch die deutsche Gesetzgebung hierüber keine Bestimmungen enthält, Deutschland und Belgien aber voneinander unabhängige Staaten sind, allein das Völkerrecht entscheidend sein könne, d. h. das Recht, wie solches von den großen Kulturstaaten untereinander und im Verkehr mit den anderen Staaten anerkannt ist und gehandhabt wird. Nun besteht, wie auch das Oberlandesgericht hervorgehoben hat, in der Literatur zwar im allgemeinen darin Übereinstimmung, daß, wenn es sich um Akte des Staates handelt, die er in Ausübung der Staatsgewalt nach öffentlichem Rechte vollzieht, der eine Staat der Gerichtsgewalt eines anderen Staates nicht unterworfen ist; dagegen herrscht Streit darüber, ob in diesem Sinne auch dann zu entscheiden ist, wenn, wie im vorliegenden Fall, der Staat nicht in seiner Eigenschaft als öffentliche Gewalt, sondern als juristische Person, als Fiskus, auf dem Gebiete des Privatrechts in Betracht kommt. Die einen nehmen auch dann in der Regel, mit gewissen Ausnahmen, die Exemtion an, während von anderen die Ansicht verfochten wird, in Privatrechtsstreitigkeiten sei der ausländische Staat, ebenso wie die ausländische Privatperson, der Gerichtsbarkeit der inländischen Gerichte unterworfen. Wenn hiernach die Frage nach der Doktrin zweifelhaft sein kann, so steht doch fest, daß die höheren Gerichte in Deutschland, Österreich, Frankreich, England und in den Vereinigten Staaten von Nordamerika, sowie bis vor einiger Zeit auch in Italien und in Belgien, also in den größeren, den internationalen Verkehr beeinflussenden Kulturstaaten, in ihren betreffenden Entscheidungen fast ständig den Grundsatz zum Ausdrucke gebracht haben, der auswärtige Staat sei in der Regel auch bei privatrechtlichen Ansprüchen der Gerichtsbarkeit der inländischen Gerichte nicht unterworfen.

Vgl. Löning, Die Gerichtsbarkeit über fremde Staaten &c, in der Festgabe der juristischen Fakultät Halle für Fitting, und Droop, in Gruchot, Beitr. Bd. 26 S. 289 flg., und die in diesen Abhandlungen angegebene Literatur und Rechtsprechung.

In diesem Sinne hat sich namentlich auch der preußische Kompetenzgerichtshof in seinen Entscheidungen vom 14. Januar 1882 und vom 14. Juni 1902 ausgesprochen, sowie auch der bayerische Kompetenzgerichtshof in den Gründen des Urteils vom 4. März 1885.

Stenographische Berichte über die Reichstagssession 1884/85 Bd. VII Anlage S. 1925 und 1930 flg. und Zeitschr. für internat. Privat- und öffentliches Recht Bd. 13 S. 397 flg.

Auch das Reichsgericht hat, wenn auch nur nebenbei, in der Entscheidung in Bd. 22 S. 29 der Entsch. in Zivils. den Satz aufgestellt, daß der fremde Staat der hiesigen Gerichtsgewalt überhaupt nicht unterworfen werden könne. Dieses Ergebnis entspricht der im internationalen Verkehr anerkannten gegenseitigen Unabhängigkeit und Gleichheit der souveränen Staaten, worauf das Völkerrecht beruht. Die dem Staate innewohnende Herrschermacht offenbart sich in der Tätigkeit seiner Organe, also auch in der Rechtsprechung seiner Gerichte; diese üben ihre Tätigkeit im Namen des Staates oder des denselben repräsentierenden Staatsoberhauptes aus. Der Staat stellt kraft seiner Gewalt in dem gerichtlichen Urteile dasjenige fest, was zwischen den Streitenden rechtens ist, und gewährt zur Durchführung der Entscheidung die erforderlichen Zwangsmittel. Daraus folgt aber mit Notwendigkeit, daß, wenn der ausländische Staat, auch in Privatrechtssachen, gezwungen werden könnte, vor inländischen Gerichten Recht zu nehmen, er der inländischen Staatsgewalt unterworfen sein und an seiner völkerrechtlichen Unabhängigkeit Einbuße erleiden würde. Daher muß als ein Rechtssatz des Völkerrechts anerkannt werden, daß ein ausländischer Staat auch aus rein privatrechtlichen Ansprüchen vor den inländischen Gerichten nicht belangt werden kann. Dieser Rechtssatz ist allerdings gewissen Einschränkungen zu unterwerfen. So wird ihm z. B. ziemlich allgemein die Anerkennung versagt, wenn es sich um eine dingliche Klage handelt, die sich auf ein im Inlande gelegenes Immobile bezieht; denn der Grund und Boden, als untrennbarer Teil des Staatsgebietes kann nur der Herrschaft desjenigen Staates, zu dem er gehört, unterstehen. Ferner ist allgemein anerkannt, daß in einem Privatrechtsstreite der eine Staat sich freiwillig der Gerichtsbarkeit eines anderen Staates unterwerfen kann, welche Unterwerfung bezüglich der vom Gegner erhobenen Widerklage anzunehmen sein wird, wenn der fremde Staat die Klage bei einem inländischen Gerichte erhoben hat. Inwiefern aus konkludenten Handlungen auf eine freiwillige Unterwerfung zu schließen ist, und ob den hierauf sich beziehenden Ausführungen des Berufungsrichters beizutreten wäre, bedarf keiner Erörterung, da in gegenwärtiger Sache der Beklagte sofort gegen die Zuständigkeit des Landgerichts in Aachen protestiert, und das ganze in Frage stehende Rechtsgeschäft in Belgien seinen Sitz hat.

Hiernach haben die Vorinstanzen mit Recht die Klage wegen Unzuständigkeit abgewiesen, und es ist hierbei einflußlos, daß in neuerer Zeit in Belgien selbst in der Rechtsprechung die Auffassung, fremde Staaten seien in Privatstreitigkeiten gleich den fremden Privatpersonen der belgischen Gerichtsbarkeit unterworfen, Anerkennung gefunden hat (Entscheidung des Brüsseler Kassationshofes vom 11. Juni 1903 in Sachen der Lüttich-Limburger Eisenbahngesellschaft gegen den Staat der Niederlande). Abhilfe könnte nur getroffen werden gemäß § 24 Einf.-Ges. zur Z.P.O."

---

42. Wird der im Zwangsversteigerungsverfahren nicht angemeldete Teil einer Höchstbetragshypothek zur Eigentümergrundschuld, oder rücken die nachstehenden Realgläubiger auf? Ist es von Einfluß, daß der Eigentümer keinen Widerspruch gegen die Nichtberücksichtigung seiner Grundschuld im Teilungsplan erhoben hat?

Zw.V.G. §§ 114. 115.

B.G.B. §§ 1163. 1190.

V. Zivilsenat. Urt. v. 13. Dezember 1905 i. S. O.'er Bank (Bekl.) w. Westf. K.-Handelsgesellsch. (Kl.). Rep. V. 225/05.

I. Landgericht Bielefeld.
II. Oberlandesgericht Hamm.

Für die verklagte Bank waren auf Grundstücken des Kohlenhändlers Fr. E. in B. zwei Sicherungshypotheken bis zu den Höchstbeträgen von 15000 ℳ und 30000 ℳ eingetragen; wie es in den Pfandverschreibungen hieß: zur Sicherung aller Ansprüche und Forderungen, welche die Bank gegen ihn oder die Firma J. F. E. in B. oder (seit dem 2. August 1902) die Firma E. & Fl. in E. aus irgendwelchen Rechtsgeschäften oder aus irgend einem Rechtsgrunde erworben habe oder erwerben werde. Dahinter folgte eine Sicherungshypothek bis zum Höchstbetrage von 10000 ℳ für die klagende Handelsgesellschaft.

In der im Februar 1903 eingeleiteten Zwangsversteigerung der

Grundstücke meldete die Beklagte außer einer größeren Forderung aus ihrem Geschäftsverkehr mit der Firma E. & Fl. noch weitere Forderungen im Gesamtbetrage von 6526,49 *M* an, die sie sich von Bauhandwerkern gegen E. hatte abtreten lassen. Bei der Kaufgelderverteilung am 19. Juni 1903 wurden aus dem Erlöse drei Spezialmassen gebildet, weil die fünf Grundstücke ungleichmäßig belastet waren. Nach dem Verteilungsplan sollte nun die Beklagte, die wegen ihrer eigenen rechtsgeschäftlichen Forderungen voll gedeckt war, aus einer dieser Spezialmassen an letzter Stelle noch mit 2586,49 *M* für die angemeldeten Handwerkerforderungen zur Hebung kommen. Die Klägerin, die infolgedessen mit ihrer ganzen angemeldeten Forderung von 10909,96 *M* ausgefallen sein würde, erhob gegen solche Verteilung Widerspruch, während der Eigentümer E., der im Termin anwesend war, schwieg. Es wurde darauf der streitige Betrag in gerichtliche Verwahrung genommen. Die Klägerin klagte dann mit dem Antrage, die Anmeldung der Handwerkerforderungen für ungerechtfertigt zu erklären und die Streitmasse mit den Hinterlegungszinsen ihr zuzusprechen, eventuell ein neues Verteilungsverfahren anzuordnen. Sie bestritt den Bestand der Handwerkerforderungen und deren ernstlich gemeinte Abtretung an die Beklagte, machte aber namentlich geltend, daß die Sicherungshypotheken der Beklagten sich nicht auf Forderungen erstreckten, die sie außerhalb ihres Geschäftsverkehrs mit E. gegen diesen erworben habe.

Die Beklagte bestritt dies unter Berufung auf den oben wiedergegebenen Wortlaut der Pfandverschreibungen. Zunächst bemängelte sie aber die Aktivlegitimation der Klägerin, weil, wenn ihre Sicherungshypotheken nicht erschöpft worden wären, der dadurch freiwerdende Betrag dem Grundstückseigentümer zufallen würde (§ 1163 B.G.B.), der indes durch sein Schweigen im Verteilungstermin sein Einverständnis mit der Liquidierung der Handwerkerforderungen zu erkennen gegeben habe.

Im Laufe des Prozesses hatte die Klägerin am 2. Oktober 1903 die etwaigen Rechte des Eigentümers E. an dem Erlöse pfänden und sich überweisen lassen. Gegen die Verwertung dieses Umstandes erhob jedoch die Beklagte die Einrede der unzulässigen Klagänderung und der Unzuständigkeit des angegangenen Landgerichts in B., weil sie dort nicht ihren allgemeinen Gerichtsstand habe.

In erster Instanz wurde die Klage abgewiesen, in zweiter Instanz dagegen der Widerspruch der Klägerin gegen den Teilungsplan für begründet erklärt, und ihr die Streitmasse zugesprochen. Auf die Revision der Beklagten wurde die Entscheidung der ersten Instanz wieder hergestellt.

Gründe:

„Der erste Richter hatte dahingestellt gelassen, ob die Beklagte berechtigt gewesen sei, die ihr abgetretenen Handwerkerforderungen auf ihre Sicherungshypotheken zu liquidieren, weil nur der Eigentümer des Grundstücks dem hätte widersprechen dürfen (§§ 1163. 1190 B.G.B.), nicht aber die Klägerin, auch nicht auf Grund des von ihr erst nach dem Verteilungstermin erwirkten Pfändungs- und Überweisungsbeschlusses. Der Berufungsrichter nimmt dagegen an, daß für den vorliegenden Verteilungsstreit das etwaige Widerspruchsrecht des Eigentümers nicht mehr in Betracht komme, folglich allerdings auch nicht dessen Pfändung durch die Klägerin, weil der Eigentümer E., obwohl im Verteilungstermin anwesend, keinen Widerspruch gegen den Verteilungsplan erhoben habe (Entsch. des R.G.'s in Zivils. Bd. 26 S. 420 flg., Gruchot, Beitr. Bd. 42 S. 745), daß sich aber andererseits die Klageberechtigung der Klägerin aus ihrem Widerspruch gegen den Verteilungsplan ergebe (§ 115 Zw.V.G., §§ 878 flg. Z.P.O.). Er geht dann auf die Frage ein, ob die der Beklagten bestellten Sicherungshypotheken auch für die von ihr erworbenen Handwerkerforderungen hafteten, und das wird verneint, weil dies weder bei Bestellung dieser Hypotheken beabsichtigt worden sei, noch auch aus dem Schweigen des Eigentümers zu dem Verteilungsplan abgeleitet werden könnte.

Dabei wird aber vom Berufungsrichter übersehen, daß die Nichtteilnahme des Eigentümers am Verteilungsstreite nicht geeignet war, der Klägerin Rechte zu verschaffen, die sie nicht schon hatte. Die Klägerin war nachstehende Hypothekengläubigerin und hatte kein Recht auf das Vorrücken an eine bessere Stelle, solange diese noch besetzt war. Ihrer Hypothek gingen die Sicherungshypotheken der Beklagten vor, und soweit diese nicht von der Beklagten selbst in Anspruch genommen werden konnten, standen sie dem Grundstückseigentümer als Grundschuld zu. Wenn sie also auch nachweisen könnte, daß die Beklagte nicht die Handwerkerforderungen auf ihre Sicherungshypotheken liquidieren dürfte, so würde sie damit allerdings die Legitimation der Beklagten zur Inanspruchnahme der Sicherungshypotheken insoweit widerlegt haben, aber nicht auch diese Hypotheken selbst in dem von der Beklagten nicht valutierten Betrage beseitigen, die vielmehr insoweit Grundschulden des Eigentümers geblieben wären. Damit hätte die Klägerin also nichts gewonnen; es wäre nicht eine Stelle frei geworden, in die sie hätte einrücken können. In feststehender Rechtsprechung ist es anerkannt, daß in der Zwangsversteigerung der Widerspruch gegen eine liquidierte Hypothek nicht auf den bloßen Legitimationsmangel des Liquidanten gestützt werden kann.

Vgl. Entsch. des R.G.'s in Zivils. Bd. 15 S. 223 flg., Bd. 55 S. 217 flg., 260; Jurist. Wochenschr. 1903 S. 113 Nr. 49 (Rep. V. 300/02).

Daß nun der Eigentümer keinen Widerspruch gegen den Teilungsplan erhoben hat, vermag daran nichts zu ändern. Hätte er Widerspruch erhoben, und wäre er damit durchgedrungen, so würde davon jedenfalls die Klägerin keinen Vorteil gehabt haben, da dann er selber die Beklagte verdrängt hätte. Da er keinen Widerspruch erhoben hat, gleichviel aus welchem Grunde, mag die Möglichkeit zugegeben werden, daß materiellrechtlich die Beklagte keinen Anspruch gehabt hätte, zur Hebung zu kommen; aber solchenfalls würde sie den Vorteil nur auf Kosten des Eigentümers, nicht der Klägerin, erlangt haben; denn die Klägerin hatte kein Recht auf den der Beklagten zugeteilten Platz. Aus dieser Sachlage ergibt sich zugleich, daß, wenn bei dem Schweigen des Eigentümers zu dem Verteilungsplan überhaupt eine Absichtlichkeit vorausgesetzt werden könnte oder müßte, eher auf sein Einverständnis mit dem vom Gericht berücksichtigten Liquidat der Beklagten, als auf seine Absicht zu schließen sein würde, zugunsten der Klägerin von einem Widerspruch abzustehen, womit diese noch nichts gewann.

Durch die von der Klägerin erwirkte Pfändung und Überweisung der etwaigen Rechte des Eigentümers auf den Erlös aus der Zwangsversteigerung kann die Entscheidung des vorliegenden Verteilungsstreites nicht beeinflußt werden, weil sie erst nach dem Verteilungstermin erfolgt ist und darum von vornherein nicht zur Begründung eines Widerspruchs gegen den Verteilungsplan hätte verwertet werden können." ...

43. Kann die Unterzeichnung einer Urkunde, die nur Bestimmungen über die gegenseitigen Rechte und Pflichten der Vertragschließenden enthält, durch einen Dritten auf Grund außerhalb der urkundlichen Erklärung liegender Umstände als Bürgschaftserklärung im Sinne des § 766 B.G.B. erachtet werden?

VI. Zivilsenat. Urt. v. 14. Dezember 1905 i. S. K. (Bekl.) w. R. (Kl.). Rep. VI. 7/05.

I. Landgericht Memmingen.
II. Oberlandesgericht Augsburg.

Laut eines in zwei unter den Vertragschließenden ausgewechselten Exemplaren ausgefertigten schriftlichen Kaufvertrages vom 9. Januar 1903 hatten eine Anzahl Ökonomen von A., die eine Käsereigenossenschaft gebildet hatten, ihre gesamte Milchproduktion für das erste Halbjahr 1903 an den Käser A. V. in W. zum Preise von 105,50 ℳ pro 1000 Liter verkauft. Der Kaufvertrag schloß unter Ziff. 15 mit der gedruckten Bestimmung: „Zur Festhaltung des Vertrags, welcher wörtlich vorgelesen wurde, verpflichten sich und unterzeichnen mit eigener Unterschrift:" Hierauf folgte in beiden Exemplaren das Datum, dann unter diesem neben dem Vordruck „Der Milchkäufer:" die Unterschrift des A. V., dann mehrere Zeilen unter dem nicht ergänzten Vordruck „Die Milchlieferanten:" von der Hand des Beklagten die Unterschrift: „Jos. K., Ökonom in O." In einem Exemplare folgten nach der Unterschrift des Beklagten Jos. K. auf der vierten Seite die Unterschriften der Milchlieferanten.

Den Kaufpreis für den Monat Juni 1903 mit 3439,23 ℳ war A. V. 39 Lieferanten schuldig geblieben.

Der Kläger J. R. erhob nun unter der Behauptung, daß die übrigen Milchlieferanten ihm ihre Forderungen abgetreten hätten, nach fruchtlos gegen A. V. versuchter Zwangsvollstreckung Klage gegen J. K. als Bürgen, und zwar auf Grund der durch Mitunterschrift des Milchkaufvertrages übernommenen Bürgschaft, sowie auf Grund einer im März 1903 in Anlaß eines Zahlungsanstandes von ihm gemachten Äußerung, „die Mitglieder der Genossenschaft sollten nur unbesorgt dem A. V. die Milch weiter liefern; wenn etwas fehle, komme er schon dafür auf; da habe es gar keinen Anstand; da sei er schon da; da zahle er", Klage mit dem Antrage, den Beklagten zu verurteilen, an den Kläger 3393,83 *M* nebst Zinsen und Kosten zu bezahlen.

Die Klage wurde in erster Instanz abgewiesen, auf die Berufung des Klägers jedoch in zweiter Instanz nach dem Klagantrage erkannt. Auf die Revision des Beklagten wurde das Berufungsurteil aufgehoben, und die Berufung des Klägers gegen das landgerichtliche Urteil zurückgewiesen.

Aus den Gründen:

... „Im Gegensatze zu der Auffassung des Erstrichters geht das Berufungsgericht in der Auslegung des Milchkaufvertrages davon aus, daß nicht bloß eine Unterschrift des Beklagten, sondern auch die Erklärung desselben vorliege, daß er sich zur Festhaltung dieses Vertrages verpflichte. Nach Erwägung der verschiedenen Möglichkeiten, in welcher Eigenschaft der Beklagte unterzeichnet habe, ob als Käufer, als Verkäufer, oder als Zeuge, gelangt das Berufungsgericht zu dem Schlusse, daß, wenn man auch zunächst nur die Urkunde allein in das Auge fasse, der Beklagte als Bürge für die Verpflichtungen des B. erscheine, unter dessen Unterschrift sich die Unterschrift des Beklagten befinde. Da aus der Urkunde zu entnehmen sei, daß Beklagter nicht Käufer oder Verkäufer sei, so stehe auch fest, daß die in den einzelnen Ziffern der Urkunde aufgeführten Verpflichtungserklärungen des Käufers und der Verkäufer nicht vom Beklagten abgegeben worden seien, sondern daß eine Erklärung des Beklagten nur in der alle Unterschreibenden angehenden Bestimmung der Ziff. 15 enthalten sein könne. Nach dem ganzen Inhalte der Urkunde sei nicht ersichtlich, daß der Beklagte die in Ziff. 15 enthaltene Verpflichtungserklärung zu einem anderen Zweck als dem der Bürgschaftsleistung abgegeben haben könnte. Der Gebrauch des Wortes „Bürge" oder „Bürgschaft" sei nicht notwendig.

Das Berufungsgericht verweist ferner darauf, daß der Beklagte ja selbst zugebe, daß er den Kaufvertrag als Bürge unterzeichnet habe, und stellt zum weiteren Nachweise der Bedeutung der Unterschrift die Entstehungsgeschichte des Kaufvertrages dahin fest, daß der Milchkäufer B. infolge der Aufforderung, einen Gutständer zu bringen oder 3000 *M* Kaution zu leisten, erklärt habe, er bringe den Beklagten als Gutständer, daß B. sodann den Milchlieferanten zwei

Vertragsexemplare gebracht habe, auf denen V. und der Beklagte unterschrieben gewesen seien, und daß dann das eine Exemplar von den Milchlieferanten unterzeichnet worden sei. Nach der Sachlage könne ein Zweifel darüber nicht bestehen, daß der Beklagte bei Unterzeichnung der beiden Vertragsexemplare sich darüber klar gewesen sei, daß wenigstens eines davon den Milchlieferanten ausgehändigt werden würde. Der Beklagte sei damit offenbar einverstanden gewesen. Es könne daher keine Rede davon sein, daß der Beklagte eine Bürgschaftserklärung nur gegenüber dem V., nicht aber gegenüber den Milchlieferanten habe abgeben wollen.

Endlich weist das Berufungsgericht darauf hin, daß der Beklagte in der Berufungsinstanz sogar ausdrücklich behauptet habe, daß er dem jetzigen Kläger vor der Unterzeichnung der Urkunde mitgeteilt habe, er sei bereit, für V. den Gutständer zu machen, wobei er allerdings seine Haftung auf 2000 ℳ eingeschränkt haben wolle. Auf Grund der Beweiserhebung stellt das Berufungsgericht sodann fest, daß die angebliche Einschränkung der Haftung auf 2000 ℳ unwahr sei. . . .

In der nach Abschluß des Milchkaufvertrages nach der Behauptung des Klägers abgegebenen Erklärung findet das Berufungsgericht einen Kreditauftrag nicht, da hierin höchstens ein Ersuchen, eine Ermächtigung, Kredit zu gewähren, enthalten wäre, wogegen nicht angenommen werden könnte, daß sich die Milchlieferanten oder deren Vertreter dem Beklagten gegenüber hätten verpflichten wollen, dem V. Kredit zu gewähren. . . .

Die Revision war als begründet zu erachten. . . .

Was . . . die Frage der Bürgschaftsübernahme betrifft, so ist gemäß § 766 B.G.B. zur Gültigkeit des Bürgschaftsvertrages schriftliche Erteilung der Bürgschaftserklärung erforderlich. Eines solennen Ausdrucks, insbesondere der Bezeichnung „Bürgschaftsübernahme", bedarf die Erklärung der Bürgschaftsübernahme auch nach dem Rechte des Bürgerlichen Gesetzbuchs nicht,

vgl. Neumann, Handausgabe des Bürgerlichen Gesetzbuchs 4. Aufl. Bd. 1 S. 490 Bem. 2; Entsch. des R.G.'s in Zivils. Bd. 31 S. 266,

wenn nur mit Bestimmtheit aus ihr erkennbar ist, daß der Erklärende gegenüber dem Gläubiger eines Dritten sich verpflichtet, für die Erfüllung der Verbindlichkeit des Dritten einzustehen (§ 765 B.G.B.).

Die als Bürgschaftserklärung sich darstellende schriftliche Willenserklärung untersteht also der Auslegung nach dem Grundsatze des § 133 B.G.B. Demgemäß ist es auch keineswegs ausgeschlossen, daß zur Ermittlung des der schriftlichen Erklärung zugrunde liegenden Willens außerhalb der auszulegenden urkundlichen Erklärung liegende Umstände hervorgezogen und berücksichtigt werden.

Vgl. Entsch. des R.G.'s in Zivils. Bd. 59 S. 219.

In dieser Beziehung kann auch eingeräumt werden, daß insbesondere die vom Berufungsgerichte festgestellten Vorgänge vor und bei dem Abschlusse des Milchkaufvertrages und der Herstellung der Vertragsurkunde dafür sprechen, daß dem Beklagten die Übernahme der Bürgschaft für die Verpflichtungen des Käufers B. angesonnen wurde, und er seinerseits die Bürgschaft auch übernehmen wollte. Die Auslegung findet aber ihre natürliche Grenze in dem Erfordernisse, daß der sprachliche Ausdruck noch das erkennen lassen muß, was durch ihn zur Erkenntnis gebracht werden soll. In den gebrauchten Worten muß also der Ausdruck dessen, was als der Wille des Erklärenden ermittelt wird, überhaupt gefunden werden können.

Vgl. Entsch. des R.G.'s in Zivils. Bd. 59 S. 219.

Diesem Erfordernisse entspricht aber die Kaufvertragsurkunde vom 9. Januar 1903 hinsichtlich der in Anspruch genommenen Bürgschaftsübernahme nicht. Gemäß § 126 B.G.B. muß, wenn durch Gesetz schriftliche Form vorgeschrieben ist, die Urkunde von dem Aussteller eigenhändig durch Namensunterschrift oder mittels gerichtlich oder notariell beglaubigten Handzeichens unterzeichnet werden. Die Unterschrift setzt aber, wenn sie etwas bedeuten soll, eine Niederschrift voraus, durch deren Unterzeichnung der Unterzeichnende sich den Inhalt der vor oder mit seinem Willen nach der Unterschrift vollzogenen Niederschrift aneignet. Der Beklagte K. hat nun seine Unterschrift nach der des Milchkäufers A. B. und vor den Unterschriften der Milchlieferanten auf die Urkunde gesetzt. Der vorausgehende Text der Urkunde befaßt sich unter den Ziff. 1—15 ausschließlich mit den Rechten und Pflichten der Verkäufer und des Käufers; Ziff. 15 enthält nur eine die Unterzeichnung einleitende Abschlußformel: „Zur Festhaltung dieses Vertrags, welcher wörtlich vorgelesen wurde, verpflichten sich und unterzeichnen mit eigenhändiger Unterschrift: Der Milchkäufer: Die Milchlieferanten." Wollte man auch die Frage aufwerfen, ob nicht durch die bloße Mitunterzeichnung einer eine Schuldverbindlichkeit begründenden Urkunde der Unterzeichnende neben dem Schuldner in die gleiche Verbindlichkeit eintrete, und hierdurch eine kumulative Schuldübernahme begründet werden könnte, der Beklagte sonach sich als Mitschuldner dem A. B. zugesellt hätte, so würde diese Auslegung daran scheitern, daß nur eine akzessorische Verbindlichkeit in Frage steht, und nur eine solche in Anspruch genommen ist. Was also hiernach in der Urkunde etwa gefunden werden könnte, entspräche nicht dem Willen des Erklärenden.

Das Berufungsgericht bringt die Unterschrift des Beklagten auch nur mit Ziff. 15 der Vertragsurkunde in Verbindung. Wie erwähnt, enthält aber Ziff. 15 nur die Abschlußformel der zwischen Käufer und Verkäufer vereinbarten Vertragsbestimmungen, gewissermaßen das beiderseitige Gelöbnis der Einhaltung und Erfüllung des Vereinbarten. Sie enthält nicht das mindeste, was sich auf das von dem Beklagten aus Anlaß des Milchkaufvertrages eingegangene Rechtsverhältnis bezöge.

Was das Berufungsgericht der Urkunde gegenüber als Auslegung geltend machen will, ist daher in der Tat die Unterstellung eines Inhalts, den die Urkunde und insbesondere Ziff. 15 nach dem klaren Wortlaut nicht hat und nicht haben kann.

Hiernach erscheint die Klage unbegründet." ...

---

44. Wird der in § 37 Abs. 1 der preußischen Schiedsmannsordnung vom 29. März 1879 getroffenen Vorschrift dadurch genügt, daß der die Ladung enthaltende Brief in den Postbriefkasten eingeworfen wird?

Haftpflicht des Schiedsmannes im Falle, daß die Ladung nicht in zuverlässiger Weise zugestellt ist?

III. Zivilsenat. Urt. v. 15. Dezember 1905 i. S. R. (Kl.) w. Ph. (Bekl.). Rep. III. 200/05.

I. Landgericht Köln.
II. Oberlandesgericht daselbst.

Der Kläger hatte, nachdem ihm vom Beklagten als zuständigem Schiedsmann die Bescheinigung über die Erfolglosigkeit des Sühneversuchs beim Ausbleiben des Beschuldigten im Termin zur Sühneverhandlung erteilt war, gegen letzteren Privatklage wegen Beleidigung erhoben. Das eröffnete Hauptverfahren wurde durch Urteil des Schöffengerichts unter Belastung des Privatklägers mit den Kosten eingestellt, die von ihm eingelegte Berufung mit gleicher Kostenentscheidung von der Strafkammer des Landgerichts zurückgewiesen, und zwar hier wie dort aus dem Grunde, daß gegenüber dem Bestreiten des Angeklagten, die Ladung empfangen zu haben, die Zustellung nicht nachweisbar war. Die Strafkammer stellte fest, daß Beklagter den die Ladung des Beschuldigten enthaltenden Brief seinem Angestellten M. zur Beförderung durch die Post übergeben, und daß letzterer den Brief in den Postbriefkasten eingeworfen hatte, lehnte jedoch die Folgerung, daß der Brief dem Angeklagten zugegangen sei, als unschlüssig ab. Der Kläger hat darauf den Beklagten auf Erstattung der von ihm gezahlten Kosten in Anspruch genommen. Beklagter erhob zur Abwehr der Klage den Einwand, daß nach dem festgestellten Sachverhalt ihn die Schuld nicht treffe, wenn der Beschuldigte in der Tat den Brief nicht erhalten haben sollte. Das Landgericht wies die Klage ab, das Berufungsgericht die Berufung zurück. In Übereinstimmung mit ersterem nahm letzteres an, daß Beklagter, der die Ladung des Beschuldigten unter dessen Adresse durch gewöhnlichen Brief rechtzeitig zur Post gegeben habe, diese Ladung als zuverlässig habe ansehen dürfen. Die gegen dieses Urteil eingelegte Revision ist zurückgewiesen aus folgenden

Gründen:

„Nach § 37 der Schiedsmannsordnung ist die Ladung zu der nach § 420 der Strafprozeßordnung erforderlichen Sühneverhandlung den Parteien durch den Schiedsmann oder „in anderer zuverlässiger Weise" zuzustellen. Als in zuverlässiger Weise zugestellt gilt, weil mit eventueller Rechtsfolge verknüpft, diese Ladung nur in dem Fall, daß ein Sachverhalt nachweisbar herbeigeführt ist, welcher zur Folgerung auf die geschehene Aushändigung des die Ladung enthaltenden Schriftstücks an die Parteien in dem Maße berechtigt, daß die gegenteilige Annahme, wenn auch vielleicht noch denkbar, nach allgemeiner Lebenserfahrung doch als unverständig erscheint. Die Herbeiführung dieses

Sachverhalts ist die Aufgabe der Zustellung in zuverlässiger Weise. Am einfachsten durch Erwirkung einer Empfangsbescheinigung der Parteien beschafft, wird derselbe durch Einwerfen des die Ladung enthaltenden, mit der Adresse der Partei versehenen Schriftstücks in den Postbriefkasten nicht hergestellt; die Folgerung auf die Aushändigung an den Adressaten ist mit obgedachter, juristischer Gewißheit daraus nicht zu ziehen. Ist hiernach der Revision auch zuzugeben, daß der Beklagte die ihm dem Kläger gegenüber obliegende Amtspflicht dadurch verletzt hat, daß er die Ladung dem Beschuldigten nicht in zuverlässiger Weise zugestellt hat, so kann gleichwohl nicht mit derselben angenommen werden, daß diese Verletzung ihm als Fahrlässigkeit anzurechnen ist. In dieser Beziehung darf nicht außer acht bleiben, daß weder die Schiedsmannsordnung noch, soweit bekannt, eine amtliche Instruktion nähere Weisungen darüber enthält, wie die Zustellungen zu besorgen sind, daß an das Verständnis und die Umsicht des Schiedsmanns nicht die Anforderungen gestellt werden dürfen, die an den Beamten füglich zu stellen sind, dem auf sein Ansuchen das Amt übertragen ist, und daß in der Praxis der Gerichte, wie der vorliegende Streitfall zeigt, keine Übereinstimmung darüber besteht, wann die Zustellung der Ladung im Sinne der Schiedsmannsordnung in zuverlässiger Weise bewirkt ist. Der Irrtum des Beklagten, auf den die fehlerhafte Zustellung der Ladung zurückzuführen ist, kann daher als unentschuldbar nicht erachtet werden." ...

---

45. Beginnt die zweijährige Verjährung der Kaufpreisforderung der Kaufleute (§ 196 Ziff. 1 B.G.B.) schon mit Schluß des Jahres, in welchem die Forderung entstanden ist, oder erst mit Schluß des Jahres, in welchem die Lieferung erfolgt ist?

VII. Zivilsenat. Urt. v. 15. Dezember 1905 i. S. Z. (Bekl.) w. D. & B. L. (Kl.). Rep. VII. 120/05.

I. Landgericht II Berlin.
II. Kammergericht daselbst.

Das Reichsgericht hat diese Frage in ihrem ersten Teile bejaht, im zweiten verneint aus folgenden

Gründen:

„Der erkennende Senat kann in der Frage der Verjährung sich dem Berufungsrichter nicht anschließen. Diese Frage geht dahin, ob die zweijährige Verjährung nach Maßgabe des preußischen Gesetzes vom 31. März 1838 bzw. § 196 B.G.B. für die Kaufpreisforderung der Kaufleute schon mit Schluß des Jahres beginnt, in welchem die Forderung entstanden ist, oder erst mit Schluß des Jahres, in welchem die verkauften Gegenstände geliefert sind. Der erste Richter hat diese Frage im Sinne der ersten, der Berufungsrichter im Sinne der zweiten Alternative bejaht. Der Senat verkennt nicht die erheblichen Zweifel, welche diese Frage in sich schließt, sowie das Gewicht der Gründe, welche sich für die Ansicht des Berufungsrichters geltend machen lassen, glaubt aber, nach Abwägung der für beide Ansichten geltend zu machenden Erwägungen, daß doch diejenigen überwiegen und den Ausschlag geben müssen, welche für die Ansicht des ersten Richters sprechen. Für dieses Ergebnis sind die folgenden Gedanken leitend gewesen. Vorwegzuschicken ist, daß es wesentlich auf die Beantwortung der Frage nach Maßgabe der Bestimmungen des Bürgerlichen Gesetzbuchs ankommt; denn wenn hiernach die zweijährige Verjährung Platz greift, so kommt diese gemäß Art. 169 Einf.-Ges. zum B.G.B. hier zur Anwendung. Es bedarf also keiner besonderen Untersuchung, ob die Kaufpreisforderung nach dem Gesetz vom 31. März 1838 der zweijährigen, oder nach den Bestimmungen des Allgemeinen Landrechts der dreißigjährigen Verjährung unterworfen war. Was den Beginn sowie die Hemmung der Verjährung betrifft, soweit es sich um die Zeit vor dem Inkrafttreten des Bürgerlichen Gesetzbuchs handelt, so werden die hierauf bezüglichen Ausführungen im Zusammenhange mit den übrigen Erörterungen ihre Stelle finden.

Auszugehen ist von der Bestimmung des § 198 B.G.B., wonach die Verjährung mit der Entstehung des Anspruchs beginnt. Der Kaufvertrag ist ein Konsensualvertrag. Die Kaufpreisforderung (§ 433 Abs. 2 B.G.B.) entsteht also mit dem Abschlusse des Kaufvertrages,

vgl. Goldmann u. Lilienthal, B.G.B. Bd. 1 S. 242 Anm. 5,

und beginnt mit diesem Zeitpunkt zu verjähren, sofern nicht der

Kaufpreis gestundet ist, oder der Käufer aus einem anderen Grunde vorübergehend zur Verweigerung der Zahlung des Kaufpreises berechtigt ist.

Vgl. § 202 Abs. 1; Planck, B.G.B. Bem. 1 zu § 205.
Diese letztere Vorschrift findet nach § 202 Abs. 2 B.G.B. auf die Einrede, daß der Verkäufer seine Leistung noch nicht erfüllt, nämlich den verkauften Gegenstand dem Käufer noch nicht geliefert habe, keine Anwendung. Die Kaufpreisforderung beginnt hiernach mit ihrer Entstehung zu verjähren ohne Rücksicht darauf, ob geliefert ist, oder nicht. Nach preußischem Recht war die Rechtslage nicht wesentlich anders gestaltet. Nach § 5 Ziff. 3 des Gesetzes vom 31. März 1838 begann die Verjährung mit Schluß des Jahres, in welchem die Kaufpreisforderung „entstanden" war. Wenn § 545 A.L.R. I. 9 den Anfang der Verjährung an den Zeitpunkt knüpfte, mit welchem die Erfüllung der Verbindlichkeit, also beim Kaufvertrage die Zahlung des Kaufpreises, zuerst gefordert werden konnte, so hinderte der Umstand, daß der Verkäufer selbst noch nicht erfüllt hatte, und der Käufer nur Zug um Zug zu zahlen brauchte, den Eintritt der Verjährung jedenfalls dann nicht, wenn es in der Hand des Verkäufers lag, seinerseits zu erfüllen. Der Berufungsrichter macht deshalb mit Unrecht geltend, die Klägerin habe Zahlung des Kaufpreises gegen Lieferung der Waren bisher nicht fordern können, weil sie selbst nicht erfüllungsbereit gewesen sei. Die Herbeiführung der Erfüllungsbereitschaft stand lediglich in ihrem Willen. Mochten auch gewisse Änderungen vom Beklagten gewollt sein, so konnte die Klägerin ihm eine Frist zu deren Angabe setzen und nach Ablauf der Frist unter Anbietung der bestellten Möbeln den Kaufpreis fordern. Es ist auch an dieser Stelle darauf hinzuweisen, daß die Klägerin selbst die Ansicht vertreten hat, daß sie bereits im Jahre 1899 den Kaufpreis hätte fordern können, da sie anderenfalls nicht Zinsen vom 1. Januar 1900 beanspruchen konnte.

Die Auffassung des Berufungsrichters führt nun zu folgendem eigentümlichen Ergebnisse. Die Kaufpreisforderung beginnt mit dem Zeitpunkt des Kaufabschlusses zu verjähren, und zwar beträgt, solange nicht geleistet ist, die Verjährungsfrist dreißig Jahre, von Datum zu Datum gerechnet. Diese in dreißig Jahren verjährende Kaufpreisforderung für nicht gelieferte Gegenstände verwandelt sich dann mit der Lieferung in eine Kaufpreisforderung für gelieferte Gegenstände, die in zwei Jahren verjährt vom Schlusse des Jahres ab, in welchem die Lieferung erfolgt ist. Da es in Wahrheit nicht zwei Kaufpreisforderungen, sondern nur eine einheitliche Kaufpreisforderung gibt, so würde also alsdann ein höchst auffälliger Wechsel in der Verjährung eines und desselben Anspruchs eintreten. Rechtlich möglich ist dies zwar; allein es müßten sehr zwingende Gründe vorliegen, um anzunehmen, daß solches wirklich dem Willen des Gesetzes entspreche. Derartige Gründe fehlen; es sprechen dagegen vielmehr die nachstehenden Erwägungen. Es würde zur sachlichen Bedeutung der Ansprüche im umgekehrten Verhältnis stehen, wenn die Kaufpreisforderung des Verkäufers, nachdem er geliefert hat, nachdem er also ein Stück seines Vermögens dem Käufer übergeben hat, bereits in der kurzen Zeit von zwei Jahren verjährt, die Forderung des Verkäufers an den Käufer aber, solange er aus seinem Vermögen noch nichts weggegeben hat, nur der dreißigjährigen Verjährung unterworfen sein sollte. Weshalb die letztere Forderung gegenüber der ersteren in dieser Weise begünstigt sein sollte, wäre schwer einzusehen. Richtig ist, daß die kurze Verjährung in erster Reihe eingeführt ist, um den Schuldner des Nachweises der Tilgung der entstandenen Forderung zu überheben. Das Vorbild für die neuere deutsche Gesetzgebung ist in dieser Beziehung der Code civil gewesen, dessen Bestimmungen (Artt. 2271—2277) jedoch nur die Vermutung der erfolgten Tilgung begründeten und auf diese Weise dem Gläubiger in den meisten Fällen Raum für den Gegenbeweis ließen, daß Zahlung nicht erfolgt sei. Die Tatsache, daß die deutschen Gesetzgebungen, und insbesondere das Bürgerliche Gesetzbuch, hierüber hinausgehend sich nicht mit einer solchen Vermutung der Tilgung begnügt, sondern die kurze Verjährung als wirkliche Verjährung behandelt und mit geringfügigen Abweichungen den allgemeinen Verjährungsgrundsätzen unterworfen haben, ergibt, daß auch für sie der allgemeine, der Einrichtung der Verjährung zugrunde liegende Gedanke maßgebend sein muß, nämlich der, daß nach Ablauf einer bestimmten Zeit der als Schuldner in Anspruch Genommene nicht nur des Nachweises der Tilgung, sondern auch des Streites über die Entstehung des Anspruchs überhoben sein soll. Gerade bei den Geschäften des täglichen Lebens, die mündlich, rasch, vielfach durch andere Personen (Dienstboten, Kinder) und in großer Zahl abgeschlossen werden, ist das Bedürfnis nach einem derartigen Verjährungsschutz ein dringendes. Es würde einen unerträglichen Zustand bedeuten, wenn der Kaufmann, bei dem einige Pfund Zucker bestellt sind, der Schuhmacher, dem ein Paar Stiefel in Bestellung gegeben sind, der Bäcker aus einer Brotbestellung, der Fleischer aus einer Fleischbestellung 2c 2c noch nach fünf, zehn, zwanzig Jahren Anspruch auf den Preis erheben und den Einwand der kurzen Verjährung mit der Replik zurückschlagen könnten, diese Verjährung greife nicht Platz, da sie nicht geliefert hätten, sie seien aber jetzt zur Lieferung bereit und forderten den Preis gegen Lieferung Zug um Zug. Das Gesetz kann einen derartigen Zustand nicht gewollt haben. Auch läßt sich ein Unterschied in dieser Beziehung zwischen den Ansprüchen, die durch § 196 B.G.B. der kurzen Verjährung unterworfen sind, schwerlich begründen. Es kommt nicht darauf an, daß den in Anspruch genommenen Personen vielerlei sonstige Einwände zur Seite stehen, mit denen sie solche Anforderungen zurückweisen könnten. Der einfache und klare Einwand der Verjährung soll eben jede weitere Erörterung des erhobenen Anspruchs unnötig machen. Bei den Geschäften, welche die Befriedigung der täglichen Lebensbedürfnisse zum Gegenstande haben, handelt es sich allerdings vielfach um Fixgeschäfte des täglichen Lebens, denen es immanent ist, daß bei ihnen der Rücktritt des Käufers und Bestellers als selbstverständlich und stillschweigend erfolgt gilt, wenn die Leistung nicht zu dem bestimmten Zeitpunkt bewirkt ist. Diese Tatsache kann indes eine andere Auffassung nicht rechtfertigen; denn wenn auch zugegeben ist, daß für sie, soweit Ansprüche auf Erfüllung daraus möglich sind, selbst eine zweijährige Verjährungsfrist schon zu lang wäre, so ist es um so gewisser, daß von einer dreißigjährigen Verjährung keine Rede sein kann.

Von den Bedenken, welche sich gegen die im vorstehenden entwickelte Ansicht erheben, ist das am schwersten wiegende dasjenige, welches aus dem Wortlaut des § 196 B.G.B. zu entnehmen ist, nämlich aus den Worten „für Lieferung von Waren“. Sie scheinen anzudeuten, daß die Lieferung erfolgt sein muß. In gleicher Weise verwertet der Berufungsrichter bei Auslegung des Gesetzes vom 31. März 1838 den dort gebrauchten Ausdruck „für gelieferte Arzneimittel“. Es ist ferner darauf hinzuweisen, daß im § 196 auch sonst von „Lieferung von Erzeugnissen", „Ausführung von Arbeiten", „Besorgung fremder Geschäfte", „Gewährung von Wohnung und Beköstigung", „Leistung von Diensten" rc die Rede ist; alles Ausdrücke, welche anscheinend die erfüllte Leistung bezeichnen. Es soll außerdem nicht unerwähnt bleiben, daß in den Motiven zum ersten Entwurf des Bürgerlichen Gesetzbuchs von den „Ansprüchen für gelieferte Waren", „geleistete Arbeiten" gesprochen wird (Bd. 1 S. 300). Gleichwohl kann dieses Bedenken nicht ausschlaggebend sein. Anzuerkennen ist, daß der Gedanke, es solle durch die kurze Verjährung der Schuldner des Nachweises der Tilgung der Schuld für empfangene Leistung überhoben werden, beherrschend in den Vordergrund getreten ist; allein er hat den anderen Zweck der Verjährung nicht völlig verdrängt. Es wird in den Motiven allgemein erklärt, die Verjährung bedürfe einer Abkürzung für die „Ansprüche aus den Geschäften des täglichen Lebens". In gleicher Weise werden auch vielfach sonst, insbesondere in den Bearbeitungen des Bürgerlichen Gesetzbuchs, als Gegenstand der kurzen Verjährung allgemein die „Ansprüche aus den Geschäften des täglichen Lebens" bezeichnet. Die angeführten, vom Gesetz gebrauchten Ausdrücke müssen hiernach nicht unbedingt im Sinne bewirkter Leistung verstanden werden, sondern lassen auch Raum für die Auslegung, daß damit überhaupt der Gegenstand der Leistung gekennzeichnet worden ist. Solche Auslegung wird aber durch die oben erörterten sachlichen Gründe als notwendig gefordert.

Die Frage, ob auch die Abnahmeverpflichtung des Käufers in zwei Jahren verjährt, mag zweifelhaft sein. Sollte sie indes selbst zu verneinen sein, so kann daraus ein Schluß auf die Verjährung der Kaufpreisforderung nicht gezogen werden; denn erstens wird niemand Abnahme fordern, wenn er weiß, daß seiner Kaufpreisforderung der Verjährungseinwand entgegensteht; außerdem aber stellt in der großen Mehrzahl aller Fälle die Abnahmeverpflichtung des Käufers nur eine Nebenverpflichtung dar gegenüber der Pflicht zur Zahlung des Kaufpreises als seiner Hauptleistung. Die Verjährung jener Verpflichtung kann daher für diejenige der Hauptleistung nicht maßgebend sein, sondern es kann höchstens das Umgekehrte der Fall sein.

Auch dem Umstande, daß die Ansprüche des Käufers auf

Lieferung der kurzen Verjährung nicht unterliegen, kann entscheidende Bedeutung nicht beigemessen werden. Bei dem gegenseitigen Vertrage müssen die Ansprüche der beiden Vertragsteile nicht notwendig derselben Verjährung unterworfen sein.

Endlich läßt sich auch die Erwägung, daß der Käufer, wenn er nach Ablauf der Verjährungsfrist die bisher nicht gelieferte Ware entgegennimmt, nunmehr den Einwand der Verjährung gegen die Kaufpreisforderung unmöglich erheben darf, für die Ansicht des Berufungsrichters nicht verwerten. Denn die freiwillige Annahme der Ware nach Ablauf der Verjährungsfrist begründet entweder die replicatio doli gegen die Verjährungseinrede, oder läßt sich als ein Verzicht auf diese Einrede auffassen.

Wenn aus diesen Gründen der prinzipielle Standpunkt des Berufungsrichters auch nicht geteilt werden konnte, so war deswegen doch noch nicht die Sache zur Endentscheidung reif. Denn die Klägerin hat in der Berufungsinstanz behauptet, der Beklagte habe mit einem der Inhaber der klagenden Handelsgesellschaft vereinbart, die Ausführung der Order solle bis zu seiner in Aussicht genommenen Wiederverlobung aufgeschoben werden. Damit war ersichtlich stillschweigend auch eine Stundung des Kaufpreises vereinbart, und dadurch eine Hemmung der Verjährung der Kaufpreisforderung herbeigeführt. Hierüber ist daher noch Beweis zu erheben." ...

---

46. Bezieht sich der § 139 B.G.B. auch auf anfechtbare Rechtsgeschäfte und auf den Fall, daß ein Vertrag nur dem einen von zwei Vertragschließenden gegenüber wegen Täuschung angefochten werden kann, und der andere um die Täuschung weder wußte noch wissen mußte (§ 123 Abs. 2 Satz 1 B.G.B.)?

V. Zivilsenat. Urt. v. 16. Dezember 1905 i. S. G. u. Gen. (Bekl.) w. Ehel. H. (Kl.). Rep. V. 548/05.

I. Landgericht Aachen.
II. Oberlandesgericht Köln.

Die Frage ist vom Reichsgerichte bejaht worden aus folgenden den Sachverhalt ergebenden

Gründen:

„Durch den angefochtenen Vertrag haben die Kläger von den Beklagten Geschwistern K. zwei Grundstücke, und von den Beklagten Eheleuten G. das Inventar der auf diesen Grundstücken betriebenen Gast- und Schankwirtschaft mit Kundschaft gekauft, wobei sich die Eheleute G. zugleich verpflichtet haben, auf die Wirtschaftskonzession zugunsten der Kläger zu verzichten. Der Anfechtung liegt die Behauptung zugrunde, daß die Eheleute G. bei den Kaufverhandlungen den Verbrauch in der Wirtschaft bewußt wahrheitswidrig zu hoch auf jährlich 80 Hektoliter Bier und 30 Hektoliter Branntwein angegeben hätten, und die Kläger dadurch zum Abschluß des Kaufs bewogen worden seien, den sie ohne diese Irreführung nicht abgeschlossen haben würden. In seinem früheren Urteil hatte der Berufungsrichter der hierauf gebauten Wandlungsklage stattgegeben. Diese Entscheidung ist vom Reichsgericht aufgehoben, und die Sache in die Berufungsinstanz zurückverwiesen worden, weil die Kläger die Anfechtung auch auf Betrug und wesentlichen Irrtum gestützt hatten, und darüber noch nicht entschieden worden war. In seinem jetzigen Urteil hat der Berufungsrichter den Klagegrund des Irrtums unerörtert gelassen, weil er die Betrugsklage für begründet und erwiesen erachtet. Er stellt fest, daß die Eheleute G. den Klägern zwar nicht über den Bierverbrauch, wohl aber über den Branntweinausschank absichtlich zu hohe Angaben gemacht, daß sie nämlich nicht, wie angegeben, 30 Hektoliter jährlich, sondern ein Drittel weniger an Branntwein verschänkt haben, daß dieser Minderverbrauch die Kläger, wenn er ihnen bekannt geworden wäre, vom Abschluß des Vertrages abgehalten haben würde, und daß sie hauptsächlich durch diese falsche Angabe zum Erwerb der Wirtschaft bestimmt worden sind. Wegen dieser arglistigen Täuschung hält der Berufungsrichter, da die Anfechtung rechtzeitig erklärt worden sei (§ 124 B.G.B.), den ganzen Vertrag nach Maßgabe des § 139 B.G.B. für nichtig, weil Kläger die Grundstücke, auf denen die Wirtschaft betrieben wird, nur mit Rücksicht auf den Wirtschaftsbetrieb gekauft hätten, es sich also um ein unteilbares Kaufgeschäft handle; die Nichtigkeit dieses Geschäfts wirke demnach auch gegen die Geschwister K., obgleich diese erwiesenermaßen nicht um die Täuschung gewußt hätten, und auch kein Grund zu der Annahme vorliege, daß sie darum hätten wissen müssen, weshalb sie die sonstigen Folgen des

Betrugs nicht mit zu vertreten hätten. Demgemäß ist der Vertrag für nichtig erklärt, und den Geschwistern K. gegenüber die Klage im übrigen abgewiesen; dagegen sind die Eheleute G. gesamtschuldnerisch verurteilt worden, den Klägern gegen Rückgewähr der Grundstücke und des Wirtschaftsinventars ꝛc deren Anzahlung mit Zinsen zurückzuzahlen und die durch die Rückübertragung der Kaufgegenstände entstehenden Kosten zu erstatten.

Diese Entscheidung wird vergeblich von der Revision angefochten. Das zunächst von der Revision erhobene Bedenken, daß die Rückgewähr der Kaufgegenstände, gegen welche die Eheleute G. zu den ihnen im Urteil auferlegten Leistungen verurteilt worden sind, soweit dabei die verkauften Grundstücke in Frage ständen, jedenfalls nicht, wie das Urteil besage, an die Eheleute G., sondern nur an die Geschwister K. zu verfügen gewesen wäre, erledigt sich dadurch, daß das Urteil nicht in diesem Sinne zu verstehen ist. Durch den Ausdruck „Rückgewähr" ist deutlich ausgesprochen, daß die Grundstücke den Geschwistern K. zurückzugewähren sind; denn von diesen hatten Kläger sie empfangen.

Wenn dann von der Revision die Frage angeregt worden ist, ob der § 139 B.G.B. auch anwendbar sei auf solche Rechtsgeschäfte, deren Nichtigkeit erst durch eine spätere Anfechtungserklärung hervorgerufen werde, so kann darüber kein Zweifel bestehen, da solche Rechtsgeschäfte nach § 142 Abs. 1 B.G.B. als von Anfang an nichtig anzusehen sind, und kein Grund vorhanden ist, der zu einer abweichenden Behandlung der schon an sich nichtigen und der anfechtbaren Rechtsgeschäfte in dieser Beziehung führen könnte.

Auch daraus läßt sich nicht etwa ein Bedenken gegen die Anwendbarkeit des § 139 entnehmen, daß zu der objektiven Teilbarkeit des vorliegenden Rechtsgeschäfts in zwei Kaufverträge, erstens über die Grundstücke und zweitens über die Wirtschaft mit Anhang, noch eine weitere Teilbarkeit tritt nach den verschiedenen Personen, die bei diesen Verträgen als Verkäufer aufgetreten sind, bei den Grundstücken Geschwister K., bei der Wirtschaft Eheleute G. Es ist schon wiederholt vom Reichsgericht ausgesprochen worden (vgl. z. B. Entsch. des R.G.'s in Zivils. Bd. 59 S. 175), daß im Sinne des § 139 alle Bestimmungen eines Rechtsgeschäfts, also auch die über die mitwirkenden Personen, Teile des Rechtsgeschäfts bilden, daß demgemäß ein Vertrag, der in

Beziehung auf einen der Vertragschließenden nichtig ist, im vollen Umfange nichtig ist, wenn nicht angenommen werden kann, daß er auch ohne die Beteiligung jenes Vertragschließenden abgeschlossen sein würde. Hier hat der Berufungsrichter festgestellt, daß die Ausnahme nicht vorliegt, daß vielmehr Kläger die Grundstücke ohne die Wirtschaft nicht gekauft haben würden, und diese tatsächlichen Feststellungen haben von der Revision nicht angegriffen werden können.

Ihren Hauptangriff richtet die Revision dagegen, daß der Berufungsrichter nicht die Bestimmung in § 123 Abs. 2 B.G.B. in Anwendung gebracht hat, wonach, wenn ein Dritter die Täuschung verübt hat, die dadurch hervorgerufene Willenserklärung dem Empfänger gegenüber nur dann angefochten werden kann, wenn dieser die Täuschung kannte oder kennen mußte. Die Revision will daraus schließen, daß die von den Eheleuten G. verübte Täuschung nicht den Geschwistern K. gegenüber zur Anfechtung des mit diesen abgeschlossenen Grundstückkaufs benutzt werden dürfe, weil sie nach Feststellung des Berufungsrichters um die Täuschung weder gewußt hätten noch hätten wissen müssen. Das ist jedoch nicht richtig. Wenn nach der Regelvorschrift des § 139 wegen der Nichtigkeit eines Teils das ganze Rechtsgeschäft nichtig ist, so liegt der Grund in der Einheitlichkeit des Rechtsgeschäfts, die es verhindert, den an sich von der Nichtigkeit nicht berührten Teil des Rechtsgeschäfts von dem nichtigen Teile loszulösen und für sich allein auf seine Rechtsbeständigkeit zu prüfen. Es kommt daher nicht darauf an, ob dieser Teil, wenn er für sich allein stände, rechtsgültig sein würde, sondern er wird in seinem Rechtsbestande mit ergriffen von der Nichtrechtsbeständigkeit des nichtigen Teils. Auf den vorliegenden Fall angewandt, ist also der mit den Geschwistern K. abgeschlossene Grundstückskauf nicht nichtig wegen irgend eines ihn betreffenden Mangels, sondern lediglich wegen der Nichtigkeit des mit ihm unmittelbar zusammenhängenden Kaufs der Wirtschaft von den Eheleuten G. Ob die Kläger den Grundstückskauf für sich allein hätten anfechten können, kommt gar nicht in Frage; darum kann es für die Entscheidung keinen Unterschied machen, daß dies wegen der Bestimmung im § 123 Abs. 2 nicht möglich gewesen sein würde.

Vgl. v. Staudinger, Komm. z. B.G.B. zu § 123 Bem. VI. 3 a. E., 2. Aufl. Bd. 1 S. 366.

Im vorliegenden Fall ist auch nicht einmal der im § 123 Abs. 2 geforderte Tatbestand gegeben, daß ein Dritter die Täuschung verübt haben muß. Die Bestimmung bezieht sich auf empfangsbedürftige Willenserklärungen und setzt voraus, daß die Täuschung von jemand anders als dem Empfänger verübt worden ist. In dem zur Entscheidung stehenden Fall war vermöge der festgestellten Einheitlichkeit des Rechtsgeschäfts die auf den Abschluß gerichtete Willenserklärung der Kläger beiden Verkäufern gegenüber abzugeben; die Eheleute G., von denen die Täuschung ausgegangen ist, waren also nicht außerhalb des Vertrages stehende Dritte im Sinne der in Frage stehenden Gesetzesbestimmung.

Vgl. Rehbein, B.G.B. Bd. 1 zu §§ 116—124 Bem. III 3 d S. 150." ...

---

47. Darf die Entscheidung über die schon im Prozeß vorgebrachten, die Streitkosten betreffenden Einwendungen im Urteile unterlassen und dem künftigen Kostenfestsetzungsverfahren anheimgegeben werden?

V. Zivilsenat. Urt. v. 16. Dezember 1905 i. S. P. (Bekl. u. Widerkl.) w. Pr. Z. B. Akt.-Ges. (Kl.). Rep. V. 170/05.

I. Landgericht I Berlin.
II. Kammergericht daselbst.

Vier Hypothekzinsenklagen und die spätere Widerspruchsklage des Schuldners gegen den Verteilungsplan des Zwangsversteigerungsverfahrens waren verbunden. Der Beklagte und Widerkläger machte unter anderem geltend, daß ihm nicht oder doch nicht vorbehaltlos die Streitkosten auferlegt werden könnten, weil schon im bestrittenen Verteilungsplane der Klägerin 2365,60 ℳ Prozeßkosten gutgeschrieben seien. Ohne Rücksicht auf diesen Einwand wurden aber vom ersten Richter die Kosten nach $^2/_3$ und $^1/_3$ verteilt und vom Berufungsgerichte dem vor diesem in der Hauptsache nahezu gänzlich unterlegenen Beklagten vollständig — bis auf einen von der Klägerin zu leistenden Beitrag von 60 ℳ — auferlegt. Die Revision des Beklagten wurde in der Hauptsache zurückgewiesen; dagegen wurde der Kostenausspruch des Berufungsgerichts aufgehoben, und in diesem Umfang die Sache zurückverwiesen.

Aus den Gründen:

... „Mit Recht greift der Revisionskläger ... die Kostenentscheidung des Kammergerichts an. Nach dem nun für richtig erklärten Verteilungsplane sind unter lit. b der Klägerin 2160 *M* „Kostenpauschsätze für schwebende Klagen auf Zahlung der Hypothekzinsen", also Kosten des gegenwärtigen Rechtsstreits, gut geschrieben; es ist möglich, daß auch unter weiteren Posten des Verteilungsplans, insbesondere unter lit. a und c derartige Streitkosten mit enthalten sind. Der Beklagte berechnet den Gesamtbetrag solcher Prozeßkosten auf 2365,60 *M*, und es muß ihm zugegeben werden, daß dafür die Klägerin schon durch den Versteigerungserlös, soweit dieser aber etwa nicht zureichte, durch die Verurteilung zur Zahlung von 21050,07 *M* befriedigt ist oder befriedigt werden soll. Gleichwohl hat der Berufungsrichter unter Ziff. 3 seines Urteilssatzes dem Beklagten, abgesehen von 60 *M* Kostenbeitrag der Klägerin, ohne Einschränkung die Kosten des Rechtsstreits auferlegt, und dieser Ausspruch bedeutet nach § 91 Z.P.O., daß der Beklagte nicht nur seine eigenen Kosten zu tragen, sondern auch die der Klägerin zu erstatten hat. Insofern ermöglicht also das Berufungsurteil an sich eine doppelte Befriedigung der Klägerin für die ihr durch den jetzigen Rechtsstreit erwachsenen Kosten. Freilich will das Kammergericht die hiergegen schon vor ihm erhobenen Einwendungen des Beklagten damit beseitigen, daß es ihn für den Fall, daß Klägerin künftig im Kostenfestsetzungsverfahren die angeblich schon erhaltenen 2365,60 *M* nicht abrechnen lassen sollte, auf die Rechtsbehelfe der §§ 795. 767 Z.P.O. verweist. Dem kann nicht beigetreten werden. Wenn auch auf Kostenfestsetzungsbeschlüsse die §§ 794 Ziff. 3 und 795 daselbst Anwendung finden, so bezieht sich doch der § 797 Z.P.O. nur auf gerichtliche und notarielle Urkunden, nicht aber auf vollstreckbare Ausfertigungen gerichtlicher Beschlüsse nach § 795 Ziff. 3. Diese sind also nicht ausnahmsweise nach § 797 Abs. 4 von der Vorschrift des § 767 Abs. 2 Z.P.O. befreit, und es können deshalb Einwendungen gegen sie, die schon in der Verhandlung vor dem grundlegenden Kostenurteil vorgebracht werden konnten, nachträglich im Kostenfestsetzungsverfahren und gegen den Kostenfestsetzungsbeschluß nicht mehr geltend gemacht werden.

Der Senat schließt sich dieser von anderen Senaten bereits ausgesprochenen Meinung an und trägt kein Bedenken, von seiner eigenen früheren Ansicht — vgl. Gruchot, Beitr. 36 S. 708 —, soweit sie abweicht, abzugehen.

Vgl. Entsch. des R.G.'s in Zivils. Bd. 13 S. 360, Bd. 35 S. 395 (398); Seuffert, Archiv Bd. 47 Nr. 230; Jurist. Wochenschr. 1896 S. 634 Nr. 3.

Aber selbst wenn die rechtliche Möglichkeit späterer Einwendungen oder Aufrechnung noch gegeben wäre, würde es jedenfalls erlaubt und zweckmäßig sein, der Ordnung und Vereinfachung wegen schon im Urteil jenen Betrag bestimmt festzustellen, den der Schuldner bei der künftigen Kostenfestsetzung als schon getilgt an- und abrechnen darf. Zur Nachholung dieser Feststellung war die Sache unter Aufhebung des Berufungsurteils in seiner Kostenentscheidung Nr. 3 an das Berufungsgericht zurückzuverweisen." ...

---

48. 1. Auslegung von Verwirkungsklauseln in Versicherungsverträgen auf Grund des Bürgerlichen Gesetzbuchs.

2. Ist § 278 B.G.B. auf Erfüllung von sog. Verpflichtungen, die in sog. Versicherungsbedingungen dem Versicherten dem Versicherer gegenüber auferlegt werden, entsprechend anzuwenden?

VI. Zivilsenat. Urt. v. 21. Dezember 1905 i. S. Wi. (Bekl.) w. Wö. (Kl.). Rep. VI. 98/05.

I. Landgericht Bartenstein.
II. Oberlandesgericht Königsberg.

Das Reichsgericht hat, nachdem die beiden vorderen Instanzgerichte den vom Kläger erhobenen Schadensersatzanspruch dem Grunde nach für gerechtfertigt erklärt hatten, das Berufungsurteil aufgehoben und die Klage abgewiesen aus den folgenden

Gründen:

„Der bei der Oberrheinischen Versicherungsgesellschaft zu M. gegen körperliche Unfälle versichert gewesene Kläger, der während der Dauer dieser Versicherung am 28. Januar 1904 durch einen Unfall eine erhebliche Körperverletzung erlitten hat, nimmt den Beklagten deswegen auf Schadensersatz in Anspruch, weil dieser den von ihm übernommenen Auftrag, die nach den Versicherungsbedingungen erforderliche Unfallanzeige an die Versicherungsgesellschaft abzuschicken, schuldhafterweise nicht rechtzeitig ausgeführt und dadurch die Verwirkung des Anspruchs an die Gesellschaft herbeigeführt habe; und zwar fordert er vom Beklagten dieselben Tagegelder und Renten, die laut der Police die Gesellschaft ihm zu zahlen gehabt haben würde.

Wenn nun das Berufungsgericht annimmt, daß die Unterlassung der rechtzeitigen Unfallanzeige auf ein Verschulden des Beklagten, welcher dieselbe für den Kläger zu besorgen vertragsmäßig übernommen hatte, zurückzuführen sei, so ist hiergegen keinerlei rechtliches Bedenken zu erheben, und ebenso ist mit Recht die Einwendung des Beklagten, daß ein eigenes Verschulden des Klägers dabei mitgewirkt habe, für unbegründet erklärt worden. Es fragt sich aber weiter, ob das Unterbleiben der rechtzeitigen Anzeige die Verwirkung des Versicherungsanspruchs zur Folge gehabt hat: und in der Bejahung dieser Frage kann dem Berufungsgerichte nicht beigetreten werden. Allerdings ist in § 20 der auf der Police gedruckten Versicherungsbedingungen an einen Verstoß gegen die in § 10 daselbst dem Versicherten auferlegte Anzeigepflicht die Verwirkung jedes Entschädigungsanspruchs geknüpft; aber es ist auch unter der Herrschaft des Bürgerlichen Gesetzbuchs daran festzuhalten, daß die Verwirkungsklauseln in Versicherungsverträgen im Zweifel mit Vorbehalt der Exkulpation des Versicherten zu verstehen sind, wie nach dem Vorgange des Reichsoberhandelsgerichts das Reichsgericht in ständiger Rechtsprechung angenommen hat,

vgl. Entsch. in Zivils. Bd. 10 S. 160, Bd. 19 S. 134, Bd. 26 S. 64, Bd. 28 S. 392,

und hier steht eben fest, daß den Kläger persönlich an dem Unterbleiben der rechtzeitigen Anzeige kein Verschulden trifft. Diese Punkte werden auch vom Oberlandesgerichte nicht anders aufgefaßt; aber dieses hält hier den § 278 B.G.B. für anwendbar, nach welchem der Schuldner das Verschulden einer Person, deren er sich zur Erfüllung seiner Verbindlichkeit bedient, in gleichem Umfange zu vertreten hat, wie eigenes Verschulden, und betrachtet deshalb den Entschädigungsanspruch des Klägers gegen die Versicherungsgesellschaft als durch das Verschulden des Beklagten, der sein Erfüllungsgehilfe gewesen sei, verwirkt. Dies ist jedoch deswegen unrichtig, weil es sich bei der hier in Rede stehenden sogenannten Anzeigepflicht in Wirklichkeit gar nicht um eine eigentliche Verbindlichkeit des Klägers handelte, sondern nur um die Erfüllung einer Bedingung seines Anspruchs gegen die Versicherungsgesellschaft. In dieser Beziehung liegt dieser Fall ganz ähnlich, wie der laut der Entsch. des R.G.'s in Zivils. Bd. 58 S. 344 flg. vom VII. Zivilsenat abgeurteilte Feuerversicherungsfall. Der Revisionsbeklagte hat freilich in Abrede gestellt, daß hier nur eine Bedingung des Anspruchs aus dem Versicherungsvertrage in Frage stehe, indem er sich für seine Auffassung auf § 18 Abs. 2 der Versicherungsbedingungen berief, wonach nach einem Unfalle, dessen Folgen nur in Entschädigung für Kurkosten und Erwerbsunfähigkeit bestehen, sowie nach einer jeden Schadenanmeldung der Versicherungsgesellschaft freisteht, mittels schriftlicher Anzeige innerhalb 14 Tage nach der Auszahlung, bzw. Ablehnung der Entschädigung die Versicherung aufzuheben. Es ist jedoch nicht abzusehen, inwiefern es hierdurch nötig würde, die Vorschrift des § 10 als Auferlegung einer eigentlichen Verbindlichkeit an den Versicherten aufzufassen, auf deren Erfüllung der Versicherer einen selbständigen Anspruch hätte. Da es sich hier also nicht um die Erfüllung einer Schuldverbindlichkeit des Klägers gegen die Versicherungsgesellschaft handelte, so kann die Bestimmung des § 278 B.G.B. nicht eingreifen; denn es würde an einer gesetzlichen Grundlage fehlen, sie auf eine bloße Bedingung eines Anspruchs etwa zur entsprechenden Anwendung zu bringen.

Die angefochtene Entscheidung ist mithin unhaltbar. Es kann dahingestellt bleiben, ob der Kläger etwa einen ganz anders gearteten Schadensersatzanspruch gegen den Beklagten hätte erheben können, nämlich dafür, daß sein Anspruch aus der Versicherung durch Schuld des Beklagten immerhin zu einem nicht unzweifelhaften, nicht glatt durchzusetzenden geworden sei; denn in dieser Richtung ist eben die Klage nicht erhoben worden. Es mußte daher bei Aufhebung des vorigen Urteils nach § 565 Abs. 3 Nr. 1 Z.P.O. sofort auf die Berufung des Beklagten die Abweisung der Klage ausgesprochen werden." ...

49. Ist der Anspruch auf Feststellung, daß das auf Grund des preußischen Fluchtliniengesetzes geltend gemachte Enteignungsrecht in Ansehung gewisser Grundstücke nicht bestehe, und auf Verurteilung, daß der Gegner sich jeden Eingriffs in das Eigentum an diesen Grundstücken enthalte, im Rechtswege verfolgbar?

VII. Zivilsenat. Urt. v. 22. Dezember 1905 i. S. Sch. u. Gen. (Kl.) w. Stadtgemeinde B. (Bekl.). Rep. VII. 4/05.

I. Landgericht Potsdam.
II. Kammergericht Berlin.

Unter dem 8. Juni 1899 wurde von dem Magistrate der Stadt B. ein den sog. Marienberg betreffender Bebauungsplan förmlich festgestellt und offengelegt, dies auch ortsüblich bekannt gemacht. In Ausführung dieses Planes nahm die Beklagte mehrere den Klägern gehörige Parzellen in Anspruch, und es wurde auf ihren Antrag das Entschädigungsfeststellungsverfahren eingeleitet, das durch den am 27. April 1903 zugestellten Beschluß des Bezirksausschusses zu P. seinen Abschluß fand. Die Kläger begehrten im Rechtswege die Erhöhung der ihnen zugebilligten Beträge, machten aber außerdem geltend, daß der Bebauungsplan der Rechtswirksamkeit ermangle, weil er nicht zum Zwecke der Freihaltung des das Denkmal auf dem Marienberg umgebenden Geländes aufgestellt sei; auch sei gegen den § 4 des Fluchtliniengesetzes und das Regulativ vom 28. Mai 1876 verstoßen, und endlich gehöre das Gelände etwa zum vierten Teil zur Domgemeinde B., welche eine Fluchtlinienfestsetzung nicht vorgenommen habe. Die Kläger beantragten deshalb einmal die Erhöhung der ihnen vom Bezirksausschuß gewährten Entschädigung, sodann aber auch die Feststellung, daß die Beklagte nicht berechtigt sei, die näher bezeichneten Flächen ihnen im Wege der Enteignung wegzunehmen, und die Verurteilung der Beklagten, sich jeden Eingriffs in ihr, der Kläger, Eigentum zu enthalten.

Die Beklagte erhob dem letzteren Begehren gegenüber die Einrede der Unzulässigkeit des Rechtsweges, bestritt auch, daß der Bebauungsplan unwirksam sei, und verlangte ihrerseits im Wege der Widerklage die Herabsetzung der Entschädigung. Das Landgericht erkannte dahin, daß die Beklagte nicht berechtigt sei, den Klägern die erwähnten Parzellen im Wege der Enteignung wegzunehmen, und wies im übrigen Klage und Widerklage ab. Das Kammergericht wies dagegen auf die Berufung und die Anschlußberufung der Parteien die Klage, soweit sie auf Aberkennung des Enteignungsrechts der Beklagten gerichtet war, ab und verwies die Sache zur Verhandlung und Entscheidung über die Höhe der Entschädigung an das Gericht erster Instanz zurück. Die Revision ist zurückgewiesen.

Gründe:

„Für die Revisionsinstanz kommt nur der Anspruch der Kläger auf Feststellung, daß der Beklagten das Enteignungsrecht in Ansehung der streitigen Parzellen nicht zustehe, und auf Verurteilung zur Unterlassung jeden Eingriffs in ihr Eigentum in Betracht. Dieser Anspruch wird damit begründet, daß das von der Beklagten auf Grund der Fluchtlinienfestsetzung vom Jahre 1899 geltend gemachte Enteignungsrecht nicht bestehe, weil jene Festsetzung unwirksam sei. Es ist also darauf geklagt, daß die Beklagte das Enteignungsverfahren gemäß den §§ 11. 13. 14 des Fluchtliniengesetzes vom 2. Juli 1875 nicht betreiben dürfe. Über einen solchen Anspruch kann im Rechtswege nicht entschieden werden, wie auch das Kammergericht mit einer nicht haltbaren Einschränkung, auf welche noch zurückzukommen ist, angenommen hat. Das Enteignungsrecht der Gemeinden nach Maßgabe des Fluchtliniengesetzes erwächst unmittelbar aus dem Gesetze selbst; der nach § 2 des Enteignungsgesetzes vom 11. Juni 1874 für sonstige Fälle der Entziehung oder Beschränkung von Grundeigentum erforderlichen Königlichen Verordnung bedarf es nicht. Die im Enteignungsgesetz als erster Abschnitt des Verfahrens vorgesehene Planfeststellung (§§ 15 flg.) wird für das Gebiet des Fluchtliniengesetzes durch das Verfahren wegen Feststellung der Fluchtlinien ersetzt. Es dient der Ermittelung und Bezeichnung der für die beabsichtigte Anlage benötigten Grundstücke und spielt sich innerhalb der Gemeinde- und Ortspolizeibehörden ab. Den Beteiligten wird Gelegenheit gegeben, ihre Interessen nach der ersten Offenlegung des Planes wahrzunehmen; über etwaige Einwendungen entscheidet der Kreis- bzw. Bezirksausschuß (§§ 7. 8 des Fluchtliniengesetzes). Das Verfahren endet mit der förmlichen Feststellung und Offenlegung des Planes (§ 8 a. a O.). Die Feststellung der Entschädigung und die Vollziehung der Enteignung erfolgt nach den §§ 24 flg. des Enteignungsgesetzes (§ 14 des Fluchtliniengesetzes). Der Antrag, der unter Umständen im Klagewege erzwungen werden kann, wird von der Gemeinde beim Regierungspräsidenten bzw. beim Polizeipräsidenten in Berlin gestellt, welcher nach Prüfung der gesetzlichen Voraussetzungen des Entschädigungsverfahrens die kommissarische Erörterung und die schließliche Entscheidung über die zu gewährende Entschädigung durch den Bezirksausschuß herbeiführt. Die Grundlage der Entscheidung ist ein gesetzmäßig aufgestellter Fluchtlinienplan; nur die durch einen solchen betroffenen Grundstücke braucht der Eigentümer gegen vollständige Entschädigung abzutreten. Über das Vorhandensein dieser Grundlage haben aber lediglich die Verwaltungsbehörden zu befinden, die erst nach Entscheidung der Vorfrage in bejahendem Sinne in eine Erörterung des Entschädigungspunktes einzutreten haben. Der Rechtsweg ist nur gegen den Entschädigungsfeststellungsbeschluß eröffnet (§ 30 des Enteignungsgesetzes); die Frage, ob das Enteignungsrecht gegeben ist, und ob die für dessen Ausübung getroffenen Bestimmungen, insbesondere rücksichtlich der Planfeststellung oder der Festsetzung der Fluchtlinien, beobachtet sind, ist dem ordentlichen Richter entzogen, wie denn nicht er, sondern der Bezirksausschuß (das Polizeipräsidium) die Enteignung ausspricht (§§ 32. 34 des Enteignungsgesetzes). Die Gerichte haben allein über die Entschädigung (einschließlich einiger Nebenpunkte) unter Zugrundelegung der Zulässigkeit der Enteignung in bezug auf das von der Verwaltungsinstanz bewertete Grundeigentum zu urteilen. Die Fluchtlinienfestsetzung ist für sie die unverrückbare Grundlage des Verfahrens auf Feststellung der Entschädigung und Vollziehung der Enteignung.

Vgl. Entsch. des R.G.'s in Zivils. Bd. 43 S. 359.

Die Statthaftigkeit der auf dem Fluchtlinienplan beruhenden Enteignung kann in dem gerichtlichen Verfahren nicht wieder zum Gegenstande der Erörterung gemacht werden. Die gegenteilige Annahme würde zu dem unmöglichen Ergebnis führen, daß, wenn in den sog. Dringlichkeitsfällen (§ 34 des Enteignungsgesetzes) die Enteignung vor Erledigung des Rechtsweges vollzogen wird, sie hinterher durch eine die Fluchtlinienfestsetzung für ungültig erklärende Entscheidung des Gerichts wieder rückgängig gemacht werden könnte. Es ist daher ausgeschlossen, daß die von den Klägern gegen die Fluchtlinienfestsetzung vorgebrachten Einwendungen vor dem nur mit der privatrechtlichen Seite der Enteignung befaßten Prozeßrichter irgendwie zum Austrage gebracht werden dürften. Der Berufungsrichter hatte demgemäß auch nicht zu prüfen, ob die Festsetzung der Fluchtlinien für die im Bezirke der Domgemeinde belegenen Grundstücke den gesetzlichen Anforderungen entspreche. Die Bemängelungen der Kläger waren in der Verwaltungsinstanz zu verfolgen. Nachdem diese den Fluchtlinienplan für eine genügende Grundlage des Entschädigungsfeststellungsbeschlusses erachtet hat, kann darüber vor den Gerichten nicht mehr gestritten werden. Dabei ist es unerheblich, ob es sich um wesentliche, das formgerechte Zustandekommen des Fluchtlinienplanes in Frage stellende Mängel handelt. Man kann auch nicht mit der Revision sagen, daß der Rechtsweg deshalb zulässig sei, weil sich der erhobene Anspruch als ein rein privatrechtlicher, auf dem Eigentum beruhender und dessen Schutz gegen Eingriffe der Beklagten bezweckender darstelle; er sei vielleicht, wenn diese Eingriffe kraft öffentlichen Rechts gestattet seien, materiell unbegründet. Wäre der Anspruch in solcher Art zu kennzeichnen, so würde der Standpunkt der Revision zu billigen sein.

Vgl. Entsch. des R.G.'s in Zivils. Bd. 22 S. 288, Bd. 30 S. 246, Urteile des Reichsgerichts bei **Gruchot** Bd. 37 S. 1075, Bd. 40 S. 400. 630.

Aber es ist nicht richtig, daß das Enteignungsrecht als eine dem öffentlichen Recht angehörende Zwangsbefugnis des Staates oder desjenigen, dem es vom Staate verliehen ist, erst durch eine **Einrede** der Beklagten in den Prozeß eingeführt ist. Die Klage war unmittelbar auf Aberkennung dieses Rechts und auf Unterlassung der durch Ausübung desselben drohenden Eingriffe gerichtet. Damit war der richterlichen Kognition nicht der vermögensrechtliche Eigentumsanspruch (das Eigentum war gar nicht streitig), sondern lediglich die Befugnis der Beklagten unterbreitet, das Grundeigentum der Kläger nach Maßgabe der Fluchtlinienfestsetzung vom Jahre 1899 für sich verwenden zu dürfen. Dieser Anspruch wird auch nicht dadurch dem Rechtswege zugänglich, daß er, worauf die Revision hinweist, in zweiter Instanz auf die Vorschriften des Bürgerlichen Gesetzbuchs über den Schadensersatz wegen unerlaubter Handlungen gestützt ist. Denn die unerlaubte Handlung wird in der Ausnutzung des angeblich ungültigen Fluchtlinienplanes gefunden; der Beklagten wird die Geltendmachung des Enteignungsrechts zum Vorwurfe gemacht, und von ihr gefordert, daß sie von dem bereits bis zum Entschädigungsverfahren gediehenen Plane keinen Gebrauch mache, vielmehr das Eigentum der Kläger unangetastet lasse. Über dieses Verlangen ist im Rechtswege nicht zu erkennen. Der Richter darf nicht sagen, daß das Enteignungsrecht nicht bestehe, und daß deshalb die Grundstücke der Kläger diesen zu verbleiben hätten; mithin hat er die Entscheidung abzulehnen.

Vgl. Entsch. des R.G.'s in Zivils. Bd. 24 S. 38.

Mit den vorstehenden Erwägungen soll nicht gesagt sein, daß die Rechtsgültigkeit eines Fluchtlinienplanes unter keinen Umständen der Nachprüfung durch den ordentlichen Richter unterliege. Es ist sehr wohl denkbar, daß auch diese Frage als Inzidentpunkt Gegenstand der richterlichen Entscheidung wird.

Vgl. das Urteil des II. Zivilsenats des Reichsgerichts vom 3. November 1899, abgedruckt im Preußischen Verwaltungsblatt Bd. 21 S. 209.

Ebenso kann der Verwaltungsrichter in die Lage kommen, über die Wirksamkeit eines Bebauungsplanes zu befinden.

Entsch. des Oberverwaltungsgerichts Bd. 25 S. 387.

Der gegenwärtige Fall ist indessen anders gestaltet, wie sich aus dem Ausgeführten ohne weiteres ergibt." ...

50. Zur Auslegung des § 41 Abs. 2 K.O. n. F.

II. Zivilsenat. Urt. v. 22. Dezember 1905 i. S. Verw. im Konkurse B. & Co. (Bekl.) w. K. (Kl.). Rep. II. 211/05.

I. Landgericht Altona.
II. Oberlandesgericht Kiel.

Die Firma B. & Co. hatte durch Schreiben vom 26. und 29. August 1901 der Klägerin zur Sicherheit von Wechselforderungen der letzteren die in jenen Schreiben einzeln verzeichneten Forderungen abgetreten. In dem ersten Schreiben war vermerkt: „Für den Fall, daß etwas von den zedierten Ausständen eingehen sollte, bevor Rückzahlung unsererseits an Sie erfolgt ist, verpflichten wir uns, den Eingang an Sie auszukehren." Am 23. September 1901 wurde über das Vermögen der genannten Firma der Konkurs eröffnet. Der Konkursverwalter bestritt die Rechtsbeständigkeit der Übertragungen, erklärte auch mündlich, daß er sie nach § 31 Nr. 2 K.O. anfechte, und zog einen Teil der Forderungen ein. Mit der Klage wurde beantragt, den Konkursverwalter zu verurteilen, die Rechtsbeständigkeit der Zessionen vom 26. und 29. August 1901 anzuerkennen, der Klägerin darüber Rechnung zu legen und die eingezogenen Beträge abzuliefern. Der erste Richter erachtete die Anfechtungseinrede für begründet und wies die Klage ab. Der Berufungsrichter änderte dahin ab, daß die Rechtsbeständigkeit der Abtretungen vom 26. und 29. August 1901 festgestellt, die Klägerin aber mit ihrem Anspruche auf Rechnungslegung und Ablieferung der eingezogenen Beträge lediglich aus formellen Gründen zurzeit abgewiesen wurde. Auf die Revision des Konkursverwalters wurde das Berufungsurteil, soweit es zu seinen Ungunsten erkannt hatte, aufgehoben, und die Sache zur anderweiten Verhandlung und Entscheidung an das Berufungsgericht zurückverwiesen.

Aus den Gründen:

„In dem durch die Revision angefochtenen Teile des Berufungsurteils wird die Rechtsbeständigkeit der Forderungsübertragungen vom 26. und 29. August 1901 festgestellt. Der Berufungsrichter erwägt: es habe sich um zwischen der Klägerin und der Gemeinschuldnerin vereinbarte obligatorische Verträge fiduziarischen Charakters und um deren Erfüllung durch die Abtretungen gehandelt. Der Inhalt der obligatorischen Verträge, der auch in den Abtretungserklärungen zum Ausdruck gebracht worden sei, sei dahin zu bestimmen, daß den Drittschuldnern gegenüber die jetzige Gemeinschuldnerin forderungsberechtigt blieb, während für das Innenverhältnis in dem Verhältnisse der Gemeinschuldnerin zur Klägerin die abgetretenen Forderungen fremde wurden, und die Gemeinschuldnerin deren Einziehung als Beauftragte der Klägerin so lange zu besorgen hatte, bis diese wegen ihrer durch die Abtretung gesicherten Ansprüche, sei es durch Abführung der darauf eingegangenen Valuta, sei es auf andere Weise, befriedigt war. Daraus ergebe sich, daß die Klägerin, nachdem über das Vermögen der Fiduziarin der Konkurs eröffnet worden sei, die ihr fiduziarisch übereigneten Forderungen aus der Konkursmasse aussondern könne, soweit solches zu ihrer Befriedigung erforderlich sei. Diese Ausführungen, soweit sie ein Aussonderungsrecht der Klägerin mit der bezeichneten Beschränkung anerkennen, entsprechen der zurzeit überwiegend herrschenden Auffassung; sie geben nach dieser Richtung zu rechtlichen Bedenken keinen Anlaß.

Die Einrede der Anfechtung aus § 31 Nr. 2 K.O. wird sodann mit den Erwägungen beseitigt: nach § 41 K.O. könne die Anfechtung einer Rechtshandlung im Konkursverfahren nur binnen Jahresfrist seit Eröffnung des Konkurses erfolgen; sie könne ferner wirksam nur gerichtlich geschehen (Entsch. des R.G.'s in Zivils. Bd. 58 S. 44). Im vorliegenden Falle sei sie erst am 6. Juli 1903 gerichtlich geltend gemacht worden, daher nach Ablauf der Jahresfrist seit der am 23. September 1901 erfolgten Eröffnung des Konkurses. Die Nichteinhaltung der Ausschlußfrist des § 41 habe den Verlust des Anspruchs zur Folge, und damit den Verlust der aus dem Anspruch abgeleiteten Einrede. Das Vorbringen des Beklagten, er habe die Anfechtung außergerichtlich dem Vertreter der Klägerin, B., in der Zeit vom 23. September 1901 bis zum 23. September 1902 mündlich erklärt, sei danach unerheblich; auch sei nicht nötig, in eine sachliche Prüfung einzutreten, ob die Anfechtung aus § 31 Nr. 2 K.O. begründet gewesen sei.

Diesen Ausführungen ist darin beizutreten, daß die Anfechtung einer Rechtshandlung im Konkursverfahren wirksam nur gerichtlich erfolgen kann, und daß die Nichteinhaltung der Ausschlußfrist des § 41 Abs. 1 den Verlust des Anspruchs aus der Anfechtung zur Folge hat; sie geben aber, soweit sie auch den Verlust der Einrede aus der Anfechtung annehmen, zu dem Bedenken Anlaß, ob nicht der zweite Absatz des § 41, den der Berufungsrichter überhaupt nicht erwähnt, verletzt sei. Für die Konkursordnung in der Fassung vom 10. Februar 1877, deren § 34 hier in Betracht kommt, wurde überwiegend angenommen (vgl. Entsch. des R.G.'s in Zivils. Bd. 54 S. 422), daß mit dem Ablauf der Verjährung nach § 34 die Einrede aus der Anfechtung erloschen sei. Das Gesetz vom 17. Mai 1898, betr. Änderungen der Konkursordnung, bestimmt indessen im Abs. 2 des § 41 (früher 34): „Ist durch die anfechtbare Handlung eine Verpflichtung des Gemeinschuldners zu einer Leistung begründet, so kann der Konkursverwalter die Leistung verweigern, auch wenn die Anfechtung nach Abs. 1 ausgeschlossen ist." Nach den Materialien zu dieser Änderung (Begründung der Novelle Nr. 100 der Drucksachen des Reichstags IX. Legislaturperiode 5. Session 1897/98 S. 35, vgl. auch den Kommissionsbericht ebenda Nr. 237 S. 13/14) wird die positivrechtliche Ausnahme des Abs. 2 damit gerechtfertigt, daß es dem Rechtsbewußtsein widersprechen würde, wenn dem Anfechtungsgegner die Berufung auf den Ablauf der Anfechtungsfrist gestattet wäre. Allerdings deckt Abs. 2 des § 41 nach seinem Wortlaute nur den Fall, daß der Gemeinschuldner eine anfechtbar begründete Schuldverbindlichkeit noch nicht erfüllt habe. Indessen will ihn die Rechtslehre (Jaeger, Konkursordnung (2) zu § 41 Anm. 6) auch gegen den Aussonderungsanspruch z. B. in den Fällen anwenden, wenn die Sache zwar übereignet, aber noch nicht tatsächlich übergeben war, der Erwerber nur den mittelbaren Besitz nach §§ 930. 868 B.G.B. erhalten hatte, der Gemeinschuldner aber unmittelbarer Besitzer geblieben war. Der Senat tritt dieser Auffassung durchaus bei, wonach die Bestimmung in § 41 Abs. 2 über den nächsten Sinn seiner Worte hinaus auszulegen ist; er findet in ihr den Rechtsgrundsatz ausgesprochen, daß auch nach Ablauf der Ausschlußfrist des § 41 Abs. 1 dem Konkursverwalter die Einrede der Anfechtung noch gegen jeden Anspruch zusteht, durch den der Anfechtungsgegner auf Grund der anfechtbaren Handlung von der Konkursmasse etwas verlangt. Der Berufungsrichter hat den Abs. 2 des § 41 ganz außer Betracht gelassen. Nach dem oben Gesagten hätte indessen der Konkursverwalter noch die Einrede der Anfechtung gegen den Anspruch auf Ablieferung der von ihm eingezogenen Forderungsbeträge, wenn dieser Anspruch aus einer anfechtbaren Handlung abgeleitet wird; mit dem vorliegenden Begehren, soweit es sich auf die eingezogenen Forderungen bezieht, bezweckt aber die Klägerin Feststellung unanfechtbarer Rechtsbeständigkeit der Abtretung jener Forderungen. Dem Konkursverwalter stände ferner die Einrede der Anfechtung noch zu, wenn wegen des nicht eingezogenen Teils der Forderungen in der Form der Feststellung ein Aussonderungsanspruch verfolgt würde. Der Berufungsrichter scheint letzteres nach gelegentlichen Äußerungen anzunehmen; so führt er unter anderem aus, die Klägerin sei ohne gerichtlichen Zwang nicht in der Lage, den Widerspruch des Beklagten gegen die Rechtsbeständigkeit der Übertragung zu beseitigen und die Einziehung der Forderung vorzunehmen. In eine nähere Erörterung dieser Gesichtspunkte ist er indessen nicht eingetreten, wie er auch unterlassen hat, den inneren organischen Zusammenhang der obligatorischen und dinglichen Seite des vorliegenden fiduziarischen Rechtsgeschäfts zu prüfen. Danach war der hierher gehörende Teil des Berufungsurteils aufzuheben, und die Sache in diesem Umfange, da sie noch weiterer Erörterung in tatsächlicher Beziehung bedarf, zur anderweiten Verhandlung und Entscheidung an das Berufungsgericht zurückzuverweisen." . . .

---

51. Kann ein Konkursverwalter, der auf Grund des § 17 K.O. die gänzliche Erfüllung eines Sukzessivlieferungsvertrages ohne Kenntnis von dem Bestehen unbezahlter Kaufpreisforderungen für vor der Konkurseröffnung gemachte Lieferungen verlangt hat, seine Erklärung wegen Irrtums anfechten?

Zusammentreffen a) von Irrtum im Beweggrunde und Irrtum über den Inhalt einer Willenserklärung; b) von Rechtsirrtum und tatsächlichem Irrtum.

B.G.B. § 119.

II. Zivilsenat. Urt. v. 22. Dezember 1905 i. S. K. & N. (Kl.) w. F. (Bekl.). Rep. II. 395/05.

I. Landgericht Dresden.
II. Oberlandesgericht daselbst.

Die Frage ist von den Instanzgerichten bejaht worden. Die Revision wurde zurückgewiesen aus folgenden

Gründen:

„Das Berufungsgericht hat näher ausgeführt, der Vertrag, dessen Erfüllung der Konkursverwalter Rechtsanwalt H. auf Grund des § 17 K.O. verlangt habe, sei ein Sukzessivlieferungsvertrag von rechtlich einheitlicher Natur und als solcher auch von H. angesehen worden. H. habe die Erfüllung des ganzen Vertrags verlangt, und seine Erklärung sei in diesem Sinne auch von der Klägerin verstanden worden. Zufolge dieser Erklärung sei für ihn nach § 17 der K.O. die Verpflichtung entstanden, die für die Klägerin aus dem Vertrag schon vor der Konkurseröffnung erwachsenen Ansprüche als Masseforderungen aus der Konkursmasse zu befriedigen. Bei dem Erfüllungsbegehren habe indessen H. sich in einem doppelten Irrtum befunden, nämlich

1. in dem rechtlich nicht beachtlichen Rechtsirrtum, das Verlangen der Vertragserfüllung verpflichte ihn gemäß § 17 K.O. nur dazu, die dem Konkurse zu liefernde Zellulose zu bezahlen, während es in Wahrheit auf die bereits vor der Konkurseröffnung bewirkten noch unbezahlten Lieferungen dergestalt zurückgewirkt habe, daß die Forderungen der Klägerin hierfür gleichfalls als Masseforderungen aus der Konkursmasse zu bezahlen gewesen seien. H. habe sich

2. in einem tatsächlichen, nach § 119 B.G.B. beachtlichen, Irrtum über den Inhalt seiner Erklärung befunden. Er habe nämlich von dem Bestehen unbezahlter Kaufpreisforderungen keine Kenntnis gehabt, sondern angenommen, daß der Vertrag zum Teil von beiden Seiten erfüllt und damit endgültig erledigt, im übrigen aber noch von keinem Teile erfüllt sei, während er tatsächlich zum Teil von der Klägerin erfüllt, von der Gemeinschuldnerin aber noch unerfüllt und im übrigen von keinem Vertragsteile erfüllt gewesen sei. Er habe sich also von dem Vertragsverhältnis, in das er eintreten zu wollen erklärt habe, eine ganz falsche Vorstellung gemacht. Vom Standpunkte der Klägerin aus, als der Empfängerin seiner Erklärung, habe H. etwas anderes erklärt, als er erklärt zu haben glaubte. Die Klägerin habe annehmen müssen, H. wolle den ganzen Vertrag anstatt der Gemeinschuldnerin erfüllen und somit auch die noch unbezahlten Zelluloselieferungen bezahlen, während H. infolge seiner unrichtigen Vorstellung von dem objektiven Sachverhalt nur erklärt zu haben geglaubt habe, er werde und wolle bloß die noch ausstehenden Zelluloselieferungen der Klägerin für die Konkursmasse abnehmen und ihr aus Konkursmitteln bezahlen. Infolge seiner unrichtigen Vorstellung von dem Stande der Sache habe er tatsächlich einen anderen Willen erklärt, als er ihn habe erklären wollen. Die Möglichkeit dieses Irrtums werde durch das unstreitige Vorhandensein jenes Rechtsirrtums nicht ausgeschlossen. Unzutreffend sei es, wenn die Klägerin einwende, H. habe sich bei Abgabe seiner Er-

klärung gar nichts und deshalb nichts Falsches gedacht, mithin sich auch nicht über den Inhalt seiner Erklärung geirrt. Denn ein rechtlich beachtlicher Irrtum brauche nicht in einem Falschwissen zu bestehen, sondern könne auch in einem Nichtwissen bestehen. Die Erklärung H.'s sei unter dem Einfluß seiner Unkenntnis vom Bestehen unbezahlter Kaufpreisforderungen der Klägerin für Lieferungen auf den streitigen Schluß zustandegekommen. Ein rechtlich erheblicher Irrtum würde nicht schon dann ausgeschlossen sein, wenn H. sich bei seiner Erklärung „nichts gedacht", sondern nur, wenn er sich dabei gedacht hätte, er wisse zwar nicht, ob die Klägerin unbezahlte Forderungen aus dem Schlusse habe, er wolle aber, gleichviel ob es der Fall sei, oder nicht, in den Schluß eintreten. Der tatsächliche Irrtum H.'s sei für das Verlangen der Vertragserfüllung auch kausal gewesen. Für die zur Anfechtung berechtigende Kausalität erfordere der § 119 B.G.B., daß anzunehmen sei, der Irrende würde bei Kenntnis der Sachlage und bei verständiger Würdigung des Falles die Erklärung nicht abgegeben haben. Unterstellt nun, H. sei zwar in dem Rechtsirrtum befangen gewesen, das Erfüllungsbegehren wirke auf die schon vor der Konkurseröffnung begründeten Zahlungsverbindlichkeiten nicht zurück, daß er aber Kenntnis von dem aus dem Vertrag noch geschuldeten erheblichen Betrage gehabt habe, so würde er bei verständiger Würdigung des Falles die Erklärung nicht abgegeben haben. Denn es sei anzunehmen, daß er alsdann im Hinblick auf das aus § 320 B.G.B. folgende Zurückbehaltungsrecht des Gegners zu einer Betrachtung über das Verhältnis des § 320 B.G.B. zum § 17 K.O. veranlaßt worden sei, infolge deren er Aufklärung über seinen Rechtsirrtum gefunden und dann selbstverständlich sich gehütet haben würde, in den Schluß einzutreten. H. sei hiernach zur Anfechtung seiner Erklärung berechtigt gewesen, und er habe die Erklärung auch, wie näher dargelegt ist, gemäß § 121 B.G.B. unzweideutig und ohne schuldhaftes Zögern erklärt, nachdem er von dem Anfechtungsgrunde Kenntnis erlangt habe. . . .

Das Berufungsurteil läßt weder einen Rechtsirrtum noch einen prozessualen Verstoß erkennen und unterliegt insoweit, als die Entscheidung tatsächlicher Natur ist, nicht der Nachprüfung des Revisionsgerichts. Die Revisionsangriffe erscheinen nicht gerechtfertigt.

Zunächst wird gerügt, der vom Berufungsgericht angenommene

Irrtum über das Vorhandensein von Verpflichtungen der Gemeinschuldnerin aus dem Vertrag stelle sich lediglich als Irrtum im Beweggrunde, nicht aber als Irrtum im Sinne des § 119 B.G.B. dar. Es mag zugegeben werden, daß für H. die Hoffnung bestimmend gewesen ist, mit dem Verlangen der Vertragserfüllung im Hinblick auf die damalige Marktlage einen Gewinn zu erzielen. Allein für die Gewinnchancen begründete es einen wesentlichen Unterschied, ob er bloß die zukünftigen Lieferungen zu bezahlen brauchte, oder mit seinem Erfüllungsbegehren auch die Verpflichtung übernahm, den erheblichen Betrag für frühere Lieferungen zu bezahlen. Die Hoffnung auf Gewinn beruhte daher ihrem Grunde nach wesentlich auf dem vom Berufungsgericht tatsächlich und für das Revisionsgericht bindend festgestellten Irrtum des H. über die objektive Sachlage, d. h. auf seiner Unkenntnis von dem Bestehen unbezahlter Kaufpreisforderungen. Jedenfalls wird ein Irrtum dieser Art durch einen Irrtum im Beweggrunde nicht ausgeschlossen. Deshalb konnte das Berufungsgericht ohne Rechtsirrtum annehmen, daß der Irrtum des H. recht eigentlich den Inhalt seiner Erklärung betraf, weil sie vom Standpunkte der Empfängerin aus etwas anderes, nämlich das Verlangen vollständiger Vertragserfüllung, erklärte, als sie nach der bloß auf Erfüllung des beiderseits noch unerfüllten Teils des Vertrages beschränkten Absicht des H. erklären sollte. In diesem Sinne hat denn auch der VII. Zivilsenat des Reichsgerichts in dem gleichartigen, in den Entsch. Bd. 51 S. 283 mitgeteilten Falle entschieden, als die Sache nach Aufhebung des ersten Berufungsurteils nochmals zu seiner Entscheidung gelangte (Urteil vom 1. Mai 1903, Rep. VII. 437/02). Befand sich aber H. in dem Irrtum, daß der Vertrag beiderseits gleichmäßig zum Teil erfüllt sei, so war seine Meinung, daß er nur die zukünftigen Lieferungen zu bezahlen brauche, selbstverständlich völlig zutreffend. Von einem Irrtum über die rechtliche Tragweite seiner Erklärung kann dann keine Rede sein.

Ferner wird aufgestellt, H. habe Vertragserfüllung verlangt, ohne darum sich gekümmert zu haben, ob und inwieweit der Vertrag von der einen und von der anderen Seite bereits erfüllt gewesen sei. Unlogisch sei nun aber der Unterschied, den das Berufungsgericht zwischen dem „sich nichts denken“ und dem geistigen Zustande desjenigen mache, der sich klar darüber sei, er wisse einen bestimmten

Umstand nicht, fasse aber gleichwohl denselben Entschluß, möge sich nun jener Umstand so, oder so verhalten. Zu Unrecht! Die Behauptung, daß H. vor dem Erfüllungsbegehren um das Vorhandensein unbezahlter Kaufpreisforderungen sich nicht gekümmert habe, betrifft, an und für sich allein betrachtet, bloß die Frage der Entschuldbarkeit des Irrtums. Auf die Frage, ob der Irrtum verschuldet, oder unverschuldet ist, kommt es aber überhaupt nicht an, da der § 119 B.G.B. einen solchen Unterschied nicht macht. Entscheidend ist vielmehr allein die Tatsache des Irrtums und seine Kausalität für die angefochtene Willenserklärung. Die vom Berufungsgerichte gemachte Unterscheidung aber ist völlig zutreffend und in der Natur der Sache begründet. Das Gesetz macht keinen Unterschied, ob der Mangel, der den Irrtum hervorruft, in einer Verfälschung, oder in einem gänzlichen Fehlen der entscheidenden Vorstellung besteht. Indessen steht nur die unbewußte Unkenntnis dem Irrtum im engeren Sinne gleich, dagegen nicht auch die bewußte Unkenntnis. Denn derjenige, der eine Willenserklärung abgibt in dem Bewußtsein, ihren Inhalt nicht zu kennen, z. B. eine Vertragsurkunde ohne Kenntnis ihres Inhalts unterschreibt, befindet sich nicht im Irrtum und kann deshalb nicht anfechten. Er irrt nicht, weil er sich klar über seine Unkenntnis ist und auf alle Fälle will, mag die Sache so, oder anders liegen.

Vgl. Hölder, Kommentar zum Bürgerlichen Gesetzbuch § 119 Bem. 2; v. Staudinger, Bürgerliches Gesetzbuch § 119 Bem. 3.

Weiter wird gerügt, es sei ein logischer Fehler, wenn das Berufungsgericht die Unkenntnis des H. von dem Vorhandensein unbezahlter Kaufpreisforderungen als kausal für das Erfüllungsbegehren ansehe. Denn zufolge der irrigen Rechtsansicht des H. hätte dieser in logischer Weise gerade dazu kommen müssen, trotz des Vorhandenseins unbezahlter Kaufpreisforderungen die Erfüllung des Vertrags zu verlangen. Denn für ihn habe lediglich die Erwägung maßgebend sein können, ob er die Zellulose von anderer Seite billiger als zum Vertragspreise habe beziehen können. Da nun die Zellulose inzwischen bedeutend im Preise gestiegen sei, habe er Erfüllung des Vertrags verlangen müssen, und er habe sie verlangt. Dem Revisionsangriffe wäre Berechtigung nicht abzusprechen, wenn anzunehmen wäre, daß H. jedenfalls bei seiner irrigen Rechtsansicht verblieben wäre. Dies wird aber vom Berufungsgericht verneint. So lange H. annahm, daß die Gemeinschuldnerin alles, was ihr von der Klägerin geliefert worden, bereits vollständig bezahlt habe, hatte er keine Veranlassung, mit der Rechtsfrage sich zu befassen, ob und inwieweit § 17 K.O. auf die Verbindlichkeit zur Zahlung früherer Lieferungen zurückwirke. Für die Erwägung dieser Frage lag vernünftigerweise nur dann ein Grund vor, wenn er wußte oder wenigstens mit der Möglichkeit rechnete, daß frühere Lieferungen noch unbezahlt seien. Ob er, vor die Rechtsfrage gestellt, ohne weiteres auf seine irrige Rechtsansicht sich verlassen und hiernach gehandelt, oder nicht vielmehr die Richtigkeit dieser Ansicht bei der Wichtigkeit der in Betracht kommenden Interessen an der Hand der ihm zu Gebote stehenden Hilfsmittel (Kommentare 2c) vorher noch einer gründlichen Prüfung unterzogen und alsdann, eines besseren belehrt, bei verständiger Würdigung des Falls von dem Erfüllungsbegehren Abstand genommen haben würde, ist überwiegend Tatfrage. Grundsätzlich ist die Frage nur darauf abzustellen, ob H. als verständiger Mann gedacht, also frei von Eigensinn, subjektiven Launen und törichten Anschauungen, sowie abgesehen von seinem tatsächlichen Irrtum in der gegebenen Lage von seinem persönlichen Standpunkte aus und nach seinen besonderen Verhältnissen so gehandelt haben würde, wie das Berufungsgericht annimmt. Für die Beurteilung der Wesentlichkeit des Irrtums ist hiernach, wie auch aus den Beratungen der II. Kommission erhellt, dem richterlichen Ermessen ein weiter Spielraum gelassen.

Vgl. Spahn, Prot. Bd. 1 S. 110.

Daß die Entscheidung des Berufungsgerichts von Rechtsirrtum beeinflußt wäre, ist nicht erkennbar. Kraft des ihm nach § 286 Z.P.O. zustehenden Rechts freier Tatsachenwürdigung war es dem Berufungsgerichte unbenommen, anzunehmen, daß H., der in fraglicher Sache nach Auffassung des Berufungsgerichts keine besondere Erfahrung an den Tag gelegt hat, im Hinblick auf die ihm näher liegende allgemeine und im gewöhnlichen Rechtsverkehr häufiger als § 17 K.O. zur Anwendung kommende Bestimmung des § 320 B.G.B. zu einer Prüfung und Berichtigung seiner Rechtsansicht betreffs des § 17 K.O. veranlaßt worden wäre und alsdann von seinem Erfüllungsverlangen Abstand genommen haben würde." ...

52. Findet gegen den Beschluß, durch den ein Gesuch um Vertagung der mündlichen Verhandlung zurückgewiesen wird, das Rechtsmittel der Beschwerde statt?

Z.P.O. §§ 567. 228. 227. 225. 335.

I. Zivilsenat. Beschl. v. 30. Dezember 1905 i. S. H. K. (Antragstellers) w. A. K. (Antragsgegner). Beschw.-Rep. I. 127/05.

I. Oberlandesgericht Köln.

Gründe:

„Das Landgericht zu Köln hatte auf Gesuch des Antragstellers nach mündlicher Verhandlung durch Urteil eine einstweilige Verfügung erlassen. Der Antragsgegner hatte gegen dieses Urteil Berufung eingelegt mit der Bitte, die einstweilige Verfügung aufzuheben. Im Termine zur mündlichen Verhandlung erschienen die prozeßbevollmächtigten Rechtsanwälte beider Parteien. Nachdem die Formalien des Rechtsmittels dargetan waren, beantragte der Anwalt des Berufungsbeklagten Vertagung, da er eine Streitverkündung zustellen müsse. Der Gegner widersprach, worauf das Gericht den Beschluß verkündete, daß der Vertagungsantrag abgelehnt werde. Der Anwalt des Berufungsbeklagten erklärte nunmehr, daß er nicht verhandeln werde. Der Berufungskläger beantragte Versäumnisurteil, das dann auch gerichtsseitig noch im selben Termine dahin verkündet wurde, daß das Urteil der ersten Instanz abgeändert, und die einstweilige Verfügung aufgehoben werde.

Gegen die Ablehnung seines Vertagungsantrages hat der Berufungsbeklagte Beschwerde eingelegt. Die Beschwerdeschrift sucht darzulegen, daß bei richtiger Behandlung der Sache die Vertagung hätte bewilligt, und das Versäumnisurteil abgelehnt werden müssen. Einen Antrag, wie das Beschwerdegericht nunmehr entscheiden solle, enthält die Beschwerdeschrift nicht.

Das Oberlandesgericht hat die Beschwerde nach der Regelvorschrift des § 567 Z.P.O. für zulässig, aber nicht für begründet erachtet und sie dem Reichsgericht vorgelegt. Dabei ist unter Hinweis auf Entsch. des R.G.'s in Zivils. Bd. 23 S. 369 bemerkt, daß der Vertagungsantrag vor dem Beginn der mündlichen Verhandlung gestellt worden sei und eine solche auch nicht erfordert habe, da ein derartiger Antrag bereits vor Stellung der Sachanträge statthaft sei, mit denen gemäß § 137 Abs. 1 Z.P.O. die mündliche Verhandlung eingeleitet werde, und daß § 225 Abs. 3 Z.P.O. hier nicht Platz greife, da er sich nach § 227 Abs. 2 nur auf die Verlegung von Terminen beziehe.

Diese Ansicht kann nicht für richtig erachtet werden; vielmehr handelt es sich in Wahrheit um eine unzulässige Beschwerde.

Die Zivilprozeßordnung unterscheidet die Verlegung eines Termins, die Vertagung einer Verhandlung und die Anberaumung eines Termins zur Fortsetzung der Verhandlung (§ 228). Der Termin beginnt nach § 220 Abs. 1 mit dem Aufrufe der Sache. „Verlegung des Termins" liegt daher vor, wenn ein Termin vor seinem Beginn aufgehoben, und ein neuer anberaumt wird. Im Gegensatze dazu liegt „Vertagung der Verhandlung" vor, wenn nach dem Aufrufe der Sache die Verhandlung auf einen anderen Tag oder eine andere Stunde verschoben wird, wobei dann als dritte Möglichkeit der Fall noch besonders hervorgehoben wird, daß mit der Verhandlung, d. h. mit der Verhandlung der Sache selbst, bereits begonnen war, und diese Verhandlung in dem neuen Termine „fortgesetzt" und zu Ende geführt werden soll.

Wird ein Gesuch der einen oder anderen Art vom Gericht zurückgewiesen, so ist bezüglich der Rechtsmittel zu unterscheiden zwischen dem Gesuche um Verlegung des Termins einerseits und dem Gesuche um Vertagung der Verhandlung — sei es zum Neubeginn, sei es zur Fortsetzung — andererseits. Wird die Verlegung eines Termins beantragt, so sollen nach § 227 Abs. 2 die Bestimmungen über Verlängerung einer Frist entsprechende Anwendung finden. Über das Gesuch um Verlängerung einer Frist aber kann nach § 225 Abs. 1 ohne vorgängige mündliche Verhandlung entschieden werden. Bei der Zurückweisung eines Antrags auf Terminsverlegung würde demnach an sich die Regel des § 567 Abs. 1 zutreffen, wonach die Beschwerde „gegen solche eine mündliche Verhandlung nicht erfordernde Entscheidungen stattfindet, durch welche ein das Verfahren betreffendes Gesuch zurückgewiesen ist". Das Gesetz aber schreibt für diesen besonderen Fall in § 225 Abs. 3 ausdrücklich vor, daß eine Anfechtung des Beschlusses nicht stattfindet.

Für die Zurückweisung eines Gesuches auf Vertagung der Verhandlung aber fehlt es an besonderen gesetzlichen Bestimmungen über Rechtsmittel. Daraus folgt, daß die Beschwerde nur zulässig sein würde, wenn anzuerkennen wäre, daß die Entscheidung über das Gesuch um Vertagung der Verhandlung im Sinne des § 567 Abs. 1 „eine mündliche Verhandlung nicht erfordert". Für den hier vorliegenden Regelfall aber trifft dies nicht zu. Wenn im Termine zur mündlichen Verhandlung beide Parteien erscheinen, und eine von ihnen die Vertagung beantragt, so liegt es in der Natur der Sache, daß über diesen Antrag mit den erschienenen Parteien eine mündliche Verhandlung gepflogen werden muß, und daß das Gericht nur nach mündlicher Anhörung beider Teile über das Gesuch befinden kann. Unerheblich ist es dabei, ob die mündliche Verhandlung zur Sache selbst, die nach § 137 Abs. 1 dadurch eingeleitet werden soll, daß die Parteien ihre Anträge stellen, in dem Augenblicke, wo der Vertagungsantrag gestellt wurde, bereits begonnen hatte, oder nicht. Was im „Termine zur mündlichen Verhandlung" zwischen dem Gericht und den erschienenen Parteien vorgenommen wird, ist immer „mündliche Verhandlung", auch wenn die Schlußanträge zur Sache selbst noch nicht gestellt, oder die Regel des § 137 Abs. 1 nicht beachtet sein sollte.

Es liegt denn auch in der Natur der Sache, daß, wenn nach der Ablehnung eines Vertagungsgesuchs in der Sache selbst — sei es in kontradiktorischer Verhandlung, sei es im Versäumnisverfahren — weiter prozessiert worden ist, für ein Beschwerdeverfahren gegen den Ablehnungsbeschluß kein Raum ist, da das Beschwerdegericht, auch wenn es den Vertagungsantrag abweichend von dem Gericht der Instanz für begründet erachten sollte, durch keine gesetzliche Bestimmung ermächtigt ist, das inzwischen ergangene weitere Verfahren für nichtig zu erklären, ohne eine solche Vernichtung aber die Gewährung des Vertagungsgesuchs gegenstandslos sein würde. Und was den hier vorliegenden Fall anlangt, daß die Partei, deren Vertagungsgesuch abgelehnt war, zur Sache selbst nicht verhandelt und Versäumnisurteil gegen sich ergehen läßt, so kommt weiter in Betracht, daß für diese Partei auch ein Bedürfnis nach einem Beschwerdeverfahren insoweit jedenfalls nicht vorliegen kann, als dieser Partei, wie es hier der Fall ist, der Einspruch offen stand, mit dem sie —

auch wenn sie in der Sache selbst unterliegen sollte — doch nach § 344 der Kosten wegen geltend machen kann, daß das Versäumnisurteil nicht in gesetzlicher Weise ergangen sei.

Auch in der Literatur zur Zivilprozeßordnung[1] wird übereinstimmend angenommen, daß gegen die Ablehnung eines Vertagungsantrags, der unter Anwesenheit beider Parteien in der mündlichen Verhandlung gestellt worden ist, das Rechtsmittel der Beschwerde nicht offen steht, wobei freilich dieser Satz in verschiedener Weise begründet wird.

Anders liegt allerdings der besondere Fall des § 335 Z.P.O., der einzige, in dem das Gesetz einer Partei ein Recht, die Vertagung der mündlichen Verhandlung zu beantragen, gewährt. Es ist der Fall, daß beim Nichterscheinen der einen Partei die andere, nicht säumige Partei die Vertagung der Verhandlung nachsucht, sei es ohne ein Versäumnisurteil zu beantragen, sei es für den Fall, daß der Antrag auf Erlassung des Versäumnisurteils zurückgewiesen werde. Es kann zugegeben werden, daß über ein derartiges, in Abwesenheit der anderen Partei gestelltes Gesuch nicht notwendigerweise eine mündliche Verhandlung erfolgen muß, so daß die Zurückweisung eines solchen Gesuchs der nicht säumigen Partei unter die Regel des § 567 Abs. 1 fallen würde. Da der Senat dies nicht in Zweifel ziehen will, liegt die Notwendigkeit, im Hinblick auf den vom Oberlandesgericht angezogenen Beschluß des VI. Zivilsenats des Reichsgerichts (Bd. 23 S. 369) vorab die Entscheidung der vereinigten Zivilsenate einzuholen, nicht vor, da hier nur der Begründung jenes Beschlusses, nicht aber dem ausgesprochenen Rechtssatze selbst entgegengetreten wird."

---

53. Wird beim Schleppvertrage die Verbindlichkeit des Schleppers, nach Kräften für die Sicherheit des geschleppten Schiffes zu sorgen, dadurch beseitigt, daß die Besatzung des Schleppschiffes in dieser Hinsicht ihre Pflicht nicht erfüllt? Wann ist beim Schleppvertrage

[1] Seuffert, 9. Aufl. Bd. 1 S. 303; Struckmann u. Koch, 8. Aufl. Bd. 1 S. 265; Petersen, 5. Aufl. Bd. 1 S. 440; Gaupp-Stein, 4. Aufl. Bd. 1 S. 469. D. E.

Abnahme oder Vollendung des Werkes anzunehmen? Einrede der Verjährung aus §§ 638. 646 B.G.B.

I. Zivilsenat. Urt. v. 30. Dezember 1905 i. S. A. u. Gen. (Bekl.) w. B. (Kl.). Rep. I. 255/05.

I. Landgericht Hamburg, Kammer für Handelssachen.
II. Oberlandesgericht daselbst.

Am 9. November 1901 schloß der Führer des den Beklagten gehörigen Schleppdampfers „Allegro" in Brunsbüttel mit dem Führer des klägerischen Kahns „Kette Nr. 602", sowie mit dem Führer der Brigg „Gustava" Schleppverträge ab, wonach er den Kahn nach Emden, die Brigg nach Delfzyl zu schleppen hatte. Nachdem der Schleppzug Cuxhaven erreicht und dort wegen Nebels verweilt hatte, ging er am 12. November morgens in See, sah sich aber am Abend wegen zunehmenden Windes gezwungen, in der Weser Schutz zu suchen. Dort ging die Brigg unweit des Hohenwegleuchtturms vor Anker, während der Kahn mittels einer Trosse an ihr befestigt wurde. Am 14. November vormittags 10 Uhr fuhr der „Allegro", um seinen Vorrat an Kohlen und Proviant zu ergänzen, nach Bremerhaven. Auf dem Kahne blieb nur der 16jährige Bestmann H. zurück, wogegen der Schiffer Z. und der andere Bestmann die Fahrt nach Bremerhaven mitmachten. Als der Dampfer abends 9½ Uhr zurückkam, fand er den Kahn nicht mehr vor. Derselbe war beim Schwoien, ohne daß H. es hatte verhindern können, gegen die Brigg getrieben, hatte diese beschädigt und selbst Schaden gelitten und war dann infolge Brechens der Trosse weggetrieben und später von einem Dampfer „Blitz" geborgen worden.

Der Kläger bezifferte den ihm entstandenen Schaden, einschließlich des der Brigg zu leistenden Ersatzes und des dem Dampfer „Blitz" zu vergütenden Bergelohnes, auf 8874,08 ℳ und beantragte Verurteilung der Beklagten zur Zahlung dieses Betrages, weil der Schaden auf Verschulden des Schiffers des Dampfers „Allegro", Sch., beruhe, der den Kahn in unsicherer Lage und unter Mitnahme des größeren Teiles seiner Besatzung zurückgelassen habe. Beklagte beantragten Klagabweisung, weil ein Verschulden lediglich den Führer des Kahnes treffe; dieser sei allein für seine eigene und die Mitfahrt seines Bestmannes verantwortlich; außerdem sei das Ankergeschirr des Kahnes nicht in Ordnung gewesen, und es habe sich Z. auf die Aufforderung des Sch., den Anker fallen zu lassen, dessen geweigert.

Beide Vorinstanzen erklärten den Klaganspruch zur Hälfte des dem Kläger entstandenen Schadens dem Grunde nach für berechtigt. Auf Revision der Beklagten wurde dahin erkannt, daß die Klage nur zu einem Viertel des eingetretenen Schadens begründet, im übrigen aber abzuweisen sei, aus folgenden

Gründen:

„Dem Berufungsrichter ist zunächst darin beizutreten, daß der Führer des Schleppdampfers „Allegro" die durch den Schleppvertrag übernommenen Pflichten verletzt und dadurch den Eintritt des Erfolges, für den er einzustehen hatte, vereitelt hat, daß er unter Mitnahme des Kahnschiffers und des einen Bestmannes den Kahn, den er nach Emden zu schleppen hatte, in der Obhut nur des 16jährigen Bestmannes zurückgelassen hat, ohne daß der Kahn genügend verankert war. Der erfahrene Sachverständige, Admiralitätsrat K., dessen Gutachten das Berufungsgericht folgt, führt aus, daß der durch den Zusammenstoß des Kahns mit der Brigg eingetretene Unfall hätte vermieden werden können, wenn der Schlepper beim Schwoien der Schiffe zur Stelle gewesen wäre. Ohne Gesetzesverletzung nimmt das Berufungsgericht an, es hätte ein anderer Schlepper herangerufen werden müssen, um während der Abwesenheit des „Allegro" und der Leute vom Kahn, welche sich bei der gefährlichen Sachlage nicht von demselben entfernen durften, diesen und die Brigg zu überwachen und bei eintretender Gefahr Hilfe zu leisten. Befand sich ein geeigneter Schlepper nicht in der Nähe, so hätte man sich leicht mit dem Personal des in der Nähe befindlichen Hohenwegleuchtturms in Beziehung setzen und telegraphisch einen Schlepper von Bremerhaven beordern lassen können. Die Zurechnung der Verschuldung des Führers des Schleppers für den eingetretenen Schaden wird auch dadurch nicht ausgeschlossen, daß den Schiffer des Kahns ein Mitverschulden trifft.

Wenn auch der Schleppvertrag kein Frachtvertrag ist, vielmehr als Werkverdingung zu charakterisieren ist, wenn demgemäß dem Führer des Schleppdampfers nicht neben der Beförderung die Bewachung des geschleppten Kahns und der von diesem mitgeführten Güter obliegt, so haftet der Schlepper, der es übernommen hat, die von ihm geführten Kähne unverletzt nach dem bestimmten Ziele zu bringen, doch für Aufwendung der erforderlichen Sorgfalt, um dieses Ziel mit den Kähnen zu erreichen.

Vgl. Bolze, Praxis des R.G.'s Bd. 4 Nr. 684, Bd. 18 Nr. 411.

Diese Verpflichtung dauert an, solange das Ziel nicht erreicht ist, auch wenn ohne Verschulden des Führers des Schleppers die Verbindung mit dem geschleppten Kahne unterbrochen ist. Der Schlepper wird erst frei, der Schleppvertrag erlischt, wenn die Unmöglichkeit, die Reise zu vollenden, eintritt. Solange solche Unmöglichkeit nicht vorliegt, darf der Schlepper den geschleppten Kahn, auch wenn diesen ein Unfall trifft, nicht einfach seinem Schicksal überlassen, sondern hat, soweit möglich, Hilfe zu leisten, wenn er auch dafür besonderen Lohn fordern darf.

Vgl. Entsch. des R.G.'s in Zivils. Bd. 46 S. 205.

Das ist auch die Auffassung der englischen und amerikanischen Praxis.

Vgl. Marsden, Collisions at sea 5. Aufl.

S. 185: „It is an implied term in the ordinary contract of towage, as interpreted in this country, that the tug shall exercise reasonable care and skill in its performance."

S. 188: „... If, through stress of weather or otherwise, the tow gets ashore, it is the duty of the tug to stand by and to do her best to extricate her."

Um wieviel mehr bleibt es auch nach der unwillkürlichen oder gerechtfertigten Lösung der Trosse die Verbindlichkeit des Schleppers, den Eintritt derartiger oder ähnlicher Unfälle, wo es in seiner Macht steht, zu verhindern!

Dagegen erachtet es das Revisionsgericht nicht für gerechtfertigt, dem Führer des Schleppers im vorliegenden Falle denselben Grad der Verschuldung zur Last zu legen, wie dem Führer des geschleppten Kahns. Diesem lag es zunächst ob, den ihm anvertrauten Kahn nicht zu verlassen und denselben sicher zu verankern. Unter Anwendung des § 254 B.G.B. erachtet es deshalb das Reichsgericht für angemessen, die Haftung der Beklagten für den Schaden auf ein Viertel desselben herabzusetzen.

Für dieses Viertel hafteten aber die Beklagten noch zur Zeit der erhobenen Klage; sie waren durch eingetretene Verjährung von solcher Haftung nicht befreit.

Die §§ 638. 646 B.G.B. finden auf den vorliegenden Fall keine Anwendung, auch wenn man unterstellt, daß jene Vorschriften, wie der VI. Zivilsenat des Reichsgerichts in einem Urteil vom 19. Juni 1905, Rep. VI. 350/04, angenommen hat, gegeben sind für den Werkvertrag im vollen Umfange, nicht bloß, wenn die Herstellung oder die Veränderung einer Sache, sondern in jedem Falle, wo die Herstellung irgendeines Erfolges durch Arbeit oder Dienstleistung übernommen worden ist, also auch für den Personenbeförderungsvertrag, wie für den Schleppvertrag. Denn hier ist die Ausführung des übernommenen Werkes nicht vollendet; es hat auch keine Abnahme stattgefunden.

Die Beklagten haben sich darauf berufen, Sch. habe den Kläger nach dem Unfall befragt, ob er den Kahn weiter nach Emden schleppen solle; der Kläger habe aber innerhalb der ihm gesetzten Frist von zweimal 24 Stunden geantwortet, man sei nicht in der Lage, sich zu entscheiden. In dieser bloß dilatorischen Erklärung lag so wenig eine Abnahme, wie wenn der Kläger jede Erklärung ablehnte.

Der Kläger hat mit solchem Verhalten weder den bis dahin von Sch. geschleppten Kahn *tatsächlich* übernommen, noch die Übernahme *als Erfüllung* der den Beklagten obliegenden Leistung *angenommen*, noch die Leistung des Sch. gebilligt.

Vgl. *Dernburg*, Bürgerliches Recht Bd. 2 § 318 Anm. 6.

Vielmehr ist der Kläger, nachdem der Führer des Dampfers den Kahn verlassen hatte, im Besitz desselben, den er durch dessen Besatzung ausübte, als eines verlassenen verblieben.

Auch *vollendet* war das Werk nicht: weder das *ganze* Werk; denn der Kahn befand sich nicht in Emden, wohin ihn der Dampfer „Allegro" schleppen sollte; noch liegt ein Fall vor, den man für das Verhältnis der Parteien als der Vollendung gleichstehend ansehen dürfte; denn es liegt keine *Einigung* vor, die etwa dahin ging, daß es bei dem, was bis dahin geleistet, sein Bewenden behalten, und die Beklagten für die Teilleistung eine entsprechende Abfindung erhalten sollten." ...

54. Enthält der bergrechtliche Enteignungsbeschluß (§ 142 preuß. Allg. Berggeſ.) eine Verfügungsbeſchränkung im Sinne des § 892 Abſ. 1 Satz 2 B.G.B.?

V. Zivilſenat. Urt. v. 30. Dezember 1905 i. S. T. (Bekl.) w. Zeche M. St. (Kl.). Rep. V. 251/05.

I. Landgericht Eſſen.
II. Oberlandesgericht Hamm.

Die klagende Gewerkſchaft benötigte zu ihrem Bergbaubetriebe mehrerer Grundſtücke und erwirkte gegen diejenigen Eigentümer, mit denen ſie ſich nicht gütlich einigen konnte, einen Enteignungsbeſchluß der zuſtändigen Behörden vom $\frac{\text{19. Dezember 1902}}{\text{23. Januar 1903}}$, worin auf Grund der §§ 142. 135 flg. Allg. Berggeſ. unter anderen der Bergmann D. in R. für verpflichtet erklärt wurde, ihr zwei näher bezeichnete Grundſtücke für 235 ℳ das Ar zum Eigentum abzutreten. Der Beſchluß war dem D. am 24. Februar 1903 zugeſtellt und am 24. März rechtskräftig geworden; die Klägerin hatte auch die Entſchädigung mit 1453,45 ℳ und den Betrag der zu übernehmenden Hypotheken mit 490 ℳ am 11. Juni 1903 bei der Regierungshauptkaſſe hinterlegt. D. verkaufte indes durch notariellen Vertrag vom 28. Mai 1903 die beiden Grundſtücke an den Beklagten für 2700 ℳ und ließ ſie ihm am 8. Juni 1903 auf, worauf der Beklagte auch als Eigentümer im Grundbuch eingetragen wurde.

Die Klägerin beantragte nun, den Beklagten zu verurteilen, ihr das Eigentum zu verſchaffen und die Grundſtücke aufzulaſſen. Sie behauptete, der Verkauf an den Beklagten ſei bloß zum Schein, in der Abſicht, ſie zu ſchädigen, geſchloſſen worden. Sie hielt den D. auch nicht mehr zur Verfügung über die Grundſtücke für berechtigt, nachdem deren Enteignung rechtskräftig beſchloſſen worden, und dies ihm, wie auch dem Beklagten, dieſem mindeſtens noch vor der Auflaſſung, bekannt geweſen ſei.

Der Beklagte beſtritt, daß der Verkauf an ihn nicht ernſtlich gemeint geweſen wäre und bezweckt hätte, die Klägerin zu benachteiligen. Er wollte von dem Enteignungsbeſchluß überhaupt nichts erfahren haben und behauptete, daß auch ſein Bevollmächtigter bei der Auflaſſung, B., davon nichts gewußt habe, war aber auch der

Ansicht, daß dieser Beschluß, selbst wenn er ihm bekannt geworden wäre, an dem dinglichen Verfügungsrecht seines Verkäufers, solange die Klägerin nicht das Eigentum erworben habe, nichts habe ändern können.

Der Beklagte wurde nach dem Klagantrage verurteilt, und seine Berufung mit der Maßgabe zurückgewiesen, daß er verurteilt wurde, in die Eintragung der Klägerin als Eigentümerin im Grundbuch einzuwilligen. Seine Revision wurde zurückgewiesen aus folgenden

Gründen:

„Daß der Verkauf der streitigen Grundstücke nicht bloß zum Schein, wie die Klägerin behauptet hatte, sondern in der ernstlichen Absicht, dem Beklagten das Eigentum zu verschaffen, geschlossen worden ist, hatte schon der erste Richter festgestellt; darüber ist in zweiter Instanz auch nicht mehr gestritten worden.

Der Berufungsrichter führt nun zunächst aus, und darin ist ihm lediglich beizutreten, daß bei der bergrechtlichen Enteignung nicht, wie es im § 44 des Enteignungsgesetzes vom 11. Juni 1874 für die nach diesem Gesetze stattfindenden Enteignungen ausdrücklich angeordnet ist, schon mit der Zustellung des Enteignungsbeschlusses, kraft Gesetzes, das Eigentum des enteigneten Grundstücks auf den Unternehmer übergehe. Nach § 54 des Enteignungsgesetzes ist die Anwendung dieses Gesetzes auf die Beschränkung und Entziehung des Eigentums im Interesse des Bergbaues ausgeschlossen, was also auch für die erwähnte Anordnung des unmittelbaren Eigentumsüberganges auf den Unternehmer gilt, und in den Vorschriften des Allgemeinen Berggesetzes über die Enteignung zu bergbaulichen Zwecken findet sich eine Bestimmung gleichen Inhalts nicht. Dort heißt es zwar im § 144, daß der Enteignungsbeschluß die zwangsweise Abtretung oder Erwerbung des Grundstücks auszusprechen habe; aber im § 142 ist diesem Beschlusse nur die Entscheidung darüber zugewiesen worden: ob, in welchem Umfang und unter welchen Bedingungen der Grundbesitzer zur Abtretung des Eigentums, oder der Bergwerksbesitzer zum Erwerbe des Eigentums verpflichtet sei, woraus sich ergibt, daß Abtretung und Erwerb als besondere Akte gedacht sind, die außerhalb des Enteignungsbeschlusses liegen. Auch der im vorliegenden Falle erlassene Enteignungsbeschluß spricht nur die Verpflichtung des D. zur Abtretung des Grundeigentums an die klagende Gewerkschaft und deren Verpflichtung zur Zahlung der Entschädigung aus. Zum Eigentumserwerb des Bergwerksbesitzers bedurfte es darum nach den bei Erlaß des Allgemeinen Berggesetzes geltenden landrechtlichen Vorschriften, wie der Berufungsrichter weiter zutreffend ausführt, des Besitzübergangs, der freilich nach § 146 Allg. Berggeś. auf Grund des Enteignungsbeschlusses durch Besitznahme von seiten des Bergwerksbesitzers herbeigeführt werden konnte, aber doch noch hinzutreten mußte. Hieran ist, worin dem Berufungsrichter gleichfalls beizutreten ist, durch das Eigentumserwerbsgesetz vom 5. Mai 1872 noch nichts geändert worden, nach dessen § 5 der Erwerb von Grundeigentum außerhalb der Fälle einer freiwilligen Veräußerung sich nach dem früher geltenden Recht zu vollziehen hatte, wohl aber durch das Bürgerliche Gesetzbuch, das einen Eigentumserwerb an Grundstücken durch Besitzübertragung nicht kennt, indem nunmehr zu der durch den Enteignungsbeschluß ersetzten dinglichen Einigung der Beteiligten noch die Eintragung im Grundbuch hinzukommen muß, um den Eigentumsübergang zu bewirken (§ 873 B.G.B.).

Vgl. Turnau u. Förster, Liegenschaftsr. Bd. 2 2. Aufl. S. 450/1; entgegen Dernburg, Bürgerl. Recht Bd. 3 3. Aufl. § 151 Anm. 18 S. 454.

Da die Klägerin nicht als Eigentümerin im Grundbuch eingetragen worden ist, war also D. noch Eigentümer der im Enteignungsbeschlusse bezeichneten Grundstücke, als er sie am 28. Mai 1903 an den Beklagten verkaufte, demnächst aufließ und auf ihn umschreiben ließ. Auf den Glauben des Grundbuchs konnte sich demnach die Klägerin dem Beklagten gegenüber nicht im Sinne von § 892 Abs. 1 Satz 1 B.G.B. berufen; das Grundbuch war nicht unrichtig. In Frage kommen kann lediglich, ob der Satz 2 a. a. O. der Klägerin zur Seite steht, wonach, wenn der eingetragene Eigentümer zugunsten bestimmter Personen in der Verfügung über sein Eigentum beschränkt ist, solche Beschränkung dann gegenüber dem Erwerber wirksam ist, wenn sie im Grundbuch eingetragen ist — dieser Fall liegt nicht vor — oder ihm bekannt war. Letzteres hat der Berufungsrichter angenommen. Soweit diese Annahme auf der tatsächlichen Feststellung fußt, daß der Beklagte bei seiner Eintragung als neuer Eigentümer von dem damals schon rechtskräftig gewordenen Enteignungsbeschlusse zugunsten der Klägerin Kenntnis gehabt habe, läßt sie sich nicht mit der Revision anfechten. Auch ist nicht angefochten und war für richtig zu erachten, daß der Berufungsrichter diese Kenntnis des Beklagten, und nicht die etwaige Unkenntnis seines Vertreters bei der Auflassung, der nur nach seinen Weisungen handelte, für entscheidend gehalten hat (§ 166 Abs. 2 B.G.B.). Dagegen ist von der Revision bestritten worden, daß der Enteignungsbeschluß überhaupt eine Verfügungsbeschränkung im Sinne der erwähnten Gesetzesbestimmung enthalte, und darum, daß letztere hier Anwendung finden könne. Indes auch in dieser Beziehung müssen die Ausführungen des Berufungsrichters für richtig erachtet werden.

Zu den im § 892 Abs. 1 Satz 2 B.G.B. erwähnten Verfügungsbeschränkungen gehören zweifellos die gesetzlichen und die von einem Gericht oder einer anderen zuständigen Behörde erlassenen Veräußerungsverbote zum Schutze bestimmter Personen, deren Verletzung in §§ 135. 136 B.G.B. diesen Personen gegenüber für unwirksam erklärt wird. Der hier in Frage stehende Enteignungsbeschluß erklärt den D. für verpflichtet, die darin bezeichneten Grundstücke der Klägerin zum Eigentum zu übertragen, und die Klägerin, die festgesetzte Entschädigung zu zahlen. Darin findet nun der Berufungsrichter zugleich ein den Schutz der Klägerin bezweckendes Verbot einer anderweitigen Veräußerung. Er führt aus, daß es nicht auf ein in ausdrücklichen Worten ausgesprochenes Veräußerungsverbot ankomme, wenn sich ein solches schon aus dem Inhalte der Anordnung ergebe, und das sei hier der Fall. Es handle sich um eine Zwangsabtretung zugunsten des Bergbaues der Klägerin. Wenn den im Allgemeinen Berggesetze bezeichneten Behörden zu diesem Behufe die Befugnis eingeräumt werde, die zwangsweise Abtretung und Erwerbung auszusprechen (§ 144), so könne solcher Ausspruch nur dahin aufgefaßt werden, daß in der Auflage der Abtretung an die Gewerkschaft zugleich das Verbot an den Eigentümer enthalten sei, zum Nachteile der Gewerkschaft anderweit über das Grundstück zu verfügen. Anderenfalls würde das ganze vom Berggesetz angeordnete Verfahren zwecklos, und sein Erfolg lediglich vom guten Willen des Eigentümers abhängig sein, der es dann in der Hand hätte, selbst einen rechtskräftig gewordenen Enteignungsbeschluß vor dessen Ausführung durch eine anderweitige Veräußerung des Grundstücks zu vereiteln, was nicht die Absicht des Gesetzes gewesen sein könne.

Wenn nun auch zuzugeben ist, daß der Bergwerksbesitzer schon unter Vorlegung des mit dem Zeugnisse der Rechtskraft versehenen Enteignungsbeschlusses, der die Eintragungsbewilligung des Eigentümers ersetzt, seine Eintragung als Eigentümer beim Grundbuchamt beantragen kann,

vgl. Turnau u. Förster, a. a. O. S. 451,

und, falls sich aus dem Inhalt des Beschlusses noch Hindernisse einer sofortigen Eintragung ergeben sollten, in der Erwirkung einer einstweiligen Verfügung auf Eintragung einer entsprechenden Vormerkung nach § 894 B.G.B. ein Mittel besitzt, der Vereitelung des Eigentumsüberganges auf ihn vorzubeugen, so läßt sich doch nicht verkennen, daß daneben immer noch in gewissem Umfange die Gefahr bestehen bliebe, daß ihm der Eigentümer durch eine anderweitige Eigentumsübertragung zuvorkäme. Diese Möglichkeit stände aber in der Tat im Widerspruche mit der vom Gesetze beabsichtigten Zwangsabtretung des Grundstücks, die dann diesen Namen kaum noch verdiente. Wenn das Gesetz die zuständigen Behörden ermächtigt, durch ihren Ausspruch die zwangsweise Eigentumsabtretung anzuordnen, so hat dieser Ausspruch darum von selbst die Bedeutung, daß er in der Auflage der Abtretung an den Bergwerksbesitzer zugleich dem Eigentümer verbietet, anderweit über das Grundstück zu verfügen und dadurch die angeordnete Zwangsabtretung zu vereiteln. Der bergrechtliche Enteignungsbeschluß kann nicht etwa auf gleiche Stufe gestellt werden mit einer gerichtlichen Entscheidung, die den Beklagten zur Abtretung verurteilt und damit nur eine schon ohnehin vorhandene Verpflichtung dazu feststellt, sondern sie selber schafft erst diese Verpflichtung wider den Willen des Verpflichteten und muß daher auch die Kraft haben, das Widerstreben des Verpflichteten zu brechen. Es erscheint daher unbedenklich, mit dem Berufungsrichter anzunehmen, daß der bergrechtliche Enteignungsbeschluß in dem Ausspruch der zwangsweisen Abtretung zugleich ein Veräußerungsverbot zum Schutz des Bergwerksbesitzers enthält, und damit erweist sich die Entscheidung des Berufungsrichters als gerechtfertigt."

55. Unter welchen Voraussetzungen tritt der Verlust des Patronatrechts zur Strafe für den Berechtigten ein?

III. Zivilsenat. Urt. v. 20. Oktober 1905 i. S. Oberkonsistorium in D. (Kl.) w. Graf A.-L.-W. (Bekl.). Rep. III. 88/05.

I. Landgericht Gießen.
II. Oberlandesgericht Darmstadt.

Durch den Reichsdeputationshauptschluß von 1803 fiel den Grafen zu A.-L.-W. das vormalige Kloster J. und hiermit das diesem dinglich verbundene Patronat über die evangelische Kirche zu B. zu. Der Beklagte war Inhaber der Standesherrschaft A.-L.-W. Durch rechtskräftiges Urteil des Landgerichts zu Gießen vom 16. November 1898 wurde er des Ehebruchs im Sinne des § 172 St.G.B. in zwei Fällen schuldig erkannt und demgemäß zu einer Gesamtgefängnisstrafe von sechs Monaten verurteilt. Das die evangelische Landeskirche nach außen vertretende Großherzoglich Hessische Oberkonsistorium hielt infolgedessen den Beklagten der Ausübung des Patronatrechts für unwürdig (indignus). Dignität, d. h. Besitz ungeschmälerter Ehre, sei nach allgemeiner Rechtsregel für den Erwerb und die Ausübung eines Patronats unumgängliche Voraussetzung. Unbeschadet des Bestehens des in Rede stehenden dinglichen Patronats als solchen müsse deshalb das Patronatrecht des Beklagten für seine Person wegen eingetretener Unwürdigkeit ruhen.

Der Klagantrag ging dahin, festzustellen, eventuell den Beklagten zu verurteilen, anzuerkennen, daß das dingliche Patronatrecht über die evangelische Kirche zu B., welches als Zubehör zum Kloster J. bestehe, für seine, des derzeitigen Eigentümers, Lebenszeit beruhe, eventuell, daß der Beklagte die aus dem als Zubehör zum Kloster J. über die evangelische Kirche zu B. bestehenden dinglichen Patronat fließenden Rechte für seine Person verloren habe.

Das Landgericht wies die Klage als unbegründet ab, und die Berufung des Klägers wurde vom Oberlandesgericht zurückgewiesen. Auf die Revision der klagenden Partei wurde dieses Urteil aufgehoben, und nach dem Eventualantrage erkannt aus folgenden

Gründen:

„Das Berufungsgericht geht von der rechtlichen Erwägung aus, daß der Besitz der bürgerlichen Ehre Voraussetzung für den Erwerb und folgeweise auch für die Ausübung des Patronats sei, und es gelangt bei Prüfung des Sachverhältnisses zu dem Ergebnis, daß nach den Anschauungen im heutigen Rechtsleben mit der Bestrafung wegen Ehebruchs nicht eine solche Ehrenminderung verbunden sei, wie sie zur Entziehung der Ausübung des Patronatrechts gefordert werden müsse.

Der Rechtssatz, den das Berufungsgericht aufstellt, wird von der Revision nicht beanstandet, ist aber vom Revisionsgericht nachzuprüfen. Vorauszuschicken ist, daß nach der für das Revisionsgericht maßgebenden Feststellung des Berufungsgerichts im Großherzogtum Hessen landesgesetzliche Vorschriften und Gewohnheitsrechte, welche das dem evangelischen Kirchenrechte zugrunde liegende kanonische Recht in betreff des Patronatrechts abgeändert haben, nicht bestehen, und daß deshalb die Bestimmungen des kanonischen Rechts zur Anwendung kommen. Danach geht der Patron des Patronatrechts verlustig,

1. wenn er sich einer Simonie bei Ausübung des Patronatrechts schuldig macht (cap. 6. 16 X de jure patronatus 3, 38. Conc. Trident. sess. 25 cap. 9),
2. wenn er den Geistlichen an der Patronatskirche tötet oder verstümmelt (cap. 12 X de poenis 5, 37),
3. wenn er in das Vermögen der Patronatskirche eingreift (cap. 12 X de poenis 5, 37. Conc. Trident. sess. 22 de reform. cap. 11).

Diese gesetzlichen Bestimmungen sind nicht dahin aufzufassen, daß der Verlust des Patronatrechts zur Strafe für den Berechtigten lediglich in den bezeichneten drei Fällen eintreten soll. Eine erschöpfende Angabe der Beendigungsgründe des Patronatrechts ist darin schon insofern nicht enthalten, als andere, aus allgemeinen Grundsätzen sich ergebende Aufhebungsgründe bestehen, wie die Beendigung des Patronats wegen Wegfalls des Subjekts oder Objekts, wegen Verzichts und wegen Ersitzung der Freiheit. Aber abgesehen hiervon ist aus dem Inhalt jener Bestimmungen zu entnehmen, daß sie Entscheidungen für einzelne Fälle enthalten, und daß keine Gründe dafür geltend gemacht sind, gerade nur in diesen Fällen den Verlust der Patronatrechte auszusprechen. Es kommt daher darauf an, das jenen Gesetzesstellen zugrunde liegende gemeinsame Prinzip zu ermitteln.

Der ausgesprochene Zweck der Vorschriften ging dahin, Mißstände zu beseitigen, die der Patron durch eigennützige Ausübung des Patronatrechts herbeigeführt hatte, und die Rechte der Kirche gegen Übergriffe der Patrone zu schützen (vgl. cap. 12 X 5, 37. Conc. Trident. sess. 22 cap. 11, sess. 25 cap. 9). Der Grund für die Zurückweisung solcher Übergriffe ist im weiteren Sinne in einem die Interessen der Kirche schädigenden unehrenhaften, mit dem Wesen des Patronats unvereinbaren Verhalten des Patrons zu erblicken (vgl. cap. 6 und 16 X 3, 38. cap. 12 X 5, 37). Der Ausspruch, daß der Verkauf des Patronatrechts durchaus unehrenhaft und unzulässig sei, wird in cap. 16 X 3, 38 damit begründet, daß das Patronatrecht ein jus spirituali annexum sei. Die in den Gesetzesstellen angedrohte Entziehung des Patronatrechts setzt aber nicht eine vorausgegangene Verurteilung wegen einer strafbaren Handlung voraus, sondern wird an einen im Sinne des Kirchenrechts deliktischen Tatbestand unmittelbar angeknüpft. Hiernach liegt der Entscheidung der drei Fälle der gemeinsame Gesichtspunkt zugrunde, daß der Verlust des Patronatrechts zur Strafe erfolgt, wenn ein unehrenhaftes Verhalten des Patronatsberechtigten zutage tritt, das die Interessen der Kirche schädigt, mit seinen Beziehungen zur Kirche unvereinbar ist und infolgedessen ihn seiner Stellung als Patron unwürdig erscheinen läßt. Daß die Entziehung des Patronatrechts an einen solchen Tatbestand angeknüpft wird, findet seine Rechtfertigung in dem Wesen des Patronatrechts als eines innerhalb der kirchlichen Sphäre liegenden Individualrechts kirchlich öffentlichrechtlicher Natur,

vgl. Urteil des IV. Zivilsenats des Reichsgerichts vom 16. März 1885 (Jurist. Wochenschr. 1885 S. 190 Nr. 41) und des III. Zivilsenats vom 2. Februar 1886 (Entsch. des R.G.'s Bd. 15 S. 171. 172),

das mit kirchlichen Ehrenrechten, namentlich bevorzugtem Sitz in der Kirche und Einschluß in das Kirchengebet, ausgestattet ist und wegen dieser Beziehungen zur Kirche dem Patron die Pflicht auferlegt, ein unehrenhaftes und anstößiges, mit seiner Stellung als Patron unverträgliches Verhalten zu vermeiden. Es kann dem Kirchenregiment und der Kirchengemeinde nicht zugemutet werden, von einem Patronatsberechtigten, der sich durch unehrenhaftes in die Öffentlichkeit tretendes Verhalten der Ausübung des Patronatrechts unwürdig zeigt, den Vorschlag eines Geistlichen entgegenzunehmen und ihm die mit dem Patronat verbundenen Ehrenrechte zuzugestehen. Würde in solchen Fällen der Verlust des Patronatrechts für die Person des Berechtigten nicht eintreten, so müßten erhebliche Nachteile für das kirchliche Leben unausbleiblich sein. Namentlich würde der Patronatsgeistliche in einen Konflikt geraten zwischen den Pflichten seines Amtes als Seelsorger und den Rücksichten, die er auf den Patronatsherrn zu nehmen hat, dem er seine Stelle verdankt.

In der aus vorstehenden Erwägungen sich ergebenden Umgrenzung ist der Rechtssatz, von dem das Berufungsgericht ausgeht, und der auch in der Theorie des Kirchenrechts vertreten wird,[1] als richtig anzuerkennen. Handelt es sich um ein dingliches Patronat, so hat die in der Person des Berechtigten eintretende Unfähigkeit nur die Folge, daß er für seine Person des Rechts zur Ausübung des Patronats verlustig geht, während das dingliche Recht selbst unberührt bleibt, und auch die mit demselben verbundenen Verpflichtungen fortbestehen.

Das Berufungsgericht hat nun bei Anwendung des Rechts auf das festgestellte Sachverhältnis rechtlich geirrt. Zunächst zwar weist es die Ansicht des ersten Richters zurück, der maßgebendes Gewicht darauf legen wollte, daß eine Aberkennung der bürgerlichen Ehrenrechte nicht erfolgt und rechtlich überhaupt nicht zulässig gewesen sei. Es führt dann aber aus, daß die Strafbarkeit des Ehebruchs im Laufe der Zeit erheblich herabgemindert, die Strafverfolgung eingeschränkt sei, und der Ehebruch nicht zu den Vergehen zähle, welche die Aberkennung der bürgerlichen Ehrenrechte zur Folge haben könnten;

---

[1] Vgl. Friedberg, Lehrb. des kathol. und evangel. Kirchenrechts 5. Aufl. § 119 S. 351; Schulte, Lehrb. des kathol. und evangel. Kirchenrechts 4. Aufl. § 65 S. 168 und § 73 III; Phillips, Lehrb. des Kirchenrechts 3. Aufl. § 141; Hinschius, System des kathol. Kirchenrechts Bd. 3 § 137 S. 35 und § 140 S. 94; Lippert, Versuch einer historisch-dogmatischen Entwickelung der Lehre vom Patronat § 26 S. 63, § 78 VI; Vering, Lehrb. des kathol., oriental. und evangel. Kirchenrechts § 90 S. 479 flg.; Hansult, Das Patronat in der evangel. Landeskirche des Großherzogtums Hessen S. 56. D. E.

demnach sei der bestrafte Ehebrecher immer noch befugt, die im § 33 St.G.B. erwähnten Ehrenrechte auszuüben; daraus müsse, mit dem Urteil erster Instanz, der Schluß gezogen werden, daß nach den Anschauungen im heutigen Rechtsleben mit der Bestrafung wegen Ehebruchs nicht eine solche Ehrenminderung verbunden sei, daß man dem Bestraften die Ausübung eines wohlerworbenen Rechts untersagen dürfte; es sei auch kein Grund abzusehen, demselben trotz seiner Bestrafung die Ausübung aller Ehrenrechte auf dem Gebiete des öffentlichen Rechts zu belassen, ihn aber für unwürdig zu erklären, ein Recht auszuüben, das als Gegenleistung für Gründung einer Pfarrei seinerzeit von dem ersten Patronatsherrn erworben worden sei; die in der Strafsache gegen den Beklagten zur Sprache gekommenen näheren Umstände des Ehebruchs müßten, da der Beklagte trotzdem alle bürgerlichen Ehrenrechte ausüben könne, im öffentlichen Rechtsleben außer Betracht bleiben.

Das Berufungsgericht setzt sich hiernach mit seinen eigenen Ausführungen in Widerspruch, wenn es den vom ersten Richter hervorgehobenen Gesichtspunkt, daß die bürgerlichen Ehrenrechte nicht aberkannt seien und nicht haben aberkannt werden können, für unwesentlich erklärt, dann aber doch auf diesen Umstand entscheidendes Gewicht legt. Nach den oben dargelegten Rechtsgrundsätzen ist nicht ausschlaggebend, ob die Ehrenrechte aberkannt sind, und nicht einmal, ob eine Verurteilung wegen einer strafbaren Handlung erfolgt ist. Es kann die Begehung strafbarer Handlungen, für die eine Aberkennung der bürgerlichen Ehrenrechte nicht vorgesehen ist, die Stellung des Patrons so erschüttern, daß der Verlust des Patronatrechts die Folge ist, und es können auch andere Handlungen, die im Strafgesetz nicht mit Strafe bedroht sind, diese Wirkung haben. Die Frage darf daher auch nicht so gestellt werden, ob die Verurteilung wegen Ehebruchs den Verlust des Patronatrechts zur Folge habe. Zu untersuchen war vielmehr, ob ein unehrenhaftes Verhalten des Patrons vorliegt, welches seine bürgerliche und kirchliche Ehre derart mindert, daß er seiner Stellung als Patron der Kirche unwürdig ist. Hierbei ist den Umständen des Falles, die das Berufungsgericht außer Betracht lassen will, Bedeutung beizumessen. Das Berufungsgericht geht auch fehl, wenn es darauf Gewicht legt, daß das Recht des Beklagten ein wohlerworbenes sei; die Frage, welche das Berufungsgericht sich gestellt hatte, ging gerade dahin, ob der Beklagte nach seiner Verurteilung wegen Ehebruchs das Patronatrecht für seine Person hätte erwerben können; die Tatsache, daß es sich um ein der Standesherrschaft A.-L.-W. zustehendes wohlerworbenes dingliches Patronatrecht handelt, muß bei Beantwortung dieser Frage außer Betracht bleiben. Maßgebend kann auch nicht sein, ob der Beklagte andere Rechte auf dem Gebiete des öffentlichen Rechts nach wie vor ausüben kann; denn die Voraussetzungen für die Ausübung solcher Rechte sind positiv und nicht gleichartig geregelt.

Hiernach ist das angefochtene Urteil wegen Rechtsirrtums aufzuheben.

Die Sache ist zur Endentscheidung reif. Schon die Tatsache, daß der Beklagte wegen Ehebruchs in zwei Fällen zu sechs Monaten Gefängnis verurteilt worden ist, erscheint geeignet, ihn in der öffentlichen Meinung herabzuwürdigen. Erschwerend kommen aber noch weitere Umstände in Betracht." (Es folgt die Darlegung dieser Umstände.)

„Demnach liegen die tatsächlichen Voraussetzungen vor, welche nach den oben ausgesprochenen Rechtsgrundsätzen den Beklagten als unwürdig erscheinen lassen, das Patronatrecht auszuüben. Dem ersten Antrag, der auf Feststellung geht, daß das dingliche Patronatrecht über die evangelische Kirche zu B. für die Lebenszeit des Beklagten beruhe, kann nicht entsprochen werden. Dieser Antrag geht zu weit. Würde der Beklagte auf sein Recht zum Besitz und Genuß der Standesherrschaft zugunsten seines Nachfolgers verzichten, so könnte diesem der den Beklagten von der Ausübung des Patronatrechts ausschließende Grund nicht entgegengehalten werden. Dagegen war dem Eventualantrag gemäß zu erkennen, daß der Beklagte die aus dem dinglichen Patronat über die genannte Kirche fließenden Rechte für seine Person verloren hat. Nach den angegebenen Gesetzesstellen tritt der Verlust des Patronatrechts zur Strafe von Rechts wegen (ipso jure) ein (vgl. cap. 12 X de poenis 5, 37. Conc. Trident. sess. 22 cap. 11. sess. 25 cap. 9)."

---

56. Wird durch den § 542 B.G.B. die Anwendung der allgemeinen Vorschriften der §§ 275. 323 flg. B.G.B. ausgeschlossen?

III. Zivilsenat. Urt. v. 24. Oktober 1905 i. S. Norddeutsche Textilwerke (Kl.) w. Mechan. Kleiderfabrik R. (Bekl.). Rep. III. 92/05.

I. Landgericht I Berlin.
II. Kammergericht daselbst.

Zwischen den Parteien bestand seit dem Jahr 1899 ein Mietvertrag, wonach die Beklagte von der Klägerin ein in Rendsburg gelegenes Lagerhaus für eine jährlich zu zahlende Miete von 2600 *M* und eine Vergütung für Heizung von 300 *M* gemietet hatte. Die Dauer des Vertrags war bis zum 31. Dezember 1904 vereinbart. In dem gemieteten Hause betrieb die Beklagte eine Fabrik, in der sie 58 Näh- und Knopflochmaschinen und eine Zuschneidemaschine verwandte und 80 bis 100 Personen beschäftigte. Am 13. und 28. Juli 1903 brach in den gemieteten Räumen Feuer aus, infolgedessen das Gebäude bis auf die Parterreräume zerstört wurde, und auch letztere unbrauchbar wurden. Die Beklagte erklärte darauf durch Brief vom 3. August 1903 den Mietvertrag für gelöst. Am 7. August 1903 widersprach die Klägerin brieflich und verlangte, daß ihr eine angemessene Frist zur Wiederherstellung des Gebäudes gesetzt werde. Die Beklagte erwiderte, daß es dessen nicht bedürfe, da die Erfüllung des Vertrags infolge des die Kündigung rechtfertigenden Umstandes für sie kein Interesse mehr habe. Die Klägerin stellte trotzdem durch ihr Schreiben vom 15. August 1903 die Räume zum 1. November 1903 wieder zur Verfügung, und an diesem Tage war der Wiederaufbau des Gebäudes tatsächlich auch beendet. Während der Bauzeit hatte die Klägerin der Beklagten zwei in einem Nachbarhause gemietete Räume als Ersatz angeboten. Die Beklagte machte hiervon jedoch keinen Gebrauch.

Die Klägerin erhob darauf Klage auf Zahlung der Miete für November und Dezember 1903 und auf Feststellung, daß das Mietverhältnis noch bis zum 31. Dezember 1904 bestehe.

Das Landgericht gab diesem Antrag statt; das Berufungsgericht dagegen erkannte auf Abweisung.

Die Revision ist zurückgewiesen worden.

Aus den Gründen:

„Das Landgericht war bei seiner Entscheidung von dem § 542 B.G.B. ausgegangen und hatte den Klaganspruch für begründet erachtet, weil die Beklagte der Klägerin eine angemessene Frist (nicht unter drei Monaten) zur Wiederherstellung der vermieteten Räume habe bestimmen müssen, und die Klägerin die Wiederherstellung in diesem Zeitraum bewirkt habe. Das Berufungsgericht hält diesen Ausgangspunkt für verfehlt und nimmt an, daß durch Zerstörung des vermieteten Hauses infolge der Brände das Mietverhältnis unmittelbar sein Ende erreicht habe, und zwar wegen nachträglich eingetretener Unmöglichkeit der Erfüllung, die bei dem Mangel irgendeines tatsächlichen Anhalts für die Entstehungsursache des Feuers von keiner der Parteien zu vertreten sei. Die Klägerin sei daher nach den Grundsätzen der §§ 275. 323 B.G.B. von ihrer Verpflichtung frei geworden, könne andererseits aber auch von der Beklagten von dem Zeitpunkt ab, da die Unmöglichkeit der Erfüllung eintrat, eine Gegenleistung nicht mehr verlangen. Die Grundsätze des § 542 B.G.B. seien dagegen nicht anwendbar, weil durch sie nur die Fragen der gehörigen Erfüllung aus dem Recht auf Gewährleistung geregelt seien, und diese Fragen keinen Boden mehr haben könnten, wenn die Mietsache an sich untergegangen, und damit jede Art Leistung unmöglich geworden sei.

Die Revision macht hiergegen, unter Bezugnahme auf Titze, die Unmöglichkeit der Leistung S. 286, geltend, daß der § 542 B.G.B. auch den Fall der Unmöglichkeit der Erfüllung regele, für welchen eben besondere Bestimmungen gegeben, und insbesondere ein Kündigungsrecht festgesetzt worden sei; durch diese besonderen Bestimmungen des § 542 B.G.B. werde die Anwendung der allgemeinen Vorschriften der §§ 275 u. 323 flg. B.G.B. ausgeschlossen. Diese Behauptung kann nicht für richtig erachtet werden. Die allgemeinen Bestimmungen des Bürgerlichen Gesetzbuchs über Schuldverhältnisse aus Verträgen, namentlich die Grundsätze über die nach dem Vertragsabschluß eintretende Unmöglichkeit der Erfüllung, kommen auch für das Schuldverhältnis aus dem Mietvertrag zur Anwendung. Wenn das Gesetz sich nicht darauf beschränkt hat, nur die Abweichungen von den allgemeinen Grundsätzen hervorzuheben, welche durch die Natur des Mietvertrags und das praktische Bedürfnis geboten erscheinen, vielmehr die Regelung in der Weise erfolgt ist, daß besondere Bestimmungen, namentlich auch im § 542 B.G.B. über die Berechtigung des Mieters zur Kündigung des Vertrags, gegeben sind (vgl. Motive zu dem Entwurfe eines bürgerlichen Gesetzbuchs Bd. 2 S. 375), so darf daraus nicht gefolgert werden, daß durch die besondere Bestimmung im § 542 B.G.B. die Anwendung der allgemeinen Grundsätze der §§ 275 u. 323 flg. B.G.B. schlechthin ausgeschlossen sei. Die Absicht bei Aufnahme der besonderen Bestimmungen in das Gesetzbuch ging im allgemeinen dahin, die Rechte des Mieters hinsichtlich der Befreiung von der Gegenleistung oder auf Minderung derselben, auf Rücktritt von dem Vertrage und auf Schadensersatz wegen Nichterfüllung nicht nur klarer und bestimmter zum Ausdruck zu bringen, sondern auch diese Rechte in einzelnen Beziehungen zu erweitern. Es muß daher durch eine Vergleichung der besonderen Bestimmungen mit den allgemeinen Grundsätzen ermittelt werden, inwieweit für diese neben den besonderen Bestimmungen noch Raum ist. Der § 323 B.G.B. unterscheidet zwischen gänzlicher Unmöglichkeit der Leistung und teilweiser Unmöglichkeit. Im letzteren Fall soll sich die Gegenleistung nach Maßgabe der §§ 472. 473 B.G.B. mindern. Nach § 542 B.G.B. steht in solchem Falle der Mieter günstiger, da ihm das weitergehende Recht eingeräumt ist, ohne Einhaltung einer Kündigungsfrist das Mietverhältnis zu kündigen, und dieses Kündigungsrecht nur insofern eingeschränkt wird, als dem Vermieter eine angemessene Frist zum Zwecke der Abhilfe zu setzen ist, sofern nicht die Erfüllung des Vertrags infolge des die Kündigung rechtfertigenden Umstandes für den Mieter kein Interesse hat. Wenn dagegen eine gänzliche Unmöglichkeit der Leistung eintritt, die der Vermieter nicht zu vertreten hat, dann verliert er nach § 323 B.G.B. den Anspruch auf die Gegenleistung. In solchem Falle wird der Mieter nach § 542 B.G.B. nicht besser, sondern schlechter gestellt, da er hier, um durch Kündigung vom Vertrag für die Zukunft zurücktreten zu können, dem Vermieter eine angemessene Frist setzen müßte, sofern nicht der Ausnahmefall (§ 542 Abs. 1 Satz 3 B.G.B.) vorliegt. Hiernach ist die Beklagte nicht auf die Rechte aus § 542 B.G.B. beschränkt, sondern kann sich auch auf den § 323 B.G.B. berufen." . . .

57. Kommt einem Handlungsagenten für seine Provisionsforderung das Vorrecht nach § 61 Ziff. 1 K.O. zu?

III. Zivilsenat. Urt. v. 3. November 1905 i. S. G. (Kl.) w. F. Konkursverwalter (Bekl.). Rep. III. 269/05.

I. Landgericht Dresden.
II. Oberlandesgericht daselbst.

Die Frage ist verneint worden aus folgenden

Gründen:

„Die Inhaber der klagenden Firma waren Agenten der Gemeinschuldnerin und hatten für Verkäufe, die sie im letzten Jahre vor der Konkurseröffnung vermittelt hatten, an Provision 2290,75 ℳ zu fordern. Der Rechtsstreit der Parteien betrifft die Frage, ob der Klägerin für diese Forderung das Vorrecht nach § 61 Ziff. 1 K.O. zusteht. Das Berufungsgericht hat diese Frage verneint.

Die Entscheidung beruht im wesentlichen auf folgenden Erwägungen:

Nach § 61 Ziff. 1 K.O. seien bevorrechtigt die dort bezeichneten Forderungen der Personen, welche sich dem Gemeinschuldner für dessen Haushalt, Wirtschaftsbetrieb oder Erwerbsgeschäft zur Leistung von Diensten verdungen hätten. Das Wort „sich verdingen" habe von jeher die Bedeutung gehabt, daß der „sich Verdingende" seine Selbständigkeit in größerem oder geringerem Umfang aufgebe, auf die freie Verfügung über seine Zeit und Arbeitskraft zugunsten eines anderen mehr oder weniger verzichte, möge dies nun dadurch geschehen, daß er seine Dienste ausschließlich oder doch hauptsächlich dem Dienstberechtigten zu leisten verpflichtet sei, oder daß er in einem Abhängigkeits- oder Botmäßigkeitsverhältnis zu diesem stehe. Damit beschränke sich das Vorrecht auf die in Haushalt, Wirtschaft oder Erwerbsgeschäft eines anderen „dienenden" Personen. Dieser aus dem Wortlaut wie aus der Begründung des Entwurfs einer Konkursordnung deutlich erkennbare Sinn habe auch dadurch keine Änderung erfahren, daß das im § 54 Ziff. 1 K.O. a. F. enthaltene Moment des „dauernden" Dienstverhältnisses im § 61 Ziff. 1 K.O. n. F. weggefallen sei. Geschützt werden solle der wirtschaftlich Schwache, der von einem anderen mehr oder weniger Abhängige, dessen Tätigkeit der Konkursmasse zugute gekommen sei, und dessen verhältnismäßig geringe Ansprüche ohne erhebliche Beeinträchtigung der übrigen Gläubiger volle Befriedigung im Konkurse finden könnten. Zu diesen Personen gehöre aber der Handlungsagent nicht; er betreibe ein eigenes Handelsgewerbe und stehe als selbständiger Kaufmann dem Geschäftsherrn im wesentlichen frei und unabhängig gegenüber; die bevorrechtigte Befriedigung seiner meist erheblichen Ansprüche würde das Interesse der übrigen Gläubiger in ungerechtfertigtem Maße benachteiligen. Daß den Handlungsagenten das Vorrecht nicht gewährt werden solle, sei auch in der Begründung des Entwurfs eines neuen Handelsgesetzbuchs ausdrücklich ausgesprochen. Dahingestellt könne bleiben, ob dem Agenten das Vorrecht in dem Falle zuzugestehen sei, wenn seine Dienste durch die Tätigkeit für einen Geschäftsherrn ganz oder doch hauptsächlich in Anspruch genommen werden; denn nach dem vorliegenden Sachverhältnis sei anzunehmen, daß die Inhaber der klagenden Firma in wesentlichem Umfange auch noch anderweit tätig gewesen sein müßten, um ihren Unterhalt zu gewinnen, und daß die Klägerin der Gemeinschuldnerin gegenüber eine besondere, die ausnahmsweise Gewährung eines Vorrechts rechtfertigende Stellung nicht eingenommen habe.

Die den Ausführungen des Berufungsgerichts zugrunde liegende rechtliche Auffassung des § 61 Ziff. 1 K.O. und die Anwendung auf den konkreten Rechtsfall ist für zutreffend zu erachten. Die Angriffe der Revision sind nicht begründet.

Unerheblich ist zunächst der von der Revision hervorgehobene Umstand, daß die Konkursordnung in ihrer jetzigen Fassung das Erfordernis des „dauernden" Dienstes nicht enthält. Die neue Fassung hat nur die Bedeutung, daß das Vorrecht denjenigen, welche sich dem Gemeinschuldner für dessen Haushalt, Wirtschaftsbetrieb oder Erwerbsgeschäft verdingen, für ihre Dienstbezüge auch dann gewährt werden soll, wenn es sich nicht um einen dauernden Dienst handelt. Im übrigen ist, wie das Berufungsgericht mit Recht annimmt, eine Änderung nicht eingetreten.

Die Revision bestreitet sodann, daß das Gesetz das Erfordernis eines Abhängigkeitsverhältnisses aufgestellt habe, und beruft sich zur Widerlegung auf die Entsch. des R.G.'s in Zivils. Bd. 4 S. 423—425,

Bd. 27 S. 226 und Bd. 38 S. 113. Dieser Angriff ist nicht gerechtfertigt. In den beiden erstgenannten Entscheidungen wird unter ausdrücklicher Bezugnahme auf die Motive des Entwurfs ausgesprochen, daß das Vorrecht von einer persönlichen „Botmäßigkeit" des Bediensteten nicht abhänge. Das Wort „Botmäßigkeit" wird hier in einem engeren Sinne angewendet, in welchem es die Unterordnung der Dienstboten unter die Dienstherrschaft bezeichnet. In den Motiven S. 266 wird ausgeführt, daß mit den unter die Vorschrift des § 54 Ziff. 1 K.O. a. F. fallenden Dienstverhältnissen meistens eine persönliche Botmäßigkeit unter den Gemeinschuldner bedingt sein werde, daß dies aber nicht Erfordernis sei, da auch Gesellen, Meister, Fabrikarbeiter, Handlungsgehilfen, Wirtschaftsbeamte, Gärtner, Förster, Schreiber, Sekretäre ꝛc solche „ständige Bedienstete" sein könnten. Das Berufungsgericht hat aber nicht angenommen, daß ein Abhängigkeits- oder Botmäßigkeitsverhältnis in dem angegebenen engeren Sinn Erfordernis für die Anwendung des § 61 Ziff. 1 K.O. sei; vielmehr faßt es das Wort „sich verdingen" in dem weiteren Sinn auf, daß der sich Verdingende seine Selbständigkeit in größerem oder geringerem Umfang aufgebe, auf die freie Verfügung über seine Zeit und Arbeitskraft zugunsten eines anderen mehr oder weniger verzichte, und es erwägt, daß dies nicht nur durch Unterwerfung unter ein Botmäßigkeitsverhältnis, sondern auch dadurch geschehen könne, daß der sich Verdingende seine Dienste ausschließlich oder doch hauptsächlich dem Dienstberechtigten zu leisten verpflichtet sei. Dieser Begründung ist beizutreten. Wollte man der Ansicht der Revision folgen, so würde das Tatbestandsmerkmal „sich verdingen" nichts anderes bedeuten, als daß die Leistung von Diensten versprochen werde; dann würde aber der Kreis der unter § 61 Ziff. 1 K.O. fallenden Personen und ihrer Forderungen viel zu weit ausgedehnt werden. Bei Auslegung des § 61 Ziff. 1 K.O. ist zu beachten, daß die Vorrechte Ausnahmen von dem allgemeinen Grundsatz der Gleichberechtigung aller Konkursgläubiger sind, und daß deshalb eine ausdehnende Auslegung nicht angebracht ist. Mit Recht hat das Berufungsgericht angenommen, daß der Klägerin das Vorrecht aus § 61 Ziff. 1 K.O. nicht zukommt, weil sie die Stellung eines selbständigen Kaufmanns dem Geschäftsherrn gegenüber einnahm. Die Richtigkeit dieser Auffassung wird durch den vom Berufungsgericht angeführten Inhalt der Materialien zum Handelsgesetzbuch (vgl. Düringer im „Recht", Jahrg. 1902 S. 602. 603) bestätigt. Die von der Revision angeführten Entscheidungen haben nicht den Handlungsagenten, sondern andere Dienstverhältnisse betroffen. Aus einzelnen Wendungen, die für die damals entschiedenen Fälle berechnet und zutreffend waren, weitergehende Schlußfolgerungen auf ganz anders geartete Fälle zu ziehen, ist unzulässig."

---

58. Kann einer vom Konkursverwalter selbst vorgenommenen Versteigerung die im § 117 K.O. a. F. bezeichnete Rechtswirkung gegenüber dem Pfandberechtigten beigemessen werden?

III. Zivilsenat. Urt. v. 15. Dezember 1905 i. S. U. (Kl. u. Widerbekl.) w. 1. Firma R. 2. E. (Bekl., zu 1 auch Widerkl.). Rep. III. 260/05.

I. Landgericht Frankfurt a. M.
II. Oberlandesgericht daselbst.

Aus den Gründen:

„Das Berufungsgericht gibt die in dem Urteil des Reichsgerichts vom 1. Dezember 1903 (Entsch. des R.G.'s in Zivils. Bd. 58 S. 12 flg.) bei Aufhebung des früheren in dieser Sache ergangenen Urteils des Berufungsgerichts ausgesprochenen Erwägungen richtig dahin wieder, es bedürfe, damit die Verwertung einer der Konkursmasse zustehenden Forderung durch den Konkursverwalter die in § 117 K.O. a. F. bezeichnete Rechtswirkung gegenüber dem Pfandberechtigten habe, nicht erst der Pfändung der Forderung zugunsten des Konkursverwalters und der Überweisung derselben an ihn, auch sei die Vorschrift des § 743 Z.P.O. a. F. nicht anwendbar, und es kämen die Vorschriften über die Zwangsvollstreckung nicht bezüglich des bei Zwangsvollstreckungen der Verwertung vorausgehenden Verfahrens, sondern nur bezüglich der Verwertung in Betracht.

Mit Recht nimmt demgemäß das Berufungsgericht an, daß der Verwertungsakt selbst, wenn anders er das Recht des Pfandgläubigers beeinflussen soll, sich in den Formen der Zivilprozeßordnung über die Veräußerung gepfändeter Sachen abwickeln muß, die Verwertung daher nach § 716 Z.P.O. a. F. im Wege der öffentlichen Versteigerung durch einen Gerichtsvollzieher vorzunehmen ist, der Konkursverwalter aber nach § 117 K.O. a. F. nur berechtigt ist, die Verwertung nach Maßgabe der Vorschriften über die Zwangsvollstreckung zu betreiben, und einer von ihm selbst vorgenommenen Versteigerung die im § 117 K.O. bezeichnete Rechtswirkung gegenüber dem Pfandberechtigten nicht beigemessen werden kann.

Da nun auf Grund der erneuten Verhandlung tatsächlich festgestellt worden ist, daß nicht ein Gerichtsvollzieher, sondern der Konkursverwalter F. selbst die Versteigerung bewirkt und den Zuschlag erteilt hat, so ergibt sich die vom Berufungsgericht zutreffend gezogene Folgerung, daß der Kläger die in Rede stehende Forderung der Berliner Zentralbank mit dem Pfandrechte der Beklagten zu 1 behaftet erworben hat, demnach auch die hinterlegte Masse von 2500 ℳ nebst Zinsen diesem Pfandrecht noch unterliegt, und der Anspruch des Klägers auf diese Masse nebst Zinsen unbegründet, der Anspruch der Widerklage dagegen begründet ist." ...

59. 1. Hat die gemäß § 23 des preußischen Pensionsgesetzes vom 27. März 1872 von dem Departementschef oder der ihm nachgeordneten Behörde darüber getroffene Entscheidung, ob und welches Ruhegehalt einem in den Ruhestand versetzten unmittelbaren Staatsbeamten zusteht, konstitutive, oder deklarative Natur?

2. Kann die Zahlung von Ruhegehalt nach den Regeln der Rückforderung des zum Zwecke der Erfüllung einer Verbindlichkeit Geleisteten zurückgefordert werden?

3. Sachliche Stellung der Bureaubeamten der Spezialkommissare bis zur Einrichtung etatsmäßiger Stellen für Spezialkommissionssekretäre (1889/90).

4. Voraussetzungen der Eigenschaft eines mittelbaren Staatsbeamten.

Regulativ vom 25. April 1836, betr. die Kosten der gutsherrlich-bäuerlichen Auseinandersetzungen ꝛc § 1.
Gesetz über das Kostenwesen in Auseinandersetzungssachen vom 24. Juni 1875 § 9.
A.L.R. II. 10 §§ 68. 69.

III. Zivilsenat. Urt. v. 19. Dezember 1905 i. S. K. (Bekl.) w. preuß. Fiskus (Kl.). Rep. III. 416/05.

I. Landgericht Essen.
II. Oberlandesgericht Hamm.

Der Beklagte, der nach Erfüllung seiner Militärpflicht Güterexpeditionsgehilfe bei der Rh.'schen Eisenbahngesellschaft gewesen war, wurde von dem Spezialkommissar in H. mit Genehmigung der Königlichen Generalkommission in M. zur Erledigung der in dem kommissarischen Bureau vorkommenden Rechen- und Protokollführerarbeiten angenommen, als Protokollführer vereidigt und vom 1. Mai 1874 bis zum 1. Oktober 1876 mit Arbeiten jener Art beschäftigt. Die Vergütung für seine Tätigkeit erhielt er von dem Spezialkommissar ausgezahlt. Darauf trat er in den Justizdienst über, und am 1. Oktober 1900 wurde er als Amtsgerichtssekretär in E. in den Ruhestand versetzt. Durch Verfügung des Oberlandesgerichtspräsidenten in H. vom 19. Juni 1900 wurde sein Ruhegehalt unter Zugrundelegung einer pensionsfähigen Dienstzeit von 32 Jahren 4 Monaten 7 Tagen auf 2157 ℳ festgesetzt. Hierbei wurde als pensionsfähige Dienstzeit auch die Zeit angerechnet, während deren der Beklagte als Bureaubeamter des Spezialkommissars tätig gewesen war. Das Ruhegehalt wurde dem Beklagten auch auf Grund jener Festsetzung für die Zeit vom 1. Oktober 1900 bis zum 31. März 1903 gezahlt. Die Oberrechnungskammer beanstandete jedoch die Einrechnung jenes Zeitraums in die pensionsfähige Dienstzeit, und nachdem sowohl der Finanzminister wie der Justizminister die Erinnerung für gerechtfertigt erachtet hatten, wurde durch Verfügung des Oberlandesgerichtspräsidenten in H. vom 28. Februar unter Ausscheidung der Zeit vom 1. Mai 1874 bis zum 1. Oktober 1876 das Ruhegehalt des Beklagten nach Maßgabe einer Dienstzeit von nur 29 Jahren

11 Monaten 7 Tagen auf jährlich 1983 *M* festgesetzt. Den Mehrbetrag von 435 *M*, den der Beklagte für die Zeit vom 1. Oktober 1900 bis zum 31. März 1903 erhalten hatte, forderte der Kläger mit der Begründung, daß der Beklagte während jener Zeit nur in einem bürgerlichrechtlichen Dienstverhältnisse zu dem Spezialkommissar gestanden habe, von ihm zurück.

Der Beklagte wollte durch die erste, vorbehaltlos erlassene Verfügung des Oberlandesgerichtspräsidenten ein unabänderliches Recht auf den Bezug des festgesetzten Ruhegehalts erworben haben. Er erachtete aber auch dessen ursprüngliche Festsetzung sachlich für zutreffend, weil er während seiner Beschäftigung bei dem Spezialkommissar sich in einem Staatsbeamtenverhältnisse befunden habe. Denn er sei auch damals mit den eine praktische und theoretische Vorbildung erfordernden Geschäften eines Staatsbeamten befaßt gewesen, und diese Geschäfte hätten nicht in untergeordneten Leistungen bestanden. Seinem Antrage gemäß wies das Landgericht die Klage ab. Es ließ es dahingestellt, ob die erste Entscheidung des Oberlandesgerichtspräsidenten einseitig habe abgeändert werden dürfen; denn ausschlaggebend sei jedenfalls, daß der Beklagte während seiner Tätigkeit bei dem Spezialkommissar nach der Art und der von vornherein nicht bestimmten Dauer seiner Dienste und mit Rücksicht darauf, daß er vor Beginn seiner Tätigkeit den Staatsbeamteneid geleistet habe, als Staatsbeamter angesehen werden müsse.

Auf die Berufung des Klägers verurteilte das Oberlandesgericht den Beklagten nach dem Klagantrage.

Die hiergegen eingelegte Revision wurde zurückgewiesen aus folgenden

Gründen:

„Das Berufungsgericht ist davon ausgegangen, daß die Rückforderung des an einen pensionierten Beamten zuvielgezahlten Ruhegehalts gesetzlich statthaft sei, daß ihr insbesondere nicht der Umstand entgegenstehe, daß ursprünglich von dem Departementschef oder der nach § 22 Abs. 2 des Gesetzes vom 27. März 1872 mit der Entscheidung betrauten ihm nachgeordneten Behörde der Betrag des Ruhegehalts zu dem gezahlten höheren Betrage festgesetzt und zur Zahlung angewiesen worden sei, weil die Festsetzung der Höhe des Ruhegehalts keine rechtsgeschäftliche Handlung des bürgerlichen Rechts, sondern ein Akt der Staatshoheit sei. Insbesondere werde dadurch — so führt es aus — die wirksame Beanstandung einer dem Gesetze nicht entsprechenden Zahlungsanweisung und der daraufhin erfolgten Zahlung durch die Oberrechnungskammer nicht ausgeschlossen.

In der Sache selbst hat das Gericht nach der Art der dem Beklagten übertragenen Geschäfte, der Bureau- und Rechenarbeiten eines Spezialkommissars, und bei dem Mangel einer zeitlichen Beschränkung der Übertragung angenommen, daß er „in der Stellung eines Staatsbeamten gestanden habe" und daher Staatsbeamter gewesen sei, daß er überdies als Protokollführer des Spezialkommissars eine selbständige Stellung neben diesem gehabt habe. Er sei aber — so legt es weiter dar — kein unmittelbarer Staatsbeamter gewesen, weil er in keiner unmittelbaren Beziehung zum Staate gestanden habe. Eine solche könne da nicht bestehen, wo der Staat den Beamten weder selbst für sich angenommen habe, noch aus der Staatskasse besolde. Die dem Spezialkommissar erteilte Befugnis zur Annahme eines Bureaubeamten habe auch mindestens im vorliegenden Falle nicht auf einer Übertragung des Rechts zur Anstellung von Beamten für den Staat von seiten der Zentralbehörde auf die Lokalbehörde gemäß § 71 A.L.R. II. 10 beruht, vielmehr nur auf der den Spezialkommissaren erteilten Ermächtigung, Bureaubeamte für sich als ihre Gehilfen bei Vollziehung ihrer staatlichen Obliegenheiten anzunehmen und sie aus dem ihnen hierfür gewährten Pauschbetrage zu besolden. Eine unmittelbare Beziehung des Beklagten zum Staate sieht das Berufungsgericht auch nicht dadurch als hergestellt an, daß die Generalkommission seine Annahme von ihrer Genehmigung abhängig gemacht, seine Beeidigung angeordnet und seine Tätigkeit ihrer Aufsicht unterworfen habe, weil eine solche staatliche Überwachung lediglich die notwendige Folge davon sei, daß der Staat einem Beamten überhaupt gestatte, zur Ausführung der ihm obliegenden Pflichten einen Gehilfen anzunehmen. Sei aber hiernach der Beklagte während seiner Beschäftigung bei dem Spezialkommissar in H. nicht unmittelbarer Staatsbeamter gewesen, so könne ihm auch die Zeit dieser Beschäftigung nicht als Dienstzeit bei Berechnung des Ruhegehalts angerechnet werden, weil grundsätzlich nach dem Pensionsgesetze nur die im unmittelbaren Staatsdienste zugebrachte Zeit bei Berechnung der Gesamtdienstzeit zur Ermittelung der Höhe des erdienten Ruhegehalts berücksichtigt werden dürfe.

Der Entscheidung des Berufungsgerichts ist im Ergebnisse, wenn auch nicht überall in der Begründung, beizutreten. Zutreffend ist zuvörderst die Annahme, die Verfügung des Präsidenten des Oberlandesgerichts in H. vom 12. Juni 1900 habe kein unentziehbares Recht auf den Bezug des dadurch festgesetzten Ruhegehalts für den Beklagten begründet, habe vielmehr im Verwaltungswege, namentlich im Verfolge einer Erinnerung der Oberrechnungskammer, abgeändert werden können. Wäre freilich die Auffassung des Beklagten richtig, die er in erster Reihe zu seiner Verteidigung geltend macht, daß die gemäß § 22 des Pensionsgesetzes getroffene vorbehaltlose Festsetzung keine einseitige Änderung durch den Staat zulasse, er, Beklagter, vielmehr dadurch ein unentziehbares Recht auf den Genuß des Ruhegehalts in der festgesetzten Höhe erworben habe, so wäre die Klage schon deshalb abzuweisen, weil es an einer gesetzlichen Voraussetzung für die Rückforderung einer nicht geschuldeten Leistung fehlte, daß nämlich die Verbindlichkeit, zu deren Erfüllung die Leistung erfolgte, in Wirklichkeit nicht bestanden habe (B.G.B. §§ 812. 814). Denn dann wäre eben ein gültiger Rechtsgrund für die Leistung in der gemäß § 22 des Pensionsgesetzes erlassenen Entscheidung der zuständigen Behörde gegeben gewesen, und daß sie auf einem Rechtsirrtume beruht hätte, würde ihre Rechtsbeständigkeit nicht berührt und deshalb auch kein Recht des Fiskus auf Rückforderung des zur Erfüllung der dadurch begründeten Verbindlichkeit Geleisteten erzeugt haben. So ist aber in Wirklichkeit die Rechtslage nicht. Die Ansprüche der unmittelbaren Staatsbeamten auf Ruhegehalt beruhen, wie das Berufungsgericht mit Recht angenommen hat, unmittelbar auf dem Gesetze. Dies ergibt der § 1 des Gesetzes vom 27. März 1872 mit Deutlichkeit, und deshalb hat die Entscheidung, die nach § 22 von dem Departementschef oder der hiermit betrauten ihm nachgeordneten Behörde darüber erlassen wird, ob und welches Ruhegehalt einem Beamten bei seiner Versetzung in den Ruhestand „zusteht“, nicht die Bedeutung, daß erst durch sie, dann aber auch unabänderlich, das Recht des Beamten auf den Bezug des Ruhegehalts in der festgesetzten Höhe begründet würde, sondern die, daß sie das durch das Gesetz bereits begründete Recht des Beamten anerkennt und feststellt. Die Entscheidung ist demnach nicht konstitutiver, sondern deklarativer Natur.

Sie ist aber ferner die Entscheidung einer Verwaltungsbehörde, und daraus folgt einerseits, daß, wenn sie von der dem Departementschef nachgeordneten Behörde erlassen ist, wie dies auch der § 23 des Gesetzes ausdrücklich bestimmt, von dem Beteiligten im Wege der Beschwerde angefochten werden kann, andererseits, daß die daraufhin erfolgten Ausgaben der verfassungsmäßigen Prüfung durch die Oberrechnungskammer dahin unterliegen, ob dabei „nach den bestehenden Gesetzen und Vorschriften" ... „verfahren worden ist" (§ 12 zu a des Gesetzes, betreffend die Einrichtung und die Befugnisse der Oberrechnungskammer, vom 27. März 1872). Wird aber durch eine Erinnerung der Oberrechnungskammer die Änderung einer Entscheidung veranlaßt, die das Ruhegehalt festsetzt, so wird dadurch von neuem der Rechtsweg gegen die die Änderung aussprechende Verfügung der zuständigen Behörde gemäß § 23 des Pensionsgesetzes eröffnet, wie dies auch bei den Verhandlungen über die Novelle zum Pensionsgesetze vom 30. April 1884 in beiden Häusern des Landtages ausdrücklich anerkannt worden ist.

Vgl. Stenographische Berichte über die Verhandlungen des Herrenhauses 1884 Bd. 1 S. 106, und Bericht der Kommission des Hauses der Abgeordneten für das Justizwesen vom 28. Februar 1884 S. 9, Sammlung der Drucksachen des Abgeordnetenhauses 1883/84 Bd. 4 Nr. 138 S. 9.

Erfolgt demnach die Zahlung des Ruhegehalts an einen pensionierten Beamten zur Erfüllung einer unmittelbar auf dem Gesetze, nicht erst auf der behördlichen Festsetzung des Ruhegehalts beruhenden Verpflichtung des Staates, so kann eine solche Zahlung auch zurückgefordert werden, wenn und soweit die Voraussetzungen für die Rückforderung des zum Zwecke der Erfüllung einer Verbindlichkeit Geleisteten wegen Nichtbestehens der Verbindlichkeit nach Maßgabe der §§ 812. 814 B.G.B. erfüllt sind.

Vgl. auch Entsch. des Reichsgerichts vom 22. Dezember 1881 und vom 1. Februar 1894 (Jurist. Wochenschr. 1882 S. 76 und Entsch. in Zivils. Bd. 32 S. 121).

Demgemäß ist auch im vorliegenden Falle der Klaganspruch begründet, wenn die Zeit der Beschäftigung des Beklagten als Bureaubeamten des Spezialkommissars in H., vom 1. Mai 1874 bis zum 1. Oktober 1876, nach Lage der Gesetzgebung in Wahrheit nicht in die sog. pensionsfähige Dienstzeit hätte eingerechnet werden dürfen. Dies hat aber das Berufungsgericht mit Recht angenommen, wenn sich auch seiner Begründung, daß der Beklagte damals zwar Staatsbeamter, aber kein unmittelbarer gewesen sei, nicht beitreten läßt.

Die Stellung der Bureaubeamten der Spezialkommissare beruhte ursprünglich auf § 1 Ziff. 3 des Regulativs vom 25. April 1836, betreffend die Kosten der gutsherrlich-bäuerlichen Auseinandersetzungen &c:

„Die Kommissarien sind befugt, zur Beschleunigung ihrer Geschäfte Protokollführer zuzuziehen, für welche der Diätensatz von zwanzig Silbergroschen in Rechnung gebracht wird,"

an dessen Stelle später der § 9 des Gesetzes über das Kostenwesen in Auseinandersetzungssachen vom 24. Juni 1875 getreten ist:

„Die Kommissarien können zur Beförderung der Geschäfte vereidigte Protokollführer (Dolmetscher) und Rechnungsgehilfen annehmen und verwenden.

Die Arbeiten dieser Protokollführer und Rechnungsgehilfen, welche in gleicher Weise wie die Arbeiten der noch nicht etatsmäßig angestellten und der nur vorübergehend beschäftigten Kommissarien zur Liquidation zu bringen sind, werden durch Diäten zum Betrage von 3—6 ℳ für den siebenstündigen Arbeitstag nach Maßgabe der von der Auseinandersetzungsbehörde darüber zu treffenden näheren Bestimmungen vergütet."

Über die Stellung, die nach Lage der gesetzlichen Bestimmungen die Protokollführer der Spezialkommissare früher einnahmen, ist schon bei der dritten Beratung des Entwurfs des soeben erwähnten Gesetzes von 1875 im Hause der Abgeordneten verhandelt worden. Der Abgeordnete Plath hatte hierbei den Erlaß einer Resolution beantragt, die Staatsregierung aufzufordern, „einer bestimmten Anzahl der bei den Spezialkommissarien beschäftigten vorzüglich bewährten Protokollführer eine angemessene, ihrem Einkommen entsprechende Pensionsberechtigung in ähnlicher Weise, wie dies bezüglich der Kommissarien und Feldmesser bereits geschehen, beizulegen". Hierzu hatte der Regierungskommissar, Präsident Schellwitz, unter anderem bemerkt:

„Es sei nicht zu leugnen, daß die Stellung der Protokollführer der Spezialkommissarien eine etwas eigentümliche sei.... Die Protokollführer müßten den Staatsdienereid leisten; allein sie seien in der Tat eigentlich nur Privatbeamte der Spezialkommissarien. Der Spezialkommissar sei berechtigt, nach Maßgabe des mit ihnen geschlossenen Vertrags sie zu jeder Zeit zu entlassen. Er liquidiere für die Arbeiten der Protokollführer; selbstverständlich könnten aber die Protokollführer auf die Festsetzung dieser Gebühren nicht warten. Der Spezialkommissar sei daher genötigt, wie dies gegenwärtig fast in allen Fällen gebräuchlich, dem Protokollführer eine feste Remuneration zu zahlen" 2c. Dieser Charakterisierung der Stellung der Protokollführer wurde damals von keiner Seite widersprochen. Im Gegenteile hatte unmittelbar vorher der Berichterstatter hervorgehoben, „in den Kommissionsberatungen sei die Neigung hervorgetreten, bei Gelegenheit dieses Gesetzes dahin zu wirken, daß die Protokollführer und Bureauvorsteher der Spezialkommissarien zu etatsmäßigen Staatsbeamten gemacht würden, daß ihnen eine gewisse feste Stellung, ähnlich wie den Bureaubeamten der Gerichte, der Regierung, gewährt würde. Aus praktischen Erwägungen sei man aber zur Ablehnung einer solchen Berücksichtigung jener Beamten in dem vorliegenden Gesetze gekommen. Die eigentümliche Natur der Stellung der Spezialkommissarien erlaube nur schwer eine Beschränkung ihres Wirkungskreises und ihrer Tätigkeit. Eine solche würde aber dadurch herbeigeführt werden, daß man ihnen den Protokollführer und Bureauchef als Staatsbeamten hinschicke und zur Seite setze, den sie sich bisher selber wählten. Seines Erachtens sei es durchaus nötig, daß jeder Spezialkommissar seinen Bureauvorsteher nach seinem eigenen Geschmacke selber aussuche, noch besser, wenn er ihn selbst ausbilde und gleichsam für sich erziehe". Auch der Antragsteller Plath selbst erkannte an, daß das Verhältnis zwischen Kommissar und Protokollführer wesentlich privatrechtlicher Natur sei, und gerade hierin erkannte er einen Mißstand, der der Abhilfe bedürfe (vgl. Stenographische Berichte über die Verhandlungen des Abgeordnetenhauses 1874 Bd. 2 S. 1393—1396).

Auch bei der Beratung der Novelle zum Pensionsgesetze vom 31. März 1882 wurde in der Kommission des Abgeordnetenhauses ein Antrag, den § 33 des Gesetzes dahin zu erweitern, daß auch den früher beeidigten „Bevollmächtigten“ bei den vormals schleswig-holsteinischen Behörden die in dieser Stellung zugebrachte Zeit bei Feststellung der pensionsfähigen Dienstzeit angerechnet würde, von den Regierungskommissaren unter anderem mit der Ausführung bekämpft, daß die Annahme des Antrags „zu endlosen Exemplifikationen führen würde“. Es wurde dabei darauf hingewiesen, daß wesentlich gleichartig teils früher gewesen, teils noch jetzt sei die Lage der Schreiber auf den landrätlichen Bureaus, der Protokollführer der Spezialkommissarien 2c. Darauf wurde der Antrag abgelehnt (vgl. Sammlung der Drucksachen des Abgeordnetenhauses 1882 Bd. 2 Nr. 143 S. 10).

Nach alledem können die Bureaubeamten der Spezialkommissare für die Zeit bis zur Einrichtung etatsmäßiger Stellen für Spezialkommissionssekretäre, die zuerst durch den Staatshaushaltsplan für 1889/90 erfolgte, nur als Personen angesehen werden, die im Dienste der jeweiligen Spezialkommissare, allerdings zur Hilfeleistung bei ihren amtlichen Verrichtungen, nicht aber im Staatsdienste angestellt waren.

Das Berufungsgericht meint freilich, der Beklagte sei nur nicht unmittelbarer, aber doch immerhin mittelbarer Staatsbeamter gewesen, und nur, weil ihm jene Eigenschaft gefehlt habe, könnte die von ihm in der Stellung als Bureaubeamten des Spezialkommissars in H. zugebrachte Zeit nicht bei Berechnung der Dienstzeit zur Ermittlung der Höhe des Ruhegehalts in Ansatz gebracht werden. Diese Ansicht ist jedoch nicht zu billigen. Mit Recht hat die Revision dagegen geltend gemacht, daß nach den §§ 68 u. 69 A.L.R. II. 10 mittelbare Staatsbeamte nur diejenigen seien, die in unmittelbaren Diensten gewisser dem Staate untergeordneter „Kollegien, Korporationen und Gemeinen“ stehen. In der Tat bezieht sich nach jenen noch jetzt in dieser Hinsicht die Grundlage des preußischen Staatsrechts bildenden Vorschriften der Unterschied zwischen den unmittelbaren und den mittelbaren Staatsbeamten nur darauf, daß jene im unmittelbaren Dienste des Staates, diese aber in dem einer der Körperschaften des öffentlichen Rechts, denen der Staat die Erfüllung gewisser staatlicher Aufgaben in ihrem Kreise unter seiner allgemeinen Aufsicht als selbständige Tätigkeit überlassen hat, und somit im mittelbaren Dienste des Staates stehen.

Vgl. v. Rönne-Zorn, Das Staatsrecht der Preußischen Monarchie 5. Aufl. Bd. 1 §§ 366. 422.

Immer aber gehört es zum Begriffe des Staatsbeamten, daß die Dienste dem Staate selbst, oder einer mit der Erfüllung staatlicher Aufgaben betrauten anderen Körperschaft des öffentlichen Rechts selbst, nicht etwa einer einzelnen Person, mag diese sich auch ihrerseits in der Stellung eines unmittelbaren Staatsbeamten befinden, zur Unterstützung in ihren Dienstobliegenheiten, geleistet werden.

Vgl. Schulze, Das Preußische Staatsrecht, 2. Aufl. Bd. 1 § 98 S. 305.

Nur eine Stellung letzterer Art aber hatten die Bureaubeamten der Spezialkommissare bis zur Schaffung etatsmäßiger Sekretärstellen im Staatshaushalte für 1889/90, wie sich dies schon aus dem oben wiedergegebenen Wortlaute der maßgebenden gesetzlichen Vorschriften, insbesondere der gerade für die Stellung des Beklagten noch entscheidenden Bestimmung des § 1 des Regulativs vom 25. April 1836: „Die Kommissarien sind befugt, zur Beschleunigung ihrer Geschäfte Protokollführer zuzuziehen" rc, sodann aber auch aus der tatsächlichen Gestaltung ihrer Stellung, wie sie sich auf Grund des Gesetzes herausgebildet hatte, hinreichend deutlich ergibt.

Die vom Berufungsgerichte für seine Annahme, daß der Beklagte, wie überhaupt die Bureaubeamten der Spezialkommissare, dennoch Staatsbeamte, wenn auch ohne unmittelbare Beziehung zum Staate, gewesen seien, angeführten besonderen Gründe können nicht als stichhaltig angesehen werden. Der Umstand zunächst, daß der Beklagte nach der Feststellung des Berufungsgerichts nicht auf eine bestimmte Zeit oder für ein seiner Natur nach vorübergehendes Geschäft, vielmehr zur Erfüllung aller in dem kommissarischen Bureau vorkommenden Rechen- und Protokollführerarbeiten angenommen und mit solchen Arbeiten demnächst auch beschäftigt wurde, wie dies auch nur der dargelegten Stellung der Bureaubeamten der Spezialkommissare überhaupt entsprach, bildet für sich allein, selbst unter Hinzutritt der nachher noch besonders zu erörternden Leistung des Diensteides durch den Beklagten, kein entscheidendes Merkmal dafür, daß der Beklagte die Eigenschaft eines Staatsbeamten erlangt hätte. Nur wenn er unmittelbar für den Dienst des Staates oder einer der oben bezeichneten Körperschaften des öffentlichen Rechts angenommen wäre und seine Dienste dementsprechend geleistet hätte, wäre dies der Fall gewesen. Darauf, ob die Arbeiten von untergeordneter Bedeutung waren, oder nicht, kam es unter diesen Umständen nicht an. Ganz ähnliche Verhältnisse bestanden früher auch in anderen Zweigen der Staatsverwaltung, ohne daß daraus der Schluß gezogen worden wäre, daß die betreffenden Personen sich in der Stellung eines Staatsbeamten, wenn auch nur eines mittelbaren, befunden hätten. So waren die vom Berufungsgerichte selbst in anderem Zusammenhange erwähnten Hilfsgerichtsschreiber bei den rheinischen Gerichten bis zur Neugestaltung der Gerichte am 1. Oktober 1879 nur vom Sekretariat angenommen, wurden nur von diesem besoldet und hatten dennoch alle Amtsverrichtungen wie die vom Staate angestellten Gerichtsschreiber selbst, mit Ausnahme der Protokollführung in den Sitzungen, wahrzunehmen und standen auch unter der Disziplin des Vorstandsbeamten des Gerichts.

Vgl. Perrot, Verfassung und Zuständigkeit der Gerichte der Preußischen Rheinprovinzen Bd. 1 § 173 S. 397—399, und Urteil des II. Zivilsenats des Reichsgerichts vom 16. Mai 1899, Jurist. Wochenschr. S. 457 Nr. 77.

Weil sie aber nur von dem Sekretariate zu dessen Hilfe angenommen waren, sprach schon der Erlaß des Justizministers vom 5. Juli 1831 mit Recht aus, daß sie weder die Eigenschaft von Staatsbeamten noch irgendeinen Anspruch an den Staat besäßen (vgl. das angezogene Urteil des Reichsgerichts). In Anlehnung an diese Einrichtung hatte ferner das Geschäftsreglement für die Bureaus der Amtsgerichte in den 1866 mit Preußen vereinigten Gebietsteilen mit Ausnahme von Hannover und Frankfurt a. M. vom 17. August 1867 in § 2 den Amtsgerichtssekretären „gegen den Bezug gewisser, näher festzustellender Anteile an den Gerichtskosten die Verpflichtung" auferlegt, sämtliche Geschäfte selbst zu besorgen, bzw. durch Gehilfen auf ihre Kosten anfertigen zu lassen. „Zu den Geschäften der Amtsgerichtssekretäre und der unter ihrer Verantwortlichkeit arbeitenden Gehilfen" sollte unter anderem „das Schreiben der Protokolle in denjenigen Sachen, in welchen gesetzlich die Zuziehung eines Protokollführers erforderlich ist, die Verrichtung der sämtlichen Registraturarbeiten," ... „die Fertigung der Expeditionen, der Rein- und Abschriften" gehören. Obgleich demnach auch hier die von den Amtsgerichtssekretären angenommenen Gehilfen zu allen Verrichtungen der Gerichtsschreiberei, selbst zur Protokollführung, herangezogen werden durften, konnte es doch nach der Stellung, die ihnen im übrigen von jenem Reglement angewiesen war, wonach sie lediglich von den Sekretären angenommen wurden und als deren Gehilfen galten, auch nur von ihnen besoldet wurden, keinem Zweifel unterliegen, daß sie nicht die Eigenschaft von Staatsbeamten besaßen.

Eine ganz ähnliche Einrichtung traf endlich der § 8 des Gesetzes, betreffend die Dienstverhältnisse der Gerichtsschreiber, vom 3. März 1879, indem er verordnete:

„Die Gerichtsschreiber bei den Amtsgerichten sind verpflichtet, auf Verlangen der Justizverwaltung gegen eine von derselben festzusetzende Entschädigung

1. die bei Beschaffung des Schreibwerks erforderlichen Hilfskräfte zu stellen und die Bestreitung der mit dem Schreibwerk verbundenen sächlichen Kosten zu übernehmen,
2. die erforderlichen Hilfskräfte für die Bureaugeschäfte zu stellen."

Hier hat aber das Gesetz von vornherein jeden Zweifel darüber, ob die von den Gerichtsschreibern angenommenen Gehilfen etwa wegen der Art ihrer Tätigkeit als Staatsbeamte anzusehen seien, durch den Abs. 2 des Paragraphen abgeschnitten:

„Die von den Gerichtsschreibern angenommenen Personen gelten als deren Privatgehilfen und sind zur selbständigen Tätigkeit im Gerichtsschreiberdienste nicht befugt."

Wird auch von der hier der Justizverwaltung vorbehaltenen Befugnis schon seit langer Zeit kein Gebrauch mehr gemacht (vgl. die allgemeinen Verfügungen des Justizministers vom 19. Januar 1884, Just.-Min.-Bl. S. 18, und vom 2. Januar 1885, Just.-Min.-Bl. S. 5), so ist es doch immerhin für die hier noch nach dem älteren Rechte zu entscheidende Frage von Bedeutung, daß nach Lage der Gesetzgebung selbst jetzt auf einem verwandten Gebiete der Staatsverwaltung die Möglichkeit besteht, bloße von bestimmten Beamten angenommene Privatgehilfen zum Zwecke der Erfüllung der jenen obliegenden Dienstpflichten zu verwenden.

Wenn das Berufungsgericht sodann zur Begründung seiner Ansicht, daß die Bureaubeamten der Spezialkommissare Staatsbeamte, wenn auch nur mittelbare, gewesen seien, darauf hinweist, daß sie als Protokollführer sogar eine selbständige Stellung neben den Spezialkommissaren gehabt und die Obliegenheiten von Urkundspersonen wahrzunehmen gehabt hätten, so ist dies zwar an sich richtig, aber nicht geeignet, den daraus gezogenen Schluß zu rechtfertigen. Denn zuvörderst bestand nach früherem Rechte, wenn auch in anderen Teilen des Staatsgebiets, die Möglichkeit, daß selbst gerichtliche Protokolle von bloßen Privatgehilfen der Gerichtsschreiber mit voller rechtlicher Wirkung geführt wurden, ohne daß die Folgerung daraus zugelassen worden wäre, daß die Privatgehilfen dadurch die Eigenschaft von Staatsbeamten erlangten. So konnten nach der oben erörterten rheinischen Justizverfassung durch besondere Anordnung des Präsidenten die vom Sekretariat angenommenen Privatgehilfen, die an sich nicht zur Protokollführung berufen waren, dennoch auch mit dieser Obliegenheit betraut werden (vgl. Perrot, a. a. O.). Ferner waren bei den Amtsgerichten in den 1866 erworbenen Gebietsteilen, wie vorher schon erwähnt, die Gehilfen der Amtsgerichtssekretäre auch zur Führung der Protokolle berechtigt und verpflichtet. Sodann aber kommt für das hier in Frage stehende Gebiet der früheren preußischen Allgemeinen Gerichtsordnung in Betracht, daß nach der Gerichtsverfassung, wie sie zur Zeit der hier maßgebenden Verordnung vom 20. Juni 1817 (§ 41 Nr. 2) bestand, zwar die Zuziehung eines Protokollführers auch bei der „Instruktion der Prozesse" bei den Untergerichten erforderlich war, daß als solche aber nach § 50 A.G.O. I. 25 außer dem dem Richter beigeordneten Sekretär oder Aktuar auch besondere „verpflichtete Protokollführer" fungieren konnten, die als solche nicht ohne weiteres die Eigenschaft von Staatsbeamten besaßen. Kann doch auch jetzt noch nach § 9 des Gesetzes, betreffend die Dienstverhältnisse der Gerichtsschreiber, vom 3. März 1879 für einzelne dringende Geschäfte, „die Vertretung eines behinderten Gerichtsschreibers durch eine jede von dem Richter berufene Person erfolgen", nur daß „die Gerichtsschreibergeschäfte" . . . „in jedem Falle nur von Personen wahrgenommen werden" dürfen, „welche den allgemeinen Diensteid geleistet haben oder dahin beeidigt sind, daß sie die Pflichten eines Gerichtsschreibers getreulich erfüllen wollen".

Damit hängt zusammen, daß auch dem Umstande, daß der Beklagte nach seiner Annahme durch den Spezialkommissar den allgemeinen Diensteid geleistet hat, kein entscheidendes Gewicht dafür beigelegt werden kann, daß der Beklagte damals in ein Staatsbeamtenverhältnis getreten ist. Allerdings ist in dem mehrfach angezogenen Urteile des erkennenden Senats vom 6. Mai 1902 unter Ziff. 2 dem § 13 Satz 1 des Pensionsgesetzes, wonach die Dienstzeit eines unmittelbaren Staatsbeamten vom Tage der Ableistung des Diensteides an zu rechnen ist, auch die Bedeutung beigelegt, etwaige Zweifel darüber abzuschneiden, ob die bestimmte Tätigkeit, deren Beginn die Leistung des Diensteides eröffne, in der Tat als der Dienst eines Staatsbeamten anzusehen, ob damit ein Staatsdienerverhältnis begründet worden sei (Entsch. in Zivils. Bd. 51 S. 299). Allein andererseits ist auch dort schon S. 295 in Übereinstimmung mit der früheren Rechtsprechung des Reichsgerichts ausgeführt worden, daß die Vereidigung nicht unter allen Umständen für den Beeidigten ein Staatsbeamtenverhältnis begründe. Jedenfalls kann ihr in Fällen der vorliegenden Art diese Wirkung deshalb nicht beigelegt werden, weil hier der Beklagte gar nicht in den Dienst des Staates selbst, sondern in den einer einzelnen Person, die allerdings ein Staatsamt zu verwalten hatte, getreten ist. Alle dort unter Ziff. 2 erörterten Fälle aber, in denen der Leistung des Diensteides die Bedeutung beigelegt wird, Zweifel darüber zu beseitigen, ob die Tätigkeit des mit dem Eide Belegten als der Dienst eines Staatsbeamten anzusehen sei, sind so gestaltet, daß als Dienstherr immer nur der Staat in Betracht kommen, und daß es nur zweifelhaft sein konnte, ob die Tätigkeit der betreffenden Personen eine wirkliche Beamtentätigkeit war. Daß aber in Fällen wie dem vorliegenden der Angestellte, obwohl er nur im Privatdienste eines Staatsbeamten steht, doch auch seinerseits mit dem Diensteide belegt wird, hat nur darin seinen Grund, daß er tatsächlich im öffentlichen Interesse tätig ist, und daß seinen Dienstverrichtungen dem Publikum gegenüber die Bedeutung unter öffentlicher Autorität vorgenommener Handlungen zukommen soll.

Dem Berufungsgerichte ist hiernach darin nicht beizustimmen, daß der Beklagte als Bureaubeamter eines Spezialkommissars wenigstens die Stellung eines mittelbaren Staatsbeamten gehabt habe, und es kann deshalb um so weniger bezweifelt werden, daß ihm die Zeit jener Beschäftigung nicht als Dienstzeit im Sinne der §§ 1 und 13 des Pensionsgesetzes bei Berechnung der Höhe des ihm zustehenden Ruhegehalts angerechnet werden kann.

Wenn die Revision noch die Abschrift einer Bestallung eines der im Jahre 1889 etatsmäßig als unmittelbaren Staatsbeamten angestellten „Spezialkommissionssekretärs“ zum Nachweise dafür überreicht hat, daß sich aus dem hieraus ersichtlichen sofortigen Einrücken des angestellten Sekretärs in die dritte Gehaltsklasse ergebe, daß die Protokollführer der Spezialkommissare bis dahin nicht in einem bloßen Privatdienstverhältnisse gestanden hätten, so ist diese Beweisführung in keiner Weise schlüssig. Denn in welcher Weise die Staatsverwaltung die bisherigen Protokollführer, die nunmehr als Staatsbeamte angestellt wurden, den einzelnen Gehaltsklassen zuweisen wollte, hing beim Mangel bestimmter gesetzlicher Vorschriften von ihrem pflichtmäßigen Ermessen ab, und es entsprach nur den auch sonst anerkannten Verwaltungsgrundsätzen, daß sie den neuen Beamten, die tatsächlich eine längere Dienstzeit, wenn auch nicht im Staatsdienste so doch im Interesse des Staates zurückgelegt hatten, stufenweise den höheren Gehaltsklassen zuwies.

Der Hinweis der Revision endlich auf den Erlaß des Finanzministers und des Ministers des Innern vom 21. Februar 1895 (Min.-Bl. für die innere Verwaltung S. 86), wonach diejenige Dienstzeit, die Postillone, Postgehilfen oder Posthilfsbeamte in einer Stellung zugebracht haben, in der sie aus einer dem Postamtsvorsteher gewährten Pauschvergütung besoldet wurden, bei der Feststellung eines aus der preußischen Staatskasse zu gewährenden Ruhegehalts berücksichtigt werden soll, ist schon deshalb verfehlt, weil es sich dabei lediglich um eine Verwaltungsanordnung handelt, die für die Auslegung des Gesetzes an sich nicht maßgebend ist. Aber abgesehen hiervon ergibt auch der Schluß des Erlasses, daß im übrigen gerade an dem Grundsatze festgehalten wird, daß die im Privatdienste zugebrachte Zeit bei Berechnung des Ruhegehalts nicht in Betracht kommt. Es handelt sich demnach auch hier um eine Ausnahme von der gesetzlichen Regel, deren Zulässigkeit hier nicht zu erörtern ist, die aber, wenn sie statthaft ist, das Bestehen der Regel nur gerade so bestätigt, wie es die vom Gesetze selbst in § 33 Abs. 2 des Pensionsgesetzes verordnete Ausnahme in bezug auf die vormaligen beeidigten Sekretäre oder Volontäre, die im Dienste der vormaligen schleswig-holsteinischen Oberbeamten gestanden haben, nach den Ausführungen des erkennenden Senats in dem Urteile vom 6. Mai 1902 S. 310 tut (vgl. übrigens auch das gerade die Frage der Beamteneigenschaft der Postillone behandelnde Urteil des II. Strafsenats des Reichsgerichts in den Entsch. Bd. 33 S. 197).

Einen Einwand aus § 818 Abs. 3 B.G.B. (vgl. hierzu Planck, 2. Aufl., Bem. 2d zu § 818) hat der Beklagte nicht erhoben. Denn die allgemeine Bemerkung, die der Schluß des Tatbestandes des Berufungsurteils dahin wiedergibt: schließlich würde die verlangte Rückzahlung des Ruhegehalts, das der Beklagte in gutem Glauben angenommen und schon ausgegeben habe, seine Vermögensverhältnisse ruinieren, kann nicht als Erhebung des Einwandes des Wegfalls der Bereicherung angesehen werden. Da demnach der Rückforderungsanspruch des Klägers vom Berufungsgerichte mit Recht für begründet erachtet worden ist, so ist die Revision zurückzuweisen." ...

---

60. Ist das Gebälk, welches, miteinander zu dem Dachgeschosse verbunden, in einem Neubau auf das Mauerwerk gesetzt ist, ohne mit diesem vermauert und verankert zu sein, als wesentlicher Bestandteil des Neubaues anzusehen?

B.G.B. §§ 93. 94.

V. Zivilsenat. Urt. v. 3. Januar 1906 i. S. Sch. (Kl.) w. Z. u. G. (Bekl.). Rep. V. 543/05.

I. Landgericht Stettin.
II. Oberlandesgericht daselbst.

Der Kläger war als Hypothekengläubiger auf dem dem Beklagten zu 1 gehörenden Grundstücke, das im Grundbuche von T. Bd. 23 Bl. Nr. 1220 verzeichnet war, eingetragen. Auf diesem

Grundstücke wurde ein Neubau errichtet, zu dem der Beklagte zu 2 dem Beklagten zu 1 das Holz geliefert hatte mit der Vereinbarung, daß sämtliche von ihm zu dem Neubau gelieferten Hölzer sein Eigentum bleiben sollten, bis sie entweder vermauert, oder bezahlt seien. Die Hölzer wurden weder vermauert, noch bezahlt. Da der Beklagte zu 1 in Zahlungsschwierigkeiten geriet, wollte der Beklagte zu 2 auf Grund seines Eigentumsvorbehalts im Einverständnisse mit dem Beklagten zu 1 die von ihm gelieferten Hölzer von dem Neubau wieder wegnehmen. Der Kläger war der Meinung, die Hölzer hafteten für seine Hypothek als wesentliche Bestandteile des Neubaues, da sie zur Herstellung des Gebäudes bereits eingefügt gewesen seien und sich ohne Beschädigung des Mauerwerks nicht hätten entfernen lassen. Er erwirkte deshalb beim Amtsgericht St. eine einstweilige Verfügung, wodurch bei Vermeidung einer Geldstrafe bis zu 1500 ℳ oder entsprechender Haft dem Beklagten zu 2 die Wegnahme von Balken des auf dem Grundstücke des Beklagten zu 1 befindlichen Dachgeschosses, und dem Beklagten zu 1 die Gestattung dieser Wegnahme untersagt wurde, und beantragte beim Landgerichte, die einstweilige Verfügung für rechtmäßig zu erklären. Beklagte baten um Aufhebung der einstweiligen Verfügung. Das Landgericht erklärte auf Grund eines Gutachtens, wonach die gelieferten Hölzer bereits verarbeitet und als Dachgeschoß zur Herstellung des Gebäudes eingefügt waren, die einstweilige Verfügung für rechtmäßig. Auf die Berufung der Beklagten wurde diese aufgehoben. Der Revision des Klägers wurde stattgegeben, und die Berufung der Beklagten zurückgewiesen aus folgenden

Gründen:

„Das Berufungsgericht nimmt nach Lage der Sache nicht an, daß das Dachgebälk zur Herstellung des fraglichen Neubaues bereits eingefügt sei. Die Balken seien zwar auf das Mauerwerk gelegt und untereinander zu einem Dachgeschosse verbunden worden; sie lägen aber ohne jede Verbindung nur lose auf der glatten oberen Kante auf dem Mauerwerk. Es sei weder behauptet noch glaubhaft gemacht, daß die unmittelbar auf dem Mauerwerke ruhenden Balken in Vertiefungen des Mauerwerks eingelassen seien. Das Dachgebälk könne abgenommen werden, ohne daß das Mauerwerk zerstört oder in seinem Wesen verändert werde. Ob hierbei das Gebälk wieder auseinander genommen werden müsse, sei unerheblich.

Welche Zweifel der Bestandteilsbegriff in der Praxis hervorruft, zeigen die beiden in der zur Entscheidung stehenden Angelegenheit ergangenen Urteile zweier Senate desselben Oberlandesgerichts. Während durch das hier in Frage stehende Urteil vom 16. August 1905 die Wegnahme des Dachgebälks nicht untersagt ist, weil dieses nicht Bestandteil des Gebäudes sei, ist durch das Urteil vom 6. September 1905 der Antrag des Beklagten zu 2, ihm die Wegnahme des Dachgebälks zu gestatten, abgewiesen, weil dieses als wesentlicher Bestandteil des Gebäudes anzusehen sei.

Das Reichsgericht tritt der letzteren Entscheidung bei.

Auf der vorgelegten photographischen Abbildung des im Bau begriffenen Hauses des Beklagten zu 1 erscheint das Dachgebälk, welches auf dem Mauerwerk zu dem ersichtlichen Zwecke aufgerichtet ist, als Unterlage für die Bedachung des Hauses zu dienen, als ein Teil des Neubaues.

Das streitige Dachgebälk ist für einen bestimmten Neubau, ein dreistöckiges Gebäude mit neun Fenstern Front, so wie es für diesen erforderlich ist, hergestellt und auf das Mauerwerk gesetzt, indem die einzelnen Balken, aus denen es besteht, durch ihre Verbindung miteinander zum Dachstuhl gemacht sind. Wird die Verbindung gelöst, das Dachgebälk auseinandergenommen und vom Mauerwerk entfernt, so ist es nicht mehr das für den bestimmten Neubau angefertigte und zusammengesetzte Dachgebälk, sondern es fällt in eine Menge einzelner Balken auseinander, die vielleicht für ein anderes ähnliches Haus Verwendung finden können, aber als Dachgebälk für den Neubau, für den sie hergestellt sind, erst wieder gelten können, wenn sie an die Stelle, an der sie sich jetzt befinden, zurückgebracht und durch ihre Verbindung wieder zum Dachgebälk gemacht werden. Wird das Dachgebälk auseinander- und vom Neubau weggenommen, so wird einerseits der Neubau eines zu seiner Herstellung notwendigen und bereits verwendeten Teiles beraubt und insoweit zerstört, andererseits das Dachgebälk zu einem Haufen Balken gemacht, also in seinem Wesen verändert. Ist schon deshalb das Dachgebälk nach § 93 B.G.B. wesentlicher Bestandteil des mit dem Grund und Boden festverbundenen Gebäudes, so kommt hinzu, daß das Dachgebälk bereits endgültig zur Herstellung des Neubaues als Baumaterial verwendet und in das Gebäude eingefügt ist (B.G.B. § 94 Abs. 2). Wann eine Sache als zur Herstellung eines Gebäudes „eingefügt“ anzusehen ist, bestimmt das Gesetz nicht, sondern läßt dem Ermessen des Richters einen gewissen Spielraum. Es wird im Einzelfalle wesentlich darauf ankommen, um welche Sache es sich handelt, und wie diese mit dem Gebäude verbunden ist. Ist z. B. in einem Kunstmühlengebäude ein Elektrizitätswerk, insbesondere eine Akkumulatorenbatterie, zur Erzeugung von Licht und Kraft errichtet, aber durch bloßes Aufstellen auf einem Balken mit dem Gebäude in Verbindung gebracht, ohne daß eine feste Verbindung mit den es umschließenden Stücken des Gebäudes hergestellt ist, so kann das Werk, welches jederzeit ohne Schaden von dem Gebäude losgelöst werden kann, nicht als zur Herstellung des Gebäudes eingefügt im Sinne des § 94 Abs. 2 B.G.B. angesehen werden.

Vgl. Entsch. des R.G.'s in Zivils. Bd. 56 S. 288.

Handelt es sich dagegen um Fensterläden, mit denen ein Gebäude als einer bleibenden Einrichtung ausgestattet ist, und die mit dem Gebäude in der Weise verbunden sind, wie Zweck und Art der Einrichtung sie forderten, so bedarf es einer festen Verbindung mit den umschließenden Stücken nicht, damit dem Erfordernisse der Einfügung genügt sei.

Vgl. Jurist. Wochenschr. 1905 S. 387 Nr. 3.[1]

Ähnlich verhält es sich mit dem streitigen Dachgebälk. Es ist zwar nicht mit dem unterliegenden Mauerwerke durch Einmauern und Verankern in Verbindung gebracht; es ist aber auf das Mauerwerk als Dachstuhl, bestehend aus den miteinander verbundenen Balken, gesetzt, nicht etwa zu dem vorübergehenden Zwecke, es dem Mauerwerk anzupassen und dann vorläufig wieder davon wegzunehmen, sondern damit es dort dauernd verbleibe und zur Fertigstellung des Gebäudes sowie zu dessen größerer Haltbarkeit diene. Da bedarf es nicht noch besonderer Bindemittel, um das Dachgebälk als in das Gebäude eingefügt erscheinen zu lassen. Ob die Schwerkraft, mit welcher das Gebälk auf das Mauerwerk wirkt, als Bindemittel in Betracht kommt (vgl. Tobias, in Archiv f. d. Civilist. Praxis Bd. 94 S. 390 flg.), kann dahingestellt bleiben. Es genügt, daß das Dachgebälk zur Herstellung

---

[1] Jetzt abgedruckt in Bd. 60 dieser Sammlung Nr. 104 S. 421. D. R.

des Gebäudes verwendet und zur dauernden Bildung desselben als eines in sich vollendeten wirtschaftlichen Ganzen bestimmt ist (vgl. Motive z. B.G.B. Bd. 3 S. 44)." ...

---

61. Ist der Rechtsweg über die Frage zulässig, ob einem Mitgliede einer Bruderschaft mit Recht Mitgliedschaftsrechte entzogen sind?

IV. Zivilsenat. Urt. v. 4. Januar 1906 i. S. K. u. Gen. (Kl.) w. St. Johannes-Bruderschaft zu A. (Bekl.). Rep. IV. 315/05.

I. Landgericht Paderborn.
II. Oberlandesgericht Hamm.

In der Gemeinde A. bestand seit dem Jahre 1710 die St. Johannes-Bruderschaft. Vor einigen Jahren wurden die Kläger von der Bruderschaftsversammlung zu Fahnenoffizieren gewählt. In der Versammlung vom 5. April 1903 wurden statt ihrer zwei andere Fahnenoffiziere gewählt. Die Kläger machten geltend, daß sie zu Unrecht abgesetzt worden seien; die Neuwahl verstoße formell und materiell gegen die Statuten, da die Versammlung vom 5. April 1903 vorschriftswidrig einberufen worden sei, und sachlich ein Grund zur Absetzung nicht vorgelegen habe. Sie beantragten klagend, die Beklagte zu verurteilen, anzuerkennen, daß sie berechtigt seien, auch weiterhin als Fahnenoffiziere der Beklagten zu fungieren. Durch Urteil des Berufungsgerichts wurden die Kläger mit der erhobenen Klage wegen Unzulässigkeit des Rechtswegs abgewiesen. Die Revision wurde zurückgewiesen.

Aus den Gründen:

„Das Berufungsgericht führt zur Begründung seiner Entscheidung aus: Die Beklagte sei ausweislich der Statuten als fraternitas S^ti Joannis Baptistae zu „höchster Glorie des Allerhöchsten", zu „Ehren des heiligen Joannis Baptistae" und „Fortpflanzung, auch Vermehrung christ-katholischer Andacht" gegründet. Unter anderem solle sie auch die Prozessionen mit der Fahne und unter Gewehr begleiten und dabei außerhalb des Dorfes schießen, d. h. Ehrensalven abgeben. Das Statut sei bestätigt vom Dombechanten „salvo jure R^mi Capituli" unter Beidrückung des Insiegels des Domkapitels am 14. Februar 1710. Hiernach könne nicht zweifelhaft sein, daß die Beklagte als eine sogenannte Bruderschaft (fraternitas, sodalitas) aufzufassen sei, deren Bestätigung, Beaufsichtigung und Aufhebung ausschließlich den geistlichen Obern zustehe, und daß sie wesentlich und in erster Linie nur religiöse Zwecke verfolge. Wenn außerdem auch ihre Mitglieder, wie nach Art. 18 der Statuten üblich zu sein scheine, hin und wieder ein gemeinschaftliches Scheibenschießen veranstalteten, so ändere dies an der eigentlichen religiösen Tendenz der Bruderschaft nichts, stehe vielmehr in engster Beziehung zu dem religiösen Zwecke, die Prozessionen als eine Art Ehrenwache zu begleiten, und sei dem Hauptzwecke gegenüber von völlig untergeordneter Bedeutung. Mithin kämen für die Frage, ob jemand zur Mitgliedschaft oder zur Bekleidung einer bestimmten Stellung in der Bruderschaft, wie hier der der Fahnenoffiziere, geeignet sei, ausschließlich sittliche und religiöse Momente in Betracht. Es sei aber auf Grund der Verfassung und des Gesetzes vom 13. Mai 1873 über die Grenzen des Rechts zum Gebrauche kirchlicher Straf- und Zuchtmittel davon auszugehen, daß die Entziehung eines innerhalb der Kirchen und Religionsgesellschaften wirkenden Rechts oder die Ausschließung aus diesen Gesellschaften als eine interne Angelegenheit derselben anzusehen sei, und ausschließlich ihnen selbst, ohne Einmischung des Staates, die Entscheidung hierüber zufalle. Was hinsichtlich der Kirchen und Religionsgesellschaften gelte, treffe in gleicher Weise auch für die lediglich religiösen Zwecken gewidmeten Vereinigungen zu. Es sei somit im vorliegenden Falle nicht Sache des Gerichts, nachzuprüfen, ob die Neuwahl, durch die die Kläger ihres Amtes als Fahnenoffiziere enthoben seien, materiell begründet oder formell gültig gewesen; denn das Recht der Nachprüfung schließe das Recht der Außerkraftsetzung der angefochtenen Maßregel in sich, und diese stehe, wie dargetan, mit der Selbständigkeit der religiösen Vereinigung in Widerspruch.

Die Revision rügt: Die Annahme, daß der Rechtsweg ausgeschlossen sei, stütze sich auf den Art. 15 der preußischen Verfassungs-Urkunde. Dieser ordne die selbständige Verwaltung lediglich für die evangelische und die römisch-katholische Kirche, sowie jede andere Religionsgesellschaft, nicht aber für Gesellschaften an, die lediglich religiösen Zwecken gewidmet seien. Sodann könne nach Inhalt der

Statuten bezweifelt werden, daß die verklagte Gesellschaft überhaupt religiösen Zwecken diene. Jedenfalls aber sei sie nicht lediglich religiösen Zwecken gewidmet. Denn es ergäben die Statuten, daß sie auch gesellige Zwecke verfolge, wie das Scheibenschießen „um einen Huth oder ein paar Haeschen" bei einem „Drieling Bier".

Der Revision war der Erfolg zu versagen. Durch die preußische Verfassungs-Urkunde und das Gesetz vom 13. Mai 1873 ist anerkannt, daß die Befugnis zur Entziehung eines innerhalb der Kirche oder Religionsgesellschaft wirkenden Rechts oder zur Ausschließung aus der Kirchen- oder Religionsgesellschaft ein autonomes Recht der Kirche und Religionsgesellschaft ist und in keiner Weise der Nachprüfung im ordentlichen Rechtswege unterliegt.

Entsch. des R.G.'s in Zivils. Bd. 26 S. 277 flg.

Dieser Grundsatz beruht auf der Erwägung, daß die Frage der Entziehung eines solchen Rechts oder der Ausschließung regelmäßig mit den dogmatischen und sittlichen Auffassungen der betreffenden Kirche und Religionsgesellschaft dergestalt verknüpft ist, daß ihre Entscheidung durch staatliche Behörden eine Einmischung in die innersten Angelegenheiten der Kirchen- oder Religionsgesellschaft bedeuten würde. Es sind sonach die Bestimmungen der §§ 55 flg. A.L.R. II. 11 in Wegfall gekommen, die vom Standpunkte des Staatskirchentums die Entscheidung des Streits über die Entziehung der Mitgliedschaft bei Religionsgesellschaften dem Staate zuwiesen. Damit ist jedoch die Tragweite des neuen Rechtsgrundsatzes nicht erschöpft. Regelmäßig kommen nach § 949 A.L.R. II. 11 dem Staate eben die Rechte, die ihm über die Kirchengesellschaften im Sinne des § 11 daselbst zukommen, auch gegenüber den „geistlichen Gesellschaften" zu. Bei der grundsätzlichen Gleichstellung beider muß daher angenommen werden, daß auch über die inneren Mitgliedschaftsrechte bei geistlichen Gesellschaften nicht mehr die richterliche Entscheidung offen steht. Die geistlichen Gesellschaften umfassen gemäß § 939 a. a. O. die vom Staate aufgenommenen Stifter, Klöster und Orden. Die Zugehörigkeit, insbesondere zu einem Kloster oder Orden im Sinne dieser Bestimmung, ist davon abhängig, daß das Mitglied ein *feierliches Gelübde* abgelegt hat, und die Kloster- oder Ordensniederlassung *Korporationsrechte* besitzt.

Vgl. Entsch. des R.G.'s in Zivils. Bd. 41 S. 295 flg. S. 308 flg.

Unter den geistlichen Gesellschaften des Allgemeinen Landrechts sind hiernach allerdings die Bruderschaften nicht mitverstanden. Deren rechtliche Verhältnisse sind im Tit. 11 Tl. II A.L.R. überhaupt nicht besonders geregelt. Als dauernde Organisationen mit immateriellen Zwecken unterliegen sie den allgemeinen Vorschriften des Tit. 6 Tl. II A.L.R. Dennoch muß auch bezüglich der Bruderschaften, insoweit sie auf religiösen Gebieten, insbesondere auf dem Gebiete der Religionsausübung, tätig werden, der Satz gelten, daß über die Frage der Entziehung eines innerhalb dieser Gesellschaften wirkenden Rechts und der Ausschließung nur von den betreffenden Gesellschaften selbst entschieden werden kann. Denn auch bei allen solchen Vereinigungen würde die staatliche Entscheidung über das Fortbestehen von Mitgliedschaftsrechten einen Eingriff in die sittlichen und religiösen Anschauungen und eine Einmischung in die internen Angelegenheiten dieser Gesellschaften bedeuten. Die Bestimmungen in den §§ 44 flg. A.L.R. II. 6, nach welchen bei den erlaubten Privatgesellschaften eine umfassende Staatsaufsicht stattfindet, setzen sich dem nicht entgegen. Diese Vorschriften sind gegenüber den Bestimmungen im Tit. 11 keineswegs singulärer Natur; vielmehr führen alle diese Vorschriften des Tit. 11 sowohl, wie des Tit. 6, auf die Grundanschauung des Allgemeinen Landrechts zurück, das bei dauernden Organisationen mit gemeinnützigen Tendenzen aus politischen und polizeilichen Motiven eine staatliche Kontrole für geboten erachtet hat. Muß dieser Grundgedanke bezüglich der Vereinigungen mit religiösen Zwecken prinzipiell als aufgegeben gelten, so trifft dies auch die in Tit. 6 geordneten Vereinigungen, insofern dieselben sich zu religiösen Zwecken und zur Ausübung des kirchlichen Kultus verbunden haben. Daß es sich aber im vorliegenden Falle um eine Bruderschaft handelt, die als solche wesentlich die oben gekennzeichneten Zwecke verfolgt, ist vom Berufungsgericht in tatsächlicher Würdigung bedenkenfrei festgestellt." ...

62. Darf bei einem Handelskauf der Käufer wegen der von ihm beabsichtigten Vornahme einer nicht sofort ausführbaren Untersuchung der Ware auf nicht unmittelbar wahrnehmbare Fehler eine sofort ausführbare anderweite Untersuchung derselben auf offensichtliche Fehler verschieben?

H.G.B. § 377 Abs. 1.

II. Zivilsenat. Urt. v. 5. Januar 1906 i. S. M. (Bekl.) w. Aktienges. A. M. R. (Kl.). Rep. II. 218/05.

I. Landgericht Halle a. S.
II. Oberlandesgericht Naumburg a. S.

Die Beklagte stellte eine ihr von der Klägerin käuflich gelieferte Menge Paraffin, die am 23. Juli 1904 an dem Ablieferungsorte Z. angekommen war, durch Telegramm vom 28. desselben Monats wegen vertragswidriger Farbe der Ware der Klägerin zur Verfügung und verweigerte aus diesem Grunde deren Bezahlung. In dem deshalb eingeleiteten Rechtsstreite bestritt die Klägerin die Rechtzeitigkeit der Mängelanzeige vom 28. Juli 1904. Die Beklagte erwiderte hierauf, eine gründliche Untersuchung der Ware, namentlich auf ihren Härtegrad, die längere Zeit und ein umständliches Verfahren erfordere, sei auf dem Bahnhofe Z. in den Eisenbahnwaggons, in denen die Ware angekommen sei, nach gewöhnlichem Geschäftsgange unmöglich gewesen; sie habe daher zum Zweck dieser Untersuchung die Ware von Z. nach ihrem Lagerplatze W. weitersenden müssen; bei Berücksichtigung dieses Umstands sei die unverzüglich nach der Untersuchung der Ware in W. erfolgte Mängelanzeige für rechtzeitig zu erachten. Das Landgericht und das Oberlandesgericht hielten trotzdem die Mängelanzeige für verspätet und verurteilten die Beklagte zur Bezahlung der Ware. Die von der Beklagten gegen das Urteil des Oberlandesgerichts eingelegte Revision wurde zurückgewiesen.

Aus den Gründen:

„Das Berufungsgericht hat trotz des neuen Vorbringens der Beklagten die erst am 28. Juli 1904 von derselben der Klägerin erstattete telegraphische Mängelanzeige für verspätet erachtet und in dieser Hinsicht folgendes ausgeführt: Die Beklagte hätte die Untersuchung der Ware in Z. als dem Ablieferungsorte derselben im Sinne des § 377 H.G.B. vornehmen müssen. Sie sei durch die am 23. Juli 1904 tatsächlich dort erfolgte Ablieferung in die Lage versetzt worden, die Ware zu untersuchen und den allein von ihr gerügten Mangel „Lieferung in Farbe abfallend gegen Kaufprobe", der deshalb allein auch in Frage komme, mit Leichtigkeit durch Besichtigung festzustellen. Ob die Untersuchung auf den Härtegrad längere Zeit in Anspruch habe nehmen müssen und in Z. untunlich gewesen sei, könne dahingestellt bleiben, da Beklagte in dieser Hinsicht keine Rüge erhoben habe. Jedenfalls habe sie, wenn die Untersuchung auf den Härtegrad längere Zeit in Anspruch genommen haben und in Z. nach ordnungsmäßigem Geschäftsgange nicht zu bewerkstelligen gewesen sein sollte, deshalb die Untersuchung auf die Farbe nicht willkürlich verschieben dürfen.

Die Revisionsklägerin hat diese Ausführungen folgendermaßen angefochten: Unrichtig erscheine die Ansicht des Berufungsgerichts, daß jeder im Laufe der Untersuchung sich zeigende Fehler einzeln gemeldet werden müsse, sobald er zu entdecken gewesen sei. Vielmehr müsse es dem Käufer freistehen, zunächst die ganze bei Waren der betreffenden Art erforderliche Untersuchung vorzunehmen. Seine Mängelanzeige komme rechtzeitig, wenn sie nach der zu einer solchen Untersuchung erforderlichen Zeit unverzüglich abgesendet werde. Das Berufungsgericht hätte danach untersuchen müssen, zu welcher Zeit die Beklagte in Z. die ordnungsmäßige Untersuchung, einschließlich der umständlichen und zeitraubenden Prüfung des Härtegrads des Paraffins, hätte vornehmen oder veranlassen, und in welcher Zeit eine nach dem für solche Prüfung nötigen Zeitraume unverzüglich abzusendende briefliche Mängelrüge in Händen der Klägerin hätte sein können. Wenn sich hiernach ergäbe, daß eine derart abzusendende Anzeige auch erst am 28. Juli bei der Klägerin würde eingetroffen sein, so sei die an diesem Tage der Klägerin telegraphisch zugegangene Mängelrüge rechtzeitig.

Diese Beschwerde erscheint als unbegründet.

Zunächst hat das Berufungsgericht nicht die ihm von der Revisionsklägerin zugeschriebene Ansicht allgemein ausgesprochen, daß jeder im Laufe der Untersuchung sich zeigende Fehler der Ware einzeln gemeldet werden müsse, sobald er zu entdecken sei, sondern es hat lediglich für den gegebenen Fall zur Ausräumung des von der Beklagten aus der angeblich erforderlichen Untersuchung der Ware auf ihren Härtegrad hergeleiteten Einwands erwogen, daß, auch wenn eine Untersuchung der letzteren Art erforderlich gewesen sein sollte, deshalb die mit Leichtigkeit durch Besichtigung auszuführende Untersuchung der Ware auf ihre Farbe nicht hätte verschoben werden dürfen. Diese Ansicht des Berufungsgerichts verstößt nicht gegen die Vorschrift des § 377 H.G.B. Namentlich hat dasselbe hierbei nicht verkannt, daß dem Käufer durch § 377 eine Verpflichtung zur unverzüglichen Untersuchung der abgelieferten Ware nur insoweit auferlegt ist, als dies nach ordnungsmäßigem Geschäftsgang tunlich ist. Zwar ist es nach dieser Bestimmung nicht schlechthin ausgeschlossen, daß der Käufer eine abgelieferte Ware erst dann zu untersuchen hat, wenn ihm eine solche Untersuchung möglich ist, auf Grund deren er sich ein Urteil über die gesamte vertragsmäßige oder gesetzmäßige Beschaffenheit der Ware und somit über deren Empfangbarkeit bilden kann.

Vgl. Entsch. des R.O.H.G.'s Bd. 13 S. 11.

Doch trifft dies nicht für alle Fälle zu, namentlich nicht für solche, in denen behufs Feststellung der vertragsmäßigen oder gesetzlichen Beschaffenheit der Ware eine mehrfache, verschiedenartige Untersuchung derselben angezeigt sein mag, die zum Teil, wie z. B. eine Besichtigung, sofort erfolgen kann, zum Teil ein umständlicheres und langwierigeres Verfahren erfordert, wie dies z. B. vielfach bei einer chemischen Untersuchung zutreffen wird. Vielmehr ergibt sich für solche Fälle aus der namentlich die unverzügliche Vornahme der erforderlichen Untersuchung hervorhebenden Vorschrift des § 377 Abs. 1 H.G.B. in Verbindung mit den die Rechte des Käufers bezüglich nicht sofort erkennbarer Mängel wahrenden Bestimmungen der Abss. 2 und 3 dieses Paragraphen, daß der Käufer wegen der beabsichtigten Vornahme einer nicht sofort ausführbaren Untersuchung der Ware auf nicht unmittelbar wahrnehmbare Fehler eine sofort ausführbare anderweite Untersuchung derselben auf offensichtliche Mängel nicht verschieben darf. Von diesem Gesichtspunkte aus hat aber das Berufungsgericht den fraglichen Einwand der Beklagten beurteilt und somit denselben, unter Absehen von weiteren tatsächlichen Erhebungen über die angeblich noch weiter erforderliche Untersuchung der Ware auf ihren Härtegrad, ohne rechtlichen Verstoß für nicht geeignet gehalten, die an sich verspätete Rüge des offensichtlichen Mangels der Farbe als aus dem Grunde noch rechtzeitig erfolgt erscheinen zu lassen, weil eine weitere Untersuchung der Ware auf ihren Härtegrad hin erforderlich gewesen sein mag. Das trifft um so mehr zu, als die Beklagte einerseits durch ihre Angabe, diese weitere Untersuchung hätte längere Zeit beansprucht und ein umständliches Verfahren erfordert, dem Berufungsgerichte genügendes tatsächliches Material zur Beurteilung dieses Einwands geboten, und als sie andererseits auch nicht behauptet hat, daß eine gleichzeitige Untersuchung der Ware auf Farbe und Härtegrad handelsüblich sei, so daß die Klägerin etwa aus diesem Grunde erst nach Ablauf der für eine solche doppelte Untersuchung erforderlichen Zeit überhaupt eine Mängelanzeige hätte erwarten dürfen." ...

(Die weitere Revisionsbeschwerde, daß das Berufungsgericht bei seiner Entscheidung über die Rechtzeitigkeit der Mängelanzeige auch die telegraphische Übersendung derselben hätte berücksichtigen müssen, wurde vom Reichsgericht gemäß § 561 Z.P.O. zurückgewiesen.)

---

63. Gehört, wenn jemand sein Leben „zugunsten seiner Erben" versichert, die Versicherungssumme zum Nachlasse?
B.G.B. §§ 330. 331.

VII. Zivilsenat. Urt. v. 5. Januar 1906 i. S. B. Konk. (Bekl.) w. B. (Kl.). Rep. VII. 491/05.

I. Landgericht Weimar.
II. Oberlandesgericht Jena.

Der im September 1904 verstorbene Kaufmann Adolf B., über dessen Nachlaß alsbald das Konkursverfahren eröffnet wurde, hatte im Jahre 1900 sein Leben mit 20000 ℳ versichert und dabei die im Antragsformulare enthaltene Frage: „Soll die Versicherung zugunsten dritter Personen (z. B. der Ehefrau, der Kinder, der Familie) abgeschlossen werden?" dahin beantwortet: „zugunsten meiner Erben". Die Tochter des Verstorbenen, die Klägerin, erhob Anspruch auf dreiviertel der Versicherungssumme, wogegen der Konkursverwalter sie zum Nachlaß ziehen wollte. Beide Vorinstanzen erkannten zugunsten der Klägerin. Die Revision des Beklagten wurde zurückgewiesen aus folgenden

Gründen:

„Der versicherte Adolf B. hat bei Eingehung des Vertrags der Versicherungsgesellschaft gegenüber erklärt, daß er die Versicherung „zugunsten seiner Erben" abschließen wolle. Daß diese Bestimmung Bestandteil des Vertrags geworden, ist nicht zu bezweifeln und auch von keiner Seite bestritten; streitig ist aber ihre Bedeutung. Die Klägerin steht auf dem Standpunkte, der Versicherte habe damit die

Zahlung der Versicherungssumme nicht an die Erben als solche, sondern an sie als dritte Personen angeordnet, so daß § 330 B.G.B. zur Anwendung komme. Der Beklagte vertritt die entgegengesetzte Meinung. Für die Entscheidung genügt die Ermittlung des Willens des Versicherten. Denn wenn auch der Vertrag Willensübereinstimmung beider Teile erfordert, so darf doch unbedenklich angenommen werden, daß die Gesellschaft die Erklärung ohne weiteres in dem Sinne gelten läßt, in dem sie vom Antragsteller gemeint ist. Sie hat kein Interesse an der Bevorzugung der einen oder der anderen Auslegung, zumal der Versicherte nach dem Vertrage jederzeit einen Begünstigten oder einen anderen Begünstigten benennen kann.

In einem wesentlich gleichliegenden Fall hat nun der III. Zivilsenat des Reichsgerichts in einem Urteile vom 26. Januar 1894 (Entsch. Bd. 32 S. 162) ausgeführt: Wenn der Versicherungsnehmer als Empfangsberechtigten seine Erben bezeichne, so liege darin der natürlichste Ausdruck des Willens, daß die Versicherungssumme nicht einem bestimmten Dritten zufallen, sondern zum Nachlaß gehören und den Erben als solchen zukommen solle. Wolle man den Vertrag zugunsten bestimmter dritter Personen abschließen, so liege jede andere Bezeichnung, auch der Ausdruck „Familie", „Hinterbliebene", näher. Nur dann werde man im Wege der Auslegung auf eine andere Bedeutung der Bestimmung schließen können, wenn der Erblasser besondere Zwecke verfolgte, namentlich dann, wenn er die Versicherungssumme dem Zugriffe seiner Gläubiger entziehen und den berufenen Erben auch für den Fall der Erbschaftsausschlagung zuwenden wollte. Beim Mangel eines solchen Interesses fehle es auch bei Nennung der Erben an jedem verständigen Zwecke, die Forderung von dem sonstigen Nachlaß zu sondern. — Zu diesen Ausführungen tritt das angefochtene Berufungsurteil in bewußten und ausgesprochenen Gegensatz, indem es davon ausgeht, daß bei der lebenslänglichen Versicherung auf den Todesfall die Versicherung „zugunsten der Erben" ohne weiteres als Verfügung zugunsten Dritter, als Benennung empfangsberechtigter dritter Personen im Sinne des § 330 B.G.B. aufzufassen sei. Es führt zunächst aus, daß die grammatische Auslegung des Wortlautes dieser Auffassung nicht entgegenstehe, da im Sprachgebrauche des täglichen Lebens der Ausdruck „Erben" häufig zur Bezeichnung der nächsten Angehörigen verwendet werde. Wenn also bei Benennung der „Angehörigen", der „Familie", der „Hinterbliebenen" ein Vertrag zugunsten Dritter (im Sinne des § 330 B.G.B.) angenommen werden könne, so müsse dies auch bei Benennung der „Erben" zulässig sein. Sodann verweist das Berufungsurteil auf den Fürsorgezweck der Lebensversicherung, der am besten und sichersten durch einen Vertrag zugunsten Dritter erreicht werde. Dabei nimmt es Bezug auf die Abhandlung von Professor Danz, Lebensversicherung „zugunsten der Erben", im „Recht" 1905 S. 89 flg., in der dieser Gesichtspunkt und noch andere für die Auffassung des Berufungsgerichts sprechende Gründe eingehend dargelegt sind. Schließlich wird ausgeführt, daß, auch wenn man von der Ansicht des III. Zivilsenats des Reichsgerichts nicht abweichen wolle, doch im vorliegenden Falle besondere Umstände die gewählte Auslegung rechtfertigen. Als solche Umstände bezeichnet das Berufungsgericht die Tatsache, daß der Versicherte den Vertrag alsbald nach seiner Verheiratung einging, woraus auf die Absicht besonderer Fürsorge für seine Ehefrau und die aus der Ehe etwa hervorgehenden Kinder zu schließen sei, ferner die Tatsache, daß der Versicherte in der Anmeldung die Frage, ob die Versicherung zugunsten dritter Personen abgeschlossen werden solle, durch die Antwort „zugunsten meiner Erben" ausdrücklich bejaht habe.

In diesen „besonderen" Umständen wird nun freilich eine tragfähige Stütze des Berufungsurteils kaum gefunden werden können. Der Hinweis auf den Fürsorgezweck sagt nur, daß dieser bei der Lebensversicherung in der Regel verfolgte Zweck auch hier zutreffe, bedeutet also keine Abweichung von der Regel. Und die angebliche Bejahung der Frage, ob die Versicherung zugunsten dritter Personen geschlossen werden solle, wird vom Berufungsgericht als feststehend vorausgesetzt, während doch der Streit sich gerade darum dreht, ob die gegebene Antwort eine Bejahung, oder eine Verneinung der gestellten Frage enthält. Gleichwohl konnte die Revision keinen Erfolg haben, da der erkennende Senat in der Entscheidung des Berufungsgerichts einen Rechtsirrtum nicht zu finden vermag. Die Erklärung „zugunsten meiner Erben" als Antwort auf die in Rede stehende Frage ist mehrdeutig. Sie läßt sich ungezwungen sowohl in dem vom III. Zivilsenate des Reichsgerichts wie in dem vom Berufungsgerichte vertretenen Sinne deuten. Der nämliche Satz oder

Satzteil gibt häufig einen ganz verschiedenen Sinn, jenachdem das eine, oder das andere Wort stärker betont wird. Während dem Hörer des gesprochenen Wortes kaum ein Zweifel über dessen Sinn auftauchen wird, kann der Leser des geschriebenen Wortes vor schwer lösbaren Schwierigkeiten stehen, wenn und weil die vom Urheber gewollte Betonung nicht ersichtlich ist. Ähnlich verhält es sich mit der hier fraglichen Erklärung. Legt man den Nachdruck auf das Wort „Erben", so läßt sich wohl ein gewisser Gegensatz der Erben als solcher zu dritten Personen herausfühlen. Die Antwort lautet dann umschrieben: „Nein, nicht zugunsten dritter Personen, sondern zugunsten meiner Erben, d. i. meines Nachlasses". Betont man dagegen stärker den Ausdruck „zugunsten", so kann man lesen: „Allerdings zugunsten dritter Personen, nämlich derjenigen, die bei meinem Ableben als Erben berufen sind". Daß auch diese Auslegung möglich ist, läßt sich nicht bestreiten; irgendeine Rechtsnorm steht ihr nicht im Wege. Ein Bedenken ließe sich nur etwa aus der Unbestimmtheit des Ausdrucks „Erben" ableiten; dieses erledigt sich indessen durch die Erwägung, daß das Recht der im Sinne der §§ 330. 331 B.G.B. begünstigten dritten Personen erst mit dem Tode des Versicherten entsteht, in diesem Zeitpunkte aber die Personen der Erben feststehen. Die der Bezeichnung bei Abschluß des Versicherungsvertrags anhaftende Unbestimmtheit ist nicht wesentlich größer, als wenn die „Hinterbliebenen" oder die „nächsten Angehörigen" als Empfangsberechtigte bezeichnet werden. Im übrigen ist die Auslegung des Berufungsgerichts von beiden Vorinstanzen und in der erwähnten Abhandlung von Danz mit guten Gründen verteidigt. Sie sind zum Teil schon oben wiedergegeben; hier mag nur noch auf zwei der angeführten Beweisgründe hingewiesen werden. Wenn der Antragsteller den Vertrag nicht zugunsten eines Dritten schließen will, so handelt er am zweckmäßigsten in der Weise, daß er die entsprechende Frage des Antragsformulars verneint oder unbeantwortet läßt. Beantwortet er sie durch Benennung einer bestimmbaren Personengruppe, so liegt die Vermutung nicht fern, daß er die Frage bejahen will. Von dieser allgemeinen Erwägung aus läßt sich der Schluß ziehen, daß auch in dem zur Entscheidung stehenden Falle der Antragsteller die Frage bejahen wollte, ohne daß jedoch, wie oben dargetan, die Bejahung als ein besonderer, den Streitfall vor anderen Fällen auszeichnender Umstand in Betracht käme. Von Bedeutung ist ferner die Bezugnahme auf den § 157 des Entwurfs eines Gesetzes über den Versicherungsvertrag. In der Begründung zu § 157 wird geradezu gesagt: Wenn der Versicherte als bezugsberechtigt seine Erben ohne nähere Bestimmung bezeichnet, so ist es gemäß § 330 B.G.B. als der mutmaßliche Wille des Versicherten anzusehen, daß der Anspruch aus der Versicherung nicht einen Bestandteil des Nachlasses bilden, sondern den betreffenden Personen unmittelbar auf Grund des Versicherungsvertrags zustehen soll. — Der oder die Verfasser des Entwurfs nehmen sohin an, daß für die vom Berufungsgerichte angenommene Auslegung schon jetzt eine tatsächliche Vermutung spreche, die durch das vorgeschlagene Gesetz zum Range einer gesetzlichen Vermutung erhoben werden soll. Ob man so weit schon heute gehen kann, mag zweifelhaft sein. Wohl aber wird man bei Abwägung der für und wider die Meinung des Berufungsgerichts sprechenden Gründe anerkennen müssen, daß diese Meinung mindestens gleichberechtigt neben die des III. Zivilsenats des Reichsgerichts tritt, daß die letztere einen Vorrang vor der ersteren nicht beanspruchen kann. Hiergegen hat auch die Revisionsbegründung nichts Durchschlagendes anzuführen vermocht. Sie bestreitet das Vorliegen besonderer Umstände, worin ihr der Senat beigetreten ist, und sie bekämpft die Annahme einer für die Auffassung des Berufungsgerichts sprechenden Vermutung, worin ihr beigetreten werden könnte, ohne daß hierdurch der Rechtsbestand des angefochtenen Urteils berührt würde. Es genügt, daß auch für die gegenteilige Meinung das Bestehen einer Vermutung nicht dargetan ist. Bei dieser Sachlage konnte sich das Berufungsgericht nach freier Überzeugung für die eine oder die andere Auslegung entscheiden. Durch die Feststellung, daß der Vater der Klägerin die Versicherungssumme seinen Erben unabhängig vom Erwerb der Erbschaft zuwenden wollte, und daß er diesen Willen auch durch die umstrittene Klausel erklärt hat, ist das Berufungsgericht über das Gebiet der mit der Revision nicht angreifbaren Würdigung tatsächlicher Verhältnisse nicht hinausgegangen. Das Rechtsmittel war deshalb zurückzuweisen.

Ein Fall des § 137 G.V.G. liegt nicht vor, da der erkennende Senat keineswegs in einer Rechtsfrage von der Entscheidung eines anderen Senats abweichen will."

64. Kann die Benutzung einer dem Staate gehörigen öffentlichen Wasserstraße von einem im voraus zu erklärenden vertragsmäßigen Verzichte auf Ersatz aller Schäden, welche bei der Benutzung infolge Verschuldens des Staats oder seiner Angestellten entstehen, abhängig gemacht werden?

I. Zivilsenat. Urt. v. 8. Januar 1906 i. S. Reichsfiskus (Bekl.) w. Gr. (Kl.). Rep. I. 320/05.

I. Landgericht Kiel, Kammer für Handelssachen.
II. Oberlandesgericht daselbst.

Am 7. Mai 1904 stieß der dem Kläger gehörige Dampfer „Kriemhild" mit dem dem beklagten Fiskus gehörigen Dampfbaggerprahm III infolge Verschuldens der Besatzung des Prahms im Kaiser Wilhelm-Kanal zusammen. Mit der Klage begehrte der Kläger Ersatz des durch den Zusammenstoß verursachten Schadens. Er beantragte, den Beklagten zu verurteilen, dem Kläger den Dampfbaggerprahm III zu seiner Befriedigung im Wege der Zwangsversteigerung wegen einer Forderung von 3061 *M* nebst 4 Prozent Zinsen vom Klagetage an herauszugeben, falls er es nicht vorziehe, genannte Summe an den Kläger zu bezahlen. Der Beklagte beantragte Abweisung der Klage, indem er unter Berufung auf § 1 Abs. 2 der Betriebsordnung für den Kaiser Wilhelm-Kanal jede Ersatzpflicht für Verschulden der Angestellten der Kanalverwaltung ablehnte. Beide Vorinstanzen haben im Sinne des Klaganspruchs erkannt. Die vom Fiskus eingelegte Revision wurde zurückgewiesen aus folgenden

Gründen:

„Wie der Senat bereits in seinem Urteile vom 2. Dezember 1899, Rep. I. 322/99, dargelegt hat, ist der auf Grund des Gesetzes vom 16. März 1886 hergestellte Kaiser Wilhelm-Kanal eine dem allgemeinen Verkehr dienende öffentliche Wasserstraße. Das dem Reichsamte des Innern unterstehende Kaiserliche Kanalamt in Kiel hat durch die „Betriebsordnung für den Kaiser-Wilhelm-(Nord-Ostsee-) Kanal" (vgl. neue Fassung derselben vom 29. Juli 1901 im Zentralblatt für das Deutsche Reich, Beilage zu Nr. 41 S. 345) die für die Benutzung des Kanals maßgebenden Bestimmungen aufgestellt. Der für den vorliegenden Prozeß in Betracht kommende § 1 lautet in seinen Abss. 1 und 2:

„Jeder Schiffsführer, der den Kanal befährt, muß einen auf Verlangen ihm auszuhändigenden Abdruck dieser Betriebsordnung, die auch für das Rechtsverhältnis zwischen der Kanalverwaltung und ihm, bzw. seinem Reeder maßgebend ist, an Bord haben und ist für die genaue Befolgung ihrer Vorschriften sowie derjenigen des in Anlage 7 beigefügten Zollregulativs für den Kaiser Wilhelm-Kanal durch die gesamte Besatzung seines Fahrzeugs verantwortlich.

Das Deutsche Reich übernimmt keinerlei Verpflichtung zur Ersatzleistung für Schäden, welche die Schiffe im Kanal, auf den beiderseitigen Reeden oder in den Vorhäfen oder auf den am Kanal liegenden Schiffsliegeplätzen erleiden, selbst wenn ein Verschulden der Kanallotsen oder anderer Angestellter der Kanalverwaltung dabei in Frage kommt."

Der erkennende Senat hat schon in der oben erwähnten Entscheidung ausgesprochen, daß das Kanalamt zwar zuständig sei, die für den Betrieb erforderlichen Bestimmungen, soweit diese zum Gebiete der Verwaltung gehören, zu erlassen, daß es jedoch nicht mit rechtlicher Wirksamkeit in das Gebiet hinübergreifen könne, das der Gesetzgebung vorbehalten sei, daß es insbesondere nicht in der Lage sei, für die rechtlichen Beziehungen des Reichsfiskus zu dritten Personen allgemeine Bestimmungen zu treffen, die durch das geltende Recht anders geregelt sind. Die Rechtsordnung gestatte zwar, bei dem Abschluß eines Vertrags die Verpflichtung zum Schadensersatze auszuschließen, setze jedoch auch hierbei der Vertragsfreiheit Schranken; dagegen kenne die Rechtsordnung keinen allgemeinen Grundsatz, der es ermöglichte, die im Recht begründete Verantwortlichkeit für Schaden, der einem anderen außerhalb eines Vertragsverhältnisses zugefügt werde, durch einseitige Willenserklärung abzulehnen.

Vgl. Entsch. des R.G.'s in Zivils. Bd. 45 S. 166 flg.

Das Kaiserliche Kanalamt hat nun, vielleicht mit Rücksicht auf dieses Erkenntnis, anstatt der früher üblichen Anmeldeformulare für die Durchfahrt solche eingeführt, welche auf der Rückseite einen von dem Schiffsführer zu unterzeichnenden Vordruck folgenden Inhalts enthalten:

„Der Unterzeichnete meldet hierdurch das Schiff . . . zur Fahrt durch den Kaiser Wilhelm-Kanal von . . . bis . . . an, die am . . . angetreten werden soll, und für welche die ihm bekannten Bestimmungen der Betriebsordnung für den Kaiser Wilhelm-Kanal vom 29. Juli 1901, namentlich auch, was das Rechtsverhältnis zwischen der Kanalverwaltung einerseits und dem Schiffer, bzw. seinem Reeder und Befrachter andererseits anbetrifft, maßgebend sein sollen."

Es kann dahingestellt bleiben, ob im vorliegenden Falle durch die Unterzeichnung eines solchen Formulars ein Vertrag zwischen der Kanalverwaltung und dem Führer des Dampfers „Kriemhild" zustande gekommen ist. Denn auch wenn ein Vertragsverhältnis zu unterstellen wäre, hätten die Bestimmungen des oben erwähnten § 1 Abs. 2 der Betriebsordnung, auf Grund deren der Beklagte seine Verantwortlichkeit für den durch Verschulden der Besatzung seines Dampfbaggerprahms verursachten Zusammenstoß und den hierdurch dem Kläger zugefügten Schaden ablehnt, keine zivilrechtliche Gültigkeit. Wenn die Kanalverwaltung die Benutzung des Kanals von der vertraglichen Übernahme zivilrechtlicher Beschränkungen, insbesondere von einem vertraglichen Verzicht auf in Rechten begründete Ansprüche, abhängig machen will, so widerstreitet dies der durch das Gesetz festgelegten Bestimmung des Kanals, dem allgemeinen Verkehr als öffentliche Wasserstraße zu dienen. In einem solchen Verfahren müßte aber auch ein Verstoß gegen die guten Sitten erblickt werden. Wo der einzelne ein ihm tatsächlich zustehendes Monopol oder den Ausschluß einer Konkurrenzmöglichkeit dazu mißbraucht, dem allgemeinen Verkehr unbillige, unverhältnismäßige Opfer aufzuerlegen, unbillige und unverhältnismäßige Bedingungen vorzuschreiben, da können dieselben rechtliche Anerkennung nicht finden. Dieser allgemeine Grundsatz, welchen das Reichsgericht wiederholt zur Geltung gebracht hat, trifft insbesondere auf den vertragsmäßigen Ausschluß einer nach dem Gesetz bestehenden Haftung dann zu, wenn dem Publikum die anderweite Wahrung seiner Interessen nicht möglich, und dasselbe daher gezwungen ist, sich den gestellten Bedingungen zu unterwerfen.

Vgl. Urteil des Senats vom 11. Februar 1888, Rep. I. 380/87, Entsch. des R.G.'s Bd. 20 S. 117.

Hiernach kann sich der Beklagte auf einen vertragsmäßigen Ausschluß der gesetzlichen Haftung für das Verschulden seiner Angestellten ebensowenig berufen, wie in dem der Entscheidung vom 2. Dezember 1899 zugrunde liegenden Fall auf eine einseitige Ablehnung seiner Verantwortlichkeit." ...

65. Rechtliche Bedeutung der einer Willenserklärung beigefügten Voraussetzung.

II. Zivilsenat. Urt. v. 9. Januar 1906 i. S. Th. (Kl.) w. J. (Bekl.). Rep. II. 226/05.

I. Landgericht I Berlin, Kammer für Handelssachen.
II. Kammergericht daselbst.

Aus den Gründen:

„Nach der Feststellung des Berufungsgerichts hat der Beklagte für seine Restaurationsräume von der Klägerin deren patentierte amerikanische Drehtür für 3000 ℳ unter der als Bedingung gewollten Voraussetzung gekauft, daß die polizeiliche Genehmigung zur Anbringung der Drehtür erteilt werde. Das Polizeipräsidium hat jedoch aus sicherheitspolizeilichen Gründen die erforderliche Genehmigung endgültig versagt. Das Berufungsgericht hat deshalb — möge man dem Vertrag einen beliebigen rechtlichen Charakter geben — die Klage auf Zahlung des restlichen Preises abgewiesen und der auf Rückerstattung der geleisteten Ratenzahlungen des Kaufpreises gerichteten Widerklage stattgegeben, weil die Vertragsvoraussetzung nicht eingetroffen, und der Beklagte rechtzeitig den Rücktritt vom Vertrag erklärt habe.

Der Kläger rügt, die Annahme einer stillschweigenden Voraussetzung, wie solche das Berufungsgericht unterstelle, sei grundsätzlich zu verwerfen, weil einer solchen Annahme die Verwechslung eines Irrtums im Beweggrund mit der Setzung einer Bedingung zugrunde liege. Diese Rüge geht fehl.

Die Windscheid'sche Lehre von der Voraussetzung,

vgl. Die Lehre des römischen Rechts von der Voraussetzung, Düsseldorf 1850; dazu Windscheid-Kipp, Lehrbuch des Pandektenrechts 8. Aufl. Bd. 1 § 97 flg., und Entsch. des R.O.H.G.'s Bd. 19 S. 50,

ist selbst in der Form abzulehnen, wonach Verträge keinen Bestand haben, wenn der eine Vertragsteil eine von ihm unterstellte Voraussetzung beim Vertragsschluß erkennbar gemacht hat, und diese Voraussetzung nicht eintrifft. Der erste Entwurf eines Bürgerlichen Gesetzbuchs § 742, Motive Bd. 2 S. 842, erachtete eine stillschweigende Erklärung einer solchen Voraussetzung für wirksam. In den Protokollen der Kommission für die zweite Lesung, Bd. 2 S. 690, wurde ausdrücklich festgestellt, daß für die Windscheid'sche Lehre von der Voraussetzung niemand mehr eintrete, wie solche auch bereits in den Entsch. des R.G.'s in Zivils. Bd. 24 S. 169 zurückgewiesen worden war. In das Bürgerliche Gesetzbuch ist diese Lehre somit nicht übergegangen; sie würde in der Tat die Sicherheit des Verkehrs gefährden und den Unterschied zwischen Voraussetzung und Motiv verwischen. Soweit also nicht ausdrücklich eine solche Voraussetzung als Vertragsinhalt vereinbart ist, haben die Grundsätze über Treue und Glauben mit Rücksicht auf die Verkehrssitte §§ 133. 157 B.G.B. bei Auslegung und Ermittlung des Parteiwillens die Entscheidung zu geben. Von diesem Gesichtspunkt aus hat die Rechtsprechung des Reichsgerichts immer die Zulässigkeit des Rücktritts wegen veränderter Umstände beurteilt.

Vgl. Entsch. in Zivils. Bd. 50 S. 257, Bd. 60 S. 59.

Gegen diese Grundsätze hat das Berufungsgericht nicht verstoßen. In den Entscheidungsgründen wird nämlich ausgeführt, daß der Beklagte sich nach dem Zeugnis des Vertreters des Klägers nur unter dem Vorbehalt polizeilicher Genehmigung der Tür hat binden wollen. Da dieser Vertreter den Vertrag mit dem Beklagten abgeschlossen hat, so ist dieser Vorbehalt zum Vertragsinhalt erhoben worden. So wollen die Gründe des zweiten Richters verstanden sein."

---

66. Muß bei der Teilenteignung von Bauland ein für das Restgrundstück von der zuständigen Behörde in gewissem Umfange erteilter Dispens von der baupolizeilichen Bestimmung, daß nur ein bestimmter

Teil von jedem Grundstück bebaut werden darf, berücksichtigt werden? Wie ist bei der Teilenteignung von Bauland die Enteignungsentschädigung zu bestimmen?

VII. Zivilsenat. Urt. v. 9. Januar 1906 i. S. Stadtgemeinde Sch. (Kl.) w. R. (Bekl.). Rep. VII. 77/05.

I. Landgericht II Berlin.
II. Kammergericht daselbst.

Zur Verbreiterung der Friedenauerstraße in Sch. waren nach dem Bebauungsplan vom 31. Januar 1899 von zwei dem Beklagten gehörigen, an dieser Straße belegenen Grundstücken zwei Teilflächen erforderlich. Im Jahre 1900 wurde auf Antrag der Klägerin das Enteignungsverfahren bezüglich dieser Grundstücke eingeleitet. Der in diesem Verfahren vernommene Sachverständige schätzte die beiden Flächen auf doppelte Weise. Im Jahre 1835 war eine Verordnung der Regierung zu P. ergangen, wonach Gebäude auf den die damalige Chaussee von B. nach P. begrenzenden Grundstücken 3 Meter vom äußeren Grabenrande entfernt bleiben mußten. Die Friedenauerstraße in Sch. bildete früher einen Teil dieser Chaussee. Der Sachverständige legte nun seiner ersten Berechnung die Annahme zugrunde, a) daß die durch diese Regierungsverordnung betroffenen Streifen der klägerischen Grundstücke als Vorgartenland, b) der Rest der zu enteignenden Flächen aber als Bauland zu bewerten seien. Bei der zweiten Berechnung ging er von der Voraussetzung aus, daß das Grundstück erst durch die jetzige Anlage die Eigenschaft als Bauland erlangt habe. Er schätzte für diesen Fall einen Teil als Straßenland und den anderen als früheres Vorgartenland ein. Der Bezirksausschuß hielt die erste Berechnung des Sachverständigen für die zutreffende und sprach dem Beklagten den hieraus sich ergebenden Betrag zu. Die Stadtgemeinde Sch. war dagegen der Meinung, daß die zweite Berechnung des Sachverständigen die richtigere sei, und beantragte im Rechtswege die Entschädigung dementsprechend festzusetzen. Sie machte hierbei auch einen bei dem Bezirksausschuß in P. unter dem 2. Dezember 1897 für die klägerischen Grundstücke erwirkten Dispens von der Baupolizeiverordnung vom 5. Dezember 1892 geltend, nach dessen Inhalt bei der Berechnung der bebauungsfähigen Fläche dieser Grundstücke das abzutretende bisherige Vorgartenland in Anrechnung gebracht werden durfte. Die beiden vorderen Instanzen teilten den Standpunkt des Bezirksausschusses und wiesen die Klage ab.

Das Reichsgericht hat die Berufungsentscheidung aufgehoben aus folgenden

Gründen:

„Der Streit der Parteien beschränkt sich in der gegenwärtigen Instanz auf die Frage, ob und welche Wirkung dem vom Bezirksausschusse in bezug auf die klägerischen Grundstücke erteilten Dispense von der Bestimmung des § 3 der Baupolizeiverordnung vom 5. Dezember 1892, wonach (abgesehen von Eckgrundstücken) höchstens $^{5}/_{10}$ der Gesamtfläche bebaut werden dürfen, beizumessen ist. Der Berufungsrichter hat diesem Dispense jede Beachtung versagt. Hiergegen wendet sich die Revision. Wenn nun auch ihrem Angriffe nicht in allen Einzelheiten der Begründung beigetreten werden kann, so muß er doch im Endergebnis Erfolg haben. Der negative Standpunkt des Berufungsrichters kann nicht geteilt werden.

Zunächst kann es keinem ernstlichen Zweifel begegnen, daß die Klägerin berechtigt ist, sich auf diesen Dispens zu berufen. Die Bebauung der Grundstücke ist nach Umfang und Art den Vorschriften der Baupolizeiordnungen unterworfen. Wird zulässigerweise eine Ausnahme von den baupolizeilichen Regelvorschriften durch die zuständige Behörde gestattet, so handelt es sich hierbei um eine objektive Tatsache, auf die sich jeder, der ein berechtigtes Interesse hieran wegen ihrer Wirkungen hat, beziehen kann. Die Sache ist also nicht so zu beurteilen, daß hierbei nur ein solches subjektives Verhältnis des Grundstückseigentümers zur Baupolizeibehörde in Frage stünde, das allein die Person des Eigentümers anginge, und auf das sich, weil es nur höchst persönliche Rechte begründe, Dritte nicht berufen dürften.

Die Frage nun, wie in Fällen der vorliegenden Art die Entschädigung des Eigentümers richtig zu ermitteln ist, stellt ein Problem dar, dessen Lösung erhebliche Schwierigkeiten bereitet. Folgt man der Ansicht des Berufungsrichters, so gelangt man zu einem nicht annehmbaren Ergebnis. Gesetzt, eine Baustelle sei 1000 qm groß. Hiervon sind nach der hier maßgebenden Baupolizeiordnung 500 qm bebaubar. Werden von den 1000 qm 200 qm an der Front enteignet, so ist von der Restfläche von 800 qm gemäß der baupolizeilichen Regelvorschrift nur die Hälfte von 400 qm bebauungsfähig. Wird aber von dieser Regelvorschrift Dispens dahin erteilt, daß die enteignete Fläche bei der Bebauung mit in Anschlag gebracht werden darf, so heißt dies nichts anderes, als daß auch auf dem verkleinerten Grundstück von 800 qm ein Haus nicht von 400 qm, sondern von 500 qm Umfang errichtet werden darf. Die Wirkung der Enteignung ist bei solcher Dispenserteilung also lediglich die, daß das in seinem Umfange nach wie vor der Enteignung sich gleichbleibende Haus von der bisherigen Frontlinie um die Tiefe der enteigneten Fläche in das Restgrundstück zurückgeschoben ist, daß die Veränderung also nur in der Verkleinerung des hinter dem Hause gelegenen Hofes besteht, bzw. in dem Verlust eines sonst etwa vor dem Hause möglich gewesenen Vorgartens. Vergütet man nun, wie der Berufungsrichter es tut, die enteigneten 200 qm dem Eigentümer als Bauland, d. h. als Land, das mit Baulichkeiten hätte besetzt werden können, so erhöht man dadurch im schließlichen Erfolge über das baupolizeilich vorgeschriebene Maß hinaus die Fläche, die der Eigentümer vor der Enteignung hätte bebauen können. Denn nur ein Haus von 500 qm, wie er es nach der Enteignung auch noch errichten kann, durfte er vor der Enteignung errichten, nicht ein größeres. Gewährt man ihm aber, trotzdem das Haus dieses Maß behalten hat, doch noch Entschädigung für 200 qm Bauland, so läuft dies darauf hinaus, daß er so abgefunden wird, als hätte er vor der Enteignung 700 qm bebauen können. Daß dies Ergebnis nicht richtig sein kann, liegt auf der Hand. Auf der anderen Seite kann es auch nicht zutreffend sein, wenn man, wie die Klägerin, das zu enteignende Land lediglich als Vorgartenland (bzw. als Hof- oder Hinterland) bewerten wollte. Es würde dann der Umstand keine Berücksichtigung finden, daß die Existenz eines Vorgartens, bzw. die Existenz eines größeren oder kleineren Hofes auf den Wert des Hauses einwirkt, auch wenn dieses vor und nach der Enteignung gleich groß bleibt. Ferner kann die Tatsache, daß nach der in der Revisionsinstanz weder angegriffenen noch mit Grund angreifbaren Annahme des Berufungsrichters gerade die in Frage stehenden 389 qm bei Nr. 638 und 480,34 qm bei Nr. 654 wirkliches Bauland waren, also hätten bebaut werden können, nicht schlechthin ignoriert werden. Diese und andere einander zum Teil entgegenlaufenden Erwägungen erweisen die Notwendigkeit, ein leitendes einheitliches Prinzip zu finden, welches unter gebührender Berücksichtigung aller in Betracht kommenden Faktoren zu einem angemessenen Ergebnis führt. Als solches kann in manchen Fällen, namentlich wenn es sich um geschlossene Baustellen und abzutrennende Flächen von nur geringem Umfange handelt, die durchschnittliche Wertberechnung nach dem Quadratmeter gelten. Dabei ist auf folgendes hinzuweisen. Heutzutage ist in allen Baupolizeiordnungen Bestimmung darüber getroffen, daß ein nach einem Verhältnis bestimmter Teil eines jeden Bauplatzes oder einer jeden Baustelle nicht bebaut werden darf. Dieser unbebaubare Teil bildet hiernach ein gesetzlich notwendiges Zubehörstück des bebaubaren Teiles; beide stehen in engster Wechselbeziehung zueinander. Mit der Größe des einen wächst auch die des anderen; mit der Verringerung des einen vermindert sich auch der andere. Es kann danach gerechtfertigt erscheinen, dieses das eigentliche Bauland und das Nichtbauland umfassende Baustellenland als ein einheitliches Ganzes aufzufassen und gemäß der wechselseitigen Werteinwirkung den Wertdurchschnitt des Quadratmeters zur Grundlage der Entschädigung zu wählen (vgl. z. B. Jurist. Wochenschr. 1900 S. 899 Nr. 15). Ob das zur vollen Entschädigung genügen würde, muß der einzelne Fall lehren. Es ist möglich, daß unter Umständen noch ein Zusatz für die durch die Verkleinerung des Grundstücks entstehenden Nachteile hinzutreten muß. In der Regel wird indes ein anderes Prinzip sicherer zum Ziele führen, nämlich dasjenige, wonach erstens der Wert des ganzen Grundstücks als Baugrundstücks vor der Enteignung und alsdann der Wert des Restgrundstücks als Baugrundstücks festgestellt wird; der Unterschied wird die dem Eigentümer gebührende Entschädigung ergeben. Hierbei ist aber einem Punkte Beachtung zu schenken, nämlich dem **Zeitpunkt**, nach welchem der Wert des Restgrundstücks als Baugrundstücks zu schätzen ist. Es wird regelmäßig keine Unrichtigkeit zur Folge haben und der Einfachheit halber vorzuziehen sein, wenn der Wert, den das Restgrundstück als Baugrundstück **nach** der Enteignung hat, zugrunde gelegt wird. Allein denkbar ist es, daß unter Umständen diese Berechnung deshalb unrichtig sein kann, weil bei solcher Bewertung bereits der neuen Anlage, für welche die Enteignung erfolgt, ein werterhöhender Einfluß eingeräumt wird. Auf die Ausscheidung dieses Falles ist in den gegebenen Fällen Bedacht zu nehmen.

Ob das im vorstehenden an zweiter Stelle behandelte Prinzip sich schlechthin in allen Fällen als richtig bewährt, mag zwar Zweifeln unterworfen sein. Die Sachlage des gegenwärtigen Falles scheint aber nach dem bisher vorliegenden Material jedenfalls keine Bedenken gegen seine Anwendung zu wecken. Die Berufungsentscheidung, der in dem entscheidenden Punkte nicht beigestimmt werden konnte, mußte daher aufgehoben, und die Sache in die Vorinstanz zurückverwiesen werden." ...

---

67. 1. Unter welchen Voraussetzungen unterliegt der Vertrag, durch den eine Ausstattung versprochen wird, der Formvorschrift des § 518 Abs. 1 B.G.B.?

2. Verstößt ein solcher Vertrag gegen die guten Sitten, wenn er darauf ausgeht, daß eine außer der Ehe Geschwängerte vor der Entbindung von einem anderen Manne als dem Schwängerer geheiratet wird?

IV. Zivilsenat. Urt. v. 11. Januar 1906 i. S. H. (Kl.) w. L. (Bekl.). Rep. IV. 329/05.

I. Landgericht Hildesheim.
II. Oberlandesgericht Celle.

Die Ehefrau des Klägers, X., geb. Z., stand, bevor sie sich mit dem Kläger verheiratete, bei dem Beklagten im Dienst. In dieser Zeit wurde sie vom Beklagten geschwängert. Da der Beklagte als verheirateter Mann das Bekanntwerden seiner Verfehlung scheute, versprach er der damaligen X. Z. für den Fall, daß sie den Kläger heirate, eine Aussteuer sowie einen jährlichen Unterhaltungsbeitrag für das zu erwartende Kind von 300 ℳ. Der Kläger behauptete, der Beklagte habe auch mit ihm selbst Verhandlungen gepflogen, um ihn zu der Heirat zu bewegen, und habe ihm außer den Unterhaltsbeiträgen für das Kind eine Mitgift versprochen, die er alsbald nach der Heirat der X. Z. zu seinen, des Klägers, Händen mit 3000 ℳ bar entrichten würde. Dasselbe Mitgiftversprechen habe er der X. Z. auch selbst gegeben. Daraufhin habe er, Kläger, die X. Z. am

15. Juni 1901 geheiratet. Am 4. August 1901 wurde das Kind geboren. Kläger verlangte außer der bedungenen Unterhaltsrente für das Kind die Entrichtung der Mitgift von 3000 ℳ. In dieser Beziehung wurde in erster Instanz auf einen Eid erkannt, den Beklagter darüber ableisten sollte, daß er mit dem Kläger die behauptete Vereinbarung wegen der Mitgift nicht getroffen habe. Der Kläger legte mit dem Antrage auf bedingungslose Verurteilung Berufung, Beklagter mit dem Antrage auf bedingungslose Klagabweisung Anschlußberufung ein. Das Oberlandesgericht wies, unter Zurückweisung der klägerischen Berufung, den Kläger mit dem Anspruche auf Zahlung der Mitgift ab. Die deswegen eingelegte Revision führte zur Aufhebung des Berufungsurteils und zur Zurückverweisung der Sache in die Instanz aus folgenden

Gründen:

„Es handelt sich in der Revisionsinstanz nur noch um das behauptete Mitgiftversprechen des Beklagten. ... In zweiter Instanz berief sich der Kläger auf eine Reihe von Beweisen und Beweistatsachen sowohl für das ihm selbst, als auch für das seiner Ehefrau gegebene Versprechen. Auf dieses Beweiserbieten ist der Berufungsrichter nicht eingegangen. Er hat die Zurückweisung des Anspruchs wie folgt begründet:

„Eine Verpflichtung des Beklagten zur Zahlung einer Mitgift bestand nicht. Als ein Vertrag mit gegenseitigen Leistungen, wobei die Leistung des Klägers, bzw. die seiner Ehefrau in der Heirat miteinander, die Gegenleistung des Beklagten in der Zahlung der Mitgift bestanden haben würde, lassen sich die angeblich getroffenen Vereinbarungen nicht auffassen, da der Beklagte ein Recht auf die Vollziehung der Heirat zwischen dem Kläger und seiner Ehefrau nicht erwerben sollte.

Die Frage, inwieweit ein derartiges Rechtsgeschäft als den guten Sitten widersprechend nichtig sein würde, kann daher unerörtert bleiben.

Das angebliche Versprechen, eine Mitgift zu zahlen, läßt sich demnach nur als ein durch die Vollziehung dieser Heirat bedingtes Schenkungsversprechen auffassen. Dieses ermangelt der Form des § 518 B.G.B. Das Rechtsgeschäft ist also nach § 125 a. a. O. nichtig."

Die Revision war begründet.

Über die Frage, unter welchen Voraussetzungen das Versprechen, einem anderen eine Ausstattung oder, hier damit gleichbedeutend, eine Mitgift zu gewähren, die rechtliche Eigenschaft des Schenkungsversprechens hat und darum der Formvorschrift des § 518 Abs. 1 B.G.B. unterliegt, hat der erkennende Senat in zwei früheren Fällen, nämlich in Sachen Z. wider H. und Genossen, Rep. IV. 43/03, durch Urteil vom 29. Oktober 1903 und in Sachen D. wider Sch., Rep. IV. 244. 04, durch Urteil vom 8. Dezember 1904, sich auszusprechen Veranlassung gefunden. In Übereinstimmung mit jenen Urteilen ist auch gegenwärtig davon auszugehen, daß, gleichviel ob einer der Eltern, oder ob ein Fremder das Ausstattungsversprechen erteilt, der versprochenen Ausstattung die rechtliche Eigenschaft der Schenkung nur dann zukommt, wenn sie den Tatbestandserfordernissen des § 516 Abs. 1 B.G.B. deren vollem Inhalte nach entspricht. Freilich kann nach der besonderen Gesetzesvorschrift des § 1624 Abs. 1 B.G.B. die dem Kinde zugewendete Ausstattung eine Schenkung sein und gleichwohl in gewissen Grenzen als eine solche nicht gelten; sie ist alsdann in dem gleichen Umfange von der Formvorschrift des § 518 ausgenommen. Die Bedeutung des § 1624 erstreckt sich dagegen in keiner Weise auf das Ausstattungsversprechen des Fremden. Dieses muß ausnahmslos bei Vermeidung der im § 125 vorgesehenen Nichtigkeit gerichtlich oder notariell beurkundet werden, sofern sein Inhalt unter § 516 Abs. 1 fällt; es ist aber andererseits auch nur unter dieser Voraussetzung formbedürftig und in allen anderen Fällen formfrei.

Nun liegt, wie die Begriffsbestimmung des § 516 ergibt, eine Schenkung dann vor, wenn zwei Tatbestandserfordernisse zusammen kommen: der Empfänger muß durch die Zuwendung aus dem Vermögen des Gebers bereichert werden, und beide Teile müssen darüber einig sein, daß die Zuwendung unentgeltlich erfolgt. Während bei dem Begriffsmerkmal der Bereicherung es sich um eine Beurteilung der Zuwendung unter objektiven Gesichtspunkten handelt, kommt es im Punkte der Einigung über die Unentgeltlichkeit darauf an, welche Bedeutung die Beteiligten der Zuwendung von ihrem subjektiven Standpunkt aus beilegen wollen. An einer hinreichenden Beachtung dieser im § 516 enthaltenen Unterscheidung sowie an der

Berücksichtigung dessen, daß das Gesetz hier dem einen Tatbestandserfordernisse das andere hinzufügt, hat es der Berufungsrichter fehlen lassen. Er beschränkt sich darauf, aus der von ihm angenommenen Einseitigkeit der versprochenen Zuwendung die Folgerung herzuleiten, das Versprechen lasse sich demnach nur als bedingtes Schenkungsversprechen auffassen, während doch das Gesetz den Schenkungsbegriff keineswegs so weit ausdehnt, daß überall, wo der Leistung des einen Teils eine gewährte oder versprochene Gegenleistung des Empfängers nicht gegenübersteht, man in der Leistung eine Schenkung zu erblicken hätte. So viel ist freilich gewiß, daß, wenn der Leistungsempfänger eine Gegenleistung weder gewährt noch auch zu einer solchen sich verpflichtet hat, er objektiv eine ihn bereichernde Zuwendung empfängt, und daß in solchem Falle das erste Tatbestandserfordernis des § 516 Abs. 1 erfüllt ist. Schon in diesem Punkte läßt sich aber nicht ersehen, ob der Berufungsrichter die Klagebehauptungen so aufgefaßt hat, als hätte Kläger die Heirat mit der X. Z. dem Beklagten überhaupt nicht versprochen, oder ob er dieses Versprechen zwar für gegeben, die damit eingegangene Verpflichtung aber in Rücksicht auf ihre Unklagbarkeit und auf die Unerzwingbarkeit der Heirat für rechtlich unverbindlich gehalten und in der tatsächlich geschehenen Erfüllung der Verpflichtung eine die Bereicherung ausschließende Gegenleistung nicht erblickt hat....

Vor allem unzureichend sind indessen die Erwägungen des Berufungsrichters insoweit, als sie jedes Eingehen auf die Frage vermissen lassen, ob nach der subjektiven Seite hin die versprochene Ausstattung als eine Gegenleistung für die Heirat gelten sollte. Mag Kläger immerhin eine verbindliche Verpflichtung zur Heirat nicht eingegangen sein, keinesfalls findet dadurch die Frage nach dem zweiten Tatbestandserfordernisse des § 516 Abs. 1 ihre Erledigung. Auch dann konnten vielmehr beide Teile des Willens gewesen sein, Kläger solle, wenn er nach ihm frei bleibender Entschließung die X. Z. heiratete, dafür, daß er das tat, durch die vom Beklagten versprochene Mitgift abgegolten werden. Haben sich die Parteien in diesem Sinne miteinander verständigt, so sind sie nicht, wie § 516 Abs. 1 verlangt, über die Unentgeltlichkeit der versprochenen Mitgift einig gewesen, sondern ihre Vereinbarung hatte in solchem Falle gerade den entgegengesetzten Inhalt. Mochte alsdann bei objektiver Abwägung die vom Beklagten versprochene Zuwendung immerhin als eine Bereicherung des Klägers oder seiner künftigen Ehefrau gelten können, so fehlte es doch auf der einen Seite an dem Willen, sie freigebig zu gewähren, und auf der anderen Seite an dem Willen, sie als eine unentgeltliche Leistung anzunehmen.

Für die Tatfrage besteht freilich neben der einen Möglichkeit, daß im dargelegten Sinne die Mitgift unter der Bedingung der Heirat als eine Entschädigung für diese versprochen wurde, die andere, daß für den Fall der Heirat ein alle Tatbestandsanforderungen des § 516 Abs. 1 erfüllendes Schenkungsversprechen erteilt wurde. Wie weit im vorliegenden Falle die obwaltenden Verhältnisse der Annahme des bedingten Schenkungsversprechens entgegenstehen und auf eine Auslegung der Vereinbarungen im Sinne der Klagebegründung hinweisen würden (sofern das Ausstattungsversprechen überhaupt bewiesen wird), ist hier nicht zu erörtern. Zwei Gesichtspunkte bedürfen jedoch der Hervorhebung. Auch in Kreisen, mit deren Lebensanschauungen es nicht im Widerspruch steht, über eine Heirat und über die in solchem Falle zu gewährende Mitgift unter rein geschäftsmäßigen Gesichtspunkten des wirtschaftlichen Vorteils Verabredungen zu treffen, entspricht es nicht der Sitte, dabei von der Eingehung der Ehe und von der Mitgift als von einer Leistung und einer Gegenleistung zu reden oder sich des Ausdrucks zu bedienen, daß durch die Mitgift für die Heirat eine Abgeltung gewährt werde. Trotzdem können die Verhältnisse darauf hindeuten, daß die Beteiligten es so und nicht anders gemeint haben. Es bedarf deshalb, so oft der Sinn der beiderseitigen Erklärungen streitig und zweifelhaft ist, einer besonderen Beachtung der in den §§ 133 u. 157 B.G.B. enthaltenen Auslegungsvorschriften. Außerdem wird sich ein Anhalt für die Entscheidung, mag das auch keineswegs ein unter allen Umständen ausschlaggebendes Merkmal sein, in dem Falle gewinnen lassen, wenn festgestellt werden kann, ob der Empfänger des Mitgiftversprechens durch dieses zu der Heirat veranlaßt werden sollte, oder ob umgekehrt der Versprechende durch die bereits bestehende und festgehaltene Heiratsabsicht der künftigen Eheleute zur Erteilung des Versprechens seinerseits veranlaßt wurde.

Der Berufungsrichter hat das klägerische Parteivorbringen noch nicht unter allen diesen Gesichtspunkten erschöpfend gewürdigt und hat die §§ 516 Abs. 1, 518 Abs. 1 u. 125 B.G.B. auf einen unzulänglich festgestellten Tatbestand, mithin rechtlich fehlsam angewandt. Sein Urteil unterliegt mithin der Aufhebung, sofern nicht dem Revisionsbeklagten darin beizutreten ist, daß eine Aufrechterhaltung des Urteils trotzdem nach § 563 Z.P.O. geboten sei. Der Revisionsbeklagte macht geltend, bei der geschehenen Klagabweisung müsse es verbleiben, selbst wenn eine Gesetzesverletzung vorliege, weil der behauptete Vertrag gegen die guten Sitten verstoße, und er auch aus diesem Grunde nach § 138 B.G.B. nichtig sei. Nun ist es freilich richtig, daß, wenn ein Mann sich anheischig macht, ein von einem anderen Manne geschwängertes Frauenzimmer vor der Entbindung lediglich deshalb zu heiraten, weil ihm dafür eine Abgeltung in einem Barbetrage, sei es unmittelbar, sei es in Gestalt einer der Geschwängerten zu gewährenden Mitgift, versprochen wird, darin der Regel nach eine Verletzung des Sittlichkeitsempfindens aller Bevölkerungsklassen und nach der Anschauungsweise des deutschen Volkes in seiner Gesamtheit eine sittenwidrige Entwürdigung der Ehe zu erblicken ist. Es können daneben aber auch noch andere Beweggründe die Handlungsweise dessen, der sich auf ein derartiges Rechtsgeschäft einläßt, bestimmt haben. Bevor daher die Parteien sich nicht eingehender als bisher zu dieser Frage erklärt haben, läßt sich über die Anwendbarkeit des § 138 B.G.B. keine Entscheidung treffen. Das gilt in gleichem Maße von dem Ausstattungsversprechen, welches der Beklagte der Ehefrau des Klägers gegeben haben soll, wobei hinzukommt, daß ohne das Vorhandensein besonderer Umstände, aus denen sich die Sittenwidrigkeit herleiten ließe, die Gesetzesvorschrift des § 138 auf ein solches Versprechen der Regel nach nicht anwendbar sein würde." ...

---

68. 1. **Sind unter den „Schulen", wegen deren Nähe nach § 27 Gew.O. die höhere Verwaltungsbehörde einen ungewöhnlich geräuschvollen Gewerbebetrieb auf einem gewissen Grundstücke verhindern kann, nur öffentliche Schulen, oder auch Privatschulen zu verstehen?**

2. **Wieweit ist in einem Falle, wo eine Verwaltungsbehörde nach ihrem sachverständigen Ermessen Tatsachen festzustellen hat, diese**

Feststellung auch für das zur Entscheidung über die Rechtmäßigkeit der darauf gegründeten Anordnung berufene Gericht maßgebend?

VI. Zivilsenat. Urt. v. 11. Januar 1906 i. S. brem. Staat (Bekl.) w. M. (Kl.). Rep. VI. 570/05.

I. Landgericht Bremen.
II. Oberlandesgericht Hamburg.

Der Bremer Senat untersagte durch Beschluß vom 16. Mai 1905 dem Kläger, der auf einem gewissen Grundstück eine Schlosserwerkstatt anlegen wollte, dort diesen Gewerbebetrieb nach Maßgabe des § 27 Gew.O., weil durch denselben die Benutzung des nahe gelegenen Schulgebäudes des Schulvorstehers H. W. in erheblicher Weise beeinträchtigt werden würde. Die hiergegen gerichtete, nach Maßgabe der bremischen Verfassung erhobene Klage wurde vom Landgericht abgewiesen; dagegen erklärte auf Berufung des Klägers das Oberlandesgericht jenen Beschluß des Senats für ungültig. Das Reichsgericht hat das Berufungsurteil aufgehoben und die Berufung zurückgewiesen aus folgenden

Gründen:

... „Der bremische Senat hat den vom Berufungsgerichte für ungültig erklärten Beschluß in seiner Eigenschaft als höhere Verwaltungsbehörde auf Grund des § 27 Satzes 2 Gew.O. erlassen, wonach die Ortspolizeibehörde, der nach Satz 1 daselbst die Errichtung oder Verlegung einer gewerblichen Anlage, deren Betrieb mit ungewöhnlichem Geräusche verbunden ist, angezeigt worden ist, wenn in der Nähe der gewählten Betriebsstätte Kirchen, Schulen oder andere öffentliche Gebäude, Krankenhäuser oder Heilanstalten vorhanden sind, deren bestimmungsmäßige Benutzung durch den Gewerbebetrieb an dieser Stelle eine erhebliche Störung erleiden würde, die Entscheidung der höheren Verwaltungsbehörde darüber einzuholen hat, ob die Ausübung des Gewerbes an der gewählten Betriebsstätte zu untersagen oder nur unter Bedingungen zu gestatten sei. Der Senat hat den fraglichen Betrieb an der gewählten Stelle mit der Begründung untersagt, daß durch denselben die bestimmungsgemäße Benutzung des in der Nähe belegenen Schulgebäudes des Schulvorstehers H. W. in erheblicher Weise beeinträchtigt werden würde, und daß diese Schule, obgleich Privatschule, den Schutz des § 27 Gew.O. genieße, da sie einen Teil des staatlichen Organismus des bremischen Schulwesens bilde. Das Berufungsgericht ist dagegen der Ansicht, daß der letztere Umstand ein solches Verbot nicht statthaft mache, da der § 27 Gew.O. seinen Schutz nur öffentlichen Schulen zugedacht habe, und die W.'sche Schule eben nur eine Privatschule sei.

Hierin kann nun aber dem Oberlandesgericht nicht beigetreten werden. Es ist überhaupt eine grundlose Annahme, daß unter den „Schulen", von denen der § 27 spricht, grundsätzlich nur öffentliche Schulen, sei es in einer engeren, oder in einer weiteren Bedeutung, zu verstehen wären. Freilich ist einmal eine Entschließung des württembergischen Ministeriums des Innern in diesem Sinne ergangen (vgl. Reger, Entscheidungen der Gerichte und Verwaltungsbehörden 2c Bd. 18 S. 159), und seitdem haben alle Ausleger der Gewerbeordnung sich dieser Auffassung angeschlossen. Auch der bremische Senat selbst scheint grundsätzlich auf diesem Boden zu stehen und nur den Begriff der „öffentlichen Schulen" in einem etwas weiteren Sinne zu nehmen; jedenfalls hat dies das Landgericht ... getan, als es die Zulässigkeit des vom Senat erlassenen Verbots anerkannte. Ob von diesem Standpunkt aus sich das letztere aufrecht halten ließe, ist sehr zweifelhaft; aber hierauf kommt es eben auch nicht an. Mit Recht sagt das Oberlandesgericht, daß weder aus der Entstehungsgeschichte der fraglichen Vorschrift, noch aus der Erwägung ihres legislativen Zweckes sich durchschlagende Gründe für die eine oder die andere Auslegung ergeben, und daß daher allein die Wortfassung entscheiden kann. Auch die Bemerkung in den vorigen Entscheidungsgründen trifft zu, daß schon zur Zeit der Erlassung der Gewerbeordnung der Gegensatz zwischen öffentlichen Schulen und Privatlehranstalten allgemein geläufig, und daß ohne Zweifel auch der Gesetzgeber sich desselben bewußt gewesen sei. Wie sich aber aus diesen Sätzen die Folgerung ergeben soll, daß also unter „Schulen" in § 27 nur öffentliche Schulen zu verstehen seien, ist nicht abzusehen. Vielmehr ist gar kein Grund zu denken, weshalb der Gesetzgeber, wenn er dies gemeint hätte, nicht das Wort „öffentliche" vor „Schulen" hineingesetzt haben sollte. Die Folgerung, daß, weil an die „Schulen" sich anschließt: „und andere öffentliche Gebäude", deshalb auch vor „Schulen" das Wort „öffentliche" hinzuzudenken sei, ist nicht zwingend. Das Wort „andere“ vor „öffentliche Gebäude“ erklärt sich vielmehr vollständig aus dem Umstande, daß auch von den vorher genannten Arten von Gebäuden alle Kirchen und sehr viele Schulen öffentliche Gebäude sind. Auch erhält man auf diese Weise praktisch ein ganz befriedigendes Ergebnis. Denn die höhere Verwaltungsbehörde muß ja nicht, wenn in Ansehung irgendeiner Schule die Voraussetzungen Satzes 2 des § 27 vorliegen, den betreffenden Gewerbebetrieb entweder untersagen, oder nur unter Bedingungen gestatten; in diesem ausschließenden Sinne ist die Alternative am Schlusse des Satzes nicht gemeint; die Behörde kann nur nach ihrem Ermessen das eine oder das andere oder auch keins von beidem tun. Sie wird also, wenn es sich nur um eine unbedeutende Privatschule handelt, an der die Allgemeinheit kein Interesse hat, wahrscheinlich jedes Eingreifen unterlassen. Übrigens ist auch ohnehin nicht alles, was etwa im gewöhnlichen Leben die Bezeichnung „Schule“ erhalten mag, überhaupt unter die fragliche Bestimmung begriffen, sondern nur solche Anstalten, die dem allgemeinen Bildungsziele dienen, wie es von Staats wegen aufgestellt wird. So wird z. B. eine Kochschule von vornherein des Schutzes des § 27 entbehren, wie hier auch die Voraussetzung schwerlich eintreten kann, daß die bestimmungsmäßige Benutzung des Gebäudes durch einen benachbarten geräuschvollen Gewerbebetrieb eine erhebliche Störung erleiden würde.

Nach dem Ausgeführten muß nach Maßgabe von § 564 Abs. 1 Z.P.O. die Aufhebung des Berufungsurteils erfolgen. Der Kläger hat nun aber weiter noch in Abrede gestellt, daß hier die Voraussetzung gegeben sei, daß die bestimmungsmäßige Benutzung des W.'schen Schulgebäudes durch den von ihm beabsichtigten Gewerbebetrieb erheblich beeinträchtigt werden würde. Das Landgericht hat die Klage abgewiesen, ohne hierüber eine tatsächliche Feststellung zu treffen, indem es davon ausging, daß dieser Punkt der Nachprüfung der Gerichte nicht unterliege. Das Oberlandesgericht hat sich über diese Frage nicht geäußert, wozu es von seinem Standpunkte aus auch keine Veranlassung hatte. Nunmehr ist in dieser Beziehung der Auffassung des Landgerichts beizutreten. Freilich läßt die Wortfassung von Gesetzen, welche einer Verwaltungsbehörde unter gewissen Voraussetzungen eine Entscheidung übertragen, sehr häufig Zweifel darüber, wieweit diese Voraussetzungen objektiv gegeben sein müssen, und wieweit eigentlich nur die Voraussetzung gemeint ist, daß die Behörde die im Gesetze genannten Voraussetzungen nach ihrem Ermessen für gegeben halte. Grenzt man aber die Zuständigkeit der richterlichen Behörden einerseits, der Verwaltungsbehörden andererseits nach den ihnen im Staate grundsätzlich zugewiesenen Aufgaben ab, so muß es als richtiger erscheinen, in solchen Fällen, wo auch in Ansehung jener Voraussetzungen ein innerhalb des Geschäftsbereiches der Verwaltungsbehörde liegendes technisches Ermessen für die Entscheidung in Betracht kommt, im Zweifel das Gesetz dahin zu verstehen, daß das Ermessen dieser Behörde auch über das Vorliegen der Voraussetzungen endgültig entscheiden soll.

Vgl. Entsch. des R.G.'s in Zivils. Bd. 11 S. 227 und die dortigen Zitate.

Dies ist auch die Auffassung des preußischen Oberverwaltungsgerichts für das Gebiet des preußischen Rechts.

Vgl. Entscheidungen des Oberverwaltungsgerichts Bd. 2 S. 393 flg. 398 flg., Bd. 3 S. 291. 340, Bd. 4 S. 374, Bd. 5 S. 407, Bd. 6 S. 226. 354, Bd. 7 S. 306 flg. 392, Bd. 9 S. 403 flg., Bd. 11 S. 371.

Demnach ist hier die richterliche Nachprüfung auf jenen streitigen Punkt nicht zu erstrecken. Daher bedurfte es jetzt keiner Zurückverweisung in die vorige Instanz, sondern war sogleich nach § 565 Abs. 3 Nr. 1 Z.P.O. die Berufung des Klägers zurückzuweisen." ...

---

69. 1. Sind Eigenschaften des vom Vertragsgegner repräsentierten geschäftlichen Unternehmens Eigenschaften der Person im Sinne von § 119 Abs. 2 B.G.B.?

2. Ist anstelle der Rechte aus vertragswidriger Nichterfüllung wahlweise eine Anfechtung des Vertragsabschlusses wegen Irrtums über Eigenschaften der Person auch dann noch zuzulassen, wenn das Fehlen der vorausgesetzten Eigenschaften erst durch die mangelhafte Vertragserfüllung zutage getreten ist?

II. Zivilsenat. Urt. v. 16. Januar 1906 i. S. R. (Bekl. u. Widerkl.) w. Sch. (Kl. u. Widerbekl.). Rep. II. 487/05.

I. Landgericht Hamburg, Kammer für Handelssachen.
II. Oberlandesgericht daselbst.

Nach dem Vertrage der Parteien sollte der Beklagte dem Kläger ein Drogengeschäft in dem von dem letzteren gemieteten Laden einrichten, das heißt: ihm für 1000 M die vollständige Einrichtung des Geschäfts und für weitere 4000 M abgepackte sowie lose Drogen, Spezialitäten rc liefern. Der Kläger sollte dagegen Akzepte, fällig in 3—18 Monaten, geben und Bürgen stellen, sowie 5 Jahre lang alle Waren für sein Geschäft unter bestimmten Bedingungen von dem Beklagten beziehen. Am 20. Oktober 1904 lieferte der Beklagte, am 21. Oktober 1904 eröffnete Kläger das Drogengeschäft. Nach einem Briefwechsel vom 23. und 24. Oktober teilte der Kläger dem Beklagten am 25. Oktober 1904 mit, daß er sich nicht mehr an den Vertrag vom 21. August 1904 gebunden halte. Mit der Klage wurde beantragt, festzustellen, daß das Vertragsverhältnis zwischen den Parteien, wie es am 21. August 1904 schriftlich niedergelegt sei, nicht bestehe. Der Beklagte beantragte Abweisung der Klage, und durch Widerklage, festzustellen, daß der zwischen den Parteien am 21. August 1904 abgeschlossene Vertrag zu Recht bestehe. Auf Revision des in den Vorinstanzen unterlegenen Beklagten und Widerklägers wurde das Berufungsurteil aufgehoben, und die Sache an das Berufungsgericht zurückverwiesen aus folgenden

Gründen:

„Die Vorderrichter haben als bewiesen angenommen, daß die gelieferte Drogerie sowohl bezüglich des Inventars wie der Assortierung mit Waren durchaus unsachgemäß eingerichtet war. Der erste Richter hat aus dem Grade der Mangelhaftigkeit in der Vertragserfüllung des Beklagten auf eine schon beim Abschlusse des Vertrags begangene arglistige Täuschung geschlossen. Der Berufungsrichter tritt zwar dieser Auffassung nicht bei; er nimmt aber an, der abgeschlossene Vertrag habe in ganz besonderem Grade auf seiten des Beklagten oder, was das gleiche sei, des von ihm repräsentierten geschäftlichen Unternehmens sowohl eine gründliche Fachkenntnis der fraglichen Branche wie große Vertrauenswürdigkeit zur Voraussetzung gehabt. Diese Erfordernisse seien nach Sachlage als Eigenschaften der Person im Sinne des § 119 Abs. 2 B.G.B., die für einen Fall wie den vorliegenden im Verkehre als wesentlich angesehen werden, zu beurteilen, und folgeweise müsse dem Kläger das Recht zugebilligt werden, den Vertrag gemäß § 119 a. a. O. wegen Irrtums anzufechten, wenn er sich über die Fachkunde oder die Zuverlässigkeit des Beklagten oder des von ihm repräsentierten geschäftlichen Unternehmens getäuscht habe. Es sei aber als bewiesen zu erachten, daß wenigstens der Beklagte persönlich ohne jede Sachkunde war. Das würde in dem Falle allerdings noch nicht zur Begründung einer Irrtumsanfechtung von seiten des Klägers ausreichen, wenn nur wenigstens der Angestellte des Beklagten diesen Mangel durch seine Kenntnisse ausreichend ersetzt hätte. Die gelieferte Drogerie sei indessen so unsachgemäß eingerichtet, daß nur entweder völlige Sachunkunde, oder großer Mißbrauch des vom Kläger in den Beklagten oder dessen geschäftliches Unternehmen gesetzten Vertrauens als Ursache der mangelhaften Lieferung angesehen werden könne. Danach habe dem Beklagten oder, was auf das gleiche hinauskomme, dem von ihm repräsentierten geschäftlichen Unternehmen entweder d i e Sachkunde, oder d i e Zuverlässigkeit gefehlt, welche Kläger beim Abschlusse des vorliegenden, diese beiden Eigenschaften in besonders hohem Maße voraussetzenden Vertrags erwarten durfte. Kläger sei wegen dieses Irrtums über Eigenschaften des Vertragsgegners zur Anfechtung befugt.

Durch diese Ausführungen wird zunächst der im § 119 Abs. 2 B.G.B. aufgestellte Rechtsbegriff eines Irrtums über Eigenschaften der Person und damit die Anfechtbarkeit einer Willenserklärung wegen Irrtums in einem Umfange zugelassen, der nicht frei von rechtlichen Bedenken ist. Bei Verträgen auf höchstpersönliche Leistungen des Vertragsgegners mögen im einzelnen Falle seine persönliche Sachkunde und unter ganz besonderen Verhältnissen auch seine persönliche Vertrauenswürdigkeit Eigenschaften der Person im Sinne des § 119 Abs. 2 a. a. O. sein, und kann ein Irrtum über diese Eigenschaften wenigstens für die Zeit v o r der Vertragserfüllung eine Anfechtung des Vertragsabschlusses rechtfertigen. Gleiches mag auch noch bei anderen Vertragsverhältnissen zutreffen, wenn nach der Sachlage die Leistung von dem Vertragsgegner in Person oder doch unter seiner persönlichen verantwortlichen Leitung bewirkt werden wird, und zur mangelfreien Leistung ein gewisses Maß von Sachkunde nötig ist. Grundsätzlich anders liegen indessen die Fälle, wenn die Vertragsleistung unabhängig von den persönlichen Eigenschaften des Vertragsgegners ist, wenn es also, was bei jedem größeren Geschäftsbetriebe zutrifft, und was auch der Berufungsrichter im gegebenen Falle annimmt, in Wirklichkeit darauf ankommt, ob das von dem Vertragsgegner lediglich „repräsentierte geschäftliche Unternehmen" die vertraglichen Leistungen mit der nötigen Sachkunde und Zuverlässigkeit ausführt. Es bestehen deshalb gegen eine grundsätzliche Gleichstellung des Irrtums über persönliche Eigenschaften des Vertragsgegners und des Irrtums über die Leistungsfähigkeit des von ihm lediglich repräsentierten gewerblichen Unternehmens an sich schon erhebliche Bedenken. Einmal wird in letzterem Falle regelmäßig erst durch die Erfüllung und, wenn sie etwa mangelhaft ist, durch die darin liegende Vertragsverletzung offenbar, daß die vorausgesetzte Fachkunde und Vertrauenswürdigkeit fehlt. Bei solchen geschäftlichen Unternehmen kann ferner durch Nachfrage vor Abschluß des Vertrags weit leichter festgestellt werden, ob sie mit der nötigen Sachkunde und Vertrauenswürdigkeit arbeiten; Möglichkeit und Pflicht der Erkundigung bieten hier zureichenden Ersatz für den durch § 119 Abs. 2 a. a. O. bei Irrtum über Eigenschaften der Person gegebenen Rechtsschutz. Deshalb entspricht es weder der Verkehrsauffassung noch dem Verkehrsbedürfnisse, einen durch die mangelhafte Art der Erfüllung und die darin liegende Vertragsverletzung in Wahrheit erst erheblich gewordenen Irrtum über die Leistungsfähigkeit eines Unternehmens zur Anfechtung wegen Irrtums bei dem Vertragsschlusse zu verwenden. Das gilt insbesondere, soweit die Eigenschaft der Vertrauenswürdigkeit des geschäftlichen Unternehmens in Frage kommt.

Es ist aber auch mit der exklusiven Regelung der Folgen vertragswidriger Nichterfüllung unvereinbar, noch eine Anfechtung des Vertragsschlusses wegen Irrtums über Eigenschaften der Person oder des geschäftlichen Unternehmens zuzulassen, wenn die geschuldete Leistung ganz oder zum Teil bewirkt, und das Fehlen der vorausgesetzten Eigenschaften erst durch diese mangelhafte Vertragserfüllung zutage getreten ist. Hier greifen grundsätzlich (vgl. auch Urteil des V. Zivilsenats vom 1. Juli 1905, Entsch. Bd. 61 S. 171, das eine Konkurrenz der Anfechtung wegen Irrtums über Eigenschaften der Sache mit den Gewährleistungsansprüchen verneint), die Bestimmungen über die Folgen vertragswidriger Nichterfüllung Platz. Durch letztere ist der Gläubiger zureichend geschützt. Bei Verträgen, die auf längere Zeit abgeschlossen wurden, können die in den Urteilen des erkennenden Senats (Entsch. Bd. 54 S. 98; Bd. 57 S. 105) ausgesprochenen rechtlichen Grundsätze über die Folgen positiver Vertragsverletzungen angewendet werden. Der Berufungsrichter ist den entgegengesetzten Weg gegangen. Der Kläger hatte die überaus große Mangelhaftigkeit der ihm gemachten Leistung des Beklagten geltend gemacht, und der Berufungsrichter hat sie auch als bewiesen angenommen. Er hat indessen das Nächstliegende nicht geprüft, ob die darin liegende Vertragsverletzung nicht das Klagbegehren rechtfertige, und hat einen Irrtum über Eigenschaften des vom Beklagten repräsentierten geschäftlichen Unternehmens, der in den Instanzen überhaupt nicht Gegenstand der Verhandlung war, angenommen und daraus eine Anfechtbarkeit nach § 119 Abs. 2 a. a. O. abgeleitet. Seine Ausführungen verletzen die dargelegten Rechtsgrundsätze. Schon aus diesem Grunde muß das angefochtene Urteil aufgehoben werden. Dasselbe mit anderer rechtlicher Begründung aufrecht zu erhalten, war nach der Sachlage nicht tunlich. Die Entscheidung darüber, ob der Kläger wegen der von dem Beklagten als Vertragsverletzung zu vertretenden mangelhaften Leistung berechtigt war, das Vertragsverhältnis, wie geschehen, aufzulösen, fällt wenigstens zum Teil in das Gebiet der Tatsachenwürdigung." ...

---

70. **Bestimmen sich in dem Falle, daß eine Ehe vor dem Inkrafttreten des Bürgerlichen Gesetzbuchs geschieden worden ist, das Recht und die Pflicht der Eltern, für die Person der gemeinschaftlichen Kinder zu sorgen, nur so lange nach den zur Zeit der Scheidung geltenden Gesetzen, als die geschiedenen Ehegatten beide noch am Leben sind?**

Einf.-Ges. zum B.G.B. Art. 206.

IV. Zivilsenat. Urt. v. 18. Januar 1906 i. S. v. L. Wwe. (Bekl.) w. Schw. Ehefr. (Kl.). Rep. IV. 439/05.

I. Landgericht I München.
II. Oberlandesgericht daselbst.

Die Klägerin war in erster Ehe mit Franz v. L. in München verheiratet. Die Ehe war am 4. Juni 1887 geschlossen worden und wurde auf Klage v. L.'s durch Urteil des Landgerichts München I vom 13. Juli 1896 dem Bande nach getrennt. Aus der Ehe waren zwei Kinder vorhanden, von denen das älteste, Marion, geboren am 30. Januar 1892, bei dem Vater blieb. Am 5. Oktober 1896 ging Franz v. L. eine zweite Ehe mit der jetzigen Beklagten ein; seine von ihm geschiedene Gattin schritt ebenfalls zu einer zweiten Ehe. Unter dem 13. März 1903 errichtete Franz v. L. ein Testament, in dem er über sein Vermögen verfügte und unter II § 9 verordnete:

„Es ist mein wohlbedachter Wille, daß meine Tochter Marion jedenfalls bis zu ihrer Volljährigkeit — den Fall etwaiger früherer Verehelichung natürlich ausgenommen — der Obhut und Erziehung meiner zweiten Gattin, ... welche mütterlich für sie zu sorgen gelobt hat, unterstellt bleibt. Nach Ableben meiner Gattin bestimme ich, daß ... Marion ... zur Erziehung dem Fräulein Antonie von P. anvertraut werden.

Meinem Testamentsvollstrecker trage ich auf, in diesem Sinne im naheliegenden Interesse meines Kindes Marion die etwa nötig werdenden Anträge an das Vormundschaftsgericht zu stellen."

Am 6. Mai 1904 starb Franz v. L. Seine erste frühere Gattin verlangte nunmehr von seiner Witwe, daß ihre Tochter Marion an sie herausgegeben werde, und erhob, als dieses Verlangen abgelehnt wurde, Klage auf Herausgabe des Kindes. In erster Instanz wurde der Klage stattgegeben; die Berufung der Beklagten ward zurückgewiesen. Auf Revision der Beklagten wurde das Urteil des Berufungsgerichts aufgehoben, und die Klage abgewiesen.

Gründe:

„Die Entscheidung hängt davon ab, ob in Ansehung des Rechts und der Pflicht, für die Person der Marion L. zu sorgen, jetzt das Bürgerliche Gesetzbuch maßgebend ist. Nach den Bestimmungen des Bürgerlichen Gesetzbuchs über die rechtliche Stellung der ehelichen Kinder ist die tatsächliche Fürsorge für das Kind ein Bestandteil der elterlichen Gewalt, welche das Recht und die Pflicht, für die Person und das Vermögen des Kindes zu sorgen (§ 1627), und damit dessen Vertretung (§ 1630), das Erziehungsrecht (§ 1631), das Recht, die Herausgabe des Kindes zu verlangen (§ 1632), und die Nutznießung am Vermögen des Kindes (§ 1649) umfaßt. Die in §§ 1631. 1632 bezeichneten Rechte gehören zur Sorge für die Person des Kindes. Während der Ehe steht die elterliche Gewalt grundsätzlich dem Vater zu (§§ 1627. 1634). Stirbt der Vater, so geht die volle elterliche Gewalt auf die Mutter über (§ 1684 Abs. 1 Nr. 1). Diese und damit die Nutznießung an dem Vermögen des Kindes verliert sie, sobald sie eine neue Ehe eingeht (§ 1697 Satz 1); sie behält jedoch in diesem Falle das Recht und die Pflicht, für die Person des Kindes zu sorgen, und zwar nicht neben dem Vormund, sondern an dessen Stelle, während der Vormund in Ansehung der tatsächlichen Fürsorge nur die Stellung eines Beistandes neben ihr hat (§ 1697 Satz 2). Für den Fall der Scheidung gilt lediglich die Abweichung, daß die Sorge für die Person des Kindes nach näherer Bestimmung des § 1635 anders geregelt ist. Abgesehen davon und von der Befugnis des von der tatsächlichen Fürsorge ausgeschlossenen Gatten zum persönlichen Verkehr mit dem Kinde (§ 1636) gelten die vorstehend wiedergegebenen Grundsätze aber auch nach Scheidung der Ehe: Das Recht des Vaters zur Vertretung des Kindes bleibt unberührt (§ 1635 Abs. 2); die Nutznießung am Vermögen des Kindes behält er, auch wenn er für den schuldigen Teil erklärt ist, und nach seinem Tode steht der Mutter auch dann, wenn diese für den schuldigen Teil erklärt war, die elterliche Gewalt zu, wenn oder solange sie nicht zu einer neuen Ehe geschritten war oder schreitet, während ihr in den letzteren Fällen die tatsächliche Fürsorge für das Kind nach Maßgabe des § 1697 Satz 2 gebührt. Wären diese Bestimmungen im vorliegenden Falle maßgebend, so würde die Klage zufolge § 1697 in Verbindung mit § 1632 begründet sein.

In Frage kommt, ob andere Bestimmungen gelten, weil es sich um ein Kind handelt, das einer vor dem Inkrafttreten des Bürgerlichen Gesetzbuchs geschiedenen Ehe entstammt. Für das Rechtsverhältnis zwischen den Eltern und einem ehelichen Kinde sind seit dem Inkrafttreten des Bürgerlichen Gesetzbuchs dessen Vorschriften zufolge Art. 203 Einf.-Ges. maßgebend; für Kinder aus geschiedenen Ehen ist jedoch in Art. 206 ebendaselbst eine Sonderbestimmung getroffen. Diese bezieht sich nicht auf die Vertretung des Kindes, welche sich mithin ungeachtet der Scheidung nach dem Bürgerlichen Gesetzbuch regelt. Sie betrifft die tatsächliche Fürsorge und lautet, es

„bestimmen sich das Recht und die Pflicht der Eltern, für die Person der gemeinschaftlichen Kinder zu sorgen, nach den bisherigen Gesetzen."

Streitig ist, ob hierdurch eine Ausnahme von der Bestimmung des Art. 203 allgemein, oder nur für die Zeit, daß beide Eltern noch leben, getroffen ist.

Das Landgericht nimmt an, daß die Ausnahme nur gelten solle, solange beide Eltern am Leben seien, und das Berufungsgericht ist ihm hierin gefolgt. Für diese Ansicht läßt sich geltend machen, daß bei Zugrundelegung derselben der Art. 206 eine Vorschrift enthält, die am besten mit den Bestimmungen des Bürgerlichen Gesetzbuchs über das Rechtsverhältnis zwischen Eltern und einem ehelichen Kinde im Einklang zu stehen, daher aber dem aus dem Art. 203 ersichtlichen Willen des Gesetzgebers und dem Grundsatze zu entsprechen scheint, daß Ausnahmen von allgemeinen Vorschriften nur dann und so weit zu machen sind, als das Bedürfnis solches erfordert.

Die Bestimmung des Bürgerlichen Gesetzbuchs, daß nach dem Tode des Vaters die volle elterliche Gewalt auf die Mutter übergeht, enthält gegenüber dem bis dahin in Deutschland geltenden Recht eine Neuerung. In den Motiven zum ersten Entwurf, welcher schon dieselbe Regelung in Aussicht nahm, wird dies (Bd. 4 S. 736 zu §§ 1501. 1502 des Entwurfs) dadurch gerechtfertigt, daß grundsätzlich die volle Handlungsfähigkeit der Frau vom Entwurf anerkannt werde, und daher auf dem Gebiete des Privatrechts jede Nötigung wegfalle, den Frauen da, wo sie nach den natürlichen Verhältnissen zum Handeln berufen seien, dieses Handeln zu versagen. Die nämliche Betrachtung hat dahin geführt, im Falle der Scheidung dem schuldigen Gatten nach dem Tode des anderen die volle elterliche Gewalt zu geben, also selbst der Frau, wenn diese die Scheidung verschuldet hatte. Der Entwurf und ebenso das Bürgerliche Gesetzbuch gehen eben davon aus, daß an und für sich beide Eltern gleichberechtigt seien, und daß, wenn der eine gestorben sei, das Recht des anderen keiner Beschränkung mehr unterliege (Motive Bd. 4 S. 627 zu § 1456 des Entwurfs). Bei solcher Anschauung bedurfte es besonderer Bestimmungen über das Verhältnis der Rechte beider Eltern untereinander, und diese sind dahin getroffen, daß der Regel nach die Vertretung des Kindes, solange der Vater lebt, diesem zusteht, in Ansehung der tatsächlichen Fürsorge aber während bestehender Ehe die Meinung des Vaters vorgeht, im Falle der Scheidung auf die Schuldfrage Gewicht gelegt wird, und die für den Fall der Scheidung unter Schuldigerklärung beider Gatten bestimmten Vorschriften auch für den Fall gelten, daß eine Ehe durch Wiederverheiratung eines Gatten nach der Todeserklärung des anderen aufgelöst wird, letzterer jedoch noch am Leben ist (§§ 1634. 1635. 1637 B.G.B.; §§ 1506. 1456. 1465 des Entwurfs). Unzuträglichkeiten, die sich aus einem Mißbrauch der elterlichen Gewalt oder aus der tatsächlichen Fürsorge ergeben können, soll dadurch vorgebeugt werden, daß dem Vormundschaftsgericht die Befugnis zum Einschreiten beigelegt ist (§§ 1666. 1635 Abs. 1 Satz 2 B.G.B.; §§ 1546. 1456 Abs. 1 Satz 2 des Entwurfs). Bei Einführung des Bürgerlichen Gesetzbuchs trug man kein Bedenken, alle diese Vorschriften auf das Rechtsverhältnis zwischen den Eltern und den schon geborenen ehelichen Kindern für anwendbar zu erklären; für die Kinder aus geschiedenen Ehen wurde jedoch die Sonderbestimmung des Art. 206 Einf.-Ges. getroffen. Eine solche fand sich bereits im Entwurf des Einführungsgesetzes und lautete hier im Art. 124:

„... so sind für die Beurteilung, welchem Elternteile die Sorge für die Person der gemeinschaftlichen Kinder zusteht, die bisherigen Gesetze maßgebend; die Vorschriften des § 1456 Abs. 1 Satz 2 Abs. 2 und des § 1457 B.G.B. finden jedoch Anwendung."

Begründet wurde das (S. 294 der amtlichen Ausgabe) durch die Erwägung, daß hinsichtlich der Fürsorge für die Kinder aus den vor dem Inkrafttreten des Bürgerlichen Gesetzbuchs geschiedenen Ehen der § 1456 des Entwurfs (§ 1635 B.G.B.) nicht für maßgebend erklärt werden könne, weil ein danach erforderlicher Wechsel in der Person des zur Erziehung berechtigten Elternteils weder betreffs der Eltern noch der Kinder angemessen sei, und weil zudem die Anwendung des § 1456 oft nicht möglich sein werde, da Scheidungsurteile nach bisherigem Recht nicht stets einen Schuldausspruch enthielten. Von der zweiten Kommission wurde der Art. 124 des Entwurfs gebilligt. Eine Debatte fand nicht statt; Anträge wurden nicht gestellt (Protok. Bd. 6 S. 548), und deshalb (vgl. ebendaselbst S. 599) kam der Art. 124 bei der zweiten Beratung der Kommission überhaupt nicht mehr vor. Wohl dagegen wurde später der Wortlaut der in Art. 124 des Entwurfs vorgeschlagenen Bestimmung geändert, und dem Art. 206 Einf.-Ges. die oben bereits mitgeteilte Fassung gegeben.

Im Hinblick auf diese Gestaltung des Rechtsverhältnisses zwischen den Eltern und einem ehelichen Kinde im Bürgerlichen Gesetzbuche und auf die Entstehungsgeschichte des Art. 206 Einf.-Ges. könnte man zu der Annahme geneigt sein, daß Art. 206 die Bestimmung im § 1635 Abs. 1 Satz 1 B.G.B. lediglich für den Fall, daß beide Gatten noch leben, ersetzen solle. Diese Annahme wird von beiden Instanzgerichten geteilt, und von ihr aus mußten dieselben zu dem Schlusse gelangen, daß der Art. 206 das Erziehungsrecht nur für die Zeit, daß beide Eltern leben, bestimmen solle. Zugestimmt werden kann ihnen hierin jedoch nicht.

Zunächst ist es keineswegs zweifelsfrei, ob bei der Erlassung des Gesetzes wirklich die Absicht bestanden hat, durch die in Rede stehende Ausnahme von dem in Art. 203 Einf.-Ges. ausgesprochenen Grundsatz einen Ersatz für die Bestimmung im § 1635 Abs. 1 Satz 1 B.G.B. nur mit der Beschränkung auf den in dieser bezeichneten Fall zu treffen. Die Möglichkeit muß freilich zugegeben werden; dagegen fehlt jeder Anhalt dafür, daß jene Absicht, wenn sie bestanden haben sollte, auch noch gehegt worden ist, als die jetzige Fassung des Art. 206 Einf.-Ges. gewählt wurde. Es kommt indes hierauf nicht an; denn jedes Gesetz muß aus sich selbst ausgelegt werden, und Erwägungen, die etwa bei den Vorarbeiten leitend gewesen sind, dürfen nicht maßgebend sein, wenn sie im Gesetze keinen Ausdruck gefunden haben. Zur Frage steht daher, ob der Art. 206 Einf.-Ges. so zu verstehen ist, wie es von den Instanzgerichten geschieht, und diese Frage muß verneint werden. Nach dem Wortlaute des Art. 124 des Entwurfs war ihre Auslegung vielleicht möglich; gegenüber dem Wortlaute des Art. 206 Einf.-Ges., dessen Fassung noch dazu auf einer Textänderung beruht, ist sie nicht statthaft; denn von einer Beschränkung enthält das Gesetz nichts. Es wird allerdings am Schluß des Art. 206 gesagt:

„Die Vorschriften des § 1635 Abs. 1 Satz 2, Abs. 2 und des § 1636 B.G.B. finden jedoch Anwendung";

es werden mithin Vorschriften für anwendbar erklärt, die im Zusammenhang mit § 1635 Abs. 1 Satz 1 B.G.B. allerdings nur für den Fall, daß beide Eltern leben, bestimmt sind. Allein hieraus darf nicht gefolgert werden, daß auch der Art. 206 Einf.-Ges. nur für jenen Fall Geltung habe; denn wenn der Art. 206 die Tragweite hat, daß er das Erziehungsrecht geschiedener Gatten dauernd regelt, so passen die Vorschriften des § 1635 Abs. 1 Satz 2, Abs. 2 § 1636 B.G.B. auch auf den Fall, daß nur einer der Eltern lebt; sie mußten mithin, wenn nicht das Gesetz eine Lücke haben sollte, unter allen Umständen getroffen werden, und aus ihrer Aufnahme ist nichts zu schließen. Im übrigen steht der Wortlaut des Art. 206 der Auslegung der Instanzgerichte nicht nur nicht zur Seite, sondern entgegen. Hätte man sie wirklich gewollt, so wäre es naheliegend und geboten gewesen, eine Fassung zu wählen, die mit § 1635 B.G.B. im Einklang gestanden hätte (vgl. Zitelmann im „Recht" 1905 S. 152). Tatsächlich gewählt ist dagegen eine Fassung, die dem Art. 203 Einf.-Ges. entspricht. Der Art. 203 aber gilt schlechthin, nämlich auch für den Fall, daß zwar bei Inkrafttreten des Bürgerlichen Gesetzbuchs beide Eltern lebten, später jedoch einer von ihnen stirbt, und auch für den Fall, daß zu jenem Zeitpunkt nur noch einer der Eltern am Leben war. Und da der Art. 206 die gleiche Fassung hat, so folgt daraus, daß nach dem Wortlaut seine Bestimmung gelten muß: wenn beide Eltern bei Inkrafttreten des Bürgerlichen Gesetzbuchs lebten, für jeden bis zu dessen Tod; wenn damals nur einer von ihnen am Leben war, für diesen. Statt dessen würde, wenn den Instanzgerichten zu folgen wäre, der Art. 206 Einf.-Ges. zwar Platz greifen, wenn beide früheren Gatten bei Inkrafttreten des Bürgerlichen Gesetzbuchs lebten, dagegen nicht mehr, sobald einer von ihnen stirbt, und er würde, anders als Art. 203, gar nicht zur Anwendung gelangen, wenn zu jenem Zeitpunkt schon einer der Gatten gestorben war. Eine solche Auslegung würde die Annahme erfordern, daß der Ausdruck im Art. 206 unrichtig gewählt worden sei, und dazu ist ein Anlaß nicht vorhanden. Der Wortlaut des Art. 206 Einf.-Ges. führt demnach dahin, daß derselbe freilich eine Ersatzbestimmung sowohl für § 1635 Abs. 1 Satz 1 als für § 1637 B.G.B. enthält, aber eine Bestimmung, deren Anwendung nicht an die Voraussetzung gebunden ist, daß beide Ehegatten noch leben. Hierzu kommt, daß solche Auslegung auch dem Zweck, der nach den Motiven zu Art. 124 des Entwurfs mit der Bestimmung des Art. 206 Einf.-Ges. verfolgt wird, weit besser dienen kann. Die Ausnahme ist getroffen, weil eine Änderung in der nach früherem Recht erfolgten Regelung des Erziehungsrechts vermieden werden soll. Eine derartige Schonung bestehender Verhältnisse war aber nicht bloß für den Fall geboten, daß bei dem Inkrafttreten des Bürgerlichen Gesetzbuchs noch beide Eltern am Leben seien, sondern ebensowohl für den Fall, daß einer von ihnen schon gestorben sein würde. Denn wenn derjenige starb, dem das Erziehungsrecht zustand, und wenn er Bestimmungen traf, die bei fortdauernder Geltung des früheren Rechts in ihrem Bestande gesichert waren, so konnte es, was gerade, wie die Motive hervorheben, vermieden werden sollte, ein rücksichtsloser und verletzender Eingriff in bestehende Verhältnisse sein, wenn der andere, bisher von der Erziehung ausgeschlossene Elternteil die Erziehungsgewalt in Abweichung von dem bisherigen Recht erhielt. Die nämliche Erwägung führt dazu, daß es dem Zwecke der in Rede stehenden Ausnahmebestimmung mehr entspricht, wenn man in dem Fall, daß beide Ehegatten bei dem Inkrafttreten des Bürgerlichen Gesetzbuchs noch leben, diese nicht mit dem Tode des Erziehungsberechtigten erlöschen läßt.

Hiernach hat sich in dem Recht und der Pflicht der Klägerin, für die Person ihres ältesten Kindes zu sorgen, mit dem Tode ihres früheren Gatten nichts geändert; es ist vielmehr das alte Recht maßgebend geblieben.

Dieses Recht ist im vorliegenden Falle das bayerische Landrecht und das in seinem Bereich subsidiär gültig gewesene gemeine Recht. Das bayerische Landrecht enthält Bestimmungen über Erziehung der Kinder nach Scheidung der Ehe nicht, da es die Scheidung einer beerbten Ehe vom Bande überhaupt nicht kennt (Tl. I Kap. 6 § 41). Nach gemeinem Recht blieb im Falle der Scheidung das Erziehungsrecht des Vaters (l. 1 § 3. l. 3 § 5 Dig. de lib. exhib. 43, 30) an sich unberührt, wenn die Scheidung nicht von ihm verschuldet wurde; anderenfalls hatte die Mutter Anspruch auf das Erziehungsrecht, das sie aber durch Eingehung einer neuen Ehe verlor; doch konnte im Interesse der Kinder eine abweichende Anordnung getroffen werden (Nov. 117 cap. 7. l. un. Cod. div. facto 5, 24). Führte der Vater die Erziehung, und waren bei seinem Tode noch unmündige Kinder vorhanden, so war für diese nach den nunmehr eingreifenden Bestimmungen des bayerischen Landrechts ein Vormund zu bestellen, und der letztere hatte vor allem für die Erziehung zu sorgen. Zum Vormund konnte die Mutter bestellt werden, jedoch nur, wenn sie nicht wieder verheiratet war. Der Vormund sollte sich bei der Erziehung zuvörderst nach den Anweisungen, die etwa der Vater hinterlassen hatte, richten und in Ermangelung solcher Anweisungen die Erziehung der Mutter überlassen. Schritt diese zu einer anderen Ehe, so konnte ihr gleichwohl die Erziehung vom Vormundschaftsgericht anvertraut werden (Bayerisches Landrecht Tl. I Kap. 7 § 2 Nr. 1. 2, § 11 Nr. 1, § 3 Nr. 3, Kap. 6 § 47 Nr. 4, Kap. 7 § 11 Nr. 2. 3). Ein Klagerecht auf Herausgabe des Kindes hatte die Mutter, die nicht zum Vormunde bestellt war, wenn überhaupt, jedenfalls nur dann, wenn der Vormund einverstanden war, und das Vormundschaftsgericht ihr das Erziehungsrecht übertrug (vgl. Urteil des O.A.G. München vom 31. Januar 1871, Blätter für Rechtsanw. Bd. 36 S. 255). Alles dies würde mithin im vorliegenden Fall zu gelten haben, nur mit der Abweichung, daß es zufolge § 1783 B.G.B. jetzt gesetzlich an und für sich zulässig ist, die Mutter, die eine neue Ehe eingegangen ist, zum Vormund zu bestellen.

Vorstehende Erwägungen führen zu folgendem Ergebnis. Nach dem Tode ihres früheren Gatten würde Klägerin die elterliche Gewalt, jedoch nicht das Erziehungsrecht bekommen haben, wenn sie nicht eine neue Ehe eingegangen wäre. Da sie sich zum zweiten Male verheiratet hat, so hat sie zufolge § 1697 Abs. 1 B.G.B. die elterliche Gewalt, auch soweit diese die Vertretung des Kindes und die Nutznießung an seinem Vermögen betrifft, nicht erlangt. Für das Kind mußte vielmehr gemäß § 1773 B.G.B. ein Vormund bestellt werden. Die Erziehungsgewalt hätte Klägerin nicht erhalten, und hat sie nicht erhalten, weil in dieser Beziehung zufolge Art. 206 Einf.-Ges. zum B.G.B. das bisherige Recht maßgebend geblieben ist. Zum Vormund ist sie nicht bestellt. Danach erweist sich die Klage, deren Zulässigkeit allerdings nicht zu beanstanden ist, als unbegründet." . . .

---

71. Welche Gesichtspunkte sind im Falle des § 1578 Abs. 1 B.G.B. zur Beantwortung der Frage, ob Erwerb durch Arbeit der Frau üblich sei, maßgebend?

IV. Zivilsenat. Urt. v. 18. Januar 1906 i. S. H. (Bekl.) w. H. gesch. Ehefr. (Kl.). Rep. IV. 350/05.

I. Landgericht Nordhausen.
II. Oberlandesgericht Naumburg a. S.

Die Parteien waren früher miteinander verheiratet. Durch Urteil des Oberlandesgerichts vom 7. Juli 1903 wurde ihre Ehe geschieden, und der Beklagte allein für schuldig erklärt. Im Rechtsstreite begehrte die Klägerin vom Beklagten die Gewährung standesmäßigen Unterhalts durch Entrichtung einer Geldrente im Jahresbetrage von 600 *M*. Während der Ehe betrieb der Beklagte in einer Provinzialstadt ein Wein- und Destillationsgeschäft; er war auch Inhaber eines Restaurants mit Weinstube. Bei derartigen Geschäften war es nach Auskunft der örtlichen Polizeibehörde üblich, daß die Frau des Inhabers im Geschäfte Hilfe leiste. Unstreitig hatte die Klägerin niemals im Geschäft ihres Mannes Hilfe geleistet. Vom Landgericht wurde der Klägerin nur der Betrag von 300 *M*, vom Oberlandesgericht aber auf ihre Berufung der volle Betrag von 600 *M* jährlich zugesprochen. Beide Vorinstanzen stellten fest, daß die Klägerin kein Vermögen besitze und zu ihrem standesmäßigen Unterhalt jährlich 600 *M* brauche. Dagegen beantworteten die Vorinstanzen die Frage, ob nach den Verhältnissen, in denen die Ehegatten gelebt hatten, Erwerb durch Arbeit der Frau üblich sei, verschieden. Das Landgericht bejahte, das Oberlandesgericht verneinte sie. Während das Landgericht annahm, die Klägerin könne sich durch eigene Tätigkeit die Hälfte des standesmäßigen Lebensunterhalts erwerben und müsse daher mit der Hälfte des geforderten Betrags abgewiesen werden, erachtete das Oberlandesgericht die Klägerin für nicht verpflichtet, Erwerb durch Arbeit zu suchen, vielmehr den Beklagten für verpflichtet, ihr den vollen standesmäßigen Unterhalt mit 600 *M* jährlich zu gewähren. Die Revision wurde für begründet erachtet.

Aus den Gründen:

... „Sowohl das Berufungsgericht als auch die Revision verkennen die rechtliche Bedeutung des § 1578 Abs. 1 B.G.B. Nach dieser Vorschrift hat der allein für schuldig erklärte Mann der geschiedenen Frau den standesmäßigen Unterhalt insoweit zu gewähren, als sie ihn nicht aus den Einkünften ihres Vermögens und, sofern nach den Verhältnissen, in denen die Ehegatten gelebt haben, Erwerb durch Arbeit der Frau üblich ist, aus dem Ertrag ihrer Arbeit bestreiten kann. Es fragt sich, was das Gesetz hier unter „Üblichkeit des Erwerbes durch Arbeit der Frau" versteht.

Der erste Entwurf des Bürgerlichen Gesetzbuchs (§ 1454) wollte dem nicht für den schuldigen Teil erklärten Ehegatten — gleichviel ob Mann, oder Frau — nur wenn und solange er wegen Vermögenslosigkeit und Erwerbsunfähigkeit sich selbst zu unterhalten außerstande wäre, einen Unterhaltsanspruch gegen den allein schuldigen Teil gewähren. Er hatte hiernach sowohl die Unterhaltsbedürftigkeit des Mannes als auch die der Frau von dem Zusammentreffen der beiden Voraussetzungen: Vermögenslosigkeit und Erwerbsunfähigkeit, abhängig gemacht. Diese gleichmäßige Behandlung von Mann und Frau wurde bei der zweiten Lesung des Entwurfs zugunsten der Frau beanstandet. Während der Ehe müsse, erwog man, der Mann die Frau, unabhängig davon, ob sie bedürftig sei, oder nicht, unterhalten. Dies müsse auch für die Zeit nach der Auflösung der Ehe durch Scheidung gelten. Da aber infolge der Scheidung, erwog man weiter, die Frau ihr Vermögen zurückbekomme, auch dem Manne persönliche Dienste nicht mehr leiste, so sei der Mann nur dann zum Unterhalte der Frau zu verpflichten, wenn sie aus ihren Einkünften oder, sofern sie nach ihrem Stande durch Arbeit sich Verdienst verschaffen könne, aus dem Ertrage der Arbeit sich zu unterhalten außerstande sei (Protokolle der 2. Lesung von Achilles, Gebhard, Spahn, Bd. 4 S. 521). Dementsprechend wurde im § 1472 des zweiten Entwurfs bestimmt, der allein für schuldig erklärte Mann habe der geschiedenen Frau den standesmäßigen Unterhalt insoweit zu gewähren, als sie ihn nicht aus den Einkünften ihres Vermögens und, sofern bei Ehefrauen ihres Standes Erwerb durch eigene Arbeit üblich sei, aus dem Ertrag ihrer Arbeit bestreiten könne. Der letzte mit „und" beginnende Satzteil erhielt jedoch in der für den Bundesrat bestimmten Vorlage (§ 1561) wiederum eine andere Fassung, und zwar dahin: und, sofern nach den Verhältnissen, in denen die Ehegatten gelebt haben, Erwerb durch Arbeit der Frau üblich ist, aus dem Ertrag ihrer Arbeit bestreiten kann. Durch diese veränderte

Fassung wurde klargelegt, daß für die Beurteilung der Frage, ob Erwerb durch Arbeit der Frau üblich sei, nicht lediglich der Stand der Frau, sondern die Verhältnisse, in denen die Ehegatten gelebt haben, zur Richtschnur dienen sollten. In der Fassung der Bundesratsvorlage ist die Vorschrift Gesetz geworden (§ 1578 Abs. 1 B.G.B.).

Eine ähnliche Wandlung erfuhr der § 1375 Abs. 2 des ersten Entwurfs. Er bestimmte, zu häuslichen Arbeiten und zur Hilfeleistung im Geschäfte des Ehemannes (nämlich während der Ehe) sei die Ehefrau insoweit verpflichtet, als solche Verrichtungen nach dem Stande des Ehemannes für die Ehefrau üblich seien. Der Hauptberuf der Ehefrau, heißt es in der Begründung Bd. 4 S. 107, beziehe sich auf das Innere des Hauses und werde in den wohlhabenden Klassen der Bevölkerung sich regelmäßig darauf beschränken. Soweit aber die Hilfeleistung der Ehefrau im Geschäfte des Ehemannes nach dem Stande des letzteren für die Ehefrau üblich sei, dürfe sie sich auch solchen Verrichtungen, dem Verlangen des Mannes gegenüber, nicht entziehen. In der Bundesratsvorlage wurde jedoch die ursprüngliche Fassung dahin geändert: „Zu Arbeiten im Hauswesen und im Geschäfte des Mannes ist die Frau verpflichtet, soweit eine solche Tätigkeit nach den Verhältnissen, in denen die Ehegatten leben, üblich ist“ (§ 1341 Abs. 2). Durch diese Veränderung wurde wiederum klargestellt, daß nicht lediglich der Stand des Mannes, sondern die Verhältnisse, in denen die Ehegatten leben, für die Beurteilung der Frage, ob die Frau zu der in Rede stehenden Tätigkeit verpflichtet sei, maßgebend sein sollen. In der Fassung der Bundesratsvorlage ist die Vorschrift Gesetz geworden (§ 1356 Abs. 2 B.G.B.).

Wie die der Reichstagsvorlage beigegebene Denkschrift (Heymann's Verlag S. 318) ausführt, liegt der Unterhaltspflicht des schuldigen Ehegatten der Gedanke zugrunde, dem unschuldigen Ehegatten nur einen auf den Fall des Bedürfnisses beschränkten Unterhaltsanspruch zu gewähren. Eine vermögensrechtliche Abfindung des unschuldigen Ehegatten wegen alles dessen, was ihm infolge der Scheidung entgehe, widerstreite dem Wesen der Ehe. Dagegen sei es eine Forderung der Billigkeit, daß der unschuldige Ehegatte den ihm gegen den anderen Ehegatten während der Ehe zustehenden Anspruch auf Gewährung des Unterhalts mit den aus der veränderten Sachlage sich ergebenden Abweichungen auch nach Auflösung der Ehe bis zu seiner etwaigen Wiederverheiratung behalte.

Aus dieser Entstehungsgeschichte des § 1578 Abs. 1 B.G.B. ergibt sich, daß das Gesetz die Auflösung der Ehe und die Schuldigerklärung des einen Teils nicht zu einer Quelle der Bereicherung für den anderen Teil hat machen wollen, sondern lediglich aus billiger Rücksichtnahme auf die Verhältnisse, in denen die Ehegatten früher gelebt haben, und die infolge der Scheidung veränderte Sachlage den Unterhalt des unschuldigen Teils hat regeln wollen. Der Unterhaltsanspruch des geschiedenen Ehegatten stellt sich gewissermaßen als eine aus Billigkeitsrücksichten anerkannte Nachwirkung der Ehe dar.

Nach § 1578 Abs. 1 B.G.B. soll sich der Unterhalt der geschiedenen Frau um den Betrag der Einkünfte aus ihrem Vermögen und um den Ertrag ihrer Arbeit mindern, letzteres jedoch nur, sofern nach den Verhältnissen, in denen die Ehegatten gelebt haben, Erwerb durch Arbeit der Frau üblich ist. Bei Beurteilung der Üblichkeit kommen die gesamten Verhältnisse der Ehegatten, soweit sie überhaupt geeignet sind, das Leben der Ehegatten nach der wirtschaftlichen oder gesellschaftlichen Seite hin zu beeinflussen, in Betracht. Es darf nicht lediglich auf den Stand der Frau oder den Stand des Mannes Rücksicht genommen werden, sondern es müssen auch ihr Vermögen, Erwerb, Beruf, Amt und ähnliche das Erwerbsleben und die gesellschaftliche Stellung der Eheleute berührende Umstände berücksichtigt werden. Nach Maßgabe aller dieser Verhältnisse ist die Frage zu entscheiden, ob Erwerb durch Arbeit der Frau als üblich anzusehen sei. Die Frau erwirbt aber durch Arbeit nicht nur, wenn sie dritten Personen gegen Entgelt Arbeiten leistet, sondern auch, was das Berufungsgericht verkennt, wenn sie für ihren Mann arbeitet. Auch die dem Manne geleisteten persönlichen Dienste können die Eigenschaften erwerbender Tätigkeit besitzen, und es ist dabei ohne Belang, ob der durch die Arbeit der Frau erzielte Gewinn ihr verbleibt, oder dem Manne zufließt. Die oben dargelegte Entstehungsgeschichte des § 1578 Abs. 1 B.G.B. läßt übrigens auch erkennen, daß die von der Frau während der Ehe dem Manne geleisteten persönlichen Dienste keineswegs außer Anschlag bleiben sollten. Es beruht daher auf rechtsirrtümlicher Auslegung des § 1578 Abs. 1 B.G.B., wenn das Berufungsgericht meint, daß Arbeiten der Frau im Hauswesen und im Geschäfte des Mannes (§ 1356 Abs. 2 B.G.B.) niemals unter den Begriff „Erwerb durch Arbeit der Frau" im Sinne des § 1578 Abs. 1 fallen könnten.

Andererseits verfällt die Revision in den entgegengesetzten Fehler, indem sie die Üblichkeit des Erwerbs durch Arbeit der Frau im Falle des § 1578 Abs. 1 stets schon dann als nachgewiesen erachtet wissen will, wenn die Üblichkeit der in § 1356 Abs. 2 bezeichneten Tätigkeit der Frau (Arbeiten im Hauswesen und im Geschäfte des Mannes) feststeht. Die Revision übersieht hierbei, daß sich infolge der Scheidung die Lage der Frau völlig ändert. Durch die Scheidung wird ihr der Boden entzogen, auf dem sie ihre Tätigkeit als Ehefrau entfalten konnte. Es gibt Arbeiten der Frau, die nach den Verhältnissen, in denen die Ehegatten leben, auf dem Boden der ehelichen Lebensgemeinschaft üblich sind, deren Üblichkeit aber, wenn man sich diesen Boden als weggefallen denkt, selbst bei Zugrundelegung gleicher Verhältnisse zweifelhaft erscheinen muß. So kann es nach den Lebensverhältnissen der Ehegatten üblich sein, daß die Frau während der Ehe häusliche Dienste verrichtet, z. B. die Mahlzeiten bereitet, Stuben aufräumt, für die Familie Schneiderarbeit verrichtet oder in des Mannes Laden Kunden bedient; trotzdem zwingt solcher Nachweis nicht, die Üblichkeit des Erwerbs durch Arbeit der Frau als Köchin, Aufwartefrau, Schneiderin oder Ladendienerin anzunehmen, selbst wenn feststände, daß die Frau durch jene Arbeiten dem Manne bedeutende Ausgaben erspart hätte. Es kann unter Umständen unbillig erscheinen, wenn der Frau zugemutet wird, aus derjenigen Tätigkeit, die sie während der Ehe zum Besten der Familie aufgewendet hat, nach Auflösung der Ehe eine Erwerbsquelle zu machen. Insoweit beachtet der Berufungsrichter daher mit Recht den Unterschied, der zwischen einer Beihilfe im Hauswesen sowie im Geschäfte des Mannes und einer Tätigkeit gleicher Art im Hauswesen oder Geschäfte eines anderen besteht. Entsprach es den Verhältnissen während der Ehe nicht, daß die Frau in fremden Häusern und in fremden Geschäften Dienste leistete, so darf auch nach der Scheidung ihr regelmäßig das nicht zugemutet werden. Zu einer Kürzung der Unterhaltsrente um 300 ℳ kann der Berufungsrichter nur gelangen, wenn sich ein Anhalt für die Feststellung darbietet, daß die Klägerin eine den früheren Verhältnissen angemessene Erwerbsgelegenheit finden und dadurch jährlich 300 *M* aufbringen kann.

Ob eine Frau erwerbende Tätigkeit während der Ehe tatsächlich ausgeübt hat, oder nicht, ist für die Frage der Üblichkeit nicht ausschlaggebend. Ist solche Tätigkeit als üblich anzusehen, so muß sich die geschiedene Frau das, was sie durch Arbeit erwerben könnte, wenn sie arbeitete, auf den Unterhalt anrechnen lassen, selbst wenn sie während der Ehe keine erwerbende Tätigkeit ausgeübt hat. Umgekehrt kann einer Frau nicht zugemutet werden, nach der Scheidung erwerbende Tätigkeit auszuüben und sich den Ertrag ihrer Arbeit auf den Unterhalt anzurechnen, wenn sie solche Tätigkeit zwar während der Ehe ausgeübt hat, die Frage der Üblichkeit aber zu verneinen ist. Arbeitet sie dennoch, so bleibt der Ertrag von der Anrechnung auf den Unterhalt ausgeschlossen." ...

---

72. Was gehört zum arglistigen Verschweigen des Fehlens einer zugesicherten Eigenschaft?

B.G.B. § 477 Abs. 1.
H.G.B. § 377 Abs. 5.

II. Zivilsenat. Urt. v. 19. Januar 1906 i. S. E. (Bekl.) w. W. (Kl.). Rep. II. 239/05.

I. Landgericht Bremen.
II. Oberlandesgericht Hamburg.

Aus den Gründen:

„Die nach dem vorgelegten Preisverzeichnisse bestellten Radiatoren von 0,78 m Länge hatten nur eine Heizfläche von 0,39 m, nicht die im Preisverzeichnisse angegebene Heizfläche von 0,51 m. Die Beklagte bestreitet nicht, daß die in dem Preisverzeichnisse angegebenen Flächenmaße der Radiatoren nicht das wirkliche Flächenmaß darstellen, und daß ihr dies bei dem Vertragsabschlusse und bei Lieferung der Ware bekannt war. Sie macht indessen gegen den Angriff eines arglistigen Verschweigens geltend, es handle sich hier um amerikanische Fabrikate; die Amerikaner berechneten aber zunächst die Heizkraft und gäben danach die Heizfläche an; deshalb bezeichne das im Preisverzeichnisse angegebene Flächenmaß das Flächenmaß deutscher Radiatoren, deren Heizkraft der Heizkraft der dort angegebenen amerikanischen mit allerdings in Wirklichkeit kleinerer Heizfläche entspreche. Sie habe diese nach dem äußeren Anschein unwahren Angaben für allgemein üblich und für allgemein verständlich gehalten.

Die Instanzgerichte nehmen übereinstimmend zugunsten der Beklagten und Revisionsklägerin an, daß der mit der Klage begehrte Schadensersatz wegen Nichterfüllung der zugesagten Eigenschaft (§ 480 Abs. 2 B.G.B.) nach § 477 B.G.B. an sich verjährt wäre, da die Ablieferung spätestens am 30. November 1902 erfolgt war, und die Klage erst im September 1903 erhoben wurde, es sei denn, daß die Beklagte das Fehlen der Eigenschaft arglistig verschwiegen hätte. Denn im letzteren Falle käme die kurze Verjährung des § 477 a. a. O. nicht in Frage, und wäre auch nach dem Schlußabsatze des § 377 H.G.B. das Präjudiz der Genehmigung aus § 377 Abs. 2 ausgeschlossen. Der Berufungsrichter nimmt indessen als bewiesen an, daß die Beklagte das Fehlen jener zugesicherten Eigenschaft arglistig verschwiegen habe, und macht die Entscheidung von dem Eide über die Kenntnis des Klägers von dem Mangel bei Annahme der Ware abhängig. Er führt aus:

„Nimmt man zugunsten der Beklagten an, daß sie die von ihr gegebene Erklärung der Angaben in dem Preisverzeichnisse für allgemein üblich und allgemein verständlich gehalten habe, so mußte die Beklagte sich jedenfalls sagen, daß die alsdann angewandte Art der Bezeichnung eine höchst wunderliche sei. Sie mußte sich sagen, daß ... ihre Prospekte in vielerlei Hände kommen und von Personen verschiedenster Berufsstellung und verschiedenster Kenntnisse zur Grundlage von Aufträgen gemacht würden. Sie konnte keinesfalls damit rechnen, daß der von ihr behauptete Sprachgebrauch einem jeden bekannt wäre, der den Prospekt im gewöhnlichen Lauf der Dinge benutzen würde. Treu und Glauben erforderten daher, daß die Beklagte in ihre Prospekte einen Hinweis aufnahm oder ihre Käufer darüber unterrichtete, daß das angegebene Maß der Heizflächen nicht das wirkliche Maß sei ... Unterließ die Beklagte diese Klarstellung, so handelte sie im Sinne des Gesetzes arglistig."

Die Revisionsklägerin rügt, der rechtliche Begriff des arglistigen Verschweigens sei verletzt. Diesem Angriffe konnte im Hinblick auf die Fassung der Urteilsgründe der Erfolg nicht versagt werden. Der erkennende Senat hat (Entsch. Bd. 55 S. 214) ausgesprochen, das Bürgerliche Gesetzbuch verstehe unter arglistigem Verschweigen ein Verschweigen in der Absicht, den Vertragsgegner zu täuschen. Danach ist zur Annahme eines arglistigen Verschweigens zwar nicht verlangt, daß eine Täuschung des Vertragsgegners bezweckt war. Wohl aber ist neben dem Erfordernisse, daß der Verkäufer das Fehlen der Eigenschaft kannte oder doch mit der Möglichkeit rechnete, die Ware habe die erwähnte Eigenschaft nicht, weiter nötig, daß der Verkäufer wußte, dem Käufer sei der Mangel unbekannt oder könne ihm doch unbekannt sein, und der Käufer würde, wenn ihm die dem Verkäufer bekannte Sachlage gleichfalls bekannt wäre, den Vertrag nicht, wie geschehen, abschließen, oder die angebotene Ware nicht als Vertragserfüllung annehmen. Nach alledem reicht zur Annahme eines arglistigen Verschweigens des Fehlens einer Eigenschaft nicht ein bloß fahrlässiger oder auch grob fahrlässiger Verstoß gegen Treu und Glauben zu, der etwa zur Rechtfertigung einer gemeinrechtlichen exceptio doli geeignet gewesen wäre. Als mindestes ist nötig, daß der Verkäufer, der das Fehlen der Eigenschaft kannte oder doch mit deren Fehlen rechnete, wußte oder doch mit der Möglichkeit rechnete, dem Käufer sei jenes Fehlen nicht bekannt, und sich bewußt war, der Käufer würde bei Kenntnis der dem Verkäufer bekannten Sachlage den Vertrag nicht schließen oder die angebotene Ware nicht als Erfüllung annehmen. Dieses notwendige Erfordernis, daß im gegebenen Falle die Beklagte wußte oder doch mit der Möglichkeit rechnete, der Kläger verstehe jene Angaben in dem Preisverzeichnisse nach ihrem Wortlaute, und nicht in dem von ihr vertretenen, sicher weit hergeholten Sinne, ist in den Gründen des Berufungsurteils nicht zureichend festgestellt. Die Ausführungen: „die Beklagte mußte sich sagen, daß die gewählte Art der Bezeichnung höchst verwunderlich sei", „sie mußte sich sagen, daß ihre Prospekte von Personen verschiedenster Berufsstellung und verschiedenster Kenntnisse zur Grundlage von Aufträgen gemacht würden", „sie konnte keinesfalls damit rechnen, daß der von ihr behauptete Sprachgebrauch einem jeden bekannt wäre", ... enthalten nicht die notwendige positive

Feststellung, daß die Beklagte wußte oder doch mit der Möglichkeit rechnete, der Kläger verstehe jene Angaben nicht in dem von ihr vertretenen Sinne. Auch die weiteren Urteilsgründe reichen nicht zu, diesen Mangel zu beseitigen.

Danach war das angefochtene Urteil aufzuheben, und die Sache die noch weiterer Erörterung in tatsächlicher Beziehung bedarf, an das Berufungsgericht zurückzuverweisen." ...

---

73. Steht § 73 des Genossenschaftsgesetzes der Einklagung rückständiger Einzahlungen auf den Geschäftsanteil gegen ausgeschiedene Genossen entgegen? Inwieweit können Geldleistungen, außer den Einzahlungen auf den Geschäftsanteil, den Genossen auferlegt werden? Beitrittsgeld? Milchabgabe? Kann der Genosse zur Übernahme mehrerer Geschäftsanteile verpflichtet werden? Erhöhung des Geschäftsanteils.

I. Zivilsenat. Urt. v. 20. Januar 1906 i. S. Z. (Bekl.) w. Zentrale für Milchverwertung, eingetr. Gen. m. b. H. (Kl.). Rep. I. 342/05.

I. Landgericht I Berlin.
II. Kammergericht daselbst.

Die Klägerin war eine eingetragene Genossenschaft m. b. H. mit dem Sitz in Berlin, die sich „zur Förderung der Wirtschaft und des Erwerbes" ihrer Mitglieder gebildet hatte. Als Gegenstand des Unternehmens bezeichnete das Statut den gemeinsamen Verkauf von Milch und Milchprodukten. Unstreitig war der Zweck der Genossenschaft, die Milchpreise für Berlin in angemessener Höhe zu erhalten. Im wesentlichen verkaufte sie nicht selbst die Milch ihrer Mitglieder, sondern stellte nur den Preis fest, unter welchem kein Genossenschafter seine Milch „verpachten" durfte. Dagegen übernahm sie die Verwertung derjenigen Milch, welche die Genossenschafter zu diesem Preise nicht selbst hatten verpachten können.

Der Beklagte war der Genossenschaft am 20. Juli 1901 beigetreten und zum 30. September 1903 wieder ausgeschieden. Zur

Zeit seines Beitritts galt das Statut in seiner ursprünglichen Fassung. Danach war die „Haftpflicht für alle Genossen auf den Höchstbetrag von 10 ℳ für einen Anteil beschränkt“ (§ 1 Abs. 4). Die statutarische Bestimmung über den Geschäftsanteil lautete nach § 39 Abss. 1—3:

„Der Geschäftsanteil wird auf 1 ℳ festgesetzt. Jeder Genosse ist verpflichtet, für je 10 Liter täglicher Durchschnittslieferung nach Berlin einen Geschäftsanteil zu erwerben.

Auf	10	Liter Milch	=	1 Anteil	=	1 ℳ
„	50	„ „	=	5 „	=	5 „
„	100	„ „	=	10 „	=	10 „
„	1000	„ „	=	100 „	=	100 „

Jeder Genosse ist verpflichtet, diesen Betrag voll einzuzahlen, und zwar sogleich nach Eintragung des Beitretenden in die gerichtliche Liste der Genossen.“

Durch Beschluß der Generalversammlung der Genossenschafter vom 11. Dezember 1901 wurde der Betrag eines Anteils auf 10 ℳ erhöht, und es wurden dementsprechend auch die übrigen Ansätze verzehnfacht.

Der ebenfalls schon dem ursprünglichen Statut angehörige § 3 bestimmte, daß sofort nach Erlangung der Mitgliedschaft jeder Genosse ein einmal zu entrichtendes Eintrittsgeld an die Vereinskasse zu zahlen habe, wofür die Höhe „auf 2 ℳ pro 100 Liter täglich nach Berlin gelieferter Milch“ festgesetzt war.

Durch den am 10. Juni 1901 gefaßten, aber erst am 22. Juli — nach Beitritt des Beklagten — in das Genossenschaftsregister eingetragenen Beschluß der Generalversammlung war dem Statut der § 1a hinzugefügt worden. Der § 1a besagte im Abs. 1:

„Alljährlich setzt die Generalversammlung den Preis fest, unter welchem kein Genossenschafter seine Milch franko Berlin oder Vororte verpachten darf.“ . . .

Der Abs. 3 lautete:

„Jeder Genossenschafter oder jede angeschlossene Genossenschaft hat bis zum 10. des nächsten Monats für jedes im Laufe des vergangenen Monats nach Berlin oder dessen Vororten gelieferte Liter Milch einen halben Pfennig an die Kasse der Milchzentrale zu zahlen.“

Hierauf folgten Bestimmungen über die Pflicht der Genossen zur Vorlage von Nachweisungen und Belegen.

Der Betrag dieser Abgabe wurde durch Generalversammlungsbeschluß vom 18. Februar 1902 auf 2 Pfennig erhöht, und darüber weiter folgendes festgesetzt:

„Diese Zahlung erfolgt für alle Milch, welche vom 16. Februar 1902 an als verpachtet nach Berlin geliefert ist, und dauert so lange, bis die Unterbilanz gedeckt ist. . . . Die Lieferanten aller Milch, welche unverpachtet zur Verarbeitung an die Milchzentrale oder an eine der angeschlossenen Molkereien geht, haben vom 16. Februar 1902 an, bis die Unterbilanz gedeckt ist, ebenfalls 2 Pfennig pro Liter Milch abzugeben. . . . Der Verkaufspreis für den Milchhandel bleibt mit $13\frac{1}{2}$ Pfennig franko Berlin bestehen.“ . . .

Auf Grund dieser Bestimmungen erhob die Klägerin gegen den Beklagten, der unstreitig seine Milch selbst verpachtet hatte, Klage mit dem Antrage, diesen zu verurteilen:

1. ihr durch Vorlegung der Belege (Milchbücher, Quittungen, Lieferbücher der Eisenbahn rc) darüber Rechnung zu legen, welches Quantum Milch er seit dem 1. Oktober 1901 nach Berlin oder dessen Vororten täglich durchschnittlich geliefert habe;
2. ihr als Beitrittsgeld für je 100 sich aus dieser Rechnungslegung ergebende durchschnittlich täglich nach Berlin oder dessen Vororten gelieferte Liter Milch 2 ℳ, für je 100 sich in gleicher Weise ergebende durchschnittlich täglich nach Berlin oder dessen Vororten gelieferte Liter Milch 100 ℳ als Erwerbspreis der Geschäftsanteile zu zahlen und ferner ihr für jeden vom 1. Oktober 1901 bis zum 15. Februar 1902 incl. nach Berlin oder Vororten gelieferten Liter Milch $\frac{1}{2}$ Pfennig, vom 15. Februar 1902 bis zum 30. September 1902 aber für jeden ebendahin gelieferten Liter Milch 2 Pfennig zu zahlen.

Der Beklagte beantragte Klagabweisung und stützte diesen Antrag u. a. darauf, daß die Abänderungsbeschlüsse und der § 3 des Statuts sachlich unzulässig und absolut nichtig seien, und eventuell darauf, daß § 73 des Genossenschaftsgesetzes der Einklagung entgegenstehe.

Die Instanzgerichte gaben der Klage statt. Auf die Revision des Beklagten ist diese Entscheidung im übrigen gebilligt, dagegen die Zulässigkeit der Milchabgabe verneint, und insoweit der Klagantrag 2 abgewiesen worden.

Aus den Gründen:

... „Gegenüber allen Klagansprüchen hat sich der Beklagte darauf berufen, daß er — was unbestritten ist — nach Erhebung der Klage zum 30. September 1903 aus der klagenden Genossenschaft ausgetreten sei, und daß deshalb die Klägerin sich vorerst mit ihm gemäß § 73 des Genossenschaftsgesetzes auseinanderzusetzen habe. Dazu hat er behauptet, daß die Bilanz der Genossenschaft für den Zeitpunkt seines Austritts einen Gewinn von 4080 ℳ aufgewiesen habe. Das Kammergericht hat diese Verteidigung mit der Begründung abgelehnt, daß der Beklagte nach seinem Ausscheiden aus der Genossenschaft Geschäftsanteile mit den daran geknüpften Folgen nicht mehr „erwerben" könne, daß aber die Forderung der Klägerin auf Bezahlung der für die Geschäftsanteile geschuldeten Beträge nicht untergegangen sei, und daß hiergegen, wie gegenüber den anderen Klagansprüchen, der Beklagte sich nicht auf den § 73 stützen könne, vielmehr zunächst seinen fälligen Verpflichtungen durch Zahlung nachkommen müsse. Dann erst könne die gesetzlich vorgeschriebene Auseinandersetzung erfolgen, während die Klägerin vorher, und ehe sie aus der Nachweisung des Beklagten ersehen und festgestellt habe, was dieser ihr verschulde, gar nicht in der Lage sei, sich mit ihm auseinanderzusetzen. Die Revision hat dies, soweit Zahlungen des Beklagten in Frage ständen, für rechtsirrtümlich erklärt. Im Ergebnisse muß aber die Auffassung des Kammergerichts gebilligt werden. Darüber kann kein Zweifel sein, daß, was die Einzahlungen auf die Geschäftsanteile betrifft, das Ausscheiden eines Genossen nicht deshalb als ein besonderer Schulderlöschungsgrund wirken kann, weil das Statut in unkorrekter Weise von einem „Erwerben" der Geschäftsanteile spricht, für welches nach dem Ausscheiden des Genossen freilich kein Raum mehr sein würde. In dieser Richtung hat auch die Revision nichts eingewendet. Für die Verpflichtung zur Einzahlung auf die Geschäftsanteile kommt vielmehr, ebenso wie für die Entrichtung des Beitrittsgeldes und der Milchabgabe, der Austritt des Beklagten nur in Betracht mit Rücksicht auf den § 73 des Genossenschaftsgesetzes und auf die Frage, ob die hier vorgeschriebene Auseinandersetzung mit dem ausscheidenden Genossen der Einforderung seiner rückständigen genossenschaftlichen Beiträge entgegenstehe. Es kann dahingestellt bleiben, ob diese Frage, mit dem Kammergericht, auch dann zu verneinen wäre, wenn es sich um die Verurteilung des Beklagten zur Leistung bestimmter, ziffermäßig feststehender Beiträge handelte, so daß also der Genossenschaft auch dann das Recht verbliebe, auf der vorgängigen baren Einzahlung zu bestehen, wenn die Auseinandersetzung von dieser Einzahlung nicht abhängig ist, sondern ebensogut durch Berechnung erfolgen könnte. Von einer solchen Verurteilung des Beklagten ist im vorliegenden Falle nicht die Rede. Auf bestimmte Beträge ist der Klagantrag 2 und ihm entsprechend die Verurteilung des Beklagten nicht gerichtet, sondern nur auf Beträge, die sich erst auf Grund der mit dem Antrage 1 verlangten Rechnungslegung ermitteln lassen. Vielleicht hat die Klägerin eine Verbindung der beiden Anträge im Sinne des § 254 Z.P.O. beabsichtigt. Die Instanzgerichte haben es aber nicht so aufgefaßt, sondern über beide Anträge gleichzeitig entschieden. So aber konnten sie nur verfahren, wenn sie in dem Antrage 2, der als Leistungsklage der nötigen Bestimmtheit (§ 253 Abs. 2 das.) ermangeln würde, einen Feststellungsantrag sahen. Jedenfalls ist die Verurteilung insoweit ihrem Inhalte nach nichts anderes, als eine Feststellung, keine Leistungsverurteilung, aus welcher die Zwangsvollstreckung stattfinden könnte. Darüber aber, daß die Auseinandersetzung der klagenden Genossenschaft mit dem Beklagten ohne diese vorgängige Feststellung ebensowenig möglich wäre, wie ohne die Nachweisung über die Menge der vom Beklagten ... gelieferten Milch, kann kein Zweifel obwalten.

Der Klagantrag 2 bezieht sich auf die Verpflichtung des Beklagten zur Entrichtung a) des Beitrittsgeldes, b) der Einzahlungen auf die Geschäftsanteile, und c) der Milchabgabe. Die Revision hat die dem Antrag entsprechende Verurteilung in allen drei Punkten angefochten.

a) Beitrittsgeld.

Das Beitrittsgeld beruht auf dem ungeänderten § 3 des Statuts, wie es zur Zeit des Beitritts des Beklagten schon in Geltung war. Die Einwendungen der Revision gegen die Gültigkeit dieser Bestimmung sind ohne Grund. Da die Genossenschaft keine Verpflichtung zur Aufnahme von Genossen hat, soweit sie sich nicht selbst eine solche Verpflichtung auflegt, so ergibt sich, daß sie die Aufnahme von beliebigen Bedingungen, wenn diese nur an sich erlaubt sind, abhängig machen kann. Es ist deshalb unbedenklich für zulässig zu halten, daß das Statut als Beitrittsgeld einen Geldbetrag festsetzt, welchen der beitretende Genosse bei Erlangung der Mitgliedschaft zu zahlen hat. Die Verpflichtung zu dieser Zahlung übernimmt der Genosse durch den Beitritt auf Grund des Statuts. Die Revision hat denn auch nicht die Zulässigkeit eines solchen bei der Aufnahme zu zahlenden „wirklichen" Beitrittsgeldes beanstandet; sie hat aber geltend gemacht, daß das im § 3 des klägerischen Statuts bestimmte Beitrittsgeld in Wirklichkeit kein solches sei, da es trotz der Fassung im Eingange des Paragraphen erst zu zahlen sei, wenn der Genosse Milch nach Berlin liefere, also möglicherweise erst lange Zeit nach der Aufnahme. Außerdem findet sie in der Vorschrift des § 3 einen Verstoß gegen den Grundsatz gleichmäßiger Behandlung aller Genossen, da das Beitrittsgeld auch nur zu zahlen sei, wenn Milch nach Berlin geliefert werde, also nicht von denjenigen Genossen, welche keine Milch nach Berlin lieferten. Allein der Grundsatz, daß alle Genossen gleich behandelt werden müssen, gilt bloß für Abänderungen der statutarischen Rechte der Mitglieder, nicht für den ursprünglichen Inhalt der Satzungen, und gegenüber dem später beitretenden Genossen nicht für den Inhalt der Satzungen zur Zeit seines Beitritts. Zu einer gesetzlich verbotenen Bestimmung aber wird die Festsetzung eines Beitrittsgeldes auch dann nicht, wenn der Beitretende die Verpflichtung zur Zahlung nur für einen bestimmten, möglicherweise erst später verwirklichten Fall übernehmen soll. Beim Fehlen einer die Parteidisposition ausschließenden Zwangsvorschrift aber erledigen sich die Revisionsangriffe zu diesem Punkte schon durch die Erwägung, daß der Beklagte der Genossenschaft unter der statutarisch bereits feststehenden Bedingung des § 3 beigetreten ist und sich der dadurch vertragsmäßig vereinbarten Abgabe nicht entziehen kann.

b) Einzahlungen auf die Geschäftsanteile.

Die Bestimmungen des Statuts über die Geschäftsanteile der Genossen (§ 39 Abs. 2, § 1 Abs. 6 das.) sind nicht dahin zu verstehen, daß der Geschäftsanteil je nach der Menge der vom Genossen nach Berlin gelieferten Milch verschieden sein solle, was gegen das

Gebot der Gleichheit des Geschäftsanteils für alle Mitglieder (Urteil vom 29. Dezember 1900, Rep. I. 304/00) verstoßen würde. Vielmehr ist der einzelne Geschäftsanteil auf einen und denselben Betrag (1 *M*, später 10 *M*) festgesetzt, und es ist nur vorgeschrieben, daß jeder Genosse entsprechend der Menge der von ihm nach Berlin gelieferten Milch eine Mehrzahl von Geschäftsanteilen übernehmen müsse. Dafür sind in § 40 Abs. 1 als höchste Zahl der Beteiligung 2000 Geschäftsanteile bestimmt. Die Klägerin ist eine Genossenschaft mit beschränkter Haftpflicht. Bei solchen Genossenschaften ist die Beteiligung auf mehrere Geschäftsanteile grundsätzlich nicht ausgeschlossen. Das Gesetz spricht in § 134 allerdings nur davon, daß eine solche Mehrbeteiligung „gestattet" werden könne. Daraus braucht aber, wie der Senat, der diese Frage in dem Urteile vom 19. Dezember 1900 (Entsch. Bd. 47 S. 154) vorbehalten hat, in Übereinstimmung mit dem Kommentar von Parisius u. Crüger 4. Aufl. S. 530 annimmt, nicht gefolgert zu werden, daß den Genossen im Statute nicht auch die Verpflichtung zu der mehrfachen Beteiligung auferlegt werden dürfe. Ebensowenig zwingen die Vorschriften des Gesetzes dazu, die Verpflichtung auf gleichzeitige, nicht sukzessive Mehrbeteiligung, wie sie das Statut festsetzt, für unzulässig zu erklären, wenigstens nicht in einem Falle, wo, wie hier, der Betrag der Geschäftsanteile sofort eingezahlt werden muß, so daß dem Verbote des § 136 des Genossenschaftsgesetzes nicht zuwidergehandelt ist. Es handelt sich vorliegend auch nicht, wie in dem Falle der eben angeführten Entscheidung vom 19. Dezember 1900, um die nachträgliche Einführung des Zwanges zu mehrfacher Beteiligung. Dieser Zwang war vielmehr schon in dem ursprünglichen Statut ausgesprochen und ist später nicht verändert worden. Der Angriff der Revision gegen die Zulässigkeit der statutarischen Grundbestimmung über die Verpflichtung zur Übernahme mehrerer Geschäftsanteile ist deshalb nicht begründet. Es ist ihr auch nicht zuzugeben, daß diese Bestimmung wegen Unsicherheit des Maßstabes für die Mehrbeteiligung nicht gültig sein könnte. Hiernach ist an sich die Verpflichtung des Beklagten zur Leistung der statutarischen Einzahlungen auf seine Geschäftsanteile rechtlich begründet. ... In Frage bleibt aber, ob die Klägerin ... die Einzahlung nach Maßgabe des durch Generalversammlungsbeschluß vom 11. Dezember 1901 erhöhten

Geschäftsanteils verlangen kann. Selbstverständlich ist für die Begründung der Pflicht zur Einzahlung nicht schon die Erhöhung des Geschäftsanteils für sich genügend, indem durch den Erhöhungsbeschluß nur der Betrag hinaufgesetzt wird, „bis zu welchem sich die einzelnen Genossen mit Einlagen beteiligen können" (§ 7 Ziff. 2 Abs. 1 des Genossenschaftsgesetzes). Es muß also hinzukommen, daß auch die Einzahlungspflicht der Genossen entsprechend erhöht worden ist." (Es wird ausgeführt, daß dies geschehen sei.) ... „Eine Erhöhung des Geschäftsanteils sehen sowohl das Gesetz (§ 16 Abs. 2) wie das Statut der Klägerin (§ 36 Abs. 1 Ziff. 2) vor, und sie geben dafür erschwerende Formvorschriften. Diese Formvorschriften stehen hier nicht in Frage; es handelt sich nur um die materielle Zulässigkeit. Diese ist aber nach den angeführten Gesetzes- und Statutenbestimmungen nicht zu bezweifeln, und es kann auch, da weder Gesetz noch Statut eine Höchstgrenze ziehen, daraus kein Bedenken abgeleitet werden, daß eine Erhöhung des Geschäftsanteils von 1 *M* auf 10 *M*, also auf das Zehnfache, beschlossen worden ist. Die Entscheidung des Senats vom 19. Dezember 1900 betraf eine ganz andere Frage und eine ganz andere Sachlage. Die Revision hat aber, im Anschluß an die Instanzverteidigung des Beklagten, den Erhöhungsbeschluß auch deswegen angefochten, weil damit gegen den Grundsatz verstoßen sei, daß alle Genossen gleichmäßig behandelt werden müßten. Das Statut bestimmt, daß für je 10 Liter täglicher Durchschnittslieferung nach Berlin ein Geschäftsanteil zu erwerben sei (§ 39 Abs. 2, § 1 Abs. 6). Es kennt also Geschäftsanteile nur für Genossen, die nach Berlin liefern, wobei der Unterschied, ob sie die Milch selbst verpachten, oder die Vermittlung der Klägerin in Anspruch nehmen, dahingestellt bleiben kann. Nach der Annahme des Kammergerichts gibt es in der klägerischen Genossenschaft tatsächlich zwei Arten von Genossen, solche, die die Milch nach Berlin oder Vororten liefern, und solche, die es nicht tun. Geht man davon aus, so würden in der Genossenschaft neben den ordentlichen Mitgliedern auch solche Mitglieder sein, die keinen Geschäftsanteil und keine Einzahlungspflicht haben, für die die Erhöhung des Geschäftsanteils und der Einzahlungspflicht also keinerlei Bedeutung hat. Ob es nun an sich unzulässig wäre, im Genossenschaftsstatut verschiedene Klassen von Genossen mit verschiedenen Rechten und Pflichten vorzusehen, und weiter, ob bei späteren Änderungen des Statuts, wofür der Grundsatz der gleichmäßigen Behandlung anzuerkennen ist, es unzulässig wäre, solche abändernde Bestimmungen zu treffen, die nur die eine oder die andere Klasse berühren, oder ob auf Grund der bereits durch das Statut gegebenen Unterscheidung auch dies für erlaubt gelten müßte (Entsch. des R.G.'s in Zivils. Bd. 38 S. 16), alle diese Fragen brauchen hier nicht entschieden zu werden. Denn nach Maßgabe des klägerischen Statuts ist es ausgeschlossen, daß es im Rechtssinne Genossen geben könnte, die gar nicht nach Berlin liefern. Eine ausdrückliche Beschränkung enthält das Statut freilich nicht; aber diese folgt mit Notwendigkeit daraus, daß der Geschäftsanteil und die mehreren Geschäftsanteile ausschließlich nach der Durchschnittslieferung der Milch nach Berlin bestimmt sind. Darauf, ob tatsächlich auch solche Personen zu Genossen angenommen worden sind, die keine Milch nach Berlin liefern und daher keinen Geschäftsanteil haben können, kann es nicht ankommen. Eine Ungleichheit in der Behandlung, die nur auf der Übergehung derjenigen Genossen beruhen würde, welche in Wirklichkeit keine Genossen sind, könnte jedenfalls die Anfechtung des Erhöhungsbeschlusses nicht rechtfertigen.

c) Milchabgabe.

Begründet ist dagegen der Angriff der Revision gegen die Entscheidung über die Milchabgabe. Die Milchabgabe beruht in vollem Umfange auf Änderungen des ursprünglichen Statuts, die zur Zeit des Beitritts des Beklagten (20. Juli 1901) noch nicht rechtswirksam waren. Der § 1a, wodurch die Abgabe von $1/2$ Pfennig für jedes nach Berlin oder dessen Vororten gelieferte Liter Milch festgesetzt wurde, ist zwar schon am 10. Juni 1901 beschlossen, aber erst am 22. Juli 1901 in das Genossenschaftsregister eingetragen worden (§ 16 Abs. 4 des Genossenschaftsgesetzes); die Erhöhung der Abgabe auf 2 Pfennige ist erst durch Generalversammlungsbeschluß vom 15. Februar 1902 erfolgt. Das Kammergericht stellt nicht fest, daß der Inhalt des Beschlusses vom 10. Juni 1901 dem Beklagten bei seinem Beitritte bekannt gewesen sei. Von der Verbindlichkeit dieses Beschlusses für den Beklagten auf Grund seines Einverständnisses kann also nicht die Rede sein. Andererseits ergibt aber das zeitliche Verhältnis zwischen Beschluß und Beitritt auch nicht, wie die Revision meint, einen besonderen Grund gegen die Zulässigkeit des Beschlusses.

Wenn der Beschluß überhaupt gefaßt werden durfte, so muß sich auch der Beklagte ihm unterwerfen, obgleich er zur Zeit der Beschlußfassung noch nicht Genosse war; denn er hat sich der Genossenschaft auch mit den nach Gesetz und Statut zulässigen Änderungen angeschlossen.

Die von der Klägerin beschlossene Milchabgabe kann nicht für zulässig angesehen werden. Es ist hier nicht zu prüfen, ob im Statut oder durch nachfolgenden Beschluß mit Wirkung für die später beitretenden Genossen, oder ob durch nachträglichen einstimmigen Beschluß auch mit Wirkung für die schon vorher beigetretenen Genossen Auflagen wie die hier fragliche Milchabgabe festgesetzt werden könnten. Gegenüber dem Beklagten steht nur in Frage, ob mit Wirksamkeit gegen die schon vorhandenen Genossen durch späteren Mehrheitsbeschluß der Generalversammlung eine solche Auflage eingeführt werden konnte. Dies ist zu verneinen. Der Senat hält an dem in seinem Urteile vom 29. Dezember 1900, Rep. I. 304/00, ausgesprochenen Grundsatze fest, daß — mit Ausnahme der Nachschußpflicht im Konkurse der Genossenschaft (§§ 105 flg. 141 des Genossenschaftsgesetzes) und bei der Auseinandersetzung nach § 73 Abs. 2 das., welche Fälle hier unzweifelhaft nicht gegeben sind — „die Genossen zu anderen Geldleistungen, als den Einzahlungen auf den Geschäftsanteil oder den erhöhten Geschäftsanteil", wozu bei der Genossenschaft mit beschränkter Haftpflicht noch die mehreren Geschäftsanteile kommen, „nicht angehalten werden" können. Dieser Grundsatz hat allgemeine Bedeutung; er ist nicht nur ausgesprochen mit Beschränkung auf den damals vorliegenden besonderen Fall, daß die beschlossenen Geldbeträge zur Schuldentilgung dienen sollten. Es ist deshalb nicht entscheidend, wenn das Kammergericht ausführt, daß es sich bei der Milchabgabe nicht um einen Nachschuß handele, welchen der Beklagte über seine Haftsumme hinaus zu leisten hätte, daß sie nicht den Charakter einer dem Beklagten auferlegten Nachschußpflicht habe.

Die Bedeutung der Milchabgabe findet das Kammergericht darin, daß zunächst die $^1/_2$-Pfennig-Abgabe ein Schutzkapital für die Verarbeitungskosten der nicht verpachteten und infolge davon von der Genossenschaft übernommenen Milch für Berlin und Vororte bilden sollte, um die hierdurch entstehenden Unkosten und Verluste zu decken, und für die spätere Erhöhung darin, daß sie diesem gleichen Zwecke unter Berücksichtigung der Unzulänglichkeit der bisherigen Abgabe habe dienen sollen. Dagegen ist nichts einzuwenden. Es folgt daraus aber nur die wirtschaftliche Zweckmäßigkeit der Abgabe. Zulässig würde diese Abgabe dann sein, wenn es zuträfe, daß sie nichts anderes ist, als was die Klägerin nennt „Provision und Spesen, wie sie eine Genossenschaft für den Geschäftsbetrieb" verlangen dürfe. Denn darüber kann allerdings kein Zweifel bestehen, daß die Genossenschaft für die im Betriebe des genossenschaftlichen Unternehmens gemachten Leistungen von demjenigen, welcher diese Leistungen in Anspruch nimmt, eine Gegenleistung fordern kann. Die genossenschaftliche Bank wird auch die Wechsel der Genossen nicht unentgeltlich diskontieren; für die Benutzung des genossenschaftlichen Schlachthauses müssen auch die Genossen eine Abgabe entrichten rc. Das ist ein Satz, der gar nicht aus dem besonderen Genossenschaftsrecht stammt. Deshalb würde sich die Milchabgabe für diejenigen Mitglieder der klagenden Genossenschaft, welche ihre Milch nicht selbst verpachten können und darum die Vermittlung der Klägerin für ihren Milchabsatz in Anspruch nehmen, durchaus rechtfertigen lassen, auch wenn die Vermittlung nicht, wie es der Fall zu sein scheint, durch eigentlichen Ankauf der Milch erfolgte, und daher in Wirklichkeit nur eine besondere Berechnungsart für den von der Genossenschaft zu zahlenden Kaufpreis in Frage stände. Zu Unrecht aber hat die Klägerin, und ihr folgend das Kammergericht, diesen Gesichtspunkt auch bei der Milchabgabe der anderen Genossen zur Anwendung gebracht. Für die selbst verpachtenden Genossen liegt die Sache wesentlich anders. Allerdings entspricht es den Verhältnissen, wenn das Kammergericht geltend macht, die notorische Tendenz der Klägerin sei, die Milchpreise in Berlin und Vororten auf angemessener Höhe zu erhalten; dazu sei es ein Mittel, wenn sie die Verwertung der nicht verpachteten Milch zu den festgesetzten Preisen selbst bewerkstellige; diese Maßregel, zu deren Ermöglichung die Milchabgabe bestimmt sei, liege daher im Interesse aller, auch der selbst verpachtenden Mitglieder, weil die Aufrechterhaltung des Milchpreises allen zugute komme. Aber was die selbstverpachtenden Mitglieder auf diese Weise durch die Genossenschaft erhalten, ist, wie die Revision zutreffend hervorhebt, nichts anderes als der Nutzen, den ihnen als Genossen die Genossenschaft kraft ihrer statutenmäßigen Existenz erbringt; es ist dabei nicht die Rede von einer besonderen Inanspruchnahme des genossenschaftlichen Betriebes oder der genossenschaftlichen Einrichtungen; es liegt außer der Mitgliedschaft nicht noch ein vom Genossen mit der Genossenschaft abgeschlossenes Rechtsgeschäft vor, welches als Unterlage für ein Entgelt, wie „Provision" oder „Spesen", dienen könnte. Zu einem anderen Ergebnisse gelangt man auch nicht, wenn man berücksichtigt, daß der selbstverpachtende Genosse aus der Verpflichtung der Genossenschaft zur Übernahme der nicht verpachteten Milch auch noch andere Vorteile ziehen kann, z. B. daß er mit Rücksicht auf diese Verpflichtung in der Lage ist, bei der Verpachtung seiner Milch ruhiger und darum wahrscheinlich erfolgreicher vorzugehen, und daß er dadurch gegen die Gefahr vorzeitiger Auflösung seines Pachtvertrages oder aus zeitweiliger Überproduktion von Milch geschützt ist. Solange er von dieser Verpflichtung und den zu ihrer Erfüllung dienenden Einrichtungen nicht durch Abgabe seiner Milch für sich Gebrauch macht, sondern bei der Selbstverpachtung stehen bleibt, fließen ihm alle diese Vorteile kraft seiner einfachen Zugehörigkeit zur Genossenschaft zu. Auch was der Vertreter der Klägerin, entsprechend seinem Schriftsatze, ... über den mannigfachen Nutzen ausgeführt hat, den die Genossenschaft den selbstverpachtenden Mitgliedern bringe, kann keine andere Auffassung begründen. Endlich darf man auch nicht sagen, der Genosse benutze dadurch eine Einrichtung der Genossenschaft für sich, daß er bei seiner Milchverpachtung, wenn er statutengetreu handeln will, nicht unter den von der Genossenschaft festgesetzten Mindestpreis hinabgeht. Daß aber die Selbstverpachtung der Milch durch den Genossen in Wahrheit nicht dies, sondern eine Verpachtung an Stelle und für Rechnung der Genossenschaft sei, und ihm diese für den Milchpreis einzustehen habe, ist niemals behauptet worden und würde auch mit allem, was im Prozesse verhandelt worden ist, im Widerspruche stehen. Demnach ist für den selbstverpachtenden Genossen die Milchabgabe eine Geldleistung, die er lediglich als Genosse macht. Sie gleicht insoweit einer Steuer, welche die Genossenschaft, ohne Rücksicht auf die Benutzung, den Genossen auflegt, um die Kosten für die Unterhaltung ihres Betriebes zu decken. Eine solche Umlage braucht sich der einzelne Genosse nicht gefallen zu lassen. Es mag zugegeben werden, daß eine Genossenschaft mit dem Zwecke und den Einrichtungen der

Klägerin aus den Ergebnissen des eigenen Betriebes sich voraussichtlich nicht erhalten, noch weniger Gewinn erzielen kann, daß sie vielmehr beständig zufließender Beiträge bedürfen wird, so daß das gesetzliche Mittel der Erhöhung der Geschäftsanteile und der darauf zu machenden Einzahlungen auf die Dauer wohl versagen würde. Aber dies ist nur die Folge davon, daß, im Widerspruche mit dem das Genossenschaftswesen beherrschenden Gedanken des gemeinschaftlichen Betriebes (§ 1 des Genossenschaftsgesetzes), bei der Klägerin der gemeinschaftliche Betrieb eine Nebensache ist, während sie in der Hauptsache eine Ringbildung ist, eine „Kartellisierung", wie der Schriftsatz ... sich ausdrückt, deren Nutzen nicht der Genossenschaft, sondern unmittelbar den Genossen zufließt.

Gegen die unzulässige Milchabgabe kann der Beklagte, dessen Sonderrecht dadurch verletzt wird, sich verteidigen, ohne auf den Weg der Anfechtung der Generalversammlungsbeschlüsse nach § 51 des Genossenschaftsgesetzes beschränkt zu sein, also auch nachdem die Frist für diese Anfechtung unbenutzt verstrichen ist.

Vgl. Entsch. des R.G.'s in Zivils. Bd. 36 S. 136, Bd. 37 S. 64/65, Bd. 47 S. 155/156; Urt. vom 29. Dezember 1900, Rep. I. 304/00, Urt. vom 21. Oktober 1903, Rep. I. 204/03.

Demgemäß beruht die Verurteilung des Beklagten in diesem Punkte auf Rechtsirrtum." ...

74. 1. Ist der Generalagent einer Feuerversicherungsgesellschaft Beauftragter des Versicherungsnehmers für die Erledigung des an ihn gelangten Versicherungsantrages?[1]
2. Von der culpa in contrahendo nach dem Rechte des Bürgerlichen Gesetzbuchs.

VI. Zivilsenat. Urt. v. 22. Januar 1906 i. S. Br. Wwe. (Bekl.) w. R. (Kl.). Rep. VI. 267/05.

I. Landgericht Danzig.
II. Oberlandesgericht Marienwerder.

Der Kläger, ein Bäckermeister, stellte am 31. Januar 1900 bei der Feuerversicherungsgesellschaft, A. G. zu Brandenburg a. H., deren

[1] Vgl. Bd. 21 Nr. 19 S. 90 dieser Sammlung. D. E.

Vertreter in Danzig der Generalagent Br. war, den Antrag auf Versicherung seiner Vorräte in Höhe von 7432 ℳ; in dem Antrage verneinte er die Frage des Formulars, ob er Lagerbücher führe und aus solchen im Falle eines Brandes den Schaden nachzuweisen sich verpflichten wolle. Nach seiner Behauptung hatte er dem mit ihm verhandelnden Agenten Be. gegenüber ausdrücklich erklärt, daß er eine Versicherung nur eingehen wolle, wenn er dazu nicht verpflichtet werde, da er keine Bücher führe und auch nicht führen könne. Gleichwohl war diese Verpflichtung in der einige Tage später durch den Generalagenten Br. ihm zugefertigten Police enthalten. Als er in der Nacht vom 3. zum 4. September 1900 einen Brandschaden erlitten, wurde ihm die Entschädigung verweigert, weil er der Buchführungspflicht nicht genügt hatte. Mit der gegen die Versicherungsgesellschaft erhobenen Klage wurde er rechtskräftig abgewiesen. Er machte dann für den ihm entstandenen Schaden die Beklagte als Erbin des Generalagenten Br. verantwortlich, der bei der Vermittelung des Versicherungsvertrages dem von dem Kläger ihm erteilten Auftrage zuwidergehandelt und ihn in seinem Vermögen beschädigt habe.

Das Reichsgericht hat, entgegen den Entscheidungen der Vorinstanzen, die Klage abgewiesen.

Aus den Gründen:

... „Wenn der Erblasser der Beklagten, wie das Urteil des Landgerichts angenommen hatte, vorsätzlich, und um sich einen rechtswidrigen Vermögensvorteil zu verschaffen, nämlich um für sich die Provision zu retten, die ihm entgangen wäre, sofern ein Versicherungsvertrag nicht zustande kam, entgegen dem ihm wohlbekannten Versicherungsantrage des Klägers und seinen Bedingungen die Police mit einem anderen Inhalte versah und dem Kläger zufertigte, in der Absicht und Hoffnung, daß der Kläger über die Änderung hinwegsehen werde, also um ihn über den Inhalt der Police zu täuschen, dann war die Haftung des Erblassers der Beklagten, und damit auch dieser selbst, aus dem Gesichtspunkte der unerlaubten Handlung sowohl aus § 823 Abs. 2 B.G.B. in Verbindung mit § 263 St.G.B., wie aus § 826 B.G.B. gegeben. Denn der Kläger hat sich täuschen lassen; er hat von dem anders gearteten Inhalte der Police nicht Kenntnis genommen und dadurch einen Schaden erlitten, da ihm im Versicherungsfalle die Entschädigung versagt wurde. Allein das Berufungsgericht hat eine vorsätzliche betrügerische Handlungsweise des Erblassers der Beklagten nicht für dargetan erachtet. Seine Feststellungen sind für das Revisionsgericht maßgebend, und das Fundament der vorsätzlichen Vermögensbeschädigung für den Klaganspruch entfällt mit dieser negativen Feststellung.

Eine Haftung aus schuldhaft **fahrlässiger Vermögensbeschädigung** außerhalb des Vertrages aber kennt das Recht des Bürgerlichen Gesetzbuchs nicht. Die Bestimmung des § 823 Abs. 1 schützt nur bestimmte Rechtsgüter und Rechte, nicht aber das Vermögen schlechthin, und § 823 Abs. 2 setzt die Verletzung eines besonderen Schutzgesetzes voraus. Wenn also im gegebenen Falle dem Kläger ein Schaden dadurch entstanden ist, daß der Erblasser der Beklagten unachtsam die Bedingung übersehen hat, unter welcher der Kläger allein den Versicherungsvertrag abschließen wollte, und durch diese Unachtsamkeit wider seine Absicht den Kläger in eine falsche Sicherheit versetzte, so kann von der Haftung der Beklagten für diesen Schaden aus unerlaubter Handlung nach § 823 B.G.B. nicht die Rede sein (Entsch. des R.G.'s in Zivils. Bd. 51 S. 93).

Das Berufungsgericht hat nun, sich stützend auf eine ältere Entscheidung des Reichsgerichts (Entsch. in Zivils. Bd. 21 S. 90), eine Haftung des Erblassers der Beklagten aus einem Vertragsverhältnis angenommen, dessen Pflichten dieser verletzt habe. Dadurch nämlich, so führt es aus, daß Br. den Versicherungsantrag des Klägers als Generalagent übernahm und an seine Gesellschaft zur Prüfung und Entscheidung weitergab, sei er in ein Auftragsverhältnis zum Kläger getreten, das ihn gegen diesen zur Behandlung des Versicherungsantrages mit der Sorgfalt eines ordentlichen Kaufmanns verpflichtet habe. Diese Anschauung ist rechtsirrig, und die Rechtssätze der angezogenen reichsgerichtlichen Entscheidung auf einen Fall angewandt, für den sie nicht zutreffen.

In dem jener Entscheidung,

vgl. ferner **Dernburg**, Preußisches Privatrecht 5. Aufl. Bd. 2 S. 712; **Ehrenberg**, Versicherungsrecht Bd. 1 S. 245 flg.; **Lewis**, Versicherungsrecht S. 159; Entsch. des R.G.'s in Zivils. Bd. 9 S. 195, Bd. 22 S. 201, Bd. 27 S. 151, Bd. 39 S. 177,

zugrunde liegenden Rechtsfalle hatte der Kläger dem Agenten, mit dem er über den abzuschließenden Versicherungsvertrag verhandelte, den in blanco unterzeichneten Versicherungsantrag zugesandt, damit er ihn unter Beantwortung der formularmäßigen Fragen auf Grund des ihm zur Verfügung gestellten Materials und eigener Erkundigungen sachgemäß ausfülle und alsdann an die zum Abschlusse der Versicherung befugte Stelle, den Generalagenten, übermittle. Der Agent hatte dem Boten des Klägers, der ihm das Antragsformular nebst dem Material (Bautaxe) überbrachte, gesagt, daß er die Papiere nachsehen wolle. In der Annahme der letzteren mit dieser Erklärung war in Berücksichtigung dessen, daß Vorbesprechungen zwischen den Parteien stattgefunden hatten, der Beklagte dem Kläger das Antragsformular zugestellt und ihn zur Beibringung der Taxe veranlaßt hatte, die Übernahme eines Auftrages gefunden worden, gegen dessen Verpflichtungen der Beklagte sich verfehlte, indem er die Papiere sechs Wochen liegen ließ.

Das Bild des gegenwärtigen Rechtsfalles weicht hiervon wesentlich ab. Der Agent, mit dem der Kläger über den einzugehenden Versicherungsvertrag die Vorverhandlungen pflog, der ihm bei der Beantwortung der Fragen des Antragsformulars behülflich war und den Versicherungsantrag zur Beförderung „an die zum Abschlusse der Versicherung befugte Stelle" annahm, auf den also die angeführte Entscheidung passen würde, war nicht der Erblasser der Beklagten, sondern der als Zeuge vernommene Agent Be.; der Erblasser der Beklagten war dagegen die zum Abschlusse befugte Stelle selbst, an die der Versicherungsantrag zu befördern war, und die ihn als Vertreter der Versicherungsgesellschaft für diese entgegennahm. Br. ist zu dem Kläger in keinerlei persönliche Beziehung getreten; er ist für ihn bei den Vorverhandlungen des Vertrages nicht tätig gewesen, hat keinen Auftrag des Klägers übernommen und diesem keine Zusicherungen erteilt. Er hat vielmehr den Versicherungsvertrag mit dem Kläger als Gegenkontrahent abgeschlossen. Wenn Br. den Versicherungsantrag des Klägers der Direktion der von ihm vertretenen Versicherungsgesellschaft zur Entschließung vorlegte, so geschah dies nicht in einem rechtsgeschäftlichen Auftrage des Klägers, sondern im inneren Dienste der Versicherungsgesellschaft, die ihre Generalagenten verpflichtet hatte, sei es in allen, sei es in vorbehaltenen, unregelmäßigen Fällen, vor dem Abschlusse des Vertrages die Genehmigung der Direktion einzuholen. Wollte man aber selbst insoweit, für die Vorlegung des Versicherungsantrages an die Direktion, einen Auftrag des Generalagenten Br. von seiten des Klägers annehmen, so hat Br. in dieser Beziehung seine Pflichten auch nicht verletzt, da gar nicht behauptet ist, daß er diese Vorlegung etwa schuldhafterweise unterlassen oder verzögert hätte, und hierdurch ein Schaden für den Kläger entstanden wäre. Das Verschulden des Erblassers der Beklagten soll nach dem Vortrage des Klägers und nach der Annahme des Berufungsgerichts vielmehr darin bestanden haben, daß er bei der Ausfertigung und Zufertigung der Police, also beim Vertragsabschlusse, dem Inhalte des Versicherungsantrages des Klägers nicht die pflichtmäßige Aufmerksamkeit schenkte, die Verneinung der die Buchführung betreffenden Frage übersah oder unbeachtet ließ und, statt den Kläger zu bescheiden, daß nach den Statuten der Gesellschaft die Versicherung unter den von ihm gesetzten Bedingungen nicht statthaben könne, ihm ein diesen nicht entsprechendes Vertragsinstrument zugehen ließ, ohne ihn auf die Abweichung aufmerksam zu machen. Diese Handlungen und Unterlassungen hat der Erblasser der Beklagten aber nicht in Beziehung auf einen von dem Kläger ihm erteilten Auftrag begangen, sondern als Vertreter des anderen Vertragsteiles, und sein Verschulden stellt sich als ein Verschulden beim Vertragschluß, eine sog. culpa in contrahendo, dar.

Ob und inwieweit das Recht des Bürgerlichen Gesetzbuchs eine Haftung aus solchem Verschulden anerkennt

vgl. Rehbein, B.G.B. Bd. 1 S. 192, Bd. 2 S. 98 flg. 104; Dernburg, Bürgerl. Recht Bd. 1 S. 391 (der § 823 Abs. 1 B.G.B. irrigerweise für anwendbar erachtet),

kann unerörtert bleiben, da diese Haftung, unter der ferneren Voraussetzung, daß die Bestimmung des § 278 B.G.B. eine ausdehnende Anwendung auf die Eingehung von Verbindlichkeiten gestatten würde, oder ein anderer Rechtsgrund für ein Einstehen für das Verschulden von Hilfspersonen gegeben ist,

vgl. Entsch. des R.G.'s in Zivils. Bd. 45 S. 146 flg., Bd. 49 S. 26 flg., insbes. S. 28; Dernburg, a. a. O. Bd. 2 Abt. 1 S. 145; Crome, Bürgerl. Recht Bd. 2 S. 117 flg.; Rehbein, a. a. O. Bd. 2 S. 99,

immer nur eine den Vertragsgegner, hier also die von dem Erblasser der Beklagten bei dem Vertragsabschlusse vertretene Versicherungsgesellschaft, treffen würde, während der genannte Vertreter, der für seine Person in ein Vertragsverhältnis zum Kläger weder getreten ist, noch treten wollte, dem Kläger lediglich aus einem Verschulden außerhalb eines Vertragsverhältnisses unter den Voraussetzungen der §§ 823. 826 B.G.B. sich haftbar gemacht haben kann, die, wie dargelegt, ihre Anwendung auf den vorliegenden Fall versagen." ...

---

75. Können wegen Patentverletzung in Fällen, in welchen eine Entschädigungspflicht nicht besteht, selbständige Ansprüche auf Rechnungslegung und Herausgabe von Nutzungen geltend gemacht werden?

I. Zivilsenat. Urt. v. 24. Januar 1906 i. S. M. (Bekl. u. Widerkl.) w. P. u. G. (Kl. u. Widerbekl.). Rep. I. 314/05.

I. Landgericht I Berlin.
II. Kammergericht daselbst.

Gegenüber der negativen Feststellungsklage der Kläger hatte der Beklagte gegen die Kläger Widerklage mit dem Antrage erhoben, ihnen die Herstellung und den Vertrieb des Gasselbstzünders „Bums es brennt" als einen Eingriff in das ihm geschützte Patent zu verbieten und sie zum Schadensersatz und zur Rechnungslegung zu verurteilen. Dem Verbotsanspruch wurde durch das Kammergericht stattgegeben; der Anspruch auf Schadensersatz und Rechnungslegung ist zurückgewiesen. Die hiergegen vom Widerkläger eingelegte Revision hatte keinen Erfolg.

Aus den Gründen:

„Das Kammergericht ist auf Grund eingehender Erwägungen, welche einen Rechtsirrtum nicht erkennen lassen, zu der Feststellung gelangt, daß beide Widerbeklagte mit ihrem Gasselbstzünder „Bums es brennt" zunächst nicht wissentlich in das Patent des Beklagten eingegriffen haben, daß ihnen aber auch keine grobe Fahrlässigkeit zur Last zu legen ist, weil sie ohne Verletzung der von ihnen zu verlangenden Sorgfalt und Aufmerksamkeit sehr wohl zu der Annahme gelangen konnten, daß ihre in der konstruktiven Beschaffenheit von dem M.'schen Patente abweichende Vorrichtung nicht in dieses Patent eingreife. Damit ist dem von dem Beklagten erhobenen Anspruch auf Rechnungslegung und Schadensersatz der Boden entzogen; es fehlt, obwohl objektiv eine Patentverletzung vorliegt, an den zur Begründung des Anspruchs nach § 35 des Patentgesetzes erforderlichen subjektiven Voraussetzungen.

Nun vermag der erkennende Senat zwar der Auffassung nicht beizutreten, daß neben dem in § 35 a. a. O. geregelten Anspruch auf Entschädigung andere Ansprüche auf Grund des Bürgerlichen Gesetzbuchs, falls ihre Voraussetzungen vorliegen und im Prozesse geltend gemacht sind, überhaupt ausgeschlossen seien. Vielmehr ist grundsätzlich daran festzuhalten, daß auch die materiellrechtlichen Bestimmungen des Patentgesetzes einer Ergänzung durch das allgemeine bürgerliche Recht fähig und bedürftig sind. Kann doch auch der bei Feststellung einer wissentlichen oder grob fahrlässigen Patentverletzung regelmäßig zugelassene Anspruch auf Rechnungslegung nur auf Grund der Bestimmungen des bürgerlichen Rechts gerechtfertigt werden.

Vgl. auch Bolze, in Gruchot's Beiträgen zur Erläuterung des Deutschen Rechts Bd. 33 S. 912; derselbe, im Archiv für civilistische Praxis Bd. 92 S. 351; Kohler, Handbuch des Patentrechts S. 560 flg.; Isay, Patentgesetz Vorbem. vor § 1 und vor § 35; Jeß, Deutsche Juristen-Zeitung 1905 S. 728 flg.

Es kann jedoch der Revision nicht zugegeben werden, daß ein hier zu berücksichtigender Anspruch auf Grund des Bürgerlichen Gesetzbuchs im vorliegenden Prozesse erhoben ist. Ein abstrakter Anspruch auf Rechnungslegung für die Dauer der Patenverletzung besteht nicht; der Beklagte hat denselben im Prozeß lediglich durch Hinweis auf die von ihm behauptete Entschädigungspflicht der Widerbeklagten zu begründen versucht. Es kann aber auch im vorliegenden Falle ein selbständiger Anspruch auf Rechnungslegung nicht mit der Beschränkung auf die seit Erhebung der Klage (Eintritt der Rechtshängigkeit) bezogenen Nutzungen gelten gemacht, und es kann nicht die Herausgabe dieser Nutzungen selbständig gefordert werden. Zwar hat der Beklagte ausweislich der Entscheidungsgründe des angefochtenen Urteils einen solchen Anspruch auf § 292 B.G.B. zu stützen versucht, und es ist dem Beklagten zuzugeben, daß unter den in dieser Gesetzesbestimmung erwähnten „Gegenstand" unbedenklich auch ein Immaterialgüterrecht, insbesondere das Patentrecht, zu subsumieren ist.

Vgl. Sohm, Der Gegenstand, ein Grundbegriff des Bürgerlichen Gesetzbuches (Leipzig 1905).

Allein mit der vorwürfigen Widerklage beansprucht Beklagter nicht „die Herausgabe" seines Patentrechts. Seine Rechtsverfolgung ist nicht der Klage entsprechend, mit welcher der Eigentümer seine Sache von dem Besitzer herausverlangt, sondern der Beklagte befindet sich in rechtmäßiger Ausübung seines durch Patent geschützten Erfinderrechts, und er verbietet den Widerbeklagten auf Grund seines Patentrechts den durch Herstellung und Vertrieb ihres Gasselbstzünders unternommenen Eingriff in die ihm geschützte Rechtssphäre. Der Widerklaganspruch ist vielmehr der negatorischen Klage des Eigentümers nach § 1004 B.G.B. entsprechend zu behandeln. Für die Anwendung des § 292 B.G.B. war hiernach kein Raum vorhanden." . . .

---

76. Ist auch nach heutigem Liegenschaftsrecht derjenige, der auf Grund einer nach dem Inkrafttreten des neuen Rechts erfolgten Auflassung als Eigentümer eingetragen worden ist, legitimiert, den dem Veräußerer zustehenden Berichtigungsanspruch auf Richtigstellung der Bestandsangaben im Grundbuche des ihm aufgelassenen Grundstücks geltend zu machen?

B.G.B. § 894.

V. Zivilsenat. Urt. v. 24. Januar 1906 i. S. K. u. Ehefrau (Bekl.) w. Aktiengesellsch. L. B. (Kl.). Rep. V. 298/05.

I. Landgericht Posen.
II. Oberlandesgericht daselbst.

Das jetzt den Beklagten gehörige Grundstück Lawica Bd. II Nr. 32 wurde im April 1880, und das jetzt der Klägerin gehörige Grundstück Lawica Bd. II Nr. 47 im Mai 1882 auf das Kataster zurückgeführt. Dabei unterlief ein Irrtum, der im Kataster seinen Ursprung hatte. Es wurde nämlich als Bestandteil des Grundstücks

Nr. 32 die Parzelle 138 Kartenblatt I von Lawica mit einem Flächeninhalte von 2,4250 ha in das Grundbuch mit eingetragen, bezüglich deren es folgende Bewandtnis hatte: Diese Parzelle war identisch mit einem Ackerplane von 9 Morgen 120 Quadratruten, den die Vorbesitzer von Lawica Nr. 32 (früher als Lawica Nr. 13 A bezeichnet), die Witwe und Erben des P. P. G., im Jahre 1864 an den Gutsbesitzer Tr. Sch., der zugleich Eigentümer von Lawica Nr. 47 war, verkauft und übergeben hatten. Die Parzelle wurde damals zufolge Verfügung vom 2. Februar 1865 von Lawica Nr. 13 A abgeschrieben und auf ein neues Folium Lawica Nr. 13 B übertragen. Nachdem sodann beide Grundstücke (Nr. 47 und Nr. 13 B) im Jahre 1868 von den N.'schen Eheleuten erworben worden waren, wurde das Folium Nr. 13 B im Jahre 1869 geschlossen und dem Grundstücke Nr. 47 zugeschrieben. Von diesem Sachstande — und zwar schon von dem Verkauf des Ackerplans der 9 Morgen 120 Quadratruten aus Lawica Nr. 13 A an Tr. Sch. — wurde aber in das Kataster nichts nachgetragen, und daraus erklärt es sich, daß nach ihm dieser Ackerplan, der inzwischen die Bezeichnung Parzelle Nr. 138 Kartenblatt I erhalten hatte, noch im Jahre 1880 zu Lawica Nr. 32 (der früheren Nr. 13 A) gehörte. So kam es, daß er auch bei der Zurückführung dieses Foliums auf das Kataster als ein Bestandteil von Nr. 32 mit aufgeführt wurde, während er in der katastermäßigen Bestandsangabe für Nr. 47 fehlte und daher auch bei der im Jahre 1882 erfolgten Zurückführung dieses Grundstücks auf das Kataster keine Aufnahme in das Grundbuch fand. Tatsächlich war dieser Ackerplan stets — seit dem Jahre 1864 — bei dem Grundstück Nr. 47 verblieben, im Besitze seiner Eigentümer gewesen und von ihnen als zu Nr. 47 gehörig bewirtschaftet worden. Auch die Klägerin, die das Grundstück Lawica Nr. 47 von dem Kaufmann N. im Jahre 1901 erwarb und aufgelassen erhielt und als Eigentümerin desselben eingetragen wurde, besaß den Plan und bewirtschaftete ihn.

Das Grundstück Lawica Nr. 32 wurde der beklagten Ehefrau im Wege der Erbteilung nach ihrer Mutter Anna S. von dem hinterbliebenen Witwer, ihrem Vater, und ihren Geschwistern durch Erbrezeß vom 12. November und 19. Dezember 1881, 28. Januar 1882 zugleich mit Lawica Nr. 35 überwiesen und durch Auflassung vom 28. Februar 1882 übereignet. Der mitbeklagte Ehemann wurde auf

Grund bestehender Gütergemeinschaft als Miteigentümer eingetragen. Sie belasteten das Grundstück mit einem Leibgedinge für ihren Vater (Abt. II Nr. 8), mit dem Muttererbteil ihrer Schwester Josefa zum Betrage von 132,43 ℳ (Abt. III Nr. 3) und später mit zwei Darlehnshypotheken von 4500 ℳ (Abt. III Nr. 7) und 2000 ℳ (Abt. III Nr. 8). Gegen sie wurde nun Klägerin mit dem Antrage klagbar:

sie zu verurteilen, von dem Grundstücke Lawica Nr. 32 die Katasterparzelle Kartenblatt I Nr. 138 in einer Größe von 2,4250 ha schulden- und lastenfrei an die Klägerin aufzulassen.

Dementsprechend erkannte auch der erste Richter. Die Beklagten legten Berufung ein, und in der Berufungsinstanz beantragte Klägerin zwar in erster Reihe die Zurückweisung der Berufung, stellte aber in zweiter Linie ihren Antrag dahin:

die Beklagten zu verurteilen, anzuerkennen, daß sie nicht Eigentümer der Fläche Kartenblatt I Nr. 138 seien, und darein zu willigen, daß diese Fläche frei von Hypotheken und Lasten von dem Grundbuche des Grundstücks Lawica Nr. 32 abgeschrieben werde.

Die Beklagten widersprachen auch diesem Antrage, erklärten aber durch ihren Prozeßbevollmächtigten vor dem Berufungsgerichte, daß sie im gegenwärtigen Prozeß nicht geltend machten, Eigentümer der Parzelle Nr. 138 zu sein, daß sie aber das Eigentum der Klägerin bestreiten müßten.

Der Berufungsrichter erkannte hierauf — das erste Urteil abändernd — dahin:

„Die Beklagten werden verurteilt, zuzustimmen, daß die Parzelle Nr. 138 des Kartenblattes I von Lawica vom Grundbuche Lawica Bd. II Bl. Nr. 32 abgeschrieben und zu Lawica Bl. Nr. 47 zugeschrieben wird, und zwar frei von den Eintragungen Abt. II Nr. 8 und Abt. III Nr. 3, 7, 8 des Grundbuches von Lawica Bl. Nr. 32. Mit der Mehrforderung wird die Klägerin abgewiesen."

Die hiergegen von den Beklagten eingelegte Revision wurde zurückgewiesen.

Aus den Gründen:

. . . „Der Berufungsrichter hat festgestellt, was auch unstreitig ist, daß die Beklagten die streitige Parzelle nicht besitzen, und daß weder sie noch seit 1864 ihre Vorbesitzer des Grundstücks Lawica

Nr. 32 sie jemals besessen haben. Er hat ferner festgestellt, daß diese Parzelle tatsächlich seit dem Jahre 1864, in welchem Jahre sie von den G.'schen Erben an Tr. Sch., den Besitzer von Lawica Nr. 47, verkauft und übergeben worden ist, bei diesem Grundstück verblieben, von den jeweiligen Eigentümern desselben besessen und bewirtschaftet worden ist. Unter diesen Eigentümern befand sich, wie ebenfalls festgestellt worden ist, ein gewisser M., der das Grundstück Lawica Nr. 47 durch Zuschlagsbescheid in der Zwangsversteigerung erworben hatte. Er veräußerte es im Jahre 1880 einschließlich der streitigen Parzelle an B., der auf Grund erteilter Auflassung als Eigentümer von Nr. 47 eingetragen wurde, und der dieses Grundstück und die Parzelle 10 Jahre lang redlich und ungestört im Besitz hatte. Auf Grund dieser Feststellung nimmt der Berufungsrichter an — und rechtlich ist dies nicht zu beanstanden —, daß B., wenn er nicht schon durch die Auflassung auch Eigentümer der streitigen Parzelle geworden sein sollte, das Eigentum an derselben durch Ersitzung nach §§ 579. 620 A.L.R. I. 9 erworben hat. Auch dies wird von der Revision nicht in Zweifel gezogen. Eine solche Ersitzung wäre allerdings durch § 6 des Grunderwerbsgesetzes vom 5. Mai 1872 ausgeschlossen, wenn die Isidor-S.'schen Eheleute, die Besitzvorgänger der Beklagten, die im Jahre 1880 eingetragene Eigentümer von Lawica Nr. 32 waren, auch Eigentümer der Parzelle gewesen wären, oder wenn sie das Grundstück Lawica Nr. 32, nachdem es bereits auf das Kataster zurückgeführt war, durch Auflassung erworben hätten. Letzteres ist nicht der Fall, da das Grundstück erst während ihrer Besitzzeit auf das Kataster mit der — wie oben bereits bemerkt — irrtümlichen Bestandsangabe, die die Eigentumsverhältnisse allein nicht ändern konnte, zurückgeführt worden ist, und Eigentümer der Parzelle waren die Isidor-S.'schen Eheleute nicht, wie der Berufungsrichter festgestellt hat. Sie haben sie auch niemals im Besitz gehabt.

Es ergibt sich somit, daß seit Zurückführung der Grundstücke Lawica Nr. 32 und Lawica Nr. 47 auf das Kataster, die in den Jahren 1880 und 1882 erfolgt war, eine Nichtübereinstimmung des Grundbuchs mit den wahren Eigentumsverhältnissen bestand. Denn während die streitige Parzelle, die inzwischen die Bezeichnung Kartenblatt 1 Nr. 138 erhalten hatte, in Wahrheit zu dem Grundstück

Lawica Nr. 47 gehörte, dessen Eigentümer B. sie auch durch Ersitzung erworben hatte, wurde sie bei der erwähnten Zurückführung nicht als Bestandteil dieses Grundstücks, sondern als Bestandteil von Lawica Nr. 32 aufgeführt. Wie dies gekommen ist, ist bereits im Tatbestand erwähnt. Rechtlich folgt aus dieser Sachlage, daß B. befugt gewesen wäre, von den Isidor-S.'schen Eheleuten, als den eingetragenen Eigentümern von Lawica Nr. 32, die Zustimmung zur Richtigstellung des Grundbuchs, d. h. zur Übertragung der Parzelle Nr. 138 von dem Folium ihres Grundstücks auf das Folium Lawica Nr. 47, zu verlangen. Diese Befugnis — der Anspruch auf Berichtigung des Grundbuchs — ist durch Veräußerung des Grundstücks Lawica Nr. 47 und der fraglichen Parzelle, sowie durch die auf Grund derselben erfolgte Auflassung auf den Erwerber, den Kaufmann N. (Vorbesitzer der Klägerin), im Jahre 1893 übergegangen. Insoweit hat auch der Berufungsrichter, der hierfür zutreffend auf die Judikatur des Reichsgerichts (Entsch. in Zivils. Bd. 46 S. 230, und Gruchot's Beitr. Bd. 45 S. 945. 946) Bezug nimmt, kein Bedenken. Daß auch die Beklagten, obwohl sie das Grundstück Lawica Nr. 32 durch Auflassung im Jahre 1882 erworben haben, den Berichtigungsanspruch gegen sich gelten lassen mußten, ergibt sich sowohl daraus, daß sie zugleich Universalrechtsnachfolger der Isidor-S.'schen Eheleute sind, wie auch aus der vom Berufungsrichter bedenkenfrei getroffenen Feststellung, daß bei der an sie erfolgten Auflassung weder die Veräußerer den Willen hatten, ihnen auch Eigentum an der streitigen Parzelle zu übertragen, noch auch sie selbst den Willen hatten, Eigentum an ihr zu erwerben.

Das Bedenken des Berufungsrichters ist nun aber dieses, ob in gleicher Weise, wie dies die Rechtsprechung des Reichsgerichts für das bisherige Recht angenommen hat, auch in einer Auflassung, die nach dem Inkrafttreten des Bürgerlichen Gesetzbuchs erfolgt ist, eine Übertragung des Berichtigungsanspruchs gefunden werden kann. Das Reichsgericht habe dies, so meint der Berufungsrichter, in zwei unter der Herrschaft des neuen Rechts ergangenen Urteilen (Entsch. in Zivils. Bd. 53 S. 410 und Bd. 59 S. 294) verneint, und der Berufungsrichter sucht nun auszuführen, daß gleichwohl auch für das heute geltende Recht an der bisherigen Rechtsauffassung festzuhalten sei. Letzteres ist richtig; aber darin kann dem Berufungsrichter nicht beigetreten werden, daß der erkennende Senat des Reichsgerichts in dem Urteil vom 7. Februar 1903 (Entsch. Bd. 53 S. 410), oder daß der VII. Senat des Reichsgerichts in dem Urteile vom 13. Dezember 1904 (Entsch. Bd. 59 S. 294) für einen Fall, wie er hier vorliegt, das Gegenteil angenommen habe. Denn diese beiden Urteile beschäftigen sich mit der Frage, ob zugleich mit und durch die Auflassung der Berichtigungsanspruch des Veräußerers auf Richtigstellung der Bestandsangaben des Grundstücks auf den Erwerber mitübertragen worden sei, überhaupt nicht. Sie sprechen nur aus, was namentlich in dem Erkenntnis des VII. Zivilsenats besonders betont wird, daß durch Abtretung des Berichtigungsanspruchs allein der Übergang dinglicher Rechte, soweit dieser die Einigung der Berechtigten und die Eintragung der Rechtsänderung in das Grundbuch voraussetzt (§ 873 B.G.B.), nicht herbeigeführt werden kann, weil es für das Liegenschaftsrecht an einer Bestimmung fehlt, wie sie für das Fahrnisrecht in § 931 B.G.B. rücksichtlich der Abtretung des Herausgabeanspruchs erlassen ist. Dies ist auch richtig. Aber in Fällen, wie er hier vorliegt, handelt es sich nicht um eine bloße Abtretung des Berichtigungsanspruchs, sondern um die Wirkungen der Auflassung und der auf Grund derselben erfolgten Eintragung des neuen Eigentümers nach der Richtung hin, ob dieser nunmehr auch legitimiert sein soll, einen dem Veräußerer zustehenden Berichtigungsanspruch auf Richtigstellung der Bestandsangaben im Grundbuche des ihm aufgelassenen Grundstücks geltend zu machen. Dies ist, wie nach bisherigem, so auch nach heutigem Recht anzunehmen, vorausgesetzt natürlich, daß dem Veräußerer ein Berichtigungsanspruch zustand, und daß nach Lage der Sache darüber, daß er nach Absicht der an der Auflassung Beteiligten auf den neuen Eigentümer übergehen sollte, kein Zweifel sein kann. Diese Voraussetzungen sind im vorliegenden Falle bedenkenfrei festgestellt; liegen sie aber vor, so vollzieht sich die Übertragung des Berichtigungsanspruchs nicht durch eine bloße Zession, sondern sie vollzieht sich durch die Auflassung, und ist auf Grund derselben die Eintragung des neuen Eigentümers im übrigen erfolgt, so ist dieser nunmehr zur Geltendmachung des Berichtigungsanspruchs legitimiert. Daß nur mit diesem Ergebnis dem praktischen Bedürfnis Genüge geleistet werden kann, liegt auf der Hand; andernfalls wäre überhaupt nicht abzusehen, wie einem unberechtigten Widerspruche gegenüber die Nichtübereinstimmung des Grundbuchs mit der wirklichen Rechtslage beseitigt werden sollte. Der hier vertretene Standpunkt findet übrigens auch in der Theorie für das heutige Recht namhafte Vertreter (Turnau u. Förster, Liegenschaftsrecht 2. Aufl. Bd. 1 S. 242, und Biermann, Widerspruch und Vormerk. S. 102; auch der Planck'sche Kommentar, 3. Aufl. Bem. III, 3 zu § 894 B.G.B., scheint ihn nach der Schlußbemerkung dieser Note zu teilen)." ...

---

77. Sind die Voraussetzungen des Widerrufs einer vor dem 1. Januar 1900 erklärten und vollzogenen Schenkung wegen Undanks nach den Vorschriften des Bürgerlichen Gesetzbuchs, oder nach dem älteren Recht zu beurteilen, wenn der Widerruf erst nach dem Inkrafttreten des Bürgerlichen Gesetzbuchs erfolgt und auf Tatsachen gestützt wird, die sich nach diesem Zeitpunkt ereignet haben?

VI. Zivilsenat. Urt. v. 25. Januar 1906 i. S. P. Wwe. (Kl.) w. P. (Bekl.). Rep. VI. 452/05.

I. Landgericht Dresden.
II. Oberlandesgericht daselbst.

Aus den Gründen:

... „Die Voraussetzungen des Widerrufs einer Schenkung wegen Undanks sind nach dem Rechte zu beurteilen, dem die Schenkung selbst untersteht, und zwar auch dann, wenn die Tatsachen, die das Widerrufsrecht begründen sollen, erst nach dem Inkrafttreten des Bürgerlichen Gesetzbuchs sich ereignet haben.

So auch Habicht, Die Einwirkung des B.G.B. ꝛc 3. Aufl. § 30 S. 263; Dernburg, Schuldverhältnisse 3. Aufl. 2. Abt. § 209 unter IV; Fuchs, in Gruchot's Beiträgen Bd. 44 S. 15.

Das Widerrufsrecht beruht auf der Erwägung, daß der Schenker die Schenkung nicht vorgenommen haben würde, wenn er das Verhalten des Beschenkten hätte voraussehen können. Die Schenkung ist von vornherein mit diesem Widerrufsrecht belastet; es wohnt ihr von Gesetzes wegen der Vorbehalt inne, daß der Schenker sie bei Eintritt gewisser Umstände widerrufen kann. Dieses Recht bildet daher einen Bestandteil des Rechtsgeschäftes selbst; es entsteht nicht erst mit den den Widerruf begründenden Tatsachen, sondern wird durch diese nur ausgelöst, wie sich auch daraus ergibt, daß auf das Widerrufsrecht nicht verzichtet werden kann, bevor der Undank dem Widerrufsberechtigten bekannt geworden ist. Es ist somit zufolge der Vorschrift des Art. 170 Einf.-Ges. zum B.G.B. in seinen Voraussetzungen nur nach den Gesetzen zu beurteilen, die bei der Vornahme der Schenkung gegolten haben. Die gegenteilige Auffassung würde zu der — allerdings von der Revision vertretenen, aber — offenbar unzutreffenden Ansicht führen, daß eine Schenkung, die nach dem zur Zeit ihrer Vornahme in Geltung gewesenen Recht überhaupt nicht widerrufen werden konnte, dem im Bürgerlichen Gesetzbuche geregelten Widerrufsrechte unterliegen würde. Der Umstand, daß das Widerrufsrecht auf Erwägungen sittlicher Natur beruht, rechtfertigt noch nicht die Anwendung des neuen Rechts (vgl. das Urteil des erkennenden Senats in den Entsch. des R.G.'s in Zivils. Bd. 46 S. 178 flg.), und zwar um so weniger, als auch das ältere Recht von gleichen sittlichen Anschauungen getragen war. Zwingendes Recht enthalten die im Bürgerlichen Gesetzbuche über den Widerruf von Schenkungen gegebenen Vorschriften nur im § 533, dessen Tatbestand aber hier nicht in Frage ist." ...

---

78. Ergreift die in § 558 B.G.B. bestimmte sechsmonatige Verjährung der Ersatzansprüche des Vermieters wegen Veränderungen oder Verschlechterungen der vermieteten Sache nur die auf Gesetz, oder auch die auf Vertrag beruhenden Ersatzansprüche?

III. Zivilsenat. Urt. v. 26. Januar 1906 i. S. Stadtgemeinde B. (Kl.) w. L. (Bekl.). Rep. III. 258/05.

I. Landgericht Halle a. S.
II. Oberlandesgericht Naumburg a. S.

Die Stadtgemeinde B. hatte durch Vertrag vom 14. Juni 1871 das ihr gehörige Rittergut Gr. an den Amtmann L. verpachtet und in § 27 des Vertrages mit ihm vereinbart, daß die auf dem Gutsareal stehenden Bäume und Sträucher in derjenigen Zahl, welche Pächter bei der Übergabe überkommen habe, zurückzugeben seien, für jeden fehlenden Baum oder Strauch aber, zu dessen Beseitigung die Genehmigung der Verpächterin nicht nachgewiesen werden könne, nach Wahl derselben eine Entschädigung von 5 bzw. 2 Taler zu zahlen oder die doppelte Wertstaxe zu entrichten sei. Als das Pachtverhältnis zu Johannis 1903 sein Ende erreicht hatte, brachte die Stadtgemeinde ihrem Pächter für fehlende Bäume und Sträucher 4880 ℳ in Ansatz und erhob auf deren Zahlung im Mai 1904 Klage gegen ihn. Die von dem Beklagten gegen diese Klage vorgeschützte Einrede der sechsmonatigen Verjährung nach § 558 B.G.B. wurde von beiden Vorinstanzen für durchschlagend erachtet, und die Revision der Klägerin zurückgewiesen.

Aus den Gründen:

„Mit Recht hat das Berufungsgericht zunächst dem Klaganspruch von 4880 ℳ gegenüber die Einrede der sechsmonatigen Verjährung nach § 558 B.G.B. für durchschlagend erachtet. Dasselbe geht davon aus, daß Art. 169 Einf.-Ges. zum B.G.B. nicht nur die im allgemeinen Teil des letzteren enthaltenen, sondern auch die für einzelne Schuldverhältnisse gegebenen besonderen Verjährungsvorschriften für die im übrigen nach altem Recht zu beurteilenden Ansprüche zur Geltung bringe, mithin auch im vorliegenden Falle die Anwendung des § 558 B.G.B. auf das im übrigen dem preußischen Allgemeinen Landrecht unterliegende Pachtverhältnis begründe. Das Berufungsgericht hat weiter erwogen, daß der angeführte § 558 Ersatzansprüche des Vermieters oder Verpächters jeder Art betrifft, mögen sie nun auf gesetzlicher Vorschrift beruhen, oder nach Grund und Betrag durch besondere Vertragsbestimmung, wie im gegenwärtigen Falle, festgestellt sein. Die Vorinstanz führt endlich aus, daß hier nicht etwa, wie die Klägerin geltend macht, ein Ersatzanspruch für die zurückzugebenden Bäume als selbständige Vertragsobjekte, sondern lediglich ein Ersatzanspruch wegen Verschlechterung des Pachtgutes in Frage stehe, insofern die Bäume und Sträucher lediglich als dessen Bestandteile im Vertrage in Betracht gezogen seien.

Diese Ausführungen sind durchweg zutreffend und werden auch durch den von der Revision dagegen erhobenen Angriff nicht erschüttert.

Dieselbe wiederholt im wesentlichen den von der Klägerin bereits in den Vorinstanzen erhobenen Einwand, daß die Verjährung des § 558 nur die auf Gesetz, d. h. die auf Verletzung der gesetzlichen Obhutpflicht des Mieters, beruhenden, nicht aber die durch Vertrag und durch Verletzung vertragsmäßiger Verpflichtungen des Mieters begründeten Ersatzansprüche des Vermieters treffe. Es ergebe sich dies namentlich aus der im § 558 enthaltenen Gegenüberstellung des erwähnten Ersatzanspruchs des Vermieters mit dem gesetzlichen Ersatzanspruch des Mieters wegen Verwendungen. Dabei sei auch zu beachten, daß der § 27 des vorliegenden Pachtvertrages allgemein die Ersatzpflicht bezüglich der fehlenden Bäume, und nicht etwa bloß, wie die Vorinstanz annehme, die Höhe des zu leistenden Ersatzes feststelle. Allein weder aus dem Wortlaut noch aus dem Zweck des fraglichen § 558 ist zu entnehmen, daß derselbe sich nur auf gesetzliche Ersatzansprüche bezieht. Im Gegenteil ist, wie auch die Vorinstanz bemerkt, schon bei der Kommissionsberatung des jetzigen § 558 (s. Protokolle II S. 194) zum Ausdruck gekommen, daß die kurze Verjährung des § 558 für alle Ersatzansprüche gelten müsse, also auch für die auf Eigentum oder unerlaubte Handlung gegründeten. Es ist auch in der Tat nicht abzusehen, inwiefern eine andere, als die hier geordnete Verjährung Platz greifen soll, wenn die Haftpflicht des Mieters für Veränderungen und Verschlechterungen durch Vertrag über das gesetzliche Maß hinaus erweitert wird. Insbesondere trifft der Zweck des Gesetzes, die Mietparteien zu einer möglichst raschen Feststellung derartiger Ersatzansprüche zu veranlassen, auch bei vertragsmäßigen Ansprüchen dieser Art zu, was im vorliegenden Falle um so weniger zu bezweifeln ist, als gerade der § 27 des Pachtvertrages offensichtlich den gleichen Zweck verfolgt." ...

79. 1. Kann Schadensersatz verlangt werden, wenn durch Verschulden des Spediteurs der Verkäufer zwar seinen Anspruch auf den Kaufpreis rechtlich nicht verloren hat, ihn aber nunmehr erst im Wege des Prozesses erstreiten mußte?

2. Kann mit der Klage gegen den ersatzpflichtigen Vertragsgegner auch derjenige Schaden geltend gemacht werden, welchen nicht

der Kläger, sondern vertragsdritte Personen, für deren Rechnung er tätig geworden ist, durch den Vertragsbruch erlitten haben?

I. Zivilsenat. Urt. v. 29. Januar 1906 i. S. S. & K. (Kl.) w. D. (Bekl.). Rep. I. 363/05.

I. Landgericht Düsseldorf.
II. Oberlandesgericht Köln.

Die Klägerin machte aus eigenem Rechte und aus Zession ihres Spediteurs, H. & Co. in Antwerpen, die Beklagte dafür verantwortlich, daß sie als Unterspediteur der genannten Firma für die Strecke von Düsseldorf bis zu den Ablieferungsorten es verschuldet habe, daß zwei Partien Pitchpineholz, welche die Klägerin aus Nordamerika importiert und an zwei Abnehmer in Düsseldorf und Soest verkauft hatte, bei der Ablieferung zwischen den beiden Käufern verwechselt, infolge davon von diesen nicht abgenommen und nicht bezahlt worden seien. Der Kaufpreis für beide Partien betrug 1696,85 *M*. Diesen Betrag mit 5 Prozent Zinsen seit dem Klagantrage klagte die Klägerin von der Beklagten als Schadensersatz ein. Die Beklagte stützte die Bitte um Klagabweisung u. a. auf die Verteidigung, daß nach Maßgabe des § 447 B.G.B. der Klägerin überhaupt kein Schaden entstanden, weil Erfüllungsort Hamburg gewesen, und deshalb der Transport nach den Ablieferungsorten auf Gefahr der Käufer gegangen sei. Beide Instanzgerichte erachteten diese Verteidigung des Beklagten für durchgreifend. Auf Revision der Klägerin ist dies mißbilligt worden aus folgenden

Gründen:

„Das Berufungsgericht gelangt, ohne die Klagebegründung im übrigen zu prüfen, zur Zurückweisung der Berufung gegen das die Klage abweisende Urteil der ersten Instanz aus dem Grunde, weil durch die Verwechselung der Hölzer der Klägerin kein Schaden entstanden sei. Dies wird darauf gestützt, daß Erfüllungsort für die beiden Verkäufe an die Firmen T. in Barmen-Rittershausen und H. in Soest, in Ermangelung einer abweichenden Vereinbarung, nach § 269 B.G.B. Hamburg als Wohnsitz und Ort der gewerblichen Niederlassung der Klägerin gewesen sei, daß bei diesem Sachverhalt gemäß § 447 das. die Gefahr mit der Auslieferung des verkauften Holzes an den Spediteur auf die Käufer übergegangen, und daß eine Haftung der Klägerin für die Handlungen der Beklagten auch nicht aus der hier unanwendbaren Vorschrift des § 278 das. zu folgern sei. Die Klägerin habe daher trotz der Verwechselung den Anspruch auf Erfüllung gegen die Käufer behalten; sie könne von ihnen Zahlung des Kaufpreises verlangen.

Insoweit es sich nur um die Annahme handelt, daß die Klägerin durch die Verwechselung des Holzes ihren Anspruch auf Zahlung des Kaufpreises nicht verloren habe, ist die Begründung ohne Bedenken. Weder die Feststellung, daß Hamburg Erfüllungsort gewesen sei, läßt einen Rechtsirrtum erkennen, noch sind die daraus nach § 447 B.G.B. gezogene Folgerung und die Verneinung einer Haftung der Klägerin aus § 278 das. rechtlich zu beanstanden. Rechtsirrtümlich dagegen ist die Ansicht des Berufungsgerichts, daß hierdurch bereits die Abweisung der Klage gerechtfertigt sei. Dieser Schluß beruht auf zu enger Auslegung des Schadensbegriffes.[1]

Geklagt ist auf Schadensersatz in Höhe des Fakturapreises. Die Meinung der Klägerin ist dabei offenbar die, daß sie diesen Betrag von ihren Käufern als Kaufpreis erhalten haben würde, wenn das Holz von der Beklagten richtig abgeliefert und nicht verwechselt worden wäre. Es steht fest, daß die Käufer nicht bezahlt haben, und wenigstens behauptet von der Klägerin und deshalb zu unterstellen ist, daß die Käufer die Zahlung dauernd weigern aus dem Grunde, weil ihnen statt des gekauften Holzes anderes geliefert sei, und daß bisher die Versuche einer gütlichen Erledigung gescheitert sind. Anstatt glatt eingegangener Kaufpreisforderungen würde nach diesen Behauptungen die Klägerin auf bestrittene Ansprüche angewiesen sein, auf Zahlungen, die sie erst im Prozeßwege von den widerstrebenden Käufern erzwingen müßte. Auch dies wäre ein Schaden, den die Klägerin erlitten, und dafür kann sie, wenn ihr die Beklagte für die vorgekommene Verwechselung des Holzes verantwortlich ist, von dieser Ersatz verlangen. Die Ersatzpflicht geht in erster Linie auf Wiederherstellung des früheren Zustandes (§ 249 B.G.B.); eine Wiederherstellung mit dem Erfolge, daß tatsächlich das richtige Holz an den richtigen Käufer zu richtiger Zeit und an

[1] Vgl. übrigens S. 192 dieses Bandes. D. R.

richtigem Ort abgeliefert sein würde, ist natürlich nicht möglich; möglich aber ist die Wiederherstellung in dem Sinne, daß die Beklagte der Klägerin das verschafft, was sie gehabt haben würde, wenn jene Ablieferung richtig geschehen wäre, also, wenn die Behauptungen der Klägerin zutreffen, den anstandslosen Eingang der Kaufgelder. Diesen Ersatz kann die Klägerin fordern, auch wenn ihr der Rechtsanspruch auf die Kaufgelder geblieben ist. Die Beklagte darf von der Klägerin nicht verlangen, daß sie sich zunächst im Wege des Prozesses an ihren Käufern zu erholen versuche; sie darf sich auch den Folgen ihres schuldhaften Verhaltens nicht dadurch entziehen, daß sie sich auf das Rechtsverhältnis zwischen der Klägerin und ihren Käufern beruft, über welches in diesem Verfahren gar nicht entschieden werden kann. Für ihr eigenes Verschulden ist die Beklagte in erster Linie selbst verantwortlich. Allerdings ist dieser Ersatzanspruch nicht unbedingt. Voraussetzung dafür ist, wie schon aus dem bisher Ausgeführten folgt, daß die Käufer, wenn die Verwechselung des Holzes nicht vorgekommen wäre, keinen anderen Grund gehabt hätten, die Zahlung des Kaufpreises zu verweigern. In dieser Richtung würde die Behauptung der Beklagten von Bedeutung sein, daß das Holz zum Teil nicht vertragsmäßig, die Sendungen nicht vollständig gewesen seien. Für die Beweisfrage müßte aber auch geprüft werden, ob nicht gerade durch die Verwechselung und ihre Folgen der Klägerin die Möglichkeit genommen worden sei, die Vertragsmäßigkeit der Sendungen darzutun. Weiter aber kann die Klägerin selbstverständlich nicht die Entschädigung von der Beklagten verlangen und daneben ihre Ansprüche gegen die Käufer behalten; vielmehr muß sie diese Ansprüche gegen Leistung der Entschädigung abtreten und dadurch die Beklagte in die Lage bringen, ihrerseits gegen die Käufer vorzugehen. Dabei wird zu erwägen sein, inwiefern es dem Klagebegehren entgegenstände, wenn infolge des Verhaltens der Klägerin solche Ansprüche zurzeit nicht mehr vorhanden gewesen wären.

Die Klägerin steht nur mit der Firma H. & Co., nicht mit der Beklagten im Vertragsverhältnis. Daraus ist aber nichts Entscheidendes gegen die Klage zu entnehmen, wenn die Firma H. & Co., was behauptet ist, ihre Rechte gegen die Beklagte aus dem mit ihr geschlossenen Speditionsvertrag auf die Klägerin übertragen hat. Denn es ist ein anerkannter Satz, insbesondere des Handelsrechts, daß der

Beauftragte, der für fremde Rechnung, aber im eigenen Namen abschließt, beim Bruche des Vertrages durch den Mitkontrahenten von diesem Ersatz des Schadens verlangen kann, nicht nur wie er ihm persönlich, sondern auch weiter, wie er seinem Auftraggeber erwachsen ist.

Vgl. Entsch. des R.G.'s in Zivils. Bd. 58 S. 42 flg.

Ein solcher Fall liegt hier vor, da die Firma H. & Co. zur teilweisen Ausführung ihres von der Klägerin erhaltenen Speditionsauftrages die Beklagte als Unterspediteur angenommen hat. Wie demnach die Firma H. & Co. gegen ihre Vertragsgegnerin, die Beklagte, auch das Interesse der Klägerin geltend machen könnte, so kann es auf Grund der Zession die Klägerin nun selbst tun. Dieser Gesichtspunkt führt aber, wie die Revision mit Recht bemerkt hat, noch weiter. Auch für den Verkäufer, der nach § 447 B.G.B. die gekaufte Ware auf Verlangen des Käufers nach einem anderen Orte als dem Erfüllungsorte versendet und zu diesem Behufe mit dem Frachtführer oder Spediteur im eigenen Namen abschließt, muß man der Ansicht bewährter Autoren beipflichten, daß er mit seiner Kontraktsklage zugleich die Interessen der Käufer verfolgen könne.

Vgl. Staub, Kommentar zum Handelsgesetzbuche 6. u. 7. Aufl. Anm. 54 zu § 382 (S. 1405), Anm. 20 zu § 383 (S. 1420), Anm. 20 zu § 408 (S. 1478); Düringer u. Hachenburg, Handelsgesetzbuch Bd. 3 S. 58/59 Nr. 4a.

Es liegt in der Konsequenz dieser Auffassung, daß dann auch in einem Falle, wo es sich, wie hier, um mehrere hintereinander stehende Beteiligte handelt, derjenige, welcher auf Grund des Vertrages zur Erhebung des Entschädigungsanspruchs gegen den fehlsamen Vertragsgegner berechtigt ist, mit der Klage auch die sämtlichen vorgehenden Interessen, soweit sie nebeneinander bestehen können, geltend machen darf. Und selbstverständlich darf dies auch sein Zessionar." ...

---

80. Bedarf die Vollmacht zum Abschließen des Vertrags über die Veräußerung oder den Erwerb des Eigentums an einem Grundstücke der im § 313 Satz 1 B.G.B. vorgeschriebenen Form?

V. Zivilsenat. Urt. v. 29. Januar 1906 i. S. O. (Kl.) w. R. (Bekl.). Rep. V. 310/05.

I. Landgericht Naumburg a. S.
II. Oberlandesgericht daselbst.

Durch notariellen Vertrag vom 21. Juli 1904 verkaufte der Bankier F. als Bevollmächtigter der Klägerin an den durch den Bankier W. vertretenen Beklagten einen Grundstücksteil für 6933,48 ℳ. Der Kaufpreis sollte Zug um Zug gegen die schuld- und lastenfreie Auflassung Mitte Oktober 1904 gezahlt werden. Die Klägerin klagte auf Entgegennahme der Auflassung gegen Zahlung des Kaufpreises.

Der Beklagte verlangte Abweisung der Klage, weil W. keine formgerechte Vollmacht zum Kaufe gehabt habe. Er leitete dies aus folgendem Sachverhalte her: F. und W. waren ermächtigt, das Grundstück der Klägerin zu parzellieren. Es waren schriftliche Kaufbedingungen aufgesetzt worden. Es sollten Gebote abgegeben, und dabei die Preise nach Einheiten von 25 a berechnet werden. Die Bieter sollten bis zum 1. August 1904 gebunden sein. Nach dem Zuschlage sollten die Kaufverträge notariell geschlossen werden. Der Beklagte bot privatschriftlich auf eine 2 ha 10 a 39 qm große Parzelle 800 ℳ pro 25 a. Demnächst unterschrieb der Beklagte ein Schriftstück, wonach er dem W. und dem Kaufmann C. die bis zum 31. Juli 1904 unwiderrufliche Vollmacht erteilte, sein Gebot als Kaufvertrag zu notariellem Protokolle zu erklären, bzw. nach erfolgtem Zuschlage den notariellen Kaufvertrag abzuschließen. Der Beklagte war der Ansicht, daß diese Vollmacht der im § 313 Satz 1 B.G.B. vorgeschriebenen Form bedurft hätte, weil er dadurch bis zum 31. Juli 1904 an den Kauf gebunden sein sollte.

Die Klage wurde ab-, die Berufung der Klägerin zurückgewiesen. Die Revision der Klägerin hatte Erfolg.

Aus den Gründen:

„Der Berufungsrichter wendet den § 313 B.G.B. auf einen Fall an, auf den er nicht paßt. Der § 313 bezieht sich nur auf das die Veräußerung des Eigentums an einem Grundstücke betreffende Hauptgeschäft, nicht aber auf ein Hilfs- oder Nebengeschäft, wie z. B. auf Vollmacht oder Auftrag.

Vgl. Entsch. des R.G.'s in Zivils. Bd. 54 S. 75, Rep. V. 65/05, 395/03.

Die Vollmacht (§ 167 Abs. 2 B.G.B.) und der Auftrag sind, auch wenn sie auf den Erwerb oder die Veräußerung von Grundeigentum gerichtet sind, an keine Form gebunden. Mit Unrecht beruft der Berufungsrichter sich für seine abweichende Ansicht auf das in den Entsch. Bd. 50 S. 163 ff. abgedruckte Urteil des erkennenden Senats; denn damals handelte es sich nicht um eine Vollmacht zum Abschließen eines Grundstücksveräußerungsvertrages, sondern um einen in die Form einer Parzellierungsvollmacht gekleideten Vertrag über die Veräußerung des Eigentums an einem Grundstücke, um einen Vertrag, in dem Leistungen des angeblichen Vollmachtgebers und Gegenleistungen des angeblich Bevollmächtigten einander gegenüberstanden, und der Widerruf der angeblichen Vollmacht unter eine Vertragsstrafe gestellt war. Der angeblichen Vollmacht lag ein Rechtsgeschäft zugrunde, nämlich ein Veräußerungsgeschäft, und daher konnte der Widerruf nach § 168 Satz 2 B.G.B. ausgeschlossen werden, freilich mit Rechtswirkung nur, wenn das Rechtsgeschäft die Form des § 313 wahrte.

Vgl. Entsch. des R.G.'s in Zivils. Bd. 50 S. 169, Bd. 54 S. 79.

Ganz anders geartet ist der vorliegende Fall. Die Tatbestände der Vorderurteile ergeben nicht den geringsten Anhalt dafür, daß zwischen W. und dem Beklagten irgendein Rechtsverhältnis bestand, das der Vollmacht, den Vertrag in notarieller Form zu erklären, hätte zugrunde liegen können. Nach den Tatbeständen handelt es sich um eine abstrakte Vollmacht, und eine solche ist stets widerruflich, die etwa beigefügte Unwiderruflichkeitsklausel ohne rechtliche Bedeutung. Die Vollmacht ist nach den Feststellungen des Berufungsrichters nicht widerrufen worden, und der Beklagte muß daher den in Ausführung der Vollmacht von W. für ihn mit der Klägerin geschlossenen Vertrag erfüllen." ...

---

81. Erstreckt sich die Rechtskraft eines dem § 304 Z.P.O. gemäß erlassenen Zwischenurteils auf die Frage, ob nicht ein Teil des auf Schadensersatz gerichteten Anspruchs nach § 57 Abs. 4 des Krankenversicherungsgesetzes von 1892, bzw. nach § 54 des Invalidenversicherungsgesetzes von 1899 oder nach § 140 Gew.-U.V.G. von 1900 auf eine Krankenkasse, Versicherungsanstalt oder Berufsgenossenschaft übergegangen sei?

VI. Zivilsenat. Urt. v. 29. Januar 1906 i. S. K. (Kl.) w. Gr. Berl. Straßenbahn (Bekl.). Rep. VI. 178/05.

I. Landgericht I Berlin.
II. Kammergericht daselbst.

In dieser Sache, in welcher das Reichsgericht früher über den Grund des Anspruchs die in Bd. 56 S. 154 flg. dieser Sammlung unter Nr. 38 abgedruckte Entscheidung erlassen hatte, wurde darauf vom Berufungsgerichte durch Urteil vom 29. Januar 1904 der Klaganspruch dem Grunde nach zu einem Viertel für berechtigt erklärt, während zu drei Vierteln die Klage abgewiesen wurde. Dieses Urteil wurde rechtskräftig. Sodann erkannte das Landgericht über den Betrag jenes Viertels; auf Berufung der Beklagten setzte das Kammergericht ihn aber erheblich herab. Auf Revision des Klägers ist dieses Urteil aufgehoben, und die Berufung der Beklagten zurückgewiesen worden, aus den folgenden

Gründen:

... „Das Kammergericht hat die fraglichen Beträge deshalb dem Kläger aberkannt, weil der Anspruch auf die 82,50 ℳ Heilungskosten nach § 57 Abs. 4 des Krankenversicherungsgesetzes vom 10. April 1892 auf eine Krankenkasse, und der Anspruch auf Jahresrente in Höhe von je 148,80 ℳ nach § 140 Gew.-U.V.G. auf eine Berufsgenossenschaft übergegangen sei, es dem Kläger also insoweit an der Aktivlegitimation fehle. Zunächst hat hierbei das Kammergericht im Sinne von § 554 Abs. 2 Nr. 3 Z.P.O. in der Fassung von 1898 insofern prozessual verstoßen, als es unterstellt, daß der Kläger eine Unfallrente in Höhe von 148,80 ℳ von irgendeiner Berufsgenossenschaft beziehe, während dies gar nicht behauptet war, vielmehr die Parteien darüber einverstanden waren, daß der Kläger in Anlaß seines Unfalles seit dem 15. August 1901 eine jährliche Invalidenrente von 148,80 ℳ von der Landesversicherungsanstalt Berlin beziehe. Indessen würde dieser Umstand nicht zur Aufhebung des Berufungsurteils in dem entsprechenden Umfange haben führen können, da sich eine dem § 140 Gew.-U.V.G. vom $\frac{30. \text{Juni}}{5. \text{Juli}}$ 1900 ... ganz entsprechende Bestimmung über den Übergang der gegen Dritte begründeten gesetzlichen Schadensersatzansprüche auch in § 54 des Invalidenversicherungsgesetzes vom $\frac{13.}{19.}$ Juli 1899 findet, und daher insoweit nach § 563 Z.P.O. Anlaß zur Aufrechthaltung des vorigen Urteils gegeben gewesen wäre. Inwieweit ferner etwa ein Aufhebungsgrund darin gefunden werden könnte, daß der Übergang des Rentenanspruches in Höhe von 148,80 *M* allein daraufhin angenommen worden ist, daß unter den Parteien feststand, der Kläger beziehe eine Invalidenrente in dieser Höhe, während es doch nach § 54 des Invalidenversicherungsgesetzes (und entsprechend nach § 140 Gew.-U.V.G.), anders als nach § 57 Abs. 4 des Krankenversicherungsgesetzes, eigentlich nicht hierauf, dagegen darauf ankommt, daß der Verletzte zum Bezuge einer Invalidenrente (bzw. einer Unfallrente) berechtigt sei, kann dahingestellt bleiben. Denn das Berufungsurteil ist in seinem ganzen Umfange deshalb unhaltbar, weil es gegen die Rechtskraft der Entscheidung vom 29. Januar 1904, daß der erhobene Klaganspruch dem Grunde nach zu einem Viertel berechtigt sei, verstößt. Auch bei der Frage, ob ein gesetzlicher Schadensersatzanspruch nach den Bestimmungen der Versicherungsgesetze auf eine Kasse oder Anstalt 2c ganz oder teilweise übergegangen sei, handelt es sich um den Grund, nicht um den Betrag des Anspruchs; soweit der Kläger infolge eines solchen Überganges nicht aktiv legitimiert ist, ist ihm der Anspruch auch dem Grunde nach teilweise abzusprechen, wenn auch eben nur dem Grunde nach, also durch Hinzufügung einer Einschränkung zu dem gemäß § 304 Z.P.O. ergehenden Zwischenurteile. Daher muß der Beklagte schon in dem Verfahren über den Grund die betreffende Einwendung, wenn er sie nicht verlieren will, vorbringen, bzw. der Richter, wenn er überhaupt Anlaß dazu hat, schon in diesem Verfahren darauf bezügliche Fragen stellen. Möglicherweise könnte in einem Falle wie dem vorliegenden, wo der Klaganspruch dem Grunde nach ohne jede Einschränkung rechtskräftig für berechtigt erklärt ist, unter Umständen einmal der § 767 Z.P.O. eingreifen; hier braucht darauf deshalb nicht weiter eingegangen zu werden, weil nach den Tatbeständen der in den vorigen Instanzen ergangenen Urteile schon feststeht, daß die Voraussetzung des Abs. 2 das., daß die Gründe der fraglichen Einwendungen erst nachträglich entstanden wären, hier nicht vorliegt.

Mithin mußte nach § 564 Abs. 1 Z.P.O. das angefochtene Urteil aufgehoben werden. Da gegen die im Berufungsurteile zugrunde gelegte, mit der vom Landgericht bewirkten übereinstimmende Bemessung der vollen Schadensersatzbeträge rechtliche Bedenken nicht zu erheben waren, so mußte nach § 565 Abs. 3 Nr. 1 Z.P.O. sofort in der Sache erkannt, und zwar die Berufung der Beklagten gegen das landgerichtliche Urteil zurückgewiesen werden." ...

---

82. Kann, wenn eine Berufsgenossenschaft auf Grund von § 136 Gew.-U.V.G. vom $\frac{30. \text{Juni}}{5. \text{Juli}}$ 1900 von einem Betriebsunternehmer ꝛc Ersatz dessen fordert, was sie einem bei ihr versicherten Arbeiter oder dessen Hinterbliebenen gewähren muß, ihr der Einwand entgegengesetzt werden, daß der Arbeiter den erlittenen Unfall selbst verschuldet habe? Kann ein solcher Ersatzanspruch auch dann erhoben werden, wenn der Betriebsunternehmer ꝛc im Strafverfahren von der Anklage, die Körperverletzung, bzw. den Tod des verletzten Arbeiters fahrlässig oder durch qualifizierte Fahrlässigkeit veranlaßt zu haben, freigesprochen worden ist?

VI. Zivilsenat. Urt. v. 29. Januar 1906 i. S. J. (Bekl.) w. Ziegelei-Berufsgenossenschaft (Kl.). Rep. VI. 177/05.

I. Landgericht Offenburg.
II. Oberlandesgericht Karlsruhe.

Im September 1903 verunglückte in einer Lehmgrube der Ziegeleiarbeiter G. tötlich, indem er von einer niedergehenden Lehmwand erschlagen wurde. Die Ziegelei-Berufsgenossenschaft in Berlin, bei welcher der Verunglückte versichert war, forderte auf Grund von § 136 Gew.-U.V.G. vom $\frac{30. \text{Juni}}{5. \text{Juli}}$ 1900 von dem Beklagten, der den Grubenbetrieb geleitet hatte, Erstattung dessen, was sie den Angehörigen des G. bereits gewährt habe und noch gewähren müsse, obwohl der Beklagte in dem wider ihn wegen fahrlässiger Tötung eingeleiteten Strafverfahren freigesprochen worden war.

Der Klaganspruch wurde in erster und zweiter Instanz dem Grunde nach für berechtigt erklärt; die Revision des Beklagten blieb ohne Erfolg, aus folgenden

Gründen:

„Das Berufungsgericht sieht in Übereinstimmung mit der ersten Instanz als erwiesen an, daß der Beklagte in der von seinem Vater erpachteten Lehmgrube die Stellung eines Betriebsleiters eingenommen hat, und stellt fest, daß bis zu dem Unfalle unter Duldung des Beklagten und mitunter auf seine besondere Anregung die Lehmgewinnung regelmäßig in der Weise stattgefunden hat, daß Lehmwände unterhöhlt und dann durch von oben eingetriebene Keile von der Bergwand abgetrennt wurden. Dieses Verfahren sei, so führt das Berufungsgericht weiter aus, nach den in der Grube bestehenden Verhältnissen für die Arbeiter gefährlich gewesen und habe gegen die Vorschriften der badischen Verordnung vom 25. August 1890, die Anlage und den Betrieb von Steinbrüchen und Gräbereien betreffend (Gesetz- und Verordn.-Bl. S. 527 flg.), sowie gegen die von der klagenden Berufsgenossenschaft erlassenen Unfallverhütungsvorschriften verstoßen. Das habe der Beklagte gewußt; er habe auch die durch das Verfahren bedingte Gefahr erkennen müssen und tatsächlich erkannt.

Sein Verhalten stelle sich danach als Außerachtlassung derjenigen Aufmerksamkeit dar, zu welcher er vermöge seines Berufs verpflichtet gewesen wäre. Es sei auch für den Tod G.'s kausal geworden. Allerdings bilde es nicht die einzige Ursache des Unfalls, da hierzu vielmehr der Umstand mitgewirkt habe, daß G. unternommen habe, den zur Stützung der unterhöhlten Wand stehen gelassenen Pfeiler wegzuhacken, und dies den alsbaldigen Niedergang der unterhöhlten Lehmmassen verursacht habe. Die Fahrlässigkeit des Beklagten sei aber ein Glied in der Reihe der für den Unfall kausal gewordenen Umstände, da, wenn er nicht die oben angegebene Art der Lehmgewinnung geduldet und gefördert hätte, die hier in Frage stehende Wand nicht unterhöhlt worden, und ein Verfahren, wie es G. eingeschlagen hat, unmöglich gewesen wäre.

In rechtlicher Beziehung nimmt das Berufungsgericht an, es stehe dem Klaganspruch der Umstand nicht entgegen, daß der Beklagte in dem wider ihn eingeleiteten Strafverfahren von der Anklage der fahrlässigen Tötung des G. freigesprochen worden ist; auf das eigene Verschulden des letzteren könne sich der Beklagte gegenüber dem auf § 136 Gew.-U.V.G. vom $\frac{30.\text{ Juni}}{5.\text{ Juli}}$ 1900 gestützten Anspruche der Klägerin nicht berufen. Die gegen diese Ausführungen von der Revision erhobenen Angriffe sind nicht begründet.

Das gesetz- und verbotswidrige Verhalten des Beklagten hat,

wie das Berufungsgericht mit Recht annimmt, erst diejenige Sachlage geschaffen, durch welche ein unvorsichtiges Gebahren, wie es G. betätigt hat, ermöglicht wurde; es lag auch keineswegs außerhalb desjenigen Verlaufs der Dinge, mit dem der Beklagte rechnen mußte, daß ein Arbeiter, um die Absprengung einer unterhöhlten Lehmwand zu erleichtern, dazu verschreiten werde, den zu deren Stützung belassenen Pfeiler wegzuhacken oder durch dagegen geführte Schläge zu lockern. Das Vorgehen des G. war daher kein Ereignis, durch welches der ursächliche Zusammenhang zwischen der ungehörigen Abbauweise, die unter Billigung des Beklagten in der von ihm geleiteten Grube eingerissen war, und dem eingetretenen Unfalle unterbrochen worden wäre.

Zutreffend sind auch die Erwägungen, aus denen die Vorinstanzen den Einwand des Beklagten, daß G. durch eigene Unvorsichtigkeit den Unfall herbeigeführt habe, für unbeachtlich angesehen haben. Abweichend von der Vorschrift in § 140 Gew.-U.V.G., der von der Haftung dritter, in den §§ 135. 136 nicht bezeichneter Personen handelt und in gewissem Umfange den Übergang der den entschädigungsberechtigten Personen erwachsenen Ansprüche auf die Berufsgenossenschaften vorschreibt, ist diesen in § 136 gegenüber den dort benannten Personen ein selbständiger Anspruch verliehen, der unmittelbar für die Berufsgenossenschaften kraft Gesetzes entsteht. Sie sollen unter den in § 136 bezeichneten Voraussetzungen von diesen Personen Ersatz derjenigen Aufwendungen verlangen dürfen, welche ihnen infolge des rechtswidrigen Verhaltens dieser Personen erwachsen sind. Bei dieser rechtlichen Konstruktion kommt es im Verhältnis zwischen den Berufsgenossenschaften und den regreßpflichtigen Personen nur darauf an, welche Leistungen den ersteren nach dem Gesetze gegenüber dem Verunglückten oder seinen Hinterbliebenen obliegen; soweit eigenes Verschulden des Verunglückten für die Verpflichtungen der Berufsgenossenschaft unberücksichtigt zu bleiben hat (§ 8 Gew.-U.V.G.), kommt es auch für den der Genossenschaft zu leistenden Ersatz nicht in Betracht.

Beizutreten war aber auch der Vorinstanz bezüglich derjenigen Frage, welche den Hauptstreitpunkt der Parteien gebildet hat, ob nämlich der Ersatzanspruch der Klägerin dadurch ausgeschlossen wird, daß der Beklagte in dem wider ihn eingeleiteten Strafverfahren von der Anklage, durch Außerachtlassung der Aufmerksamkeit, zu der er vermöge seines Amts und Berufs besonders verpflichtet war, den Tod des G. herbeigeführt zu haben, freigesprochen worden ist.

Das Unfallversicherungsgesetz vom 6. Juli 1884 gab den Berufsgenossenschaften das Recht, für alle Aufwendungen, welche sie auf Grund dieses Gesetzes infolge eines Unfalls gemacht hatten, Ersatz von denjenigen Betriebsunternehmern, Bevollmächtigten oder Repräsentanten, Betriebs- oder Arbeiteraufsehern zu fordern, gegen welche durch strafgerichtliches Urteil festgestellt war, daß sie den Unfall vorsätzlich oder durch Fahrlässigkeit mit Außerachtlassung derjenigen Aufmerksamkeit herbeigeführt hatten, zu der sie vermöge ihres Amts, Berufs oder Gewerbes besonders verpflichtet waren. Diese strafrichterliche Feststellung bildete somit die einzige Tatsache, von deren Vorhandensein der Ersatzanspruch abhing; die Ersatzpflicht des Betriebsunternehmers und der übrigen im Gesetz benannten Personen war ohne weiteres gegeben, wenn diese Feststellung vorlag, und sie bestand andererseits auch nur in diesem Falle.

In der ersteren Richtung ist auch für die Berufsgenossenschaften, obwohl sie im ersten Satze des § 136 Abs. 1 nicht miterwähnt sind, nach dem zweiten Satze eine Änderung des bisherigen Rechtszustandes durch das Gewerbe-Unfallversicherungsgesetz vom 30. Juni 1900 nicht eingetreten; dagegen sollen nach den Bestimmungen in § 136 Abs. 1 Satz 2 dieses Gesetzes die mehrfach genannten Personen jetzt der Genossenschaft für deren Aufwendungen „auch ohne Feststellung durch strafgerichtliches Urteil“ haften. Unzweifelhaft ist hiernach der Anspruch der Genossenschaft nicht mehr schon dann ausgeschlossen, wenn gegen den Betriebsunternehmer rc. unter der Beschuldigung, den Unfall vorsätzlich oder durch qualifizierte Fahrlässigkeit (§§ 222 Abs. 2. 230 Abs. 2 St.G.B.) verursacht zu haben, ein strafgerichtliches Verfahren überhaupt nicht eingeleitet worden ist, weil entweder der Unfall nicht zur Kenntnis der zuständigen Behörden gekommen ist, oder die zur Entscheidung über die Strafverfolgung berufenen Behörden aus rechtlichen oder tatsächlichen Erwägungen keinen genügenden Anlaß zur Erhebung der öffentlichen Klage gefunden haben (§§ 168 flg. St.P.O.). Das gleiche ist aber nicht bloß in den Fällen, wo es aus anderen Gründen nicht zur Eröffnung des Hauptverfahrens gekommen ist (§§ 178 flg. 201 flg. St.P.O.), sondern selbst dann anzunehmen, wenn das Hauptverfahren eröffnet, der Angeklagte aber aus tatsächlichen oder rechtlichen Gründen freigesprochen worden ist, und es begründet insoweit auch keinen Unterschied, ob das Strafgericht Umstände, die den Tatbestand der dem Angeklagten beigemessenen strafbaren Handlung bilden, bloß für nicht genügend erwiesen erachtet hat, oder zu der Überzeugung gelangt ist, daß diese ganz oder zum Teil nicht gegeben seien, wie dies im vorliegenden Falle geschehen ist, in dem das Strafgericht zwar eine qualifizierte Fahrlässigkeit des jetzigen Beklagten festgestellt, aber angenommen hat, daß der Kausalzusammenhang zwischen seinem Verhalten und dem Tode des G. durch dessen eigene Unvorsichtigkeit unterbrochen worden sei.

Die Vorschrift im zweiten Satze des § 136 Abs. 1 umfaßt bei ihrer allgemeinen Fassung alle Fälle, in denen eine strafgerichtliche Feststellung, daß der Betriebsunternehmer 2c den Unfall vorsätzlich oder durch Fahrlässigkeit mit Außerachtlassung derjenigen Aufmerksamkeit, zu der er vermöge seines Amts, Berufs oder Gewerbes besonders verpflichtet war, herbeigeführt habe, nicht vorliegt, und dies trifft auch dann zu, wenn das strafgerichtliche Urteil zugunsten des Angeklagten eine direkte Feststellung des oben bezeichneten Inhalts enthält. Wenn durch die vorstehend angenommene Auslegung die Möglichkeit geschaffen wird, daß die zivilrichterliche Entscheidung mit derjenigen des Strafgerichts in Widerspruch tritt, so ist damit nur diejenige Gestaltung hergestellt, welche nach der Bestimmung in § 14 Abs. 2 Ziff. 1 Einf.-Ges. zur Z.P.O. überhaupt die Regel bildet, und der Umstand, daß dies nur bei einem dem Betriebsunternehmer 2c günstigen Ausgang des Strafverfahrens, nicht für den entgegengesetzten Fall gelten soll, bietet keinen zureichenden Grund zu einer aus dem Wortlaut nicht zu entnehmenden Auslegung der in Rede stehenden Bestimmung des § 136.

Auch deren Entstehungsgeschichte bietet dazu keinen Anlaß.

Der dem Reichstag (X. Legislaturperiode, 1. Session 1898—1900) vorgelegte Entwurf des Gewerbe-Unfallversicherungsgesetzes schlug nach der hier in Betracht kommenden Richtung eine Änderung des bisherigen Rechtszustandes nicht vor. In der Reichstagskommission wurde bei der ersten Lesung ein Antrag gestellt, die Betriebsunternehmer 2c, dafern sie den Unfall vorsätzlich oder durch Fahrlässigkeit mit Außerachtlassung derjenigen Aufmerksamkeit, zu der sie vermöge ihres Amts, Berufs oder Gewerbes besonders verpflichtet seien, herbeigeführt hätten, gegenüber den Genossenschaften (und Krankenkassen) für deren Aufwendungen haftbar zu machen; zugleich sollte bestimmt werden, daß, wenn dieser Sachverhalt durch strafgerichtliches Urteil festgestellt sei, diese Entscheidung für das über den Anspruch erkennende ordentliche Gericht bindend sein solle (Bericht Nr. 703a S. 142 flg.). Es sollte also die Ersatzpflicht des Unternehmers ꝛc, sofern er den Unfall vorsätzlich oder durch qualifizierte Fahrlässigkeit verursacht habe, immer bestehen, und für den Zivilrichter nur die dem Betriebsunternehmer ꝛc ungünstige strafgerichtliche Feststellung bindend sein. Geltend gemacht wurde, es solle der Regreßanspruch der Berufsgenossenschaft von der strafgerichtlichen Verfolgung des schuldigen Betriebsunternehmers unabhängig gemacht werden. Es sei für die Vorstände eine überaus unerwünschte Zwangslage, wenn sie genötigt wären, um die ihnen pflichtmäßig obliegenden Ersatzansprüche geltend zu machen, zuvor eine strafgerichtliche Verfolgung des Genossenschaftsmitgliedes ꝛc herbeizuführen; mindestens müsse das bei den durch Fahrlässigkeit herbeigeführten Unfällen Platz greifen. Lasse man dieses Erfordernis fallen, so sei freiere Bewegung für ein gütliches Abkommen zwischen der Genossenschaft und dem Unternehmer gegeben.

Der Antrag wurde indes nicht angenommen, vielmehr eine Fassung des § 96 des damaligen Unfallversicherungsgesetzes vorgeschlagen, nach welcher, wie bisher, Voraussetzung des Regreßanspruchs der Genossenschaft sein sollte, daß gegen den Unternehmer durch strafgerichtliches Urteil festgestellt sei, daß er den Unfall vorsätzlich oder durch qualifizierte Fahrlässigkeit herbeigeführt habe.

Vgl. Bericht S. 144 und die §§ 96. 96a in den Vorschlägen der Kommission in der dem Berichte beigegebenen Zusammenstellung (S. 113. 115).

Erst in der Plenarberatung ist durch die Abgeordneten Opfergelt und Genossen beantragt worden, in das Gesetz diejenigen Bestimmungen aufzunehmen, welche jetzt den Inhalt der Sätze 2, 3 u. 4 des ersten Absatzes von § 136 des Gesetzes bilden (Nr. 857 der Drucksachen der obenbezeichneten Reichstagssession). Dieser Antrag ist in der Reichstagssitzung vom 25. Mai 1900 (Sitzungsberichte S. 5779) angenommen worden, ohne daß eine sachliche Debatte, die über die Bedeutung und Tragweite des Antrages Aufschluß gäbe, stattgefunden hat.

Hiernach muß an derjenigen Auslegung festgehalten werden, die, wie oben dargelegt ist, sich als die dem Wortlaute des Gesetzes entsprechende darstellt." ...

---

83. 1. Unter welchen Voraussetzungen hat der durch eine unerlaubte Handlung Beschädigte für ein mitwirkendes Verschulden seines gesetzlichen Vertreters oder der für ihn handelnden Hilfspersonen auf Grund der in § 254 Abs. 2 B.G.B. am Schlusse ausgesprochenen Verweisung auf § 278 B.G.B. einzustehen?

2. Zur Anwendung des § 254 B.G.B. auf die aus dem Reichshaftpflichtgesetze entspringenden Schadensersatzansprüche.

VI. Zivilsenat. Urt. v. 29. Januar 1906 i. S. Halberstadt-Blankenburger Eisenbahngesellschaft (Bekl.) w. R. (Kl.). Rep. VI. 175/05.

I. Landgericht Braunschweig.
II. Oberlandesgericht daselbst.

Die damals dreijährige Klägerin stürzte am 14. April 1903 aus einem Durchgangswagen der Eisenbahn während der Fahrt auf der Strecke Blankenburg-Halberstadt der verklagten Gesellschaft heraus, geriet zwischen die Schienen und erlitt eine schwere Verletzung der rechten Hand. Sie machte durch ihren Vater als gesetzlichen Vertreter für den ihr entstandenen Schaden die Beklagte verantwortlich. Ihrer Klage wurde in den beiden vorderen Instanzen entsprochen. Die Revision der Beklagten ist zurückgewiesen worden.

Aus den Gründen:

... „Daß von einem eigenen Verschulden des dreijährigen Kindes wegen dessen mangelnder Zurechnungsfähigkeit nicht die Rede sein kann, ist von dem Berufungsgericht in Anlehnung an die Rechtsprechung des Reichsgerichts zutreffend ausgeführt worden. Die dieser Anschauung entgegenstehende Rechtsansicht, daß das eigene Verschulden nach § 254 B.G.B. in jeder Hinsicht rein objektiv zu nehmen sei, und es auf die subjektiven Voraussetzungen des schuldhaften Handelns in der Person des Verletzten nicht ankomme, ist vom erkennenden

Senat bereits in wiederholten Entscheidungen verworfen worden (Entsch. Bd. 59 S. 22; Jurist. Wochenschr. 1906 S. 55 Nr. 6); das Gericht verbleibt bei dieser Auffassung.

Die Beklagte sucht den Einwand des eigenen Verschuldens der Klägerin nun anderweit auf das nach den Feststellungen des Berufungsgerichts unzweifelhaft gegebene Verschulden der Mutter des Kindes durch unachtsame Beaufsichtigung des letzteren unter Berufung auf die im Schlußsatze des § 254 Abs. 2 B.G.B. ausgesprochene Verweisung auf § 278 B.G.B. zu stützen; in der Revisionsinstanz sucht sie insbesondere auszuführen, daß es sich um die Verletzung einer vertragsmäßigen Verpflichtung aus dem Transportvertrage durch die Mutter als Hilfsperson des Kindes handle, so daß aus diesem Gesichtspunkte die Anwendung des § 278 B.G.B. begründet sei. Allein diese Annahme scheitert schon an dem Umstande, daß als Gegenkontrahent der Beklagten für den geschlossenen Transportvertrag nicht die Klägerin, sondern allein deren Mutter anzusehen ist, die ihre eigene entgeltliche und daneben auf Grund des § 11 Abs. 2 der Eisenbahn-Verkehrsordnung vom 26. Oktober 1899 die unentgeltliche Beförderung des Kindes vereinbart hatte. Diese hatte durch den Ankauf ihrer Fahrkarte zugleich das Recht auf die Beförderung des Kindes, jedoch ohne besonderen Platz, gegen die Eisenbahn erworben. Daß die Mutter in diesem Vertrage auch eine Verpflichtung zur Beaufsichtigung des Kindes während des Transportes der Beklagten gegenüber übernommen hatte, ist allerdings anzunehmen. Durch schuldhafte Verletzung dieser Vertragsverpflichtung hat sie sich der Beklagten verantwortlich gemacht und ihr das Recht gegeben, gegen sie — ganz oder zum Teil, je nach der Abwägung des beiderseits zu vertretenden Verschuldens nach Maßgabe der §§ 254. 276 B.G.B. — ihren Rückgriff zu nehmen. Wollte man des weiteren selbst der Revision nachgeben, daß das Kind neben der Mutter als zweite Gegenpartei der Beklagten für den Transportvertrag angesehen werden könnte, so würde doch die alsdann vom Standpunkte der Revisionsklägerin erforderliche Aufstellung eines Vertragsinhaltes dahin, daß das Kind, vertreten durch die Mutter, der Eisenbahn gegenüber die Verpflichtung übernommen hätte, sich durch die Mutter beaufsichtigen zu lassen, widersinnig erscheinen.

Es bleibt mithin nur die Frage übrig, ob die Anwendung des

§ 278 B.G.B. lediglich auf Grund der im Schlußsatze des § 254 Abs. 2 ausgesprochenen Verweisung auf diese Bestimmung auch ohne eine bestehende Vertragsverbindlichkeit einzutreten habe.

Diese Frage ist zu verneinen.[1] (Vgl. Entsch. des R.G.'s in Zivils. Bd. 55 S. 316, und Bd. 54 S. 404 und 407.)

Die Vorschrift des § 254 B.G.B. ist an und für sich zur Anwendung für alle Fälle einer Schadensersatzverpflichtung, mag diese aus Verträgen, oder aus unerlaubten Handlungen entstanden sein, bestimmt, wie sich aus ihrer Stellung im allgemeinen Teile des Rechts der Schuldverhältnisse ergibt. Die Bestimmung des § 278 B.G.B. begründet dagegen die Haftung eines Schuldners für das Verschulden seines gesetzlichen Vertreters und seiner Hilfspersonen nur, wenn diese in „Erfüllung einer Verbindlichkeit" gefehlt haben; sie setzt mithin ein bestehendes Schuldverhältnis voraus. Dies muß auch von der in § 254 Abs. 2 B.G.B. vorgesehenen „entsprechenden" Anwendung des § 278 B.G.B. gelten, sei es daß man für diese das Vorhandensein einer zu erfüllenden Verpflichtung auf seiten des Beschädigten und Ersatzberechtigten fordert, sei es daß man die Verweisung dahin versteht, daß überall, wo für den Schädiger und Ersatzpflichtigen § 278 B.G.B. Platz zu greifen habe, also auf seiner Seite eine zu erfüllende Verpflichtung vorlag und verletzt wurde, für das mitwirkende Verschulden auf der Seite des Beschädigten in gleicher Weise die Haftung für jene Personen einzutreten habe. Zwischen dem Schädiger und dem Verletzten bei einer unerlaubten Handlung besteht aber vor Begehung der letzteren auf keiner Seite irgendein Schuldverhältnis; erst durch die unerlaubte Handlung selbst treten sie zueinander in gewisse Rechtsbeziehungen: es ist auf der einen Seite ein Gläubiger-, auf der anderen Seite ein Schuldverhältnis, wenn der Schaden schon eingetreten ist, bereits entstanden, wenn er noch droht, doch im Entstehen begriffen, und aus diesem ursächlich begründeten Gläubigerverhältnis können nach den Grundsätzen von Treu und Glauben gewisse Diligenzpflichten gegen den anderen Teil für den Beschädigten abgeleitet werden, die in ausdrücklicher positiver Bestimmung hinsichtlich der Abwendung und Minderung des Schadens — der dritte in § 254 Abs. 2 B.G.B. herausgehobene Diligenzfall,

[1] Vgl. jedoch Nr. 27 S. 106 dieses Bandes. D. R.

der Hinweis des Schädigers auf die Gefahr eines ungewöhnlich hohen Schadens, kommt nach dem Gesagten für das Gebiet der unerlaubten Handlungen nicht wohl in Betracht — das Gesetz in Abs. 2 des § 254 B.G.B. dem Beschädigten dem Schädiger gegenüber auferlegt. Insoweit es sich daher um die Abwendung eines aus der bereits verursachten unerlaubten Handlung drohenden und um die Minderung eines daraus schon entstandenen Schadens handelt, stellen die bezeichneten gesetzlichen Diligenzpflichten nach § 254 Abs. 2 B.G.B. sich als Verpflichtungen gegenüber der Person des Schädigers im Sinne des § 278 B.G.B. dar, die dessen entsprechende Anwendung auch außerhalb des Gebietes der rechtsgeschäftlichen Verbindlichkeiten gestatten und rechtfertigen.

Eine Ausdehnung der Anwendung des § 278 B.G.B. im Gebiete der unerlaubten Handlungen über die bezeichnete Grenze hinaus auf jedes Verschulden von gesetzlichen Vertretern und Hilfspersonen, das auch nur zur Entstehung des Schadens (§ 254 Abs. 1 B.G.B.) mitgewirkt hat, kann nicht als richtig anerkannt werden. Die zu ihrer Stütze aufgestellten Sätze: jedermann sei verpflichtet, sich und seine Güter vor Schaden zu bewahren (Cosack), oder: jedermann habe die dem Normalmenschen obliegende Sorgfalt auf seine Person und sein Vermögen aufzuwenden, und deren Betätigung entspreche der „Erfüllung der Verbindlichkeit" in § 278 B.G.B. (v. Leyden), sind ohne Beweiskraft, da jene Verpflichtungen nur Verpflichtungen gegen die eigene Person, nicht gegen einen Dritten, also in Wirklichkeit nicht Verpflichtungen im juristischen Sinne, und jedenfalls nicht im Sinne des § 278 B.G.B., bedeuten. Diese Ausdehnung liegt auch nicht im Interesse der Billigkeit und Gerechtigkeit (Planck, B.G.B. 3. Aufl. Bem. 5 zu § 254), würde vielmehr eine auffallende Rechtsungleichheit zuungunsten des Beschädigten herbeiführen. Denn während auf der Seite des Schädigers für das Gebiet der unerlaubten Handlungen der Vertretene und Geschäftsherr für ein Verschulden seines gesetzlichen Vertreters, von der auf besonderen gesetzgeberischen Gedanken beruhenden Haftung der juristischen Personen für die unerlaubten Handlungen ihrer verfassungsmäßig berufenen Vertreter nach §§ 31. 89 B.G.B. abgesehen,

vgl. dazu Motive zum ersten Entw. des Bürgerlichen Gesetzbuchs Bd. 4 S. 1083flg., gar nicht, für die Handlungen und Unterlassungen von Hilfspersonen nur in den Grenzen des § 831 B.G.B. einzustehen hat, würde der Beschädigte bei einer solchen Anwendung des § 278 B.G.B. im Bereiche der unerlaubten Handlungen für die Versehen aller dieser Personen unbedingt einzutreten haben. Es muß deshalb genügen, daß der Schädiger gemäß §§ 840. 426 B.G.B. seinen Rückgriff gegen den Vertreter oder die Hilfsperson nehmen kann, deren Verschulden bei der Entstehung des Schadens ursächlich mitgewirkt hat.

Würde es sich daher im gegebenen Falle um die Abwendung des aus der ursächlich bereits gesetzten Handlung drohenden oder um die Minderung eines schon daraus entstandenen Schadens handeln, so würde die entsprechende Anwendung des § 278 B.G.B. auch ohne ein besonderes hinzutretendes Schuldverhältnis der Klägerin zu der Beklagten für begründet zu erachten sein. Auch daraus, daß im vorliegenden Falle nicht eine unerlaubte Handlung nach dem Bürgerlichen Gesetzbuche, sondern eine solche nach § 1 des Reichshaftpflichtgesetzes in Frage steht, würde ein Bedenken dagegen nicht zu entnehmen sein. In den Verhandlungen der zweiten Kommission zur Beratung des Bürgerlichen Gesetzbuchs über Art. 42 (24) des Einführungsgesetzes gab allerdings gerade die Aufstellung der Diligenzpflichten in § 254 Abs. 2 B.G.B. — vgl. Protokolle der zweiten Kommission (Spahn) Bd. 6 S. 594flg. — Anlaß zur Beanstandung der unbedingten Anwendung des § 254 auf den Rechtskreis des Reichshaftpflichtgesetzes. Der erkennende Senat hat jedoch, nachdem er zuerst in dem Urteil vom 24. November 1902 (Entsch. Bd. 53 S. 75flg.) und später in zahlreichen Entscheidungen die Anwendbarkeit des § 254 Abs. 1 B.G.B. für diesen Rechtskreis bejaht hatte, auch bereits in einem nach dem Reichshaftpflichtgesetze zu beurteilenden Falle (Jur. Wochenschr. 1905 S. 201 Nr. 4) für die Anwendung des Abs. 2 des § 254 sich ausgesprochen. Es wäre deshalb nur noch zu fragen, ob die Mutter der Klägerin als deren gesetzlicher Vertreter oder Hilfsperson zur Erfüllung jener Verbindlichkeiten zu erachten wäre. Allein es handelt sich im gegebenen Falle nicht um ein Verschulden der Mutter in bezug auf die Abwendung des ursächlich bereits gesetzten Schadens, sondern um ein mitwirkendes Verschulden hinsichtlich der Verursachung des Unfalles und des daraus entstandenen Schadens selbst. Als gesetzlicher Vertreter des Kindes würde im übrigen, wie das Berufungsgericht zutreffend angenommen hat, die Mutter im gegebenen Falle nicht anzusehen sein, da die im inneren Verhältnisse zu dem Kinde nach § 1634 B.G.B. ihr obliegende Sorge für die Person des Kindes ein nach außen wirkendes Vertretungsverhältnis nicht begründet. Ob sie als eine für die Diligenztätigkeit der erörterten Art bestellte Hilfsperson zu erachten wäre, kann dahingestellt bleiben." ...

---

84. 1. Verletzt der Richter, welcher dem verhafteten Schuldner den Offenbarungseid abnimmt, ohne daß derselbe ein ordnungsmäßiges Vermögensverzeichnis vorgelegt hat, die ihm einem Dritten gegenüber obliegende Amtspflicht?

2. Zum Begriff der Ordnungsmäßigkeit des Verzeichnisses.

3. Sind die Gerichte befugt, für Handlungen der Gerichtsvollzieher zu erhebende Gebühren niederzuschlagen?

III. Zivilsenat. Urt. v. 30. Januar 1906 i. S. N. (Bekl.) w. H. (Kl.). Rep. III. 261/05.

I. Landgericht Breslau.
II. Oberlandesgericht daselbst.

Der wegen Nichterscheinens in dem Termine zur Leistung des Offenbarungseides über sein Vermögen auf Anhalten der Klägerin, seiner Gläubigerin, verhaftete Restaurateur F. ließ sich dem Beklagten, welcher damals die Zwangsvollstreckungssachen beim Amtsgericht in B. leitete, zwecks Abnahme des Eides vorführen. Letzterer nahm den Eid ab und verfügte die Haftentlassung. In dem vom Schuldner bei der Eidesleistung vorgelegten Vermögensverzeichnis war außer einigen Kleidungsstücken und Gebrauchsgegenständen „100 *M* Forderungen" als sein Aktivvermögen aufgeführt. In der Folge erwirkte die Klägerin, nachdem sie von dem Inhalte des Vermögensverzeichnisses Kenntnis erhalten, und der Schuldner in dem auf ihren Antrag zwecks Angabe des Forderungsgrundes und Namhaftmachung der Schuldner angesetzten Termin wiederum ausgeblieben war, aufs neue Erlassung des Haftbefehls. F., abermals verhaftet, leistete darauf den Offenbarungseid unter Vorlegung eines Schriftstückes, welches bezüglich der oberwähnten Außenstände den Vermerk enthielt, daß es sich um ungefähr 100 M für Lebensmittel handle, er jedoch die näheren Angaben der Schuldner nicht machen könne, weil er dieselben dem Finanzier-Inkassobureau übergeben habe, woselbst er jährlich 12 M bezahlen solle, wozu er jetzt nicht imstande sei. Die Klägerin, welche Ersatz der für die zweite Verhaftung gezahlten Gebühr auf andere Weise nicht zu erlangen vermochte, forderte deren Erstattung vom Beklagten auf Grund der im § 839 B.G.B. getroffenen Vorschrift. Der Beklagte wurde in beiden Instanzen nach dem Klagantrag verurteilt. Seine Revision hatte keinen Erfolg.

Gründe:

„Die Ausführung des Berufungsgerichts, daß der Beklagte dadurch, daß er den im Auftrage der Klägerin verhafteten Restaurateur F., ohne auf die Ergänzung des von diesem vorgelegten, in betreff seiner Außenstände nur den Vermerk „100 M Forderungen" enthaltenden Vermögensverzeichnisses hinzuwirken, mit dem Offenbarungseide belegte und aus der Haft entließ, fahrlässig eine ihm der Klägerin gegenüber obliegende Amtspflicht verletzt hat, wird zu Unrecht von der Revision angegriffen mit dem Einwand, daß von einer sorgfältigen Prüfung, ob Grund und Beweismittel in betreff der Forderungen gemäß § 807 Z.P.O. angegeben sind, schon bei der Menge der sich in der Regel zusammendrängenden Termine nicht die Rede sein könne, daß aber auch der Richter davon ausgehen dürfe, daß die Partei selbst eventuell eine nähere Substantiierung des Verzeichnisses mit Leichtigkeit werde herbeiführen können, da die Schuldner keinen Grund hätten, nach Leistung des Eides die nähere Substantiierung des beschworenen Verzeichnisses abzulehnen. Nach Maßgabe des § 807 Z.P.O. ist der Schuldner verpflichtet, in betreff seiner Forderungen den Grund und die Beweismittel zu bezeichnen. Diese Verpflichtung nötigt ihn für den Fall, daß er zur Angabe des Grundes oder der Beweismittel sich außer Stande sieht, zur Bezeichnung des Hindernisses. Das ergibt sich als Selbstfolge aus dem seiner Verpflichtung unterliegenden Zweck, dem Gläubiger die Prüfung, ob er Zwangsvollstreckungsanträge bezüglich der Forderungen mit Erfolg stellen kann, zu ermöglichen. Ein Vermögensverzeichnis, welches in betreff der Forderungen Grund und Beweismittel nicht anführt, ohne die Nichtanführung zu begründen, ist daher, gleich dem Verzeichnis, in dem der Ort, an dem sich die benannten Sachen befinden, ohne Begründung nicht angegeben ist, als das vom Gesetz verlangte Verzeichnis nicht zu erachten. Die Vorlegung des ordnungsmäßigen Vermögensverzeichnisses ist Vorbedingung der Eidesleistung in der Weise, daß das Gericht zur Eidesabnahme nicht schreiten darf, solange solches nicht vorliegt; denn der dem Gläubiger durch § 807 Z.P.O. gewährte Prozeßanspruch hat die Verpflichtung des Schuldners, die Richtigkeit des Vermögensverzeichnisses durch assertorischen Eid zu bestätigen, zum Inhalt. Die Verletzung der Amtspflicht, welche dem Beklagten sonach zur Last fällt, gereicht ihm zur Fahrlässigkeit nicht minder in dem Falle, daß er an dem Tage, an dem der Schuldner die Eidesabnahme beantragte, eine sehr erhebliche Zahl von Offenbarungseiden abzunehmen hatte. Auch bei nur oberflächlicher Prüfung des kurz gehaltenen Vermögensverzeichnisses war der ihm anhaftende Mangel nicht zu übersehen.

Verfehlt ebenso ist der weitere, aus der Nichtanwendung des § 839 Abs. 3 B.G.B. entnommene Einwand. Die Reichsgesetzgebung hat die Gerichtsvollziehergebühren von den übrigen Gerichtsgebühren ausgeschieden und durch besonderes Gesetz geregelt. Aus der durch § 6 G.K.G. den Gerichten bezüglich der letztgenannten Gebühren beigelegten Befugnis der Niederschlagung kann daher die gleiche Befugnis bezüglich der erstgenannten Gebühren auch dann nicht abgeleitet werden, wenn von dem in § 24 Abs. 2 der Gebührenordnung für Gerichtsvollzieher vorgesehenen Vorbehalt bundesstaatlicherseits Gebrauch gemacht ist, und den Gerichtsvollziehern eine anderweitige Vergütung gewährt wird. Die Klägerin war daher nicht in der Lage, den Schaden durch Gebrauch eines Rechtsmittels abzuwenden." ...

---

85. 1. Ist ein Rechtsverhältnis nur in seiner Gesamtheit zum Gegenstande eines Schiedsvertrages geeignet?

2. Wird die Gültigkeit eines Schiedsspruchs dadurch ausgeschlossen, daß die Schiedsrichter nur eine Teilentscheidung, mit deren Erlassung sie ihre Tätigkeit beendigen wollten, getroffen haben?

Z.P.O. §§ 1025. 1026.

VII. Zivilsenat. Urt. v. 30. Januar 1906 i. S. kath. Kirchengem. in R. (Bekl.) w. R. (Kl.). Rep. VII. 213/05.

I. Landgericht Münster.
II. Oberlandesgericht Hamm.

Aus den Gründen:

... „Es bleibt hiernach noch die Frage übrig, ob der Schiedsspruch überhaupt als gültig anerkannt werden konnte. Muß dies verneint werden, so ist damit der Entscheidung des Berufungsrichters unter allen Umständen der Boden entzogen.

Es bedarf in dieser Richtung zuerst der Prüfung, ob ein Streit in dem Umfange, in welchem er der von den Schiedsrichtern getroffenen Entscheidung entspricht, sich zum Gegenstande eines Schiedsvertrages eignet, da, wenn dies zu verneinen wäre, schon daraus von selbst die Ungültigkeit des gefällten Spruches folgen würde. Nach den §§ 1025. 1026 Z.P.O. hat der im genannten Gesetze geregelte Schiedsvertrag eine „Rechtsstreitigkeit", ein streitiges „Rechtsverhältnis" zum Gegenstande. Aus der Anwendung des letztgenannten Ausdrucks folgt jedoch nicht, daß nur ein Rechtsverhältnis in seiner Totalität als zulässiger Gegenstand eines Schiedsvertrages gewollt wäre; vielmehr können auch Teile eines Rechtsverhältnisses nicht als ausgeschlossen betrachtet werden. Zu der gegenteiligen Auffassung, durch welche der Wert des Instituts der Schiedsgerichte eine erhebliche Minderung erleiden würde, nötigt der Wortlaut des Gesetzes nicht. Im vorliegenden Falle handelte es sich für die Schiedsrichter, soweit diese überhaupt tätig werden wollten, zuerst um die Frage, auf welche Summe der Hauptanspruch der Klägerin ursprünglich sich belief, und zwar als ein rechtsbegründeter, gegen Einreden gesicherter Anspruch, auf welchen nur noch gewisse, von den Schiedsrichtern nicht festgesetzte, Zahlungen anzurechnen waren. Die Entscheidung hatten die Schiedsrichter im Wege tatsächlicher Würdigung und durch Anwendung von Rechtsnormen auf die festgestellten Tatsachen zu gewinnen. Daß es sich dabei um eine Entscheidung über einen Teil eines streitigen Rechts, um die Entscheidung einer Rechtsstreitigkeit handelte, zu deren Herbeiführung ein Schiedsvertrag geschlossen werden konnte, ist nicht zu bezweifeln. Dasselbe gilt aber auch von dem zweiten Teile des Spruches, d. h.

von der Entscheidung über die Verzinslichkeit der Hauptforderung und den Anfangstag der Verzinsung als Elemente des im ganzen den Zinsanspruch darstellenden Rechtsverhältnisses. Zu einem Eingehen auf die Frage, ob die Existenz oder Nichtexistenz eines Tatumstandes als solchen sich zum Gegenstande eines Schiedsvertrages im Sinne der Zivilprozeßordnung eignet, bietet der vorliegende Fall keinen Anlaß (vgl. hierzu Jur. Wochenschr. von 1893 S. 424 Nr. 7).

Es fragt sich aber weiter, ob der hier gefällte Schiedsspruch nicht infolge davon wirkungslos ist, daß die Schiedsrichter eine geringere, als die ihnen tatsächlich gestellte Aufgabe gelöst, daß sie eine Entscheidung gefällt haben, die gerade dem Schiedsvertrage gegenüber nur als eine Teilentscheidung sich darstellte. Diese Frage hat von seiten des Berufungsgerichts eine ausreichende Würdigung nicht gefunden. Daß die inhaltliche Unvollständigkeit des Schiedsspruches leicht geheilt werden konnte, ist nicht ohne weiteres entscheidend; für einen Schluß a majori ad minus ist auch nicht unbedingt Raum gegeben. Es kommt in allen derartigen Fällen auf den den Schiedsvertrag beherrschenden Parteiwillen an, der nicht stets der gleiche ist. Derselbe muß vom Instanzrichter durch Auslegung ermittelt werden; also hat der Berufungsrichter dieser sich zu unterziehen." ...

---

86. Haben diejenigen Baptistengemeinden, denen auf Grund des preußischen Gesetzes vom 7. Juli 1875 (G.S. S. 374) Korporationsrechte erteilt worden sind, im Bereich des preußischen Allgemeinen Landrechts Anspruch darauf, daß sie in Ermangelung eigener Begräbnisplätze die Kirchhöfe anderer Kirchengemeinden benutzen dürfen?

A.L.R. II. 11 § 189.

IV. Zivilsenat. Urt. v. 1. Februar 1906 i. S. Ev. Kirchengemeinde zu L. (Kl.) w. Prediger W. und Baptistengemeinde zu B. (Bekl.). Rep. IV. 365/05.

I. Landgericht Bochum.
II. Oberlandesgericht Hamm.

Die Baptistengemeinde zu B., deren Bezirk das Kirchdorf L. umfaßte, nahm für sich das Recht in Anspruch, die Leichen derjenigen

Baptisten, die in L. gestorben waren, auf dem Kirchhof der dortigen evangelischen Gemeinde beerdigen zu dürfen. In Ausübung dieses angeblichen Rechts beerdigte der Prediger der Baptistengemeinde W. die Leichen zweier Kinder, deren Eltern Baptisten waren und in L. wohnten, auf jenem Kirchhof mit liturgischen Feierlichkeiten. Die Klägerin, welche Eigentümerin des Kirchhofs war, fand hierin eine Beeinträchtigung ihres Eigentums, erhob gegen den Prediger W. und gegen die Baptistengemeinde Klage und beantragte, 1. beide Beklagte zu verurteilen, anzuerkennen, daß sie nicht berechtigt seien, von ihr die Duldung der Beerdigung eines Baptisten auf ihrem Kirchhof zu fordern, 2. dem Prediger W. bei Vermeidung einer für jeden Fall der Zuwiderhandlung gerichtlich festzusetzenden Strafe zu untersagen, den der Klägerin gehörenden Friedhof in seiner Eigenschaft als Prediger zu betreten und dort kirchliche Funktionen auszuüben.

In erster Instanz wurde nach dem Klagantrage erkannt. Beide Beklagte legten Berufung ein und beantragten, die Klage abzuweisen. Es wurde der Berufung des Beklagten W. stattgegeben, und die gegen ihn gerichtete Klage abgewiesen, im übrigen dagegen erkannt:

„die verklagte Baptistengemeinde wird verurteilt, anzuerkennen, daß sie nicht berechtigt ist, von der klagenden Kirchengemeinde die Duldung der Beerdigung eines Baptisten auf ihrem Kirchhof zu fordern".

Hiergegen wurde von den unterlegenen Parteien Revision eingelegt. Die Revision der Klägerin ward zurückgewiesen; auf die Revision der verklagten Baptistengemeinde dagegen wurde das Urteil des Berufungsgerichts, soweit es sie betraf, aufgehoben, und die gegen sie gerichtete Klage abgewiesen.

Gründe:

„Das preußische Allgemeine Landrecht, dessen Bestimmungen über die Benutzung von Kirchhöfen zufolge Art. 133 Einf.-Ges. zum B.G.B. in der vorliegenden Streitsache anzuwenden sind, geht davon aus, daß Kirchhöfe oder Gottesäcker und Begräbnisplätze, die zu den einzelnen Kirchen gehören, der Regel nach im Eigentum der Kirchengesellschaft stehen (§ 183 Tl. II Tit. 11); es berücksichtigt jedoch auch die Möglichkeit, daß der Friedhof der politischen Gemeinde gehört (§ 190 a. a. O.). In dem letzteren Falle hat (zufolge § 190) jedes Mitglied der Gemeinde ohne Unterschied der Religion Anspruch auf das Begräbnis daselbst. Steht der Friedhof im Eigentume einer

Kirchengemeinde, so kann zwar jedes Mitglied ein Recht auf bestimmungsmäßige Benutzung in Anspruch nehmen, auch dieses Recht im Prozeßwege verfolgen (vgl. Entsch. des R.G.'s in Zivils. Bd. 12 S. 280); aber andere Personen und auch fremde Kirchengesellschaften können kraft des Eigentumsrechts ausgeschlossen werden, sofern ihnen nicht ein Anspruch auf Mitgebrauch aus besonderen Rechtsgründen zukommt. Entsteht Streit hierüber, so ist im Prozeßwege zu entscheiden (vgl. Urt. des preuß. Gerichtshofs zur Entsch. der Kompetenzkonfl. vom 3. Juni 1854, Just.-Min.-Bl. S. 392). Gegen die Zulässigkeit der vorliegenden, auf § 1004 B.G.B. gestützten Klage ist daher nichts zu erinnern.

Ein Sonderrecht auf Mitbenutzung des in Rede stehenden Kirchhofs macht die beklagte Baptistengemeinde nicht geltend; wohl aber beruft sie sich darauf, daß ihr die Mitbenutzung gesetzlich freistehe, und zwar auf Grund des § 189 A.L.R. II. 11. Von den Gerichten der Vorinstanzen ist das nicht anerkannt, und demgemäß ist von dem Berufungsgericht der Klage gegen die Baptistengemeinde stattgegeben, während die Klage gegen den Prediger W. deshalb abgewiesen ist, weil dieser Beklagte ein Mitbenutzungsrecht für seine Person nicht in Anspruch nehme.

Die Entscheidung über die Revisionen hängt zunächst davon ab, ob der Anspruch der Baptistengemeinde begründet ist. Das aber muß bejaht werden.

Der § 189 A.L.R. II. 11 hat folgenden Wortlaut:

„Auch die im Staat aufgenommenen Kirchengesellschaften der verschiedenen Religionsparteien dürfen einander wechselweise, in Ermangelung eigener Kirchhöfe, das Begräbnis nicht versagen."

Über die hierbei in Betracht kommende, auch im vorliegenden Falle bedeutsame Frage, ob und in welcher Form die Mitwirkung eines Geistlichen und eine liturgische Feier bei dem Begräbnis eines fremden Konfessionsverwandten gestattet werden müsse, hat sich das preußische Staatsministerium in einem Beschluß vom 18. März 1844 ausgesprochen, und dieser Beschluß ist vom Minister der geistlichen Angelegenheiten den Regierungen durch Zirkular-Erlaß vom 30. Mai 1844 (Min.-Bl. f. d. J. V. S. 239) mitgeteilt worden. Die Einzelheiten brauchen indes nicht erwähnt zu werden; denn für Westfalen, in welcher die Provinz L. liegt, ist über jene Angelegenheit eine Königliche Verordnung vom 15. März 1847 (Ges.-Samml. S. 116) erlassen. Dieselbe lautet:

„Wir ... finden uns durch den auf dem 8. Westfälischen Provinzial-Landtage ausgesprochenen Wunsch Unserer getreuen Stände bewogen, auf den Antrag Unseres Staatsministeriums mit Rücksicht auf die Vorschrift des § 189 A.L.R. II. 11 für den ganzen Umfang der Provinz Westfalen und unter Aufhebung aller entgegenstehenden Verordnungen, Rechte und Gewohnheiten hierdurch zu verordnen:

daß die im Staate aufgenommenen Kirchengesellschaften der verschiedenen Religionsparteien einander wechselweise, in Ermangelung eigener Kirchhöfe, ein nach dem Religionsgebrauche des Verstorbenen, und unter Mitwirkung eines Geistlichen der Konfession, zu feierndes Begräbnis nicht versagen dürfen."

Es fragt sich danach, ob die Baptistengemeinde zu B. zu den „aufgenommenen Kirchengesellschaften" im Sinne des § 189 A.L.R. II. 11 und der Verordnung vom 15. März 1847 zu rechnen ist.

Das Allgemeine Landrecht unterscheidet in Tl. II. Tit. 11:

1. „die vom Staat ausdrücklich aufgenommenen Kirchengesellschaften" (§ 17), denen es „die Rechte privilegierter Korporationen" gibt und in §§ 18. 19 besondere Rechte zuweist; als das Allgemeine Landrecht erlassen wurde (1794), waren das zufolge § 1 des Religionsediktes vom 9. Juli 1788 (Rabe, Samml. preußischer Gesetze rc Bd. 1. Abt. 7 S. 726) die drei Hauptkonfessionen der Christlichen Religion, die Reformierte, Lutherische und Römisch-Katholische;

2. „geduldete" Kirchengesellschaften (§ 20), die „nur die Befugnis geduldeter Gesellschaften (Tit. 6 § 11 seq.)" genießen sollen, und von deren Verhältnissen in den §§ 22 bis 26) näher gehandelt wird; ihre Bildung erforderte zufolge § 21 die Genehmigung des Staats.

Unter „Kirchengesellschaften" im Sinne des Tl. II Tit. 11 A.L.R. ist nicht die Gesamtheit der betreffenden Konfession zu verstehen, sondern die einzelne Kirchengemeinde (vgl. Hinschius, Das preußische Kirchenrecht, Abdruck von Tl. II Tit. 11 aus der 8. Aufl. von Koch's Kommentar zum A.L.R., § 11 Anm. 25); eine Ansicht, die auch das Reichsgericht bereits gebilligt hat (Entsch. in Zivils. Bd. 12 S. 282).

Die vorstehende Unterscheidung war schon bei Erlassung des Landrechts nicht erschöpfend, da es Kirchengesellschaften gab (die Herrnhuter, die Böhmischen Brüder), die weitergehende Rechte als die der geduldeten Gesellschaften besaßen (vgl. Hinschius, a. a. O. Anm. 29 zu § 17; Jacobson, in der Zeitschr. für Kirchenrecht Bd. 1 S. 394 flg.). Noch weniger entspricht sie dem gegenwärtig geltenden Recht, besonders da zufolge Artt. 12. 13 der preußischen Verfassung vom 31. Januar 1850 das Erfordernis der staatlichen Genehmigung zur Bildung von Religionsgesellschaften gefallen, und nur noch die Schranke geblieben ist, daß Religionsgesellschaften, die keine Korporationsrechte haben, solche nur durch besondere Gesetze erlangen können, während sie sonst dem Vereinsrecht unterstehen. Gemäß Art. 13 der Verfassung sind die preußischen Gesetze vom 12. Juni 1874 (Ges.-Samml. S. 238) und vom 7. Juli 1875 (Ges.-Samml. S. 374) erlassen, durch die den Mennoniten- und den Baptistengemeinden die Möglichkeit gewährt ist, Korporationsrechte zu erlangen.

Trotz der weitgreifenden Veränderung ist jedoch der Begriff der „vom Staat ausdrücklich aufgenommenen" Kirchengesellschaft unberührt geblieben. Eine Änderung ist freilich auch hinsichtlich dieser Kirchengesellschaften eingetreten, da infolge der Kabinettsorder vom 27. September 1817 eine Vereinigung der Lutheraner und Reformierten zu einem einzigen Kirchenkörper angebahnt, und danach die evangelische preußische Landeskirche geschaffen ist. Seitdem haben im Bereiche des Allgemeinen Landrechts nur diejenigen evangelischen Gemeinden, die der Union beigetreten sind, und die katholischen Gemeinden, einschließlich der altkatholischen, die Stellung der öffentlichen Korporationen, alle anderen Kirchengemeinden dagegen nicht, auch wenn sie Korporationsrechte besitzen, und selbst wenn ihnen, wie den Herrnhutern und Altlutheranern, weitgehende Rechte verliehen sind. Es ist das in der Lehre kaum bestritten und in der Rechtsprechung wiederholt anerkannt worden.

Vgl. Entsch. des R.G.'s in Zivils. Bd. 26 S. 278 und die dortigen Nachweisungen; auch Eccius, Preußisches Privatrecht 6. Aufl. Bd. 4 § 283 II; Entsch. des preuß. Oberverw.-Ger. Bd. 33 S. 29, Bd. 36 S. 21.

Im Einklang hiermit wird in den Motiven zu dem preußischen Gesetz, betreffend die Verhältnisse der Mennoniten, vom 12. Juni 1874 hervorgehoben, daß die Korporationsrechte, deren Erteilung zulässig sein solle, „nicht die Rechte einer vom Staat anerkannten Religionsgesellschaft enthalten, so daß insbesondere die in den §§ 17 bis 19 A.L.R. II. 11 bezeichneten Begünstigungen, d. h. die Steuerfreiheit der gottesdienstlichen Gebäude, die sonstigen Privilegien der Kirchen, diejenigen Exemtionen und Vorrechte, welche die zur Feier des Gottesdienstes und zum Religionsunterrichte bestellten Personen der anerkannten Kirchen gleich den Staatsbeamten genießen, ausgeschlossen bleiben" (Drucks. des Herrenhauses 1873/74 Bd. 1 Nr. 39 S. 5). Ähnlich wird in den Motiven zu dem preußischen Gesetz, betreffend die Erteilung der Korporationsrechte an Baptistengemeinden, vom 7. Juli 1875 gesagt, es sei der Zweck des Gesetzes nur der, daß jene Gemeinden in den Stand gesetzt werden sollten, ihre Interessen im bürgerlichen Verkehr und vor Gericht wahrzunehmen und den Besitz des gemeinschaftlichen Vermögens sicher zu stellen (Drucks. des Herrenhauses 1875 Bd. 1 Nr. 26 S. 6).

Hiernach würde, wenn unter den in § 189 A.L.R. II. 11 bezeichneten Kirchengesellschaften die nämlichen verstanden werden müßten, die in § 17 desselben Titels gemeint sind, eine nicht zu der katholischen oder zu der evangelischen Landeskirche gehörende Kirchengemeinde sich nicht auf § 189 berufen können. Allein die beiden erwähnten Bestimmungen sind voneinander verschieden. Der § 17 hat die „vom Staat ausdrücklich aufgenommenen" Kirchengesellschaften zum Gegenstand; der § 189 redet von den „im Staat aufgenommenen Kirchengesellschaften der verschiedenen Religionsparteien". Mit dem ersten Ausdruck sind, dem im gemeinen Recht hergebrachten Sprachgebrauche folgend, die mit einem exercitium publicum versehenen ecclesiae (absolute) receptae bezeichnet; der in § 189 gebrauchte Ausdruck wird auf Kirchengesellschaften angewandt, die zwar nicht die Stellung der Landeskirche einnehmen, aber doch mehr Befugnisse als die nur geduldeten besitzen, nämlich die „aufgenommenen konzessionierten nicht privilegierten Kirchengesellschaften" (Jacobson, a. a. O. S. 394. 416; Hinschius, a. a. O. Anm. 29 zu § 17). Seinem Wortlaute nach würde der § 189 also nicht ausschließlich auf die Gemeinden der privilegierten Kirchen beschränkt sein. Daß seine Bestimmung bei der Handhabung desselben in der Tat so verstanden worden ist, ergibt sich aus einer Verfügung, die von den Ministern der geistlichen Angelegenheiten, des Innern und der Justiz auf eine Vorstellung des Oberkirchenkollegiums — der Zentralbehörde der von der Landeskirche sich getrennt haltenden Lutheraner — unter dem 29. September 1850 (Min.-Bl. f. d. J. V. S. 328) erlassen worden ist. Die Minister erwidern auf jene Vorstellung, welche die Beerdigung der zur Gemeinschaft der getrennten Lutheraner gehörigen Gemeindemitglieder auf den Kirchhöfen evangelischer Pfarrgemeinden betraf:

„daß wir auf Grund des § 189 A.L.R. II. 11 uns zwar für ermächtigt und verpflichtet halten, den Gliedern Ihrer kirchlichen Gemeinschaft, in Ermangelung eigener Begräbnisplätze, nötigenfalls auch auf den Kirchhöfen anderer Kirchengemeinden ein anständiges und ehrliches Begräbnis von Staatswegen zu verschaffen, daß wir aber daraus keine Ermächtigung für uns herzuleiten vermögen, die evangelischen Kirchengemeinden wider ihren Willen dazu zu zwingen, daß sie, wenn sie dies nicht von freien Stücken gewähren, auf den in ihrem Eigentum befindlichen Kirchhöfen den Zutritt der getrennt-lutherischen Geistlichen und die Verrichtung geistlicher Handlungen auf denselben gestatten."

Anerkannt wird mithin in dieser Verfügung, daß die evangelischen Gemeinden verpflichtet seien und gezwungen werden könnten, die Benutzung der in ihrem Eigentume stehenden Kirchhöfe den von der Landeskirche sich getrennt haltenden lutherischen Gemeinden zur Beerdigung zu gestatten. Das entspricht aber auch dem Sinne des § 189. Denn seine Bestimmung ist nicht erlassen, um den Landeskirchen ein weiteres Vorrecht zu gewähren, das nur sie genießen sollten, wie schon daraus hervorgeht, daß in denjenigen Bestimmungen, die von den Privilegien der Landeskirche handeln, ihre Gemeinden anders, nämlich mit dem Ausdruck „vom Staat ausdrücklich aufgenommene Kirchengesellschaften" bezeichnet werden, einem Ausdruck, der nicht bloß in § 17 gebraucht wird, sondern, abweichend von § 189, auch in § 193 wiederkehrt. Der § 189 ist vielmehr eine polizeiliche Vorschrift, die eine Beschränkung des Eigentums enthält, welche die Kirchengemeinden sich im öffentlichen Interesse gefallen lassen sollen. Allerdings kann seine Bestimmung nicht schlechthin auf jede Kirchengesellschaft (§ 11 A.L.R. II. 11) bezogen werden, da sie nur für die „im Staat aufgenommenen Kirchengesellschaften der verschiedenen Religionsparteien" erlassen worden ist. Was aber hierunter zu verstehen sei, darf nicht unter Zugrundelegung der Zustände bei Inkrafttreten des Allgemeinen Landrechts bestimmt werden, sondern muß sich nach den jeweils obwaltenden Verhältnissen richten. Die Frage, welche Kirchengesellschaften gegenwärtig den § 189 für sich geltend machen dürfen, ist mithin auf Grund der Rechtslage zu beantworten, welche durch die preußische Verfassung vom 31. Januar 1850 geschaffen worden ist, und das führt dahin, daß jetzt, wo zwischen Kirchengesellschaften mit Korporationsrechten und Kirchengesellschaften ohne solche unterschieden werden kann (vgl. Jacobson, a. a. O. S. 427), alle Kirchengemeinden, welche Korporationsrechte besitzen, soweit sie nicht den Landeskirchen angehören, zu den „im Staat aufgenommenen" zu rechnen sind, die andern, da diese auch jetzt nur noch die Befugnis geduldeter Gesellschaften genießen, dagegen nicht.

Die in dem vorliegenden Rechtsstreite verklagte Baptistengemeinde besitzt Korporationsrechte, da ihr solche durch Erlaß der zuständigen Minister vom 29. November 1893 auf Grund des Gesetzes vom 7. Juli 1875 erteilt worden sind. Einen eigenen Kirchhof hat sie nicht. Die Voraussetzungen des § 189 A.L.R. II. 11 sind danach vorhanden. Die von ihr verlangte Duldung einer Mitwirkung ihres Geistlichen kann sie ebenfalls beanspruchen. Es mag dahingestellt bleiben, ob solches nicht ohnehin aus jener Bestimmung zu folgern sein würde; im vorliegenden Falle kommt hierauf nichts an, da die für Westfalen erlassene Königliche Verordnung vom 15. März 1847 Platz greift, und danach ein Zweifel nicht obwalten kann.

Die von der evangelischen Kirchengemeinde zu L. erhobene Klage erweist sich mithin als unbegründet gegen beide Beklagte." ...

---

87. Unterliegt eine Aktie, welche durch einen nachträglichen Vermerk als Vorzugsaktie infolge Zuzahlung bezeichnet ist, deshalb einer Stempelabgabe nach Maßgabe der Tarifst. 1a zum Reichsstempelgesetz vom 14. Juni 1900, weil ihr Nennwert durch die in Ansehung der Verteilung des Gewinns und des Gesellschaftsvermögens erworbenen Vorzugsrechte geändert worden sei? [1]

[1] Vgl. den Beschluß der vereinigten Zivilsenate vom 27. Dezember 1899, Entsch. Bd. 45 S. 87. D. E.

VII. Zivilsenat. Urt. v. 2. Februar 1906 i. S. Aktienges. B. J. Sp. (Kl.) w. preuß. Fiskus (Bekl.). Rep. VII. 479/05.

I. Landgericht I Berlin.
II. Kammergericht daselbst.

Laut Generalversammlungsbeschlusses vom 23. Oktober 1902 sollte die Umwandlung der Stammaktien der klagenden Gesellschaft in **Vorzugsaktien** erfolgen, und zwar entweder gegen Zuzahlung von 30 v. H. à fonds perdu, oder mittels Zusammenlegung im Verhältnis von 1 zu 4. Das Vorrecht vor den alten Stammaktien sollte darin bestehen, daß sie 6 v. H. Zinsen vorweg aus dem Reingewinn und von dem Überrest nach Zahlung von 4 v. H. auf die Stammaktien noch weitere 4 v. H. im voraus, ferner aber bei Auflösung der Gesellschaft vorweg 130 v. H. zu erhalten hätten. Die Aktien, auf welche eine Zuzahlung erfolgte, wurden mit dem Aufdruck versehen: „Vorzugsaktien gemäß Beschluß vom 23. Oktober 1902 durch Zuzahlung. Der Vorstand." Die Zusammenlegung geschah so, daß von vier Aktien gleicher Art drei vernichtet wurden, und die vierte folgenden Aufdruck erhielt: „Vorzugsaktie gültig gemäß Zusammenlegungsbeschluß vom 23. Oktober 1902. Der Vorstand." Die Steuerbehörde erachtete die bewirkten Zuzahlungen gemäß Tarifstelle 1a zum Reichsstempelgesetz für steuerpflichtig und erhob den entsprechenden Stempel. Ihn forderte die Klägerin zurück. Die Vorinstanzen erkannten indessen auf Abweisung der Klage. Der Revision ist stattgegeben aus folgenden

Gründen:

„Nach dem Beschlusse der vereinigten Zivilsenate des Reichsgerichts vom 27. Dezember 1899 (Entsch. in Zivils. Bd. 45 S. 87 flg.) unterliegt eine Aktie nicht deshalb, weil sie durch einen Stempelaufdruck oder durch einen anderen auf sie gesetzten Vermerk nachträglich als eine mit einem Vorzugsrechte versehene Aktie bezeichnet worden ist, einer Stempelabgabe nach Maßgabe der Nr. 1 des Tarifs zum Reichsstempelgesetze vom 27. April 1894. Dieser Tarif hat durch das Gesetz vom 14. Juni 1900, betr. Abänderung des Reichsstempelgesetzes, vom 27. April 1894 (R.G.Bl. S. 260) eine andere Fassung erhalten, die jedoch für die durch jenen Beschluß entschiedene Rechtsfrage ohne Bedeutung ist. Es ist daher an dem vom Reichsgericht aufgestellten Grundsatz festzuhalten. Seine Tragweite wird durch die Gründe des Beschlusses erkennbar. Danach ist von einer sog. Vorzugsaktie (d. i. einer Aktie, deren Eigentümer mit gewissen Vorrechten in Ansehung der Verteilung des Gewinnes oder des Gesellschaftsvermögens oder auch beider gegenüber anderen Aktionären ausgestattet ist: § 185 H.G.B.) ein neuer Stempel nur dann zu entrichten, wenn sie durch die eingetretene Rechtsänderung zu einer neuen Aktie im Sinne des Stempelgesetzes, also zu einer Urkunde umgeschaffen ist, auf welche die Merkmale des Tarifs zutreffen, ohne daß diese Urkunde bereits versteuert worden wäre. Daß die Vorrechte durch Zuzahlungen erworben worden sind, ist gleichgültig. Der Stempel wird von dem Nennwerte der Aktien erhoben, und Zuzahlungen kommen nach der Neufassung des Tarifs nur insofern in Betracht, als bei inländischen Aktien die Versteuerung zuzüglich des Betrags erfolgt, zu welchem sie höher, als der Nennwert lautet, ausgegeben werden. Diese Vorschrift trifft die Überpariemissionen. Davon ist im gegenwärtigen Falle keine Rede. Es werden keine Aktien mit der Verpflichtung der Zeichner ausgegeben, eine höhere Einlage zu leisten, als die aus der Aktie ersichtliche Ziffer andeutet. Vielmehr wird den bereits vorhandenen Aktionären das Angebot gemacht, durch eine anderweite Einzahlung gewisse Rechte zu erwerben. Ohne eine ausdrückliche Gesetzesbestimmung, an der es fehlt, kann nicht, was stempelrechtlich von dem ersten Falle gilt, auf den zweiten übertragen, und von einer Zuzahlung eine Steuer gefordert werden, die nicht für den Erwerb der Aktie, sondern für die Erlangung von Vorrechten geleistet wird. Dabei fällt nicht ins Gewicht, daß nach § 262 H.G.B. solche Zuzahlungen in gewissem Umfange gleich dem durch die Überpariemission erzielten Gewinne behandelt werden. In Frage kommt nur — und davon geht auch der Berufungsrichter aus —, ob die Vorzugsaktien durch Änderung ihres Nennwerts ein anderweiter Gegenstand der Besteuerung geworden sind. Der Berufungsrichter bejaht die Frage; aber seine Ausführungen beruhen, wie der Revision zugegeben werden muß, auf nicht zureichender rechtlicher Grundlage. Der Berufungsrichter nimmt an, daß der Nennwert der auf Zuzahlung beruhenden Vorzugsaktien sich von 1000 bzw. 500 ℳ auf 1300 bzw. 650 ℳ erhöht habe, zwar nicht äußerlich, aber der Sache nach. Hierbei ist der Begriff des Nennwerts der Aktie und sein Zusammenhang mit dem Begriffe des Grundkapitals der Aktiengesellschaft verkannt. Es kann von vornherein zweifelhaft sein, ob der auf der Aktie als einer Urkunde ruhende Stempel überhaupt erhoben werden darf, wenn die Änderung des Nennwerts nicht äußerlich hervortritt. Der Aufdruck läßt nur ersehen, daß eine Zuzahlung in irgendwelcher Höhe geleistet ist. Dabei ist zu bemerken, daß die angebotenen Vorrechte auch durch Zusammenlegung von Aktien im Verhältnis von 4 zu 1 erlangt werden konnten, und daß daher folgerichtig auch die durch die Zusammenlegung entstandene Vorzugsaktie eine Erhöhung ihres Nennwerts erfahren haben müßte. Von einer Erörterung dieser Punkte darf abgesehen werden. Der Nennwert der Aktien ist weder äußerlich noch der Sache nach verändert. Er ist die Ziffer, die sich aus der Aktienurkunde ergibt, und deren satzungsmäßiges Vielfaches das Grundkapital der Gesellschaft bildet. Eine Änderung der einen Ziffer zieht notwendig die entsprechende Änderung der anderen nach sich. Wäre die Ansicht des Berufungsrichters richtig, so müßte sich auch das Grundkapital der Klägerin durch die Zuzahlungen gewandelt haben. Diesen Schluß zieht auch der Berufungsrichter nicht. Die Erhöhung des Grundkapitals erfolgt gemäß den §§ 278 flg. H.G.B. Das Gesetz kennt nur eine Erhöhung durch Ausgabe neuer Aktien. Ob eine solche durch bloße Erhöhung des Nennwerts der Aktien zulässig ist, erscheint zweifelhaft (vgl. Staub, 6./7. Aufl. Fußnote zu § 278 H.G.B.). Jedenfalls setzt die Erhöhung des Grundkapitals einen darauf gerichteten Beschluß der Generalversammlung voraus, und dieser ist nicht identisch mit einem Beschlusse, der den Aktionären Vorzugsrechte für ihre Aktien gegen Zuzahlungen anbietet. Richtig ist, daß auch diese Zuzahlungen Mitgliederbeiträge darstellen. Aber die Summe der Einlagen deckt sich nicht mit dem Grundkapital. Grundkapital und Gesellschaftskapital sind zu unterscheiden. Das erstere kann niemals größer sein, als das letztere, wohl aber kleiner. Das Grundkapital als die Summe der die notwendige Grundlage der Gesellschaft bildenden Einlagen bzw. Einlageversprechen zerfällt in eine bestimmte Anzahl Aktien, die auf einen ziffermäßig festgesetzten Betrag lauten müssen (§§ 178. 180 H.G.B.). Daneben kann es noch andere, nicht auf das Grundkapital zu verrechnende und daher den Nennwert der Aktien nicht berührende

Mitgliederbeiträge geben. Dahin gehören die Zuzahlungen bei der Überpariemission, und ebenso die gerade zur Vermeidung der Erhöhung des Grundkapitals beschlossenen Zuzahlungen, die eingetretene Verluste ausgleichen und den Aktionären durch die Gewährung gewisser Vorrechte annehmbar gemacht werden sollen. Alle diese Zuzahlungen lassen das Grundkapital und mithin den Nennwert der Aktien unangetastet. Der Berufungsrichter nimmt eine Erhöhung des Nennwerts an, weil „die Verzinsungs- und Rückzahlungsbedingungen" immer (bei den auf 1000 *M* lautenden Aktien) einen Betrag von 1300 *M* zugrunde legten. Gemeint sind die Bestimmungen, welche sich auf den Dividendenbezug und auf die Verteilung des Gesellschaftsvermögens bei Auflösung der Gesellschaft beziehen. Ihnen ist indessen nicht zu entnehmen, daß der Wille der Gesellschaft auf eine Änderung des Nennwerts der Aktien und auf eine Erhöhung des Grundkapitals gerichtet gewesen sei und nur keinen entsprechenden Ausdruck in dem Wortlaute des Beschlusses gefunden habe. Es ist nicht gesagt, daß die Dividende von einem höheren Betrage, als dem bisherigen Nennbetrage zu entrichten sei. Betrüge z. B. der Reingewinn eines Jahres 100000 *M*, so erhielten zunächst die Vorzugsaktionäre 6 v. H., also 6000 *M*, nach Verhältnis der Nennwerte ihrer Aktien (also die Aktie zu 1000 *M* doppelt so viel, als die Aktie zu 500 *M*); sodann entfielen 4 v. H. = 4000 *M* auf die Stammaktionäre, und von den verbleibenden 90000 *M* würden wiederum 4 v. H. den Vorzugsaktionären, und der Rest ihnen und den Stammaktionären, und zwar, wie es nun ausdrücklich heißt, nach den Nennbeträgen, gebühren. Entsprechend ist das Nachbezugsrecht auf die Dividende geregelt. Wenn ferner den Vorzugsaktionären eine höhere Liquidationsrate zugesichert ist, als der in ihrer Aktie angegebenen Beteiligungsziffer entspricht, so ist auch hierin keine Erhöhung des Grundkapitals zu finden. Über das Verhältnis der Aktionäre bei der Verteilung des Gesellschaftsvermögens entscheidet in erster Reihe der Gesellschaftsvertrag (§ 300 H.G.B., Staub, Anm. 7, Ring, Bem. 5 zu diesem Paragraphen). Gewährt dieser für eine bestimmte Gattung von Aktien eine deren Nennbetrag übersteigende Summe der Liquidationsmasse, und zwar in Höhe der für den Erwerb gewisser Rechte über den Nennbetrag hinaus geleisteten Einlagen (Zuzahlungen), so erhalten die Vorzugsaktionäre jenen Mehrbetrag nicht als Einlage auf das Grundkapital zurück, sondern es wird ihnen wieder erstattet, was sie darüber hinaus zur Erlangung besonderer Mitgliedschaftsrechte aufgewendet haben. Die Möglichkeit von Einlagen ist eben nicht auf die Ziffer des Grundkapitals beschränkt, wenn schon dies regelmäßig der Fall sein wird, und darum braucht eine sog. Zuzahlung nicht von selbst eine Änderung des Nennwerts der Aktien und folgeweise des Grundkapitals herbeizuführen. Daß der Klägerin eine Erhöhung des Grundkapitals fern gelegen hat, geht auch aus der vom Berufungsrichter mitgeteilten Stelle des auf Grund des Beschlusses der Generalversammlung abgeänderten Statuts hervor, in welcher von der bei der Liquidation eintretenden Verzinsung des Nominalbetrages der Vorzugsaktien und weiter davon die Rede ist, daß der Rest des Vermögens unter beide Aktienkategorien derart verteilt werden solle, daß auf den gleichen Nominalbetrag die Vorzugsaktien 2 zu 1 erhalten. Es ist ausgeschlossen, hier unter dem Nominalbetrag etwas anderes zu verstehen, als die Ziffer, über welche die Aktien ursprünglich lauteten. Den sonstigen Erwägungen des Berufungsrichters kann keine durchschlagende Bedeutung beigemessen werden. Um neue Aktien handelt es sich insofern, als Vorzugsaktien geschaffen worden sind, aber nicht um neue Aktien im Sinne des Stempelgesetzes, weil ihr Nennwert unverändert geblieben ist. Die Klägerin war gesetzlich nicht genötigt, die Ausgleichung von Betriebsverlusten auf dem Wege der Erhöhung des Grundkapitals herbeizuführen. Darum kann man auch nicht sagen, daß der wahre Sachverhalt bemäntelt sei. Der wahre Sachverhalt ist der, daß durch Herabsetzung des Grundkapitals (infolge der Zusammenlegung von Aktien) und durch die Zuzahlungen versucht worden ist, die Verluste zu beseitigen. Die Versteuerung der ersteren Maßregel steht nicht zur Entscheidung, und für die Versteuerung der Zuzahlungen ist eine gesetzliche Handhabe nicht gegeben." ...

---

88. 1. **Sind die Haftbefehle des Strafprozesses Urteile im Sinne des § 839 Abs. 2 B.G.B.?**

2. **Wann ist durch Erlassung derselben der Vorwurf „fahrlässiger Verletzung der Amtspflicht" begründet?**

III. Zivilsenat. Urt. v. 6. Februar 1906 i. S. O. (Kl.) w. D. u. Gen. (Bekl.). Rep. III. 501/05.

I. Landgericht Landsberg a. d. W.
II. Kammergericht Berlin.

In dem wider ihn eingeleiteten Strafverfahren wurde der Maler Br., nachdem er bei Eröffnung der Voruntersuchung auf Grund des vom Beklagten zu 1 als Untersuchungsrichter erlassenen Haftbefehls in Untersuchung genommen, und die Fortdauer der Untersuchungshaft bei Eröffnung des Hauptverfahrens von den Beklagten zu 2—4 als Mitgliedern der Strafkammer angeordnet worden war, durch Urteil vom 10. Juni 1904 von der Anklage des Verbrechens nach § 176 Nr. 3 Str.G.B. rechtskräftig freigesprochen. Mit der Behauptung, daß Br. durch die Verhaftung einen Vermögensschaden von mindestens 15000 ℳ erlitten habe, daß die Beklagten ohne Vorhandensein dringender Verdachtsgründe die Haft aus Fahrlässigkeit verhängt hätten und deshalb zum Ersatz des Schadens verpflichtet seien, sowie daß Br. seine Ersatzforderung zum Betrage von 300 ℳ an ihn abgetreten habe, nahm Kläger die Beklagten auf Zahlung dieser Summen als Gesamtschuldner in Anspruch. Seine Klage ward ab-, und seine Berufung zurückgewiesen. Die von ihm eingelegte Revision ist zurückgewiesen worden aus folgenden

Gründen:

„Das Berufungsgericht begründet seine Annahme, daß der Haftbefehl, den der Untersuchungsrichter erläßt, wie nicht minder der Beschluß, durch den das die Eröffnung des Hauptverfahrens beschließende Gericht die Untersuchungshaft anordnet oder ihre Fortdauer verfügt, als Urteil im Sinne des § 839 Abs. 2 B.G.B. zu erachten sei, mit der Ausführung, daß unter solchen Urteilen nicht nur die Entscheidungen zu verstehen seien, welche prozessual-technisch als Urteile bezeichnet würden, sondern auch solche Entscheidungen, welche, ohne den Streit zu beendigen, doch rechtsfeststellende Wirkung für die Beteiligten hätten, und daß diese Wirkung auch der Haftbefehl habe, da er ergehe auf Grund der Entscheidung einer Rechtsfrage, indem der Richter bzw. das Gericht sich darüber schlüssig zu machen habe, ob die vom Angeschuldigten angeblich begangene Handlung unter den Begriff der vom Gesetz mit Strafe bedrohten Tat falle, er danach sich charakterisiere als eine selbständige und für das Endergebnis des Verfahrens der Bedeutung nicht ermangelnde Entscheidung, im übrigen aber dem Umstande, daß bei den Beratungen im Reichstage von seiten mehrerer Abgeordneten der Haftbefehl als eine Entscheidung erachtet worden, bezüglich derer dem Richter die Sonderstellung nicht zu gewähren sei, kein ausschlaggebendes Gewicht beizulegen sei. Diese Ausführung kann nicht gebilligt werden. Es mag dahingestellt bleiben, ob die Haftbefehle des Strafprozesses als rechtsfeststellende Entscheidungen füglich zu kennzeichnen sind; jedenfalls kann nicht zugegeben werden, daß sie in den Bereich der im § 839 Abs. 2 B.G.B. vorgesehenen Urteile fallen. Die Entstehungsgeschichte dieser Gesetzesvorschrift scheidet sie davon aus. Die bei der dritten Beratung im Plenum des Reichstages gepflogenen Verhandlungen, welche zur Folge gehabt haben, daß die in der Reichstagsvorlage enthaltenen, von der Reichstagskommission unbeanstandet gelassenen Worte „bei der Entscheidung einer Rechtssache" dem von seiten eines Abgeordneten gestellten Antrag gemäß durch die Worte „bei dem Urteil in einer Rechtssache" ersetzt wurden, nötigen zu der Folgerung, daß die Abänderung der Vorlage vom Reichstag gewollt ist, um die Sonderstellung des Spruchrichters in Ansehung seiner Haftpflicht auf einen Kreis von Entscheidungen zu beschränken, zu dem Haftbefehle und Verfügungen über Beschlagnahme jedenfalls nicht gezählt werden können, und daß, insofern es zur Ausscheidung der Beschlüsse dieser Art geboten erscheint, der Ausdruck „Urteil" im Anschluß an die Terminologie der Straf- und Zivilprozeßordnung gebraucht ist. Die vom Reichstag beschlossene Abänderung ist vom Bundesrat an- und in das Gesetz übernommen; als ausgesprochener Wille des Gesetzgebers muß daher gelten, daß die Sonderstellung des Spruchrichters auf Haftbefehle sich nicht erstreckt. Ist hiernach auch nicht zu verkennen, daß der § 839 Abs. 2 B.G.B. durch unrichtige Anwendung auf das festgestellte Sachverhältnis vom Berufungsgericht verletzt ist, so muß gleichwohl die Zurückweisung der Revision erfolgen, weil der Grund, wegen dessen in zweiter Reihe der erhobene Schadensersatzanspruch abgesprochen ist, zu rechtlichen Bedenken keinen Anlaß bietet, und die angefochtene Entscheidung deshalb als richtig sich darstellt. Den Ausführungen, mit denen im angefochtenen Urteil der Ausspruch, daß den Beklagten der Vorwurf der Fahrlässigkeit zu Unrecht gemacht werde, begründet wird, ist durchweg beizupflichten. Das festgestellte Sachverhältnis bietet der Annahme, daß von seiten der Beklagten die Verhaftung bzw. deren Fortdauer angeordnet worden, ohne daß ihrerseits der Angeschuldigte der ihm zur Last gelegten Handlung dringend verdächtig erachtet ist, so wenig, wie dem Vorwurf, daß die Feststellung solchen Verdachtes auf Fahrlässigkeit zurückzuführen ist, einen Anhalt. Die Feststellung, daß der Angeschuldigte der ihm zur Last gelegten Handlung dringend verdächtig ist, unterliegt dem subjektiven Ermessen in weit höherem Grade, als die Feststellung, daß die Handlung erwiesen ist; zur Annahme, daß der Richter zur Verhaftung geschritten ist, ohne daß dringender Verdacht vorlag, bedarf es daher regelmäßig des Nachweises, daß überhaupt keine objektiven Verdachtsgründe gegeben waren, oder daß der Richter unter Außerachtlassung der gebotenen Umsicht und Vorsicht Umstände nicht berücksichtigt hat, die zur Beseitigung des Verdachts offensichtlich hätten führen müssen. Ein solcher Beweis läßt sich aber nach dem festgestellten Sachverhältnis nicht erbringen."

---

89. Findet das Verbot des § 909 B.G.B. auch dann Anwendung, wenn durch die Vertiefung des Grundstücks der Boden des Nachbargrundstücks die erforderliche Stütze dadurch verliert, daß ihm das Grundwasser entzogen, und infolgedessen das darüber liegende Erdreich gesenkt wird?

V. Zivilsenat. Urt. v. 7. Februar 1906 i. S. Stadt G. (Bekl.) w. F. (Kl.). Rep. V. 522/05.

I. Landgericht Gießen.
II. Oberlandesgericht Darmstadt.

Die Beklagte hatte im November 1902 in dem Gäßchen „auf der Bach", an dem die Brauerei des Klägers lag, Kanalisationsarbeiten nach den von ihr aufgestellten Plänen unter Aufsicht eines städtischen Bauleiters durch die Firma J. & R. ausführen lassen, die den Anordnungen und Erinnerungen des Bauleiters unweigerlich

Folge zu leisten hatte. Der sog. Stadtbach, der früher längs des Eigentums des Klägers in dessen unmittelbarer Nähe vorbeifloß, wurde durch die Kanalisation beseitigt. Der an seine Stelle getretene Kanal wurde derart vertieft, daß die Sohle des Kanals durchschnittlich 1,25 m, und die Unterkante des unter dem Kanale befindlichen Kiesbettes 1,70 m tiefer lag, als die Fundamentsohle der Gebäude des Klägers. Der Kläger behauptete, durch die Kanalisationsarbeiten seien seine Brauereigebäude erheblich beschädigt worden; an verschiedenen Stellen im Mauerwerk, besonders im Brauhause, Gärkeller und Lagerkeller, seien an Wänden, Fußböden und Decken Risse entstanden. Für diese durch ihre Fahrlässigkeit verschuldeten Schäden müsse die Beklagte aufkommen und ihm den zu ihrer Beseitigung erforderlichen Kostenaufwand ersetzen. In erster Instanz wurde der Schadensersatzanspruch des Klägers dem Grunde nach für gerechtfertigt erklärt. Die Berufung der Beklagten wurde zurückgewiesen. Die Revision der Beklagten hatte keinen Erfolg.

Aus den Gründen:

„Das Berufungsgericht folgt dem ersten Richter in der Feststellung, die in den Gebäuden des Klägers hervorgetretenen Sprünge und Risse seien dadurch entstanden, daß während der Dauer der Kanalarbeiten der Grundwasserspiegel durch Pumpen auf der Höhe der Kanalsohle habe gehalten werden müssen, wodurch das Erdreich unter der Sohle der Fundamente des Klägers entwässert und in seinem Volumen vermindert worden sei, und der Boden die erforderliche Stütze verloren habe. Die Beklagte habe daher durch die Vornahme der Kanalarbeiten gegen das Verbot des § 909 B.G.B. verstoßen und müsse den daraus dem Kläger erwachsenen Schaden ersetzen, wenn ihr ein Verschulden zur Last falle (§ 823 Abs. 2). Wenn auch alles getan sei, was technisch möglich gewesen, um für eine genügende Befestigung des klägerischen Grundstücks zu sorgen, so liege doch ein Verstoß gegen § 909 vor, weil dadurch nicht jede Schädigung des Nachbargrundstücks des Klägers ausgeschlossen worden sei. Sei eine genügende Befestigung des Bodens des Grundstücks des Klägers technisch nicht möglich gewesen, so habe die beabsichtigte Vertiefung unterbleiben müssen, oder es sei Schadensersatz zu leisten. ... Da Vorsatz nicht in Frage komme, hänge die Schadensersatzpflicht der Beklagten davon ab, ob ihr Fahrlässigkeit zur Last falle. Diese liege dann vor, wenn die Beklagte bei Anwendung der im Verkehr erforderlichen Sorgfalt erkannt haben würde, daß durch die geplante Vertiefung das Grundstück des Klägers die Stütze verlieren, und dadurch die Gebäude des Klägers würden geschädigt werden." (Dies wird bejaht, und dann weiter ausgeführt:)

„Im § 909 B.G.B. wird die Vertiefung eines Grundstücks verboten, wenn dadurch der Boden des Nachbargrundstücks die erforderliche Stütze verliert. Es wird nicht unterschieden, in welcher Art dem Boden die erforderliche Stütze entzogen wird. Es kann dieser Erfolg auch dadurch herbeigeführt werden, daß das Grundwasser dem Boden entzogen, und dadurch das darüber liegende Erdreich gesenkt wird. Dadurch allein, daß infolge der Vertiefung der Grundwasserstand des Nachbargrundstücks sinkt, oder der Brunnen des Nachbars versiegt, wird nicht die Voraussetzung des Verbotes der Vertiefung erfüllt, sondern es muß durch die Einwirkung der Vertiefung dem Boden des Nachbargrundstücks gerade seine in dem vorhandenen Grundwasser bestehende oder mitbestehende Stütze entzogen werden. Nur dieser dem Nachbargrundstücke schädliche Erfolg soll durch das Verbot des § 909 verhindert werden. Daß etwas anderes mit dem Verbote beabsichtigt ist, ergeben weder die Motive des Entwurfs eines B.G.B. (Bd. 3 S. 295 flg.), noch die Protokolle der Kommission für die zweite Lesung (Prot. Bd. 3 S. 162 Nr. 2). Beruht, wie in dem zur Entscheidung stehenden Falle, die Festigkeit und Tragfähigkeit des Bodens des Nachbargrundstücks auf einem gewissen Stande des Grundwassers unter ihm, und wird dem Boden durch die Entziehung des Grundwassers die erforderliche Festigkeit entzogen, so daß das darauf befindliche Gebäude seine Stütze verliert, so findet der § 909 B.G.B., nicht das der Landesgesetzgebung durch Art. 65 Einf.-Ges. zum B.G.B. vorbehaltene Wasserrecht Anwendung. Daß die Entziehung des Grundwassers unmittelbar erst mit dem Auspumpen des in dem vertieften Kanal angesammelten Wassers erfolgt ist, kann den ursächlichen Zusammenhang zwischen der Vertiefung und der Entziehung des Grundwassers nicht beeinflussen." . . .

90. Schiffseigner im Sinne des § 2 des Binnenschiffahrtsgesetzes (Ausrüster). Tragweite der Bestimmung im Abs. 2 dieses § 2. Rechtskraftwirkung eines auf Grund eines Schiffsgläubigeranspruchs gegen einen gewesenen Ausrüster erstrittenen Urteils.

I. Zivilsenat. Urt. v. 10. Februar 1906 i. S. Z. (Kl.) w. Aktiengesellsch. für Transport- u. Schleppschiffahrt, vormals J. K. (Bekl.) u. Ehefr. L. (Nebeninterv.). Rep. I. 384/05.

I. Landgericht Duisburg.
II. Oberlandesgericht Hamm.

Der Kläger war Eigentümer des Kahns „Frieda Ludwig". Dieser wurde am 18. April von dem Schleppdampfer „Boreas" auf dem Rhein geschleppt und beim Passieren der Eisenbahnbrücke bei Worms infolge Versehens der Besatzung des „Boreas" mit großer Gewalt gegen einen Brückenpfeiler geschleudert und dadurch schwer beschädigt. Der „Boreas" stand damals im Eigentum des Reeders J. L. in Ruhrort, wurde aber zur Schiffahrt verwendet von der Firma R. K. & Co. in Duisburg. Nach der vorinstanzlichen Feststellung hatte diese Firma den Dampfer von J. L. für die Zeit vom 7. Januar 1901 bis zum 8. Januar 1902 gemietet.

Auf Grund einer vom Kläger im März 1902 erhobenen Klage war die Firma R. K. & Co., die ihrerseits dem J. L. den Streit verkündet hatte, durch rechtskräftig gewordenes Urteil vom 11. November 1903 zu einer Schadensersatzzahlung von 2500,11 *M* nebst Zinsen mit der Maßgabe verurteilt worden, daß sie nur mit dem Schiffe „Boreas" und der Fracht hafte.

Eigentümerin des „Boreas" war seit dem 2. Februar 1902 die Ehefrau L., die Nebenintervenientin, seit dem 6. Oktober 1902 die Beklagte. Mit der gegen sie gerichteten, im Juni 1904 erhobenen Klage wurde beantragt, die Beklagte zu verurteilen, die Zwangsvollstreckung in den Dampfer wegen der Forderung von 2500,11 *M* nebst Zinsen zu gestatten. Sie wurde gestützt einmal auf das erwähnte Urteil vom 11. November 1903 und in zweiter Linie unmittelbar auf die §§ 1. 3. 4 Nr. 3. 102 Nr. 5 des Binnenschiffahrtsgesetzes.

Die Beklagte wandte ein, daß es sich um eine Rheinschiffahrtssache handle, und daher die ordentlichen Gerichte nicht zuständig seien, widersprach aber auch sachlich der Klage.

Vom Landgericht wurde die Klage abgewiesen, und vom Oberlandesgericht die Berufung des Klägers zurückgewiesen. Auch die Revision wurde zurückgewiesen.

Aus den Gründen:

„Das Berufungsgericht hat den Einwand der Beklagten, daß der Streit der Parteien nicht vor die ordentlichen Gerichte gehöre, insoweit, als er auch dem auf das Urteil im Vorprozeß gestützten Anspruche entgegengesetzt worden ist, verworfen und diesen Anspruch in Übereinstimmung mit dem Landgericht deshalb abgewiesen, weil die Beklagte des Vorprozesses zur Zeit der Erhebung der Klage gegen sie nicht mehr Ausrüsterin des „Boreas" und darum für die Klage des Schiffsgläubigers nicht mehr passiv legitimiert gewesen sei.

Über die rechtliche Natur des Schiffsgläubigeranspruchs ist man in der Theorie zu einem Einverständnis bisher nicht gelangt.[1] Der Revisionskläger glaubt sich für die Ansicht entscheiden zu müssen, daß das Recht des Schiffsgläubigers sich nicht in dem Pfandrechte am Schiffsvermögen, das gegen den jeweiligen Reeder (Schiffseigner) geltend zu machen sei, erschöpfe, sondern daneben ein persönliches Forderungsrecht bestehe, das gegen denjenigen, allerdings auch nur mit Schiff und Fracht haftenden, Reeder (Schiffseigner) sich richte, in dessen Person der Verpflichtungsgrund wirksam geworden sei. Er hält deshalb die Entscheidung des Berufungsgerichts für unrichtig.

Allein zu der von der Revision berührten Streitfrage braucht hier keine Stellung genommen zu werden. Mag sie im Sinne der Revision zu beantworten sein, oder nicht, so ist im Ergebnis der Entscheidung des Berufungsgerichts jedenfalls aus dem Grunde beizutreten, weil das im Vorprozeß erstrittene Urteil der Rechtskraft gegen die jetzige Beklagte entbehrt. Daraus, daß die frühere Beklagte nicht mehr Schiffseignerin (Ausrüsterin des „Boreas") war, als gegen sie Klage erhoben wurde, folgt ohne weiteres, daß die Bestimmung des § 325 Abs. 1 Z.P.O., wonach das rechtskräftige Urteil für und gegen die Parteien und diejenigen Personen wirkt, die nach dem Eintritte

---

[1] S. darüber insbesondere Pappenheim, Handbuch des Seerechts Bd. 2 S. 290 flg. D. E.

der Rechtshängigkeit Rechtsnachfolger der Parteien geworden sind, hier nicht zur Anwendung gelangen kann. Von den Erweiterungen dieser Regelbestimmung, welche die Zivilprozeßordnung zuläßt, trifft keine hier zu; insbesondere ist eine Heranziehung der §§ 68 und 74 Abs. 3 Z.P.O. von vornherein deshalb ausgeschlossen, weil die Streitverkündung im Vorprozeß nicht der Kläger, sondern die damalige Beklagte vorgenommen hatte, und außerdem derjenige, dem der Streit verkündet wurde, damals gar nicht mehr Eigentümer des „Boreas" war. Aber auch die Vorschrift des § 2 Abs. 2 B.Sch.G., auf die der Revisionskläger sich beruft, läßt sich hier nicht verwerten. Dieser Vorschrift ist nur zu entnehmen, daß im Falle der Verwendung eines Schiffes zur Binnenschiffahrt durch einen anderen als den Eigentümer des Schiffes dieser letztere, wofern er nicht den freigelassenen Beweis führt, einen aus der Verwendung hergeleiteten Schiffsgläubigeranspruch nicht auf Grund seines Eigentums bestreiten und, wenn gegen den Ausrüster zur Zwangsvollstreckung in das Schiff geschritten wird, dagegen nicht mit Erfolg die Widerspruchsklage des § 771 Z.P.O. erheben kann. Die Frage, auf die es im vorliegenden Falle ankommt, läßt der § 2 Abs. 2 B.Sch.G. unberührt." . . .

---

91. 1. Kann der Eigentümer eines Grundstücks sich gegenüber Eintragungen, die nach der Auflassung an ihn, aber vor seiner Eintragung bewirkt sind, auf den § 892 Abs. 2 B.G.B. berufen?

2. Wie ist zu verfahren, wenn nach Behebung der Hindernisse die endgültige Eintragung eines auf Grund des § 18 Abs. 2 G.B.O. vorgemerkten Rechts beantragt wird?

3. Bedarf es zur Eintragung eines Rechts neben der Einigung noch einer besonderen Eintragungsbewilligung?

V. Zivilsenat. Beschl. v. 10. Februar 1906 i. S. D. (Kl.) w. R. (Bekl.). Beschw.-Rep. V. 28/06.

I. Oberlandesgericht Kiel.

Gründe:

„Am 19. September 1902 ließ der Kläger dem Beklagten das Grundstück E. Bd. II Bl. 45 auf. Am Tage darauf wurde der Beklagte als Eigentümer eingetragen. Bei der Auflassung wurde der dieser zugrunde liegende Kaufvertrag vom 26. August 1902 dem Grundbuchamt überreicht. In diesem Vertrag ist bestimmt, daß das Restkaufgeld von 4100 *M* mit 4 Prozent Zinsen zugunsten des Klägers „eingetragen wird" mit der Bedingung, daß dieser Posten bei prompter halbjährlicher Zinszahlung nicht vor dem 1. Oktober 1905 kündbar sei. Durch Verfügung vom 19. November 1902 beanstandete der Grundbuchrichter die Eintragung des Kaufgeldes, weil die Angabe des Beginns der Verzinsung und der Zinstermine sowie die ausdrückliche Erklärung des Beklagten fehle, daß er die Eintragung bewillige und beantrage. Zur Beseitigung dieser Mängel wurde den Parteien Frist bis zum 31. Mai 1903 gewährt. Am 14. November 1902 ließ der Beklagte dasselbe Grundstück an den Gastwirt We. auf. Nunmehr trug der Grundbuchrichter auf Grund des § 18 G.B.O. am 20. November 1902 eine Vormerkung zur Sicherung des Anspruchs des Klägers auf Einräumung einer Hypothek von 4100 *M* unter Bezugnahme auf den Vertrag und auf die Verfügung vom 19. November 1902, und demnächst am 22. November 1902 den We. als neuen Eigentümer ein. We. ließ das Grundstück am 28. November 1905 an den Gastwirt Wie. auf, der am 30. November 1905 als Eigentümer eingetragen wurde. Zur Behebung der vom Grundbuchrichter gerügten Mängel der Hypothekbestellung mitzuwirken weigerte sich der Beklagte, weil er sich vom Kläger beim Kaufe betrogen glaubte. Der Kläger klagte und erwirkte in erster Instanz ein obsiegliches Urteil. Die Berufung des Beklagten wurde durch Teilurteil vom 16. Oktober 1905 insoweit zurückgewiesen, als der Beklagte verurteilt sei, auf dem erwähnten Grundstücke die Restkaufgeldforderung des Klägers in Höhe von 3450 *M* nebst 4 Prozent Zinsen seit dem 1. Oktober 1902, bei pünktlicher halbjährlicher Zinszahlung von seiten des Klägers nicht vor dem 1. Oktober 1905 kündbar, im Range hinter 16 500 *M* eintragen zu lassen. Dieses Teilurteil ist rechtskräftig geworden. Der Kläger beantragte, ihm eine vollstreckbare Ausfertigung gegen Wie., als den Rechtsnachfolger des Beklagten, zu erteilen (§ 727 Z.P.O.). Der nach § 730 Z.P.O. mit dem Antrage befaßte Vorsitzende des Berufungsgerichts wies den Antrag zurück. Der Kläger suchte die Entscheidung des Gerichts nach, das jedoch den Antrag ebenfalls zurückwies. Gegen diese Entscheidung richtet sich die vorliegende sofortige Beschwerde.

Der ablehnende Beschluß des Oberlandesgerichts beruht auf zwei selbständigen Gründen. Der erste geht dahin, daß die Vormerkung, da sie zwar zur Zeit der Eintragung des We. als Eigentümers, aber noch nicht zur Zeit der Auflassung an ihn eingetragen war, nach dem Grundsatze des § 892 Abs. 2 B.G.B. dem We. und seinem Rechtsnachfolger Wie. nicht entgegenstehe. Dieser Grund ist nicht richtig. Die Eintragung der Hypothek für den Kläger war längst beantragt, als der Antrag auf Eintragung des Wechsels im Eigentume gestellt wurde. Jener Antrag war daher nach § 17 G.B.O. vor diesem zu erledigen, und er hat nach § 18 Abs. 2 Satz 1 G.B.O. seine Erledigung durch die Eintragung der Vormerkung gefunden. Gegenüber schon beantragten Eintragungen versagt eben der öffentliche Glaube des Grundbuchs. Das ergibt sich aus dem § 879 B.G.B. und den §§ 17. 46 G.B.O., die durch die §§ 892. 893 B.G.B. nicht berührt werden. Die Ansicht des Oberlandesgerichts würde zu einer Bevorzugung dessen führen, der den späteren Antrag gestellt hat. Das kann aber nicht im Sinne des Gesetzes liegen. Der zweite Grund ist dem § 888 B.G.B. entnommen. Danach kann der vorgemerkte Gläubiger vom Rechtsnachfolger seines Schuldners die Zustimmung zur Eintragung des vorgemerkten Rechts verlangen. Die Zustimmung muß, falls sie nicht freiwillig erteilt wird, durch rechtskräftiges Urteil ergänzt werden (§ 894 Z.P.O.). Die rechtskräftige Verurteilung des ursprünglichen Schuldners wirkt in diesem Falle nicht gegen seinen Rechtsnachfolger.

Vgl. Entsch. des R.G.'s in Zivils. Bd. 53 S. 30 flg.

Ohne die Zustimmung des Rechtsnachfolgers kann die Umschreibung in ein definitives Recht nicht bewirkt werden, und diese Zustimmung wird durch die Verurteilung eines anderen nicht ersetzt. Dieser Ablehnungsgrund wäre also richtig, wenn es sich um eine Vormerkung im Sinne des § 883 B.G.B. handelte. Dies ist aber nicht der Fall, sondern es liegt eine Vormerkung im Sinne des § 18 G.B.O. vor, durch die nicht ein bloß obligatorischer Anspruch auf Bestellung eines dinglichen Rechts, sondern das sich aus einem dinglichen Rechtsakte (der Einigung) ergebende Recht des Antragstellers auf Eintragung gesichert werden soll.

Vgl. Entsch. des R.G.'s in Zivils. Bd. 55 S. 340.

Ob auf diesen Fall der § 888 B.G.B. Anwendung findet, ist in der Literatur streitig. Aber es bedarf hier keiner Entscheidung dieser Streitfrage. Denn wenn § 888 anzuwenden ist, schlägt der zweite Ablehnungsgrund des Oberlandesgerichts durch. Wenn aber, wofür überwiegende Gründe zu sprechen scheinen, der Grundbuchrichter nach Behebung des Eintragungshindernisses die definitive Eintragung ohne weiteres vornehmen kann, so genügt das gegen den Beklagten ergangene Urteil, soweit es das Hindernis behoben hat. Es handelt sich dann nicht um eine Zwangsvollstreckung, sondern das Urteil ersetzt lediglich die Erklärungen, die nach der Ansicht des Grundbuchrichters zur Eintragung noch erforderlich waren. Konnte und mußte also der Grundbuchrichter das vorgemerkte Recht, sobald die von ihm erforderten Erklärungen von den Beteiligten (den Parteien) in einer dem § 29 G.B.O. entsprechenden Form abgegeben und ihm eingereicht waren, definitiv eintragen ohne Rücksicht auf die späteren Erwerber des Grundstücks, so hat er nicht anders zu verfahren, wenn ihm das die Urkunde ersetzende Urteil (mit Rechtskraftattest), durch das der eine Teil zur Abgabe der Erklärung verurteilt ist, von dem anderen Teile zum Nachweise, daß die Eintragungshindernisse beseitigt sind, vorgelegt wird. Für die Auffassung, daß auf die Vormerkung aus § 18 G.B.O. die Bestimmung des § 888 B.G.B. keine Anwendung findet, spricht die Erwägung, daß dem späteren Erwerber des von der Vormerkung betroffenen Rechts durch die von Amts wegen eingetragene Vormerkung in Verbindung mit den Bestimmungen der §§ 17 und 18 G.B.O. deutlich erkennbar gemacht wird, daß das vorgemerkte Recht definitiv eingetragen wird, sobald die vorläufig entgegenstehenden Hindernisse behoben sind, daß also die Eintragung des späteren Erwerbers mit diesem Vorbehalt erfolgt ist. Mag man aber der einen, oder der anderen Auffassung folgen, in jedem Falle ist die sofortige Beschwerde unbegründet.

Übrigens hat der Grundbuchrichter dem Kläger unnötig Schwierigkeiten bereitet. Es lag ihm die Einigung der Parteien vor, die dahin lautet: „Das Restkaufgeld wird eingetragen." Daß es daneben nicht noch einer besonderen Eintragungsbewilligung bedurfte, hat der entscheidende Senat in den Entsch. Bd. 54 S. 383 des näheren dargelegt; und die Angabe des Anfangspunktes der Verzinsung und der Zinstermine ist nach § 1115 B.G.B. nicht wesentliche Voraussetzung der Eintragung einer Hypothek."

---

92. 1. Örtliches Recht für Vertragsobligationen nach dem Rechte des Bürgerlichen Gesetzbuchs.

2. Wo wird ein Vertragsschluß unter Abwesenden im Sinne des Art. 11 Abs. 1 Einf.-Ges. zum B.G.B. „vorgenommen", so daß die Einhaltung der durch die dortigen Gesetze vorgeschriebenen Form „genügt"?

3. Inwieweit muß nach § 766 B.G.B. in der die Bürgschaftserklärung enthaltenden Urkunde der Gläubiger bezeichnet sein?

VI. Zivilsenat. Urt. v. 12. Februar 1906 i. S. St. & Cie. (Kl.) w. S. (Bekl.). Rep. VI. 343/05.

I. Landgericht Ulm.
II. Oberlandesgericht Stuttgart.

Die offene Handelsgesellschaft St. & Cie. zu Solothurn nahm auf Grund einer von dem zu Ulm wohnhaften Beklagten in Ulm ausgestellten, in ihren Händen befindlichen Urkunde diesen als Bürgen für die Firma W. & Co. zu Stuttgart in Anspruch. Die Klage wurde in beiden vorderen Instanzen abgewiesen. Die Revision der Klägerin ist zurückgewiesen worden aus folgenden

Gründen:

„Der Beklagte ist in diesem Prozeß in Anspruch genommen aus einem am 2. November 1903 zu Ulm von ihm unterschriebenen „Bürgschein", der so lautet:

„Ich Endesunterzeichneter, Kaufmann J. S. aus Ulm a./D., übernehme hiermit für die Firma W. & Co. in Stuttgart selbstschuldnerische Bürgschaft in Höhe von dreitausend Mark."

Zu bemerken ist dabei übrigens, daß der Beklagte, wie unter den Parteien feststeht, damals in Wirklichkeit nicht Kaufmann war.

Die Klage ist in beiden vorigen Instanzen deshalb abgewiesen worden, weil der Bürgschaftserklärung wegen Mangels jeder Bezeichnung des Gläubigers und, abgesehen vom Betrage, der Hauptschuld in der Urkunde die gesetzlich erforderliche Schriftform fehle, und sie deshalb rechtsunwirksam sei. In den Vorinstanzen hatte die Klägerin eventuell noch geltend gemacht, daß in der Urkunde auch ein Kreditauftrag zugunsten der Firma W. & Co. gefunden werden könne, welcher der Schriftform nicht bedurft haben würde; dieses Vorbringen ist mit Recht zurückgewiesen worden, da es hier in Wirklichkeit an jeder Voraussetzung eines Kreditauftrages fehlt, und die Klägerin ist in dieser Instanz darauf auch nicht zurückgekommen.

Auch was die Bürgschaft anlangt, ist dem Berufungsgerichte darin beizutreten, daß sie wegen Mangels der Schriftform keine Rechtswirkung haben kann, so daß es darauf, ob, wie die Klägerin behauptet, die Urkunde ihr mit dem Willen des Klägers von W. & Co. zur Sicherstellung des Kaufpreises für dieser Firma zu liefernde Waren übersandt worden ist, nicht ankommt. Die der Entscheidung gegebene Begründung kann freilich nicht in jedem Punkte gebilligt werden, vor allem nicht in Ansehung des hier maßgebenden örtlichen Rechtes. Unzweifelhaft ist, daß Art. 11 Abs. 1 Einf.-Ges. zum B.G.B. hier zur Anwendung zu kommen hat. Daraus ergibt sich allerdings zunächst, daß es jedenfalls genügen würde, wenn die Formvorschriften des deutschen Rechts hier beachtet sein sollten. Der erkennende Senat lehnt es freilich, wie er schon in einem Urteile vom 12. Oktober 1905 i. S. H. Ehefr. w. Prinz v. A., Rep. VI. 3/05,[1] ausgeführt hat, ab, auch unter der Herrschaft des Bürgerlichen Gesetzbuchs die frühere Praxis, wonach Vertragsobligationen im Zweifel nach dem Rechte des Erfüllungsortes beurteilt wurden, als maßgebend anzusehen; aber er nimmt an, daß, wenn das solche Schuldverhältnisse beherrschende Recht nicht das des Erfüllungsortes ist, dann dem Personalstatute des Schuldners zur Zeit des Vertragsabschlusses, sei dieses nun hier das Recht des Wohnortes, oder das des Heimatsstaates, diese Rolle zukommt. Da nun der Beklagte nicht nur im Deutschen Reiche wohnte und wohnt, weshalb er auch nach § 269 Abs. 1 B.G.B. die Verbindlichkeit dort zu erfüllen haben würde, sondern auch ohne Zweifel

[1] Jetzt abgedruckt in Bd. 61 dieser Sammlung Nr. 84 S. 343. D. R.

ein Deutscher war und ist, so sind sicher hier die deutschen Gesetze die „für das den Gegenstand des Rechtsgeschäfts bildende Rechtsverhältnis maßgebenden." Aber mit Unrecht hat das Berufungsgericht, die Ausführungen des Landgerichts billigend, es verneint, daß es gleichfalls genügen würde, wenn nur die schweizerischen Formvorschriften eingehalten wären, von denen die Klägerin in erster Instanz behauptet hatte, daß nach ihnen die fragliche Bürgschaft jedenfalls gültig übernommen sein würde. Es genügt eben nach Art. 11 Abs. 1 Einf.-Ges. für die Form „die Beobachtung der Gesetze des Ortes, an dem das Rechtsgeschäft vorgenommen wird." Das Landgericht hat nun hier irrigerweise als das in Frage kommende Rechtsgeschäft die empfangsbedürftige Erklärung des Beklagten angesehen, welche ja allerdings in Ulm abgegeben ist. Der § 766 B.G.B. fordert aber, wenn auch nur die schriftliche Erteilung der Bürgschaftserklärung, nicht auch eine schriftliche Annahme der letzteren (vgl. Entsch. des R.G.'s in Zivils. Bd. 57 S. 67), so doch jene Schriftlichkeit nicht für die Gültigkeit der einseitigen Erklärung als solcher, sondern für die Gültigkeit des Bürgschaftsvertrages, und dieser Vertrag würde im vorliegenden Falle in Solothurn abgeschlossen sein, da dort das Angebot des Beklagten von der Klägerin angenommen sein würde. Das Rechtsgeschäft des Vertragsschlusses wird nämlich dort „vorgenommen", wo die Willenseinigung zustande kommt, wo der Antrag des einen Teiles von dem anderen angenommen, bzw. dessen Annahmeerklärung abgegeben wird, sowohl nach deutschem Recht (§ 151 B.G.B.), als auch nach schweizerischem (Art. 8 des Schweizer Obligationenrechts). Dem Art. 11 Abs. 1 Satz 2 gegenüber ist es nicht von Bedeutung, daß früher manche Schriftsteller den Satz „locus regit actum" bei Vertragschließungen unter Abwesenden dahin verstanden haben, daß die Form des Geschäfts den Gesetzen beider in Betracht kommenden Orte Genüge tun müsse. Das Gegenargument des Landgerichts, daß, wenn die Beobachtung der vom Gesetze des Empfangsortes der Erklärung vorgeschriebenen Form genügen sollte, die strengere Formvorschrift des Personalstatuts des die Erklärung Abgebenden „umgangen" werden könnte, ist ganz verfehlt. Vielmehr ist für einen solchen Fall diese strengere Formvorschrift nach Art. 11 Abs. 1 Satz 2 Einf.-Ges. von vornherein nicht gegeben, und von einer Umgehung kann daher gar nicht die Rede sein. Es wäre auch nicht abzusehen, weshalb es einen Unterschied machen sollte, ob der inländische Kontrahent sich persönlich ins Ausland begibt, um dort das Geschäft abzuschließen, oder ob er seinen Antrag durch Zusendung einer schriftlichen Erklärung dorthin gelangen läßt. Wenn auch jetzt noch bisweilen, z. B. von Planck (B.G.B. Bd. 6 [3. Aufl.] Bem. 4 zu Art. 11 S. 45flg.), jene andere Ansicht vertreten wird, so ist das eben nicht zu billigen.

Was nun zunächst das deutsche Recht betrifft, so ist in der Tat nach dessen Vorschriften durch die obige Urkunde eine gültige Verbürgung keinesfalls zustande gekommen. Im wesentlichen ist in dieser Hinsicht den Ausführungen des Berufungsgerichts beizustimmen, wenngleich dessen Anforderungen an den Inhalt einer Bürgschaftsurkunde in abstracto etwas zu weit gehen mögen. Letzteres zeigt sich namentlich in der Billigung der bei Seuffert, Archiv Bd. 59 Nr. 80, abgedruckten Entscheidung des Oberlandesgerichts zu Karlsruhe, die inzwischen laut der Entsch. des R.G.'s in Zivils. Bd. 59 S. 218flg. von dem jetzt erkennenden Senate aufgehoben worden ist. Hier hat letzterer ausgeführt, daß eine Bürgschaftsurkunde nach denselben freien Grundsätzen auszulegen ist, wie irgendeine andere Vertragsurkunde, und daß daher zur Ermittlung des wahren Willens des Ausstellers außerhalb der urkundlichen Erklärungen liegende Umstände herangezogen werden dürfen. In jenem Falle ist eine Bürgschaft für gültig erklärt worden, obgleich in der Urkunde die Beschaffenheit der Hauptschuld nicht ganz richtig bezeichnet war, und dementsprechend möchte vielleicht hier an dem Mangel jeder Bezeichnung solcher Beschaffenheit neben der Angabe des Betrags, wenn nur der Gläubiger bezeichnet wäre, noch kein Anstoß zu nehmen sein. Immerhin muß es aber dabei bleiben, daß, wie das Reichsgericht laut der Entsch. in Zivils. Bd. 57 S. 260 flg. ausgesprochen hat, die nach § 765 B.G.B. wesentlichen Merkmale des Bürgschaftsvertrages sich aus der Urkunde selbst überhaupt irgendwie ergeben müssen. Insbesondere kann durch eine Urkunde, in der der Gläubiger nicht in irgendeiner Weise bezeichnet ist, niemals die in § 766 B.G.B. erforderte Schriftform hergestellt werden. Zwar ist trotz der jetzigen Formvorschrift grundsätzlich daran festzuhalten, daß, wie das Reichsgericht früher auf anderer gesetzlicher Grundlage wiederholt anerkannt hat, man als Bürge demjenigen haftbar wird, welchem der Bürgschein von dem Hauptschuldner oder einem anderen Dritten, dem der Aussteller die Urkunde zu diesem Zweck hingegeben hat, nach seiner Wahl ausgeliefert wird (vgl. Entsch. des R.G.'s in Zivils. Bd. 11 S. 248flg. und Bd. 31 S. 264flg., auch Bd. 57 S. 66flg.); aber jetzt muß dann eben diese Bezeichnung des zunächst noch unbestimmten Gläubigers in der Urkunde enthalten sein. Es mag auch sein, daß, wenn die Hauptschuld in der Urkunde im übrigen individuell hinlänglich bezeichnet ist, und die Person des Gläubigers dieses Forderungsrechts außerdem unter den Kontrahenten schon feststand, man darin zugleich auch schon eine genügende urkundliche Bezeichnung des Gläubigers finden könnte. Jedenfalls ist hier, wo der Gläubiger gar nicht, und auch im übrigen die Hauptverbindlichkeit nur dem Betrage nach in der Urkunde bezeichnet ist, vom Standpunkte des deutschen Bürgerlichen Gesetzbuchs aus keine gültige Verbürgung zustande gekommen. Eine ganz andere Frage ist es, ob es etwas schadet, wenn der notwendige Inhalt der Bürgschaftsurkunde oder ein Teil desselben sich zu der Zeit, als der Aussteller dieselbe mit seiner Unterschrift versehen aus der Hand gegeben hat, noch nicht auf der Urkunde befand, sondern dem Willen des Ausstellers gemäß erst nachträglich hingeschrieben worden ist. Auf diese Frage, die unbedenklich zu verneinen ist, bezieht sich das Reichsgerichtsurteil in den Entsch. in Zivils. Bd. 57 S. 66flg., das daher mit Unrecht von der Klägerin in dieser Sache als Vorgang angezogen worden ist.

Die Klägerin hat aber auch mit Unrecht in der ersten Instanz behauptet, daß bei Anwendung des schweizerischen Rechts die gegenwärtig vorliegende Frage anders als nach deutschem zu entscheiden sein würde. Zuvörderst stimmt die Definition des Bürgschaftsvertrages in § 765 B.G.B. fast wörtlich mit der in Art. 489 des Schweizer Obligationenrechts enthaltenen überein. Nach Art. 491 des letzteren bedarf sodann die Bürgschaft zu ihrer Gültigkeit der schriftlichen „Vertragsform", zu welcher nach Art. 12 Abs. 1 daselbst die Unterschriften aller Personen gehören, die durch den Vertrag verpflichtet werden sollen; so daß sich für die Form der Bürgschaft dasselbe ergibt, was in § 766 B.G.B. bestimmt ist. Es ist kein Grund ersichtlich, weshalb dann nicht auch alles oben für das deutsche Recht Erörterte ebenso für das schweizer Recht zutreffen sollte. Freilich findet sich bei schweizer Schriftstellern öfters die

Bemerkung, die Person des Gläubigers brauche in der Bürgschaftsurkunde nicht bezeichnet zu sein;

so Haberstich, Handb. des Schweiz. Obligationenrechts Bd. 2 S. 299; Schneider (u. Fick), Schweiz. Obligationenrecht, kleinere Ausg. (3. Aufl.) Bem. 4 zu Art. 491 S. 383, und größere Ausg. (2. Aufl.) Bd. 2 Bem. 4 zu Art. 491 S. 666; Hafner-Goll, Schweiz. Obligationenrecht (2. Aufl.) Anm. 3 zu Art. 491 S. 296;

und ähnliches findet sich in einem Urteil des schweizerischen Bundesgerichts vom Jahre 1897;

vgl. Revue der Gerichtspraxis im Gebiete des Bundescivilrechts Bd. 15 Nr. 65 Ziff. 2.

Aber damit ist entweder nur gemeint, daß nicht gerade ein bestimmter Gläubiger in der Urkunde ausdrücklich genannt zu sein brauche, oder es kann die Ansicht eben auch nach schweizerischem Rechte nicht für richtig gehalten werden.

Aus diesen Gründen konnte die Revision keinen Erfolg haben."...

---

93. Schadensberechnung des Käufers, der bei dem Vertrage stehen bleibt, wegen arglistiger Täuschung.[1]

II. Zivilsenat. Urt. v. 13. Februar 1906 i. S. L. (Kl.) w. M. (Bekl.). Rep. II. 286/05.

I. Landgericht II Berlin.
II. Kammergericht daselbst.

Aus den Gründen:

... „Was den Anspruch auf Schadensersatz wegen arglistiger Täuschung betrifft, hat das Berufungsgericht angenommen, daß eine arglistige Täuschung des Vertragsgegners beim Vertragsabschluß gegen die guten Sitten verstößt, und daß deshalb der Täuschende den dadurch einem anderen zugefügten Schaden gemäß § 826 B.G.B. zu ersetzen hat. Es läßt aber dahingestellt, ob dem Beklagten die ihm von dem Kläger vorgeworfene arglistige Täuschung bezüglich des Geschäftsumschlages der Konditorei zur Last fällt, und ob dem Kläger

[1] Vgl. die Entsch. des V. Zivilsenats in Bd. 61 Nr. 61 S. 250 dieser Sammlung. D. R.

hierdurch der behauptete Schaden entstanden ist. Es hat eine Erörterung dieser Fragen für überflüssig gehalten, indem es den Anspruch wegen unzutreffender Substanziierung mit folgender Begründung abgewiesen hat: Kläger lege den nach Maßgabe des § 472 B.G.B. berechneten Betrag, auf den der Kaufpreis infolge des Anspruchs auf Minderung herabzusetzen sei, ohne weiteres der Berechnung des Schadensersatzes zugrunde. Der Gewährleistungs- und der Schadensersatzanspruch seien ihren rechtlichen Voraussetzungen nach verschieden. Der Minderungsanspruch sei gemäß § 472 B.G.B., der Schadensersatzanspruch gemäß §§ 249. 251. 252 B.G.B. zu berechnen. Nach letzteren Vorschriften müsse der Kläger im Falle der Wahrheit seiner Behauptungen so gestellt werden, wie er stehen würde, wenn das verkaufte Geschäft die zugesicherten Eigenschaften gehabt hätte. Da dieser Zustand nicht hergestellt werden könne, so habe eine Entschädigung in Geld einzutreten. In dieser Weise sei aber der Schadensersatzanspruch von dem Kläger nicht substantiiert. Diese Entscheidung beruht auf einer Verletzung der §§ 287 und 139 Z.P.O. Mit der Behauptung, daß der Beklagte ihn durch wissentlich unwahre Angabe des Geschäftsumschlages arglistig getäuscht und in der angegebenen Höhe geschädigt habe, waren die Grundlagen des Anspruches auf Schadensersatz gegeben, und Pflicht des Berufungsgerichts war es, nach § 287 Z.P.O., unter Würdigung aller Umstände des Falles nach freier Überzeugung zu entscheiden, ob ein Schaden entstanden sei, und wie hoch er sich belaufe. Vermißte das Berufungsgericht eine nähere Substantiierung, so mußte es, wie der Revisionskläger mit Recht aufstellt, eine solche nach § 139 Z.P.O. herbeizuführen versuchen.

Vgl. Jurist. Wochenschr. 1904 S. 141 Nr. 6.

Dieser Pflicht wurde es auch dann nicht überhoben, wenn der Kläger bei seiner Schadensberechnung rechtsirrig von der Annahme ausging, daß diese nach Maßgabe des § 472 B.G.B. zu erfolgen habe. Dies gilt um so mehr, als der Anspruch auf Preisminderung und der Schadensersatzanspruch des arglistig getäuschten Käufers, der bei dem Vertrage stehen bleiben will, trotz der Verschiedenheit der rechtlichen Voraussetzungen beider Ansprüche je nach der tatsächlichen Lage des Falles in Ansehung des zu erstattenden Betrages sich decken können. Denn wenn auch der Kaufpreis unbedingt und ohne Rücksicht auf den wahren gemeinen Wert der Sache für die Berechnung der Preisminderung gemäß § 472 B.G.B. maßgebend und demgemäß in dem Verhältnis, in welchem zur Zeit des Verkaufes der Wert der Sache in mangelfreiem Zustande zu dem wirklichen Werte gestanden hat, herabzusetzen ist, selbst wenn der objektive Wert der fehlerhaften Sache noch den vereinbarten Preis übersteigt, während hingegen der Schadensersatzanspruch wegen arglistiger Täuschung auf den Ersatz des wirklich erlittenen Schadens einschließlich des entgangenen Gewinns beschränkt ist, aber je nach Verschiedenheit der Fälle in verschiedenartiger Weise begründet werden kann, so können doch beide Ansprüche in einem Falle der vorliegenden Art in betreff des zu erstattenden Betrages tatsächlich zu gleichem Ergebnisse führen. Dies wird sogar in vielen Fällen die Regel bilden, nämlich dann, wenn der Kaufpreis dem objektiven Werte der Sache in mangelfreiem Zustande entspricht, und der Käufer als Schadensersatz wegen arglistiger Täuschung nur denjenigen Betrag verlangt, den er bei voller Kenntnis der wahren Sachlage weniger gezahlt haben würde."

---

94. 1. Erfordert die Schenkung unter einer Auflage, daß nach Vollziehung der Auflage dem Beschenkten noch eine Bereicherung verbleibe?

2. Kann die zum Begriffe der Schenkung erforderliche Bereicherung des Beschenkten auch eine bloß formale, oder muß sie stets eine materielle, endgültige sein?

3. Begriff des fiduziarischen Eigentums.

B.G.B. §§ 516. 525. 527.

III. Zivilsenat. Urt. v. 6. Februar 1905 i. S. B. u. Gen. (Bekl.) w. Verein für fakultative Feuerbestattung (Kl.). Rep. III. 273/05.

I. Landgericht Stuttgart.
II. Oberlandesgericht daselbst.

Der klagende Verein, der nach § 1 seiner Satzung den Zweck verfolgte, „für die Einführung der fakultativen Feuerbestattung in

Württemberg zu wirken", war seit dem 22. Oktober 1900 im Vereinsregister in St. eingetragen. Nach § 8 der Satzung wurden „alle außerordentlichen Beiträge, Zuwendungen und Geschenke ... einem Grundstock zur Herstellung der für die Feuerbestattung erforderlichen Anlagen und Einrichtungen überwiesen". Im April 1902 erließ der Verein an seine Mitglieder ein Rundschreiben, worin er sie bat, zur Erbauung eines Kolumbariums, dessen Kosten auf rund 50000 *M* veranschlagt seien, Beisteuern zu leisten und dafür auch im Kreise ihrer Freunde und Bekannten zu wirken. Am 30. April 1902 erklärte darauf der Privatmann St. dem Vereinsvorstande schriftlich und bald darauf auch mündlich, er sei bereit, dem Vereine zum Bau des Kolumbariums die nötigen Mittel, zunächst 50000 *M*, zur Verfügung zu stellen. Der Verein nahm das Anerbieten an und begann 1903 den Bau. Wie schon vorher in einer Ausschußsitzung, so erklärte auch in der Mitgliederversammlung vom 3. April 1903 St., daß der Verein über die ihm von ihm zur Verfügung gestellten 50000 *M* nach Bedarf verfügen könne, und daß er diese Summe für den Fall seines Ablebens durch letztwillige Verfügung für den Verein sichergestellt habe. In einem Briefe vom 30. September 1903 schrieb er an den Vorstand, sobald beschlossen sei, den Bau zu beginnen, stelle er die zugesagten 50000 *M* zur Verfügung, und zwar entweder sogleich die ganze Summe, oder in Raten von 10000 *M*, wie solche im Laufe des Baues benötigt würden. Der Ausschuß entschied sich für Ratenzahlung, und St. bezahlte zwei Raten mit je 10000 *M*, verweigerte aber weitere Zahlungen, weil inzwischen Mißhelligkeiten zwischen ihm und dem Vereine entstanden waren. Am 20. Januar 1904, vor Zahlung der zweiten Rate, schrieb er dem Kassenführer des Vereins, er habe jetzt eine weitere Rate bereit, und wenn er auch der ganzen Sache einfürallemal den Rücken gekehrt habe, wolle er doch sein einmal gegebenes Versprechen einlösen; bis vor wenigen Tagen habe er sich geneigt gefühlt, das ganze Komitee zur Verantwortung zu ziehen; denn — so fügte er wörtlich hinzu — „so viel ist sicher, daß von dem Moment, daß das Geld aus meinen Händen geht, es öffentliches ist und öffentlichen Zwecken dient".

Der Verein erhob Klage gegen ihn und beantragte:

1. den Beklagten zur Zahlung von 10000 *M* nebst 4 v. H. Zinsen seit dem 13. Oktober 1904 an ihn zu verurteilen;

2. festzustellen, daß der Beklagte verpflichtet sei, an ihn weitere 20000 *M* in Raten von je 10000 *M* zu bezahlen, soweit diese Beträge zum Weiterbaue des Kolumbariums benötigt würden.

St. starb im Laufe des Rechtsstreites. Die im Rubrum bezeichneten Personen nahmen als seine Erben und Testamentsvollstrecker den Rechtsstreit auf. Sie bestritten, daß St. je eine Verpflichtung übernommen habe, die 50000 *M* zu bezahlen. Sie verwiesen darauf, daß er, was der Kläger zugab, in seinem Testamente verboten habe, die „in unverbindlicher Weise" dem Vereine zugesagten Beiträge auszuzahlen. Jedenfalls handele es sich bei den 50000 *M* nicht um einen — außerordentlichen — Mitgliedsbeitrag, sondern um ein wegen Nichtbeobachtung der gesetzlichen Form ungültiges Schenkungsversprechen.

Der Kläger machte geltend, daß er durch die Zuwendung St.'s schon deshalb nicht bereichert sei, weil er sie zur Errichtung eines Kolumbariums auf städtischem Grund und Boden habe verwenden müssen, und weil dieses somit nicht dem Verein gehöre, seine Herstellung auch nicht Vereinszweck sei.

Das Landgericht wies die Klage ab, wogegen auf die Berufung des Klägers das Oberlandesgericht die Beklagten nach dem Klagantrage verurteilte. Die Revision der Beklagten ist zurückgewiesen aus folgenden

Gründen:

„Das Berufungsgericht hat zunächst angenommen, daß St. durch die von ihm abgegebenen mündlichen Erklärungen, die der Vorstand des klagenden Vereins angenommen habe, sich in bindender Weise habe verpflichten wollen, die von ihm zugesagten 50000 *M* an den klagenden Verein zum Zwecke der Erbauung eines Kolumbariums zu zahlen, daß er nicht bloß in unverbindlicher Weise deren Zahlung habe in Aussicht stellen wollen. Es ist ferner davon ausgegangen, daß zwar in der Zuwendung St.'s an den klagenden Verein eine unentgeltliche Verfügung auf dessen Seite enthalten sei, kein bloßer außerordentlicher Mitgliedsbeitrag, daß aber, wenn jener auch keine Gegenleistung von dem Vereine erhalten, dieser doch durch die Zuwendung auch nicht bereichert worden sei. Dies wird ausführlich dargelegt und namentlich mit dem Hinweise darauf begründet, daß der Verein nur fiduziarisches Eigentum an den zu zahlenden Geldbeträgen habe erwerben und diese unverkürzt zum Baue eines

Kolumbariums, das auf dem der Stadt St. gehörigen Pr.friedhofe erbaut und somit deren Eigentum werde, habe verwenden sollen. Es wird dabei auch noch hinzugefügt, daß durch die Zuwendung St.'s auch nicht etwa dem Vereine eine Ausgabe erspart worden sei, weil dieser niemandem gegenüber eine Verpflichtung gehabt habe, ein Kolumbarium zu bauen. Wegen Mangels des Erfordernisses der Bereicherung des mit der Zuwendung Bedachten hat deshalb das Gericht in dieser keine Schenkung gefunden und demnach jenen zwischen St. und dem Vorstande des klagenden Vereins zustande gekommenen Schuldvertrag, auch ohne daß dabei die Form des § 518 B.G.B. beobachtet worden wäre, für rechtsgültig erachtet.

In dieser Begründung ist kein Rechtsirrtum enthalten. Wenn insbesondere mit Bezug auf die Verneinung des Charakters des zwischen St. und dem Kläger geschlossenen Vertrages als eines Schenkungsversprechens die Revision die Frage aufgeworfen hat, welcher Gattung von Verträgen jener zuzurechnen sei, so ist darauf zu erwidern, daß die herkömmliche Einteilung der Vermögenszuwendungen in solche, die obligandi, credendi oder donandi causa erfolgen, nicht erschöpfend ist, sondern nur die wichtigsten und häufigsten Zwecke bezeichnet. Es kann demnach sehr wohl ein sog. kausales Rechtsgeschäft — im Gegensatze zu einem abstrakten — dergestalt zustande kommen, daß mit der Leistung einerseits keine Schenkung bezweckt, andererseits keine Verpflichtung zu einer Gegenleistung oder zu einer Wiedererstattung begründet, sondern ein anderes Ziel, das insbesondere in einer von dem Empfänger zu wohltätigen, gemeinnützigen oder idealen Zwecken vorzunehmenden Handlung bestehen kann, erreicht werden soll.

Vgl. Planck, B.G.B. 3. Aufl. Vorbem. IX 2 zum III. Abschnitte „Rechtsgeschäfte" Bd. 1 S. 184.

Auch die eigentlichen Angriffe der Revision sind durchweg verfehlt. Dies gilt zuvörderst von der Ausführung, die Gründe des Berufungsurteils dafür, daß in dem Versprechen St.'s keine Schenkung liege, weil der klagende Verein die ihm unentgeltlich versprochene Summe wieder ausgegeben habe, ohne daß ihm dadurch ein bleibender Vermögensvorteil gewährt sei, würden auf jede Schenkung unter einer Auflage zutreffen, deren Erfüllung dem Beschenkten nichts übrig lasse. Denn in einem solchen Falle läge überhaupt keine

Schenkung unter einer Auflage vor, weil auch bei dieser Art von Schenkungen dem Beschenkten, wie sich aus § 527 B.G.B. ergibt, auch nach Vollziehung der Auflage noch eine Bereicherung verbleiben muß.

Vgl. Planck, B.G.B. 2. Aufl. Bem. 1 zu § 527; Cosack, Lehrbuch des Deutschen bürgerlichen Rechts Bd. 1 § 140 unter 1a S. 488.

Wenn aber die Revision in Verbindung hiermit darzulegen sucht, es würde durch Zuziehung einer Mittelsperson auf dem vom Berufungsgerichte für zulässig erklärten Wege möglich sein, die Formvorschrift des § 518 B.G.B. zu umgehen, so kommt dem gegenüber in Betracht, daß diese in der Hauptsache nur bezweckt, übereilten Schenkungsversprechen einen Riegel vorzuschieben.

Vgl. hierüber auch für das neue deutsche bürgerliche Recht die Motive zu dem ersten Entwurfe Bd. 1 S. 293.

Dieser Hauptgrund für das Erfordernis der erschwerten Form des § 518 würde aber da nicht anzuerkennen sein, wo jemand, um ein Schenkungsversprechen wirksam zu machen, die Erteilung dieses Versprechens zunächst an eine Mittelsperson wählen würde. Denn dann würde gerade hieraus erhellen, daß er auf der Durchführung der Schenkungsabsicht nachhaltig bestehe, und daß er sich mit der Abgabe des Schenkungsversprechens nicht übereile. Zudem ist im vorliegenden Falle nichts in der Richtung festgestellt oder auch nur vorgebracht, daß die gesetzliche Form des Schenkungsversprechens hätte umgangen werden sollen.

Unerheblich ist ferner die Ausführung der Revision, daß der Kläger durch die Zuwendung doch zunächst und unmittelbar bereichert würde. Denn auch wenn man dies mit Rücksicht darauf zugibt, daß das zugewendete Geld zunächst in das Eigentum des Klägers übergehe, bis es zu dem Zwecke der Erbauung des Kolumbariums wirklich verwandt würde, so würde doch hieraus nicht eine Bereicherung des klagenden Vereins in dem Sinne, wie die Lehre von der Schenkung fordert, folgen. Denn hierzu wird erfordert, daß die Bereicherung des Beschenkten eine endgültige, materielle, nicht bloß eine formale sei.

Vgl. hierüber für gemeines und preußisches Recht Förster-Eccius, Preuß. Privatrecht 6. Aufl. Bd. 2 § 122 II S. 8.

Auch bei den Beratungen der Kommission für die zweite Lesung des

Entwurfs zum Bürgerlichen Gesetzbuch ist dieser Gesichtspunkt von der Mehrheit als richtig anerkannt worden. In den Erwägungen, die über das Erfordernis der Vermögensverschiebung angestellt wurden, findet sich (Protokolle Bd. 2 S. 4) folgende Bemerkung:

„Von einer Seite wurde darauf hingewiesen, daß z. B. Beiträge, die zu einem durch das Zusammenwirken Vieler zu erreichenden Zwecke gegeben werden, etwa zur Errichtung eines Denkmals für einen verdienten Mann, keine Geschenke seien, auch nicht als solche angesehen würden, und daß es sich ebenso verhalte mit Beiträgen zu wohltätigen Zwecken; zwar seien die Wohltaten, die mit dem gesammelten Gelde erwiesen werden sollen, Geschenke; aber diejenigen, welche zusammentreten, um die Mittel zur Erweisung der Wohltaten aufzubringen, wollen nicht den Geschäftsführern, dem Vereine oder der Anstalt ein Geschenk machen, sondern sich an dem Unternehmen mit dem gespendeten Gelde beteiligen, sei es als eigentliche, sei es als stille Gesellschafter."

Mag man auch über die Richtigkeit der hier zuletzt aufgestellten juristischen Konstruktion streiten können: so viel ist hiernach unzweifelhaft, daß auch die Mehrheit jener Kommission in Fällen der hervorgehobenen Art die Auffassung verworfen hat, daß es sich dabei um Schenkungen oder Schenkungsversprechen an die für das betreffende Unternehmen als Geschäftsführerin auftretende Anstalt oder Vereinigung handele. Was aber hiernach von Zuwendungen zu einem wohltätigen Zwecke und durch eine größere Anzahl von Personen gilt, muß der Natur der Sache nach auch Geltung haben von Zuwendungen zu einem gemeinnützigen oder idealen Zwecke und durch nur eine Person.

Daß endlich der Begriff des fiduziarischen Eigentums hier vom Berufungsgerichte zu Unrecht angewandt wäre, kann der Revision ebenfalls nicht zugegeben werden. Fiduziarisch ist das Eigentum überall da, wo der Eigentümer obligatorisch verpflichtet ist, es nur in bestimmter Richtung zu gebrauchen, es, nachdem der Zweck der fiduziarischen Übertragung erreicht ist, wieder zurück- oder an einen Dritten herauszugeben.

Vgl. Matthiaß, Lehrbuch des bürgerlichen Rechts, 4. Aufl. Bd. 1 § 54 III A 6 S. 226.

Ein solcher Fall liegt aber hier gerade vor." ...

95. Welche Grundsätze sind für die Pensionierung einer aus dem Heere zur Schutztruppe übergetretenen und bei dieser zum Deckoffizier beförderten deutschen Militärperson maßgebend?

Gesetz, betr. die Kaiserlichen Schutztruppen, vom 18. Juli 1896 §§ 3. 5. 7.

III. Zivilsenat. Urt. v. 13. Februar 1906 i. S. Landesfiskus von Deutsch-Südwestafrika (Bekl.) w. D. (Kl.). Rep. III. 479/05.

I. Landgericht I Berlin.
II. Kammergericht daselbst.

Der Kläger war vom 26. Juni 1895 bis zum 31. Dezember 1900 Zahlmeisteraspirant in der Kaiserlichen Schutztruppe für Deutsch-Südwestafrika und hatte als solcher den Rang eines Deckoffiziers. Infolge einer Dienstbeschädigung schied er als Ganzinvalide aus der Schutztruppe aus, und es wurde ihm nach der Pensionsnachweisung vom 16. Februar 1901 eine Pension von 1102 *M* jährlich zuerkannt unter der Annahme, daß er bei Fortsetzung seines Dienstverhältnisses im Heere am 31. Dezember 1900 Feldwebel und etatsmäßiger Zahlmeisteraspirant gewesen wäre. Er behauptete, daß ihm nach § 7 Satz 2 des Schutztruppengesetzes vom 18. Juli 1896 (R.G.Bl. S. 653) die Pension eines Deckoffiziers der Marine zustehe, und stellte bei der Kolonialabteilung den Antrag, die Pension auf 1910,55 *M* jährlich festzusetzen.

Dieser Antrag wurde durch Entscheidung der Kolonialabteilung vom 11. August 1904 abgelehnt. Innerhalb der gesetzlichen Frist erhob der Kläger Klage mit dem Antrag, festzustellen, daß die ihm gebührende Pension jährlich 1910,55 *M* betrage, und den Beklagten zur Zahlung seiner rückständigen Mehrforderung von 3259,60 *M* zu verurteilen.

Das Landgericht wies die Klage ab; das Berufungsgericht erkannte nach dem Antrage des Klägers. Die Revision des Beklagten wurde zurückgewiesen aus folgenden

Gründen:

„Die Rechtslage ist die gleiche wie in dem durch Urteil des erkennenden Senats vom 22. Mai 1903 (Entsch. des R.G.'s Bd. 58 S. 1—8) entschiedenen Falle. Es handelt sich um die Frage, ob bei

Pensionierung einer aus dem Heere zur Schutztruppe übergetretenen und bei dieser zum Deckoffizier beförderten deutschen Militärperson, die wegen gänzlicher Invalidität aus der Schutztruppe mit Pension ausscheidet, die in der Heimat bestehenden Gebührnisse eines Deckoffiziers, oder diejenigen eines Feldwebels und etatsmäßigen Zahlmeisteraspiranten als pensionsfähiges Diensteinkommen zugrunde zu legen sind. Die Beantwortung der Frage hängt von der Auslegung des § 7 Abs. 1 Satz 2 des Schutztruppengesetzes vom 18. Juli 1896 ab, welcher bestimmt, daß hinsichtlich der Offiziere, Ingenieure des Soldatenstandes, Deckoffiziere, Sanitätsoffiziere und oberen Beamten als pensionsfähiges Diensteinkommen die Gebührnisse zugrunde gelegt werden, welche ihnen nach ihrem Dienstalter und ihrer Charge bei Fortsetzung ihres Dienstverhältnisses in der Heimat zugestanden hätten. Der Beklagte will diese gesetzliche Bestimmung dahin auslegen, daß unter der für die Berechnung des pensionsfähigen Diensteinkommens und der Pensionserhöhung maßgebenden Charge diejenige Charge zu verstehen sei, welche die genannten Personen bei Fortsetzung ihres Dienstverhältnisses in der Heimat erreicht haben würden. Das angeführte Urteil vom 22. Mai 1903 hat dagegen den Sinn der gesetzlichen Bestimmung dahin dargelegt, daß die genannten Militärpersonen und Beamten nach ihrem Dienstalter und ihrer Charge, die sie bei der Schutztruppe erlangt haben, Pension erhalten auf Grund der Gebührnisse, die ihnen bei Fortsetzung ihres Dienstverhältnisses in der Heimat zugestanden hätten, d. h. nach einem Dienstalter, welches so zu berechnen ist, als wenn sie ihren Dienst in der Heimat fortgesetzt hätten, und nach derjenigen heimischen Charge, welche der von ihnen bei der Schutztruppe tatsächlich erreichten Charge entspricht; ferner ist angenommen worden, daß bei Pensionierung eines aus dem Heere hervorgegangenen Deckoffiziers der Schutztruppe die Gebührnisse eines Deckoffiziers der Marine in analoger Anwendung als pensionsfähiges Diensteinkommen zugrunde zu legen sind.

An dieser Entscheidung ist festzuhalten, da die vom Beklagten dagegen erhobenen Einwendungen nicht für begründet zu erachten sind.

Zunächst ist die Behauptung unrichtig, daß das Urteil vom 22. Mai 1903 bei Auslegung der Wortfassung des § 7 in einen Widerspruch gerate, indem es das Wort „Dienstalter" auf das

Dienstverhältnis in der Heimat, das Wort „Charge“ aber auf das Dienstverhältnis in der Schutztruppe beziehen müsse. Das Urteil bezieht, wie aus den Gründen klar ersichtlich ist, das Wort „Dienstalter“ wie das Wort „Charge“ auf das Dienstverhältnis in der Schutztruppe, und es bezeichnet die vom Beklagten aufgestellte Behauptung, daß bei dieser Auslegung die in der Heimat vor dem Eintritt in die Schutztruppe absolvierte Dienstzeit nicht berücksichtigt werden dürfe, als verfehlt, weil der Dienst in der Schutztruppe in betreff der Versorgungsansprüche als Fortsetzung des Dienstes in dem Heere oder der Kaiserlichen Marine angesehen werden müsse. Da nämlich der § 7 für die Bemessung der Höhe der Pension auf die Gebührnisse verweist, welche den im § 7 genannten Personen bei Fortsetzung ihres Dienstverhältnisses in der Heimat zugestanden hätten, so ist hiermit zugleich ausgesprochen, daß der Dienst in der Schutztruppe als Fortsetzung des Dienstverhältnisses in der Heimat anzusehen ist. Eine Bestätigung hierfür ist in der Bestimmung des § 3 des Schutztruppengesetzes gefunden worden. Die Hinzurechnung der vor dem Eintritt in die Schutztruppe in der Heimat zurückgelegten Dienstzeit entspricht auch dem allgemeinen Grundsatz im § 18 des Militärpensionsgesetzes vom 27. Juni 1871. Der angebliche Widerspruch liegt also nicht vor.

Auf die Bedenken, welche der vom Beklagten vertretenen Auslegung entgegenstehen, ist in dem Urteil vom 22. Mai 1903 hingewiesen worden. Wäre diese Auslegung richtig, dann müßte in allen Fällen, in denen eine der im § 7 genannten Personen aus der Schutztruppe heraus pensioniert wird, geprüft werden, welche Charge sie bei Fortsetzung ihres Dienstverhältnisses in der Heimat erreicht haben würde. Diese Prüfung könnte ergeben, daß sie in der Heimat eine geringere oder eine höhere Charge erreicht hätte. Es wäre also z. B. möglich, daß ein Offizier, der in der Schutztruppe ein schnelles Avancement gehabt hat, wenn er aus der Schutztruppe als dienstunfähig mit Pension ausscheidet, aus einer niedrigeren Charge pensioniert würde, weil er es in der Heimat mit Rücksicht auf die dortigen Avancementsverhältnisse oder die höheren Anforderungen nicht so weit gebracht hätte; umgekehrt könnten die Gebührnisse einer höheren Charge bei Bemessung der Höhe der Pension zugrunde gelegt werden, weil die in gleichem Dienstalter Stehenden wenigstens teilweise in der Heimat die höhere Stellung einnehmen, und anzunehmen wäre, daß der aus einer niedrigeren Stellung in der Schutztruppe mit Pension ausscheidende Offizier gleichfalls die höhere Stellung erreicht haben würde. Der Beklagte behauptet denn auch im vorliegenden Rechtsstreit, daß die aus der Marine oder den Spezialwaffen in die Schutztruppe übernommenen Offiziere, weil sie zurzeit in der Heimat zum Teil schneller avancieren würden als bei der Schutztruppe, mitunter aus den Gebührnissen einer Charge pensioniert werden müßten, die sie in Wirklichkeit niemals bekleidet haben. Daß eine solche Regelung die größte Rechtsunsicherheit zur Folge haben müßte, bestreitet der Beklagte mit Unrecht. Der Hinweis auf das Patent und die Dienstaltersliste ist ohne Belang; denn danach kann zwar das Dienstalter und das Rangverhältnis der in gleichem Dienstalter Stehenden ermittelt werden; ob und wann aber der Angehörige der Schutztruppe bei Fortsetzung seines Dienstverhältnisses in der Heimat befördert worden wäre, hängt noch von mancherlei anderen Umständen ab. Es ist ferner nicht richtig, daß es im Gesetz nicht an Vorschriften fehle, von wem und in welcher Weise die Feststellung der Charge zu erfolgen hätte. Die §§ 5 und 17 des Schutztruppengesetzes und die §§ 26 und 114 des Militärpensionsgesetzes vom 27. Juni 1871, welche der Beklagte anführt, enthalten hierüber nichts; sie bestimmen weder, daß die oberste Militärverwaltungsbehörde (der Reichskanzler, Auswärtiges Amt, Kolonialabteilung) eine solche Feststellung zu treffen habe, noch welches Verfahren hierbei einzuhalten sei. Der vom Beklagten vertretenen Auslegung steht aber auch die Erwägung entgegen, daß sie sich in Widerspruch setzt mit der im § 6 des Militärpensionsgesetzes vom 27. Juni 1871 enthaltenen gesetzlichen Bestimmung; denn nach diesem § 6 wird die Höhe der Pension bemessen nach der Dienstzeit und dem pensionsfähigen Diensteinkommen der mindestens während eines Dienstjahres innerhalb des Etats bekleideten Charge. Also die tatsächlich bekleidete Charge ist maßgebend, nicht eine Charge, deren Feststellung von dem Ermessen der Militärverwaltungsbehörde abhängig ist. Die im § 7 des Militärpensionsgesetzes enthaltene Ausnahme betrifft einen Fall, der hier nicht in Betracht kommt. Hätte das Schutztruppengesetz von dem auch in § 42 des Reichsbeamtengesetzes vom 31. März 1873 ausgesprochenen und der natürlichen Auffassung entsprechenden Grundsatze des § 6 des Militärpensionsgesetzes abweichen wollen, so hätte es einer bestimmten und klaren Vorschrift bedurft. Im § 7 des Schutztruppengesetzes ist eine solche nicht enthalten. Auch die Entstehungsgeschichte des Gesetzes spricht nicht für, sondern gegen die vom Beklagten vertretene Auslegung, wie im Urteil vom 22. Mai 1903 dargelegt ist.

Was der Beklagte in dieser Beziehung neu vorgebracht hat, ist unerheblich.

Zunächst glaubt er einen Beweis für seine Auffassung aus folgendem Hergang entnehmen zu können. Der erste, von der Kolonialabteilung des Auswärtigen Amts dem Reichsschatzamt mitgeteilte Gesetzentwurf habe an der umstrittenen Stelle folgendermaßen gelautet:

„Hinsichtlich der Offiziere, Ingenieure des Soldatenstandes, Deckoffiziere, Sanitätsoffiziere und oberen Beamten gelten als pensionsfähiges Diensteinkommen die Gebührnisse, welche ihnen nach ihrem Dienstalter und ihrer Charge in der Heimat zustehen würden."

Der erste Entwurf habe noch ganz auf dem Boden des Gesetzes vom 22. März 1891 gestanden. Die Abänderung des § 7 Abs. 1 des ersten Entwurfs auf den jetzigen Wortlaut des Gesetzes sei das Ergebnis einer am 27. April 1896 bei dem Reichskanzler stattgehabten Besprechung mit dem Kriegsminister und dem Chef des Geheimen Militärkabinetts. Aus dieser Änderung folge, daß anstelle der nach dem Gesetz vom 18. Juli 1896 tatsächlich nicht mehr vorhandenen heimischen Charge diejenige Charge gesetzt worden sei, welche bei Fortsetzung des Dienstverhältnisses in der Heimat erreicht worden wäre. Der Beklagte will hiernach das beweisende Moment in der Abänderung des ersten Entwurfs auf den jetzigen Wortlaut des Gesetzes finden. Dieser Wortlaut läßt aber eben nicht erkennen, daß das Gesetz den vom Beklagten behaupteten Sinn haben soll. Gegen die Auffassung des Beklagten spricht vielmehr die Tatsache, daß die im § 3 des ersten Entwurfs enthaltene Fiktion, wonach die der Schutztruppe zugeteilten deutschen Militärpersonen und Beamten als zeitweilig abkommandierte Angehörige des Heeres bzw. der Kaiserlichen Marine gelten, ebenso wie die im § 3 des Schutztruppengesetzes vom 22. März 1891 enthaltene Fiktion durch das Gesetz vom 18. Juli 1896 beseitigt worden, und die bei der Schutztruppe tatsächlich erreichte Charge — befreit von dieser Fiktion — als maßgebend bestehen geblieben ist.

Der Beklagte macht ferner geltend: Die von ihm vertretene Auffassung habe auch der Abgeordnete Prinz von Arenberg in der Reichstagssitzung vom 15. Juni 1896 gehabt, indem er Bedenken gegen den § 7 Abs. 1 geäußert habe, wo ausgesprochen sei, daß die Ansprüche der Offiziere &c sich regeln nach der Charge, die diese haben würden, wenn sie noch in der Armee wären. (Stenographische Berichte des Reichstages 1895/97 Bd. 4 S. 2606.) In der Budgetkommission, an welche die Gesetzesvorlage verwiesen wurde, habe der Abgeordnete seine Ausstellung wiederholt und um Aufklärung gebeten. Der Regierungskommissar Major Kolewe habe darauf geantwortet: „Eine Schwierigkeit liegt darin nicht, daß die Offiziere &c eine Pension erhalten, welche sie als aktive Offiziere ihrem Dienstalter entsprechend zu beanspruchen haben; das Patent derselben ist ja leicht zu ermitteln." Der Abgeordnete Prinz von Arenberg sei demnächst als Berichterstatter bei der zweiten Lesung des Gesetzes im Reichstag auf seine Bedenken nicht zurückgekommen. Diesem Vorgang kann eine erhebliche Bedeutung nicht beigemessen werden. Abgesehen davon, daß aus der in der Revisionsinstanz vorgelegten beglaubigten Abschrift des Protokolls der 32. Sitzung der II. Kommission vom 16. Juni 1896 nicht ersichtlich ist, wie die Ausstellung und Anfrage des Abgeordneten Prinzen von Arenberg gelautet hat, läßt sich aus der Antwort des Majors Kolewe nicht mit einiger Sicherheit entnehmen, daß der § 7 Abs. 1 des Gesetzes den Sinn haben solle, den der Beklagte ihm beilegt. Die Antwort läßt dem Zweifel Raum, daß sie die Gebührnisse der aktiven Offiziere &c im Auge hat, welche nach § 7 Abs. 1 bei Pensionierung der Schutztruppenoffiziere als pensionsfähiges Diensteinkommen zugrunde gelegt werden sollen. Es wird aber auch vom Beklagten nicht behauptet, und liegt nichts dafür vor, daß von diesem Vorgang in der Kommission dem Reichstag Mitteilung gemacht sei, und daß der Reichstag die Ansicht des Majors Kolewe, falls man seine Antwort im Sinne des Beklagten auffassen wollte, geteilt habe.

Der Beklagte beruft sich im weiteren darauf, daß die gesetzgebenden Körperschaften zu wiederholten Malen ihre mit dem § 7 Abs. 1 verbundene Absicht, die mit der Auffassung des Beklagten übereinstimme, zum Ausdruck gebracht hätten. Zuerst sei im Etat des ostafrikanischen Schutzgebietes für 1900 und dann fortlaufend in den gleichen Etats für 1901—04 zu dem Titel „Pensionen und Pensionserhöhungen für Pensionäre der Schutztruppe auf Grund des Gesetzes vom 7./18. Juli 1896" eine Anmerkung folgenden Inhalts aufgenommen worden:

„Den im Dienstgrad als Deckoffizier stehenden Militärpersonen der Schutztruppe können im Falle der Pensionierung diejenigen Beträge, um welche sich deren Versorgungsansprüche nach den neueren Bestimmungen geringer berechnen als die Ansprüche, welche ihnen bei etwaiger Pensionierung vor dem Inkrafttreten dieser Bestimmungen bereits zugestanden haben würden, als Pensionszuschuß gewährt werden."

Vgl. Haushaltsetat für die Schutzgebiete für 1900 I S. 20 und 21; für 1901 I S. 22 II S. 8; für 1902 I S. 24; für 1903 I S. 22; für 1904 I S. 22.

Der hier vorgesehene Fall, der in den Erläuterungen zu der Anmerkung im Etatsentwurfe für 1900 ausdrücklich als eine durch das Fehlen der Übergangsbestimmungen im Gesetz vom 18. Juli 1896 sich für die Deckoffiziere ergebende Härte bezeichnet werde, könne überhaupt nur eintreten, wenn § 7 Abs. 1 im Sinne der Auffassung des Beklagten ausgelegt werde. Hieraus ist aber für die Auslegung des § 7 des Gesetzes nichts wesentliches zu entnehmen. Wenn der Bundesrat und Reichstag die in der Anmerkung enthaltene Ermächtigung erteilt haben, so ist hierin eine authentische Interpretation des Gesetzes nicht zu finden. Bei dieser Ermächtigung handelte es sich nur um einen Pensionszuschuß für die im Dienstgrad als Deckoffizier stehenden Militärpersonen der Schutztruppe, und zwar nur für diejenigen, die vor dem Inkrafttreten des Gesetzes vom 18. Juli 1896 zur Schutztruppe übergetreten waren. Die Frage, wie der § 7 des Gesetzes auszulegen sei, ist damals gar nicht zur Erörterung gestellt und weder in der Anmerkung noch in den Erläuterungen beantwortet worden.

Sodann macht der Beklagte geltend, daß die Auslegung des Gesetzes im Sinne des Urteils des Reichsgerichts vom 22. Mai 1903 zu unannehmbaren Folgerungen führe. Mache der Angehörige der Schutztruppe von dem ihm nach § 3 des Gesetzes zustehenden Rechte des Rücktritts in den heimischen Dienst Gebrauch, so trete er in die Stellung, welche er bei Fortsetzung des Dienstverhältnisses in der Heimat erlangt hätte. Es wäre inkonsequent, wenn ihm im Gegensatz hierzu bei seiner Pensionierung die Gebührnisse aus der Charge, die er in der Schutztruppe tatsächlich bekleidet habe, bewilligt würden. Ferner würden einem Deckoffizier, der nach dem Rücktritt in den heimischen Dienst pensioniert werde, ohne daß ein Zusammenhang zwischen seiner Dienstunfähigkeit und seinem voraufgegangenen Dienst in der Schutztruppe bestehe, die nach dem Ausscheiden aus der Schutztruppe im Heimatsdienste noch verbrachten Dienstjahre nicht zum Vorteil, sondern zum Nachteil gereichen, da er nunmehr zweifellos nur als Feldwebel oder Unteroffizier pensioniert werden könnte. Diese Ausführung geht von der Unterstellung aus, daß der in den heimischen Dienst zurücktretende Angehörige der Schutztruppe in die Stellung eintreten müßte, welche er bei Fortsetzung des Dienstverhältnisses in der Heimat erlangt hätte. Nach dem vom Beklagten eingenommenen Standpunkt würden hiernach die im § 7 Abs. 1 Satz 2 genannten Militärpersonen und Beamten unter Umständen nach dem Ermessen der obersten Militärverwaltungsbehörde genötigt sein, in eine niedrigere Charge, als die in der Schutztruppe tatsächlich bekleidete, zurückzutreten. Diese Ansicht findet in dem Wortlaute des § 3 des Gesetzes vom 18. Juli 1896 keine Stütze, und die vom Beklagten hervorgehobene ungleiche Behandlung würde nur Folge dieser Handhabung des § 3 sein. Ein Grund, zu der vom Beklagten vertretenen Auslegung des § 7 zu gelangen, kann in dem Vorbringen nicht gefunden werden, da dieser Auslegung die oben angegebenen erheblichen Bedenken entgegenstehen.

Mit Rücksicht hierauf würde es auch unerheblich sein, wenn die Reichsverwaltung bei Anwendung des § 7 in ununterbrochener Übung von der gleichen Auffassung ausgegangen wäre. Ebenso ist es ohne Bedeutung, daß sich die Petitionskommission dieser Auffassung angeschlossen hat (vgl. Drucksachen des Reichstags I. Session 1903/04 Nr. 405).

Die analoge Anwendung der Gebührnisse eines Deckoffiziers der Marine ist aus den im Urteil vom 22. Mai 1903 angegebenen Gründen gerechtfertigt."

96. Welches Recht ist maßgebend für die Unterhaltspflicht von Ehegatten, die ihren Wohnsitz in Deutschland haben, aber Ausländer sind und beide dem nämlichen fremden Staat angehören?

IV. Zivilsenat. Urt. v. 15. Februar 1906 i. S. N. (Bekl.) w. Ehefr. N. (Kl.). Rep. IV. 392/05.

I. Landgericht Hamburg.
II. Oberlandesgericht daselbst.

Die Parteien hatten am 23. Mai 1899 die Ehe miteinander geschlossen. Beklagter war portugiesischer Staatsangehöriger und katholischen Bekenntnisses, Klägerin die Tochter deutscher Eltern und jüdischen Glaubens; gewohnt hatten sie seit ihrer Eheschließung in Hamburg, wohin der Beklagte im Jahre 1890 gekommen war, und wo sich der Wohnsitz der Parteien auch derzeit noch befindet. Bald nach der Eheschließung kam es zwischen den Gatten zu Streitigkeiten, die dazu führten, daß die Klägerin auf Scheidung klagte. Durch rechtskräftig gewordenes Urteil des Landgerichts Hamburg wurde sie mit ihrer Klage abgewiesen und auf Widerklage des Beklagten zur Herstellung der häuslichen Gemeinschaft verurteilt. Die Klägerin war darauf bereit, diesem Urteile Folge zu leisten; Beklagter verweigerte ihr jedoch jetzt die Aufnahme. Die Klägerin erhob deshalb von neuem Klage und erwirkte ein ebenfalls rechtskräftig gewordenes Urteil des Landgerichts, durch das Beklagter schuldig erkannt wurde, die häusliche Gemeinschaft herzustellen. Hierzu wollte er sich indes seither nicht verstehen. Klägerin erhob daher nunmehr, indem sie geltend machte, daß Beklagter dem gegen ihn ergangenen Urteil zur Herstellung der häuslichen Gemeinschaft nicht Folge leiste, sie mithin den standesgemäßen Unterhalt außerhalb der ehelichen Wohnung fordern könne, und seinem Einkommen eine Zahlung von 3000 ℳ im Jahr entspreche, Klage mit dem Antrage auf Verurteilung des Beklagten zur Zahlung von monatlich 250 ℳ. In erster Instanz wurde nach dem Klagantrage erkannt. Auf Berufung des Beklagten wurde das Urteil nur dahin geändert, daß der Betrag der Unterhaltsrente auf 200 ℳ im Monat herabgesetzt ward. Auf die Revision des Beklagten wurde das Berufungsurteil aufgehoben, und die Sache an das Berufungsgericht zurückverwiesen.

Aus den Gründen:

... „Bei der Beurteilung des Klaganspruchs kommt in Betracht, daß die Parteien beide portugiesische Staatsangehörige sind, da Klägerin durch ihre Heirat die hamburgische Staatsangehörigkeit verloren und die ihres Gatten erworben hat. Es folgt das aus § 13 Nr. 5 des Gesetzes über die Erwerbung und den Verlust der Bundes- und Staatsangehörigkeit vom 1. Juni 1870 (B.G.Bl. S. 355) und Art. 18 Nr. 6 des portugiesischen Bürgerlichen Gesetzbuchs (Codigo Civil Portuguez) vom 1. Juli 1867. Hiervon sind auch das Landgericht wie das Berufungsgericht ausgegangen, obschon letzteres sich hierüber nicht ausgesprochen hat. Gleichwohl haben beide Instanzgerichte das deutsche Recht für maßgebend erachtet, jedoch aus verschiedenen Gründen. Das Landgericht hat angenommen, daß für die persönlichen Rechtsbeziehungen der Gatten zueinander und deshalb auch für die Unterhaltspflicht das Recht ihres Heimatsstaats bestimmend sei, im vorliegenden Falle also portugiesisches Recht; es hat aber ferner angenommen, daß nach portugiesischem Rechte in Ansehung der Unterhaltspflicht das Recht des Wohnsitzes zur Anwendung gelange, und daß deshalb der Rechtsstreit nach deutschem Rechte zu entscheiden sei. Das Berufungsgericht ist dagegen der Ansicht, daß das deutsche Recht von vornherein maßgebend sei, weil in dem einheimischen Rechte eine ausdrückliche Bestimmung fehle, es aber nicht nur der Natur der Sache, sondern auch dem öffentlichen Interesse entspreche, daß für ausländische Gatten, wenn sie in Deutschland getrennt leben, die Frage des Unterhalts ebenso geregelt werde wie für deutsche im Inlande voneinander getrennt lebende Gatten.

Die Erwägung des Berufungsgerichts steht im Einklange mit einem Urteile des Hanseatischen Oberlandesgerichts vom 28. Oktober 1904 (Hanseatische Gerichtszeitung 1904 Beibl. Nr. 184, auch mitgeteilt in der Rechtspr. der O.L.G. Bd. 9 S. 445), kann jedoch nicht gebilligt werden. Richtig ist es, daß gesetzliche Vorschriften über das in Fällen der vorliegenden Art maßgebende Recht fehlen, namentlich im Einführungsgesetze zum Bürgerlichen Gesetzbuche nicht enthalten sind. Während der Vorarbeiten zum Bürgerlichen Gesetzbuche wurde von der 1. Kommission das internationale Recht in ihre Entwürfe nicht aufgenommen, wohl aber ein vollständiger Entwurf ausgearbeitet. Die 2. Kommission beschloß seine Aufnahme in das

Bürgerliche Gesetzbuch als 6. Buch und unterzog sich der Durchberatung; der Bundesrat dagegen ließ das 6. Buch fallen und nahm in die Reichstagsvorlage, und zwar in das Einführungsgesetz, nur einige Bestimmungen auf, die, neben einigen weitergehenden Ausnahmen, sich auf die Abgrenzung des deutschen Rechts beschränken. Die Vorschläge des Bundesrats sind im wesentlichen Gesetz geworden.

In dem Entwurfe der 1. Kommission (veröffentlicht in den Protokollen der 2. Kommission Bd. 6 S. 8—12) lautete

§ 9: „Die persönlichen Rechtsbeziehungen der Ehegatten zueinander werden nach den Gesetzen des Staates beurteilt, welchem der Ehemann angehört."

Diese Bestimmung wurde von der 2. Kommission unbeanstandet angenommen (Protokolle Bd. 6 S. 51) und ging in den sog. II. Entwurf als § 2246, in den sog. revidierten II. Entwurf (die Vorlage an den Bundesrat) als § 2371 des 6. Buchs wörtlich fast unverändert über. Der Bundesrat dagegen stellte in das Einführungsgesetz der Regierungsvorlage ein als

Art. 13: „Die persönlichen Rechtsbeziehungen deutscher Ehegatten zueinander werden nach den deutschen Gesetzen beurteilt, auch wenn die Ehegatten ihren Wohnsitz im Auslande haben.

Die deutschen Gesetze finden auch Anwendung, wenn der Mann die Reichsangehörigkeit verloren, die Frau sie aber behalten hat."

Damit stimmt Art. 14 Einf.-Ges. zum B.G.B. wörtlich überein.

Aus dieser Entstehungsgeschichte darf selbstverständlich nicht gefolgert werden, daß Art. 14 Einf.-Ges. zum B.G.B. in dem Sinne gelte, den die beiden Kommissionen mit ihren Vorschlägen verbanden; denn diese Vorschläge sind gefallen. Der Grund ist nicht veröffentlicht, aber wohl in politischen Bedenken zu suchen und in der Erwägung, daß die Entwicklung des internationalen Privatrechts sich im Fluß befindet. Allein wenn auch die Beweggründe andere gewesen sein sollten, dürfte aus der Tatsache, daß die Kommissionsvorschläge verworfen wurden, nicht entnommen werden, daß deshalb das Gegenteil gelte; denn hiervon enthält das Gesetz nichts. Es ist vielmehr dasjenige Recht anzuwenden, das den Grundsätzen des internationalen Rechts entspricht, und zwar den nach deutschem Rechte geltenden (vgl. Entsch. des R.G.'s in Zivils. Bd. 55 S. 349). Bei der Ermittlung, was nach deutschem Rechte gilt, ist aber auf die allgemeine Rechtsüberzeugung Rücksicht zu nehmen; denn allgemein anerkannte Rechtssätze sind, wenn nicht besondere Gründe entgegenstehen, auch in Deutschland zu befolgen.

Im internationalen Privatrechte wurde das Personalstatut früher vielfach, und wird es noch jetzt in weiten Gebieten nach dem Wohnsitze bestimmt; u. a. geschah das von dem gemeinen Rechte (Entsch. des R.G.'s in Zivils. Bd. 8 S. 146), zu dessen Bereiche der Wohnsitz der Parteien gehört hat. Gegenwärtig herrscht jedoch in der Lehre fast Einstimmigkeit, daß die Bestimmung des Personalstatuts nach der Staatsangehörigkeit die richtigere sei,

vgl. v. Bar, Theorie und Praxis des internationalen Privatrechts Bd. 1 S. 271; Gierke, Deutsches Privatrecht Bd. 1 § 26 S. 221; Niemeyer, Vorschläge und Materialien zur Kodifikation des internationalen Privatrechts S. 115; Enneccerus, Lehrb. des bürgerlichen Rechts Bd. 1 3. Aufl. § 73 S. 181,

und es ist diese Ansicht auch in den drei im Haag am 12. Juni 1902 geschlossenen Abkommen über das internationale Privatrecht (R.G.Bl. 1904 S. 221) zur Anerkennung gelangt. Vor allem aber wird das Einführungsgesetz zum Bürgerlichen Gesetzbuche durchaus von dem Grundsatze beherrscht, daß das Personalstatut sich nach der Staatsangehörigkeit richtet, und namentlich gilt das von den persönlichen Rechtsbeziehungen der Ehegatten zueinander (Art. 14). Im Hinblick hierauf kann nicht in dem Art. 14 eine Sonderbestimmung gefunden werden, die zwar für deutsche, nicht aber für ausländische Ehegatten zu gelten hätte, zumal bedeutsame Äußerungen vorliegen, daß Rechte und Pflichten der Gatten gegeneinander sich grundsätzlich nach den Gesetzen ihres Heimatsstaats richten müßten.

Vgl. die Beschlüsse des Instituts für internationales Recht bei v. Bar, a. a. O. S. 271 Anm. 20, und bei Jettel, Handbuch des internationalen Privat- und Strafrechts S. 24 Anm. 4, sowie der Haager Konferenz von 1894 bei Niemeyer, a. a. O. Materialien S. 74 Nr. 315.

Es muß vielmehr für zulässig und geboten erachtet werden, die in Art. 14 für Deutsche gegebene Bestimmung jedenfalls dann entsprechend auch auf ausländische Ehegatten anzuwenden, wenn, wie hier, beide Gatten dem nämlichen Staate angehören.

Zu diesen persönlichen Rechtsbeziehungen der Gatten zueinander, für die nach dem Vorstehenden das Recht ihres Heimatsstaats als maßgebend anzusehen ist, gehört die Unterhaltspflicht. Hiergegen kann nicht, wie es von dem Berufungsgericht geschieht, eingewendet werden, es habe die Allgemeinheit ein Interesse daran, daß in Ansehung des Unterhalts die auf dem allgemeinen Rechtsbewußtsein und der deutschen Auffassung vom Wesen der Ehe beruhenden Bestimmungen in Deutschland allgemein, für alle hier lebenden Gatten gleichmäßig, zur Anwendung gebracht werden. Es mag zuzugeben sein, daß für Notfälle zunächst durch einstweilige Verfügung unter Anwendung des deutschen Rechts gesorgt werden darf.

Vgl. v. Bar, Lehrb. des internationalen Privat- und Strafrechts § 21 Nr. 2; Barazetti, Das internationale Privatrecht im B.G.B. S. 72.

Aber wenn, wie im vorliegenden Falle, die endgültige Entscheidung über den Unterhalt in Frage steht, würde die Anwendung des an und für sich maßgebenden ausländischen Rechts zwar dann, aber auch nur dann, ausgeschlossen sein, wenn dieselbe dem Art. 30 Einf.-Ges. zum B.G.B. zuwiderliefe, also gegen die guten Sitten oder (vgl. Entsch. des R.G.'s in Zivils. Bd. 60 S. 300) gegen den Zweck des deutschen Rechts verstoßen würde. Und ob das der Fall wäre, läßt sich, wie die Revision zutreffend hervorhebt, erst beurteilen, wenn zuvörderst der Inhalt des ausländischen Rechts festgestellt ist.

Im vorliegenden Falle ist danach das portugiesische Recht maßgebend, und seine materiellen Bestimmungen, über deren Inhalt der Beklagte Beweis angetreten hat, sind zu ermitteln. Jedes Eingehen hierauf würde sich indes erübrigen, und es würde ohne weiteres das deutsche Recht anzuwenden sein, wenn etwa das portugiesische Recht bestimmen sollte, daß die Unterhaltspflicht durch das Recht des Wohnsitzes geregelt wird; denn in diesem Falle, der von der Bestimmung des Art. 27 Einf.-Ges. zum B.G.B. nicht betroffen wird, würde das deutsche Recht Platz greifen, weil die Parteien in Hamburg wohnen, und von dem deutschen Gerichte das portugiesische Recht so angewendet werden müßte, wie es von den portugiesischen Gerichten zu geschehen hätte. Was in dieser Beziehung rechtens sei, ist noch nicht festgestellt; denn das Berufungsgericht hat sich hierüber nicht ausgesprochen, wird also noch zu prüfen haben, ob die Ansicht des Landgerichts zutreffend ist.

Sollte aber danach in der Tat deutsches Recht zur Anwendung zu kommen haben, so würde das Berufungsgericht den Sachverhalt noch näher aufklären müssen. Beklagter behauptet, er dürfe sich von der Klägerin fern halten, und hat zur Begründung in erster Instanz geltend gemacht, daß die Klägerin an einer ansteckenden Hautkrankheit leide, sowie daß sie in Ostende mit einem gewissen A. Ehebruch begangen habe. In zweiter Instanz hat er ihr daneben noch zum Vorwurfe gemacht, daß sie mit dem Kaufmann B. die Ehe gebrochen habe. Das Berufungsgericht ist auf diese Behauptungen nicht eingegangen, weil sie für die zu treffende Entscheidung unwesentlich seien. Letzteres würde zutreffend sein, wenn nur die Bestimmungen in den §§ 1353—1362 B.G.B. in Betracht zu ziehen wären. Denn wenn die Gatten getrennt leben, und der Mann es ist, der die Herstellung der häuslichen Gemeinschaft verweigert hat, so hat er, sofern nicht etwa § 1360 Abs. 2 B.G.B. Platz greift, der Frau Unterhalt durch Entrichtung einer Geldrente zu gewähren, und zwar wenn einer der Gatten, gleichviel welcher, das Recht hat, sich von dem anderen fern zu halten, infolge des § 1361 B.G.B., anderenfalls infolge davon, daß er seiner Verpflichtung gemäß § 1360 Abs. 1 nicht nachkommt. Insoweit würden mithin die oben wiedergegebenen Behauptungen des Beklagten in der Tat ohne Belang sein. Auch für die Bemessung der an die Klägerin zu entrichtenden Rente würden sie, sofern nur §§ 1360. 1361 B.G.B. zu berücksichtigen wären, ohne Einfluß sein, da die Bestimmung des § 1361 Abs. 2 nicht in Frage kommt. Für den Unterhalt der Ehegatten trifft jedoch auch § 1611 Abs. 2 B.G.B. eine Bestimmung, die dahin geht, daß der zum Unterhalte Berechtigte nur den notdürftigen Unterhalt verlangen kann, wenn er sich gegen den Unterhaltspflichtigen einer Verfehlung schuldig gemacht hat, die diesen berechtigen würde, ihm zufolge § 2335 Abs. 1 B.G.B. den Pflichtteil zu entziehen. Beklagter würde hiernach der Klägerin nach deutschem Rechte nur den notdürftigen Unterhalt zu gewähren haben, wenn er gemäß §§ 1565—1568 B.G.B. auf Scheidung klagen könnte. Auch diese Bestimmung würde im vorliegenden Falle in Betracht zu ziehen sein, selbst wenn das portugiesische Recht die Scheidung einer Ehe vom Bande nicht kennt.

Vgl. Leske u. Löwenfeld, Das Eherecht der Europäischen Staaten S. 403.

Denn es kommt nicht in Frage, ob Beklagter die Scheidung erwirken könnte, sondern ob Klägerin sich einer Verfehlung schuldig gemacht hat, die ihren Anspruch gegen den Beklagten nach deutschem Rechte auf den notdürftigen Unterhalt beschränkt, und das muß, wenn überhaupt deutsches Recht zur Anwendung kommt, berücksichtigt werden. Das Berufungsgericht würde deshalb in diesem Falle, wenn auch die angebliche Hautkrankheit der Klägerin anscheinend ohne jede Bedeutung für den vorliegenden Rechtsstreit ist, darauf einzugehen haben, ob der Vorwurf des Ehebruchs, den Beklagter unter Beweis gestellt hat, der Wahrheit entspricht." ...

---

97. Unter welchen Voraussetzungen gehört eine mit einem Fabrikgebäude körperlich verbundene Maschine, auch wenn eine feste Verbindung mit dem Grund und Boden nicht vorliegt, zu den wesentlichen Bestandteilen der Fabrik?

B.G.B. § 93.

VII. Zivilsenat. Urt. v. 16. Februar 1906 i. S. D. Gasmotorenfabrik (Kl.) w. W. (Bekl.). Rep. VII. 255/05.

I. Landgericht Colmar.
II. Oberlandesgericht daselbst.

Die Klägerin lieferte auf Grund eines Kaufvertrags vom 4. Januar 1900 der Firma Gebrüder Z. in S. einen Benzinmotor einschließlich Benzintopfes und Pumpe zum Betriebe einer Ziegelei. Sie behielt sich das Eigentum bis zur Zahlung des Kaufpreises vor. Die Kraftmaschine wurde in einer an den Trockenschuppen der Ziegelei angebauten, und der Benzintopf in einer zweiten solchen Kammer aufgestellt. Am 2. Mai 1901 wurde von den Gebrüdern Z. dem Beklagten für ein von diesem ihnen gewährtes Darlehn von 13000 ℳ eine Hypothek auf ihre Liegenschaften bestellt. Später wurde über das Vermögen der Gebrüder Z. der Konkurs eröffnet. Der Konkursverwalter zog den Motor nicht zur Masse; vielmehr wurde dieser von einem der Teilhaber der Firma, Josef Z., welcher den vom Konkursverwalter eingestellten Betrieb der Ziegelei fortführte, weiter benutzt. Wegen der Forderung des Beklagten wurde die Zwangsvollstreckung eingeleitet. Von der Klägerin wurde Freigabe des Motors verlangt. Klägerin betrachtete diesen nur als ein Zubehör der Fabrik, auf welches die Hypothek des Beklagten sich nicht erstrecke, weil er infolge des Eigentumsvorbehaltes nicht in das Eigentum der Fabrikeigentümer übergegangen sei. Sie beantragte, den Beklagten zu verurteilen, ihr Eigentum an dem Motor anzuerkennen und in dessen Freigabe zu willigen. Beklagter stellte den Antrag, die Klage abzuweisen. Er behauptete, daß seine Hypothek sich auf den Motor erstrecke, da dieser zu einem Bestandteil der Fabrik geworden sei und sich infolge davon nicht mehr im Eigentum der Klägerin befinde.

Durch Urteil der ersten Instanz wurde der Klage stattgegeben; dagegen wies der Berufungsrichter diese ab. Die Revision ist zurückgewiesen.

Gründe:

„Der Berufungsrichter gibt seinem Urteile eine zwiefache Grundlage. Einmal bringt er den § 94 Abs. 1 B.G.B. zur Anwendung, indem er die Maschine als mit dem Gebäude fest verbunden ansieht; sodann aber erachtet er auch den grundlegenden § 93 für zutreffend, welcher bestimmt, daß Bestandteile einer Sache, die voneinander nicht getrennt werden können, ohne daß der eine oder der andere zerstört oder in seinem Wesen verändert wird, (wesentliche Bestandteile) nicht Gegenstand besonderer Rechte sein können. Ob die Verbindung der Maschine mit dem Gebäude nach Maßgabe der Feststellungen des Berufungsgerichts den Begriff einer festen Verbindung mit dem Grund und Boden erfüllt, und ob also § 94 Abs. 1 anwendbar ist, kann jedoch dahingestellt bleiben, weil die den § 93 betreffenden Erwägungen einen Rechtsirrtum nicht zeigen und für sich das angefochtene Urteil zu tragen vermögen. Sie entsprechen im Ergebnis der Praxis des Reichsgerichts. Von der Revision ist gebeten, diese einer nochmaligen Prüfung zu unterziehen; es hat sich aber nach Maßgabe der folgenden, gleichzeitig ihre Anwendbarkeit auf die Individualität des vorliegenden Falles berührenden Gesichtspunkte kein Anlaß gefunden, von ihr abzugehen.

Als körperliche Sache (§§ 90. 93 B.G.B.), deren wesentliche Bestandteile zu ermitteln sind, kommt hier die Ziegelfabrik in Frage, und zwar in ihrer konkreten, auf Benutzung von Benzin zur Krafterzeugung beruhenden Gestalt. Nach dem vom Berufungsgericht gegebenen Bilde besteht die Fabrik, abgesehen von etwaigen anderen, nicht in Berücksichtigung gezogenen Teilen, jedenfalls aus dem Gebäude, in welchem die Ziegel bearbeitet werden (Trockenschuppen), den an dieses angefügten, aus leichtem Mauerwerk errichteten Räumen, in denen der Motor sowie der Benzintopf angebracht und untergebracht sind, sowie in eben diesen, den Betrieb bewirkenden Maschinen selbst. Vom wirtschaftlichen Gesichtspunkte aus stehen diese letzteren im Vordergrunde, da ihre Tätigkeit in Verbindung mit derjenigen der durch sie betriebenen Spezialmaschinen die Produkte der Fabrikation schafft, während die Baulichkeiten teils zum Schutz der Maschinen sowie zum Schutz der an ihnen beschäftigten Arbeiter gegen Witterungseinflüsse, teils zur Befestigung der Maschinen, wenn diese auch nicht dem Erfordernisse des § 94 Abs. 1 zu entsprechen braucht, zu dienen bestimmt sind. Der Zweck der Einrichtung, bei gewerblichen Einrichtungen der gewerbliche Zweck, bestimmt wirtschaftlich wie rechtlich den Charakter der Sache. Sie erhält unter seiner Herrschaft ihre Einheitlichkeit; Zweck und Mittel zu seiner Verwirklichung geben dem danach gestalteten Objekt die Eigenschaft eines Ganzen. Die Körperlichkeit der Verbindung beruht auf dem Anschrauben des Motors auf den Zementblock und dem Anbringen von durch die Zwischenwand hindurchgehenden Röhren, welche, allerdings in erster Reihe für einen anderen Zweck bestimmt, Motor und Benzintopf aneinander befestigen, sowie von ferneren Röhren, welche sich zwischen dem Benzintopf und der in eine Wand eingelassenen Pumpe befinden. Die so eingerichtete körperliche Sache erscheint als die Ziegelfabrik. Wenn der Ausdruck „Fabrik" zugleich auch in einem weiteren Sinne, nämlich in dem des „Fabrikunternehmens", angewendet wird und in dieser Bedeutung auch die beweglichen Sachen, welche dem Betriebe dienen, einschließt, so fällt die Fabrik in diesem Sinne beim Mangel ausnahmsloser körperlicher Verbindung ihrer Teile nicht unter den Sachbegriff des Bürgerlichen Gesetzbuchs; aber darin liegt keine Widerlegung des vorhin Bemerkten. Auch den körperlich verbundenen Teilen für sich allein kann, sofern sie in ihrer Verbindung eine gewerbliche Anlage darstellen, mögen sie auch auf Mittätigkeit anderer Objekte angewiesen sein, der Charakter der Einheit aufgeprägt sein, und es widerstreitet nicht dem Sprachgebrauch, auch sie als Fabrik zu bezeichnen — wenn es überhaupt gerade auf diesen letzteren Gesichtspunkt ankommen sollte. Als begrifflich notwendig erscheinen alle diejenigen Teile des Ganzen, die durch ihren Zusammenhang die Sache in ihrer angegebenen Bedeutung bilden, und deren keiner fehlen kann, ohne daß sie den Charakter der Vollständigkeit verlieren würde. Insbesondere gehören dazu bei einer Fabrik die mit dem Gebäude verbundenen Maschinen. Dies beschränkt sich auch nicht, wie die Revision geltend macht, auf die Spezialarbeitsmaschinen im Gegensatz zu den die Betriebskraft erzeugenden, welche in gleicher Art auch in einer anderen auf Herstellung anderer Produkte gerichteten Fabrik Verwendung finden könnten, sondern gilt auch von diesen letzteren; entscheidend ist, daß durch Entfernung der Maschine die Fabrik eines den Betrieb begründenden oder zu ihm mitwirkenden Teils beraubt wird, also eine zum Funktionieren geeignete Einrichtung zu sein aufhört. Überdies stellt aber auch die Anwendung von Benzin zur Krafterzeugung eine Besonderheit der Fabrik dar; sie verleiht der Fabrik die Eigenschaft einer auf Benzinverwendung im Gegensatz zu Dampf- oder Wasserkraft gegründeten Ziegelei. Unerheblich ist, daß mit pekuniären Opfern ein Ersatz der entfernten Teile durch andere geschaffen werden kann; denn dies setzt das Vorhandensein pekuniärer Mittel bei dem Eigentümer und den Willen dieses, sie zu verwenden, voraus. Solange der Ersatz nicht tatsächlich erfolgt, erscheint die Fabrik als ein der Vollständigkeit entbehrender Gegenstand. Weiter kommt auf die Art der Herstellung der vorhandenen Sache nichts an, sondern maßgebend ist nur ihr gegenwärtiger Zustand. Für den Begriff wird nicht erfordert, daß die Sache von Ursprung an in ihrem gegenwärtigen Bestande geplant und hergerichtet ist, und es kommt nichts darauf an, ob die jetzt vorhandenen Teile etwa der Sache auch schon in einer früheren Gestalt derselben angehört haben, oder woher sie sonst entnommen sind.

Nach dem im Bürgerlichen Gesetzbuch eingenommenen Standpunkt genügt nun allerdings nicht, daß durch Entfernung eines Bestandteils einer Sache eben diese Sache in ihrem Wesen eine Veränderung erleidet, sondern entscheidend ist, ob dies hinsichtlich des einen oder des andern ihrer Bestandteile zutrifft. Im gegenwärtigen Falle bleibt einer der Bestandteile, der Motor, zu anderweiter gleichartiger Verwendung geeignet. Anders verhält es sich mit dem zurückbleibenden größeren Teile. Dieser hatte seinen besonderen industriellen Wert gerade in seiner Eigenschaft als Hauptbestandteil der Fabrik. Dieser wurde ihm entzogen, und er erlitt eine Änderung seines Wesens, wenn die Fabrik infolge der Beseitigung der die Triebkraft erzeugenden Maschine die Fähigkeit, ihrer Bestimmung gemäß tätig zu werden, verlor, und er infolge davon die Eigenschaft eines Bestandteils einer durch vollständige Ausstattung zum Erzeugen bestimmter Werte tauglichen Einrichtung einbüßte. Was übrig blieb, charakterisierte sich stets noch als eine Sache, aber nicht mehr als ein Bestandteil derjenigen, welche vor Entfernung des Motors vorhanden gewesen war. Mit Recht ist daher die Klage zurückgewiesen." ...

---

98. Wird bei Verbindung einer Maschine mit einem Fabrikgebäude durch Vereinbarung eines Eigentumsvorbehaltes zugunsten des Verkäufers der Maschine für die Annahme, daß die Verbindung nur zu einem vorübergehenden Zwecke erfolge, und deshalb die Bestandteilseigenschaft ausgeschlossen sei, eine Grundlage geschaffen?

B.G.B. § 95.

VII. Zivilsenat. Urt. v. 20. Februar 1906 i. S. F. (Kl.) w. T. u. Gen. (Bekl.). Rep. VII. 314/05.

I. Landgericht Neuruppin.
II. Kammergericht Berlin.

Die Frage ist verneint aus folgenden

Gründen:

... „Schließlich ist dem Berufungsrichter darin beizutreten, daß man nicht deshalb von einer nur zu einem vorübergehenden Zweck erfolgten Einfügung in das Gebäude sprechen und die Bestandteilseigenschaft verneinen kann (§ 95 B.G.B.), weil sich die Klägerin das Eigentum an der Maschine vorbehalten hat. Wäre diesem Vorbehalte die Bedeutung beizumessen, daß er die Entstehung einer einheitlichen Sache zu hindern vermöchte, so würde den sachenrechtlichen zwingenden Vorschriften der §§ 93. 94. 946 B.G.B. ein großer Teil ihres Anwendungsgebietes entzogen werden. Das Gesetz wollte Sonderrechte an den einzelnen Teilen eines Sachganzen nicht zulassen; dieses sollte als Einheit auch nur einem einheitlichen Recht unterworfen sein. Mit diesem Gesetzeswillen wäre eine auf Teilung der Rechte abzielende Parteivereinbarung unverträglich; sie würde, wenn sie zulässig wäre, dahin führen, daß z. B. ein Haus kraft der von den Bauhandwerkern gemachten Vorbehalte in seine einzelnen Bestandteile (Baumaterialien) aufgelöst werden könnte. Darum ist eine Auslegung des § 95 B.G.B. ausgeschlossen, die eine Verbindung zu vorübergehendem Zweck auch dann annimmt, wenn wirtschaftlich eine dauernde Verbindung beabsichtigt war, der Veräußerer der eingefügten Sachen aber einen auf die Erhaltung seines Eigentums für den Fall der Nichtzahlung des Kaufpreises gerichteten Vorbehalt machte. Einem solchen Vorbehalte versagt eben das Gesetz die Kraft. Um einen vorübergehenden Zweck im Sinne des Bürgerlichen Gesetzbuchs anzunehmen, genügt es nicht, daß die Parteien die dingliche Rechtslage so zu gestalten suchen, daß der ins Auge gefaßte Erfolg des Eigentumsübergangs erst unter gewissen Voraussetzungen eintreten soll. Es kommt nur darauf an, daß eine bei normalem Verlauf der Dinge als dauernd gedachte, nicht von vornherein zur Wiederaufhebung bestimmte Verbindung der Sachen hergestellt worden ist. Das trifft aber im vorliegenden Falle zu." ...

---

99. Ist das Geldversprechen dafür, daß sich der andere auf bestimmte Zeit an ein Verkaufsangebot von Grundstücken bindet, der Vorschrift des § 313 B.G.B. unterworfen?

V. Zivilsenat. Urt. v. 21. Februar 1906 i. S. Kr. (Kl.) w. K. (Bekl.). Rep. V. 370/05.

I. Landgericht I Berlin.
II. Kammergericht daselbst.

Zwischen dem Kläger und dem Verwalter M. als Bevollmächtigtem des Beklagten wurde über Verkauf verschiedener Grundstücke des Beklagten verhandelt.

Mittels Schreibens vom 22. Juni 1903 sandte hierauf Kläger an den Notar Justizrat L. zu B. 50 000 M in Wertpapieren. In dem Schreiben hieß es unter anderem wörtlich:

„Die 50 000 M sind an Herrn C. R. K. zu B. und zu R. Ihrerseits auszuhändigen, sobald der Genannte vor Ihnen in notarieller Verhandlung mir den Verkauf seiner Grundstücke P.-Straße 36 . . . für den Preis von 2 760 000 M angetragen hat. . . . An die Verkaufsofferte hat sich Herr K. bis zum 1. April 1904 einschließlich zu binden, derart, daß ihm bis zu diesem Tage abends 6 Uhr die Ausfertigung der gerichtlich oder notariell aufgenommenen Annahmeerklärung meinerseits zu übergeben ist.

Nehme ich bis zu diesem Zeitpunkte die Verkaufsofferte nicht an, so sind die 50 000 M Herrn K. verfallen; nehme ich die Verkaufsofferte an, so sind die 50 000 M auf den meinerseits zu berichtigenden baren Teil des Kaufgeldes in Anrechnung zu bringen. Etwaige Kursdifferenzen sind gegenseitig in bar auszugleichen.

Die von den 50 000 M Wertpapiere auch in Empfang genommenen Zwischenzinsen sind von Herrn K. mir nicht zu erstatten. Die Überlassung der 50 000 M an Herrn K. für den Fall, daß ich seine Offerte nicht rechtzeitig annehme, geschieht als Gegenleistung dafür, daß er sich bis zum 1. April 1904 an die von ihm abzugebende Offerte bindet."

Am 25. Juni 1903 gab der Beklagte das erwähnte Verkaufsangebot notariell und ausführlich mit den einzelnen Kaufbedingungen ab. Unter § 2 Ziff. 3 dieses Angebots hieß es: „Der Käufer hat bei der Entgegennahme dieser Offerte bereits 50 000 M gezahlt; eine Verzinsung erfolgt nicht." § 6 dieser Urkunde lautete:

„Wird von dem Käufer vertragsmäßig die Auflassung nicht entgegengenommen, so ist der Verkäufer berechtigt, von diesem Vertrage zurückzutreten und die angezahlten 50 000 M (§ 2 Nr. 3) sowie die nach § 2 Nr. 2 gezahlten 300 000 M als Vertragsstrafe zu behalten."

In § 7 hieß es dann unter anderem:

„II. Herr K. ist verbunden, bei der Entgegennahme dieser Kaufofferte an mich die in § 2 Nr. 3 bestimmten 50 000 *M* zu zahlen. Diese 50 000 *M* sind mir als Vertragsstrafe verfallen, wenn die Annahme der Offerte bis zum 1. April 1904 nicht erfolgt. Anderenfalls findet die Verrechnung wie zu I § 2 Nr. 3 angegeben statt. Durch Entgegennahme dieser Offerte unterwirft er sich dieser Bestimmung. . . .

III. . . . An die vorstehende Offerte halte ich mich bis zum 1. April 1904 abends 6 Uhr gebunden, derartig, daß . . ."

Unstreitig, wie alles vorstehende, war auch weiter, daß der Beklagte nach Abgabe dieses Verkaufsangebots die Wertpapiere in Empfang genommen, sie versilbert und den Überschuß über 50 000 *M* an den Kläger ausgehändigt hatte. Dieser verlangte nun aber auch die 50 000 *M* nebst 4 Prozent Zinsen seit dem 1. Juli 1903, obschon der Kauf infolge seiner Nichtannahme des Angebots nicht zustande gekommen war. Der Beklagte widersprach, und der erste Richter wies die Klage ab, weil er weder formpflichtigen Vorvertrag, noch Verabredung einer Vertragsstrafe oder eines Reugeldes annahm, sondern die Hingabe der 50 000 *M* als bloße Gegenleistung des Klägers dafür erachtete, daß dieser sich einseitig für längere Zeit binden sollte.

Dagegen verurteilte auf Berufung des Klägers das Kammergericht den Beklagten zur Zahlung der 50 000 *M* samt Zinsen. Die Revision wurde zurückgewiesen.

Aus den Gründen:

. . . „Das Berufungsurteil ist im wesentlichen, unter Hinweis auf die Entsch. des R.G.'s in Zivils. Bd. 51 S. 181, Bd. 52 S. 4, Bd. 53 S. 238 flg., damit begründet, daß in Wahrheit ein nach § 313 B.G.B. formbedürftiger Vorvertrag zu einem Kaufvertrage über Grundstücke vorliege, daß dieser aber wegen nur einseitiger notarieller Beurkundung gemäß § 125 daselbst nichtig sei, und daß daher der Kläger nach § 812 B.G.B. das von ihm ohne Rechtsgrund Gezahlte zurückfordern könne.

Von der Revision wird diese Entscheidung hauptsächlich aus dem Grunde bekämpft, daß sich Kläger weder zur Zahlung der 50 000 *M*, noch zur Annahme des Verkaufsangebots verpflichtet habe, worüber auch der Zeuge M. hätte vernommen werden müssen, daß die Zahlung der 50 000 *M* sonach in gar keiner inneren Verbindung mit einem künftigen Vertrage gestanden habe, daß sie vielmehr nur eine gültig versprochene Entschädigung dafür habe bilden sollen, daß Beklagter sich bis 1. April 1904 gebunden, also auf eine anderweite Verwertung seines Grundbesitzes um diese Zeit verzichtet habe.

Diesen Ausführungen kann nicht gefolgt werden.

Nach § 313 B.G.B. ist der Vertrag formbedürftig, durch den sich der eine Teil verpflichtet, das Eigentum an einem Grundstücke zu übertragen. Liegt ein solcher Vertrag vor, so müssen, wie schon in der Begründung zum Bürgerlichen Gesetzbuche (Mot. I. 183) und in der Rechtsprechung anerkannt ist, auch alle einzelnen wesentlichen Vertragsbestimmungen vor Gericht oder Notar beurkundet werden. Hauptfrage für Entscheidung des gegenwärtigen Rechtsstreits ist daher die, ob ein derartiger Vertrag gegeben war, und diese Frage hat der Vorderrichter ohne Rechtsirrtum bejaht. Unzweifelhaft hat sich der Beklagte zuerst mündlich und dann notariell zum Grundstücksverkauf mit Bindung bis zum 1. April 1904 verpflichtet. Aber auch der Kläger hat als Gegenleistung dagegen vertragsmäßige Erklärungen abgegeben. Er hat zwar nicht die sofortige Annahme des Angebots vollständig erklärt, sich vielmehr diese bis zum 1. April 1904 vorbehalten; aber er hat das von ihm gewünschte und hervorgerufene Verkaufsangebot wenigstens bis zu einem Werte von 50 000 *M* insofern angenommen, als er dafür diesen Betrag für alle Fälle, möge er annehmen, oder nicht, versprochen und gegeben hat. In seinem Schreiben vom 22. Juni 1903 hat er sogar Einzelbestimmungen über die Verrechnung der 50 000 *M* und ihrer Zinsen im Falle seiner späteren Verkaufsannahme festgesetzt, und der Beklagte hat unter § 2 Nr. 3 der Urkunde vom 25. Juni 1903 auch in §§ 6 und 7 daselbst diese Bestimmungen wiederholt und angenommen. Über einen erheblichen Teil des Kaufpreises sind somit jedenfalls schon, wenn auch nur bedingte, Vereinbarungen getroffen gewesen.

Daher sind die Ausführungen des Beklagten nicht richtig, daß die Vereinbarungen mit dem künftigen Kaufvertrag gar keinen inneren Zusammenhang hatten. Aber wäre dies auch wahr, so ist doch dem Kammergericht darin beizutreten, daß es genügen muß, wenn als Gegenleistung für das Verkaufsangebot die 50 000 *M* versprochen und gegeben wurden. Denn auch in diesem Falle liegt auf der einen

Seite eine Verpflichtung zur Abtretung von Grundeigentum, auf der anderen ein Gegenversprechen, also ein Vertrag, und zwar ein solcher im Sinne des § 313 Satz 1 B.G.B., vor. Wenn die Revision hiergegen vorbringt, die Gegenleistung sei nur für den Verzicht auf anderweiten Verkauf der Grundstücke gegeben, oder als „Entschädigung" für die lange Bindung, so ist dies nach Inhalt des Briefes vom 22. Juni 1903, der ausdrücklich von „Gegenleistung für die Bindung an die Offerte" spricht, nicht richtig; wenn es aber auch in diesem Brief „Entschädigung" hieße, so wäre dies inhaltlich mit „Gegenleistung" gleichbedeutend.

Lag sonach ein Vertrag, wie ihn § 313 voraussetzt, vor, so mußte er auch seinem ganzen Inhalte nach gerichtlich oder notariell verbrieft sein, wenn er gelten sollte, namentlich auch in Ansehung der erwähnten Gegenleistung von 50 000 *M* und des Verzichts auf deren Rückforderung im Falle der nicht rechtzeitigen Annahme des Verkaufsangebots. Könnte und wollte man nicht so entscheiden, so würde man damit die Möglichkeit anerkennen, in vielen Fällen den § 313 Abs. 1 ganz oder teilweise zu umgehen (vgl. auch Entsch. des R.G.'s in Zivils. Bd. 53 S. 257).

Gegenüber dem deutlichen und bestimmten Inhalte der vorliegenden, oben aufgeführten Urkunden könnte das vom Beklagten angebotene Zeugnis des Vermittlers M. unmöglich beweisen, daß sich der Kläger selbst zu nichts vertragsmäßig verpflichtet hat." ...

---

100. Ist eine Eideszuschiebung über hypothetische innere Tatsachen des Delaten zulässig?

VI. Zivilsenat. Urt. v. 22. Februar 1906 i. S. Schl. (Bekl.) w. Schl. Wwe. (Kl.). Rep. VI. 216/05.

I. Landgericht Hamburg.
II. Oberlandesgericht daselbst.

In einem Rechtsstreit, in welchem Erstattung von Geldern verlangt wurde, die durch den geschäftlichen Zusammenbruch des Bankhauses, bei dem der zeitweilige Verwalter (der Beklagte) sie niedergelegt hatte, verloren gegangen waren, schützte letzterer zur Abwendung der Folgen seines Verzugs die Einrede vor, daß die Klägerin das Geld ebenfalls bei jenem Bankhause (Gr.) würde haben stehen lassen. Weiter aus den

Gründen:

... „In dieser Beziehung hatte der Beklagte der Klägerin den Eid darüber zugeschoben, daß sie während der ganzen Zeit von ihrer Aufforderung zur Rückübertragung der Verwaltung bis zum Zusammenbruche von Gr. niemals die Absicht gehabt habe, das Konto bei Gr., wenn der Beklagte ihr die Grundstücksverwaltung abgäbe, aufzulösen. Das Berufungsgericht unterstellt die Möglichkeit, daß diese Eideszuschiebung gemeint gewesen sei als direkt über die Behauptung geschehen, daß, wenn auch der Beklagte der Klägerin die Verwaltung früher übertragen hätte, sie das Konto bei Gr. nicht aufgelöst haben würde, und erklärt für diesen Fall die Eideszuschiebung für nach § 445 Z.P.O. unzulässig, da der Entschluß, den die Klägerin nur in einem nicht eingetretenen Falle gefaßt haben würde, weder eine Handlung derselben, noch Gegenstand ihrer Wahrnehmung gewesen sei. Der Beklagte hat dies als rechtsirrig angegriffen, jedoch mit Unrecht. ... Freilich wird bei Gaupp-Stein, Z.P.O. (6. u. 7. Aufl.) Bd. 1 Bem. I zu § 445 Anm. 7 S. 919, im Gegensatze zu einer Äußerung des ersten Zivilsenats des Reichsgerichts (Entsch. in Zivils. Bd. 32 S. 376 flg.), eine Eideszuschiebung auch über hypothetische innere Tatsachen für zulässig erklärt; dem kann aber nicht beigestimmt werden. Denn eine Entschließung, die die Partei eventuell gefaßt haben würde, ist doch nun einmal keine Tatsache, welche in einer Handlung (nämlich in einer wirklichen Handlung) derselben besteht oder Gegenstand ihrer Wahrnehmung gewesen ist. Damit steht nicht in Widerspruch, daß hypothetische Tatsachen, wie nicht bezweifelt werden kann, überhaupt Gegenstand eines Beweises, jedenfalls mittels Indizien, sein können, ja, wie der erste Zivilsenat a. a. O. angenommen hat, auch Gegenstand eines Zeugenbeweises. Letzteres erklärt sich daraus, daß es bei der Antretung des Zeugenbeweises (§ 373 Z.P.O.) nicht erforderlich ist, die Tatsachen, über welche die Zeugen vernommen werden sollen, so präzis abzugrenzen, wie es bei der Eideszuschiebung unumgänglich ist. Unter den bezeichneten Tatsachen können dort unter Umständen

Indizien für eben diese Tatsachen mitverstanden werden. Wenn z. B. ein Zeuge aussagt, daß er eventuell so und so gestimmt haben würde, so kann der Umstand, daß er jetzt dieser Meinung ist, als Indizium dafür in Betracht kommen, daß er damals wirklich so gestimmt haben würde. Bei der Eideszuschiebung dagegen kann eine solche Frage gar nicht entstehen; hier muß vielmehr der Eid geeignetenfalls über das Indizium selbst zugeschoben werden (vgl. Gaupp-Stein selbst a. a. O. vor Anm. 5). Allerdings ist Gaupp-Stein zuzugeben, daß das Bedenken, die Partei wisse vielleicht nicht mehr, wie sie gehandelt haben würde, nicht schwer wiegt, weil es für solche Fälle den Überzeugungseid des § 459 Abs. 2 Z.P.O. gibt; aber hierdurch werden jene grundsätzlichen Gegengründe gar nicht berührt." ...

---

101. Wird nach gemeinem Recht durch die Erhebung einer Feststellungsklage auch die Verjährung der auf das festgestellte Rechtsverhältnis gegründeten Ansprüche unterbrochen? Anwendung des Satzes 2 des Abs. 1 des Art. 169 Einf.-Ges. zum B.G.B.

III. Zivilsenat. Urt. v. 23. Februar 1906 i. S. W. (Bekl.) w. P. (Kl.). Rep. III. 562/05.

I. Landgericht Dessau.
II. Oberlandesgericht Naumburg a. S.

Gründe:

„Durch schriftlichen Vertrag vom 20. Oktober 1897 war der Kläger für die Zeit vom 1. April 1898 bis dahin 1900 als Badearzt für das dem Beklagten gehörige Bad A. von diesem engagiert, und war ihm dafür versprochen ein Monatsgehalt von 200 *M*, freie Wohnung und freies Mittagessen für sich und seine Frau, das ärztliche Honorar der in A. behandelten Kranken und außerdem eine Tantieme an dem einen gewissen Betrag übersteigenden Reingewinn. Ende September 1898 wurde Kläger ohne vorausgegangene Kündigung entlassen. Er erhob darauf im November 1898 Feststellungsklage dahin, daß diese Entlassung unberechtigt gewesen, und der zwischen

Parteien geschlossene Vertrag zu Recht fortbestehe. Dieser Klage ist in allen Instanzen, zuletzt durch das reichsgerichtliche Urteil vom 27. Juni 1902, entsprochen worden. Alsdann erhob am 12. Dezember 1903 der Kläger die jetzt vorliegende Klage, mit der er den ihm durch die vorzeitige Entlassung entstandenen Schaden, sein Gehalt und die sonstigen ihm versprochenen, aber nicht gewährten Vertragsleistungen, einklagt. Der Beklagte erhob dieser Klage gegenüber vor allem die Einrede der Verjährung, weil sowohl nach § 2 der Anhalter Verordnung vom 18. März 1863, als auch nach § 196 Nr. 8 B.G.B., der nach Art. 169 Einf.-Ges. zum B.G.B. an die Stelle der 30jährigen Verjährung des gemeinen Rechts getreten sei, der jetzt geltend gemachte Anspruch verjährt sei, indem für ihn nach der Anhalter Verordnung eine Verjährungsfrist von 3 Jahren, nach § 196 Nr. 8 B.G.B. von 2 Jahren seit Einführung des Bürgerlichen Gesetzbuchs gelte. Beide Vorinstanzen haben die Einrede verworfen, weil durch den Vorprozeß die Verjährung unterbrochen, seit dessen rechtskräftiger Beendigung aber die Verjährungsfrist nicht abgelaufen sei. Das Berufungsgericht läßt daher dahingestellt, ob der § 2 der erwähnten Anhalter Verordnung vom 18. März 1863 auf die vorliegenden Ansprüche Anwendung finde, oder nicht.

Gegen diese Entscheidung richtet sich die Revision mit dem Angriffe, daß zu Unrecht eine Unterbrechung der Verjährung der jetzt geltend gemachten Ansprüche durch den Vorprozeß angenommen sei. Denn die Vorklage sei lediglich eine Feststellungsklage hinsichtlich des dem Anspruche zugrunde liegenden Rechtsverhältnisses gewesen, und eine solche genüge nicht zur Unterbrechung der aus dem Rechtsverhältnisse entspringenden Ansprüche, wie auch der § 209 B.G.B. zur Unterbrechung der Verjährung eine Klage auf Feststellung des „Anspruchs" erfordere, und Anspruch und Rechtsverhältnis nicht identisch seien.

Der Angriff der Revision erscheint nicht begründet. Das Berufungsgericht konnte mit Recht dahingestellt lassen, ob die jetzt eingeklagten Ansprüche unter den § 2 der Anhalter Verordnung vom 18. März 1863 fielen, sonach in drei Jahren verjährten, oder ob sie der allgemeinen 30jährigen Verjährung des damals im übrigen in Anhalt geltenden gemeinen Rechts unterlagen, an deren Stelle gemäß Art. 169 Abs. 1 Einf.-Ges. zum B.G.B. nunmehr seit dem

1. Januar 1900 die zweijährige Frist des § 196 Nr. 8 B.G.B. getreten ist, weil in beiden Fällen entscheidend ist, ob durch die im November 1898 erfolgte Erhebung der Vorklage die Verjährung der Ansprüche unterbrochen ist. Denn wenn durch die Vorklage die Verjährung unterbrochen wurde, dann reichte, da, solange diese Klage rechtshängig war, ebenso wie nach § 211 B.G.B., auch nach gemeinem Recht (vgl. Dernburg, Pand. § 248 letzter Abs.) eine neue Verjährung nicht beginnen konnte, dieser Vorprozeß aber erst am 27. Juni 1902 rechtskräftig entschieden wurde, die zwischen diesem Zeitpunkt und der am 12. Dezember 1903 erfolgten Anstellung der jetzigen Klage liegende Zeit zur Erfüllung weder der Anhalter dreijährigen noch der zweijährigen Verjährungsfrist des Bürgerlichen Gesetzbuchs aus. Ob aber durch die Erhebung der Feststellungsklage im Vorprozeß diese Unterbrechung der Verjährung eingetreten ist, ist für beide Verjährungen nach gemeinem Recht zu entscheiden, weil die Unterbrechung unter der Herrschaft des gemeinen Rechts erfolgte. Denn wenn auch am 1. Januar 1900 die jetzt eingeklagten Ansprüche nach beiden Verjährungsvorschriften noch nicht verjährt waren, somit an sich nach Art. 169 Abs. 1 Satz 1 Einf.-Ges. zum B.G.B. die Vorschriften des Bürgerlichen Gesetzbuchs maßgebend wurden, so richten sich doch gemäß Satz 2 des zitierten Art. 169 Abs. 1 Einf.-Ges. der Beginn, sowie die Hemmung und die Unterbrechung für die Zeit vor dem Inkrafttreten des Bürgerlichen Gesetzbuchs nach den bisherigen Gesetzen. Der von der Revision angezogene § 209 B.G.B. kommt daher vorliegend überhaupt nicht in Betracht, was auch schon daraus sich ergibt, daß seit Geltung des neuen Rechts eine Erhebung einer Klage, abgesehen von der jetzt vorliegenden, überhaupt nicht stattgefunden hat. Die hiernach allein entscheidende Frage, ob nach gemeinem Recht die Erhebung einer Feststellungsklage auch die Verjährung der auf das festgestellte Rechtsverhältnis gegründeten Ansprüche unterbricht, ist aber zu bejahen. Wie in der Entscheidung des Reichsgerichts vom 17. Januar 1890 (Entsch. in Zivils. Bd. 24 S. 199, insbes. S. 202) eingehend dargelegt ist, findet nach den Quellen des römischen Rechts das Institut der Verjährung in dem beharrlichen Stillschweigen des Klägers und in seiner Saumseligkeit seine Rechtfertigung, und wird daher, wie a. a. O. weiter ausgeführt ist, durch jeden prozessualen Schritt zur Geltendmachung und Wahrung

des Rechts die Verjährung unterbrochen, weil er den Vorwurf der Saumseligkeit ausschließt. Jede aus dem Recht entspringende actio muß daher das Recht konservieren, und seitdem prozessual im weiteren Umfange auch die Feststellungsklage zugelassen ist, muß auch diese das Recht, dem sie entspringt, und dessen Verfolgung sie dient, konservieren, die Anspruchsverjährung unterbrechen. Das ist auch die ganz überwiegende Ansicht der Literatur.

Vgl. z. B. Dernburg, Pand. Bd. 1 § 148 Anm. 7; Windscheid, § 108; v. Wilmowski u. Levy, Zivilprozeßordnung § 231 (256) Bem. 4; v. Bülow, Zivilprozeßordnung § 231 Anm. 5; Kroll, Klage u. Einr. S. 208.

Es ist auch in der Judikatur ständig anerkannt, daß z. B. bei der Verjährung des Haftpflichtgesetzes, wonach alle aus dem Unfall entstehenden Schadensansprüche, selbst wenn sie noch gar nicht hervorgetreten sind, in drei Jahren seit dem Unfall verjähren, die Härte dieser Bestimmung damit beseitigt werden kann, daß auf Feststellung der Schadensersatzpflicht geklagt wird. Die vorliegend vorangegangene Klage auf Feststellung der Fortdauer des Vertrages konnte nach der Intention des Klägers gar nichts anderes bedeuten, als daß die Vertragspflichten beider Teile, insbesondere des Beklagten, fortdauerten; sie verlangte die Feststellung der Grundlage der jetzt erhobenen Klage und mußte daher nach den dargelegten Grundsätzen die Verjährung der Ansprüche unterbrechen. Hiernach ist die Einrede der Verjährung mit Recht verworfen, die eingelegte Revision daher zurückzuweisen."

102. Zur Auslegung des § 702 H.G.B. und des § 254 B.G.B.

I. Zivilsenat. Urt. v. 24. Februar 1906 i. S. C. u. Gen. (Bekl.) w. Old. Gl. Akt.-Ges. (Kl.). Rep. I. 349/05.

I. Landgericht Aurich.
II. Oberlandesgericht Celle.

Die Klägerin hatte die Reeder des Schuners „Minister Camphausen" auf Bezahlung einer hier nicht weiter interessierenden, an sich unstreitigen Forderung verklagt. Die Beklagten machten aufrechnend und widerklagend eine Gegenforderung geltend auf Berichtigung von

Beiträgen zu einer großen Haverei, die ihnen die Klägerin als Eigentümerin einer in dem Schuner verfrachteten Ladung leerer Glasflaschen schulden sollte. Der Schuner war nämlich, nachdem er diese Ladung in Oldenburg eingenommen und die Frachtreise nach London angetreten hatte, schon auf der Hunte mit einem Schleppzuge in Kollision geraten und dann, um die erlittenen Schäden ausbessern zu können, nach Oldenburg als Nothafen zurückgekehrt. Die Kosten, die durch das Anlaufen des Nothafens und den Aufenthalt daselbst erwuchsen, waren in der Havereirechnung auf Schiff, Fracht und Ladung verteilt. Die Klägerin wandte ein, daß der Führer des Schuners, Kapitän Br., den Zusammenstoß durch Vernachlässigung seiner Dienstpflichten schuldhaft herbeigeführt habe, so daß die Beklagte nach § 702 H.G.B. von ihr eine Vergütung für die zur Abwendung der gemeinsamen Gefahr aufgewendeten Kosten nicht fordern könne. Das Oberlandesgericht erachtete diesen Einwand für bewiesen und für rechtlich durchgreifend. Es wurde hierauf in der Revisionsinstanz an sich nicht zurückgegriffen.

Die Revision erstreckte sich ausschließlich auf die Beurteilung einer Replik, die die Beklagten der auf § 702 H.G.B. gestützten Einrede der Klägerin entgegengesetzt hatten. Diese Replik war darauf gegründet, daß der Schlepper „Bremerhaven", mit dessen Anhang der Schuner den Zusammenstoß gehabt hatte, der die gemeinsame Gefahr für Schiff und Ladung herbeiführte, im Eigentum der Klägerin gestanden habe, und daß den Führer des Schleppers ebenfalls eine Schuld an dem Zusammenstoße treffe, die die Schuld des Kapitän Br. mindestens aufwiege.

Das Weitere ergibt sich aus den

Gründen:

... „Das Berufungsgericht erklärt diesen Einwand" (d. h. die soeben erwähnte Replik) „für unerheblich. Nach § 702 Abss. 2 und 3 werde der Vergütungsanspruch der Reeder durch die Schuld des Schiffers Br. hinfällig. Sollte auch den Führer des „Bremerhaven" eine Mitschuld an dem Zusammenstoße treffen, so stehe doch den Beklagten nicht etwa die Vorschrift des § 735 Abs. 2 H.G.B. zur Seite, da es sich hier nicht um einen Anspruch auf Ersatz des dem Schiffe und seiner Ladung durch den Zusammenstoß zugefügten Schadens handele. Ebensowenig könne von einer Anwendbarkeit des § 254 B.G.B. die Rede sein. Diese Bestimmung habe zur Voraussetzung, daß dem

Beschädigten eine ersatzpflichtige Partei gegenüberstehe, die den Einwand eines mitwirkenden Verschuldens des Beschädigten erhebe. Im vorliegenden Falle fehle es an einer Ersatzpflicht der Klägerin (§ 702 Abs. 2), und der Einwand der Mitschuld werde nicht dem Geschädigten entgegengesetzt, sondern von ihm selbst gegenüber dem anderen Teile erhoben. Auch ergebe sich daraus, daß zwar der § 735 H.G.B. gegenüber dem früheren Art. 737 eine abweichende Fassung erhalten habe, nicht aber auch der § 702 gegenüber dem früheren Art. 704, daß der Gesetzgeber den im § 254 B.G.B. aufgestellten Grundsatz der Schadensteilung zwar auf die Schadensersatzansprüche aus Schiffszusammenstößen, nicht aber auf die Vergütungsansprüche aus großer Haverei angewendet wissen wolle.

Die Revision hält diese Ausführung für rechtsirrig. Der Bestimmung des § 254 B.G.B. komme allgemeine Bedeutung zu. Die Nichtaufnahme einer dem § 254 entprechenden Regel in den Titel über die große Haverei stehe nicht entgegen. Der § 735 Abs. 2 H.G.B. sei von der Reichstagskommission eingefügt und bestimme nur, was aus § 254 B.G.B. ohnehin folgen würde.

Der Angriff kann keinen Erfolg haben.

Das Oberlandesgericht und die Revision unterstellen als selbstverständlich, daß die angebliche Mitschuld der Besatzung des Schleppers „Bremerhaven" an dem Zusammenstoße des Leichters „Tertia" mit dem „Minister Camphausen" sich als Verschulden eines „Beteiligten" im Sinne des § 702 H.G.B., d. h. eines an der großen Haverei Beteiligten, darstellen würde. Gegen diesen Ausgangspunkt der beklagtischen Replik bestehen jedoch bereits Bedenken. Denn wenn man auch die Schuld der Besatzung des „Bremerhaven" nach Maßgabe der §§ 485. 486 H.G.B. der Klägerin als dem Reeder dieses Schiffes ohne weiteres zurechnen wollte, so käme doch immer noch in Betracht, daß der Reeder des „Bremerhaven" als solcher an der großen Haverei des „Ministers Camphausen" ganz unbeteiligt ist. Beteiligt an dieser Haverei ist die Klägerin nur, weil sie Verfrachter und Eigentümer der Ladung war, die der „Minister Camphausen" nach England bringen sollte. An sich erscheint es für die große Haverei als ein rein zufälliger Umstand, daß der Ladungseigentümer zugleich Reeder des fremden Schiffes ist, dem eine Mitschuld an dem Zusammenstoße, der die gemeinsame Gefahr für das befrachtete Schiff und dessen Ladung herbeigeführt hat, beigemessen wird. Zunächst würde daher die Frage eine Beantwortung erheischen, ob als Schuld des beteiligten Ladungseigentümers im Sinne des § 702 nicht nur eine Pflichtversäumnis in bezug auf die Obliegenheiten aus dem Frachtvertrage, die ihn mit Rücksicht auf die bestehende Gefahrengemeinschaft treffen, also z. B. ein Verstoß gegen § 563 H.G.B., in Betracht kommen kann.

Die Lage des Falles läßt es indes nicht als erforderlich erscheinen, zu dieser Frage Stellung zu nehmen. Denn die Replik der Beklagten erscheint auch in dem Falle als unbegründet, wenn man davon ausgeht, daß die Schuld der Besatzung des Schleppers an dem Zusammenstoße rechtlich als Schuld des Befrachters des „Ministers Camphausen" zu gelten hat.

Nach § 702 Abs. 1 H.G.B. soll die Anwendung der Vorschriften über die große Haverei dadurch nicht ausgeschlossen werden, daß die Gefahr infolge des Verschuldens eines Dritten oder auch eines Beteiligten herbeigeführt ist. Abs. 2 setzt aber zwei Rechtsnachteile gegen den Beteiligten fest, dem ein solches Verschulden zur Last fällt, wobei dann nach Abs. 3 der Reeder die Folgen des Verschuldens der Schiffsbesatzung zu tragen hat. Erstens soll dieser Beteiligte wegen des ihm entstandenen Schadens keine Vergütung fordern können, und zweitens soll er den Beitragspflichtigen für den Verlust verantwortlich sein, den sie dadurch erleiden, daß der Schaden als große Haverei zur Verteilung kommt. Der zweite Satz kommt im vorliegenden Falle nicht in Betracht. Die Beklagten haben die Schäden und Unkosten, die durch die Rettungsmaßregeln erwachsen sind, allein getragen und fordern hierfür von der Klägerin einen Beitrag. Sie erleiden durch die Verteilung des Schadens als großer Haverei also keinen Verlust, sondern würden davon nur Vorteil haben. Demnach steht jetzt auch nicht zur Erörterung, ob auf dem Boden des zweiten Satzes Raum für die Anwendung der Regel des § 254 B.G.B. wäre.

Auf dem Boden des ersten Satzes aber muß mit dem Oberlandesgericht unbedenklich angenommen werden, daß in der Tat kein Raum für die Anwendung dieser Regel ist. Das Gesetz spricht dem Beteiligten, der die gemeinsame Gefahr schuldhaft herbeigeführt hat, den Anspruch auf die Vergütung nach dem eigentümlich ausgestalteten Verteilungsgrundsatze der großen Haverei unbedingt ab. Die Vorteile des Verteilungsrechtes sollen nur einem Beteiligten zugute kommen, der an der gemeinsamen Gefahr schuldlos ist. Der Gedanke, daß diese Vorteile deswegen zu seinen Gunsten ganz oder teilweise wieder aufleben sollten, weil auch einen anderen Beteiligten eine Schuld an der Herbeiführung der Gefahr trifft, liegt dem Gesetze völlig fern. Er kann auch aus dem § 254 B.G.B. nicht abgeleitet werden. Mit Recht hebt das Oberlandesgericht hervor, daß hier von einer Mitschuld „des Beschädigten" gar nicht die Rede sein kann. Beschädigt sind die Beklagten selbst; sie wollen aber eine Mitschuld des Ersatzpflichtigen beweisen. Daher liegt auch eine Analogie mit dem Satze, den der Senat am Schlusse der Entscheidung vom 26. September 1903 (Entsch. Bd. 55 S. 321) anerkannt hat, nicht vor. Zu einem anderen Ergebnisse ließe sich nur gelangen, wenn man den Rechtssatz aufstellen wollte, daß jedes Verschulden, woraus Rechtsfolgen für einen anderen abgeleitet werden, durch ein mitwirkendes Verschulden des anderen entkräftet oder gemindert wird. Ein solcher Rechtssatz aber besteht nicht und kann auch aus § 254 B.G.B. nicht abgeleitet werden.

Auch Billigkeitsgründe stehen der Auffassung der Revision nicht zur Seite. Es besteht kein Bedürfnis, dem Reeder oder dem Ladungsbeteiligten, der unter Voraussetzungen, die einen Fall gemeinschaftlicher Haverei darstellen, Schäden erlitten hat, wenn er oder Personen, für die er zu haften hat, die Gefahr schuldhaft herbeigeführt haben, wenigstens dann den Vergütungsanspruch zuzugestehen, wenn der andere Beteiligte auch in Schuld ist. Denn wenn diese Voraussetzung zutreffen sollte, werden dem Geschädigten regelmäßig andere und weitergehende Ansprüche zu Gebote stehen, mit denen er — außerhalb des Rechts der großen Haverei und unabhängig von dem durch sie begründeten Verteilungsmaßstabe — einen dem Grade des beiderseitigen Verschuldens entsprechenden Ausgleich seiner Schäden von dem anderen Teile erzielen kann. Im vorliegenden Falle hätten die Beklagten, wenn der Zusammenstoß sowohl durch Verschulden der Besatzung ihres Schiffes, wie durch Verschulden der Besatzung des „Bremerhaven" verursacht war, mittels einer Klage aus § 735 Abs. 2 H.G.B. sich für die Schäden, die sie in die Havereirechnung eingestellt haben, weil sie sich zugleich als durch den Zusammenstoß verursachte Schäden darstellen, nach dem Maßstabe von der Klägerin Ersatz verlangen können, der der Regel des § 254 B.G.B. entsprochen hätte.

Das letztere verkennt die Revision nicht. Sie gründet darauf sogar den weiteren Angriff, daß dieser Gesichtspunkt eventuell vom Berufungsgerichte zugunsten des streitigen Gegenanspruchs der Beklagten hätte verwertet werden müssen. Diese Beschwerde aber ist aus prozessualen Gründen verfehlt. Einen Anspruch auf Schadensersatz aus einem Schiffszusammenstoße haben die Beklagten in den Instanzen weder aufrechnend, noch widerklagend geltend gemacht. Geltend gemacht ist ausschließlich ein rechtlich und tatsächlich von ganz anderen Voraussetzungen abhängiger Anspruch auf Vergütung verteilungsfähiger Schäden und Unkosten in großer Haverei. Und die angebliche Schuld des Schleppers „Bremerhaven" an der Beschädigung des Schuners haben die Beklagten lediglich in dem Zusammenhange verwertet, daß damit die von ihnen zu vertretende Schuld ihres Schiffers wettgemacht und ausgeglichen werde, so daß ihr Anspruch auf Vergütung nach den Regeln der großen Haverei trotz § 702 Bestand behalte. Es lag daher außerhalb der Aufgabe des Berufungsgerichts, darüber zu befinden, ob die Beklagten die in die Havereirechnung gebrachten Kosten unter dem Gesichtspunkte des Schadensersatzes für den Schiffszusammenstoß von der Klägerin ganz oder teilweise erstattet verlangen können. Ein solcher Anspruch ist von den Beklagten nicht erhoben und ihnen durch das Berufungsurteil daher auch nicht aberkannt." ...

---

103. 1. Ist die Zulässigkeit der Aufrechnung bei Erhöhung des Stammkapitals der Gesellschaft mit beschränkter Haftung grundsätzlich anders zu beurteilen, als bei der Gründung der Gesellschaft?

2. Bedarf die vor der Beschlußfassung über die Erhöhung des Stammkapitals getroffene Vereinbarung der Aufrechnung einer Forderung an die Gesellschaft mit der nach dem Erhöhungsbeschluß geschuldeten Einlage zu ihrer Gültigkeit gegenüber der Gesellschaft der Aufnahme in die in § 55 Abs. 1 des Gesetzes vorgesehene Erklärung?

Gesetz, betr. die Gesellschaften mit beschränkter Haftung, vom 20. Mai 1898 §§ 5. 19. 55—57.

I. Zivilsenat. Urt. v. 24. Februar 1906 i. S. Rh.-Brauerei Konkursverw. (Kl.) w. J. (Bekl.). Rep. I. 369/05.

I. Landgericht Dortmund.
II. Oberlandesgericht Hamm.

Die Rh.-Brauerei, Gesellschaft mit beschränkter Haftung, beschloß unterm 14. Juni 1902 eine Erhöhung ihres Stammkapitals von 200000 ℳ auf 300000 ℳ, wobei Beklagter von dem erhöhten Kapitale 3000 ℳ Stammeinlage übernahm. Bezüglich der sofort einzuzahlenden 25 Prozent erklärte sich die Gesellschaft befriedigt. Die Einzahlung des Restes verweigerte der Beklagte, weshalb die Gesellschaft das Verfahren nach § 21 des Gesetzes einleitete und seinen Geschäftsanteil versteigerte. Der Erlös deckte nicht einmal die Versteigerungskosten. Die Gesellschaft geriet am 1. August 1903 in Konkurs. Mit der vorliegenden Klage beantragte der Konkursverwalter, den Beklagten zur Zahlung von 2250 ℳ nebst Zinsen zu verurteilen. Der Beklagte machte dagegen geltend, daß er die Beteiligung mit 3000 ℳ Stammeinlage nur unter der ausdrücklich erklärten Bedingung übernommen habe, daß dieser Betrag mit seiner Forderung gegen die Gesellschaft für eine gelieferte Eismaschine im Betrage von 18000 ℳ aufgerechnet werde, womit die Vertreter der Gesellschaft einverstanden gewesen seien. Der erste Richter verurteilte den Beklagten nach dem Klagantrage. Auf Berufung des Beklagten wies das Oberlandesgericht die Klage ab. Die Revision des Klägers hatte Erfolg.

Aus den Gründen:

. . . „Das Oberlandesgericht geht von einer grundsätzlich unzutreffenden Auffassung aus, wenn es annimmt, daß das Gesetz die Zulässigkeit der Aufrechnung bei der Erhöhung des Stammkapitals anders behandle, als bei der Gründung, und daß es das Prinzip der Verität des Stammkapitals der Aufrechnung gegenüber zwar bei der letzteren durchführe, nicht aber bei der ersteren. Für diese Auffassung bieten weder die in Betracht kommenden gesetzlichen Bestimmungen noch die Materialien des Gesetzes einen Anhalt. Die Vorschriften der §§ 55—57 lassen vielmehr klar erkennen, daß die Bestimmungen, welche in den §§ 5. 19ff. für die ursprüngliche Stammeinlage getroffen sind, auch auf die erhöhte Stammeinlage anzuwenden sind. Wenn sodann anstatt einer Wiederholung der in § 19 Abs. 3 bezüglich der Stammeinlage gegebenen Vorschrift in § 56 Abs. 2 die Bestimmung des § 19 Abs. 3 für entsprechend anwendbar erklärt ist, so sollte hiermit keineswegs ausgesprochen werden, daß — argumento a contrario — die Anwendung des § 19 Abs. 1 und des § 19 Abs. 2 ausgeschlossen sei. Die Vorschrift des § 56 hat die Bedeutung, klarzustellen, daß „diejenigen Festsetzungen, welche hinsichtlich des ursprünglichen Kapitals gegebenenfalls im Gesellschaftsvertrag enthalten sein müssen (§ 5 Abs. 3), hier in dem Beschluß über die Erhöhung des Stammkapitals zu treffen und in die Urkunde, in welcher die Übernahme der betreffenden Stammeinlage erklärt wird, aufzunehmen sind. Enthält der Beschluß oder die Übernahmeerklärung keine derartige Festsetzung, so findet die Bestimmung des § 19 Abs. 3 über die Unwirksamkeit von Leistungen, welche nicht in Geld bestehen, entsprechende Anwendung."

Vgl. Motive zu §§ 56—58 des Entwurfs.

Die Anwendung ist hier nicht, wie die der Absätze 1 und 2 des § 19, eine direkte, sondern nur eine entsprechende deshalb, weil § 19 Abs. 3 auf die Bestimmung des § 5 Abs. 4 verweist, und diese sich nur auf das ursprüngliche Stammkapital bezieht und vom Gesellschaftsvertrag spricht.

Hiernach ist davon auszugehen, daß der in § 19 Abs. 2 bestimmte Ausschluß der Aufrechnung ohne weiteres auch im Falle einer Erhöhung des Stammkapitals für die erhöhte Stammeinlage gilt. Der Beklagte ist daher nicht berechtigt, die ihm aus der Lieferung einer Eismaschine gegen die Gesellschaft zustehende Forderung mit der Forderung der Gesellschaft auf Zahlung seiner Einlage einseitig aufzurechnen. Er kann auch im Konkurse der Gesellschaft die Aufrechnung nicht geltend machen.

Vgl. § 53 K.O.; Jaeger, Kommentar § 53 Anm. 14.

Die Aufrechnung kann im vorliegenden Falle auch nicht unter dem Gesichtspunkt für zulässig erachtet werden, daß sie vertragsmäßig vereinbart sei. Der Beklagte hat vorgetragen, er habe die Stammeinlage von 3000 ℳ nur unter der ausdrücklichen Bedingung übernommen, daß er den einzuzahlenden Betrag mit seiner Forderung für die gelieferte Eismaschine verrechnen dürfe. Hiermit seien die Vertreter der Gesellschaft einverstanden gewesen. Eine solche vor der Eintragung des Beschlusses über die Kapitalserhöhung getroffene Vereinbarung erscheint als Bestimmung „einer Leistung auf die Stammeinlage, die nicht in Geld besteht."

Vgl. Entsch. des R.G.'s in Zivils. Bd. 42 S. 4; Förtsch, Kommentar zum Gesetz, betr. die Gesellschaften mit beschränkter Haftung, § 56 Anm. 2; Staub, Kommentar zu dem genannten Gesetz § 56 Anm. 2.

Sie bedarf daher zu ihrer Gültigkeit der Aufnahme in den Kapitalserhöhungsbeschluß selbst und in die nach Maßgabe des § 55 Abs. 1 abzugebende Erklärung (§ 56 Abss. 1 u. 2, § 19 Abs. 3 des Gesetzes).

Für das Aktienrecht besteht eine gleiche Bestimmung hinsichtlich der Sacheinlagen bei Erhöhung des Aktienkapitals nicht. Dort wird sie in gewissem Umfange ersetzt durch die für die sog. Nachgründung bestehenden Kautelen (§§ 207. 208 H.G.B.). Bei der Gesellschaft mit beschränkter Haftung wurde es jedoch gerade wegen des Fehlens von besonderen Vorschriften für die Nachgründung für notwendig erachtet, „das erhöhte Stammkapital in anderer Weise gegen eine Schmälerung durch ungerechtfertigte Leistung von Erfüllungssurrogaten" sicher zu stellen.

Vgl. Motive zu §§ 56—58 des Entwurfs; Parisius u. Crüger, Kommentar zum Gesetz, betr. die Gesellschaften mit beschränkter Haftung, § 56.

Auf die vor Eintragung des Erhöhungsbeschlusses getroffene angebliche Vereinbarung der Aufrechnung kann sich daher Beklagter schon deshalb nicht berufen, weil sie nicht in den Erhöhungsbeschluß und die Übernahmeerklärung aufgenommen wurde . . ."

---

104. 1. Kann der Betriebsunternehmer, von dem die Berufsgenossenschaft auf Grund des § 136 Gew.-U.V.G. vom 5. Juli 1900 Ersatz ihrer Aufwendungen fordert, diesem Anspruch gegenüber geltend machen, der Unfall sei überwiegend durch das eigene Verschulden des Getöteten herbeigeführt?[1]

2. Rechtliche Bedeutung der Vorschrift des § 137 a. a. O.

VI. Zivilsenat. Urt. v. 26. Februar 1906 i. S. K. (Bekl.) w. Lagerei-Berufsgenossenschaft in B. (Kl.). Rep. VI. 223/05.

I. Landgericht Naumburg a. S.
II. Oberlandesgericht daselbst.

[1] S. auch Nr. 82 dieses Bandes. D. R.

Die Witwe und die Kinder des Markthelfers G. erhielten von der Klägerin eine Entschädigung gemäß den Bestimmungen des Gewerbe-Unfallversicherungsgesetzes, nachdem in dem von diesem Gesetze geordneten Verfahren diese Entschädigung ihnen zugesprochen war. Die Klägerin forderte auf Grund des § 136 des Gesetzes den Ersatz ihrer Aufwendungen vom Beklagten, in dessen Betriebe der Unfall sich zugetragen hatte. Das weitere ergibt sich aus den

Gründen:

... „Die Revision rügt ..., daß § 254 B.G.B. rechtsirrig angewendet sei. Der Beklagte hatte gegen die Klage geltend gemacht, der Unfall sei ganz überwiegend durch das eigene Verschulden G.'s verursacht; das Berufungsgericht hat aber dessen mitwirkendes Verschulden so gering bewertet, daß ihm ein Einfluß auf die Ersatzpflicht des Beklagten oder deren Umfang nicht einzuräumen sei. Ob dieser von der Revision bekämpfte Grund bedenkenfrei ist, braucht nicht untersucht zu werden. Denn § 254 ist hier überhaupt nicht anwendbar; der Beklagte kann daher eine Minderung seiner Ersatzpflicht aus ihm nicht herleiten.

Dritte, die zu dem von dem Unfall Verletzten nicht in dem Verhältnis eines Betriebsunternehmers, Repräsentanten oder Bevollmächtigten, Betriebs- oder Arbeiteraufsehers gestanden haben, haften für den durch ihre Schuld verursachten Schaden gemäß § 140 nach den Bestimmungen des Bürgerlichen Gesetzbuchs. Insoweit danach ein Anspruch gegen sie begründet ist, geht er auf die Berufsgenossenschaft im Umfange ihrer gesetzlichen Entschädigungspflicht über. In diesem Falle erlangt also die Genossenschaft den Anspruch gegen den Dritten nur mit der aus § 254 sich ergebenden Einschränkung. Anders aber liegt die Sache in den Fällen des § 136. Nach seiner Vorschrift haftet der Betriebsunternehmer ꝛc nicht nach dem Maße, wie der Verletzte nach dem Bürgerlichen Gesetzbuch einen Anspruch gegen ihn gehabt haben würde; die Genossenschaft macht gegen ihn nicht den durch das Gesetz auf sie übergegangenen Anspruch des Verletzten geltend, sondern die Haftung des Unternehmers bestimmt sich nach dem Maße der Aufwendungen, die die Genossenschaft auf Grund des Versicherungsgesetzes gemacht hat. Diese Aufwendungen sind ohne Rücksicht auf ein etwaiges eigenes Verschulden des Verletzten festzusetzen, und darum ist es auch für den Umfang der Ersatzpflicht des Unternehmers ohne Bedeutung, ob dem Anspruche des Verletzten gegenüber jener aus § 254 B.G.B. eine Verteidigung hätte entnehmen können. Darin liegt offensichtlich eine Steigerung der Haftung des Unternehmers in den Fällen des § 136; aber diese Mehrbelastung wird zugleich gemindert durch die Bestimmung des Satzes 3 des Abs. 1 a. a. O., wonach die Genossenschaft befugt ist, von der Verfolgung des Ersatzanspruchs abzusehen, und durch die damit in Verbindung stehende Vorschrift des § 137, die bisher vom Berufungsgericht unbeachtet gelassen ist.

Nach § 137 hat der Vorstand der Klägerin, wenn er den Ersatzanspruch aus § 136 Abs. 1 Satz 3 gegen den Beklagten geltend machen will, den Beschluß diesem schriftlich mitzuteilen. Der Beklagte ist berechtigt, gegen den Beschluß des Vorstandes die Beschlußfassung der Genossenschaftsversammlung anzurufen. Die Klage darf nicht vor Ablauf eines Monats nach der Zustellung der Mitteilung des Vorstandes und nur dann angestellt werden, wenn nicht innerhalb dieser Frist die Beschlußfassung von seiten des Ersatzpflichtigen angerufen ist. Ist letzteres geschehen, so ist die Beschlußfassung der Genossenschaft abzuwarten. Die Zulässigkeit der Klage des Vorstandes gegen den Betriebsunternehmer ist hiernach von Voraussetzungen abhängig, deren Vorhandensein im vorliegenden Falle noch gar nicht geprüft ist. Das Gesetz gibt nicht dem Ersatzpflichtigen eine Einrede, durch die er eine ohne vorgängige Mitteilung jenes Beschlusses erhobene Klage als verfrüht zurückweisen kann, sondern das Recht der Klägerin, den Ersatzanspruch zu erheben, ist bedingt durch die vorherige Erfüllung der dem Beklagten gegenüber ihr auferlegten Pflicht. Vorher darf die Klage nicht erhoben werden. Daraus folgt, daß es Sache der klagenden Genossenschaft ist, zu behaupten und zu beweisen, daß die gesetzliche Voraussetzung für die Zulässigkeit der Klage vorliegt, und daß, wenn dies nicht der Fall ist, das erkennende Gericht die Klage abzuweisen hat, weil ein Teil des Tatbestandes fehlt, auf Grund dessen allein der Ersatzanspruch erhoben werden darf. Im vorliegenden Falle ist die Zulässigkeit der Klage nach dieser Richtung nicht erörtert. Nach dem Tatbestande des Urteils erster Instanz, auf den das Berufungsurteil verweist, sind die Akten der Klägerin, betr. den Unfall Gr., zum Gegenstande der mündlichen Verhandlung gemacht; es ist aber nicht mitgeteilt, was daraus vorgetragen ist, daher nicht ersichtlich, ob die Klägerin die erforderlichen Tatsachen vorgebracht hat.

Das Berufungsurteil mußte hiernach aufgehoben, und eine anderweite Verhandlung und Entscheidung angeordnet werden."

---

105. Kann die sechsmonatige Verjährungsfrist des § 477 B.G.B. durch stillschweigende Vereinbarung verlängert werden? Ist eine solche Vereinbarung mit dem Inhalte zulässig, daß die sechs Monate um die Zeit von der Ablieferung bis zum Eintritt eines näher bezeichneten künftigen Ereignisses verlängert werden?

II. Zivilsenat. Urt. v. 27. Februar 1906 i. S. Th. (Kl. u. Widerbekl.) w. B. (Bekl. u. Widerkl.). Rep. II. 342/05.

I. Landgericht Hamburg, Kammer für Handelssachen.
II. Oberlandesgericht daselbst.

Der Bestellung einer größeren Menge von weißen baumwollenen Socken, die für Hongkong bestimmt waren, und deren tatsächliche Ablieferung an die Beklagte in Hamburg zu erfolgen hatte, (einer Bestellung nach Muster) lagen die allgemeinen Vertragsbedingungen der Beklagten zugrunde. Danach war vereinbart: „Als Ablieferungsort im Sinne des § 377 flg. H.G.B. gilt der überseeische Bestimmungsort. Für den Fall nichtvertragsmäßiger Lieferung soll der Minderwert der Ware und das, was mit ihr zu geschehen hat, nach Recht und Gebrauch des Ablieferungsortes festgesetzt werden; dem Schiedsspruch, welcher von Sachverständigen, die den Usancen des überseeischen Bestimmungsortes gemäß zu ernennen sind, gefällt wird, unterwerfen sich die Parteien. Die Fristen des § 377 H.G.B. laufen von dem Tage, an welchem die Entscheidung am Bestimmungsorte bei der Käuferin" (der Beklagten) „eingekommen ist". Eine Sendung der Ware kam am 6. Mai 1903 bei der Beklagten in Hamburg, und Mitte Juli 1903 in Hongkong an. Andere Sendungen kamen in der Zeit vom 23. Mai bis Mitte Juni 1903 bei der Beklagten in Hamburg an und wurden von dieser nach Hongkong weitergesendet. Die Sendungen bis Mitte Juni wurden auch bezahlt. Die in

Hongkong nach den Vertragsbedingungen ernannten Sachverständigen-Arbitratoren erklärten in ihren Entscheidungen (surveys) die Ware für nicht mustergemäß und die Käuferin für berechtigt, sie zurückzuweisen. Die Entscheidung über die Sendung von 6. Mai 1903 ist datiert vom 11. August 1903. Mit der Klage war Zahlung des Kaufpreises von Sendungen aus der Zeit nach dem 15. Juni 1903 verlangt. Die Beklagte beantragte deren Abweisung unter Berufung auf die Entscheidungen der Arbitratoren und erhob am 15. Dezember 1903 Widerklage, mit der sie nach §§ 494. 480 Abs. 2 B.G.B. Schadensersatz wegen Nichterfüllung des ganzen Vertrages verlangte. Diesem Begehren hielt der Kläger die Einrede der Verjährung entgegen, soweit es sich auf die vor dem 15. Juni 1903 abgelieferten Sendungen erstreckte. Dagegen machte die Beklagte geltend, durch die bezogenen Vertragsbedingungen sei die sechsmonatige Verjährungsfrist verlängert. Die Vorderrichter wiesen die Verjährungseinrede zurück. Der dagegen von dem Revisionskläger erhobene Angriff wurde gleichfalls zurückgewiesen aus folgenden

Gründen:

... „Die Widerklage, durch welche, da die gelieferte Ware wegen Fehlens der Mustermäßigkeit mit Recht zurückgewiesen wurde, nach § 494. 480 Abs. 2 B.G.B. Schadensersatz wegen Nichterfüllung des ganzen Vertrages verlangt war, ist in der mündlichen Verhandlung vom 15. Dezember 1903 erhoben. Daraus leitet der Kläger als Widerbeklagter die Einrede der Verjährung aus §§ 477. 479 B.G.B. ab, soweit der erwähnte Schadensersatz für die Fakturen bis Mitte Juni 1903 beansprucht werde.

Der erste Richter, auf dessen Gründe das Oberlandesgericht lediglich Bezug nimmt, hat die mehrerwähnten Vertragsgedinge, die allerdings über die Verjährung nach § 477 B.G.B. keine ausdrücklichen Bestimmungen enthalten, auch nicht ausdrücklich bestimmen, daß die Ablieferung am überseeischen Bestimmungsorte als Ablieferung nach § 477 B.G.B. zu gelten habe, in ihrem Zusammenhange dahin ausgelegt, daß durch eine darin auch über die Verjährung nach § 477 a. a. O. zu findende Vereinbarung der Beginn des Laufes dieser Verjährung frühestens auf die Zeit der Ankunft der Ware am überseeischen Bestimmungsort hinausgeschoben worden sei. Diese Annahme reiche schon zu, da die erste Sendung Mitte

Juli 1903 in Hongkong angekommen, die sechsmonatige Verjährungsfrist somit auch für diese am 15. Dezember 1903 noch nicht abgelaufen gewesen sei. Deshalb sei nicht nötig, zu prüfen, ob nicht nach dem Willen der Parteien die Verjährungsfrist erst von dem Datum des einzelnen survey zu laufen beginnen solle.

Die in diesen Ausführungen ausgesprochene Annahme des Oberlandesgerichts, daß durch stillschweigende Vereinbarung der Parteien die sechsmonatige Verjährungsfrist des § 477 B.G.B. um die Zeit von der Ablieferung der Ware an die Beklagte bis zu deren Ankunft am überseeischen Bestimmungsorte verlängert war, läßt, entgegen den Ausführungen des Revisionsklägers, eine Verletzung des materiellen Rechts nicht erkennen. Eine Verlängerung der Verjährungsfrist ist nach § 477 Abs. 1 Satz 2 zugelassen; danach greift insoweit § 225 Satz 1 B.G.B. nicht Platz. Nach dem Rechte des Bürgerlichen Gesetzbuchs besteht auch kein Bedenken, zuzulassen, daß eine solche Verlängerung stillschweigend vereinbart werden kann. Es ist ferner nicht nötig, daß durch die Vereinbarung der Verjährungsfrist deren Dauer von vornherein nach Tagen, Monaten oder Jahren ausdrücklich bestimmt ist; vielmehr ist es durchaus zulässig, sie, wie hier geschehen, in der Weise zu bestimmen, daß die sechsmonatige Verjährungsfrist um die Zeit von der Ablieferung bis zum Eintritt eines bestimmten künftigen Ereignisses — hier der Ankunft am überseeischen Bestimmungsorte — verlängert wird." ...

Register.

Die beigesetzten Zahlen beziehen sich auf die Seiten.

A. Sachregister.

A

Aktiengesellschaft; können für die Zweigniederlassung einer A., die eine andere Firma führt, als die A., Rechte in das Grundbuch eingetragen werden? . . 7

— kann der Aktionär einen vertraglichen oder außervertraglichen Schadensersatzanspruch gegen die A. darauf gründen, daß er infolge eines bewußt rechtswidrigen oder eines gegen Vertragspflichten verstoßenden Verhaltens von Mitgliedern des Vorstandes der Gesellschaft seine Aktien zu veräußern unterlassen und weitere Aktien der Gesellschaft erworben habe? 29

— kann die Generalversammlung der A. im Liquidationsstadium mit einfacher Stimmenmehrheit beschließen, daß Bestandteile der Liquidationsmasse nicht versilbert, sondern in Natur unter die Aktionäre verteilt werden sollen? 56

— was ist unter gleichmäßiger Verteilung des Vermögens nach dem Verhältnis der Aktienbeträge zu verstehen? 56

Amtspflicht; verletzt der Richter, der dem verhafteten Schuldner den Offenbarungseid abnimmt, ohne daß derselbe ein ordnungsmäßiges Vermögensverzeichnis vorgelegt hat, die ihm einem Dritten gegenüber obliegende A.? . . 351

Anfechtung einer Willenserklärung wegen arglistiger Täuschung; bezieht sich der § 139 B.G.B. auch auf anfechtbare Rechtsgeschäfte und auf den Fall, daß ein Vertrag nur dem einen von zwei Vertragschließenden gegenüber wegen Täuschung angefochten werden kann, und der andere um die Täuschung weder wußte noch wissen mußte (§ 123 Abs. 2 Satz 1 B.G.B.)? 184

— **von Rechtshandlungen im Konkurse;** ist die Umwandlung eines zunächst schlechthin zugunsten der Erben des Versicherungsnehmers geschlossenen Lebensversicherungsvertrages in

einen Vertrag zugunsten bestimmter Dritter im Konkurse über den Nachlaß des Versicherungsnehmers anfechtbar? 46
Anfechtung von Rechtshandlungen im Konkurse; zur Auslegung des § 41 Abs. 2 K.O. 197
S. auch „Beweislast".
Arglist; was gehört zum arglistigen Verschweigen des Fehlens einer zugesicherten Eigenschaft? 300
S. auch „Anfechtung"; „Gewährleistung"; „Kauf".
Arrest.
S. „Einstweilige Verfügung".
Auflassung.
S. „Berichtigung".
Aufrechnung.
S. „Gegenforderung".
Auskunftspflicht des Erben; erstreckt sie sich auf die zum Voraus gehörenden Nachlaßgegenstände? 110
Ausländischer Staat; inwieweit können gegen einen a. St. Klagen aus einem lediglich privatrechtlichen Verhältnis vor den deutschen Gerichten erhoben werden? 165
Auslegung; Auslegungsbeweis, oder Einwand des anders als verabredet niedergeschriebenen Vertrages? 49
Ausrüster.
S. „Binnenschiffahrt".
Aussetzung des Verfahrens; tritt die während des Laufes einer Rechtsmittelfrist beantragte und beschlossene A. d. V. auch dann in Wirksamkeit, wenn der Aussetzungsbeschluß den Parteien erst nach Ablauf der Rechtsmittelfrist zugestellt ist? 26
Ausstattungsversprechen.
S. „Form der Rechtsgeschäfte".

B

Baptistengemeinden.
S. „Begräbnis".
Beamte; rechtliche Stellung der Bureaubeamten der Spezialkommissare bis zur Einrichtung etatsmäßiger Stellen für Spezialkommissionssekretäre (1889/90). 233
— Voraussetzungen der Eigenschaft eines mittelbaren Staatsbeamten 233
S. auch „Vertreter".
Begräbnis; haben diejenigen Baptistengemeinden, denen auf Grund des preußischen Gesetzes vom 7. Juli 1875 Korporationsrechte erteilt sind, im Bereich des preußischen Allgemeinen Landrechts Anspruch darauf, daß sie in Ermangelung eigener Begräbnisplätze die Kirchhöfe anderer Kirchengemeinden benutzen dürfen? 355
Bergrecht; enthält der bergrechtliche Enteignungsbeschluß (§ 142 preuß. Allg. Bergges.) eine Verfügungsbeschränkung im Sinne des § 892 Abs. 1 Satz 2 B.G.B.? . 215
Berichtigung; ist auch nach heutigem Liegenschaftsrecht derjenige, der auf Grund einer nach dem Inkrafttreten des neuen Rechts erfolgten Auflassung als Eigentümer eingetragen ist, legitimiert, den dem Veräußerer zustehenden Berichtigungsanspruch auf Richtigstellung der Bestandsangaben im

Grundbuche des ihm aufgelassenen Grundstücks geltend zu machen? 322

Berufsgenossenschaft. S. „Unfallversicherung“.

Beschwerde; findet gegen eine gemäß § 571 Z.P.O. erlassene Entscheidung eines Oberlandesgerichts eine weitere B. statt? . . 10

— ist behufs Entscheidung über die Zulässigkeit einer solchen weiteren B. zu prüfen, ob der mittels derselben angefochtene Beschluß des Oberlandesgerichts in gesetzmäßiger Weise ergangen ist? 10

— findet gegen den Beschluß, durch den ein Gesuch um Vertagung der mündlichen Verhandlung zurückgewiesen wird, das Rechtsmittel der B. statt? . . 207

Bestandteil, wesentlicher; ist das Gebälk, das, miteinander zu dem Dachgeschoß verbunden, in einem Neubau auf das Mauerwerk gesetzt ist, ohne mit diesem vermauert und verankert zu sein, als w. B. des Neubaues anzusehen? 248

— unter welchen Voraussetzungen gehört eine mit einem Fabrikgebäude körperlich verbundene Maschine, auch wenn eine feste Verbindung mit dem Grund und Boden nicht vorliegt, zu den w. B.en der Fabrik? . . . 406

— wird bei Verbindung einer Maschine mit einem Fabrikgebäude durch Vereinbarung eines Eigentumsvorbehaltes zugunsten des Verkäufers der Maschine für die Annahme, daß die Verbindung nur zu einem vorübergehenden Zwecke erfolgt, und daß deshalb die Bestandteilseigenschaft ausgeschlossen sei, eine Grundlage geschaffen? 410

Beweislast; wie stellt sich im Falle des Nachlaßkonkurses die B. bei Anfechtung eines von den Erben abgegebenen Schuldanerkenntnisses als einer unentgeltlichen Verfügung? 38

Binnenschiffahrt; Schiffseigner im Sinne des § 2 B.Sch.G. (Ausrüster). Tragweite der Bestimmung im § 2 Abs. 2. Rechtskraftwirkung eines auf Grund eines Schiffsgläubigeranspruchs gegen einen gewesenen Ausrüster erstrittenen Urteils . . . 378

Bürgschaft; muß der Bürge, der sich vom Hauptschuldner später Ansprüche aus irgendeinem Vertrage gegen den Gläubiger hat abtreten lassen, deshalb den ganzen Inhalt dieses Vertrages auch gegen sich gelten lassen? . 51

— Tragweite des § 768 und des § 767 Abs. 1 Satz 3 B.G.B. in Ansehung der Berufung des Bürgen auf dem Hauptschuldner gegen den Gläubiger zustehende Gegenforderungen . . . 51

— kann die Unterzeichnung einer Urkunde, die nur Bestimmungen über die gegenseitigen Rechte und Pflichten der Vertragschließenden enthält, durch einen Dritten auf Grund außerhalb der urkundlichen Erklärung liegender Umstände als Bürgschaftserklärung im Sinne des § 766 B.G.B. erachtet werden? . . . 172

— inwieweit muß nach § 766

B.G.B. in der die Bürgschaftserklärung enthaltenden Urkunde der Gläubiger bezeichnet sein? 379
Bürgschaft; Form der B. nach schweizerischem Recht . . 383

C

Culpa in contrahendo; von der c. i. c. nach dem Rechte des B.G.B. 315

D

Darlehn; findet auf ein durch Umwandlung einer schon bestehenden Schuld zustande gekommenes D. die Vorschrift des § 364 Abs. 2 B.G.B. Anwendung? . . 51
— inwiefern sind gegenüber der Klage aus einem solchen D. Einwendungen aus dem früheren Schuldverhältnis zulässig? 51

E

Ehescheidung.
S. „Unterhaltspflicht".
Eideszuschiebung; ist eine E. über hypothetische innere Tatsachen des Delaten zulässig? . . . 415
Eigenes Verschulden; findet die Vorschrift des § 278 B.G.B., nach welcher der Schuldner ein Verschulden seines gesetzlichen Vertreters und der Personen, deren er sich zur Erfüllung seiner Verbindlichkeit bedient, in gleichem Umfange wie e. V. zu vertreten hat, entsprechende Anwendung auf den Fall des § 254 Abs. 1 B.G.B.? 106
S. auch „Haverei".
Eigentum.
S. „Fiduziarisches Eigentum".
Eigentümergrundschuld.
S. „Zwangsversteigerung".
Eigentumsvorbehalt.
S. „Bestandteil, wesentlicher".
Eisenbahn.
S. „Haftpflichtgesetz".
Einstweilige Verfügung; welche Klage ist als Hauptklage zu erheben, wenn eine Bauforderung (§ 648 B.G.B.) im Wege e. V. durch Vormerkung gesichert, und auf erhobenen Widerspruch die Erhebung der Klage zur Hauptsache binnen bestimmter Frist angeordnet ist? 62
— hat über den Antrag, die e. V. wegen Nichtinnehaltung der für die Erhebung der Hauptklage bestimmten Frist aufzuheben, wenn diese Frist erst nach Erlassung des ersten Urteils ablief, der Berufungsrichter zu befinden? 62
Eintragung; können für die Zweigniederlassung einer Aktiengesellschaft, die eine andere Firma führt, als die Aktiengesellschaft, Rechte in das Grundbuch eingetragen werden? 7
— bedarf es zur E. eines Rechts neben der Einigung noch einer besonderen Eintragungsbewilligung? 375
Enteignung; muß bei der Teilenteignung von Bauland ein für das Restgrundstück von der zuständigen Behörde in gewissem Umfange erteilter Dispens von der baupolizeilichen Bestimmung, daß nur ein bestimmter Teil von jedem Grundstück bebaut werden darf,

berücksichtigt werden? Wie ist bei der Teilenteignung von Bauland die Enteignungsentschädigung zu bestimmen? 268
Entschädigung; E. der im Wiederaufnahmeverfahren freigesprochenen Personen 152
Erfüllungsgehülfe; findet die Vorschrift im § 278 B.G.B., nach welcher der Schuldner ein Verschulden seines gesetzlichen Vertreters und der Personen, deren er sich zur Erfüllung seiner Verbindlichkeit bedient, in gleichem Umfange wie eigenes Verschulden zu vertreten hat, entsprechende Anwendung auf den Fall des § 254 Abs. 1 B.G.B.? 106
— Verschulden der Angestellten des Unternehmers bei Erfüllung eines Transportvertrages . . 119
S. auch „Unerlaubte Handlung"; „Versicherung".
Erziehungsrecht.
S. „Zeitliche Wirksamkeit 2c".

F

Fiduziarisches Eigentum; Begriff des f. E. 386
Fluchtliniengesetz.
S. „Rechtsweg".
Form der Rechtsgeschäfte; Voraussetzung für die Anwendung der Vorschrift des § 154 Abs. 2 B.G.B. 78
— unter welchen Voraussetzungen unterliegt der Vertrag, durch den eine Ausstattung versprochen wird, der Formvorschrift des § 518 Abs. 1 B.G.B.? . . . 273
Form der Rechtsgeschäfte; bedarf die Vollmacht zum Abschließen des Vertrages über die Veräußerung oder den Erwerb des Eigentums an einem Grundstück der im § 313 Satz 1 B.G.B. vorgeschriebenen Form? . 335
— ist das Geldversprechen dafür, daß sich der andere auf bestimmte Zeit an ein Verkaufsangebot von Grundstücken bindet, der Vorschrift des § 313 B.G.B. unterworfen? 411
Freisprechung; zum Gesetz, betr. die Entschädigung der im Wiederaufnahmeverfahren freigesprochenen Personen vom 20. Mai 1898, §§ 1. 2. Schadloshaltung wegen Nebenstrafen, insbesondere solcher, die mit der Rechtskraft des Strafurteils von selbst in Wirksamkeit treten. Berücksichtigung der Art der Straftat, wegen derer die Strafe erkannt und vollstreckt worden ist; Entschädigung wegen Erschwerung des Fortkommens für den Verurteilten in der Zeit nach der F. 152

G

Gegenforderung; muß eine G. auf Schadensersatz, die auf Grund desselben Vertrages erhoben wird, auf welchem die Forderung beruht, notwendig unter den Gesichtspunkt der Aufrechnung gebracht werden, oder verringert sich die Forderung ohne weiteres um den Betrag des Schadens, dessen Ersatz mit Recht verlangt wird? 55

Generalagent; ist der G. einer Feuerversicherungsgesellschaft Beauftragter des Versicherungsnehmers für die Erledigung des an ihn gelangten Versicherungsantrages? 315

Genossenschaft; steht § 73 des Genossenschaftsgesetzes der Einklagung rückständiger Einzahlungen auf den Geschäftsanteil gegen ausgeschiedene Genossen entgegen? 303

— inwieweit können Geldleistungen außer den Einzahlungen auf den Geschäftsanteil den Genossen auferlegt werden? Eintrittsgeld? Milchabgabe? 303

— kann der Genosse zur Übernahme mehrerer Geschäftsanteile verpflichtet werden? . . 303

— Erhöhung des Geschäftsanteils 303

Gerichtsbarkeit; ist ein ausländischer Staat der inländischen G. unterworfen? 165

Gesellschaft mit beschränkter Haftung; genügt es der Vorschrift des § 3 Ziff. 2 des Gesetzes, betr. die Gesellschaften m. b. H., vom 20. Mai 1898, wenn in dem Gesellschaftsvertrage außer einzelnen besonders genannten Zweigen kaufmännischer Tätigkeit auch der Betrieb von anderen kaufmännischen Geschäften allgemein als Gegenstand des Unternehmens angegeben ist? 96

— ist die Zulässigkeit der Aufrechnung bei Erhöhung des Stammkapitals der G. m. b. H. grundsätzlich anders zu beurteilen als bei der Gründung der Gesellschaft? 425

— bedarf die vor der Beschlußfassung über die Erhöhung des Stammkapitals getroffene Vereinbarung der Aufrechnung einer Forderung an die Gesellschaft mit der nach dem Erhöhungsbeschluß geschuldeten Einlage zu ihrer Gültigkeit gegenüber der Gesellschaft der Aufnahme in die in § 55 Abs. 1 des Gesetzes vorgesehene Erklärung? . . 425

Gewährleistung; ist der Ausschluß der G. nach § 476 B.G.B. in vollem Umfange nichtig, wenn nur ein Mangel oder einzelne von mehreren Mängeln arglistig verschwiegen worden sind? 122

Gewerbebetrieb; sind unter den „Schulen", wegen deren Nähe nach § 27 Gew.O. die höhere Verwaltungsbehörde einen ungewöhnlich geräuschvollen G. auf einem gewissen Grundstücke verhindern kann, nur öffentliche Schulen, oder auch Privatschulen zu verstehen? 278

Grundbuch; Zweck des G. . 101
S. auch „Berichtigung"; „Eintragung"; „Zwangsversteigerung".

Grunddienstbarkeit; hat die nach dem Inkrafttreten des neuen Liegenschaftsrechts zu Unrecht bewirkte Löschung einer unter dem früheren preußischen Rechte entstandenen und eingetragenen G. zur Folge, daß die G. gutgläubigen Dritten gegenüber als erloschen gilt? 99

— erlischt eine G. dadurch, daß sie

in dem Beschlusse, durch den das belastete Grundstück zugeschlagen wird, als mitübernommen nicht aufgeführt ist? 99

Grundeigentum.
S. „Nachbarrecht“.

Grundstück; mißt die Bestimmung im § 892 B.G.B. nur der Kenntnis eines nicht eingetragenen dinglichen Rechts an einem G. die Bedeutung bei, daß sie einen dieses Recht beeinträchtigenden Rechtserwerb ausschließt? 138
S. auch „Form der Rechtsgeschäfte“; „Nachbarrecht“.

Grund und Betrag des Anspruchs; erstreckt sich die Rechtskraft eines dem § 304 Z.P.O. gemäß erlassenen Zwischenurteils auf die Frage, ob nicht ein Teil des auf Schadensersatz gerichteten Anspruchs nach § 57 Abs. 4 des Krankenversicherungsgesetzes von 1892, bzw. nach § 54 des Invalidenversicherungsgesetzes von 1899 oder nach § 140 des Gewerbe-Unfallversicherungsgesetzes von 1900 auf eine Krankenkasse, Versicherungsanstalt oder Berufsgenossenschaft übergegangen sei? 337

Gute Sitte; unter welchen Voraussetzungen ist § 826 B.G.B. auf den Fall anwendbar, daß bei der Auflassung eines Grundstücks der Erwerber Kenntnis von dem älteren persönlichen Rechte eines Dritten auf Auflassung desselben Grundstücks gehabt hat? 137

— liegt darin ein Verstoß gegen die g. S., wenn ein tatsächlich zustehendes Monopol oder der Ausschluß einer Konkurrenzmöglichkeit dazu mißbraucht wird, dem allgemeinen Verkehr unbillige, unverhältnismäßige Opfer aufzuerlegen, unbillige, unverhältnismäßige Bedingungen vorzuschreiben? 266

— verstößt ein Vertrag, durch den eine Ausstattung versprochen wird, gegen die g. S., wenn er darauf ausgeht, daß eine außer der Ehe Geschwängerte vor der Entbindung von einem anderen Manne als dem Schwängerer geheiratet wird? . . . 273

H

Haftbefehl; sind die Haftbefehle des Strafprozesses Urteile im Sinne des § 839 Abs. 2 B.G.B.? 367

— Wann ist durch Erlassung derselben der Vorwurf „fahrlässiger Verletzung der Amtspflicht“ begründet? 367

Haftpflichtgesetz; zur Anwendung des § 254 B.G.B. auf die aus dem H. entspringenden Schadensersatzansprüche 346

— inwiefern haftet die Eisenbahn für den Schaden, den ein durch den Bahnbetrieb scheu gemachtes Pferd angerichtet hat? . 145

Handelskauf.
S. „Mängelanzeige“.

Handlungsagent.
S. „Konkursprivilegien".
Haverei; zur Auslegung des § 702 H.G.B. und des § 254 B.G.B. 420

J

Invaliditäts- und Altersversicherung; konnte auch unter der Herrschaft des Reichsgesetzes vom 22. Juni 1889, betr. die J. u. A., durch das Knappschaftsstatut rechtswirksam bestimmt werden, daß ein Knappschaftsverein, der durch Beschluß des Bundesrats als eine den §§ 5. 7 jenes Gesetzes entsprechende besondere Kasseneinrichtung zugelassen ist, einem Berginvaliden, dem unter der Herrschaft jenes Gesetzes und vor dem Eintritt vollständiger Erwerbsunfähigkeit auf Grund des Knappschaftsstatuts eine Invalidenrente bewilligt ist, der aber nach der Pensionierung in einer gesetzlich versicherungspflichtigen Beschäftigung noch tätig bleibt und demnächst für gänzlich erwerbsunfähig erklärt wird, die auf Grund des Knappschaftsstatutes bewilligte Invalidenrente um die reichsgesetzliche Rente kürzen darf? 111

Irrtum; kann ein Konkursverwalter, der auf Grund des § 17 K.O. die gänzliche Erfüllung eines Sukzessivlieferungsvertrages ohne Kenntnis von dem Bestehen unbezahlter Kaufpreisforderungen für vor der Konkurseröffnung gemachte Lieferungen verlangt hat, seine Erklärung wegen J. anfechten? Zusammentreffen a) von J. im Beweggrunde und J. über den Inhalt einer Willenserklärung, b) von Rechtsirrtum und tatsächlichem J. . . . 201

— sind Eigenschaften des vom Vertragsgegner repräsentierten geschäftlichen Unternehmens Eigenschaften der Person im Sinne von § 119 Abs. 2 B.G.B.? 282

— ist an Stelle der Rechte aus vertragswidriger Nichterfüllung wahlweise eine Anfechtung des Vertragsabschlusses wegen J. über Eigenschaften der Person auch dann noch zuzulassen, wenn das Fehlen der vorausgesetzten Eigenschaften erst durch die mangelhafte Vertragserfüllung zutage getreten ist? 282

K

Kauf; bilden bei einem Verkaufe von Häusern zum Abbruch die Gebäude, oder die zukünftigen Abbruchsmaterialien den Gegenstand des Vertrages? . . . 135

— arglistiges Verschweigen beim Kaufabschlusse. In welchem Umfange hat der Verkäufer ihm bekannte, dem Käufer nicht bekannte Umstände, die nach seiner Auffassung für die Willensentschließung des Käufers von Erheblichkeit sein können, dem Käufer beim Kaufabschlusse mitzuteilen? 149

— Schadensberechnung des Käufers,

der bei dem Vertrage stehen bleibt, wegen arglistiger Täuschung 384
S. auch „Gewährleistung"; „Schadensersatz"; „Sicherheitskauf".
Kirchengesellschaft; Begriff der K. im Sinne des preußischen allgemeinen Landrechts; Unterschied zwischen den „vom Staat ausdrücklich aufgenommenen" K.en und den „im Staat aufgenommenen K.en der verschiedenen Religionsparteien" (§ 17 und § 189 A.L.R. II 11). . 358
Kirchhof.
S. „Begräbnis".
Kleinbahnen.
S. „Rechtsweg".
Knappschaftsverein.
S. „Invaliditäts- und Altersversicherung".
Konkursprivilegien; kommt einem Handlungsagenten für seine Provisionsforderung das Vorrecht nach § 61 Ziff. 1 K.O. zu? 229
Konkursverwalter; kann einer vom K. selbst vorgenommenen Versteigerung die im § 117 K.O. a. F. bezeichnete Rechtswirkung gegenüber dem Pfandberechtigten beigemessen werden? . . . 232
S. auch „Irrtum".
Kosten; darf die Entscheidung über die schon im Prozeß vorgebrachten, die Streitkosten betreffenden Einwendungen im Urteile unterlassen und dem künftigen Kostenfestsetzungsverfahren anheimgegeben werden? 188
Kreisbaumeister.
S. „Vertreter".

L

Lebensversicherung; gehört, wenn jemand sein Leben „zugunsten seiner Erben" versichert, die Versicherungssumme zum Nachlaß? 259
S. auch „Anfechtung von Rechtshandlungen im Konkurse".
Liquidation.
S. „Aktiengesellschaft".

M

Mängelanzeige; darf bei einem Handelskauf der Käufer wegen der von ihm beabsichtigten Vornahme einer nicht sofort ausführbaren Untersuchung der Ware auf nicht unmittelbar wahrnehmbare Fehler eine sofort ausführbare anderweite Untersuchung derselben auf offensichtliche Fehler verschieben? 255
Miete; wird durch den § 542 B.G.B. die Anwendung der allgemeinen Vorschriften der §§ 375. 323 flg. B.G.B. ausgeschlossen? . 225
Mündliche Nebenabrede.
S. „Nebenabrede".

N

Nachbarrecht; findet das Verbot des § 909 B.G.B. auch dann Anwendung, wenn durch die Vertiefung des Grundstücks der Boden des Nachbargrundstücks die erforderliche Stütze dadurch verliert, daß ihm das Grundwasser entzogen, und infolgedessen das darüber liegende Erdreich gesenkt wird? 370

Nachfrist.
S. „Verzug".

Nachlaßverbindlichkeit; wird durch ein von den Erben abgegebenes Schuldanerkenntnis eine N. begründet, die von dem Gläubiger im Nachlaßkonkurse geltend gemacht werden kann? . . . 38

Nebenabrede; Unterschied zwischen dem Einwande des anders als verabredet niedergeschriebenen Vertrages und der Behauptung, daß die Parteien nach ihren übereinstimmenden Erklärungen bei Errichtung eines schriftlichen Vertrages diesem einen näher angegebenen Sinn beigelegt hätten 50

Nichtigkeit eines Teils eines Rechtsgeschäfts.
S „Anfechtung einer Willenserklärung wegen arglistiger Täuschung".

Niederschlagung; sind die Gerichte befugt, für Handlungen der Gerichtsvollzieher zu erhebende Gebühren niederzuschlagen? 351

Nutzungen.
S. „Patentverletzung".

O

Offenbarungseid; verletzt der Richter, der dem verhafteten Schuldner den O. abnimmt, ohne daß derselbe ein ordnungsmäßiges Vermögensverzeichnis vorgelegt hat, die ihm einem Dritten gegenüber obliegende Amtspflicht? . 351

Öffentlicher Glaube des Grundbuchs; wie weit geht seine Wirksamkeit? 101
— kann der Eigentümer eines Grundstücks sich gegenüber Eintragungen, die nach der Auflassung an ihn, aber vor seiner Eintragung bewirkt sind, auf den § 892 Abs. 2 B.G.B. berufen? 375

Ort des Vertragsschlusses; wo wird das Rechtsgeschäft des Vertragsschlusses vorgenommen? . 381

Örtliche Grenzen der Wirksamkeit der Gesetze; örtliches Recht für Vertragsobligationen nach dem Rechte des Bürgerlichen Gesetzbuchs 379
— wo wird ein Vertragsschluß unter Abwesenden im Sinne des Art. 11 Abs. 1 Einf.-Ges. zum B.G.B. „vorgenommen", so daß die Einhaltung der durch die dortigen Gesetze vorgeschriebenen Form „genügt"? 379
— richtet sich das Personalstatut nach dem Wohnsitze, oder nach der Staatsangehörigkeit? 403
S. auch „Unterhaltspflicht".

P

Patentverletzung; können wegen P. in Fällen, in denen eine Entschädigungspflicht nicht besteht, selbständige Ansprüche auf Rechnungslegung und Herausgabe von Nutzungen geltend gemacht werden? 320
S. auch „Schadensersatz".

Patronat; unter welchen Voraussetzungen tritt der Verlust des Patronatrechts zur Strafe für den Berechtigten ein? . 220

Pension; hat die gemäß § 23 des preußischen Pensionsgesetzes vom 27. März 1872 von dem Departementschef oder der ihm nachgeordneten Behörde darüber getroffene Entscheidung, ob und welches Ruhegehalt einem in den Ruhestand versetzten unmittelbaren Staatsbeamten zusteht, konstitutive, oder deklarative Natur? 233
— kann die Zahlung von Ruhegehalt nach den Regeln der Rückforderung des zum Zweck der Erfüllung einer Verbindlichkeit Geleisteten zurückgefordert werden? 233
— welche Grundsätze sind für die Pensionierung einer aus dem Heere zur Schutztruppe übergetretenen und bei dieser zum Deckoffizier beförderten deutschen Militärperson maßgebend? . 392
Pfleger; muß in dem Verfahren, das eine Anordnung gemäß § 1635 Abs. 1 Satz 2 B.G.B. zum Gegenstande hat, vor der Entscheidung ein P. für das Kind bestellt werden? 132
Pflichtteil; Pfl. der Eltern des Erblassers und Voraus des Ehegatten; Auskunftspflicht. Aufnahme eines amtlichen Verzeichnisses nach Veräußerung von Nachlaßgegenständen. . . 109
Protokoll; darf bei der gerichtlichen und der notariellen Beurkundung von Rechtsgeschäften die durch § 177 Abs. 1 Satz 2 Fr.G.G. vorgeschriebene Feststellung, daß das Protokoll vorgelesen, von den Beteiligten genehmigt und von ihnen unterschrieben sei, den Unterschriften der Beteiligten nachfolgen? 1
Prozeßkosten.
S. „Kosten".

R

Rechtskraft; Rechtskraftwirkung eines auf Grund eines Schiffsgläubigeranspruchs gegen einen gewesenen Ausrüster erstrittenen Urteils. 373
Rechtsmittelfrist.
S. „Aussetzung des Verfahrens".
Rechtsweg; ist gegenüber einer auf Grund des preußischen Gesetzes vom 28. Juli 1892 konzessionierten Kleinbahn eine Klage auf Herstellung von Einrichtungen an einer dem Betriebe der Bahn dienenden Anlage im R. unzulässig? 131
— ist der Anspruch auf Feststellung, daß das auf Grund des preußischen Fluchtliniengesetzes geltend gemachte Enteignungsrecht in Ansehung gewisser Grundstücke nicht bestehe, und auf Verurteilung, daß der Gegner sich jeden Eingriffs in das Eigentum an diesen Grundstücken enthalte, im R. verfolgbar? 193
— ist der R. über die Frage zulässig, ob einem Mitgliede einer Bruderschaft mit Recht Mitgliedschaftsrechte entzogen sind? 252
Revision; Umfang des Begründungszwanges, wenn in dem mit der R. angefochtenen Urteile über mehrere selbständige Ansprüche zu-

ungunsten des Revisionsklägers erkannt ist 15
— Berechnung der Revisionssumme 15
Revisionssumme.
S. „Revision".
Ruhegehalt.
S. „Pension".

S

Schadensersatz; kann wegen nach Erhebung der Patentverletzungsklage vom Beklagten begangener Patentverletzungen Sch. auch dann beansprucht werden, wenn der Beklagte diese Verletzungen weder wissentlich noch aus grober Fahrlässigkeit begangen hat? . 25
— kann Sch. verlangt werden, wenn durch Verschulden des Spediteurs der Verkäufer zwar seinen Anspruch auf den Kaufpreis rechtlich nicht verloren hat, ihn aber nunmehr erst im Wege des Prozesses erstreiten müßte? . . . 331
— kann mit der Klage gegen den ersatzpflichtigen Vertragsgegner auch derjenige Schaden geltend gemacht werden, welchen nicht der Kläger, sondern vertragsdritte Personen, für deren Rechnung er tätig geworden ist, durch den Vertragsbruch erlitten haben? 331
S. auch „Aktiengesellschaft"; „Haftpflichtgesetz"; „Kauf"; „Unfallversicherung".
Schenkung; erfordert die Sch. unter einer Auflage, daß nach Vollziehung der Auflage dem Beschenkten noch eine Bereicherung verbleibt? 386
— kann die zum Begriffe der Sch. erforderliche Bereicherung des Beschenkten auch eine bloß formale, oder muß sie stets eine materielle, endgültige sein? . . . 386
Schiedsmann; wird der in § 37 Abs. 1 der preußischen Schiedsmannsordnung vom 29. März 1879 getroffenen Vorschrift dadurch entsprochen, daß der die Ladung enthaltende Brief in den Postbriefkasten eingeworfen wird? Haftpflicht des Sch. im Falle, daß die Ladung nicht in zuverlässiger Weise zugestellt ist? . . 176
Schiedsrichterliches Verfahren; wird das sch. V. durch die Eröffnung des Konkurses über das Vermögen eines der Vertragschließenden gemäß den Vorschriften der Z.P.O. unterbrochen? 24
Schiedsspruch; wird die Gültigkeit eines Sch. dadurch ausgeschlossen, daß die Schiedsrichter nur eine Teilentscheidung, mit deren Erlassung sie ihre Tätigkeit beendigen wollten, getroffen haben? 353
Schiedsvertrag; ist ein Rechtsverhältnis nur in seiner Gesamtheit zum Gegenstande eines Sch. geeignet? 353
Schiffsgläubiger.
S. „Binnenschiffahrt".
Schleppvertrag; wird beim Sch. die Verbindlichkeit des Schleppers, nach Kräften für die Sicherheit des geschleppten Schiffes zu sorgen, dadurch beseitigt, daß die Besatzung des Schleppschiffes in dieser Hinsicht ihre Pflicht nicht erfüllt? Wann ist beim Sch.

Abnahme oder Vollendung des Werkes anzunehmen? Einrede der Verjährung aus §§ 638, 646 B.G.B. 210

Schriftform.
S. „Form der Rechtsgeschäfte".

Schweiz.
S. „Bürgschaft".

Sicherheitskauf; welche Gesichtspunkte sind für die Frage, ob ein S., oder eine verschleierte Verpfändung vorliegt, von Erheblichkeit? 126

Spediteur.
S. „Schadensersatz".

Staat; Staatsanstalt mit kaufmännischer Geschäftsführung; können für die Zweigniederlassung einer solchen, die eine andere Firma führt, als die Hauptanstalt, Rechte in das Grundbuch eingetragen werden? . . . 7

Statutenkollision.
S. „Örtliche Grenzen der Wirksamkeit der Gesetze".

Stempelsteuer; Auflassungsstempel bei der Auflassung von Grundstücken einer Aktiengesellschaft an eine andere Aktiengesellschaft, die sämtliche Aktien der ersteren in ihrer Hand vereinigt hat . 70

— Zeitpunkt des Beginnes der in Abs. 3 der Tarifst. 8 des preußischen Stempelsteuergesetzes vom 31. Juli 1895 bestimmten Frist für die Einreichung der das Veräußerungsgeschäft enthaltenden Urkunde, wenn der Grundbuchrichter unterlassen hat, die Beteiligten in einer der allgemeinen Verfügung des Finanzministers und des Justizministers vom $\frac{\text{29. Februar 1896}}{\text{17. Juli 1900}}$ entsprechenden Weise zu belehren 70

— Begriff der „Herstellung von Sachmengen im Betriebe eines der Vertragschließenden" im Sinne der Befreiungsvorschrift Ziff. 3 der Tarifst. 32 des preußischen Stempelsteuergesetzes vom 31. Juli 1895 90

— bilden bei einem Verkaufe von Häusern zum Abbruch die Gebäude, oder die zukünftigen Abbruchsmaterialien den Gegenstand des Vertrages? Anwendung der Tarifst. 32 zum preußischen Stempelsteuergesetz vom 31. Juli 1895 auf derartige Verträge . 135

— unterliegt eine Aktie, die durch einen nachträglichen Vermerk als Vorzugsaktie infolge Zuzahlung bezeichnet ist, deshalb einer Stempelabgabe nach Maßgabe der Tarifst. 1a zum Reichsstempelgesetz vom 14. Juni 1900, weil ihr Nennwert durch die in Ansehung der Verteilung des Gewinns und des Gesellschaftsvermögens erworbenen Vorzugsrechte geändert worden sei? . 362

Strafvollstreckung; Begriff der St. 156

Straße; wird die Stadt als Straßeneigentümerin durch das Recht der Straßenanlieger an jeder privatwirtschaftlichen Ausnutzung der St. gehindert? 87

Straßenanliegerrecht.
S. „Straße".

T

Testament.
S. „Zeitliche Wirksamkeit 2c".
Tier; erstreckt sich die Haftpflicht des bisherigen Tierhalters auf die Zeit, für die er sich der tatsächlichen Herrschaft über das T. vorübergehend dadurch entäußert, daß er es einem anderen ohne Entgelt zu dessen eigenem selbständigen Gebrauch übergibt, und dieser andere das T. in seinen Wirtschaftsbetrieb einstellt? 79
Tierhalter; Begriff des T. . 80
S. auch „Tier".
Tierschaden.
S. „Tier".
Transportvertrag.
S. „Erfüllungsgehülfe"; „Verjährung".

U

Unentgeltliche Verfügung; Begriff der u. V. 44
Unerlaubte Handlung; unter welchen Voraussetzungen hat der durch eine u. H. Beschädigte für ein mitwirkendes Verschulden seines gesetzlichen Vertreters oder der für ihn handelnden Hilfspersonen auf Grund der in § 254 Abs. 2 B.G.B. ausgesprochenen Verweisung auf § 278 B.G.B. einzustehen? 346
Unfallversicherung; wie ist bei einer Quotenteilung des Schadensersatzes gemäß § 254 B.G.B. der von der Berufsgenossenschaft auf Grund von § 151 Satz 2 des Unfallversicherungsgesetzes für Land- und Forstwirtschaft vom 5. Juli 1899 geltend gemachte Schadensersatzanspruch zu bemessen? 145
— kann, wenn eine Berufsgenossenschaft auf Grund von § 136 des Gewerbe-Unfallversicherungsgesetzes vom 30. Juni / 5. Juli 1900 von einem Betriebsunternehmer 2c Ersatz dessen fordert, was sie einem bei ihr versicherten Arbeiter oder dessen Hinterbliebenen gewähren muß, ihr der Einwand entgegengesetzt werden, daß der Arbeiter den erlittenen Unfall selbst verschuldet habe? Kann ein solcher Ersatzanspruch auch dann erhoben werden, wenn der Betriebsunternehmer 2c im Strafverfahren von der Anklage, die Körperverletzung bzw. den Tod des verletzten Arbeiters fahrlässig oder durch qualifizierte Fahrlässigkeit veranlaßt zu haben, freigesprochen ist? 340
— kann der Betriebsunternehmer, von dem die Berufsgenossenschaft auf Grund des § 136 des Gewerbe-Unfallversicherungsgesetzes vom 5. Juli 1900 Ersatz ihrer Aufwendungen fordert, diesem Anspruch gegenüber geltend machen, der Unfall sei überwiegend durch das eigene Verschulden des Getöteten herbeigeführt? . 428
— Rechtliche Bedeutung der Vorschrift des § 137 a. a. O. 428
Unterhaltspflicht; welche Gesichtspunkte sind im Falle des § 1578 Abs. 1 B.G.B. zur Beantwortung

der Frage, ob Erwerb durch Arbeit der Frau üblich sei, maßgebend? 294
— welches Recht ist maßgebend für die U. von Ehegatten, die ihren Wohnsitz in Deutschland haben, aber Ausländer sind und beide dem nämlichen fremden Staate angehören? 400
Urkunden- und Wechselprozeß; kann der im Wechselprozeß aus einem auf bestimmte Zeit nach Sicht gestellten, akzeptierten und mangels Datierung des Akzepts protestierten Wechsel rechtskräftig unter Vorbehalt der Rechte zur Zahlung verurteilte Indossant im Nachverfahren in der Berufungsinstanz einwenden, daß der Protest mangels Datierung des Akzepts ungültig sei? 93

V

Verfügungsbeschränkung.
S. „Bergrecht".
Verjährung; findet gegenüber einem Schadensersatzanspruche wegen positiven Zuwiderhandelns gegen die durch den Abschluß eines Transportvertrages für den Unternehmer begründeten Pflichten die sechsmonatige V. aus § 638 Abs. 1 B.G.B. statt? 119
— beginnt die zweijährige V. der Kaufpreisforderung der Kaufleute (§ 196 Ziff. 1 B.G.B.) schon mit Schluß des Jahres, in dem die Forderung entstanden ist, oder erst mit Schluß des Jahres, in dem die Lieferung erfolgt ist? 178
— Einrede der V. aus §§ 638. 646 B.G.B. 211
— ergreift die in § 558 B.G.B. bestimmte sechsmonatige V. der Ersatzansprüche des Vermieters wegen Veränderungen oder Verschlechterungen der vermieteten Sache nur die auf Gesetz, oder auch die auf Vertrag beruhenden Ersatzansprüche? . . . 329
— wird nach gemeinem Rechte durch die Erhebung einer Feststellungsklage auch die V. der auf das festgestellte Rechtsverhältnis gegründeten Ansprüche unterbrochen? Anwendung des Satzes 2 des Abs. 1 des Art. 169 Einf.-Ges. zum B.G.B. 417
— kann die sechsmonatige Verjährungsfrist des § 477 B.G.B. durch stillschweigende Vereinbarung verlängert werden? Ist eine solche Vereinbarung mit dem Inhalte zulässig, daß die sechs Monate um die Zeit von der Ablieferung bis zum Eintritt eines näher bezeichneten künftigen Ereignisses verlängert werden? 431
Vermögensverzeichnis; zum Begriff der Ordnungsmäßigkeit eines V. 351
S. auch „Offenbarungseid".
Verpfändung.
S. „Sicherheitskauf".
Verschulden.
S. „Culpa in contrahendo"; „Eigenes Verschulden".
Versicherung; Auslegung von Verwirkungsklauseln in Versicherungsverträgen auf Grund des B.G.B. 190
— ist § 278 B.G.B. auf Erfüllung

von sog. Verpflichtungen, die in sog. Versicherungsbedingungen dem Versicherten dem Versicherer gegenüber auferlegt werden, entsprechend anzuwenden? 190
S. auch „Invaliditäts- und Altersversicherung"; Lebensversicherung".

Versicherungsagent.
S. „Generalagent".

Vertagung der Verhandlung.
S. „Beschwerde".

Vertreter; unter welchen Voraussetzungen ist der Beamte einer Körperschaft des öffentlichen Rechts verfassungsmäßig berufener V. der Körperschaft im Sinne der §§ 31. 89 B.G.B.? . . 31
— ist der vom Kreisausschuß gemäß §§ 116 Ziff. 7 und 134 Ziff. 5 der Kreisordnung für die Provinzen Ost- und Westpreußen 2c angestellte Kreisbaumeister ein verfassungsmäßig berufener V. des Kreises? 31
S. auch „Unerlaubte Handlung".

Verwaltungsbehörde; wie weit ist in einem Falle, wo eine V. nach ihrem sachverständigen Ermessen Tatsachen festzustellen hat, diese Feststellung auch für das zur Entscheidung über die Rechtmäßigkeit der darauf gegründeten Anordnung berufene Gericht maßgebend? 278

Verzug; welche rechtliche Bedeutung hat eine nach § 326 Abs. 1 B.G.B. gestellte Nachfrist, wenn sie zu kurz bemessen ist? . . . 66

Vollmacht.
S. „Form der Rechtsgeschäfte."

Voraus; erstreckt sich die Auskunftspflicht der Erben auf die zum V. gehörenden Nachlaßgegenstände? 110

Voraussetzung; rechtliche Bedeutung der einer Willenserklärung beigefügten V. 267

Vormerkung; wie ist zu verfahren, wenn nach Behebung der Hindernisse die endgültige Eintragung eines auf Grund des § 18 Abs. 2 G.B.O. vorgemerkten Rechts beantragt wird? 375
S. auch „Einstweilige Verfügung".

W

Warenzeichen; verletzt die Bezeichnung von Waren mit einem Bildnisse von Rembrandt das für die gleichen Waren eingetragene Wortzeichen „Rembrandt"? . . 18

Wasserstraße; kann die Benutzung einer dem Staate gehörigen öffentlichen W. von einem im voraus zu erklärenden vertragsmäßigen Verzichte auf Ersatz aller Schäden, die bei der Benutzung infolge Verschuldens des Staates oder seiner Angestellten entstehen, abhängig gemacht werden? . 264

Wechselprozeß.
S. „Urkunden- und Wechselprozeß".

Weitere Beschwerde.
S. „Beschwerde".

Werkvertrag.
S. „Erfüllungsgehilfe"; „Schleppvertrag"; „Verjährung".

Willenserklärung.
S. „Voraussetzung".

Z

Zeitliche Wirksamkeit des seit dem 1. Januar geltenden Rechts; Tragweite der Anfechtung gemäß § 2079 B.G.B. gegenüber einem unter dem älteren Rechte errichteten gegenseitigen Testament. Bindung des Erblassers . 13
— bestimmen sich in dem Falle, daß eine Ehe vor dem Inkrafttreten des Bürgerlichen Gesetzbuchs geschieden ist, das Recht und die Pflicht der Eltern, für die Person der gemeinschaftlichen Kinder zu sorgen, nur so lange nach den zur Zeit der Scheidung geltenden Gesetzen, als die geschiedenen Ehegatten beide noch am Leben sind? 286
— sind die Voraussetzungen des Widerrufs einer vor dem 1. Januar 1900 erklärten und vollzogenen Schenkung wegen Undanks nach den Vorschriften des Bürgerlichen Gesetzbuchs, oder nach dem älteren Recht zu beurteilen, wenn der Widerruf erst nach Inkrafttreten des Bürgerlichen Gesetzbuchs erfolgt und auf Tatsachen gestützt wird, die sich nach diesem Zeitpunkt ereignet haben? . 328
S. auch „Verjährung".
Zuschlag, Zuschlagsurteil; erlischt eine Grunddienstbarkeit dadurch, daß sie in dem Beschlusse, durch den das belastete Grundstück zugeschlagen wird, als mitübernommen nicht aufgeführt ist? 99
Zwangsversteigerung; Stellung des Grundbuchrichters zu Eintragungsanträgen eines Erstehers, der als Eigentümer des ihm zugeschlagenen Grundstücks im Grundbuche noch nicht eingetragen ist. Darf aus diesem Grunde die beantragte Eintragung zurückgewiesen, und die eingereichte Urkunde dem Ersteher zurückgegeben werden? 140
— wird der im Zwangsversteigerungsverfahren nicht angemeldete Teil einer Höchstbetragshypothek zur Eigentümergrundschuld, oder rücken die nachstehenden Realgläubiger auf? Ist es von Einfluß, daß der Eigentümer keinen Widerspruch gegen die Nichtberücksichtigung seiner Grundschuld im Teilungsplan erhoben hat? 168
Zwangsvollstreckung; zum Begriff der Z. 157
Zweigniederlassung.
S. „Aktiengesellschaft"; „Staat".
Zwischenurteil.
S. „Grund und Betrag des Anspruchs".

B. Gesetzesregister.

1. Reichsgesetze.

a. Bürgerliches Gesetzbuch.

§§ 21—53 . 60
§ 30 . . . 37
§ 31 32. 34. 35. 36. 37. 349
§ 54 . . . 59
§ 89 32. 34. 37. 349
§ 90 . . . 408
§ 93 250. 407. 408. 411
§ 94 250. 251. 408. 411
§ 95 . . . 411
§ 117 . . . 126
§ 119 204. 205. 284. 285. 286
§ 123 126. 150. 152. 187
§ 125 . . . 274
§ 126 . . . 175
§ 133 175. 268. 277
§ 135 . . . 218
§ 136 . . . 218
§ 138 . . 266. 278
§ 139 . 125. 126. 186. 187
§ 142 . . . 186
§§ 145—151 . 78
§ 151 . . . 381
§ 154 . . . 78
§ 157 . 55. 268. 277
§ 166 . . . 218
§ 167 . . . 336
§ 168 . . . 337
§ 195 . . . 122
§ 196 . 179. 182
§ 198 . . . 179
§ 202 . . . 180
§ 209 . . . 419
§ 211 . . . 419
§ 225 . . . 433
§ 237 . . . 54
§ 242 . . . 55
§ 249 . . 333. 385
§ 251 . . . 385
§ 252 . . . 385
§ 254 106. 108. 146. 147. 148. 213. 346. 347. 348. 349. 350. 423. 424. 429. 430
§ 269 . 332. 380
§ 275 . . . 228
§ 276 106. 120. 146. 347
§ 278 106. 108. 120. 191. 192. 319. 333. 347. 348. 349. 350
§ 292 . . 321. 322
§ 313 . 336. 337. 414. 415
§ 320 . . 54. 206
§ 323 . . . 228
§§ 323 flg. . . 228
§ 326 . 67. 68. 70
§ 330 . 262. 263
§ 331 . . . 262
§ 364 . . . 52
§ 426 . . . 350
§ 433 . . . 179
§ 443 . 123. 124
§ 447 332. 333. 335
§§ 459 flg. . . 125
§ 472 . . 228. 385
§ 473 . . . 228
§ 476 . 123. 124. 125. 126
§ 477 301. 432. 433
§ 516 275. 276. 277. 278. 386
§ 518 . . 274. 275. 278. 390
§ 525 . . . 386
§ 527 . . . 386
§ 540 . 123. 124
§ 542 . 227. 228
§ 553 . . . 329
§ 558 . 330. 331
§ 607 . . . 52
§ 637 . . . 124

§ 638 . 121. 214
§ 646 . . . 214
§ 648 . . . 64
§ 731 . . . 59
§§ 741 flg. . . 59
§ 752 . . 59. 60
§ 765 174. 382. 383
§ 766 . 174. 381. 382. 383
§ 767 . . . 54
§ 768 . . 53. 54
§ 770 . . 53. 54
§ 781 . . . 38
§ 812 . 237. 238
§ 813 . . . 54
§ 814 . 237. 238
§ 823 26. 32. 86. 316. 317. 320
§ 826 21. 138. 139. 316. 320. 384
§ 831 . 32. 35. 36. 120. 350
§ 833 . 80. 81. 82. 83. 85. 86
§ 834 . . . 85
§ 839 . 353. 369
§ 840 . . . 350
§ 842 . . . 160
§ 868 . . . 200
§ 873 103. 217. 327
§ 879 . . . 377
§ 883 . 219. 377
§ 888 . 377. 378
§ 891 . 100. 103
§ 892 100. 103. 138. 217. 218. 377
§ 893 . . . 103
§ 894 . . . 322
§ 907 . . . 88
§ 909 . . . 372
§ 914 . . . 101
§ 917 . . . 101
§ 930 . . . 200
§ 931 . . . 327
§ 1004 . 26. 322. 357
§ 1115 . . 10. 379
§ 1163 . . . 170
§ 1190 . . . 170
§§ 1353—1362 405
§ 1356 . . 297. 299
§ 1360 . . . 405
§ 1361 . . . 405
§§ 1565—1568 405
§ 1578 . 295. 297. 298. 299
§ 1611 . . . 405
§ 1624 . . . 275
§ 1627 . 287. 288
§ 1630 . . . 287
§ 1631 . 287. 288
§ 1632 . 287. 288
§ 1634 288. 290. 351
§ 1635 . . 134. 288. 290. 291. 292
§ 1636 . . 288. 292
§ 1637 . . 290. 292
§ 1649 . . . 288
§ 1666 . . 134. 290
§ 1673 . . . 134
§ 1675 . . . 134
§ 1684 . . . 288
§ 1697 . . 288. 294
§ 1773 . . . 294
§ 1783 . . . 294
§ 1850 . . . 135
§ 1909 . . . 134
§ 1932 . . . 110
§ 1953 . . . 42
§ 1959 . . . 42
§ 1967 . . 40. 41
§ 1968 . . . 41
§ 1969 . . . 41
§ 1976 . . . 39
§ 1977 . . . 39
§ 1978 . . 40. 43
§ 1979 . . 40. 43
§ 2079 . . . 14
§ 2241 . . . 5
§ 2242 . . . 5
§ 2311 . . . 110
§ 2314 . . . 110

b. Einführungsgesetz zum Bürgerlichen Gesetzbuch.

Art. 11 . . 380. 381
Art. 14 . . 402. 403
Art. 27 . . . 404
Art. 30 . . . 404
Art. 55 . . . 33
Art. 65 . . . 372
Art. 133 . . 356
Art. 169 . 179. 418. 419
Art. 170 . 55. 329
Art. 187 . . 101
Art. 203 . 288. 289. 292
Art. 206 . 288. 289. 290. 291. 292. 294
Art. 213 . . 14
Art. 214 . . 14

c. Allgemeines Deutsches Handelsgesetzbuch.

Art. 244 . . 58
Art. 244a . . 58
Art. 356 . . 68

d. Handelsgesetzbuch von 1897.

§ 149 . . 57. 59
§ 151 . . . 57
§ 152 . . . 58

§ 178 . . . 365
§ 180 . . . 365
§ 182 . . . 97
§ 185 . . . 364
§ 207 . . . 428
§ 208 . . . 428
§ 213 . . . 30
§ 215 . . . 30
§ 262 . . . 364
§ 278 . . . 62
§§ 278 flg. . . 365
§ 282 . . . 62
§ 290 . . . 62
§ 294 . . . 73
§ 298 . . 57. 58
§ 300 57.58.60.366
§ 303 . . 59. 73
§ 305 . . . 73
§ 377 257.258.301
§ 485 . . . 422
§ 486 . . . 422
§ 563 . . . 423
§ 702 422.423.425
§ 735 . . 422. 424

e. Einführungsgesetz zum Handelsgesetzbuch.

Art. 2 . . . 60

f. Wechselordnung.

Art. 4 . . . 95
Art. 20 . . . 95
Art. 91 . . . 95

g. Zivilprozeßordnung von 1877.

§ 716 . . . 233
§ 743 . . . 232
§ 1025 . . . 354
§ 1026 . . . 354

h. Zivilprozeßordnung von 1898.

§ 23 . . . 165
§ 28 . . . 41
§ 68 . . . 375
§ 74 . . . 375
§ 91 . . . 189
§ 137 . . . 209
§ 139 . . 77. 385
§ 220 . . . 208
§ 223 . . . 28
§ 225 . . . 208
§ 227 . . . 208
§ 228 . . . 208
§§ 239 flg. . . 25
§ 246 . . 27. 28
§ 248 . . . 27
§ 249 . . . 28
§ 250 . . . 27
§ 253 . . . 307
§ 254 . . . 307
§ 255 . . . 70
§ 286 . . . 206
§ 287 . . . 385
§ 304 . . 148. 339
§ 325 . . . 374
§ 335 . . . 210
§ 373 . . . 416
§ 445 . . . 416
§ 459 . . . 417
§ 563 . . . 339
§ 567 208.209.210
§ 571 . . . 11.12
§ 597 . . . 96
§ 598 . . . 96
§ 599 . . 95. 96
§ 600 . . . 96
§ 767 . 189. 339
§ 771 . . . 375
§ 794 . . . 189
§ 795 . . . 189
§ 797 . . . 189
§ 807 . . 352. 353
§§ 878 flg. . 170
§ 894 . 157. 377
§ 925 . . 65. 66
§ 926 63. 64. 65. 66
§ 927 . . 65. 66

i. Zivilprozeßordnung in der Fassung des Gesetzes vom 5. Juni 1905.

§ 546 . . . 18
§ 554 . . 17. 18
§ 554a . . . 18
§ 568 . 11. 12. 13
§ 574 . . . 11

k. Einführungsgesetz zur Zivilprozeßordnung.

§ 14 . . . 344

l. Konkursordnung von 1877.

§ 34 . . . 199
§ 54 . . . 231
§ 117 . . 232. 233

m. Konkursordnung von 1898.

§ 17 . . . 206
§ 32 . . 44. 48
§ 37 . . . 49
§ 41 . 199. 200
§ 61 . 230. 231
§ 224 . 40. 41. 43
§ 225 . . . 43
§ 226 . . 40. 41

n. Gerichtsverfassungsgesetz.

§ 18 . . . 165
§ 137 . . 86. 263

o. Gesetz über die Angelegenheiten der freiwilligen Gerichtsbarkeit.

§ 12 . . . 135
§§ 12—15. . 134
§ 57 . . . 134
§ 59 . . . 134
§ 63 . . . 134
§§ 168 flg. . . 2
§ 174 . . . 2
§ 176 . 2. 3. 5. 7
§ 177 1.2.3.4.5.6.7
§ 182 . . . 4
§ 184 . . . 4
§ 198 . . . 2

p. Grundbuchordnung

§ 17 144. 377. 378
§ 18 144. 377. 378
§ 29 . . . 378
§ 46 . . 144. 377
§ 79 . . 141. 142

q. Gewerbeordnung.

§ 27 . . 280. 281

r. Strafgesetzbuch.

§ 33 . . . 224
§ 35 . . . 157
§ 222 . . . 343
§ 230 . . . 343
§ 263 . . . 316
§ 367 Nr. 11 . 81

s. Strafprozeßordnung.

§§ 168 flg. . . 343
§§ 178 flg. . . 343
§§ 201 flg. . . 343

t. Gerichtskostengesetz.

§ 6 353

u. Gebührenordnung für Gerichtsvollzieher.

§ 24 . . . 353

v. Einzelne Gesetze und Verordnungen.

1870. 1. Juni. Gesetz über die Erwerbung und den Verlust der Bundes- und Staatsangehörigkeit (R.G.Bl. S. 355).

— — § 13 401

1871. 7. Juni. Gesetz, betr. die Verbindlichkeit zum Schadensersatz für die bei dem Betriebe von Eisenbahnen 2c herbeigeführten Tötungen 2c (R.G.Bl. S. 207).

— — § 1 . . . 146. 350
— — § 3 148

1871. 27. Juni. Gesetz, betr. die Pensionierung und Versorgung der Militärpersonen 2c (R.G.Bl. S. 275).

— — § 6 . . . 395. 396
— — § 7 395

1871. 27. Juni. § 26 . . 395
— — § 114 395

1872. 20. Juni. Militärstrafgesetzbuch für das Deutsche Reich (R.G.Bl. S. 174).

— — § 30 154
— — § 34 155
— — § 40 155

1889. 22. Juni. Gesetz, betr. die Invaliditäts- und Altersversicherung (R.G.Bl. S. 97).

— — §§ 5—7 113
— — § 9 115
— — § 36 113. 116. 117. 118. 119
— — § 40 . . . 116. 117
— — § 46 114

1891. 7. April. Patentgesetz (R.G.Bl. S. 79).

— — § 35 . . . 26. 321

1892. 10. April. Krankenversicherungsgesetz (R.G.Bl. S. 417).
— — § 57 339

1894. 12. Mai. Gesetz zum Schutze der Warenbezeichnungen (R.G.-Bl. S. 441).
— — § 1 23
— — § 12 23
— — § 13 . . . . . 20. 21

1896. 18. Juli. Gesetz, betr. die Kaiserlichen Schutztruppen in den Afrikanischen Schutzgebieten rc (R.G.Bl. S. 653).
— — § 3 394. 396. 398. 399
— — § 5 395
— — § 7 393. 394. 396. 397 398. 399
— — § 17 395

1898. 20. Mai. Gesetz, betr. die privatrechtlichen Verhältnisse der Binnenschiffahrt (R.G.Bl. S. 868).
— — § 2 375

1898. 20. Mai. Gesetz, betr. die Erwerbs- und Wirtschaftsgenossenschaften (R.G.Bl. S. 810).
— — § 1 315
— — § 7 310
— — § 73 . . . 306. 312
— — §§ 105 flg. . . . 312
— — § 134 309
— — § 136 309
— — § 141 312

1898. 20. Mai. Gesetz, betr. die Gesellschaften mit beschränkter Haftung (R.G.Bl. S. 846).
— — § 1 98
— — § 3 96

1898. 20. Mai. § 5 . . 427
— — § 13 97
— — § 19 . . 426. 427. 428
— — § 41 98
— — §§ 55—57 . . . 426
— — § 56 . . 426. 427. 428
— — § 61 98

1898. 20. Mai. Gesetz über die Zwangsversteigerung und die Zwangsverwaltung (R.G.Bl. S. 713).
— — § 114 168
— — § 115 . . 168. 170
— — § 130 . . 143. 144

1898. 20. Mai. Gesetz, betr. die Entschädigung der im Wiederaufnahmeverfahren freigesprochenen Personen (R.G.Bl. S. 345).
— — § 1 . . 155. 158. 161
— — § 2 155. 156. 158. 160. 161

1899. 19. Juli. Invalidenversicherungsgesetz (R.G.Bl. S. 463).
— — §§ 8—10 . . . 113
— — § 52 113. 114. 115. 118
— — § 54 338
— — § 173 . 114. 115. 118

1900. 14. Juni. Reichsstempelgesetz (R.G.Bl. S. 275).
— — Tarifst. 1a . . . 363

1900. 5. Juli. Gewerbe-Unfallversicherungsgesetz (R.G.Bl. S. 585).
— — § 8 342
— — § 135 342
— — § 136 341. 342. 343. 344. 345. 429. 430
— — § 137 430

1900. 5. Juli. § 140 338. 339. 342. 429

1900. 5. Juli. Unfallversicherungsgesetz für Land- und Forstwirtschaft (R.G.Bl. S. 641).

1900. 5. Juli. § 8 . . . 148
— — § 9 148
— — § 10 148
— — § 11 148
— — § 12 148
— — § 151 148

2. Gemeines Recht.

a. Pandekten.

L. 12 Tit. 6 de cond. ind. l. 26 § 3 . 54
l. 30 . . . 55
„ 16 „ 2 de compens. l. 10 § 1 55
„ 19 „ 1 de act. emti et vend. l. 39 . . . 125
„ 21 „ 1 de aedilicio edicto l. 14 § 9 . . 124
„ 43 „ 30 de lib. exhib. l. 1 § 3 293
l. 3 § 5 . . 293

b. Codex.

L. 5 Tit. 24 div. facto l. un. 293

c. Novellen.

Nov. 117 cap. 7 293

d. Kanonisches Recht.

Dekretalen Gregor's IX.

L. 3 Tit. 38 de jure patronatus c. 6. 16 . 221. 222
„ 5 „ 37 de poenis c. 12 221. 222. 225

Anhang.

Concilium Tridentinum.

Sess. 22 de ref. c. 11 221. 222. 225
„ 25 „ „ c. 9 221. 222. 225

3. Französisches Recht.

Code civil.

Art. 1385 86
Artt. 2271—2277 181

4. Landesrecht.

Preußen.

a. Allgemeines Landrecht.

Teil I Titel 6 § 70 . . 81
„ „ 6 § 72 . . 81
Teil I Titel 9 § 545 . . 180
„ „ 9 § 579 . . 325
„ „ 9 § 620 . . 325
„ „ 11 § 342 . . 103

Teil II Titel 1 § 631 . . 15
„ „ 2 § 451 . . 15
„ „ 2 § 454 . . 15
„ „ 6 §§ 44 flg. . 255
„ „ 10 §§ 68. 69 . 241
„ „ 11 § 11 . . 254
„ „ 11 § 17 358. 360. 361
„ „ 11 §§ 17—19 360
„ „ 11 § 18 . . 358
„ „ 11 §§ 20—26 358
„ „ 11 §§ 55 flg. . 254
„ „ 11 § 183 . . 356
„ „ 11 § 189 357. 358. 360. 361. 362
„ „ 11 § 190 . . 356
„ „ 11 § 939 . 254
„ „ 11 § 949 . . 254
„ „ 15 §§ 80—190 33
„ „ 15 § 138 . 32. 33
„ „ 15 § 139 . 32. 33

b. Allgemeine Gerichtsordnung.

Teil I Titel 25 § 50 . . 245

c. Einzelne Gesetze und Verordnungen.

1838. 31. März. Gesetz wegen Einführung kürzerer Verjährungsfristen (G.S. S. 249).
— — § 5 180

1845. 11. Juli. Gesetz über das Verfahren bei Aufnahme von Notariatsinstrumenten (G.S. S. 487). 6

1847. 15. März. Verordnung, betr. die Beerdigung auf fremden Kirchhöfen in der Provinz Westfalen (G.S. S. 116) . . 358. 362

1850. 31. Januar. Verfassungsurkunde für den preußischen Staat (G.S. S. 17). . . . 254. 362
— — Art. 12 359
— — Art. 13 359

1865. 24. Juni. Allgemeines Berggesetz für die Kgl. Preußischen Staaten (G.S. S. 705).
— — § 142 216
— — § 144 . . . 216. 218
— — § 146 217

1869. 15. März. Subhastations-Ordnung (G.S. S. 421).
— — § 13 104
— — § 42 104
— — § 43 104
— — § 47 104

1872. 27. März. Gesetz, betr. die Pensionierung der unmittelbaren Staatsbeamten (G.S. S. 268).
— — § 1 . . . 237. 247
— — § 13 . . . 246. 247
— — § 22 237
— — § 33 248

1872. 27. März. Gesetz, betr. die Einrichtung und die Befugnisse der Oberrechnungskammer (G.-S. S. 278).
— — § 12 238

1872. 5. Mai. Gesetz über den Erwerb des Eigentums 2c (G.-S. S. 433).
— — § 4 138
— — § 5 217
— — § 6 325

1872. 5. Mai. § 12. . . 101
— — § 47 103

1873. 13. Mai. Gesetz über die Grenzen des Rechts zum Gebrauche kirchlicher Straf- und Zuchtmittel (G.S. S. 205). 254

1874. 11. Juni. Gesetz über die Enteignung von Grundeigentum (G.S. S. 221).
— — § 2 194
— — §§ 15 flg. . . . 194
— — §§ 24 flg. . . . 194
— — § 30 195
— — § 32 195
— — § 34 195
— — § 44 216
— — § 54 216

1874. 12. Juni. Gesetz, betr. die Verhältnisse der Menoniten (G.-S. S. 238). 359

1875. 24. Juni. Gesetz über das Kostenwesen in Auseinandersetzungssachen (G.S. S. 395).
— — § 9 239

1875. 2. Juli. Gesetz, betr. die Anlegung und Veränderung von Straßen ꝛc (G.S. S. 561).
— — § 7 194
— — § 8 194
— — § 11 194
— — § 13 194
— — § 14 . . . 194. 195

1875. 7. Juli. Gesetz, betr. die Erteilung der Korporationsrechte an Baptistengemeinden (G.S. S. 374). 359

1879. 3. März. Gesetz, betr. die Dienstverhältnisse der Gerichtsschreiber (G.S. S. 99).
— — § 8 244
— — § 9 245

1879. 29. März. Schiedsmannsordnung (G.S. S. 321).
— — § 37 177

1881. 19. März. Kreisordnung für die Provinzen Ost- und Westpreußen, Brandenburg, Pommern, Schlesien und Sachsen (G.S. S. 180).
— — § 20 34

1883. 13. Juli. Gesetz, betr. die Zwangsvollstreckung in das unbewegliche Vermögen (G.S. S. 131).
— — § 22 105
— — § 60 105
— — § 83 105
— — § 124 143

1892. 28. Juli. Gesetz über Kleinbahnen und Privatanschlußbahnen (G.S. S. 225).
— — § 2 132
— — § 22 132

1895. 25. Juni. Preußisches Gerichtskostengesetz (G.S. S. 203).
— — § 28 142

1895. 31. Juli. Stempelsteuergesetz (G.S. S. 413).
— — § 3 136
— — Tarifst. 8 . 72. 75. 76. 78
— — Tarifst. 25d . 74. 75. 77
— — Tarifst. 32 . . 91. 136

1899. 20. September. Ausführungsgesetz zum Bürgerlichen Gesetzbuch (G.S. S. 177).
— — Art. 11 101

Anhalt.

1863. 18. März. Verordnung, die Verjährungsfristen betreffend (G.-S. Bd. 11 S. 3693).
— — § 2 418

Bayern.

1756. Bayerisches Landrecht.
— — Teil I Kap. 6 § 41 293
— — „ „ „ 6 § 47 294
— — „ „ „ 7 § 2 294
— — „ „ „ 7 § 3 294
— — „ „ „ 7 § 11 294

Königreich Sachsen.

Bürgerliches Gesetzbuch.
— — § 1560 81

5. Ausländisches Recht.

Portugal.

Codigo Civil Portuguez.
— — Art. 18 401

Schweiz.

Schweizer Obligationenrecht.
— — Art. 12 383
— — Art. 489 383
— — Art. 491 383

C. Chronologische Zusammenstellung der Entscheidungen.

		Seite
1905.	Urt. v. 20. Oktober i. S. Oberkonsistorium in D. (Kl.) w. Graf A.-L.W. (Bekl.). Rep. III. 88/05	220
"	Urt. v. 24. Oktober i. S. Norddeutsche Textilwerke (Kl.) w. Mechan. Kleiderfabrik R. (Bekl.). Rep. III. 92/05 .	225
"	Beschl. v. 1. November in der Grundbuchsache von Aibling Bd. V Bl. 537. Beschw.-Rep. V. 287/05	7
"	Beschl. v. 3. November i. S. B. & Co. (Kl.) w. L. (Bekl.). Beschw.-Rep. II. 101/05	10
"	Urt. v. 3. November i. S. G. (Kl.) w. F. Konkursverwalter (Bekl.). Rep. III. 269/05	229
"	Urt. v. 6. November i. S. verw. N. u. Gen. (Bekl.) w. M. Ehel. (Kl.). Rep. IV. 228/05	13
"	Beschl. v. 7. November i. S. R. sen. (Kl.) w. L. (Bekl.). Rep. II. 478/05	15
"	Urt. v. 7. November i. S. H. (Bekl.) w. W. (Kl.). Rep. II. 159/05	18
"	Urt. v. 7. November i. S. A. Konkursverw. (Kl.) w. M. (Bekl.). Rep. VII. 62/05	24
"	Urt. v. 8. November i. S. Maschinenfabrik D. (Kl.) w. C. & E. (Bekl.). Rep. I. 189/05	25
"	Beschl. v. 8. November i. S. H. Erben (Kl.) w. L. u. Gen. (Bekl.). Beschw.-Rep. V. 558/05	26
"	Urt. v. 8. November i. S. B. (Kl.) w. Aktiengesellschaft K. F. J. & H. in Liquidation (Bekl.). Rep. I. 154/05	29
"	Urt. v. 9. November i. S. L. (Kl.) w. Kreis Strasburg (Bekl.). Rep. VI. 53/05	31

Seite

1905. Urt. v. 9. November i. S. M. Nachlaßkonkursverw. (Bekl.) w. E. Wwe. (Kl.). Rep. VI. 49/05 38
" Urt. v. 10. November i. S. Geschwister F. (Bekl.) w. F. Nachlaßkonkursverw. (Kl.). Rep. VII. 418/05 . . . 46
" Urt. v. 10. November i. S. M. (Bekl.) w. W. (Kl.). Rep. II. 116/05 49
" Urt. v. 13. November i. S. H. (Bekl.) w. D. & E. (Kl.). Rep. VI. 1/05 51
" Urt. v. 15. November i. S. O. u. Gen. (Kl.) w. Mannheim-Rheinauer Transportgesellschaft i. Liq. (Bekl.). Rep. I. 198/05 56
" Urt. v. 15. November i. S. Witwe Ph. u. Gen. (Bekl.) w. Handelsgesellsch. A. (Kl.). Rep. V. 363/05 62
" Urt. v. 15. November i. S. D. (Bekl.) w. Sch. (Kl.). Rep. V. 163/05 66
" Urt. v. 17. November i. S. W.'sche Papierfabriken (Kl.) w. preuß. Fiskus (Bekl.). Rep. VII. 68/05 70
" Urt. v. 18. November i. S. K. (Kl.) w. R. (Bekl.). Rep. I. 207/05 78
" Urt. v. 20. November i. S. W. (Bekl.) w. N. (Kl.). Rep. IV. 212/05 79
" Urt. v. 23. November i. S. Stadt Düsseldorf (Bekl.) w. B. (Kl.). Rep. V. 175/05 87
" Urt. v. 24. November i. S. preuß. Fiskus (Bekl.) w. Handelsges. D. (Kl.). Rep. VII. 95/05 90
" Urt. v. 25. November i. S. H. (Bekl.) w. B. (Kl.). Rep. I. 317/05 93
" Urt. v. 25. November i. S. K. (Bekl.) w. B. (Kl.). Rep. I. 228/05 96
" Urt. v. 25. November i. S. Flora-Terrain-Aktiengesellsch. (Bekl.) w. Sch. (Kl.). Rep. V. 188 u. 199/05 . . . 99
" Urt. v. 28. November i. S. R. (Bekl.) w. M. & Co. (Kl.). Rep. VII. 604/04 106
" Urt. v. 30. November i. S. M. E. (Bekl.) w. J. E. (Kl.). Rep. IV. 276/05 109

Seite

1905. Urt. v. 1. Dezember i. S. Saarbrücker Knappschaftsverein (Bekl.) w. A. (Kl.). Rep. II. 160/05 112
„ Urt. v. 1. Dezember i. S. Sp. Motorwagen-Ges. (Bekl.) w. Fr. (Kl.). Rep. VII. 41/05 119
„ Urt. v. 2. Dezember i. S. M. (Kl.) w. C. (Bekl.). Rep. V. 206/05 122
„ Urt. v. 5. Dezember i. S. H. (Kl.) w. B. (Bekl.). Rep. VII. 424/05 126
„ Urt. v. 6. Dezember i. S. Coblenzer Straßenbahngesellschaft (Bekl.) w. P. u. Gen. (Kl.). Rep. V. 209/05 . . . 131
„ Beschl. v. 7. Dezember i. S. St. Beschw.-Rep. IV. 418/05 132
„ Urt. v. 8. Dezember i. S. K. (Kl.) w. preuß. Fiskus (Bekl.). Rep. VII. 119/05 135
„ Urt. v. 9. Dezember i. S. Sch. (Kl. u. Widerbekl.) w. Ehel. L. u. Gen. (Bekl. u. Widerkl.). Rep. V. 216/05 . . 137
„ Beschl. v. 9. Dezember in der Grundbuchsache von Essen Bd. 51 Art. 14. Beschw.-Rep. V. 326/05 . . . 140
„ Urt. v. 11. Dezember i. S. Pommersche land- und forstwirtschaftl. Berufsgenossenschaft (Kl.) w. preuß. Eisenbahnfiskus (Bekl.). Rep. VI. 73/05 145
„ Urt. v. 11. Dezember i. S. Reichsmilitärfiskus (Bekl.) w. Freih. v. M. (Kl.). Rep. VI. 106/05 152
„ Urt. v. 12. Dezember i. S. B. (Kl.) w. belgischen Staats- u. Eisenbahnfiskus (Bekl.). Rep. II. 193/05 . . . 165
„ Urt. v. 13. Dezember i. S. O.'er Bank (Bekl.) w. Westf. K.-Handelsgesellsch. (Kl.). Rep. V. 225/05 168
„ Urt. v. 14. Dezember i. S. K. (Bekl.) w. R. (Kl.). Rep. VI. 7/05 172
„ Urt. v. 15. Dezember i. S. R. (Kl.) w. Ph. (Bekl.). Rep. III. 200/05 176
„ Urt. v. 15. Dezember i. S. Z. (Bekl.) w. D. & B. L. (Kl.). Rep. VII. 120/05 178
„ Urt. v. 15. Dezember i. S. U. (Kl. u. Widerbekl.) w. 1. Firma N. 2. E. (Bekl., zu 1 auch Widerkl.). Rep. III. 260/05 232
„ Urt. v. 16. Dezember i. S. G. u. Gen. (Bekl.) w. Ehel. H. (Kl.). Rep. V. 548/05 184

Seite

1905. Urt. v. 16. Dezember i. S. P. (Bekl. u. Widerkl.) w. Pr. Z. B. Akt.-Ges. (Kl.). Rep. V. 170/05 . . . 188
" Urt. v. 19. Dezember i. S. K. (Bekl.) w. preuß. Fiskus (Kl.). Rep. III. 416/05 233
" Urt. v. 21. Dezember i. S. Wi. (Bekl.) w. Wö. (Kl.). Rep. VI. 98/05 190
" Urt. v. 22. Dezember i. S. Sch. u. Gen. (Kl.) w. Stadtgemeinde B. (Bekl.). Rep. VII. 4/05 193
" Urt. v. 22. Dezember i. S. Verw. im Konkurse B. & Co. (Bekl.) w. K. (Kl.). Rep. II. 211/05 197
" Urt. v. 22. Dezember i. S. K. & R. (Kl.) w. F. (Bekl.). Rep. II. 395/05 201
" Beschl. v. 30. Dezember i. S. H. K. (Antragstellers) w. A. K. (Antragsgegner). Beschw.-Rep. I. 127/05 . . 207
" Urt. v. 30. Dezember i. S. A. u. Gen. (Bekl.) w. B. (Kl.). Rep. I. 255/05 210
" Urt. v. 30. Dezember i. S. T. (Bekl.) w. Zeche M. St. (Kl.). Rep. V. 251/05 215
1906. Urt. v. 3. Januar i S. Sch. (Kl.) w. Z. u. G. (Bekl.). Rep. V. 543/05 248
" Urt. v. 4. Januar i. S. K. u. Gen. (Kl.) w. St. Johannes-Bruderschaft zu A. (Bekl.). Rep. IV. 315/05 . . . 252
" Urt. v. 5. Januar i. S. M. (Bekl.) w. Aktiengef. A. M. R. (Kl.). Rep. II. 218/05 255
" Urt. v. 5. Januar i. S. B. Konk. (Bekl.) w. V. (Kl.). Rep. VII. 491/05 259
" Urt. v. 8. Januar i. S. Reichsfiskus (Bekl.) w. Gr. (Kl.). Rep. I. 320/05 264
" Urt. v. 9. Januar i. S. Th. (Kl.) w. J. (Bekl.). Rep. II. 226/05 267
" Urt. v. 9. Januar i. S. Stadtgemeinde Sch. (Kl.) w. R. (Bekl.). Rep. VII. 77/05 268
" Urt. v. 11. Januar i. S. H. (Kl.) w. L. (Bekl.). Rep. IV. 329/05 273
" Urt. v. 11. Januar i. S. brem. Staat (Bekl.) w. M. (Kl.). Rep. VI. 570/05 278

Seite

1906. Urt. v. 16. Januar i. S. R. (Bekl. u. Widerkl.) w. Sch. (Kl. u. Widerbekl.). Rep. II. 487/05 282
" Urt. v. 18. Januar i. S. v. L. Wwe. (Bekl.) w. Schw. Ehefr. (Kl.). Rep. IV. 439/05 286
" Urt. v. 18. Januar i. S. H. (Bekl.) w. H. gesch. Ehefr. (Kl.). Rep. IV. 350/05 294
" Urt. v. 19. Januar i. S. E. (Bekl.) w. W. (Kl.). Rep. II. 239/05 300
" Urt. v. 20. Januar i. S. Z. (Bekl.) w. Zentrale für Milchverwertung, eingetr. Gen. m. b. H. (Kl.). Rep. I. 342/05 303
" Urt. v. 22. Januar i. S. Br. Wwe. (Bekl.) w. R. (Kl.). Rep. VI. 267/05 315
" Urt. v. 24. Januar i. S. M. (Bekl. u. Widerkl.) w. P. u. G. (Kl. u. Widerbekl.). Rep. I. 314/05 320
" Urt. v. 24. Januar i. S. K. u. Ehefrau (Bekl.) w. Aktiengesellsch. L. B. (Kl.). Rep. V. 298/05 . . . 322
" Urt. v. 25. Januar i. S. P. Wwe. (Kl.) w. P. (Bekl.). Rep. VI. 452/05 328
" Urt. v. 26. Januar i. S. Stadtgemeinde B. (Kl.) w. L. (Bekl.). Rep. III. 258/05 329
" Urt. v. 29. Januar i. S. S. & K. (Kl.) w. D. (Bekl.). Rep. I. 363/05 331
" Urt. v. 29. Januar i. S. O. (Kl.) w. R. (Bekl.). Rep. V. 310/05 335
" Urt. v. 29. Januar i. S. K. (Kl.) w. Gr. Berl. Straßenbahn (Bekl.). Rep. VI. 178/05 337
" Urt. v. 29. Januar i. S. J. (Bekl.) w. Ziegelei-Berufsgenossenschaft (Kl.). Rep. VI. 177/05 340
" Urt. v. 29. Januar i. S. Halberstadt-Blankenburger Eisenbahngesellschaft (Bekl.) w. R. (Kl.). Rep. VI. 175/05 346
" Urt. v. 30. Januar i. S. N. (Bekl.) w. H. (Kl.). Rep. III. 261/05 351
" Urt. v. 30. Januar i. S. kath. Kirchengem. in R. (Bekl.) w. R. (Kl.). Rep. VII. 213/05 353
" Urt. v. 1. Februar i. S. Ev. Kirchengem. zu L. (Kl.) w.

		Seite
	Prediger W. und Baptistengem. zu B. (Bekl.). Rep. IV. 365/05	355
1906.	Urt. v. 2. Februar i. S. Aktienges. B. J. Sp. (Kl.) w. preuß. Fiskus (Bekl.). Rep. VII. 479/05	362
"	Urt. v. 6. Februar i. S. O. (Kl.) w. D. u. Gen. (Bekl.). Rep. III. 501/05	367
"	Urt. v. 6. Februar i. S. B. u. Gen. (Bekl.) w. Verein für fakultative Feuerbestattung (Kl.). Rep. III. 273/05 .	386
"	Urt. v. 7. Februar i. S. Stadt G. (Bekl.) w. F. (Kl.). Rep. V. 522/05	370
"	Urt. v. 10. Februar i. S. Z. (Kl.) w. Aktiengesellsch. für Transport- u. Schleppschiffahrt, vormals J. K. (Bekl.) u. Ehefr. L. (Nebeninterv.). Rep. I. 384/05	373
"	Beschl. v. 10. Februar i. S. D. (Kl.) w. R. (Bekl.). Beschw.-Rep. V. 28/06	375
"	Urt. v. 12. Februar i. S. St. & Cie. (Kl.) w. S. (Bekl.). Rep. VI. 343/05	379
"	Urt. v. 13. Februar i. S. L. (Kl.) w. M. (Bekl.). Rep. II. 286/05	384
"	Urt. v. 13. Februar i. S. Landesfiskus von Deutsch-Südwestafrika (Bekl.) w. D. (Kl.). Rep. III. 479/05 . .	392
"	Beschl. v. 15. Februar in der Grundbuchsache von Pieschen Beschw.-Rep. IV. 14/06	1
"	Urt. v. 15. Februar i. S. N. (Bekl.) w. Ehefr. N. (Kl.). Rep. IV. 392/05	400
"	Urt. v. 16. Februar i. S. D. Gasmotorenfabrik (Kl.) w. W. (Bekl.). Rep. VII. 255/05	406
"	Urt. v. 20. Februar i. S. F. (Kl.) w. T. u. Gen. (Bekl.). Rep. VII. 314/05	410
"	Urt. v. 21. Februar i. S. Kr. (Kl.) w. K. (Bekl.). Rep. V. 370/05	411
"	Urt. v. 22. Februar i. S. Schl. (Bekl.) w. Schl. Wwe. (Kl.). Rep. VI. 216/05	415
"	Urt. v. 23. Februar i. S. W. (Bekl.) w. P. (Kl.). Rep. III. 562/05	417

Seite

1906. Urt. v. 24. Februar i. S. C. u. Gen. (Bekl.) w. Old. Gl. Akt.-Ges. (Kl.). Rep. I. 349/05 420

" Urt. v. 24. Februar i. S. Rh.-Brauerei-Konkursverw. (Kl.) w. J. (Bekl.). Rep. I. 369/05 425

" Urt. v. 26. Februar i. S. K. (Bekl.) w. Lagerei-Berufsgenossenschaft in B. (Kl.). Rep. VI. 223/05 . . . 428

" Urt. v. 27. Februar i. S. Th. (Kl. u. Widerbekl.) w. B. (Bekl. u. Widerkl.). Rep. II. 342/05 431

" Urt. v. 27. März i. S. L. (Kl.) w. J. (Bekl.). Rep. II. 374/05 149

Zusammenstellung

der

im zweiundsechzigsten Bande, der neuen Folge zwölften Bande

mitgeteilten Entscheidungen

nach

Oberlandesgerichtsbezirken.

Augsburg . . .	21. 43.
Berlin	7. 9. 17. 20. 23. 26. 28. 31. 35. 39. 40. 45. 47. 49. 56. 65. 66. 73. 75. 81. 87. 88. 93. 95. 98. 99.
Braunschweig .	83.
Breslau . . .	84.
Celle	12. 15. 67. 102.
Colmar	97.
Darmstadt . . .	8. 55. 89.
Dresden	1. 10. 51. 57. 77.
Frankfurt a. M.	58.
Hamburg	25. 34. 53. 68. 69. 72. 96. 100. 105.
Hamm	37. 42. 54. 59. 61. 85. 86. 90. 103.
Jena	63.
Karlsruhe . . .	16. 82.
Kassel	19.
Kiel	24. 50. 64. 91.
Köln	3. 5. 6. 14. 18. 22. 27. 29. 33. 41. 44. 46. 52. 79.
Königsberg . .	36. 48.
Marienwerder	4. 11. 74.
München	2. 70.
Naumburg . . .	32. 62. 71. 78. 80. 101. 104.
Posen	76.
Stettin	38. 60.
Stuttgart	13. 92. 94.
Zweibrücken . .	30.

Berichtigungen.

Elfter Band.

S. 238 Z. 10 v. u. statt „ersteren" lies „letzteren".
„ 286 „ 2 v. o. statt „setzt" lies „setzte".
„ 287 „ 8 v. u. statt „gekommenen" lies „gekommene".
„ 449 Sp. 2 Z. 13 v. o. statt „249" lies „349".

Fünfzehnter Band.

S. 470 Z. 2 v. o. statt „Elfter" lies „Zwölfter".
„ „ „ 8 v. o. ist zu streichen.

Sechsundzwanzigster Band.

S. 196 Z. 12 v. o. statt „CXXXII" lies „C. XXXII".

Zweiunddreißigster Band.

S. 398 Z. 3 v. u. statt „867" lies „367".

Sechsunddreißigster Band.

S. 141 Z. 10 v. o. ist das Komma am Ende zu streichen.
„ „ „ 11 v. o. ist ein Komma hinter „H.G.B." zu setzen.

Dreiundfünfzigster Band.

S. 314 Z. 7 v. u. statt „823" lies „832".

Achtundfünfzigster Band.

S. 450 Sp. 1 Z. 6 v. u. statt „333. 342" lies „334. 344".
„ „ „ „ „ 5 v. u. statt „229" lies „230".
„ „ „ „ „ 4 v. u. statt „229" lies „230".

Sechzigster Band.

S. 455 Sp. 2 Z. 4 v. u. statt „procid." lies „procéd.".
„ „ „ „ „ 3 v. u. statt „33" lies „333".
„ „ „ „ „ 2 v. u. statt „32" lies „332".
„ „ „ „ „ 1 v. u. statt „33" lies „333".
„ 488 Z. 11 v. u. statt „v. u." lies „v. o.".

Einundsechzigster Band.

S. 42 Z. 6 v. o. statt „der" lies „dem".
„ „ „ 7 v. o. statt „Gläubigerin" lies „Gläubiger".
„ 215 „ 17 v. o. ist „Zeichen" zu streichen.
„ 250 „ 7 v. u. statt „Ehefr." lies „Ehel.".
„ 338 „ 11 v. o. statt „Amtsgericht" lies „Grundbuchamt".
„ 423 „ 15 v. u. hinter „Landgericht" einzuschieben „I".
„ 464 „ 6 v. o. statt „Ehefr." lies „Ehel.".
„ 468 „ 9 v. o. statt „19." zu setzen „19,".
„ „ „ 14 v. o. statt „Z. 1" lies „Z. 2".
„ „ „ 11 v. u. statt „18" lies „3".

Zweiundsechzigster Band.

S. 15 Z. 4 v. o. statt „II. 1" lies „II. 2" und statt „II. 2" lies „II. 1".
„ 174 „ 4 v. u. statt „490" lies „496".
„ 219 „ 10 v. o. statt „894" lies „883".
„ 331 „ 3 v. u. statt „mußte" lies „müßte".

Kolibri 360 GmbH
Ferdinand-Jühlke-Straße 7
99095 Erfurt, Deutschland
produktsicherheit@kolibri360.de